江山年鉴

JIANGSHAN ALMANAC

2015

江山市档案局（史志办）编

方志出版社
Publishing House of Local Records

重要会议
ZHONGYAOHUIYI

1月20日，中共江山市委十三届八次全体（扩大）会议

2月3日，江山市第十五届人民代表大会第四次会议

8月7日，中共江山市委十三届九次和江山市十五届人民政府八次全体（扩大）会议

2月2日，政协第九届江山市委员会第四次会议

8月26日，省委第一巡视组巡视江山市工作动员会在江山市召开

8月14日，江山市召开“五水共治、四边三化、三改一拆”专项整治推进会

2月6日，江山市召开全市养殖污染整治“百日攻坚”行动动员大会

9月21日，第三届丹霞地貌国际学术讨论会暨第十五届全国红层与丹霞地貌学术讨论会在江山市召开

领导调研
LINGDAODIAOYAN

12月31日，国家体育总局党组书记、局长刘鹏（右三）在江山市考察群众体育工作

2月25日，浙江省政协主席乔传秀（中）在江山市开展“上下同欲抓落实、齐心助推开门红”调研活动

6月1日，浙江省委常委、纪委书记任泽民（前右二）在江山市调研指导党风廉政建设和反腐败工作

3月10日至11日，浙江省委常委、公安厅长刘力伟（中）在江山市考察平安建设工作

10月23日，浙江省人大常委会副主任毛光烈（左二）在江山市接待基层群众代表

6月18日，浙江省副省长熊建平（中）、中共衢州市委书记陈新（左一）在江山市调研指导“五水共治”、城市规划、古村落生态保护等工作

3月27日，公安部党委委员、部长助理、国家禁毒办常务副主任刘跃进（右一）在江山市调研指导基层社区禁毒工作

10月29日，中共衢州市委副书记、市长杜世源（左一）在江山市调研乡村休闲旅游工作

8月10日，中共江山市委书记吕跃龙率队赴阿里巴巴集团对接农村淘宝项目

7月9日，中共江山市委副书记、市长叶美峰会见来江山市访问的以色列驻上海总领事柏安伦（左一）

重大活动
ZHONGDAHUODONG

1 2
3 4

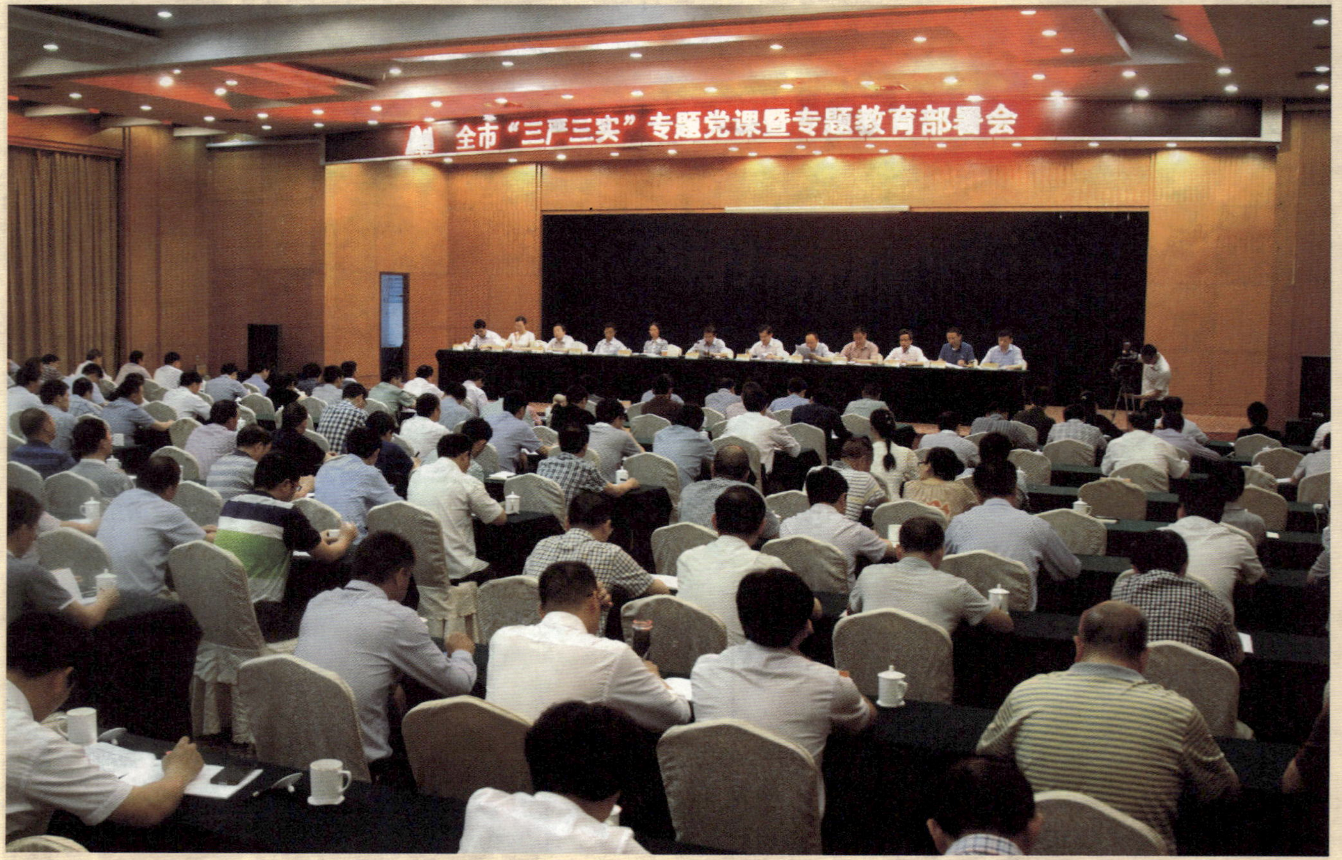

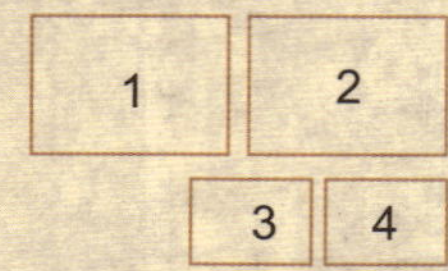

"三严三实"

1. 5月28日，市委召开全市"三严三实"专题党课暨专题教育部署会

2. 6月23日，江山市举行践行"三严三实"迎"七一"活动暨竹子林革命遗址挂牌揭碑仪式

3. 9月30日，江山市在烈士陵园举行烈士公祭活动

4. 10月10日，市委召开"三严三实"专题教育集中学习研讨会

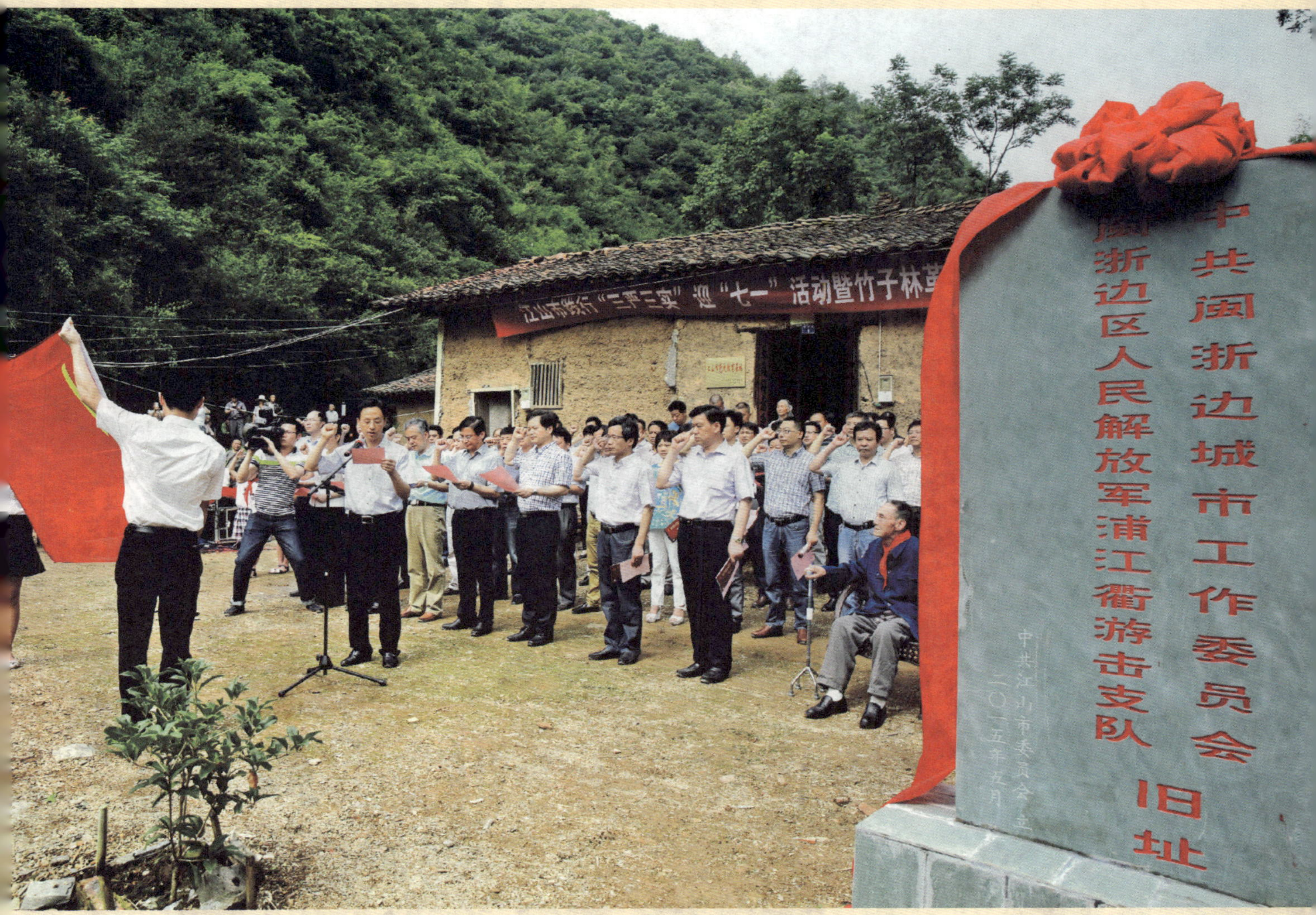

仪式
纪念

全市“三严三实”专题教育集中学习研讨会

1
2
3

■休闲旅游

1. 9月29日，第十二届浙江山水旅游节暨第二届衢州江郎山旅游节在江山市开幕

2. 4月30日，江山市生态文明成果展暨乡村休闲旅游推介会在省自然博物馆举行

3. 11月19日，申报创建国家AAAAA级旅游景区资源与景观质量专家评审会在北京召开，江郎山–廿八都旅游区列入评审

江山市生态文明成果展
暨乡村休闲旅游推介会
主办单位：浙江自然博物馆 中共江山市委 江山市人民政府

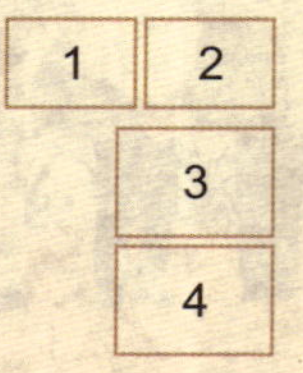

■文体赛事

1. 5月6日至10日，2015年“江郎山杯”全国女子举重锦标赛在江山市举行

2. 6月27日，2015年全国啦啦操联赛暨中国啦啦之星争霸赛（江山站）开幕式在江山市举行

3. 12月9日，“中国体育彩票”2016全国新年登高健身大会新闻发布会及工作协调会在北京召开

4. 9月18日，“农商银行杯”江山市第三届农民运动会举行

5. 9月17日，第二届文化礼堂村歌大赛决赛在贺村镇礼贤村文化礼堂举行

6. 9月28日，江山如此多娇2015第三十届“三山”艺术节文艺晚会在江山市举行

7. 10月16日，衢州市首届原创村歌大赛在江山市举行

创业创新
CHUANGYECHUANGXIN

1 2 3 4

■**活动剪影**

1. 江山市全民创业创新大会
2. 江山市首届科技活动周启动暨科创园开园仪式
3. 创业创新大讲堂
4.“金陵杯”江山市乡村游讲解大赛

江山市首届科技活动周启动
科技创新创业园开园仪式

江山市创业创新大讲堂专题讲座

青年创业创新系列活动之
幸福江山 活力江城
"金陵杯"江山市乡村休闲游讲解大赛
颁奖典礼

1 2 3

■企业上市

1. 1月27日，健盛集团在上海证券交易所上市

2. 10月19日，希尔化工在新三板挂牌上市

3. 11月18日，全国股转系统江山企业专场挂牌仪式在北京举行，科润电力科技股份有限公司在新三板上市

重大成效

10月30日，在美国纽约联合国总部举行的全球人居环境论坛（GFHS）十周年庆典暨全球人居环境颁奖典礼上，江山市被全球人居环境论坛评为“全球绿色城市”

12月20日，“2015第十届中国全面小康论坛”颁奖典礼在北京举行，江山市被评为“2015中国全面小康十大示范县市”

1

2 3 4

重大成效

1. 浙江同景新能源集团农光互补地面光伏电站
2. 杭长客专江山动车存车场
3. 江山上铺汽车物流基地五菱汽车配送中心
4. 205国道贺村互通立交桥

国蜜蜂博物馆

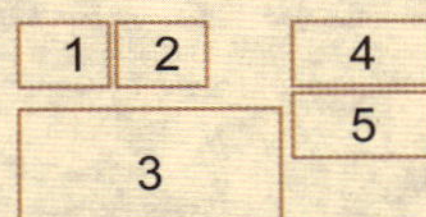

重大成效

1. 中国蜜蜂博物馆（浙江馆）
2. 全国特色景观旅游名镇廿八都镇
3. 省级森林城镇保安乡
4. 秀美耕读
5. 西山花海

江山中国消防安保城一期项目

大润发超市江山店

彩页摄影：毛洪章 沈天法 黄水福等

江山市地方志编纂委员会

顾　　　问　吕跃龙

主　　　任　舒　畅

副　主　任　汪　胜　毛正彩

委　　　员　何日根　郑贤文　周中太　陈昂辉　曹加明

刘笑飞　姜大福　郑星勤　毛有祥　姜小标

周立武　李培荣　李纯浩　徐东升　赵　敏

王之云　徐　青

办公室主任　徐　青

办公室副主任　毛德达

《江山年鉴》编辑部

主　　　编　徐　青

副　主　编　毛德达　戴明桂

编　　　辑　（按姓名笔画排列）

杨良英　姜　滔　潘海峰

工作人员　陈鸿燕　姜燕萍　廖冬平

编辑说明

一、《江山年鉴》是由中共江山市委、江山市人民政府主办，市档案局（史志办）组织编纂的地方综合性年鉴，旨在全面、系统地按年度记载江山市政治建设、经济建设、文化建设、社会建设、生态文明建设发展状况，为各级党政机关和社会各界人士及中外投资者了解、研究、建设江山，提供丰富翔实的资料。

二、《江山年鉴（2015）》的编纂，以马克思列宁主义、毛泽东思想、邓小平理论、"三个代表"重要思想和科学发展观为指导，深入贯彻落实习近平总书记系列重要讲话精神，严格遵循国务院《地方志工作条例》和上级修志部门的有关规定，全面客观记载2015年江山人民在中共江山市委、市人民政府的领导下，建设幸福江山、发展地方经济的新理念、新举措、新变化、新成就和新经验，着力体现时代特征、年度特点，为江山市经济和社会发展服务。

三、《江山年鉴（2015）》，记事时间为2015年1月至12月。

四、年鉴以文字记述为主，辅以表格和图片，采用分类编辑法编纂。基本结构为栏目（类目）、分目、条目3个层次。3种标题分别以不同的字号和字体表示。条目一般设概况、综合记事、专题。单项工作条目是年鉴汇集资料信息的基本单位，目名以黑体字加【】引出，以便查阅。

五、年鉴以市机关各部门、乡镇（街道）和驻江单位为基本记述主体，以事物性质分类，同时在卷首设特载、特辑、大事记和市情概览，卷末设新闻人物、文件选辑、文件选目和附录。全书共设38个栏目。

六、年鉴资料由全市各部门、乡镇（街道）和驻江山的省、市直属单位提供，稿件由各单位指定专人撰写，经编辑部编定，再经市委办、市府办审核后定稿。未署名的插图均由撰稿单位提供。

七、凡涉及江山市国民经济和社会发展全局性的数据，以市统计局编纂的《江山统计年鉴（2015）》为准，其他数据由各供稿单位提供。

八、《江山年鉴（2015）》的编纂出版，是江山市委、市人民政府和各部门、乡镇（街道）、各驻江单位高度重视、鼎力支持的结果，是广大撰稿者、编辑、审稿人员集体智慧的结晶，特此深表谢意。疏漏和欠妥之处，恳请读者批评指正。

《江山年鉴》编辑部

2016年10月

目　录

卷首彩页
江山市地图
江山市城区图
编辑说明

特　载

抢抓重大时代机遇　推进全民创业创新
　努力打造华东地区最具活力的城市
…………………………………吕跃龙（1）
政府工作报告…………………叶美峰（11）

专　辑

“五水共治”建设美丽幸福江山………（23）

大事记

2015年江山市大事记…………………（29）

市情概览

地理位置………………………………（37）
历史沿革………………………………（37
行政区划………………………………（38）
2015年江山市村民委员会设置情况
　………………………………………（38）
地貌河流………………………………（39）
气候特征………………………………（39）
自然资源………………………………（40）
人口民族………………………………（41）
2015年江山市国民经济和社会发展情况
　………………………………………（41）

中共江山市委员会

综　述…………………………………（47）
　发展思路进一步厘清………………（47）
　经济发展步伐加快…………………（48）
　生态建设扎实推进…………………（48）
　城乡发展统筹协调…………………（49）
　民生保障得到加强…………………（49）
　党建工作有效提升…………………（50）
在江山召开的省、市重要会议和开展的
　重大活动……………………………（51）
　乔传秀到江开展调研活动…………（51）
　党的群众路线教育实践活动整改落实
　　汇报会……………………………（51）
　省委第一巡视组巡视江山市工作动员会
　　……………………………………（52）

第十二届浙江山水旅游节暨第二届衢州江郎山旅游节……………………（52）
衢州市乡村休闲旅游工作现场推进会……………………………………（52）
市委召开的重要会议……………………（53）
市委十三届八次全体（扩大）会议……（53）
全市养殖污染整治“百日攻坚”行动动员大会…………………………（53）
全市机关干部大会暨招商引资工作动员会…………………………（54）
市委政法工作会议暨平安信访工作会议……………………………（54）
全市农村工作会议暨乡村休闲旅游发展大会…………………………（54）
全市大抓基层组织年活动动员部署会……………………………………（54）
“五水共治”控源头防反弹工作会议……（55）
重点项目推进“项目问答”会…………（55）
“三严三实”专题教育部署会…………（55）
全民创业创新大会……………………（56）
市委常委扩大会议……………………（56）
市委人大工作会议……………………（56）
市委政协工作会议……………………（56）
市委常委扩大会议……………………（57）
市委十三届九次暨市十五届人民政府八次全体（扩大）会议………………（57）
全市“五水共治、四边三化、三改一拆”专项整治推进会…………………（58）
市委理论学习中心组（扩大）学习会……………………………（58）
市委办工作……………………………（59）
概　况……………………………（59）
以文辅政……………………………（59）
督考和宣传…………………………（60）
协调保障……………………………（60）
队伍建设……………………………（61）
纪检监察工作……………………………（61）
概　况……………………………（61）
开展立项监督执纪工作………………（62）
抓好反腐倡廉宣传教育………………（62）
推进作风建设…………………………（62）
学习贯彻党章党规党纪………………（62）
抓好执纪审查工作……………………（63）
改革纪律检查体制……………………（63）
农村基层党风廉政建设………………（63）
纪检监察干部队伍建设………………（63）
组织工作……………………………（64）
概　况……………………………（64）
基层组织年活动………………………（64）
“三严三实”专题教育…………………（64）
基层党组织“五项规范”建设…………（64）
“把党建插在项目上”活动……………（65）
非公企业党建…………………………（65）
干部选拔任用工作……………………（65）
干部教育培训工作……………………（65）
创新干部激励与管理…………………（65）
人才科技创业创新园…………………（66）
引进各类人才…………………………（66）
宣传工作……………………………（66）
概　况……………………………（66）
深化理论中心组学习…………………（66）
举办“全民创业创新读书周”…………（66）
开展“三严三实”专题教育活动………（66）
规范提升基层党校……………………（66）
打响“最美微宣讲”品牌………………（66）
宣传创业创新主题……………………（66）
重视民生宣传…………………………（67）
抓好节会宣传…………………………（67）
管控网络舆情…………………………（67）
创建中国全面小康示范县……………（67）

提升文化礼堂建设管理使用水平……（67）
举办生态文明成果展……（67）
举办山水旅游节……（67）
启动编辑《“千年古道·锦绣江山”文化丛书》(书画卷)……(68)
举行2015年迎新春企业团拜会………(68)
打响村歌文化品牌……（68）
深化文明创建……（68）
抓好“最美”选树工作……（68）
统战工作……（69）
概 况……（69）
完成民主党派换届工作……（69）
引导各民主党派参与社会服务工作…（69）
成立江山市社会主义学校……（69）
建立江山籍在外知名人士信息库……（69）
做好宗教工作……（69）
举办港澳海外青少年故乡行活动……（70）
引导侨界互助帮扶工作……（70）
铺开基层协商民主工作……（70）
牵头开展关爱原国民党抗战老兵系列活动……（70）
筹建江山市异地商会……（70）
注重统战宣传信息工作……（70）
机构编制工作……（70）
概 况……（70）
政府机构改革和职能转变……（71）
重点领域体制改革……（71）
四张清单一张网……（71）
事业单位法人登记管理……（71）
事业编制报备员额管理……（71）
从严开展控编减编工作……（72）
机构编制监督检查……（72）
规范编外用工管理……（72）
对台工作……（72）
概 况……（72）
全市对台工作会议……（72）
赴台交流……（72）
峡口——国姓基层结对交流……（73）
台商创业在江山……（73）
台情调查……（73）
台湾知识“五进”活动……（73）
“衢台健康产业投资贸易对接洽谈会”在江山召开……（73）
档案史志工作……（74）
概 况……（74）
上王竹子林遗址成为新的党史教育基地……（74）
发现廿八都红军战斗遗址……（74）
参与中美联手抗日纪念馆建设……（74）
再次调查民众营救杜立特行动飞行员事件……（75）
公布江山籍抗战阵亡将士姓名录……（75）
调查江山北乡自卫队抗战事迹……（75）
编写出版《中国共产党江山历史(1949—1978)》……（75）
编辑出版《清漾毛氏族谱选萃》………（75）
开展档案安全监督检查……（76）
征集史料丰富馆藏……（76）
建设数字化档案馆……（76）
监督管理工作……（76）
概 况……（76）
扩容更新市综合评标专家库……（76）
完善公共资源交易监管制度……（76）
全力开展工程标后监督检查工作……（77）
推进公共资源交易电子化进程………（77）
机关党建工作……（77）
机关党员电化教育……（77）
机关基层组织建设……（77）
举办“学党章、守纪律、讲规矩”知识竞赛活动……（77）

党内教育培训…………………………(77)
党校工作……………………………(78)
概　况……………………………(78)
创新班级活动………………………(78)
配备主体班次师资…………………(78)
抓好全员科研工作…………………(78)
开设“创新江山”系列讲座…………(79)
老干部工作…………………………(79)
落实老干部政治待遇………………(79)
落实老干部生活待遇………………(79)
老干部活动中心和老年大学阵地建设
………………………………(79)
开展纪念抗战胜利70周年系列活动
………………………………(79)
编辑出版30周年画册……………(80)
举办老年大学建校20周年系列活动
………………………………(80)
关工委工作…………………………(80)
概　况……………………………(80)
开展纪念抗战胜利70周年活动………(80)
资助贫困大学生……………………(80)
关爱“留守儿童”…………………(80)
支持特殊教育工作…………………(80)
建立“银发人才库”………………(81)

江山市人大常委会

综　述……………………………(82)
代表大会……………………………(82)
市第十五届人大第四次会议…………(82)
收到的议案和建议…………………(82)
人大常委会会议……………………(83)
十五届人大常委会第三十二次会议……(83)
十五届人大常委会第三十三次会议……(83)
十五届人大常委会第三十四次会议……(83)
十五届人大常委会第三十五次会议……(83)
十五届人大常委会第三十六次会议……(84)
十五届人大常委会第三十七次会议……(84)
十五届人大常委会第三十八次会议……(84)
十五届人大常委会第三十九次会议……(84)
十五届人大常委会第四十次会议………(85)
十五届人大常委会第四十一次会议……(85)
十五届人大常委会第四十二次会议……(85)
十五届人大常委会第四十三次会议……(85)
十五届人大常委会第四十四次会议……(85)
十五届人大常委会第四十五次会议……(86)
十五届人大常委会第四十六次会议……(86)
工作监督……………………………(86)
工业强市监督………………………(86)
旅游富民监督………………………(86)
改革创新监督………………………(87)
财政预算监督………………………(87)
民生问题监督………………………(87)
审议决定重大事项…………………(87)
法律监督……………………………(88)
司法工作监督………………………(88)
工作评议……………………………(88)
专题询问……………………………(88)
执法检查……………………………(88)
常委会重要工作……………………(88)
协助市委召开人大工作会议…………(88)
代表联络站、“代表连心面对面”活动
………………………………(88)
推进宪法实施座谈会………………(89)
新预算法专题培训会………………(89)
市人大代表培训会…………………(89)
代表主题活动………………………(89)

江山市人民政府

综 述……………………………………（90）
概 况……………………………………（90）
工业强市加快建设………………………（90）
服务业发展亮点纷呈……………………（90）
现代农业特色发展………………………（90）
发展后劲有效提升………………………（91）
涉企服务成效明显………………………（91）
专项整治克难攻坚………………………（91）
城市建管再上台阶………………………（91）
美丽乡村纵深建设………………………（91）
民生事业持续改善………………………（91）
行政改革有力推进………………………（92）
重要会议……………………………………（92）
十五届政府第七次全体扩大会议……（92）
十五届政府第八次全体扩大会议……（92）
十五届政府第四十一次常务会议……（92）
十五届政府第四十二次常务会议……（92）
十五届政府第四十三次常务会议……（92）
十五届政府第四十四次常务会议……（92）
十五届政府第四十五次常务会议……（92）
十五届政府第四十六次常务会议……（93）
十五届政府第四十七次常务会议……（93）
十五届政府第四十八次常务会议……（93）
十五届政府第四十九次常务会议……（93）
十五届政府第五十次常务会议………（93）
十五届政府第五十一次常务会议……（93）
十五届政府第五十二次常务会议……（93）
十五届政府第五十三次常务会议……（94）
市政府办公室………………………………（94）
概 况……………………………………（94）
发挥参谋作用……………………………（94）
加强综合协调……………………………（94）
行使督察职能……………………………（94）
提高办事效率……………………………（94）
提升服务水平……………………………（95）
完善后勤保障……………………………（95）
推进效能建设……………………………（95）
市人民政府咨询委员会……………………（96）
概 况……………………………………（96）
开展课题研究……………………………（96）
法制工作……………………………………（96）
概 况……………………………………（96）
发挥法律参谋助手作用…………………（96）
推进依法科学民主决策…………………（97）
规范公正文明行政执法…………………（97）
预防和化解行政争议……………………（97）
全面夯实基层法治基础…………………（98）
机关事务……………………………………（98）
会务接待…………………………………（98）
基建工程…………………………………（98）
公共机构节能……………………………（99）
车辆管理…………………………………（99）
行政服务……………………………………（99）
概 况……………………………………（99）
审批制度改革……………………………（99）
服务平台建设……………………………（99）
队伍形象提升……………………………（100）
创新服务机制……………………………（100）
来信来访……………………………………（101）
概 况……………………………………（101）
服务中心工作大局………………………（101）
压实信访工作责任………………………（101）
营造依法信访氛围………………………（102）
提升信访业务水平………………………（102）

政协江山市委员会

综　述……………………………………(103)
全体会议…………………………………(103)
政协第九届江山市委员会第四次会议
……………………………………(103)
提交大会建议案……………………(103)
收到的提案和意见建议……………(104)
常务委员会会议…………………………(104)
九届政协常委会第十八次会议………(104)
九届政协常委会第十九次会议………(104)
九届政协常委会第二十次会议………(104)
九届政协常委会第二十一次会议……(104)
九届政协常委会第二十二次会议……(104)
九届政协常委会第二十三次会议……(104)
九届政协常委会第二十四次会议……(104)
九届政协常委会第二十五次会议……(104)
政治协商 ………………………………(105)
常委会协商…………………………(105)
主席会议协商………………………(105)
双月协商……………………………(105)
基层协商……………………………(105)
民主监督…………………………………(105)
"五水共治"专项监督……………(105)
"两路两侧""四边三化"专项监督
……………………………………(105)
组织视察……………………………(106)
反映社情民意………………………(106)
参政议政…………………………………(106)
建言献策……………………………(106)
调查研究……………………………(106)
提案督办……………………………(106)
日常工作…………………………………(107)
联络民主党派、工商联……………(107)
开展六送下乡活动…………………(107)
文史资料征编………………………(107)
联谊交友……………………………(107)
成立茶文化研究会…………………(107)
理论与实践研究……………………(107)

民主党派　工商联

民　革……………………………………(108)
概　况………………………………(108)
参政议政……………………………(108)
社会服务……………………………(108)
祖统联谊……………………………(108)
民　盟……………………………………(109)
概　况………………………………(109)
参政议政……………………………(109)
社会服务……………………………(109)
学习交流……………………………(109)
民　建……………………………………(110)
概　况………………………………(110)
参政议政……………………………(110)
社会服务……………………………(110)
民　进……………………………………(111)
概　况………………………………(111)
参政议政……………………………(111)
民主监督……………………………(111)
社会服务……………………………(111)
调查研究……………………………(111)
九三学社…………………………………(112)
概　况………………………………(112)
从斌到江山考察调研………………(112)
参政议政……………………………(112)
社会服务……………………………(112)
信息宣传……………………………(112)
工 商 联…………………………………(113)

概　况……………………………………（113）
民营企业主学习培训……………………（113）
新生代企业家培育………………………（113）
推进“五水共治”………………………（113）
拓展异地商会……………………………（113）
助力江商回归……………………………（113）
参政议政…………………………………（114）

人民团体

总工会……………………………………（115）
概　况……………………………………（115）
树立劳动竞赛品牌………………………（115）
激发基层班组活力………………………（115）
弘扬劳动模范风采………………………（115）
推进基层工会建设………………………（115）
开展职工文体活动………………………（116）
推进职工权益保障………………………（116）
关怀困难职工群体………………………（116）
团市委……………………………………（116）
概　况……………………………………（116）
青年企业家访谈…………………………（117）
学雷锋志愿服务…………………………（117）
乡村休闲游讲解大赛……………………（117）
青年电子商务专题培训班………………（117）
创业计划大赛……………………………（117）
青年主题团日活动………………………（117）
2015年大学新生助学行动………………（117）
重点青少年群体服务管理和预防犯罪工作……………………………………（117）
基层团组织建设…………………………（118）
妇　联……………………………………（118）
概　况……………………………………（118）
开展基层组织建设………………………（118）
抓好家庭文明建设………………………（118）
推进农村生活垃圾分类工作……………（118）
引领妇女创业创新………………………（119）
做好妇女儿童维权工作…………………（119）
推动妇女“两癌”免费筛查……………（119）
开展“巾帼建功”活动…………………（119）
启动中英留守儿童合作项目……………（119）
举办基层妇联干部培训班………………（119）
科　协……………………………………（119）
概　况……………………………………（119）
科普活动周、科普日活动………………（120）
经常性科普工作…………………………（120）
青少年科普工作…………………………（120）
科普设施建设……………………………（120）
科学素质调查……………………………（120）
农民技术培训……………………………（121）
院士工作站………………………………（121）
文　联……………………………………（121）
概　况……………………………………（121）
召开市文联第七次代表大会……………（121）
开展“创业创新”主题文艺宣传………（121）
邀请名家指点江山………………………（121）
组织四省作家联谊采风…………………（121）
举办四季廿八都全国摄影大赛…………（122）
举办抗战胜利70周年歌咏比赛…………（122）
文艺成果…………………………………（122）
残　联……………………………………（122）
残疾人生活保障…………………………（122）
残疾人康复服务…………………………（122）
残疾人专项调查…………………………（123）
村（社区）残疾人专职委员选聘………（123）
开展助残日活动…………………………（123）
残疾人文体工作…………………………（123）
红十字会…………………………………（123）
概　况……………………………………（123）
人道救助…………………………………（123）

项目推进……………………………………(123)
救护培训……………………………………(124)
生命关爱……………………………………(124)
宣传成果……………………………………(124)

人民武装

人民武装……………………………………(125)
概　况……………………………………(125)
思想政治建设………………………………(125)
党委班子建设………………………………(125)
首长机关训练………………………………(126)
民兵训练……………………………………(126)
民兵组织整顿………………………………(126)
征兵工作……………………………………(127)
安全管理工作………………………………(127)
迎接南京军区检查考核……………………(127)
国防动员迎检工作…………………………(127)
开展“依法动员”创建活动…………(127)
国防教育建设………………………………(128)
双拥共建……………………………………(128)
人民防空……………………………………(128)
概　况……………………………………(128)
加大防空地下室建设力度…………………(128)
加强结建人防工程管理……………………(128)
强化应急应战指挥平台建设………………(129)
加强应急应战队伍建设……………………(129)
强化人防宣传教育…………………………(129)
消防工作……………………………………(129)
概　况……………………………………(129)
完善消防工作责任体系……………………(129)
抓好火灾防控体系建设……………………(130)
强化火灾隐患整治工作……………………(130)
推进消防执法“创满意”活动………(130)
推进消防宣传社会化………………………(131)

法　治

综　述……………………………………(132)
概　况……………………………………(132)
平安江山建设………………………………(132)
维护社会稳定………………………………(133)
基层社会治理………………………………(133)
信访工作……………………………………(134)
公　安……………………………………(134)
概　况……………………………………(134)
破获“3·12”跨省特大传销案……(134)
破获“7·29”特大电信网络诈骗案
……………………………………(135)
改革公安机关勤务模式……………………(135)
公安局办案中心被评为全国示范点
……………………………………(135)
检　察……………………………………(135)
概　况……………………………………(135)
服务中心工作………………………………(136)
打击刑事犯罪………………………………(136)
综合治理工作………………………………(136)
查办职务犯罪………………………………(136)
预防职务犯罪………………………………(137)
立案、侦查监督……………………………(137)
审判监督……………………………………(137)
民事诉讼和行政执法监督…………………(137)
刑罚执行监督………………………………(137)
司法改革试点工作…………………………(137)
规范司法行为………………………………(138)
法　院……………………………………(138)
概　况……………………………………(138)
落实立案登记制……………………………(138)
宽严相济惩治犯罪…………………………(138)
推进社会矛盾化解…………………………(138)

化解行政争议……………………………(139)
推进执行难题破解………………………(139)
完善便民利民举措………………………(139)
依法促进经济转型升级…………………(139)
保障重点工作依法推进…………………(140)
参与社会综合治理………………………(140)
推进司法体制改革………………………(140)
探索破产审判“江山经验” ………… (140)
推进“互联网+审判”改革………… (140)
依法接受检察机关监督…………………(141)
广泛接受社会各界监督…………………(141)
司法行政……………………………………(141)
概　况…………………………………(141)
人民调解管理……………………………(141)
“六五”普法工作通过考核验收…… (141)
开展“法律六进”活动……………… (142)
创建民主法治村…………………………(142)
社区矫正工作……………………………(143)
公证服务…………………………………(143)
法律援助惠民生…………………………(143)
律师队伍管理……………………………(144)
开展法律服务……………………………(144)
司法行政法律服务中心、司法所创建
……………………………………(144)

公共管理

人力资源和社会保障………………………(145)
概　况…………………………………(145)
城乡就业…………………………………(145)
社会保险参保情况………………………(145)
工资调标与退休管理……………………(146)
工伤认定…………………………………(146)
机关事业单位队伍建设…………………(146)
专业技术人员管理与人才引进…………(146)
职业能力建设……………………………(146)
调解仲裁…………………………………(146)
劳动保障监察……………………………(146)
民政工作……………………………………(147)
概　况…………………………………(147)
社会救助 ………………………………(147)
防灾减灾…………………………………(147)
慈善事业…………………………………(147)
养老服务…………………………………(148)
儿童福利…………………………………(148)
福利彩票…………………………………(148)
城乡社区建设……………………………(148)
民间组织管理……………………………(148)
双拥工作…………………………………(149)
优抚安置…………………………………(149)
殡葬改革工作……………………………(149)
婚姻登记与收养登记……………………(149)
区划地名…………………………………(149)
流浪乞讨救助……………………………(150)
信访维稳…………………………………(150)
移民工作……………………………………(150)
概　况…………………………………(150)
移民后期扶持……………………………(150)
移民项目管理机制………………………(150)
移民创业致富……………………………(150)
移民避险解困……………………………(150)
移民信访维稳……………………………(151)

工　业

综　述 …………………………………(152)
概　况…………………………………(152)
新三板挂牌上市…………………………(153)
衢州市制造业30强……………………(153)
“浙江名牌产品”称号………………(153)

服务企业……………………………………(153)
“零土地”技改项目审批方式改革……(153)
“企业服务月”活动……………………(154)
企业指导员入驻企业帮扶……………(154)
产业培育……………………………………(154)
正泰农光互补光伏电站并网发电……(154)
中国蜜蜂博物馆（浙江）落成………(154)
首届消防产品博览会暨中国消防产业高峰论坛……………………………………(154)
消防产品展示会…………………………(155)
门业行业获集体商标认定……………(155)
平台建设……………………………………(155)
省输配电装备制造产业特色基地……(155)
小微企业创业基地标准厂房建设……(155)
省两化深度融合国家示范区域………(155)
创业创新……………………………………(156)
欧派公司设省级博士后工作站………(156)
非晶合金变压器研发中心成立………(156)
公安部天津消防研究所江山科研工作站成立……………………………………(156)
“机器换人”市级示范企业………… (156)
企业创业绿卡……………………………(156)
32家企业列入浙江省成长型中小企业……(157)
经济开发区…………………………………(157)
概　况……………………………………(157)
抓好项目征迁……………………………(157)
注重招商引资……………………………(158)
推进平台建设……………………………(158)
企业发展逐步推进………………………(159)
三区合并…………………………………(159)
健盛产业园………………………………(159)
小微企业创业创新园……………………(159)
科技创新创业园…………………………(160)
电商产业园………………………………(160)

商务经济

外向型经济…………………………………(161)
概　况……………………………………(161)
新增境外投资项目………………………(161)
劳务输出…………………………………(161)
回归外贸公司……………………………(161)
生产企业出口业绩………………………(162)
国内贸易……………………………………(162)
概　况……………………………………(162)
大润发江山店开业………………………(162)
金陵大酒店开业…………………………(162)
浙江驰骋控股有限公司…………………(162)
浙江时代广场商贸有限公司……………(163)
电子商务……………………………………(163)
概　况……………………………………(163)
创建省级电子商务示范县………………(163)
宝格商贸评为省级电子商务示范企业……………………………………………(163)
阿里巴巴江山产业带……………………(163)
阿里巴巴农村淘宝项目…………………(163)
散装水泥……………………………………(164)
概　况……………………………………(164)
散装水泥的发展和应用…………………(164)
省预拌混凝土下乡试点达标……………(164)

招商引资

综　述………………………………………(165)
招商活动…………………………………(165)
招商成果…………………………………(165)
招商机制……………………………………(165)
市级领导挂帅招商机制…………………(165)
深化专职招商工作机制…………………(166)

产业招商研究机制……………………(166)
研判对接机制…………………………(166)
借力招商机制…………………………(166)
宣传推介机制…………………………(166)
浙商回归……………………………(167)
浙商回归主要活动……………………(167)
引进浙商回归项目……………………(168)
山海协作……………………………(168)
山海协作活动…………………………(168)
产业园建设……………………………(168)
引进山海协作项目……………………(168)

农 业

综 述………………………………(169)
农业产业化……………………………(169)
家庭农场………………………………(169)
休闲观光农业…………………………(169)
农业项目资金…………………………(169)
农产品质量安全追溯体系建设………(169)
现代农业园区建设……………………(170)
粮食功能区建设………………………(170)
完成养殖污染整治……………………(170)
农业机械化……………………………(170)
农业三项补贴政策综合改革试点 ……(170)
启动农村土地确权登记颁证工作试点……(171)
规范农村“三资”管理………………(171)
推进土地流转…………………………(171)
农民信箱工程…………………………(171)
粮食和特色产业……………………(171)
概 况……………………………………(171)
粮食生产………………………………(171)
畜牧业生产……………………………(171)
食用菌生产……………………………(172)
蔬菜生产………………………………(172)
中药材生产……………………………(172)
茶叶生产………………………………(172)
蜂业生产………………………………(172)
农业行政执法………………………(172)
农业综合执法…………………………(172)
开展高毒农药定点经营管理…………(172)
开展农业执法专项检查………………(173)
动植物疫病防治……………………(173)
动物疫病防控…………………………(173)
植物疫情防控…………………………(173)
农业综合开发………………………(173)
高标准农田项目………………………(173)
猕猴桃特色园项目……………………(174)
产业化经营补助项目…………………(174)
国家试点项目…………………………(174)

林 业

综 述………………………………(175)
概 况……………………………………(175)
创建仙霞岭自然保护区………………(175)
推进“彩化江山”建设………………(176)
林权体制改革…………………………(176)
林业生产……………………………(176)
“半小时乡村生态走廊”建设…………(176)
兴林富民工程…………………………(176)
林政管理……………………………(177)
林地征占用管理………………………(177)
编制湿地保护规划……………………(177)
古树名木保护…………………………(177)
松材线虫病防治………………………(177)
森林消防……………………………(177)
概 况……………………………………(177)
森林消防队伍建设……………………(177)
森林消防宣传…………………………(178)

林业科技……………………………(178)

概　况………………………………(178)

推广猕猴桃纯花粉授粉技术…………(178)

水利　电力

水利综述……………………………(179)

概　况………………………………(179)

防洪水工程…………………………(179)

保供水工程…………………………(179)

河道整治工程………………………(179)

省级验收项目………………………(179)

创建节水型社会……………………(179)

创建水电新农村电气化县…………(180)

基层防汛防台体系规范化建设………(180)

渔业生产管理………………………(180)

洁水渔业……………………………(180)

打击涉水违法行为…………………(180)

峡口水库……………………………(181)

概　况………………………………(181)

安全生产……………………………(181)

水源保护……………………………(181)

防汛度汛……………………………(182)

抗旱灌溉……………………………(182)

项目建设……………………………(182)

招商引资……………………………(182)

优化创新……………………………(182)

制度管理……………………………(182)

碗窑水库……………………………(183)

概　况………………………………(183)

饮用水源保护………………………(183)

水库管养分离………………………(183)

水库综合效益………………………(184)

电力工业……………………………(184)

概　况………………………………(184)

电网运行维护………………………(184)

电网规划……………………………(185)

电网建设……………………………(185)

优质服务……………………………(185)

商　贸

粮　食………………………………(186)

概　况………………………………(186)

建成粮食安全保障中心……………(186)

抓好粮食订单工作…………………(186)

优化市级储备结构…………………(187)

引进“江山电子商务创业基地”项目
……………………………………(187)

抓好粮食经营工作…………………(187)

供　销………………………………(187)

概　况………………………………(187)

“三位一体”农民合作经济组织体系
改革…………………………………(187)

项目合作建设………………………(188)

农资综合服务………………………(188)

农产品流通服务……………………(188)

城乡商贸服务………………………(189)

再生资源行业整规…………………(189)

农民合作社提升……………………(189)

行业协会建设………………………(189)

烟　草………………………………(189)

概　况………………………………(189)

侦办假烟案件………………………(190)

开展网络建设………………………(190)

推进许可证管理工作………………(190)

社会公益……………………………(190)

盐　业………………………………(190)

概　况………………………………(190)

盐产品结构调整……………………(190)

增加非盐商品销售……………………（190）
加强市场监督检查……………………（191）

交通运输

综　述……………………………（192）
概　况……………………………（192）
规范工程质量管理……………………（192）
项目前期报批…………………………（192）
公路养护……………………………（193）
概　况……………………………（193）
查处路政违章…………………………（193）
运输管理……………………………（193）
概　况……………………………（193）
优化城乡公交网络……………………（193）
提升客运服务质量……………………（193）
推进物流基地建设……………………（194）
抓好驾校管理…………………………（194）
抓好客运安全…………………………（194）
安全监管……………………………（194）
铁　路……………………………（194）
概　况……………………………（194）
江山站高铁存车线等配套项目建成投用……………………………（195）
铁路建设项目…………………………（195）
“两路两侧”“四边三化”专项整治工作……………………………（195）

城乡建设

城乡规划……………………………（196）
概　况……………………………（196）
城市规划……………………………（196）
村镇规划……………………………（196）
规划审批管理…………………………（196）
规划监察……………………………（197）
集镇管理……………………………（197）
省级美丽宜居示范村建设工作………（197）
测绘管理……………………………（197）
城市建设……………………………（197）
概　况……………………………（197）
重点工程……………………………（198）
民生实事项目…………………………（198）
房地产业……………………………（198）
建筑业………………………………（199）
城市房屋拆迁…………………………（199）
市政工程……………………………（199）
市政工程建设…………………………（199）
市政设施管理、维修…………………（199）
污水处理……………………………（200）
城乡供水……………………………（200）
园林绿化……………………………（200）
绿化建设重点工程……………………（200）
园林绿化养护管理……………………（200）
建筑工程……………………………（201）
概　况……………………………（201）
安全生产管理…………………………（201）
建筑质量监管…………………………（201）
市政管理……………………………（201）
卫生保洁……………………………（201）
清扫保洁市场化运作…………………（202）
市容秩序专项整治……………………（202）
强化安全生产检查……………………（202）
亲民执法……………………………（202）
新农村建设…………………………（203）
概　述……………………………（203）
农村生活污水治理……………………（203）
农村生活垃圾分类处理………………（203）

赤膊墙整治……………………………(203)
中国幸福乡村建设……………………(203)
农民公寓房建设………………………(203)
农家乐乡村休闲旅游…………………(204)
推进一村一品…………………………(204)
农民素质培训…………………………(204)
“消除 4600”工作……………………(204)
农村改革………………………………(204)
三改一拆………………………………(205)
概　况…………………………………(205)
中心城区违法建设集中整治专项行动
…………………………………………(205)
非法“一户多宅”专项整治…………(205)
“两路两侧”乱搭乱建专项整治……(205)
涉违重点信访挂牌销号行动…………(205)
生猪养殖污染违建百日攻坚…………(205)
违建安全隐患专项整治………………(205)
完善制度体系…………………………(206)
健全防控体系…………………………(206)
完备规划体系…………………………(206)
加强农民建房保障体系………………(206)
抓好拆改并举…………………………(206)
注重拆用结合…………………………(206)
推进拆建同行…………………………(206)
五水共治………………………………(207)
概　况…………………………………(207)
全面开展“百日攻坚”行动…………(207)
集中开展联合执法行动………………(208)
抓好项目建设…………………………(208)
河长制落地生根………………………(208)

信息产业

邮　政…………………………………(209)
概　况…………………………………(209)
企业管理………………………………(209)
项目营销………………………………(209)
平台建设运营…………………………(209)
提升投递服务能力……………………(210)
电　信…………………………………(210)
专项行动………………………………(210)
项目建设………………………………(210)
基础建设………………………………(211)
提升服务质量…………………………(211)
基础管理………………………………(211)
移　动…………………………………(211)
概　况…………………………………(211)
江山移动网络…………………………(212)
江山移动技术…………………………(212)
联　通…………………………………(212)
概　况…………………………………(212)
提升网络建设能力……………………(212)
抗击冰雪保障通信……………………(212)

国土资源

综　述…………………………………(213)
国土资源领域改革……………………(213)
加强乡镇国土所建设…………………(213)
耕地保护………………………………(213)
划定永久基本农田……………………(213)
整治违法用地…………………………(214)
土地利用规划…………………………(214)
建设用地报批和供应…………………(214)
土地征迁和收储………………………(215)
地籍管理和确权发证…………………(215)
低效挖潜和存量盘活…………………(215)
地质资源管理…………………………(215)
矿产资源管理…………………………(215)

地质灾害防治……………………………(216)
地质遗址保护……………………………(216)
砂石资源管理……………………………(216)
概 况………………………………… (216)
砂石资源供应情况………………………(216)
集中整治…………………………………(217)
生态建设…………………………………(217)
规范提升…………………………………(217)
项目建设…………………………………(217)

生态环境

综 述…………………………………(218)
环保基础设施建设………………………(218)
环境功能区划修编………………………(218)
全年环境质量……………………………(218)
环境污染整治……………………………(218)
重污染行业整治…………………………(218)
养殖污染整治……………………………(218)
机动车污染防治…………………………(219)
饮用水源保护……………………………(219)
环保执法监管……………………………(219)
环保专项执法行动………………………(219)
环境保护大排查大整治…………………(219)
应急管理和信访维稳……………………(219)
创新管理机制……………………………(220)
环境信息公开……………………………(220)
生态用水调度……………………………(220)
环境资源要素配置市场化改革…………(220)
气象工作…………………………………(220)
概 况…………………………………(220)
全年气象服务……………………………(220)
重点工程建设……………………………(220)
气象现代化………………………………(220)

经济管理

发展和改革………………………………(221)
概 况…………………………………(221)
“十三五”规划编制 ……………………… (221)
课题调研…………………………………(221)
重大项目前期……………………………(221)
重点项目建设……………………………(222)
政府投资管理……………………………(222)
现代服务业发展…………………………(222)
新能源发展………………………………(223)
争列省级试点……………………………(223)
争列省级重点……………………………(223)
争取补助资金……………………………(224)
项目推进机制……………………………(224)
PPP 项目推介……………………………(224)
简政放权…………………………………(224)
强镇扩权…………………………………(224)
物价管理…………………………………(225)
收费管理…………………………………(225)
价格管理…………………………………(225)
价格检查（认证） ……………………… (225)
市场监督管理……………………………(225)
概 况…………………………………(225)
优化行政审批流程………………………(226)
推进招商引资工作………………………(226)
指导帮扶企业创牌………………………(226)
启动小微企业三年成长计划……………(226)
查处违法违规行为………………………(226)
强化安全监管……………………………(227)
保障消费者权益…………………………(227)
推进市场改造提升………………………(227)
推行责任保险试点………………………(228)
整合检验检测资源………………………(228)
完善智慧监管体系………………………(228)

质量技术管理……………………………(228)
概　况……………………………………(228)
争创“浙江制造”试点…………………(228)
推进名牌企业建设………………………(228)
抓好标准项目实施………………………(229)
加强标准计量工作………………………(229)
增强打假治劣力度………………………(229)
强化隐患排查治理………………………(229)
加强应急宣传培训………………………(229)
开展常规检测……………………………(229)
质量帮扶“众创”………………………(229)
安全生产监督……………………………(230)
概　况……………………………………(230)
安全生产责任体系建设…………………(230)
安全生产隐患排查治理…………………(230)
安全生产专项治理攻坚…………………(230)
安全生产宣传培训………………………(231)
事故查处和应急救援……………………(231)
审计管理…………………………………(231)
概　况……………………………………(231)
财政审计…………………………………(231)
经济责任审计……………………………(231)
政府投资审计……………………………(232)
行政事业单位审计………………………(232)
内部审计…………………………………(232)
统计管理…………………………………(232)
概　况……………………………………(232)
拓展统计服务……………………………(232)
统计法制建设……………………………(232)
落实各项统计调查………………………(233)
夯实基层统计基础………………………(233)
提升统计数据质量………………………(233)
口岸管理…………………………………(233)
概　况……………………………………(233)
业务运行…………………………………(233)
检验检疫…………………………………(234)
概　况……………………………………(234)
推行贸易便利化举措……………………(234)
推进出口木制品检验监管模式改革……(234)
开展“企业服务月”活动………………(235)

财政税务

地方财政…………………………………(236)
概　况……………………………………(236)
组织财政收入……………………………(236)
服务经济发展……………………………(236)
保障改善民生……………………………(237)
推进财税改革……………………………(237)
深化国资管理……………………………(237)
强化财政监管……………………………(237)
加强队伍建设……………………………(238)
地方税务…………………………………(238)
概　况……………………………………(238)
税源分析…………………………………(238)
税收特点…………………………………(238)
加强税源监控……………………………(238)
强化税费征管……………………………(238)
优化纳税服务……………………………(239)
坚持依法治税……………………………(239)
规范税务稽查……………………………(239)
国家税务…………………………………(239)
概　况……………………………………(239)
税收征管…………………………………(240)
依法治税…………………………………(240)
服务创业创新……………………………(240)
优化纳税服务……………………………(240)
国税文化…………………………………(241)

金 融

人民银行……………………………………(242)
概　况……………………………………(242)
执行货币政策………………………………(242)
维护金融稳定………………………………(242)
推进依法行政………………………………(243)
实施“金融支持百家重点企业工程”
……………………………………………(243)
开展金融创新………………………………(243)
健全完善外部配套保障机制…………(243)
推进社区金融服务…………………………(244)
实施“支付便农”工程………………(244)
开展反假货币“千里行”系列活动……(244)
提升反洗钱工作水平……………………(244)
银监办……………………………………(244)
概　况……………………………………(244)
完善金融组织体系…………………………(245)
推进还款方式创新…………………………(245)
开展企业授信总额管理……………………(245)
提高合规经营意识…………………………(245)
工商银行……………………………………(245)
概　况……………………………………(245)
拓展优质重点贷款项目……………………(246)
做好上市企业营销服务维护……………(246)
推进互联网金融服务市民理财…………(246)
服务创新……………………………………(246)
产品创新……………………………………(246)
管理创新……………………………………(246)
农业银行……………………………………(246)
概　况……………………………………(246)
突出贷款投放………………………………(247)
主动对接重点企业…………………………(247)
开展企业帮扶解困…………………………(247)
加强普惠金融建设…………………………(247)
拓展金融服务渠道…………………………(248)
强化企业文化建设…………………………(248)
中国银行……………………………………(248)
概　况……………………………………(248)
寻求特色发展………………………………(248)
寻找特色产品………………………………(249)
注重企业帮扶建设…………………………(249)
建设银行……………………………………(249)
概　况……………………………………(249)
探索还款方式………………………………(249)
抓好渠道建设………………………………(249)
抓好队伍建设………………………………(249)
农商银行……………………………………(250)
概　况……………………………………(250)
农商银行开业………………………………(250)
践行普惠金融………………………………(250)
建设丰收驿站………………………………(250)
丰富微贷新品………………………………(251)
代理医保业务………………………………(251)
信贷支持低收入群体………………………(251)
农发银行……………………………………(251)
概　况……………………………………(251)
支持粮食收储………………………………(252)
支持政府重点建设项目……………………(252)
优化信贷结构………………………………(252)
企业文化建设………………………………(252)
邮储银行……………………………………(252)
概　况……………………………………(252)
普惠金融服务………………………………(252)
推进新产品落地……………………………(253)
加强风险管理………………………………(253)
提升队伍建设………………………………(253)
建信村镇银行………………………………(253)
概　况……………………………………(253)

支持小微企业发展……………………(253)
服务“三农”……………………(253)
创新金融产品……………………(254)
案件防控……………………(254)
交通银行……………………(254)
概　况……………………(254)
服务地方经济……………………(254)
实施普惠金融……………………(254)
浦发银行……………………(255)
概　况……………………(255)
创新产品……………………(255)
打造经营特色……………………(255)
强化风控执行……………………(255)
提升服务效率……………………(255)
泰隆银行……………………(255)
概　况……………………(255)
特色经营……………………(256)
特色服务……………………(256)
特色产品……………………(256)
特色文化……………………(256)
招商银行……………………(257)
概　况……………………(257)
推进“两小”金融服务……………………(257)
持续金融创新……………………(257)
金华银行……………………(257)
概　况……………………(257)
服务地方经济发展……………………(257)
注重员工队伍建设……………………(257)
担保中心……………………(258)
概　况……………………(258)
做好担保主业……………………(258)
服务创业创新……………………(258)
推进银保合作……………………(258)
人保财险……………………(258)
概　况……………………(258)
创新地方特色保险……………………(258)
推进“生态家园”建设……………………(259)
多快好省服务社会……………………(259)
人寿保险……………………(259)
概　况……………………(259)
拓展营销渠道……………………(259)
举办有关活动……………………(259)
拓展理赔服务……………………(259)
太平洋财产保险……………………(259)
概　况……………………(259)
助力小微金融……………………(260)
普惠三农服务……………………(260)
践行理赔承诺……………………(260)
财通证券……………………(260)
概　况……………………(260)
优化业务结构……………………(260)
提升服务水平……………………(261)
策划专项营销……………………(261)
开展公益活动……………………(261)
浙商证券……………………(261)
概　况……………………(261)
服务企业……………………(261)

教育　体育

教育综述……………………(262)
概　况……………………(262)
通过“全国义务教育发展基本均衡县”国家级评估……………………(262)
高考成绩创历史新高……………………(262)
师资队伍建设……………………(262)
平安校园建设……………………(263)
办学条件……………………(263)
概　况……………………(263)
布局调整……………………(263)

教育信息化…………………………………(264)
教育经费……………………………………(264)
教学科研……………………………………(264)
课程开发……………………………………(264)
课堂教学改革………………………………(264)
教育科研成果………………………………(264)
基础教育……………………………………(265)
学前教育……………………………………(265)
义务教育……………………………………(265)
普通高中教育………………………………(265)
特殊教育……………………………………(265)
职业教育……………………………………(266)
概　况………………………………………(266)
职教改革……………………………………(266)
服务地方经济建设…………………………(266)
成人教育……………………………………(266)
成校建设……………………………………(266)
农民素质工程培训…………………………(266)
扫盲工作……………………………………(266)
高等教育自学考试…………………………(266)
成人高校招生考试…………………………(267)
电　大………………………………………(267)
概　况………………………………………(267)
教学管理……………………………………(267)
考试管理……………………………………(267)
体　育………………………………………(267)
概　况………………………………………(267)
承办“江郎山杯”全国女子举重锦标赛…………………………………(268)
承办全国啦啦操联赛暨中国啦啦之星争霸赛……………………………………(268)
承办浙江省第三届“大成杯”健身球操全国邀请赛……………………………(268)
举办江山市“农商银行杯”第三届农民运动会……………………………………(268)
举办多项体育比赛…………………………(268)
组织青少年体育运动………………………(269)
毛倩倩获全国举重冠军……………………(269)
体育制造业、运动休闲业转型升级…(269)

科　技

综　述………………………………………(270)
重大科技项目立项…………………………(270)
研发机构建设………………………………(270)
科技成果……………………………………(270)
科技创新……………………………………(270)
科技风险资金池……………………………(270)
科技创新基金………………………………(271)
科技创新券…………………………………(271)
科技特派员…………………………………(271)
挂牌上市……………………………………(271)
挂牌上市奖励政策…………………………(271)
挂牌上市对接………………………………(271)
知识产权……………………………………(272)
创建国家知识产权试点城市………………(272)
培育专利示范企业…………………………(272)
专利申请与授权……………………………(272)
技术合作……………………………………(272)
举办首届科技活动周………………………(272)
网上技术市场………………………………(272)
科技创新创业园……………………………(273)

卫生　计划生育

卫生改革……………………………………(274)
概　况………………………………………(274)
深化公立医院改革…………………………(274)
推进基层卫生综合改革……………………(274)
双下沉工程继续深入………………………(275)

卫生建设……………………………(275)
建成120急救指挥中心………………(275)
抓好公共卫生工作……………………(275)
基本公共卫生服务……………………(276)
抓好精神卫生工作……………………(276)
卫生创优创强…………………………(276)
卫生信息化建设………………………(276)
民营医疗机构发展……………………(276)
无偿献血………………………………(276)
计划生育……………………………(277)
概　况…………………………………(277)
加强计生基层工作……………………(277)
推进计生依法治理……………………(277)
落实计生宣教措施……………………(277)

文化　新闻

文　化………………………………(278)
概　况…………………………………(278)
创新传统文化产权保护模式…………(278)
“三山”艺术节30周年庆祝活动……(278)
公共文化服务体系建设………………(278)
非物质文化遗产保护与传承…………(279)
文物保护与利用………………………(279)
文化市场监管…………………………(280)
宣传推介服务中心……………………(280)
广播电视……………………………(280)
概　况…………………………………(280)
“全民创业创新”宣传………………(281)
经济宣传………………………………(281)
乡村休闲旅游宣传……………………(281)
民生宣传………………………………(282)
应急广播建设…………………………(282)
新非编、虚拟演播室投入使用………(282)
中央广播电视节目无线数字化覆盖工程
……………………………………(282)
新闻报道……………………………(283)
概　况…………………………………(283)
开辟全民创业创新栏目………………(283)
开辟“五水共治”栏目………………(283)
开展工业强市建设宣传………………(283)
开展旅游二次创业宣传………………(284)
开展新媒体宣传………………………(284)
开展身边最美群体典型宣传…………(284)
2015年江山市作家编著出版新书榜
……………………………………(284)

旅　游

综　述………………………………(285)
概　况…………………………………(285)
江郎山—廿八都旅游区列入国家AAAAA级
旅游景区创建预备名录……………(285)
旅游品牌创建…………………………(285)
旅游项目招商…………………………(285)
景点建设……………………………(286)
江郎山游客中心及配套设施建设……(286)
廿八都古镇保护与旅游开发二期工程
……………………………………(286)
仙霞古道修缮整治……………………(286)
市场营销……………………………(286)
高铁营销………………………………(286)
节会营销………………………………(286)
智慧营销………………………………(286)
产品营销………………………………(286)
乡村休闲旅游………………………(287)
打造精品线路…………………………(287)
精心策划活动…………………………(287)
强化服务保障…………………………(287)

乡镇（街道）

双塔街道……………………………………(288)
概　况……………………………………(288)
工业、服务业经济………………………(288)
农业经济…………………………………(288)
“两无”街道……………………………(288)
招商引资…………………………………(289)
推行“两晋双停”政策…………………(289)
出台“两动双考核”办法………………(289)
建立民主协商议事会……………………(289)
出台微信工作机制………………………(290)
干部夜学“3+”模式……………………(290)
设立纪检约谈室…………………………(290)
“一新两型”社区………………………(290)
虎山街道……………………………………(290)
概　况……………………………………(290)
工业经济…………………………………(290)
农业经济…………………………………(291)
推进项目征迁……………………………(291)
招商引资…………………………………(291)
整规生猪养殖……………………………(291)
抓好“清三河”工作……………………(291)
集中治理农村生活污水…………………(292)
打击传销活动……………………………(292)
推进“三改一拆”………………………(292)
抓好安全监管……………………………(292)
上余镇………………………………………(292)
概　况……………………………………(292)
提升工业经济……………………………(292)
推进项目攻坚……………………………(293)
开展“五水共治”………………………(293)
优化镇村环境……………………………(293)
创新基层党建……………………………(293)
做好“4600”消困工作…………………(293)
李坪村村歌获金奖………………………(294)
创建“一村一品”………………………(294)
整顿无证幼儿园…………………………(294)
四都镇………………………………………(294)
概　况……………………………………(294)
农业经济…………………………………(294)
工业经济发展……………………………(295)
园区平台建设……………………………(295)
生态环境治理……………………………(295)
推进“三改一拆”………………………(295)
完善基础设施……………………………(295)
大陈乡………………………………………(296)
概　况……………………………………(296)
工业经济…………………………………(296)
农业经济…………………………………(296)
打响乡村休闲旅游品牌…………………(296)
民生保障…………………………………(296)
环境整治…………………………………(297)
碗窑乡………………………………………(297)
概　况……………………………………(297)
工业经济…………………………………(297)
农业经济…………………………………(297)
建设乡村休闲旅游之地…………………(298)
生态建设…………………………………(298)
引进美洲牧草和垂耳绵羊种养项目
……………………………………………(298)
抓好醉美碗窑建设………………………(298)
民生事业建设……………………………(298)
贺村镇………………………………………(299)
概　况……………………………………(299)
工业经济…………………………………(299)
农业经济…………………………………(299)

重点项目建设……………………………(299)
招商引资…………………………………(300)
“五水共治” ……………………………(300)
区域性火灾隐患整治……………………(300)
耕读品牌…………………………………(300)
城市建设…………………………………(301)
项目谋划…………………………………(301)
新农村建设………………………………(301)
“互联网+”产业…………………………(301)
清湖镇…………………………………(301)
概 况…………………………………(301)
工业经济…………………………………(302)
农业经济…………………………………(302)
和睦 AAA 景区创建……………………(302)
重点项目推进……………………………(302)
养殖污染整治……………………………(302)
农村电商发展……………………………(302)
新塘边镇………………………………(303)
概 况…………………………………(303)
工业经济…………………………………(303)
农业经济…………………………………(303)
AAA 景区创建…………………………(303)
工业平台建设……………………………(304)
新农村建设………………………………(304)
农业产业发展……………………………(304)
抓好生态环境建设………………………(305)
民生保障…………………………………(305)
人尔上市…………………………………(305)
坛石镇…………………………………(305)
概 况…………………………………(305)
工业经济…………………………………(305)
农业经济…………………………………(305)
农民饮用水扩面提升工程………………(305)
农村“双治”工作………………………(306)
幸福乡村创建工作………………………(306)
洁净集镇工作……………………………(306)
民生保障工作……………………………(306)
农业项目…………………………………(307)
大桥镇…………………………………(307)
概 况…………………………………(307)
工业经济…………………………………(307)
农业经济…………………………………(307)
农业基础项目建设………………………(307)
乡村休闲游和电商经济崭露头角 ……(308)
土地项目推进……………………………(308)
生态家园建设……………………………(308)
民生保障…………………………………(309)
凤林镇…………………………………(309)
概 况…………………………………(309)
农业经济…………………………………(309)
乡村休闲旅游……………………………(309)
教育文化事业……………………………(310)
光谷小镇建设……………………………(310)
中国幸福乡村创建………………………(310)
平安凤林建设……………………………(310)
江山港凤林段防洪堤建设项目…………(310)
峡口镇…………………………………(311)
概 况…………………………………(311)
工业经济…………………………………(311)
农业经济…………………………………(311)
重点项目推进……………………………(311)
农村环境整治……………………………(311)
下山搬迁安置小区建设…………………(311)
民生保障工作……………………………(312)
洁净集镇创建……………………………(312)
峡里风主题公园建成使用………………(312)
村级增收平台建设………………………(312)

保安乡……………………………………(313)
概　况……………………………………(313)
农业经济…………………………………(313)
建设美丽乡村……………………………(313)
深化“五水共治”行动…………………(313)
开展洁净集镇建设………………………(314)
注重宣传推介……………………………(314)
发展民宿产业……………………………(314)
廿八都镇…………………………………(314)
概　况……………………………………(314)
农业经济…………………………………(314)
古镇保护与管理…………………………(315)
乡村休闲旅游发展………………………(315)
环境整治与生态建设……………………(315)
新农村建设………………………………(316)
平安廿八都建设…………………………(316)
农村电子商务与农民素质工程培训……(316)
城乡养老服务中心建设…………………(316)
被评为国家特色景观旅游名镇…………(317)
被评为全国第三批美丽宜居小镇………(317)
被评为浙江省戏剧之乡…………………(317)
浔里村被评为中国最美休闲乡村………(317)
长台镇……………………………………(317)
概　况……………………………………(317)
工业经济…………………………………(318)
农业经济…………………………………(318)
农村环境整治……………………………(318)
农村基础设施建设………………………(318)
异地搬迁…………………………………(318)
万亩香榧基地……………………………(318)
古镇文化保护……………………………(319)
石门镇……………………………………(319)
概　况……………………………………(319)
工业经济…………………………………(319)
农业经济…………………………………(319)
发展旅游业………………………………(319)
抓好生猪整治……………………………(320)
推进“清三河”工作……………………(320)
创建“无违建镇”………………………(320)
推进重点项目建设………………………(320)
抓好文化教育和社会保障工作…………(320)
张村乡……………………………………(321)
概　况……………………………………(321)
工业经济…………………………………(321)
农业经济…………………………………(321)
古村落文化………………………………(321)
招商引资…………………………………(321)
乡村休闲旅游……………………………(321)
民生工程…………………………………(322)
灾后重建…………………………………(322)
走亲连心…………………………………(322)
太阳山庙会………………………………(322)
塘源口乡…………………………………(322)
概　况……………………………………(322)
农业经济…………………………………(322)
提升猕猴桃特色产业……………………(322)
发展乡村休闲旅游………………………(323)
抓好“农村双治”………………………(323)
开展“洁净集镇”活动…………………(323)
创建“无违建乡”………………………(324)
人文历史的挖掘和保护…………………(324)
“清风和事佬”工作室…………………(324)

新闻人物

徒手托举电缆半个多小时的交警
徐利伟……………………………………(325)
飞身下河勇救小孩的党员朱永君………(325)
坚守27年的乡村医生余运土……………(325)

放学途中救人的江山二中学生肖屹、
叶留痕……………………………(325)
子承父孝、手足情深的村民毛辉禄、
毛方正……………………………(325)
自驾游走遍全国的七旬老翁罗道儒……(325)
紧急抢救小孩的江山“小龙女”
陈易馨……………………………(326)
为生命接力、等候了十年的朱祥彪……(326)
30年成功打造“金山银山”的柴元有……(326)
55岁的“江山阿甘”严善井…………(326)

文件选辑

中共江山市委关于推进全民创业创新
的决定……………………………(327)
江山市乡村休闲旅游发展三年行动计划
(2015—2017年)……………………(332)
江山市全民创业创新三年行动计划
(2015—2017年)……………………(340)

文件选目

市委重要文件目录……………………(346)
市政府重要文件目录…………………(347)
市委办公室重要文件目录……………(349)
市政府办公室重要文件目录…………(353)

附　录

江山市金名片…………………………(359)
2015年度江山市所获重要荣誉………(359)
2015年度“市长特别奖”获奖企业…(359)
首届全民创业创新十大先锋………(361)
2015年度江山市改革创新试点工作
……………………………………(361)
2015年度江山市优秀共产党员、优秀
党务工作者、先进基层党组织名单……(362)

Contents

Colorful Frontispieces
Administrative Map of Jiangshan City
Map of Jiangshan Urban Area
Editor’s Note

Featured Articles

"Seize the Opportunity of the Era and Promote the Entrepreneurship Innovation to Build the Most Dynamic City in East China" Delivered by Yuelong Lv ········· (1)
Report on the Work of the Government Delivered by Meifeng Ye ········· (11)

Special Issue

Building Beautiful Jiangshan with a Total of Five Water Treatment ········· (23)

Events

Events of Jiangshan in 2015 ········· (29)

About Jiangshan

Geographical Location ········· (37)
History of Jiangshan ········· (37)
Administrative Division ········· (38)
Village Committees Established in Jianshan in 2015 ········· (38)
Mountains and Rivers ········· (39)
Climate ········· (39)
Natural Resources ········· (40)
Population and Nationality ········· (41)
National Economic and Social Development of Jiangshan in 2015 ········· (41)

Jiangshan Committee of the CPC

Overview ········· (47)
Important Meetings and Activities of Municipal and Provincial Level Held in Jiangshan ········· (51)
Important Meetings Held by Jiangshan Committee of the CPC ········· (53)
Work of CPC Jiangshan Committee Office ··· (59)
Discipline Inspecting ········· (61)
Organization ········· (64)
Publicity ········· (66)
United Front ········· (69)
Public Sector Reform ········· (70)
Work towards Taiwan Issues ········· (72)
Party and Local History ········· (74)
Supervision and Administration ········· (76)

Party Construction in Administrative Departments ························ (77)
Party School Work························ (78)
Veteran Cadres Work························ (79)
Work towards Next Generation························ (80)

Standing Committee of Jiangshan City People' s Congress

Overview ························ (82)
City People' s Congress························ (82)
Meetings of Standing Committee of Jiangshan City People' s Congress ························ (83)
Supervision on Work························ (86)
Legal Supervision························ (88)
Important Work of the Standing Committee······ (88)

Jiangshan People' s Government

Overview ························ (90)
Important Meetings ························ (92)
Office of People' s Government························ (94)
Advisory Committee of People' s Government ························ (96)
Legal Work ························ (96)
Institutional Affairs ························ (98)
Administrative Service························ (99)
Public Communication························ (101)

Jiangshan Committee of the CPPCC

Overview························ (103)
Plenary Meeting ························ (103)
Meetings of Standing Committee ········· (104)
Political Consultation ························ (105)
Democratic Supervision ························ (105)
Political Participation ························ (106)
Routine Work ························ (107)

Democratic Parties; Federation of Industry and Commerce

The Revolutionary Committee of the Chinese Kuomintang························ (108)
China Democratic League ························ (109)
China National Democratic Construction Association ························ (110)
China Association for Promoting Democracy ························ (111)
The Jiu San (Sept. 3rd) Society ············ (112)
Federation of Industry and Commerce······ (113)

Social Organizations

Federation of Trade Union ························ (115)
China Communist Youth League Jiangshan Committee ························ (116)
Women's Federation························ (118)
Association for Science and Technology······ (119)
Federation of Literary and Art Circles······ (121)
Disabled Persons' Federation ························ (122)
Red Cross Society························ (123)

People' s Armed Forces

People' s Armed Forces························ (125)
People' s Air Defenses························ (128)
Jiangshan Fire Department························ (129)

Political-Legal Departments

Overview························ (132)

Public Security…………………………………(134)
Procuratorial Work ……………………………(135)
People' s Courts…………………………………(138)
Judiciary Organs ………………………………(141)

Public Administration

Human Resources and Social Security……(145)
Civil Administration …………………………(147)
Resettlement Work ……………………………(150)

Industries

Overview…………………………………………(152)
Services for Business …………………………(153)
Industrial Cultivation …………………………(154)
Platform Construction…………………………(155)
Entrepreneurial Innovation……………………(156)
Economic Development Zone…………………(157)

Business Economics

Export-Oriented Economy ……………………(161)
Domestic Trade…………………………………(162)
E-Commerce……………………………………(163)
Bulk Cement……………………………………(164)

Investment Promotion

Overview…………………………………………(165)
Investment Promotion System………………(165)
Return of Entrepreneurs of Zhejiang Origins
……………………………………………………(167)
Regional Economic Cooperation……………(168)

Agriculture

Overview…………………………………………(169)
Food and Special Industries…………………(171)
Agricultural Administrative Execution…… (172)
Epidemics Prevention and Treatment for
Plants and Animals……………………………(173)
Comprehensive Development for Agriculture
……………………………………………………(173)

Forestry

Overview…………………………………………(175)
Forestry Production……………………………(176)
Forestry Administration ……………………(177)
Forest Fire Prevention and Control………(177)
Forestry Science and Technology ………(178)

Hydraulic and Electrical Engineering

Overview…………………………………………(179)
Provincially Accepted Projects ……………(179)
Management of Fishery Production …… (180)
Xiakou Reservoir ……………………………(181)
Wayao Reservoir ………………………………(183)
Electrical Industry ……………………………(184)

Business and Trade

Food ………………………………………………(186)
Supply and Marketing ………………………(187)
Tobacco Monopoly ……………………………(189)
Salt Industry……………………………………(190)

Transportation

Overview…………………………………………(192)
Highway Maintenance…………………………(193)
Transportation Management ………………(193)

Railway Construction ························ (194)

Rural and Urban Construction

Rural and Urban Planning ················· (196)
Urban Construction························· (197)
Municipal Engineering ···················· (199)
Landscaping Construction ················· (200)
Constructional Engineering················· (201)
Municipal Administration ················· (201)
Construction of New Countryside ········ (203)
Three Reconstructions and one Demolition
··· (205)
A Total of Five Water Treatment··········· (207)

Information Industry

Postal Service······························· (209)
China Telecom Jiangshan Branch ········ (210)
China Mobile Jiangshan Branch··········· (211)
China Unicom Jiangshan Branch ········ (212)

Land Resources

Overview····································· (213)
Arable Land Protection ···················· (213)
Geological Resource Management········ (215)
Sandstone Resource Management········ (216)

Ecological Environment

Overview ································· (218)
Rectification of Environmental Pollution··· (218)
Environmental Law Enforcement Supervision
··· (219)
Innovations on Management Systems ······ (220)
Meteorological Work························ (220)

Economic Management

Development and Reform ·················· (221)
Commodity Price Control ·················· (225)
Market Supervision and Management······ (225)
Quality Control Management·············· (228)
Supervision of Safety Production···········(230)
Auditing Management······················· (231)
Statistical Management ···················· (232)
Management of Ports ······················· (233)
Inspection and Quarantine ················· (234)

Finance and Taxation

Local Public Finance ······················· (236)
Local Taxation······························· (238)
State Taxation ······························· (239)

Banking and Insurance Services

Jiangshan Branch of People' s Bank of China
··· (242)
Jiangshan Office of China Banking Regulatory
Commission·································(244)
Jiangshan Branch of Industrial and Commercial
Bank of China····························· (245)
Jiangshan Branch of Agricultural Bank of
China ···································· (246)
Jiangshan Branch of Bank of China········ (248)
Jiangshan Branch of Construction Bank of
China ···································· (249)
Agriculture Credit Organization of Jiangshan
City ······································ (250)
Jiangshan Branch of Agriculture Development
Bank of China····························· (251)

Jiangshan Branch of Postal Savings Bank of China ······ (252)
Jianxin Rural Bank ······ (253)
Jiangshan Branch of Bank of Communications ······ (254)
Jiangshan Branch of Shanghai Pudong Development Bank ······ (255)
Quzhou Jiangshan Branch of Zhejiang Tailong Commercial Bank ······ (255)
Jiangshan Branch of China Merchants Bank ······ (257)
Quzhou Jiangshan Branch of Jinhua Bank ······ (257)
Jiangshan Guarantee Center for SMEs ······ (258)
Jiangshan Branch of China Life Property & Casualty Insurance Company Limited ······ (258)
Quzhou Jiangshan Branch of China Life Insurance Company ······ (259)
Quzhou Branch of China Pacific Property Insurance ······ (259)
Catitong Securities ······ (260)
Zheshang Securities ······ (261)

Education and Sport

Overview ······ (262)
School Conditions ······ (263)
Teaching and Research ······ (264)
Fundamental Education ······ (265)
Vocational Education ······ (266)
Adult Education ······ (266)
Open University Education ······ (267)
Sport Work ······ (267)

Technology

Overview ······ (270)
Scientific Innovation ······ (270)
Public Listing ······ (271)
Intellectual Property Right and Patten ······ (272)
Technological Cooperation ······ (272)

Family Planning and Health

Healthcare Reform ······ (274)
Healthcare Construction ······ (275)
Family Planning Project ······ (277)

Culture and News

Culture ······ (278)
Radio and Television ······ (280)
News Report ······ (283)
New Books by Jiangshan Authors in 2015 ······ (284)

Tourism

Overview ······ (285)
Scenic Spots Construction ······ (286)
Marketing ······ (286)
Rural Leisure Tourism ······ (287)

Village and Street

Shuangta Street ······ (288)
Hushan Street ······ (290)
Shangyu Town ······ (292)
Sidu Town ······ (294)
Dachen Village ······ (296)
Wayao Village ······ (297)
Hecun Town ······ (299)
Qinghu Town ······ (301)

Xintangbian Town……………………… (303)
Tanshi Town…………………………… (305)
Daqiao Town …………………………… (307)
Fenglin Town …………………………… (309)
Xiakou Town …………………………… (311)
Baoan Village …………………………… (313)
Nianbadu Town ………………………… (314)
Changtai Town…………………………… (317)
Shimen Town …………………………… (319)
Zhangcun Village………………………… (321)
Tangyuankou Village …………………… (322)

News Figures

Traffic Police Liwei Xu Lifting the Cable with Hand over Half an Hour……………… (325)
Party Member Yongjun Zhu Saving Drwoning Children in River………………………… (325)
Rural Doctor Yuntu Yu Sticking to Countryside for 27 Yeas……………………………… (325)
Students Yi Xiao and Liuhen Ye Saving People ……………………………………… (325)
Local Residents Huilu Mao and Fangzheng Mao Showing Great Piety and Brotherhood…… (325)
Seventy-Year-Old Daoyu Luo Self-Driving Travelling Across China ……………… (325)
Doctor Yixin Chen Rescuing Drowning Kid ……………………………………… (326)
Xiangbiao Zhu Waiting 10 Years to Donate Hematopoietic Stem Cell……………… (326)
Yuanyou Chai Successfully Tuning Barren Hills into Forestry with 30 Years……… (326)
55-Year-Old Dream-Catcher Shanjin Yan, the Forrest Gump of Jiangshan…………(326)

Collection of Important Files

Decisions of Jiangshan Committee of the CPC on Promoting Entrepreneurship and Innovation ……………………………………… (327)
Action Plan of Jiangshan for Development of Rural Leisure Tourism from 2015 to 2017 …… (332)
Action Plan of Jiangshan for Entrepreneurship and Innovation from 2015 to 2017 …… (340)

Contents of Files

Documents of Jiangshan Committee of the CPC……………………………… (346)
Documents of Jiangshan People's Government ……………………………………… (347)
Documents of the CPC Jiangshan Committee Office……………………………… (349)
Documents of Jiangshan People's Government Office ……………………………… (353)

Appendixes

Name Card of Jiangshan ………………… (359)
Major Honors Wined by Jiangshan in 2015 … (359)
Winners of "The Special Award of Mayor of Jiangshan in 2015" ……………… (359)
the First Top 10 Pioneers for Entrepreneurship and Innovation…………………………… (361)
Pilots of Reform and Innovation of Jiangshan in 2015 ……………………………… (361)
Winners of the Excellent Party Member, Excellent Party Workers or the Advanced Primary Party Organizations of Jiangshan in 2015 ……………………………… (362)

特　　载

抢抓重大时代机遇　推进全民创业创新
努力打造华东地区最具活力城市

——在市委十三届八次全体（扩大）会议上的报告

吕跃龙

（2015年1月20日）

同志们：

这次市委全会的主要任务是：深入贯彻落实党的十八大，十八届三中、四中全会和省委十三届六次全会，以及中央、省委经济工作会议精神和衢州市委的决策部署，研究部署全民创业创新工作，审议通过《中共江山市委关于推进全民创业创新的决定》。

下面，我代表市委常委会，向全会作报告。

一、充分认识推进全民创业创新的重大意义

创业创新是推动经济社会发展的不竭动力和源泉。党的十八大指出，要增强社会创造活力，着力激发各类市场主体发展新活力，着力增强创新驱动发展新动力。党的十八届三中全会强调，必须毫不动摇鼓励、支持、引导非公有制经济发展，激发非公有制经济活力和创造力，让一切劳动、知识、技术、管理、资本的活力竞相迸发，让一切创造社会财富的源泉充分涌流，让发展成果更多更公平惠及全体人民。在最近召开的中央经济工作会议上，习近平总书记强调，经济新常态并没有改变我国仍处于可以大有作为的重要战略机遇期的判断，要营造有利于大众创业、市场主体创新的政策环境和制度环境，以大众创业、万众创新形成发展的新动力。党的十八大、十八届三中全会和习近平总书记关于创业创新的新思想新要求新论述，为我们在新的历史条件下推进全民创业创新提供了根本遵循和行动指南。

当前，我国经济发展已进入新常态，增长速度正从高速转向中高速，发展方式、结构调整、发展动力正发生着深刻变化。在新常态下，我市发展既面临着前所未有的机遇，也面临着经济下行压力持续增大、转型升级任务繁重、经济主体发展信心不足等严峻的挑战，需要我们进一步激发新动力、增添新活力。市委提出推进全民创业创新，是在认真总结过去江山发展经验的基础上，把握新阶段新形势，立足江山实际，顺时应势作出的重大决策部署。创业、创新互融共通，创业的本质是创新，创新要通过创业来实现。推进全民创业创新，就是要进一步解放思想，破除一切束缚发展的体制机制障碍，充分激发各类主体创业创新活力，形成大众创业、万众创新的生动局面，全面提升江山经济社会发展水平。全市上下一定要深刻理解，切实把思想和行动统一到市委这一重大决策部署上来。

第一，推进全民创业创新是弘扬江山创业文化的需要。江山历来有良好的草根创业文化传统，“仙霞岭上担负似鲫”的仙霞挑夫和“钱塘江中帆樯如云”的江山船帮，是历史上江山人民艰苦创业的生动写照。改革开放伊始，江山人民自主创业的积极性空前高涨，一批农民亲带亲、邻带邻，奔赴全国各地养蜂、修理灭火器，乡镇企业、个体工商户如雨后春笋般涌现，江山从一个经济基础较为薄弱的山区农业小县一跃成为全国闻名的水泥之乡，确立了区域发展的领先地位。上世纪90年代中期，以小平同志南方谈话为东风，全市上下深入开展二次创业，大力推进国有集体企业改制，狠抓农业综合开发，积极培育旅游业，涌现出了一批建材、化工、输配电等行业骨干企业和优秀民营企业家，民营经济占据我市经济半壁江山，“一桃二白”享誉全国。进入新世纪以来，我市大力鼓励发展个体私营经济，本土企业加快做大做强，在外人士纷纷回乡创业，青年网络创业崭露头角，电光源、木门、消防器材等产业迅速崛起，江山综合实力显著增强。可以说，江山的每一次跨越发展都离不开创业创新，江山的发展史就是一部创业创新史，创业创新的基因已经深深融入江山人的精神血液之中。党的十八大以来，中央出台了一系列鼓励创业创新的政策措施，新一轮全民创业创新大潮已在全国范围内风起云涌。站在新的历史起点，我们要继承和发扬好江山人民敢于创业、勇于创新的优良传统，千方百计创造更加优越的条件，营造更加浓厚的氛围，让想创业的人创新业、正创业的人创好业、善创业的人创大业，加快推进江山经济社会跨越发展。这是时代的要求，更是我们的历史担当。

第二，推进全民创业创新是破解江山发展偏慢问题的需要。经济欠发达、总量小是江山的基本市情。近三年（2011—2013），我市的地区生产总值、固定资产投资、财政总收入、地方财政收入、人均生产总值等5个主要经济指标的年均增速，均处于衢州各县（市、区）中下游水平；地区生产总值和固定资产投资等指标年均增速，在全省26个欠发达县（市、区）中排名下降；地区生产总值、财政总收入、地方财政收入、固定资产投资等指标年均增速，均低于周边浦城、广丰、玉山三县。江山发展不快，其根源是经济发展动力不足，全社会创业创新活跃度不高、层次偏低。2013年，我市每万人拥有的个体工商户和民营企业分别为346户和62家，远远低于全省468户和170家的平均水平；创新能力较弱，我市每万人拥有的研发人员数量仅为25.2人，低于全省59.5人的平均水平，全社会研发经费投入占生产总值比重为1.39%，低于全省2.07%的平均水平。区域竞争日趋激烈，区域发展犹如逆水行舟，不进则退。我们要大力推进全民创业创新，充分激活广大人民群众的创造力，凝聚民心、汇聚民力、发挥民智、启动民资，加快培育市场主体，释放经济潜能，增强发展动力，努力从激烈的区域竞争中杀出重围、走在前列。

第三，推进全民创业创新是新常态下加快转型升级绿色发展的需要。新常态下，省里对衢州不再考核GDP，但不是不要GDP，而是要更高质量、更有效益的发展。发展能快则快，仍然是江山人民群众的热切愿望。这要求我们必须加快推进经济转型升级。实现经济转型升级的途径，一是提升存量，二是做优增量。江山有较好的产业基础，但低、小、散特征明显，需要坚定不移地打好转型升级组合拳，以“四换三名”推进转型升级，以“五水共治”“三改一拆”倒逼转型升级，加快现有产业的改造提升。同时，要大力实施增量推动战略，依靠引进央企、名企、上市公司来引领江山产业变革，努力向智能、绿色、可持续的新兴产业方向迈进。我们必须系统谋划，统筹推进，以全民创业创新为总抓手，充分调动方方面面的积极性，坚持存量和增量两手抓，实现经济的提档升级，努力打造生态屏障、建设幸福江山。

第四，推进全民创业创新是抢抓机遇培育新增长点的需要。当前，新一轮科技革命、产业变革正蓬勃兴起，互联网经济方兴未艾，产业的跨界融合催生更多发展业态，新技术、新产业、新业态、新商业模式的“四新”经济投资机会大量涌现。人们的生活水平不断提高，越来越多的老百姓“有钱”又“有闲”，大众休闲时代已经到来，旅游、养生、养老等大健康产业成为需求新热点。国家层面正在谋划浙闽赣皖四省边界国家级生态文化休闲旅游实验区，为我们发展生态休闲旅游业提供了宝贵机遇。更可喜的是杭长高铁的开通彻底颠覆了原有的时空距离，江山每天有始发高铁列车7趟，经停34趟，以江山为中心的1小时经济圈可覆盖杭州、南昌，2小时经济圈可覆盖上海、长沙，为我们主动参与发达地区产业分工、融入长三角都市群，特别是做大做强旅游产业带来了难得的机遇。我们一定要激情拥抱互联网时代、大众休闲时代和高铁经济时代，顺势而为、积极作为，加快推进全民创业创新，发掘新需求、培育新业态、创造新模式，努力培育经济增长新亮点。

二、坚持以思想大解放推动全民创业创新

实践之树常青，解放思想永无止境。推进全民创业创新，首要的是解决思想观念问题。要以思想的大解放，推动形成全民创业创新的新热潮，促进经济社会的大发展。

1. 深入反思借力发展问题，进一步强化“招商引资第一工程”理念。“借力发展”作为全市的发展战略，从2000年提出至今已实施15年，取得了一定成绩，但还存在很大差距。截至2013年，我市外来投资的规上企业数为29家，仅占全市规上企业数的10%。周边的龙游县近年来借力发展成效显著，外来投资的规上企业高达120家，占比达58%，引进了维达纸业、伊利乳业、道明光学、凯丰纸业（凯恩公司）、华飞轻纺（江苏华宏集团）等5家上市公司，香港上市的维达纸业持续扩大投资，四期共20亿港元。差距面前，我们不得不深入反思借力发展的力度问题、开放包容的程度问题。一个区域的开放程度，决定一个区域的发展水平。我们要进一步强化“招商引资第一工程”理念，创新招商引资体制机制，落实责任，强化考核，营造浓厚工作氛围，以招商引资的大突破推动江山经济大发展。

2. 深入反思政府服务问题，进一步强化主动服务意识。创业维艰，企业发展的各个阶段都会遇到不同的困难，尤其是创业初始阶段，经济下行困难时期，更需要政府的引导和服务。江山近年来为企服务的氛围总体是好的，通过大力推行行政审批制度改革、“店小二”服务机制，行政效能得到了提升。但是作风建设永远在路上。一些经济主体反映，现在是“门好进、脸好看，但事仍难办”，特别是一些干部担当不够、思维僵化，“中梗阻”现象依然较为严重，不是想着如何去解决，而是抱着条条框框办事，搬起上级文件做挡箭牌，按部就班，因循守旧，导致一些好项目落地问题、要素供给问题迟迟得不到解决。还有的领导担心同企业家打交道会被人家说闲话。身正不怕影子斜，群众眼睛是雪亮的，组织也不会让一个为企业办实事的干部吃亏、受委屈。为官不为才是最大的消极腐败！企业有困难，党委政府必须予以协调，及时处理。我们必须充分认识到，推进全民创业创新关键看环境比服务，要强化“事在人为、关键在我”的主动服务意识，围绕企业所思所想所盼，勇于承担责任，少说不行，多说怎样才行，使一线服务、精准服务、超前服务成为江山政府为企服务的新常态。

3. 深入反思企业发展问题，进一步强化开放合作理念。江山的企业家队伍总体是一支奋进自强的好队伍，他们身上展现着江山人艰苦创业、敢为人先的良好传统，特别是近年来，一批企业家积极适应新形势、新要求，勇立科技创新潮头，加快企业转型升级、发展壮大。但有的企业家也存在封闭保守思想，有“宁为鸡头不为凤尾”情结，缺乏协作抱团意识，同行间恶意竞争、互不服气；有的企业开放合作意识不强，固守家族式管理模式，对构建现代法人制度、引进风投、拆分股权、上市做大的认识不到位；有的企业创新意识不强，不愿在创新研发上投入，对技术、人才、先进装备等软实力资产舍不得投资，却较热衷于买地、购房等硬资产建设，等等。这种不愿合作、不敢开放、不懂创新的现象，严重制约了企业的做大做强。当前，创新要素在全球范围内流动空前活跃，要么你长成参天大树，要么你依托大树成长，否则迟早会被淘汰出局。我们要引导广大企业主牢固树立开放合作的发展理念，把握大势，顺势而为，以更宽广的视野，加快建立现代企业制度，积极引进技术人才、管理人才，增强企业发展动力和活力；要善于抱团发展，通过建立企业联盟、产业联盟等途径，实现优势互补、合作共赢；要大力实施创新驱动战略，更多地依靠科技进步、劳动者素质提高和管理创新来推动江山发展。

4. 深入反思市场环境建设问题，进一步强化法治意识。近年来，随着普法工作的力度不断加大，江山人民的法治观念、诚信经营理念得到有效增强，市场环境明显改善，投资环境持续优化。但我们也要清醒看到，江山市场环境建设方面仍存在的突出问题：从政府层面看，有时市场监管不到位，缺乏公平正义，使投机经营有利可图；要素市场化程度不高，专业园区门槛过高，抑制了部分市场经济主体的创业创新激情。从主体层面看，少数经济主体缺乏诚信意识，在经营活动中为谋求不当利益以次充好、违法经营，既影响了自身发展，又败坏了行业乃至整个江山的形象。我们要引导广大经济主体进一步强化法治意识，依法创业、诚信经营；要加大对创业创新侵权案件的查处力度，努力构建良好的金融生态，降低市场交易成本，进一步优化市场环境和营商环境。

三、进一步明确推进全民创业创新的总体思路和工作重点

我市全民创业创新的指导思想是：以科学发展观为指导，深入学习贯彻习近平总书记系列重要讲话精神，努力适应和引领新常态，坚持以富民强市为目标，以解放思想为先导，以转型升级为主线，着力构建充满活力的创业创新生态体系，充分激发江山人民创业创新激情，奋力开创全民创业创新新局面，推动江山经济社会发展向更高水平迈进。

全民创业创新的奋斗目标是：通过三到五年奋斗，努力打造华东地区最具活力城市。

——综合实力更强。区域竞争优势不断增强，继续领跑三省边际各县（市、区），跻身省内中等发达县（市、区）行列。地区生产总值、财政收入、固定资产投资等主要经济指标的年均增幅位居省内各县（市、区）前列。创业富民成效显现，城乡居民收入、购买力水平、社会保障覆盖面、金融机构存贷款余额等均实现较快增长。

——创业环境更佳。全民创业创新活力充分激发，新办经济实体、城镇新增就业人数、企业上规模数量等较快增长，增幅位居省内各县（市、区）前列。区位优势充分发挥，交通环境、创业平台等配套设施极大改善。政府职能转变成效显著，政策体系不断完善，体制机制创新卓有成效，干部服务能力有效提升，社会舆论环境更加优良。

——创新活力更足。产业转型升级步伐加快，产业竞争力进一步增强，战略性支柱产业、高新技术产业、新兴产业不断发展壮大。科技创新步伐加快，创新型企业大幅增加，高新技术企业数、省级以上研发机构数和工业技改投入等实现较大增长。创新智慧竞相迸发，创新人才大量涌现，对外吸纳各种要素资源的能力大幅提高。

——社会和谐更好。群众安全感满意度不断提升，城乡居民收入比更趋合理，财政资金用于民生的支出大幅增长，社会事业快速发展，社会保障体系进一步健全。社会道德风尚明显提高，公民法治观念、诚信意识普遍增强，生态环境质量显著改善，人民群众安居乐业。

当前和今后一段时期，重点要实施全民创业创新五大工程：

1. 实施产业引领工程。要推进工业强市和旅游富民“两轮驱动”，全力打造工业经济升级版，努力建设全国一流的休闲旅游目的地，为全民创业创新提供强有力的产业引领。

一要围绕工业强市创业创新。工业是全民创业创新的主战场。要大力培育优势产业。引导和支持输配电骨干企业发展高等级、智能变压器，照明电器由节能灯向 LED 产品换代，木门行业向定制家居产业发展，消防器材产业向智能化产品探索转型；大力发展新兴产业，依托现有产业基础和生态环境优势，以新材料、新能源、新装备、绿色饮品食品等领域为发展重点，积极延伸软磁、纳米等高新产品产业链；改造提升建材、化工等传统产业，加快存量技改、跨界发展。要加快推进两化深度融合。以产品智能化、生产自动化、销售网络化为方向，依托省两化深度融合国家综合性试点区建设，加快谋划实施一批信息化关键项目，重点抓好信息经济、工业电子商务和物联网技术应用推广；实施企业创新能力提升计划，积极推进行业“机器换人”，鼓励龙头和规上企业提高生产装备、流程管理、终端应用的智能化水平；推进申达特种变压器研究院、金凯木业工业设计基地、智慧产业园等建设。要合理配置资源要素。推进资源要素市场化配置改革，完善工业企业绩效综合评价制度，推行差别化的土地使用税、用水、用电政策；加快淘汰一批落后产能，腾出发展空间，有效承接发达地区产业转移，借力提升江山工业整体发展水平；推进治水治气，大力发展循环经济，抓好资源综合利用，推进绿色发展。

二要围绕旅游富民创业创新。旅游业二次创业是全民创业创新的主抓手。要明确一个目标：即力争通过 3 至 5 年努力，把旅游产业培育成我市战略性支柱产业，把我市打造成为全国一流的休闲旅游目的地。要突出两大重点：一是做大做强核心景区。争创江郎山 AAAAA 景区，以江郎山国际文化旅游产业发展集聚区为核心，着力打造旅游业发展主平台。争创仙霞古道 AAAA 景区，启动仙霞古道申遗工作。二是做精做特乡村休闲旅游。按照集约集聚、规模发展原则，统筹规划、整合资源，充分利用中国幸福乡村建设成果，加快廿八都、保安等特色小镇培育，大力创建一批乡村休闲特色村，并串点成线、连线成片，不断提升市域景区化内涵；做足做深农旅结合文章，丰富休闲农业新业态，努力提高休闲旅游富民成效。要抓实三项工作：一是千方百计引进旅游大项目。重点突出生态休闲度假和户外运动休闲两大方向，启动“仙霞古道”绿道建设，推进旅游集散中心、城北主题公园、箬山龙井乡村旅游度假区等旅游项目招商，力争廿八都古镇二期、江郎山养心湖、江郎山全国智慧化养老示范基地等项目落地实施，着力引进一批综合实力强的旅游经营企业和产业带动力强的旅游综合体项目。二是提升旅游配套服务。加快推进景区基础设施建设，完善交通、住宿、餐饮、购物等旅游要素配套，当前重点要加快建设高铁站站前广场和站前大道，抓紧开通江山高铁站至各主要旅游景区的公交专线，打造江山旅游 1 小时交通圈；有效提升旅游从业人员素质，加强旅游服务标准化建设。三是做好营销文章。充分抓住高铁开通契机和信息时代机遇，创新旅游营销方式，深化旅游区域合作，精心策划旅游精品线路，拓展旅游目标市场，努力提升江山城市和旅游品牌的知名度和美誉度。

三要强化“两轮驱动”的产业链支撑。把互联网作为全民创业创新的重要平台，突出发展电子商务，完善电子商务配套服务，引进第三方物流企业，启动建设生活性、生产性物流园区，加快建设物流仓储体系，推动电商集群集聚发展；加快培育一批电子商务领军人物、骨干企业，推动我市互联网经济蓬勃发展。要加快发展研发设计、文化创意、中介服务等生产性服务业，积极鼓励各类主体进入健康、养老、家政等与消费升级密切相关的生活性服务业。

2. 实施主体培育工程。创业创新关键在市场主体，要积极鼓励各个领域、各个层次、各种类型的主体投身创业创新实践，大力培育一大批有胆识、有作为的创业创新主体，形成精英创业、大众创业、草根创业百花齐放的生动局面。一要大力推动企业再创业。企业是创业创新的主力军。要积极引导江山企业家创业再出发，鼓励江山资本投资工业经济和旅游业发展。大力推进企业兼并重组，继续支持有潜力、有条件的企业规改股、股上市；实施小微企业成长计划，加快推动个转企、小升规，鼓励小微企业走小而专、小而精、小而特、小而新的成长壮大之路，形成大中小企业协同发展格局。力争到2017年，规模以上工业企业达到350家，其中亿元以上100家、10亿元以上8家、上市企业5家。二要大力支持外来客商创大业。坚持“招商引资第一工程”不动摇，健全完善招商引资机制，突出市领导挂帅，示范带动全市各级领导干部走出去抓招商、引项目。要在精准招商、有效招商上下功夫，既要“高大上”，又要“小而美”，特别是要瞄准上海、杭州等大城市科技孵化基地，抓“小鸡”来培育，让更多的创业者驻足江山、扎根江山。深入实施“江商回归”工程，充分发挥在外商会等联谊平台作用，进一步加强信息互通，打好亲情牌，动员和引导在外经商和创办企业的成功人士回乡创业，把“江山人经济”转化成“江山经济”。三要大力鼓励青年群体创新业。青年是创业创新的生力军，江山青年要在创业创新中勇挑大梁。要强化新生代企业家培养，设立专项资金，建立常态化轮训机制，努力打造一支具有现代经营理念、视野开阔、社会责任感强的新生代企业家队伍。要大力鼓励和引导大学毕业生等各类青年群体积极投身创业创新，成立“大学生创业联盟”，开展创业计划大赛活动，并从创业场所、启动资金、辅导培训、市场开拓、权益保护等各个方面，为他们提供更有力的支持，让青年创业创新的种子落地生根、茁壮生长。四要广泛发动全民自主兴业。深入开展创业观教育，广泛发动各类群体开展灵活多样的创业。要发动千家万户农民主体发展乡村旅游农家乐、民宿经济；要发动社会大众、千军万马从事电子商务，推销江山产品。要学习遂昌经验，大力发展农村电子商务，鼓励支持农民主体触网做生意。工青妇要发挥优势，抓好宣传发动和业务培训。力争到2017年，有乡村休闲旅游特色村15个、农家乐综合体9家、三星级以上农家乐250家、民宿床位3000张、网店5000家。

3. 实施平台建设工程。大力推进平台建

设，为创业者提供广阔的创业空间、完善的创业支撑，让一切创业的要素充分集聚起来、活跃起来。一要建好基地平台。整合、提升、优化“一体两翼”工业主平台，完善开发管理体制机制，努力将江山经济开发区建成省级重点开发区和省级高新技术产业园区；加快市区至莲华山工业园快速通道建设，启动实施峡口水库至第二水厂引调水工程，加速贺村小城市与中部工业园的产城融合、城园互动，打造中部工业新城；加快推进莲华山、贺村、峡口、四都等8个小微企业创业基地以及电子商务创业基地、科技孵化器等一批创业创新平台建设，鼓励乡镇（街道）、村集体和企业盘活闲置厂房、废弃校舍、空闲办公用房等资源，引进创办同生态环境相融的小微企业。加快土地流转，深化农业“两区”建设，把农业“两区”建成我市现代农业主平台、智慧农业孵化园、休闲农业观光园。继续做精做美中心城区，加快推进小城市、中心镇、重点特色镇人口集聚，打造服务业创业创新综合平台。二要完善融资平台。用金融投资理念来加强国资运营管理，着力做强国资平台，提高国资融资能力，努力争取政府债券规模。做大中小企业担保中心，将注册资本金由5000万元增加到1亿元。建立创业创新引导基金，支持高技术人才、青年群体尤其是大学生创业。降低市财政对企业转贷的门槛，服务对象扩大到现代农业、现代服务业。借鉴先进地区经验，按照政府引导和市场化运作相结合的原则，组建民间融资服务中心，整合民间闲散资金用于当地企业发展或项目投资。设立创业贷款风险补助专项资金，鼓励金融机构积极推出个性化、专业化、灵活多样的金融产品和服务，支持有条件的企业到证券市场、资本市场直接融资，促进经济主体融资渠道、筹资平台多元化。三要搭建科技创新平台。加快推进科创园建设，力争用三年时间打造成江山科技创新服务和科技创业孵化的主平台。总结推广沈阳变压器研究院江山分院创建经验，积极引进产业科技创新服务机构，鼓励企业在大城市、大专院校、杭州海创园等建立研发机构，引导企业建立产业技术创新联盟，多途径构建公共科技服务平台。发挥好省市级重点企业研究院作用。

4. 实施改革深化工程。改革是最大的红利，要主动改革，着力破除制约全民创业创新的体制机制障碍，激发全民创业创新动力。一要深化行政审批制度和投融资体制改革。完善“四张清单一张网”，深化项目投资直通车模式，打造高效审批“江山样板”。坚持国有资产资本化价值化方向，推进财政国资管理体制改革，提高国有资产整合度和财政资金归集率。积极引导民间资本参与公共服务领域投资，以教育医疗养老健康等社会事业、市政基础设施建设、产业园区公共服务以及生态休闲乡村建设领域为重点，开展民间资本参与公共领域投资PPP模式试点，建立项目储备库，定期向全社会公布并组织推介活动。要全面推进政府机构和公务用车改革。二要深化科技体制改革。建立科技创新券制度，鼓励企业加大研发投入。扩大科技风险资金池规模，发挥好创业基金、风险投资在创业创新中的积极作用。建立健全知识产权保护机制，切实提高我市知识产权创造、运用、保护和管理的水平，保护和激励好各类主体创新的积极性。三要创新人才体制机制。树立“不求所有，但求所用”的人才引进理念，学习借鉴先进地区经验，完善人才政策，加大国内外工程师引进力度，积极建设一批院士专家工作站、人才驿站等高层次人才发展平台，吸引高层次人才柔性流动。创新中等职业教育培养模式，积极争取相关院校在江山中专设立分院或教学点，支持培养本土人才，服务企业发展。四要深化农村产权制度改革。扎实做好土地承包经营权、宅基地使用权的确权、登记、颁证工作，加快推行农村集体经济组织的股份合作制改造，建设农村产权交易平台，拓宽农村产权流转的实现途径；稳步推进赋权工作，积极探索农村产权抵押贷款实施办法。推进农村“吊脚楼”建设试点。

5. *实施环境优化工程*。加快构建优良的创业生态体系，努力打造良好的政策制度环境、营商环境、法治环境和社会环境。一要加强政策支持。着力在“解读、整合、落实”六字上下功夫。要把从中央到地方、从部门到行业各方面鼓励创业创新的政策宣传好、解读好、推介好，让政策家喻户晓、深入人心，让广大创业创新者真正了解政策、把握政策、用好政策。要全面梳理、整合政府已出台的扶持政策，研究出台支持全民创业创新的政策意见，政策制定要在管用上下功夫，并及时兑现。二要强化干部服务。引导广大党员干部把职业当事业，牢固树立“抓服务也是创业创新，服务创业创新是最重要的职责”的理念，保持旺盛工作热情，提升服务水平。建立市领导挂联的产业领导小组制度，开展重大项目“挂帅作战”活动，全方位了解、协调、解决产业发展、项目落地等创业创新环节存在的问题，充分发挥领导示范带头作用。深化“店小二”服务机制，充实壮大“店小二”服务队伍，有针对性地对涉企部门、窗口单位干部开展政策、业务等培训，不断提高干部服务全民创业创新的精准度。加强创业创新的培训、指导、组织工作，建立创业创新项目库，定期发布全民创业创新指导目录，开设创业创新服务网站，开通创业创新服务热线，强化创业创新项目引导。三要提升社会事业。大力弘扬“崇学、务实、包容、创新”江山精神，扎实推进“学在江山”品牌建设，提升公共卫生服务水平，加快发展公共交通等社会事业，进一步加强就业、住房、养老、社会救助、基本保险等社会保障体系建设，不断提高群众幸福指数。深入推进生态家园建设，强化城乡规划、建设和管理，努力改善人居环境。四要建设法治江山。认真贯彻落实党的十八届四中全会、省委十三届六次全会精神，深入推进“法治江山”建设，加强和创新社会治理，严密防范和严厉打击各类违法犯罪行为，全力维护各类创业创新主体合法权益，营造公平竞争的市场环境。大力推进诚信体系建设，积极推动政府、企业、个人诚信系统建设和应用，进一步规范市场经济秩序，在全社会形成依法创业、诚信经营、以质取胜的良好风尚。

四、凝聚推进全民创业创新的强大合力

习近平总书记在浙江工作期间，第一次到衢州调研时强调，要把眼光放得远一些，把目标定得高一些，有干大事的气魄、创大业的胆识、谋求大发展的信心和决心。2014 年 10 月，省委书记夏宝龙在县（市、区）委书记工作交流会上强调，要打造好团队，创造好业绩。最近，衢州市委书记陈新强调，要大力弘扬“向东是大海”的敢为人先精神、“不破法规破常规”的改革创新精神、“人一之我十之”的攻坚克难精神和“众人拾柴火焰高”的团队合作精神，全力推动转型发展。推进全民创业创新，必须深入践行习近平总书记和省委夏宝龙书记的重要指示精神，坚持以“四种精神”为引领，科学谋划、精心部署，强力推进、强势落实，努力形成政府鼓励创业创新、社会支持创业创新、全民竞相创业创新的良好局面。

1. 统筹一盘棋，强化组织保障。为切实加强对全民创业创新各项工作的组织领导，市委、市政府决定成立全民创业创新工作领导小组，由市委、市政府主要领导担任组长，领导小组下设办公室，负责任务分解、协调服务、考核奖惩等日常工作。今天将提交全会审议的《关于加快推进全民创业创新的决定》，对我市全民创业创新工作的指导思想、目标任务、重点工作等进行了明确。下一步，还将制订“全民创业创新评价指标体系（活力指数）”，下发“全民创业创新三年行动计划”，对目标任务进行具体细化，对各单位职责进行分解落实。从今年起，全民创业创新工作要作为一项重要内容，纳入乡镇（街道）、机关部门年度目标责任考核体系，各级领导要带头抓督查、促落实，积极协调解决具体问题，确保目标不悬空。

2. 形成一条心，营造浓厚氛围。要大力建设“创业光荣、创新伟大，鼓励成功、宽容失败”的社会文化环境，将每年5月18日确定为江山全民创业创新日，召开全市创业创新大会，隆重表彰各界创业创新明星，让有创业创新梦想的人学有榜样、干有劲头、赶有标兵。将每年5月18日所在周确定为科技活动周，为产学研对接搭建平台。将每年5月确定为企业服务月，开展为企服务各项活动。各级各部门要围绕上述三项活动，设计载体，开展活动，落实举措，推进全民创业创新。宣传部门要开设创业创新品牌栏目，讲好江山创业创新故事，树立一批成功典型，推广一批先进经验，唱响“为创业者加油、为创新者鼓劲、为成功者喝彩”的主旋律。

3. 拧成一股劲，打造具有干事创业特质的干部队伍。推进全民创业创新，对干部队伍建设提出更高要求。要主动适应作风建设新常态，把“四种精神”作为衡量一个单位、一个干部作风能力的重要标准，牢固树立正确用人导向，选好人，用对人，培养人，关爱人，对敢抓落实、善抓落实的“狮子型”干部要坚决用起来，对不敢担当、不抓落实的“太平官”要果断调整下去，使干事创业、开拓创新成为江山干部队伍的鲜明特质。要狠抓基层党组织建设，全面开展“大抓基层组织年”活动，进一步增强基层党组织的凝聚力和战斗力，推动市委决策部署在基层得到更好落实。要从严治党、依规治党，加强党的纪律建设，深化“四风”整治，巩固和扩展党的群众路线教育实践活动成果，健全完善作风建设长效机制，推进正风肃纪常态化，切实以严的标准要求干部、严的措施管理干部、严的纪律约束干部，更好发挥党员干部在全民创业创新中的示范引领作用。

同志们，全民创业创新的号角已经吹响。让我们高扬全民创业创新的大旗，万众一心，抢抓机遇，奋力拼搏，为打造华东地区最具活力城市、加快建设惠及全市人民的幸福江山而努力奋斗！

政府工作报告

——在市十五届人大四次会议上

叶美峰

（2015 年 2 月 3 日）

各位代表：

现在，我代表市人民政府向大会作工作报告，请予审议，并请市政协委员和其他列席人员提出意见。

一、2014 年工作回顾

过去一年，是全面深化改革的起始之年。一年来，市政府在市委坚强领导和市人大、市政协有力监督支持下，围绕加快建设幸福江山的奋斗目标，以“五个十大专项行动”为主抓手，稳中求进，克难攻坚，较好地完成了市十五届人大三次会议确定的目标任务，经济运行企稳回升，社会保持和谐稳定。预计全市实现地区生产总值 250.8 亿元，同比增长 7.6%；财政总收入 22.08 亿元，增长 8%，其中公共财政预算收入 13.66 亿元，增长 10.2%；固定资产投资 151.02 亿元，增长 16.8%；社会消费品零售总额 96.38 亿元，增长 13.9%；外贸进出口总额 6.46 亿美元，增长 19.8%；城镇居民人均可支配收入 32022 元，农村居民人均纯收入 16659 元，分别增长 9.3%、11%。

（一）持之以恒促转型，产业升级步伐加快

工业强市加快建设。中部工业新城建设有序推进，110 千伏敖坪变、第二污水处理厂建成投用，市区至中部快速通道、园区供水管网加快建设。新增规上企业 22 家，规上产值增长 4.9%。“四换三名”有力推进，技改投资增长 28.7%，实施“机器换人”项目 110 项，腾出用能空间4500吨标煤，盘活存量土地840亩，个转企197家，新认定中国驰名商标2件，新增浙江名牌产品4个。变压器产业技术联盟成功组建，木门、消防器材集体商标申报注册，330KV特种变重点企业研究院建成投用，沈阳变压器研究院在江设立办事处。培育国家高新技术企业1家，新增省股权交易中心挂牌企业24家，健盛集团成功上市。万元GDP能耗下降6.5%。成功争列省两化深度融合国家综合性试点区。

现代服务业加快发展。旅游业“二次创业”成效初显，国家休闲区规划完成编制，江郎山文化旅游风景区AAAAA创建通过省级初评，仙霞关景区经营权顺利回购，江郎山游客中心基本建成，廿八都古镇保护与利用二期启动实施。新推出8条乡村游和6条亲水游精品线路。醉美碗窑、秀美耕读AAA级景区成功创建。江山阶金钉子自然保护区启动建设。景区接待游客70.3万人次，门票收入2890万元，分别增长15.8%和15.2%。商检、海关办事机构投入运营。阿里巴巴江山产业带建成投用。实现电子商务交易额33.8亿元，增长81%。成功争列省服务业改革创新试点县、省电子商务示范县。

生态农业加快提升。农业“两区”深化建设，新增省级示范区精品园6个，建成粮食生产功能区1.99万亩、高标准基本农田4.7万亩，土地流转率50.04%。全国蜂业大会成功承办，蜂王浆在渤商所上市，获评全国十大生态产茶县。595个山塘水库实行洁水养鱼。成功创建省级示范性家庭农场5家。灌区节水改造、山塘整治、病险水库除险加固、中小河流治理等工程顺利推进。农产品检测中心建成投用。通过有机农产品认证30个，新增绿色食品5个、国家无公害农产品6个。成功争列第六批全国小型农田水利建设重点县、省农业信息化示范市。

（二）持之以恒抓投资，发展后劲不断增强

要素保障得力有序。土地征迁深入开展，城北迎宾、天余等区块顺利完成，通禄门、牛头岭区块加快推进，储备城市建设用地1949亩。“一体两翼”、生产性物流园区等平台新增熟地3050亩。争取用地指标1732亩，报批土地3038亩，垦造耕地6460亩。杭长高铁江山站建成通车，成功争取7对始发、34趟高铁在江办客，开创县城高铁直达北京的先河。金融机构各项存款余额330.27亿元、各项贷款余额305.33亿元，分别增长11.1%、11.3%。招商银行入驻江山。22个项目列入省重点。争取上级财政补助资金14.96亿元。与东华理工大学建立战略合作关系。岑可法院士工作站和姚克等13个专家工作站落户江山。成功争列省级资源要素市场化配置综合配套改革试点、土地管理有关权限下放试点。

招商引资富有成效。招商引资考核机制、中介招商激励机制优化完善。首届“江商大会”成功举办。江山——柯桥山海协作产业园开发建设走在全省前列，争取省补资金4300万元。62个点将项目全面推进，娃哈哈饮料食品、正泰光伏电站、冠旗纳米科技、时尚定制家居产业综合体等5亿元以上项目落地实施，江郎山国际休闲养生城等一批好项目成功签约。引进招商引资项目210个，到位市外资金42.56亿元，其中5000万元以上项目42个，亿元以上项目34个。浙商回归项目20个，总投资67.45亿元，实际到位省外资金29.51亿元。

项目建设扎实推进。全力以赴大干项目、干大项目，完善市领导挂联、项目指挥长等工作机制，开展工业服务月、重点项目百日攻坚大会战等主题活动。131个“四大百亿”项目，开建109个，开建率83.2%，完成投资58.07亿元。虎霸软磁、同景光伏电站、天际互感器等一批产业项目建成投产，大润发超市、五菱汽车配送中心等一批服务业项目顺利推进，48省道延伸、江广公路等一批重大基础设施项目加快建设，凤林初中、石门小学等一批民生工程顺利建成。10件为民办实事项目基本完成。

（三）持之以恒优环境，城乡建设一体推进

治水治气成效显著。狠抓“五水共治”，“河长制”深入实施，“清三河”达标县加快创建。生猪养殖污染整规有序推进，新关停养殖场3567个，削减生猪饲养量40.7万头，病死猪无害化处理厂建成投用。农村“双治”工程启动实施，基本完成99个村生活污水治理和40个村垃圾分类处理。完成5个集镇污水处理站改造、35公里污水主管网建设。化工印染造纸制革行业加快整治。城市排涝体系优化完善，“五溪一渠”完成清淤。峡口水厂扩建主管网、廿八都镇饮用水提升工程建成通水，南部区域8个乡镇17.8万群众喝上放心水。江山港实行生态用水调度。重点行业粉尘污染完成治理，淘汰黄标车2200辆，江山化工、南方水泥等2家重点企业完成脱硫脱硝技术改造。

城市建管优化提升。“美丽江城”规划提升行动启动实施，乌木山城市设计、中心城区商业设施布点、物流园区、交通组织等专项规划编制完成。金陵大酒店、江滨路改造、西山游步道、迎宾广场、礼贤路上跨铁路立交接线等项目建成投用，南入城口整治提升、彩化江山等项目加快建设。“三改一拆”深入推进，“一户多宅”有序整治，拆除违法建设86.8万平方米，改造旧住宅区、旧厂区、城中村128.3万平方米，完成“无违建”村（社区）创建190个。干线公路沿线广告牌完成整治。城市交通治堵深入实施，投放公共自行车1000辆，新增公共停车位510个，新开发地下空间10.2万平方米，环城西路、西山路等拥堵节点完成改造。

幸福乡村纵深推进。新增12个中国幸福乡村、44个单村创建村、2个衢州市美丽乡村示范乡镇、6个精品村。完善异地搬迁安置模式，贺村、峡口异地搬迁公寓房有序建设，完成搬迁安置680户2000人。深化农房改造，拆除农村旧房9164户76万平方米。加大经济薄弱村扶持，推进低收入农民持续增收，发放来料加工费3.92亿元，新增省级农家乐特色乡镇1个、衢州市级农家乐特色点4个，实施经济薄弱村异地联建物业经济项目7个。妥善应对“6・27”特大洪灾。森林消防、动植物防疫、气象灾害预警等得到新加强。

（四）持之以恒惠民生，群众生活持续改善

民生保障日益完善。社会保险覆盖面不断扩大，养老、医疗、工伤、生育、失业等五大保险累计新增参保人数21965人。城镇居民最低生活保障标准从每人每月480元提高到540元，农村居民最低生活保障标准从每人每月332元提高到389元。城乡居民社会养老保险基础养老金标准由每人每月80元提高到100元。城镇新增就业6158人，城镇失业人员实现再就业2522人，培训农村实用人才3578人。城镇登记失业率3.1%，城镇零就业家庭动态消除。新增城乡居家养老服务照料中心

118个。发放救灾救助资金4508万元。新增保障性住房436套。村（社区）级事务实行准入制。争列省级大中型水库移民避险解困工作首批试点。省级扶残助残爱心城市成功创建。

社会事业全面进步。“学在江山”卓有成效，高考、中考成绩创近10年新高。全国义务教育基本均衡县通过初评。新创省标准化学校14所，江山中学成功创建省一级特色示范高中，江山中专通过国家改革发展示范校省级验收。邵逸夫医院江山分院揭牌，全国中医药工作先进单位通过复评。登革热、H7N9病毒、血吸虫等传染病防控工作得到加强。全国基层公共文化服务工作现场会成功承办，新建成农村文化礼堂67个。广电网络“一省一网”改革顺利完成。全国男子举重冠军赛、健美操锦标赛成功承办。市第十五届运动会成功举办。省级双拥模范城实现“八连冠”。

社会治理持续加强。“平安江山”深化建设，安全生产“一岗双责”有效落实，未发生较大及以上安全生产责任事故。食品药品安全专项整治深入实施。学生交通安保工程稳步推进，新购校车24辆。三轮（四轮）电动车整治取得明显实效。社会治安综合防控全面加强，天网工程加快建设，新布点高清监控摄像头743处。单独两孩政策顺利实施，计生专项整治取得实效。“六五”普法、民主法治村创建深入推进。信访积案有效化解，信访量下降12%。债务危机重点企业帮扶进展顺利，26家企业实现案结事了。重大突发舆情应对有力，网络空间清朗有序。

（五）持之以恒转作风，自身建设得到加强

重大改革初见成效。行政审批制度改革有序推进，“四张清单一张网”加快建设，政府权力清单、财政专项资金管理清单、部门责任清单基本编制完成，企业投资负面清单有序推进，网上政务大厅试运行，“12345”政府服务热线顺利开通，行政审批事项由746项精简为183项。食药监管体制调整基本到位。乡镇财政体制、国有投融资管理体制改革扎实推进。民办教育、民营医疗机构扶持政策完善出台。农村宅基地确权登记发证率98.5%，村经济股份合作社改革和农村土地承包经营权确权登记工作基本完成。

服务质量优化提升。围绕产业升级，兑现扶农惠农资金5.9亿元、扶工惠企资金1.31亿元、服务业扶持资金0.85亿元。调度财政资金6.68亿元，帮助重点纳税工业企业转贷9.8亿元。设立企业搭桥专项资金1.6亿元、科技型中小微企业风险资金池5000万元。加快小微企业创业基地建设，新建改建标准厂房5万平方米。智库产业园意向入园企业16家，科技孵化中心入驻企业9家。率先实施“店小二”服务机制，82名“店小二”为企业“跑堂”。首创项目审批直通车模式。加强涉批中介规范管理，118家中介机构进驻行政服务中心。

作风效能持续增强。深入开展党的群众路线教育实践活动。以市政府名义召开的会议减少10.2%，规范性文件由737件精简为324件。“三公”经费支出下降3891万元，降幅41.5%。重大行政决策程序深化完善，制定出台政府投资项目决策审议制度。启动重大决策跟踪评估工作，制定行政法律顾问工作规则，大力推进行政复议规范化建设，依法受理率、听证率均达100%。被评为省法治政府建设先进单位。自觉接受市人大、市政协和社会各界监督，504件人大代表议案建议和政协提案全部按时办结。

同时，政府咨询、供销、外事、侨务、台湾事务、国防动员、民族宗教、工会、妇女、儿童、青少年、应急、档案、人防、通信、慈善、红十字等事业都得到了新发展。

各位代表，过去一年的成绩来之不易，这是上级党委政府和市委正确领导的结果，是市人大、市政协和社会各界有力监督支持的结果，更是全市人民共同努力的结果。在此，我代表市政府，向全市工人、农民、知识分子和离退休老同志，向所有在江投资创业者，向驻江部队、武警官兵和驻江各单位，向人大代表、政协委员和各民主党派及工商联、人民团体、社会各界人士，向广大关心和支持江山发展的各级领导、各界朋友，表示衷心的感谢和崇高的敬意！

在肯定成绩的同时，我们也清醒地看到，我市经济社会还存在不少困难和问题：一是经济总量小、质量效益差、结构不合理等短腿依然存在，促进工业化、信息化、城镇化、农业现代化同步发展任重道远；二是资金筹措、土地征迁、环境承载、人才外流等多重压力叠加，项目落地、公共服务保障、社会事业发展等受要素制约加剧，与群众的期盼仍有差距；三是信访维稳、安全生产、环境保护、社会矛盾化解、食品药品监管等任务依然繁重、形势依然严峻，社会治理水平亟待提升；四是政令不畅、效率不高、作风不实、思想不够解放等问题仍不同程度存在，一些干部的改革意识、服务意识、开放意识、创新意识仍需提升。对于这些问题，我们将立足当前、着眼长远，采取更加有力措施认真加以解决。

二、2015 年主要工作

2015 年是全面完成“十二五”规划的收官之年，是全面深化改革的关键之年，也是全面推进依法治国的开局之年。新的一年，我们要主动适应新常态，妥善应对新问题，敏锐发掘新机遇，努力推动江山经济社会发展迈上新台阶。

今年政府工作总体要求是：全面贯彻党的十八届三中、四中全会和习近平总书记系列重要讲话精神，按照中央、省委经济工作会议和市委十三届八次全会决策部署，以解放思想为先导，以深化改革为主线，全力实施全民创业创新五大工程，突出抓好五个十大专项行动，统筹推进稳增长、促转型、治环境、惠民生、促和谐，努力实现“十二五”良好收官，科学谋划“十三五”发展规划，为加快建设惠及全市人民的幸福江山奠定坚实基础。

经济社会发展主要预期目标为：地区生产总值增长 7.5%左右；公共财政预算收入增长 7.5%；固定资产投资增长 12%；外贸出口总额增长 8%；社会消费品零售总额增长 11%；城镇居民人均可支配收入和农村居民人均纯收入分别增长 9%和 10%；完成省和衢州市下达的节能减排任务。

根据上述总体目标要求，今年市政府重点抓好六个方面工作：

（一）坚定不移推进工业强市建设，全力打造工业经济升级版

加快建设中部工业新城。整合提升“一体两翼”工业平台，突出资源集聚、产城共建，理顺工业平台开发管理体制，深化小城市扩权强镇改革，统盘推进贺村小城市新三年行动计划和莲华山工业园开发建设。完成国家低丘缓坡综合开发利用试点，推出熟地 1200 亩。打通市区至中部快速通道、广贺路、贺滨路延

伸，打造15分钟快速交通圈。加快峡口水库至第二水厂引调水工程、江山港湖前溪淤段防洪工程、集中供热管网、农民公寓楼、市第二人民医院、贺村第二小学、莲华山公共服务中心等一批项目建设，加快提升配套水平。同时，加快完善山海协作园三期、江东园五期、高新园、峡口、四都等工业平台基础设施配套建设，加快推进江山经济开发区园区循环化改造省级试点。深化小微企业创业基地规划建设，完善服务配套，鼓励利用存量用地创办小微企业。

加快培育壮大优势产业。深化产业研究，突出重点扶持，建立市领导挂联服务产业机制。做强输配电、照明电器两大主导产业，支持输配电产业技术联盟建设，发展高等级、智能变压器，鼓励照明电器由节能灯向LED产品换代。深化木门、消防器材两大特色产业整治，规范行业生产经营，支持行业协同制造，引导木门向定制家居产业发展，消防器材向智能化产品转型。鼓励传统产业跨界发展，引导存量企业加大技改，着力培育转型升级标杆企业。有序推进新江化建设。加快培育新兴产业，延伸软磁、纳米等新材料重点产品产业链，发展以水资源利用为主的绿色食品饮料等生态产业。深入开展“四换三名”，完善企业绩效综合评价办法，加大闲置低效用地处置力度，扎实推进“个转企、小升规、规改股、股上市”，鼓励龙头企业兼并重组、股份制改造和上市融资。力争新增规上企业20家，工业增加值增长8%。加快省两化深度融合国家综合性试点区建设，发展信息经济、工业电子商务，推广物联网技术应用。

加快发展生产性服务业。围绕产业转型升级需求，强化生产性服务支撑，有效降低商务成本，扎实推进省级服务业改革创新试点县、电子商务示范县建设。完善电子商务扶持政策，加快电子商务创业基地、电商嫁接工场等项目建设，充分发挥阿里巴巴产业带等平台作用，推进全网营销、跨境电商等模式创新，力争电子商务交易额突破50亿元。鼓励发展第三方物流，引导企业剥离物流业务，加快生产性、生活性物流园区建设，确保公铁联运无水港项目落地实施。优化金融生态环境，改制设立江山农村商业银行，确保金华银行、杭州银行江山支行投入运营。引导金融机构开展知识产权质押、中小微企业保证保险贷款。鼓励发展研发设计服务，建立科技创新券制度，加快科技创新创业园、重点企业研究院、工业设计基地建设。

（二）坚定不移加快旅游业“二次创业”，全力培育新的经济增长点

提升景区品质。紧密对接四省边际建设国家级生态旅游试验区规划，按照市域景区化要求，着力打造全国一流的休闲旅游目的地。重点抓好江郎山、廿八都、仙霞关等核心景区建设。加快完善江郎山景区软硬件功能配套，完成江郎山景区提升、江郎山大道绿化等工程建设，启动山里河马场二期，力争年内通过国家5A级景区旅游资源价值评估。加快廿八都古镇保护与利用二期建设，完成古镇南入口区景观整治、浮盖山地质公园提升，以及一批文保建筑修缮。启动仙霞古道徐霞客游线申遗，加快推进保安入口区及旅游接待中心、龙井国家级生态养老基地、仙霞休闲农业观光园、“仙霞古道”绿道等一批项目建设，争创仙霞关—戴笠秘宅国家AAAA级景区。力争年游客接

待量、旅游经济总收入均增长20%以上。

完善旅游业态。围绕旅游六要素，深化旅游项目前期，启动保安竹博园、箬山乡村旅游度假区等大项目招商，力争江郎山国际休闲养生城、生态智慧养老基地等项目落地建设。大力发展乡村休闲旅游，制定实施三年行动计划，争取建成全国休闲农业与乡村旅游星级示范企业1个、幸福乡村游景观带2条、AAA级景区2个。加快幸福乡村建设成果转化，创建一批乡村休闲特色村，引导有条件乡镇发展特色民宿，全力打造石门、廿八都、保安、四都、大陈等一批风情小镇。谋划推进“吊脚楼”试点。精心策划江山旅游一台戏。深化文化资源保护开发，挖掘本土文化内涵，实施三卿口制瓷作坊修缮、大陈村传统古村落保护利用等工程，推进文化产业创意园建设。鼓励发展工业观光游。有序推进地热资源勘探开发。

扩大品牌影响。以高铁开通为契机，拓宽旅游营销渠道，延伸旅游目标市场。引入专业营销策划团队，建立完善旅游营销市场化运作机制，引进培育一批国内知名旅行社、特色旅游企业，激活旅游营销活力。启动旅游集散中心建设，设立旅游咨询服务中心，加快江郎山通景公路项目前期，完成高铁存车线项目建设，新开通火车站至核心景区旅游公交专线，提升旅游组织能力。深入开展“乘高铁一元畅游江山”等营销活动。整合各类节会资源，谋划大事件营销，策划举办第五届中国·江山毛氏文化旅游节等重大节会。实施智慧旅游服务，积极发展旅游电子商务，大力推进江山旅游淘宝旗舰店及公众微信、微博平台建设。

（三）坚定不移扩大有效投资，全力升级加快发展主引擎

主攻招商引资。完善招商引资考核体系，强化市领导挂帅招商、点将招商，突出精准招商、中介招商，主攻工业招商、旅游招商，积极营造全员抓招商的浓厚氛围。立足优势产业、资源禀赋、宏观政策导向，紧盯上市公司、知名企业、行业龙头以及沪杭等地科技孵化基地，围绕输配电、新材料、食品饮料、休闲旅游等产业，力争引进一批领军型企业和关键性项目。重点促成惠普江山创意文化产业园、虎霸国石软磁产业园、优速物流、汽车城等项目签约落地。扎实推进“江商回归”工程，充分发挥在外商会作用，努力转化“江山人经济”。加快推进江山—柯桥山海协作产业园建设。力争全年引进亿元以上项目25个，10亿元以上产业项目2个，实际到位资金45亿元以上，其中利用外资900万美元以上。

狠抓项目建设。完善项目专家库、投资管理信息等平台，推行领导挂联、项目问答等制度，建立财经工作领导小组、城乡规划重要事项议事机制，开展项目建设“互看互学”、项目谋划金点子等主题活动，确保一批大项目谋划生成、落地开工、建成投产。安排“四大百亿”工程104项，总投资177亿元，完成当年投资71.6亿元。力争储备项目100个，重大前期项目转化实施率达40%以上。加快教师进修学校迁建、城北小学、农村饮用水提升、江山港大泽屿生态湿地公园等一批政府投资项目建设，加快娃哈哈饮料食品、正泰光伏电站、时尚定制家居产业综合体、消防安保城、江东工业园热电联产、健盛棉袜、明源机械装备等一批产业投资项目建设，加快江山至龙游高

速、江山至浦城铁路、杭衢城际铁路延伸等一批重大项目前期。扎实办好10件民生实事。

破解要素制约。认真研究制定“十三五”规划纲要，谋划一批重大平台、重大项目、重大政策。积极对接土地管理相关审批权限下放，新垦造耕地5000亩，建设高标准基本农田2.3万亩，实施农村土地综合整治1500亩。争取用地指标1500亩、报批土地3000亩。完善市领导挂帅指挥、工作组征迁机制，依法开展土地征迁拔钉清障，扎实推进山海协作园三期、通禄门片区、江山港虎山段、新火车站南侧地块、北关大桥东接线、牛头岭区块、凝秀南路沿线、机械装备市场等重点区域、重点项目土地征迁。大力推进节能减排，实施工业污染治理及大气、水污染防治四年行动计划，强化PM2.5污染控制，完成电镀企业及富达、三晟等化工企业搬迁入园，基本完成城区高污染燃料禁燃区创建，全面淘汰“黄标车”以及一批小燃煤锅炉，完成环境质量自动监测系统建设。深入实施“江山英才工程”，积极引进“国千”“省千”等高技能人才，建设一批院士专家工作站、人才驿站，创新中等职业教育培养模式，加快培养新生代青年企业家。

（四）坚定不移打造“美丽江城”，全力提升城市环境宜居度

深化规划引领。牢固树立规划管控意识，突出以规划整合配置资源，编制“美丽江城”规划、城市建设三年行动计划，加强市域总体规划与国民经济发展规划、土地利用总体规划、生态环境功能区等规划的衔接，促进城区、景区、园区深度融合。编制中心城区历史文化风貌规划、虎山公园总体规划，深化城北新城、城南新城、城东片区、老城区核心商圈的控规、详规，加强西山沿线、“一江两带”和火车站等重要区域、节点的城市设计和景观设计。坚持合理布局、注重特色、增强功能，着力提升集镇辐射带动能力，引导培育贺村、峡口、四都、石门等一批中心镇成为集聚提升产业的重要载体、承接农民转移的主要平台、统筹城乡发展的战略节点。

完善城市功能。丰满城北新城，打造城市新中心。加快推进站前广场、站前大道、总部基地、数字媒体安全技术中心等项目建设，完成综合交通枢纽项目前期。完善老城配套，打造城市新亮点。启动通禄门片区建设，力争完成西山南入口公园、环西山绿道、“一江两带”景观提升、老虎山东矿治理等项目建设。优化城南布局，打造产城融合区。规划建设与产业发展相适应的现代城市体系，着力为产业发展提供生产生活配套支撑。加快贯通内外路网，推进清湖大道、江滨南路延伸段、江电路、西山路南段、淤头至姜家公路等项目建设，完成南入城口整治提升和48省道延伸、江广公路主体工程。同时，抓好城市重要节点、道路的绿化彩化改造。启动中心城区村庄集聚点建设，积极探索农民迁建公寓化安置。加快完善市区排污、排水、天然气管网等功能性设施，完成鹿溪污水处理厂改造。

强化城市管理。按照精细化管理的要求，理顺城市管理体制机制，探索开展综合行政执法。突出抓好违法占道、流动摊点、乱停乱放、农贸市场、学校医院、城乡接合部等难点热点、重要节点的规范管理。开展街面横幅、流动广告车、灯箱等专项整治。有序扩大城南片区城市管理范围。继续推进城中村、旧住宅小区环境综合改造。强化城市交通治堵，完成

46、48省道“白改黑”，鼓励公共交通优先发展，加快公交站点、首末站、加气站建设，完成新一轮客运车辆更新改造，启动安装城市公交IC卡系统，完成第二期公共自行车项目建设。深化三轮（四轮）电动车整治。新增公共停车位300个、地下空间开发利用10万平方米。

（五）坚定不移建设幸福乡村，全力开创三农发展新格局

拓展农民增收渠道。深化农村确权赋权改革，完成农村土地承包经营权、农村宅基地确权登记和村经济合作社股份合作制改革，建成农村综合产权流转交易服务中心，探索农村产权抵押贷款，加快盘活农村资产、增加农民财产性收入。鼓励整村、连片、长期流转，新增土地流转1.5万亩。推进林权流转机制、林业经营体制改革，新增林地流转3万亩。继续实施一事一议财政奖补助推美丽乡村建设试点，加快山区经济发展项目建设，加强农村集体“三资”监管，不断壮大村级集体经济。抓好农村电商新型平台建设，组建农村电子商务协会，鼓励农户从事电子商务和乡村休闲旅游。规范提升家庭农场，力争培育示范性家庭农场20个。加强农技推广体系建设。深入实施低收入农户收入倍增计划。完成100个行政村村级财务审计。

加快现代农业发展。扎实推进农业“两区”建设，力争建成省级现代农业综合区、省级粮食生产功能区、省级特色农业精品园各1个。全面落实粮食生产惠农政策，确保粮食总产22万吨以上。大力推进现代生态循环农业发展，推进农药化肥减量使用、农业废弃物资源化利用。鼓励发展绿色、有机、特色农业，积极发展农产品加工业和休闲观光农业。加快食用菌、畜禽、蜜蜂、果蔬、茶叶、猕猴桃、油茶等农林产业转型升级。深入实施有机农产品培育认证工作三年行动计划，新培育认证有机农产品20个。积极推进农产品质量安全放心示范县创建，加快建成农产品质量安全追溯体系，力争主要农产品生产基地、精品农产品直营店等追溯覆盖率达80%以上。争取评定国家级、省级农业龙头企业各1家。加强农业种质资源保护工作。深入推进“洁水养鱼”。继续加快病险水库除险加固、高标准农田、灌区节水改造、小型农田水利等农业基础设施建设。

深化美丽乡村建设。深化“中国幸福乡村”创建，加强复评管理，完成10个“中国幸福乡村”、50个单村创建村建设。完成2个衢州市“美丽乡村示范乡镇”、3个省级美丽宜居示范村创建。按照“标本兼治、水岸同治、城乡并治”要求，深化“五铁治五水五气”，确保成功创建省级“清三河”达标县。深入推进生猪养殖污染整规，力争生猪饲养量控制在100万头以内。深化“河长制”，加快农村河道清淤、中小河流整治。新实施130个村生活污水治理。新铺设30公里集镇污水配套管网，改造提升6个集镇污水处理站，启动建设4个乡镇垃圾中转站。继续实行江山港生态用水调度。突出抓好水源地保护，推进峡口—白水坑库区“无人区”建设。深入推进“三改一拆”，加快“一户多宅”整治、违法建筑分类处置、无违建村（社区）创建，启动农民建房审批制度改革，力争成功创建“无违建市”。鼓励整村搬迁、深化点对点安置，完成异地搬迁2000人。推进农村旧房连片拆除，拆除农村危旧房8000户以上，建设农房改造示范村20个。启动实施农村环境再造“六个

一”工程。继续实施彩化江山工程，新增平原绿化面积3000亩。

（六）坚定不移保障和改善民生，全力推动基本公共服务均等化

健全社会保障体系。稳步推进户籍制度改革，实施居住证制度，加强和创新流动人口服务管理，重点解决人口劳动就业、子女就学、公共卫生、社会保障等实际问题。加强困难群体就业帮扶、重点人群就业培训，新增城镇就业5500人、困难群体再就业450人以上，培训农村实用人才2000人以上。完善新型社保体系，积极做好全民参保登记，稳步推进被征地农民基本生活保障、城乡居民医疗保险等制度，实施机关事业单位工作人员养老保险制度改革。实行“最美江山人”免费体检。深化政保合作，加强社保基金监管，确保基金安全运行、规范使用。加强社会救助体系建设。完善医疗救助和临时救助制度，深化弱势群体帮扶，逐步缩小城乡低保标准差距，继续推进国家级适度普惠型儿童福利制度试点。大力推进养老服务体系建设，加快公办养老机构改革，新建居家养老服务照料中心70个。加快推进保障性住房建设，新建公租房180套。

加快社会事业发展。突出“学在江山”教育品牌建设。实施省级基础教育重点县两年提升计划。启动义务教育薄弱学校改造，加快标准化学校创建。加强师德师风建设，提升教育教学质量和学校管理水平。深化医药卫生体制改革，推动发展多元化医疗服务，加快健全医疗卫生服务体系。深化公立医院综合改革，完善公立医院绩效考核制度，加强与北京、上海等优质医疗资源对接合作。力争省卫生强市通过验收、省级卫生城市通过复查。深化文化体制改革，全面推进公共文化服务体系建设，大力推进文化惠民工程。倡导全民阅读，打造“书香城市”。争创国家知识产权试点城市。完成农村应急广播体系建设，确保行政村全覆盖。承办全国女子举重锦标赛、全国健美操锦标赛。继续争创全国“双拥模范城”。同时，加快政府咨询、供销、外事、侨务、台湾事务、国防动员、民族宗教、工会、妇女、儿童、青少年、档案、通信、水库移民、红十字等各项事业发展。

加强社会治理创新。鼓励发展公益慈善、城乡社区服务、行业协会等社会组织，深化社区、社工、社团联动，扎实推进志愿者规范化建设，引导社会各方力量积极有序参与社会治理。深化“平安江山”建设，落实安全生产“一岗双责”，切实抓好重点领域安全监管，确保无重大责任公共事件和较大安全事故发生。加强社会治安综合治理，加快天网工程建设，有效提升社会治安防控和应急联动能力。深化“诚信经营·以质取胜”行动，建立“失信黑名单”，争创省级质量强市。继续做好债务危机重点企业帮扶，稳妥防范和处置企业拖欠工资。加快行政调解与人民调解、司法调解相衔接的联动机制建设。继续推进“六五”普法，有序推进民主法治建设、公民权益保障、法律服务和援助等工作。巩固计生专项整治成果，稳定适度低生育水平。继续加强防汛防台、森林消防、动植物防疫、气象灾害预警。扎实做好信访维稳工作。

三、切实加强政府自身建设

新常态下，我们要始终坚持以经济建设为中心，将创业作为经济发展的主抓手、将创新作为转型升级的突破口，着力降低创业门槛、

拓宽创新领域，引导社会资源向创业倾斜、向创新集聚。新的一年，我们将遵循法治政府建设标准，按照“三严三实”要求，把人民意愿作为政府工作的着力点、把依法行政作为政府工作的生命线，切实提高驾驭复杂局面、推进跨越发展的能力，努力建设人民信赖、满意的“四有”政府。

打造尊重市场、尊重规律的“有限”政府。要围绕重点环节和重点领域，全力处理好政府与市场的关系，更加尊重市场规律，更好发挥政府作用。深化政府机构改革，严格机构编制管理，优化部门职责配置，加快政府职能转变。深化国资体制改革，创新国资管理方式，提高国有资产整合度和财政资金归集率，启动旅游、交通系统等国投公司清理整合，谋划组建水务投资公司。积极培育发展社会中介组织，加大政府向社会力量购买服务力度。积极拓展融资渠道，大力推广利用PPP模式，完善公私合作机制。突出抓好资源要素市场化配置改革，加快推动城镇人口集中、产业集聚、功能集成、要素集约，探索差异化城镇土地使用税征收、差别地价、电价、水价等政策。

打造服务到位、监管到位的“有为”政府。要深化“四张清单一张网”建设，更加注重“管放平衡”，协同推进简政放权。深化行政审批制度改革，提升“店小二”、直通车服务效果，全力打造项目服务江山品牌。推进财政资金竞争性分配，加强专项资金管理，大力度推进资金整合。建立规范合理的地方政府举债融资机制，有效控制债务风险。树立大数据市场监管理念，加快建设现代市场体系，为各类市场主体营造公平竞争的发展环境。按照“简便管用、整合优化、及时兑现”要求，出台鼓励全民创业创新扶持政策，建立创业创新项目库，做大中小企业担保中心，组建民间融资服务中心、大学生创业联盟，设立创业创新引导基金、创业贷款风险补助专项资金，全力抓好“5 · 18”全民创业创新日、科技活动周、企业服务月等主题活动。

打造务实奋进、高效运转的“有效”政府。要大力弘扬“四种精神”，保持定力、精准发力，一张蓝图绘到底，一以贯之干到底。倡导立说立行、雷厉风行，分解工作任务，划定工作时限，卓有成效完成各项目标任务。坚持抢位争先、奋勇向前，找准追赶目标，动态掌握情况，定期分析差距，学习借鉴先进理念和有效做法。做到开短会、讲短话、发短文，改进考评考核办法，注重绩效管理和过程管理，强化目标考核和跟踪督查，严格行政问责和效能监察。扎实推进“12345”政府服务热线工作。自觉深入基层、深入群众，认真解决征地拆迁、环境保护、劳动争议、信访维稳等突出问题，始终与人民群众面对面、心连心，真正把实事办到群众心坎上。

打造廉洁透明、依法行政的“有信”政府。要强化诚信政府建设，努力提升政府公信力和社会凝聚力。严格落实中央“八项规定”、省委“六个严禁”等规定，加强公务卡使用管理，严控“三公”经费和一般性预算支出，加快推进公务用车制度改革。全面贯彻落实新《预算法》，健全透明预算制度，硬化预算支出约束。全面落实党风廉政建设责任制，深入推进惩治和预防腐败体系建设，强化“一岗双责”意识，深化行政监察和审计监督，严肃查处各类违法违纪行为。深入推进“法治江山”建设，树立依法行政、依规办事意识，严格按照法定权限和程序行使权力、履行职责。完善政府决策制度和决策程序，积极开展重大决策跟踪评估。加强政府合同行为监管。推进行政复议规范化建设。加快推进财政预算、公共资源配置、重大建设项目批准和实施、社会公益事业建设等领域政府信息公开。认真办理人大代表议案建议和政协提案。

各位代表！立足新起点，应对新挑战，把握新机遇，实现新跨越，是时代赋予我们的历史重任和光荣使命。让我们在中共江山市委的领导下，在市人大、市政协的监督支持下，高扬全民创业创新大旗，以踏石留印、抓铁有痕的作风，敢于担当、勇往直前的精神，同心同德、苦干实干、善作善成，为打造华东地区最具活力城市、加快建设惠及全市人民的幸福江山而努力奋斗！

专 辑

“五水共治”·建设美丽幸福江山

手捧五水共治年度大奖“大禹鼎”
看，江山如此多“娇”

有着“中国猕猴桃之乡”“中国白鹅之乡”“中国白菇之乡”“中国蜜蜂之乡”“中国村歌之乡”和“中国幸福乡村”等多个美誉的江山，是个地名中就有山有水的县级市。

位于浙闽赣三省交界处，作为我省西南部门户和钱塘江源头之一的江山市，去年以来，出境水水质各项指标均达到地表水m类标准；四全模式、洁水渔业、农村生活污水1/N机制、耕读村治水转型、生猪养殖零排放模式、破解山区供水难题实现85%人口城乡一体化供水等治水先进经验，多次受到省领导肯定与批示；全面完成市域内2条黑臭河、5条垃圾河以及3条提升河道的整治，并于去年底被确定、命名为2015年度省“清三河”达标县；涌现出边界原生态风情线等4条衢州市“五水共治”精品线路，包括农村垃圾源头分类的“日月样本”、被评为衢州市“最美河道”的保安石鼓溪和塘源口溪、民间治水十大环保事件的耕读村3A景区、由“猪大王”转型“鸡司令”的先进千人等全民治水模范，以及首个采用PPP模式的新建污水处理厂等示范精品点。

今年2月，江山市被列为2015年度浙江省“五水共治”工作优秀县（市、区）“大禹鼎”。看，江山如此多娇！思，江山因何而娇？

治污先行源头发力 百日攻坚势如破竹

江山有个有名的“猪大王”黄有根，他于2002年在江郎山创办种猪场，占地面积近3万平方米，存栏母猪1000余头，年出栏生猪15000多头，为江山市第三大养猪场。

“五水共治”工作开展以来，黄有根主动配合关停江郎山种猪场，并对32幢22000多平方的猪舍进行了连片拆除。为减少猪场损失，实现转型发展，在贺村镇及相关部门的牵线搭桥下，黄有根多次前往青岛、福建、湖南、黄山等地进行实地考察，最终确定了建设蛋鸡白动化生产线项目，于2014年10月建设完成，目前存栏蛋鸡13余万只，行情好的时候，每只鸡产出净利润达50元。曾经的“猪大工”，因此成了当地人口口相传的“鸡司令”。

耕读村曾是江山有名的“水泥村”和“养猪村”。鼎盛时期，该村有红火水泥厂等水泥生产、矿山开采企业11家，年产值近2亿元；生猪养殖场60家，生猪存栏6212头，能繁母猪562头。近年来，耕读村紧扣“金、木、水、火、土”五要素，以壮士断腕的决心，全力以赴推进“治水”，搬迁所有工矿企业，创建“无猪村”，先后被评为浙江省绿化示范村、浙江省森林村庄、衢州市全面建设小康示范村等，并成功创建3A景区。

治水先治污，治污先治猪。经江山环保局测算发现，当地水体污染因子中70%来自于生猪养殖排泄物。因此，江山痛下决心，严格划定禁、限养区，强势推进生猪养殖污染整规，坚决遏制农村畜禽养殖污水直排河道现象，对沿江沿河的养殖场进行全面关停。去年2月，全市在巩固既有成果的基础上，全面开展养殖污染整治“百闩攻坚”行动，通过大规模、高强度、大力度、全覆盖的集中攻坚，共关停退养猪场4211个，面积186万平方米，其中拆除猪场3007个、拆除面积130万平方米，退养猪场1204个、拆除养殖设施56万平方米；共削减能繁母猪42万头，现有生猪存栏量削减到35万头，年饲养量控制在95万头以内，成功创建无猪村203个、无猪乡镇（街道）4个。行政村村庄内实现全面关停退养，最终通过工程化治理和生态化治理的保留猪场197家，保留率仅为23%，提前超额完成年度目标任务。6月份以来的水质检测数据显示，河水中氨氮、总磷平均浓度同比下降明显。

遵循“城乡联动、全域治污、严控反弹”的原则，集中时间，千群联手，开展全域污染源大排查大整治行动。全市19个乡镇(街道)、292个村两委成员、292名生态指导员放弃休息时间开展摸排行动；市治水办、环保局联合组织开展“查访沿河污染，助推行水共治”活动，对配备一级河长的32条河道沿河徒步查访污染源。仅两天时间，在全市范围内共摸排各类污染源872处，并逐一拍照建档。在此基础上，专门召开“控源头防反弹”污染源治理交办会，以交办单形式进行统一交办，并分级公示、跟踪督立。针对曝光的负面问题，按照“两天报整改方案、一周整改到位并回访”的机制，明确整改对象、负责单位、整改期限及标准，一周一通报，逐一“挂牌销号”。同时，建立所有河道随机抽样暗访等制度，力求治污盲区无遗漏。

在工业污染集中治理行动中，30家重点污染企业被列入整治名单，19家成功通过衢州市政府验收；3家化工企业完成搬迁入园；完成日家企业关停；全市还启动了乡镇工业功能区的污水治理。

全流域生态化治理样板河道　碗窑溪

河长制度更趋务实 联合执法亮剑霍霍

江山地处钱塘江源头，境内有大小河流32条，流域面积1704平方公里。按照“全覆盖推进、全流域治理”的思路，近年来扛山积

原生态美丽溪流　广渡溪

极开展“清三河”工作。截至目前，当地所有垃圾河、黑臭河已全面整治到位，出境水交接断面水质检测均为优秀等次，并达到省“清三河”达标县创建标准，践行着“将一江清水送出江山”的庄严承诺。

江山创新体系，推动各级河长“管、治、保”职责履行到位，以期河长配备做到网格化、透明化。当地由市委书记、市长任组长，市人大主任、市政协主席任第一副组长，市委常委、市政府领导任副组长的市“河长制”工作领导小组，并在市环保局设立了“河长制”办公室。此外，由市委书记担任总河长，市长担任江山港一级河长，其余31名市级四套班子领导分别担任31条主河道河长。同时，从乡镇（街道）、村两级选派344名人员分别担任二级、三坝河长，并对河长配备情况在相关媒体于以公布。当地还配套建立了警长制，对河道分段包干，设立了段长制，真正构建网格化河道监管体系。在各河道岸边显著位置设置了河长、段长公示牌，标明“河长”、“段长”及其职责、整治目标、监督电话等。

当地河长履职逐渐常态化、务实化。建立了一级河长“一周一督查”、二级河长“一周一检查”、三级河长“一天一巡查”的相关机制，记好“河长”工作日志。落实投诉举报受理制度，由河长对各类投诉举报进行详细登记，抓好跟踪落实和情况反馈，做到件件有受理、事事有回应。落实重点项目协调推进制度。掌握河长履职情况。

为形成高压执法态势，江山还从环保、公安、市场监管、国土、规划、农业、供电、砂石办等相关单位抽调人员组成“五水共治”联合执法小组，严格实行统一抽调、集聚办公、重点执法的实体化运行模式，集中开展联合执法行动。养殖污染整治“百日攻坚”行动期间，联合执法组共开展联合执法检查猪场841户，强拆107户，助拆104户，入户推进415户，立案查处猪场148户，下达处罚告知书61起，处罚决定书12起。联合执法组还先后开展了“春雷亮剑行动”、“零点清源行动”和“周末专项执法行动”等一系列环保专项执法行动，使得联合执法成为常态。

项目为王统筹推进 强筋健骨固本培元

江山地处钱塘江源头，高度重视饮用水源的生态保护，饮用水水源水质达标率多年来始终保持100%。2012年以来，江山与娃哈哈集团多次联系，经过严格的实地考察、取样后，双方基于良好品质的水源，决定开展合作。江山娃哈哈饮料食品有限公司位于江山—柯桥山海协作产业园H—1区块，项目用地300亩，总投资达10．5亿元，分多期投资建设。一期引进一条德国制造的多功能高速生产线，是目前娃哈哈集团最先进的生产线，户能可达到每小时5．4万瓶。项目一期工程于2014年9月25日开工建设，投资约2亿元，一期投产后可完成生产销售2亿多元，税收可达1500万元。目前，该项目已完成办公楼、宿舍楼及主体厂房建设。

市委副书记舒畅(右二)在保安乡指导幸福乡村创建工作

这只是江山五水共治中以项目为抓手的其中一个案例。去年以来，当地排定“五水共治”相关项目40个，年度计划总投资12．32亿元。项目涉及江山港凤林段、峡口段等中小河流治理、PPP模式建设的峡口水库引水工程、强库工程、化工行业搬迁入园项目等方面。这些项目一旦建成并发挥效益，将极大地推动全市域、全流域治水的进程。当地还投资3600余万元，加快鹿溪污水处理厂一级A出水提标改造，并于去年7月底建成投产；首个BOT项目——日均处理能力2万吨的贺村污水处理厂去年3月上旬培菌成功并投入试运行；新建污水管网43．22公里，改造提升集镇污水处理站6座，目标出水水质一级A标准。

在一众重点项目中，江山主抓城乡生活污水处理和农村垃圾分类两项“牛鼻子”工程。在前年已完成78个村农村生活污水治理工程的基础上，去年又安排130个村实施农村生活污水治理工程，全面推行四个“1+N”工作机制，实现施工主体、处理工艺、监理监管和考核验收“四位一体”，全方位管控工程建设进度和质量。同时，纵深推进农村生活垃圾分类工作，将其作为中国幸福乡村提升版的重要内容，在创建及复评、美丽村单项创建实行“一票否决”，新塘边镇全镇域19个村实行垃圾分类，江山市年内100个村完成垃圾分类处理。

山青了，水美了。江山充分利用自身优势，以及五水共治带来的“红利”，大力发展旅游休闲产业。比如，在全长u公里的三卿口溪沿线，打造峡里风草原，建设民宿区、帐篷区、烧烤区、服务区、游乐区、垂钓区、紫薇花海观光区及儿童游乐设施等。峡口镇还先后在草原上策划了风筝节、烧烤节、帐篷节等活动，聚集了大量人气，成为省内外游客纷至沓来的一处景点。

【数据擂台】

2015年江山“五水共治”成效一览

全面完成市域内2条黑臭河、5条垃圾河、3条提升河道的整治工作。

项目建设：落实总投资12.32亿元的治水项目40个，完成“五水共治”项目投资14．8亿元，完成年度计划任务的120 9%。

养殖整治：开展养殖污染整治“百日攻坚”行动，共关停退养猪场4211个1 日6万平方米，削减能繁母猪4 2万头、生猪饲养量6千9万头，成功创建无猪村203个、无猪乡镇（街道）4个，最终通过工程化治理和生态化治理的保胃猪场197家，保留率仅为2.3%，提前超额完成衢州市下达的年度目标任务。

新建污水处理厂1座，污水管网43．22公里；改造提升污水处理厂1座、集镇污水处理站6座，目标出水水质一级A；新建加固堤防10公里，完成河道清理整治27公里、水库除险加固2座、山塘整治65座、洁水养鱼面积686亩、取缔河道采砂场59家；实施化工行业搬迁入园项目3个；列入农村生活污水治理计划的130个村，工程基本完工，年内100个村实施农村垃圾分类处理。

峡口水库引水工程，2015年衢州市唯一列入省保供水项目的工程，工期为2015——2017年。截至2015年11月，完成引水管线铺设5.2公里，投资7200万元，超额完成年度目标任务。

【亮点聚焦】

治水利民　治水惠民

在江山治水的过程中，一大批可看、可学、可借鉴的治水示范点，串点成线，其中有4条线路因此成功入选衢州市“五水共治”精品线路，包括边界原生态风情线、南部转型升级精品线、中部铁腕治污精品线和城区重大项目建设精品线。这里有农村垃圾源头分类的“日月样本”，养殖沼液上山就地消纳的生态观光园，洁水养殖成全国渔技推广示范基地的家庭农场等美村、富村的典型；也有民间治水十大环保事件的耕读村 3A 景区，由“猪大王”转型“鸡司令”的先进个人等全民治水模范；还有河道综合整治成市民休闲花园的“一江两带”景观带，铁腕治污实现水资源转化为水产业，成功引进 10 亿元的娃哈哈饮料食品生产线项目，首个采用 PPP 模式的新建污水处理厂等投入见效益的重大项目等。由此，江山已逐步构建源头治水、全民治水、项目治水、产业治水等立体治水路径。

创新洁水　渔业模式

推行天然饵料放牧式养殖、洁水健康养殖、集约生态养殖、稻鱼共生轮作养殖等 4 种模式，着力构建现代生态渔业，破解山塘水库水体污染难题。当地将大中型水库、饮用水水源或备用水源、重要生态功能区划定为禁限养区，在禁限养区内实行“天然饵料放牧式”养殖模式，增殖放流水产种苗 2945 多万尾，有效恢复水体生态平衡。全市 636 个塘库实施禁止施肥、合理控制投饵的“洁水健康养殖”模式，对 47 座养殖塘库流域范围内的畜禽生猪养殖场采取拆除或关停退养，杜绝外源污染。在现代渔业园区、水产养殖基地发展“集约生态养殖”模式，强化养殖环境的人工控制和养殖用水的循环高效利用，实现养殖尾水达标排放。在新塘边镇等四个乡镇推广应用稻田养鱼、稻鳖共生、荷鳖共生等“稻鱼共生轮作”模式，共计 1256 亩。截至目前，全市 209 个推进实施洁水渔业养殖四种模式的山塘水库中，83％的塘库水质指标达到地表水Ⅱ类以上标准，90%达到地表水Ⅲ类水以上标准，小塘水库水生态环境逐步改善。

（傅静之）

大 事 记

1月

1月8日 省政府副秘书长、办公厅主任王晓峰到江山市考察历史文化村落保护工作。

1月9日 衢州市检查组来江山市检查考核落实党风廉政建设责任制和推进惩防体系建设情况。衢州市委副书记、代市长杜世源出席会议并讲话；江山市领导吕跃龙、叶美峰、毛江妹、王水亮等参加。

1月20日 市委召开十三届八次全体（扩大）会议，专题研究部署全民创业创新工作。市委书记吕跃龙作《抢抓重大时代机遇 推进全民创业创新 努力打造华东地区最具活力城市》工作报告。随后召开市委全体会议，审议通过《中共江山市委关于推进全民创业创新的决定》。

1月20日至21日 省妇联副主席方颖到江山市调研基层妇女儿童工作。

1月21日 衢州市副市长朱建华到江山市调研农业农村工作。

1月23日 江山市举行“全民创业创新读书周”暨江山书展开幕仪式。省新华书店集团有限公司副总经理吕存周，市领导吕跃龙等参加。

同日 江郎山国际文化休闲养生城项目对接会在江山市举行。慈航集团董事长陈泉州、总裁李长保，市领导吕跃龙、叶美峰、舒畅等参加。

1月27日 健盛集团在上海证券交易所上市。

1月30日 市纪委召开十三届五次全体（扩大）会议。

同日，江山农商银行开业暨“牵手农村电子商务基金”捐赠仪式举行。

2月

2月2日 省人大环资委副主任谭庆华率省考核验收组对江山市“无违建市”创建工作进行考核验收。市领导吕跃龙、叶美峰等参加。

2月2日至5日 政协第九届江山市委员会第四次会议召开。王水亮作政协工作报告。市领导吕跃龙、叶美峰、毛江妹、舒畅等出席。

2月3日 衢州市政协主席俞流传，市委常委、纪委书记陈欣一行到江山市走访慰问困难党员群众和部队官兵。

2月3日至6日 江山市第十五届人民代

表大会第四次会议召开。毛江妹作人大工作报告。选举叶美峰为江山市人民政府市长。市领导吕跃龙、叶美峰、王水亮、舒畅等出席。

2月10日 江山市举行与中国三农控股有限公司战略合作对接会。市领导叶美峰等参加。

2月11日 衢州市委副书记、代市长杜世源来到参加衢州“两会”的江山代表团看望人大代表，并参加审议政府工作报告。

2月12日 江山市与柯桥区举行“山海协作工程”对接会。

2月14日 江山市召开智慧集成建筑产业基地项目投资协议签订会。中智联股份有限公司董事长仪卫国，市领导叶美峰等参加。

2月25日 省政协主席乔传秀一行到江山市开展“上下同欲抓落实、齐心助推开门红”调研活动。

2月26日 江山市召开机关干部大会暨招商引资工作动员会。

2月28日 市委召开政法工作会议暨平安信访工作会议。

3月

3月3日 市委书记吕跃龙率江山市党政代表团赴遂昌县考察乡村休闲旅游和农村电子商务发展工作。

同日 衢州市委副书记江汛波到“第一书记”挂联村——峡口镇枫石村走访调研。

3月5日 江山市召开全市农村工作会议暨乡村休闲旅游发展大会。

同日 江山市召开大抓基层组织年活动动员部署会。

3月9日 市十五届政府第七次全体（扩大）会议召开。

3月10日至11日 省委常委、公安厅长刘力伟来江山市考察平安建设工作。

3月13日 全省春耕备耕助农增收服务月活动在江山市峡口镇启动。省农业厅厅长史济锡、副厅长陈利江，衢州市副市长朱建华等参加启动仪式。

3月18日至19日 中智联股份有限公司董事长仪卫国率智慧集成建筑产业基地项目考察组来江山市考察。

3月19日 市委召开党的群众路线教育实践活动整改落实汇报会。省委、衢州市委整改落实督查组组长王辉，江山市吕跃龙、叶美峰、毛江妹、王水亮、舒畅等领导参加。

3月27日 市委书记吕跃龙主持召开市委常委会，审议通过《江山市全民创业创新三年行动计划（2015－2017年）》《关于推进全民创业创新的激励意见》等议题。

同日 公安部党委委员、部长助理、国家禁毒办常务副主任刘跃进到江山市调研指导基层社区禁毒工作。省公安厅党委委员、副厅长华远平，衢州市委常委、公安局长王建，江山市领导吕跃龙等陪同。

3月31日 省委、省政府召开全省建设平安浙江电视电话会议，江山市连续五年获平安市荣誉。市委书记吕跃龙赴杭州主会场参会。

4月

4月2日 江山市召开文学艺术界联合会第七次代表大会。

4月3日 省政协副主席陈艳华一行到江

山市实地检查调研“五水共治”、新农村建设等工作。衢州市副市长马梅芝等陪同。

4月9日至10日 市委书记吕跃龙前往第一书记联系村——双塔街道赵家村开展“大抓基层”蹲点调研活动。

同日 河北省石家庄市委副书记司存喜率石家庄市考察团来江山市考察历史文化村落保护与开发工作。

4月15日至16日 全国政协委员、徐霞客游线申遗专家委员会委员张延皓率专家组到江山市考察指导徐霞客游线（仙霞古道）申遗工作。

4月20日 衢州市人大常委会副主任傅炎康、衢州市政协副主席王建华率督查组来江山市督查“五水共治”“三改一拆”“大干项目”工作。

4月28日 江山市召开重点项目推进“项目问答”会。

4月29日 衢州市“三民工程”观摩团来江山市现场观摩。衢州市委副书记江汛波，衢州市委常委、组织部长陈玲玲，江山市领导吕跃龙、舒畅等参加。

4月30日 江山市生态文明成果展暨乡村休闲旅游推介会在省自然博物馆举行。省政协副主席陈艳华，省文化厅厅长金兴盛，浙江自然博物馆馆长严洪明等参加。

5月

5月5日 省人大常委会副主任冯明来江山市召开新《中华人民共和国行政诉讼法》贯彻实施情况调研座谈会，并对《浙江省旅游条例（草案）》征求意见。

同日 市委书记吕跃龙调研经济开发区工作

5月6日 省文化厅厅长金兴盛率省调研组到江山市开展“百名部长基层宣传思想文化工作大调研”活动。省文化厅副厅长柳河，衢州市委常委、宣传部长诸葛慧艳参加。

5月6日至10日 2015年“江郎山杯”全国女子举重锦标赛在江山市举行。其间，国家体育总局党组书记、局长刘鹏观看比赛，国家体育总局举摔柔运动管理中心主任周进强，浙江省政府副秘书长李云林，省体育局局长孙光明，衢州市领导陈新、李锋、陈锦标，江山市领导吕跃龙、叶美峰等参加。

5月8日 市委书记吕跃龙主持召开市委常委会，审议通过《2015年度乡镇（街道）、市机关部门工作目标综合考核办法》及专项考核计分办法，听取各联系产业市领导汇报联系产业工作情况等议题。

5月11日 市委书记吕跃龙率队前往健盛集团总部与健盛集团董事长张茂义就健盛产业园项目进行对接交流。

5月13日 省政协副主席王建满率由省政协委员组成的民主监督组到江山市视察“四边三化”工作。

同日 省林业厅厅长林云举率队到江山市调研林业工作。

5月14日 省委统战部副部长、省工商联党组书记李剑飞一行到江山市调研民营经济发展情况。

5月17日 扠扱集团董事长李林彬一行到江山市考察洽谈投资项目。

5月18日 江山市召开全民创业创新大会。

同日 江山市举行首届科技活动周启动暨科创园开园仪式。浙江省金融控股有限公司党委书记、董事长、总经理杜祖国，公安部天津消防研究所所长张清林，市领导吕跃龙、毛江妹、王水亮、舒畅参加。

5月19日　市委副书记、市长叶美峰主持召开市政府第四十五次常务会议，审议通过《关于加快乡村休闲旅游发展的若干政策意见》等议题。

5月20日　省人大常委会党组书记、副主任茅临生到江山市调研县乡两级人大规范化建设等工作。省人大常委会秘书长厉月姿，衢州市人大常委会主任居亚平等陪同。

5月25日　江山市召开养殖污染整治"百日攻坚"行动推进会。

5月28日　市委召开全市"三严三实"专题党课暨专题教育部署会。

同日　江山市召开"十三五"规划编制前期工作会议。上海市人民政府发展研究中心副巡视员徐诤等参加。

5月24日至29日　江山市组织58名骨干企业家和部分涉企部门负责人参加复旦大学江山青年企业家高端培训班。

6月

6月1日　省委常委、纪委书记任泽民到江山市调研指导党风廉政建设和反腐败工作。衢州市领导陈新、陈欣、李锋等陪同。

6月2日　市委先后召开人大工作会议和政协工作会议，专题部署在新形势下如何加强和改进人大、政协工作。

6月3日　省高级人民法院党组书记、院长齐奇到江山市调研法院工作。

6月4日　省档案局局长刘芸到江山市调研数字档案馆建设工作。

6月13日　2015年第二届长三角运动休闲体验季活动浙江江山站启动仪式在江郎山举行。江苏省体育局副局长颜争鸣，市领导吕跃龙等参加。

6月18日　副省长熊建平到江山市调研指导"五水共治"、城市规划、古村落生态保护等工作。省政府办公厅副主任傅晓风，省建设厅副厅长吴雪桦，省环保厅总工程师王以森，衢州市委书记陈新，衢州市副市长汤飞帆等陪同。

6月23日　江山市举行践行"三严三实"迎"七一"活动暨竹子林革命遗址挂牌揭碑仪式。衢州市委党史研究室主任吴红雨，吕跃龙、叶美峰、舒畅等领导参加。

6月24日　江山市召开养殖污染整治"百日攻坚"行动总结表彰暨规范管理工作部署大会。

6月27日　2015年全国啦啦操联赛暨中国啦啦之星争霸赛（江山站）开幕式在江山市举行。国家体育总局体操运动管理中心副主任缪仲一，全国啦啦操委员会执行副主任李育林，江山市领导叶美峰等参加。

7月

7月1日　省国土资源厅党组书记、厅长陈铁雄一行到江山市调研国土资源工作。衢州市副市长朱建华等陪同。

7月6日　市委副书记、市长叶美峰主持召开市政府第四十七次常务会议，审议要通过《关于促进电子商务产业加快发展的若干政策意见》等议题。

7月9日　市委副书记、市长叶美峰会见

到江山市访问的以色列驻上海总领事柏安伦、副总领事章钠达一行。

7月11日 市委副书记、市长叶美峰检查防御“灿鸿”台风工作。

7月14日 国家体育总局登山运动管理中心主任、中国登山协会主席李致新一行到江山市考察。

7月16日至17日 全省体育宣传工作会议在江山市召开。省体育局局长孙光明、省体育局副局长胡国平，衢州市副市长陈锦标，江山市领导叶美峰等参加会议。

7月27日 建设部城乡规划管理中心副主任于静率执法检查组到江山市检查江郎山国家级风景名胜区保护管理工作。省风景名胜区协会会长杨荣伟，江山市领导叶美峰等参加。

8月

8月7日 市委十三届九次和市十五届人民政府八次全体（扩大）会议合并召开。

8月10日 市委书记吕跃龙率队赴阿里巴巴集团对接农村淘宝项目。

8月12日 省人大常委会副主任程渭山到江山市督查转型升级十大组合拳落实情况。省人大常委会委员、农业与农村委员会主任委员俞仲达，衢州市人大常委会副主任范根才等陪同。

同日 省公路局局长洪秀敏率队到江山市督查迎“国检”工作。

8月14日 江山市召开“五水共治、四边三化、三改一拆”专项整治推进会。

8月16日 开化县委书记鲍秀英率党政代表团到江山市考察文化旅游工作。

8月17日 省供销社主任马柏伟率队到江山市调研供销社项目和基层组织建设情况。衢州市副市长马海芝等陪同。

8月18日 省国资委主任冯波声到江山市检查江化公司安全生产工作。

8月21日 市委书记吕跃龙率队赴上海与抠抠集团对接电子商务项目招商工作。抠抠集团董事长李林彬等参加对接会。

8月24日至26日 省监察厅副厅长王坚率队到江山市督查“三改一拆”“五水共治”工作。

8月26日 省委第一巡视组巡视江山市工作动员会在江山市召开。省委第一巡视组组长周益扬、省委巡视工作领导小组办公室副主任邱志明，衢州市委常委、组织部长陈玲玲，江山市吕跃龙、叶美峰、毛江妹、王水亮、舒畅等领导参加。

9月

9月8日 衢州市人大常委会主任居亚平到江山调研经济发展工作。

9月10日至11日 全省扶贫开发工作现场会在江山市召开。省农办副主任邵峰、省农信联社副主任江丕贤，江山市领导叶美峰、舒畅等参加。

9月15日 纪念孔子诞辰2566周年，衢州市一年级新生开蒙仪式在江山市石门小学举行。孔子第75世嫡长孙孔祥楷，江山市领导吕跃龙等出席。

9月16日 省发改委副主任翁建荣一行到江山市考察特色小镇培育、小城市建设工作。

同日 浙江省蜜蜂产业振兴计划启动仪式

暨畜牧兽医局长座谈会在江山市举行。中国蜂产品协会常务副会长赵小川，省农业厅副厅长、省畜牧兽医局长刘嫔珺，江山市领导吕跃龙等参加。

9月17日 省新闻工作者协会与江山市联合主办的第二届文化礼堂村歌大赛决赛在贺村镇礼贤村文化礼堂举行。省新闻工作者协会主席李丹，衢州市委常委、宣传部长诸葛慧艳，江山市领导吕跃龙等出席。

9月18日 “赢牌杯”浙江省首届体育系统生态运动会乒乓球赛暨“农商银行杯”江山市第三届农民运动会开幕式在江山市举行。省体育局党组成员周鲁明，省体育局副巡视员扬平原，江山市领导吕跃龙等出席。

9月19日 江山市举行市委理论学习中心组（扩大）学习会暨江山大讲堂第56期专题讲座，省纪委副书记罗悦明作题为《学习党章党规党纪 推进党风廉政建设》的廉政专题辅导报告。

9月21日 “万少华团队”事迹巡回报告会在江山市隆重举行。

同日 第三届丹霞地貌国际学术讨论会暨第十五届全国红层与丹霞地貌学术讨论会在江山市召开。中国地理学会红层与丹霞工作组主任彭华、中国地质学会常务副理事长孟宪来、国际地貌学家协会秘书长苏尼尔·库马尔、联合国教科文组织地学部前主任沃尔夫冈·伊德，衢州市副市长毛建民，江山市领导叶美峰等参加开幕式。

9月24日 浙江省“农光互补”暨可再生能源发展推进现场会在江山市召开。省发改委副主任、省能源局局长吴胜丰，省农业厅副厅长王建跃，省电力公司副总经理石华军，江山市领导吕跃龙等参加。

同日 2015智能制造高峰论坛、中国五金·门窗年度产业峰会在江山市举行。国家工商总局个体私营经济监管司副司长刘世如、工信部中小企业发展促进中心副主任陈新，江山市领导叶美峰等参加。

9月25日 “江山——柯桥山海协作产业园”第五次联席会议在江山市召开。

9月27日至30日 台湾南投县国姓乡交流团来江山市考察交流。

9月28日 江山如此多娇2015第三十届“三山”艺术节文艺晚会在江山市举行。省文化厅副厅长柳河，省旅游局副局长许澎，衢州市副市长陈锦标，江山市领导吕跃龙、叶美峰、毛江妹、王水亮、舒畅等参加。

9月29日 第十二届浙江山水旅游节暨第二届衢州江郎山旅游节在江山市开幕。省政协副主席陈艳华，省旅游局党组书记王文娟、省旅游局副局长许澎，衢州市委副书记、市长杜世源、衢州市人大常委会主任居亚平、衢州市政协主席俞流传、衢州市副市长陈锦标，江山市吕跃龙、叶美峰、毛江妹、王水亮、舒畅等领导出席开幕式。

9月30日 江山市在西山烈士陵园举行烈士公祭活动。

10月

10月9日 市老年大学举行建校20周年成果汇报会。

10月10日 市委召开“三严三实”专题教育集中学习研讨会。

10月11日 衢州市市长杜世源一行来江

山市调研光谷特色培育工作。

10 月 16 日 衢州市首届原创村歌大赛在江山市举行。衢州市委常委、宣传部长诸葛慧艳，衢州市副市长陈锦标，江山市领导吕跃龙、舒畅等出席。

10 月 19 日 希尔化工在新三板挂牌上市。

10 月 22 日至 23 日 市委书记吕跃龙带队赴北京参加中国（国际）消防产品博览会。

10 月 22 日 衢州市委常委、纪委书记陈欣一行来江山市督查“五水共治”工作。

10 月 23 日 省人大常委会副主任毛光烈来江山市接待基层群众代表。衢州市人大常委会主任居亚平、副主任童建中等陪同。

10 月 29 日 衢州市乡村休闲旅游工作现场推进会在江山市召开。衢州市领导杜世源、江汛波、童建中、陈锦标、王建华，江山市领导吕跃龙、舒畅参加。

10 月 30 日 在美国纽约联合国总部举行的全球人居环境论坛（GFHS）十周年庆典暨全球人居环境颁奖典礼上，江山市被全球人居环境论坛评为“全球绿色城市”。该奖项是本次活动评选的最高奖项，江山是中国唯一获奖城市。市委副书记、市长叶美峰代表江山市出席论坛领奖。

10 月 31 日 交通运输部“十二五”全国干线公路养护管理检查组到江山市检查。

11 月

11 月 2 日至 3 日 广西宜州市党政代表团到江山市参观考察。

11 月 3 日 省发改委副主任周华富率队到江山市调研特色小镇培育工作。

同日 峡口镇第八届峡里风文化节在峡里风主题公园开幕。

11 月 5 日 衢州市人大常委会主任居亚平到挂联村——四都镇埠头村开展调研。

11 月 8 日至 9 日 江山市举行抠抠网江山运营及结算中心项目概念性规划方案论证会和签约仪式。抠抠集团董事长李林彬，江山市领导吕跃龙、叶美峰等参加。

11 月 7 日 江山市杭州商会成立大会暨第一次会员大会在省人民大会堂举行。省军区原副政委、少将范匡夫，省审计厅厅长徐宇宁，省国土资源厅原厅长王松林，省民政厅原副厅长、移民办主任、商会名誉会长廖卷清，省人事厅原副厅长、商会名誉会长余良伍，省住房和城乡建设厅副厅长吴雪桦，省金融办副主任徐素荣，江山市领导吕跃龙、叶美峰、王水亮、舒畅等参加。

11 月 10 日 2015 年度“慈善一日捐”捐款启动仪式在市委大院广场举行。

11 月 18 日 全国股转系统江山企业专场挂牌仪式在北京举行，科润电力科技股份有限公司正式在新三板上市。市领导吕跃龙等到场祝贺。

11 月 19 日 申报创建国家 AAAAA 级旅游景区资源与景观质量专家评审会在北京召开，江郎山——廿八都旅游区列入评审。中国科学院地理科学与资源研究所旅游研究与规划设计中心主任葛全胜，省旅游局副局长杨建武，江山市领导吕跃龙等参加。

11 月 26 日 中国国民党革命委员会江山市第六次党员大会召开。民革省委会副主委俞建民，衢州市政协副主席、民革衢州市委会主委欧阳建华到会祝贺。

12月

12月1日　柯桥——江山“文化走亲”文艺晚会在江山电影院举行。

12月3日　省金融办主任丁敏哲一行到江山市调研绿色金融工作。

12月9日　“中国体育彩票”2016全国新年登高健身大会新闻发布会及工作协调会在北京召开。国家体育总局群体司巡视员兼副司长范广升、宣传司巡视员兼副司长温文，江山市领导吕跃龙等参加。

12月11日　省人大常委会党组书记、副主任茅临生一行到江山市核查贫困人口脱贫情况。衢州市人大常委会副主任范根才等陪同。

同日　公安部法制局局长孙茂利率队到江山市对执法办案场所精细化设置示范点进行验收。省公安厅党委委员、副厅长王海仁，衢州市委常委、公安局长王建陪同。

12月15日　江山市召开第二届互联网大会情报信息会商会议。市领导吕跃龙、舒畅等参加。

12月15日至16日　省文化厅厅长金兴盛一行来江山市调研基层宣传思想文化工作。

12月20日　“2015第十届中国全面小康论坛”颁奖典礼在北京举行，江山市被评为“2015中国全面小康十大示范县市”。市领导汪黎云出席论坛领奖。

12月21日　中国蜜蜂博物馆（浙江）落成典礼在江山市举行。中国蜂产品协会会长王咻，中国养蜂学会副理事长陈黎红，浙江省自然博物馆馆长严洪明，江山市领导吕跃龙等参加。

12月24日　省治水办业务三组组长鲍国平带队到江山市考核“五水共治”和生态市建设工作。衢州市副市长毛建民等陪同。

12月25日　省级团组结对帮扶江山工作座谈会在江山市召开。省农业厅副厅长叶新才，江山市领导舒畅等参加。

12月28日　江山市与腾讯公司举行全面合作框架协议签约暨“互联网＋”战略合作项目启动仪式。衢州市副市长马梅芝，江山市领导吕跃龙、叶美峰，腾讯支付基础平台和金融应用线副总经理、QQ钱包总经理郑浩剑等参加。

12月30日　衢州市检查组到江山市检查考核2015年度落实党风廉政建设责任制和推进惩防体系建设情况。衢州市委书记陈新作动员讲话，衢州市委常委、秘书长李锋，江山市吕跃龙、叶美峰、毛江妹、王水亮、舒畅等领导参加全市领导干部述职述廉会议。

同日　市新生代企业家联谊会举行年会。

12月31日　国家体育总局党组书记、局长刘鹏到江山市考察群众体育工作。副省长郑继伟，衢州市委书记陈新，市委常委、秘书长李锋，副市长陈锦标等陪同。

市情概览

地理位置

江山市位于浙江省西南部，浙、闽、赣三省交界处。市境最北端位于北纬 28° 53′27″的四都镇傅筑园村柿树坞口北，最南端位于北纬 28° 15′26″的廿八都镇坚强村里山南，最东端位于东经 118° 48′48″的塘源口乡仓源村阴源东，最西端位于东经 118° 22′37″的大桥镇陈家村马车坳西。南北最长径距 70.75 公里，东西最宽处径距 41.75 公里。全市地域总面积 2019.4 平方公里。

全市边界线长 315.1 公里，东以平埂、青岗尖、石奶尖背、洪公等处与衢州市柯城区、衢江区邻接，东南以金山头、老鹰平尖、苦竹际、仙岭坑尾等山峰与遂昌分界，西北以雪坑尖、石龙岗等山峰与常山县接境，西以古山、东库、茅村弄等处与江西省玉山县为邻，西南以里塘坞、嵩峰山等地与江西省广丰县接壤，南以枫岭（大竿岭）、苏州岭等处与福建省浦城县交界。

江山市区（主城区）位于市境北部偏东，市区位于北纬 28° 44′与东经 118° 37′交点附近。截至 2015 年末，主城区（指建成区）面积 15.8 平方公里，总人口 18.72 万人（含暂住人口 2 万人）。

历史沿革

江山历史悠久。距今 4000 年前的新石器时期，境内已有人类繁衍生息。春秋战国时期，江山为姑蔑一部分。秦王政二十五年（前 222），属会稽郡太末县。东汉初平三年（192），属会稽郡新安县。三国孙吴宝鼎元年（266），属东阳郡新安县。南朝陈天嘉三年（562），属金华郡信安县。隋朝大业三年（607），属东阳郡信安县。唐武德四年（621），分信安县地置须江县，为江山建县之始，隶属衢州。五代吴越宝正六年（931），改须江县为江山县，属衢州。南宋咸淳三年（1267），江山县改名为礼贤县，仍属衢州。元至元十三年（1276），复名江山县，隶属衢州路。明清时期，均属衢州府管辖。民国时期，江山县曾分别直属于省、金华道、省第五和第三行政督察区。1949 年 5 月，江山解放，属衢州专区。1955 年，改属金华专区。1985 年，属衢州市。1987 年 11 月 27 日，国务院批准撤销江山县，设立江山市，仍属衢州市管辖。

行政区划

2015 年，全市共设 19 个乡镇、街道。其中，街道办事处 2 个，即双塔、虎山；建制镇 12 个，即上余、四都、贺村、清湖、坛石、大桥、新塘边、凤林、峡口、廿八都、长台、石门；乡 5 个，即大陈、碗窑、保安、张村、塘源口。全市设村民委员会 292 个(具体情况见表)。

2015 年江山市村民委员会设置情况

表一

乡镇街道	村民委会名称	村数
双塔街道	陈村、莲塘、郑村、五家山、上耀、社后、金家、天余、缸甫底、召石、新塘坞、坳里、丰足、杨墩、和贤、路垄、黄家、灵泉、塔东、赵家	20
虎山街道	何家山、达道、孝子、平棋、彭里、江山底、荷塘、麻车、店前、金坞、溪东	11
上余镇	山头、江村、苦叶田、木车、陶村、五程、七一、一都江、大溪滩、望江、上余、塘岭一村、塘岭二村、塘岭三村、高洋、李坪、大夫弟、方家、迎宾、湖珠、余航	21
四都镇	金山、双溪、埠头、前岭、江北、四都、上峰、傅筑园	8
大陈乡	早田坂、夏家、乌龙、大陈、大唐、红星	6
碗窑乡	协里、桑淤、源口、天井、双龙、和源、府前、达河、金龙、红石桥、碗窑、凤凰	12
贺村镇	耕读、羡家、三塘、寺后、长埂、南塘、丰益、溪淤、青塘尾、后源、水晶山底、严麻车、富益、龙头、吴村、诗坊、山底、佛堂、明星、贺山头、友爱、幸福、河东、东山头、湖前、八里坂、大贤坂、敖坪、贺村、狮峰、山塘、永兴坞、高路、华塔、乌鹰垄、万青山、陈塘、通贤、淤前、市上村、达埂、棠坂、石后、淤头、礼贤	45
清湖镇	和睦、新塘底、浮桥头、清湖一村、清湖二村、清湖三村、九村、十村、七斗、路口、毛塘、蔡家、路陈、蔡家山、童家、泉家垄、贺仓、读溪口、祝家坂、清泉、前村、乐意、东儒、华夏、花园岗、贺周	26
坛石镇	定家坞、郭丰坞、坛石、新叶、横渡、郭丰、潭边、上溪、五圳、上王、占塘、鳌头、占村	13
大桥镇	冷水、仕阳、大桥、湖游、福塘、葩坞、店边、仕阳尾、西坂、桥头、陈家、新桥、上仓、黄石、芳源	15
新塘边镇	日月、永丰、上洋、彭村、毛家仓、千坞、东亭、毛村山头、勤俭、爱丰、东陈、上平天、东山、达路边、外坞、卅六都、恩深、新塘边、塘边	19
凤林镇	花溪岙、中岗、株树、英岸、苗青头、游溪、大悲山、官田、凤里、南坞、桃源、凤祥、凤溪、高坂、茅坂、政棠、卅二都、白沙	18
峡口镇	连丰、地山岗、定村、新和、枫石、同桥、峡南、峡东、峡西、峡北、峡新、三卿口、广渡、王村、合新、柴村、大峦口、双潭	18
廿八都镇	花桥、林丰、枫溪、山峰、兴墩、浔里、坚强、周村、浮盖山	9
保安乡	龙溪、赵宅门、裴家地、西洋、后坂、保安、化龙溪	7
长台镇	长台、长兴、朝旭、华峰、长安、乾湖、贺新、花园、金檀	9
石门镇	西山、清漾、灵岗口、琚家岗、长山源、溪底、界牌、金炉、泉塘、江郎山、郎峰、达蓬、岭底、新群、延龄	15
张村乡	太阳山、塔山、先锋、秀峰、玉坑口、双合丰、琚源、龙头店、毛长甫、安顶、双溪口	11
塘源口乡	塘源、仓坂、冷浆塘、洪福、塘源口、青石、仓源、前墩、白石	9
合　计		292

地貌河流

江山市全境分三个地貌区，东部、南部为福建武夷山脉延伸而至呈东北——西南走向的仙霞岭中低山区，海拔多在600米以上。海拔千米以上的山峰在境内有28座，其中最高峰为大龙岗，海拔1500．3米。岩石以中生代火山岩和火山碎屑岩为主，系中生代侏罗纪中期岩浆活动和火山喷发所形成。西北部为江西怀玉山脉延伸而至的低山丘陵区，海拔大多在200米至800米之间，最高峰为湖山尖，海拔859．4米。岩石以石灰岩为主，系由古生代早中期沉积而成。地表多石芽，地下多溶洞。中部河谷走廊地带，系中生代凹陷而成的绍兴——江山断裂谷西段，河谷宽窄不一，海拔多在100米至200米之间，地势相对低缓。清湖以北的冲积平坂，海拔多在100米以下，最低处为大溪滩渡船头，海拔73米。境内呈“凹”字形的三块地貌分区，构成江山半封闭盆地类地形格局，盆口向东北方向敞开，形成冬半年东北季风长驱入境。

江山港（须江）是境内最大河流，是钱塘江水系上源之一。源于江山市双溪口乡南部浙、闽交界的苏州岭，全长134公里，境内长105公里。江山港干流分上、中、下游3段。自源头至峡口为上游，河水由南向北流，山高谷深，水流湍急，总落差千余米，已建成白水坑水库和峡口水库。峡口至贺村毛塘为中游，河水向西北流至麻溪淤，再折向北流至贺村，又折向东流至毛塘。中游水流自峡口流出山口进入海拔200米以下地区。地势低平，水流变缓，两岸多河漫滩台地，多农田、聚落分布。毛塘以下为下游，水流先向东南流至刘家堙再往东北经市区流至上余余家（余航村）进入衢州市衢江区，在柯城区与常山港汇合人衢江，下游河段落差20余米。在下游河段接纳长台溪和达河溪（已建碗窑水库）两大支流，因上游干支流修水库，加上中、下游河道采沙石，河道已失去20世纪40年代前的航运之利。境内属于长江水系的主要溪流有新塘边溪、大桥溪和廿八都溪。

气候特征

江山市属亚热带季风气候区，四季分明，光线充足，雨量充沛，无霜期长，加上地貌类型复杂，小气候资源丰富。2015年，年平均气温18.1℃，比常年（17.4℃）偏高0.7℃，较常年异常偏高；日极端最高气温37.7℃，出现在8月5日；日极端最低气温—3.1℃，出现在1月2日；年内气温≥35℃的日数为20天，其中，只有7、8、9月月平均气温比常年略偏低，其余各月月平均气温均较常年偏高1～2℃；年总雨量2314.6毫米，比常年（1753.8毫米）偏多560.8毫米，较常年异常偏多；雨日180.0天，比常年（159.4天）偏多20.6天；年总日照时数1276.5小时，比常年（1758.3小时）偏少481.8小时。2月20—28日出现了持续9天的连阴雨天气；4月7—9日出现倒春寒天气，降温幅度达12℃以上；4月13日下午部分地区出现6—8级大风，其中最大出现在四都镇19.1米/秒；6月梅汛期以来，江山市出现3次强降水过程，最大出现在6月7—11日，全市面雨量达216.5毫米，200毫米以上的站点有17个，其中最大为江郎 274.4 毫米；8 月受台风“苏迪罗”影响，江山市出现一次大到暴雨过程；10 月 6 日夜里至 8 日受切变线影响，江山市普遍出现了一次大到暴雨，局部大暴雨的天气过程，日最大降水量为四都村 171.4 毫米；11 月 7—8 日受冷空气和切变线影响，江山市普遍出现了一次大到暴雨，局部暴雨的天气过程。4 月 4 日 13 时 30 分至 15 时 40 分峡口镇出现冰雹，直径为 10—20 毫米。4 月 7 日至 9 日江山市出现倒春寒天气，降温幅度比较明显，从前期月初日平均气温 20 度以上，直降到 8℃，影响早稻播种进度。梅雨期间连续强降雨过程共造成全市多个乡镇房屋倒塌、农田渍涝、山体滑坡等次生灾害。1 月雾霾天气较多，霾日有 23 天，雾霾天气造成交通事故频发，呼吸道病人增加，给人民生产生活带来较大的影响。2 月 20—28 日、5 月和 6 月中旬、7 月 1—11 日、8 月 8 日—14 日、11 月 1—25 日都出现连续阴雨寡照的异常天气，持续阴雨寡照的天气不利农作物生长和农事活动的开展。

2015 年年平均气温较常年偏高，年降水量较常年异常偏多，年日照时数较常年异常偏少。阶段性气象灾害发生频繁，遭受倒春寒、台风、雾霾、连阴雨、局地强对流、梅汛期暴雨等极端天气气候事件。2015 年气候条件对农业属偏差气候年景，对水利、电力、旅游属正常气候年景，对交通、林业属正常偏差气候年景。

自然资源

江山市土地总面积 20.19 万公顷。其中，山地、丘陵共 17.93 万公顷，占总面积的 88.8%．河谷平坂地 2.26 万公顷，占总面积的 11.2%，俗称“九分山丘，一分水田”。全市土壤总面积 19.17 万公顷，其中红壤、黄壤类面积共 13.69 万公顷，占土壤总面积的 70.91%。水稻土类面积 3.49 万公顷，占土壤总面积 18.16%。

江山矿藏以非金属矿为主。已发现 30 个矿种，129 处矿产地。其中，非金属矿产 22 种，产地 99 处；能源矿产 2 种，产地 18 处。烟煤、无烟煤，主要分布在凤林镇茅村弄，贺村镇石后、道塘山，清湖镇山垄、小清湖等地。石煤，分布在四都、大陈、上余、双塔丰足、坛石横渡、大桥一带，以大桥与双塔丰足最为集中。萤石矿分布在峡口、石门、长台、张村、塘源口等乡镇，地质储量约 100 万吨。石灰石，主要分布在市境北部的四都、上余、大陈、坛石、大桥等乡镇，储量大。其他矿种有廿八都的硅灰石，双塔赵家的磷灰石，大桥西青垄、虎山街道方家山的硬质耐火黏土等。

江山市林业用地 14 万公顷，森林面积 14.30 万公顷。森林蓄积量 312 万立方米，森林覆盖率达 70.8%，其中生态公益林面积 80.54 万亩。江山属中亚热带北部亚热带常绿阔叶林浙闽山丘甜槠木荷林植被区，自然植被有常绿阔叶林、针阔混交林、针叶林、灌丛等 15 个群系，634 种。被列为国家 1 级保护树林有水杉、银杏、红豆杉、伯乐树、香果树、猪血木等，国家 2 级保护树种有香榧、金钱松、三尖杉、福建柏、鹅掌楸、樟树、花榈木、闽楠等，国家 3 级保护树种有青檀、天目木兰、黄山木兰等。野生动物中，列入国家 1 级保护动物的有白颈长尾雉、黄腹角雉、云豹、黑麂、金猫等，列入国家 2 级保护动物的有白鹇、鸳鸯、白鹳、鸢、穿山甲、短尾猴、大灵猫等。

人口民族

2015年末，全市户籍人口61.09万人。其中，男性人口31.42万人，女性人口29.67万人，分别占总人口的51.4%和48.6%。年末城区人口16.72万人，城区暂住人口2万人。全市全年出生人口6991人，出生率为11.44%，比2014年下降1.88个千分点；死亡人口4274人，死亡率为6.99%，比2014年上升0.71个千分点。

江山市共有汉、布衣、畲、苗、回、蒙古、壮等28个民族，汉族人口占总人口的99.6%。

2015年江山市国民经济和社会发展情况

2015年，面对持续加大的经济下行压力及各种挑战，全市上下认真贯彻落实市委、市政府的决策部署，积极落实“稳增长、调结构、促改革、惠民生”政策，扎实推进全民创业创新，着力解决经济运行中的突出矛盾和问题，全市经济在“新常态”下总体保持平稳运行，结构调整取得新进展，民生改善取得新成效，社会事业取得新发展。

一、综　合

初步核算，全年全市生产总值258.02亿元，按可比价格计算，比上年增长7.2%。其中，第一产业增加值21.36亿元，增长1.6%；第二产业增加值130.22亿元，增长4.2%；第三产业增加值106.44亿元，增长13.5%。在第三产业中，批发和零售业增长5.5%，住宿餐饮业增长6.6%，金融业增长8.2%，房地产增加值增长6.6%，营利性服务业增加值增长44.6%，非营利性服务业增加值增长17.5%。三次产业增加值结构由上年的8.3∶54.2∶37.5调整为8.3∶50.5∶41.2。全市人均生产总值（按户籍人口计算）42201元，合6776美元，比上年增长6.9%。

全年居民消费价格比上年上涨1%。其中，食品类上涨3.3%，烟酒类上涨3.7%，衣着类上涨2.2%，家庭设备用品及维修服务类上涨0.8%，医疗保健和个人用品类上涨2.6%，交通和通迅类下降3.2%，娱乐教育文化用品及服务类价格上涨0.3%，居住类下降1.8%。

全市新增就业人数6319人，有2660个城镇失业人员实现了再就业，年末城镇登记失业率为2.95%，比上年下降0.12个百分点。

二、农业和农村建设

全年实现农林牧渔业总产值37.66亿元，比上年增长1.4%。

全年农作物播种面积51812公顷，比上年下降1.6%。其中，粮食播种面积29711公顷，下降2.5%；油料播种面积9709公顷，增长2.0%；蔬菜种植面积8374公顷，下降1.3%；果用瓜种植面积557公顷，增长5.3%。

全年粮食总产量20.00万吨，比上年增长0.1%。其中，油料产量1.63万吨，增长4.0%；蔬菜产量23.53万吨，增长1.4%；果用瓜产量1.65万吨，增长1.0%。

全年完成造林面积441公顷，幼林抚育实际面积2420公顷。森林面积14.30万公顷，森林覆盖率70.8%；生态公益林面积80.54万亩。

全年肉类总产量为6.67万吨，下降6.2%。其中，猪肉5.20万吨，下降12.2%。全年生猪出栏90.24万头，下降22.3%；羊出栏1.23万只，增长50.0%；家禽出栏1111.98万只，增长22.7%。

蜂蜜产量22600吨，蜂王浆产量71.00万公斤。

新农村建设成效明显，连续七年荣获全省优秀县（市）称号。成功建成中国幸福乡村10个，五类单项创建达标村53个，新增衢州市美丽乡村精品村7个。完成农村住房改造3600户，拆除旧屋8100户。完成130个村农村生活污水治理。全市农家乐累计接待游客403.8万人次。全年培训农民12199人，其中农村实用人才4836人。安置异地搬迁农户2000人。稳步推进“一村一品”培育，新增专业特色村20个，专业特色乡镇2个。全力推进有机农产品培育认证，新增有机农业特色乡镇3个，有机农产品认证（含转换证书）38个。

三、工业和建筑业

全年完成工业增加值116.71亿元，按可比价格计算，比上年增长3.5%。规模以上工业完成总产值339.68亿元，下降2.4%，其中，重工业252.26亿元，下降3.6%；轻工业87.42亿元，增长1.3%。实现工业销售产值330.00元，下降2.5%，产销率达到97.2%。全年完成工业出口交货值29.81亿元，下降4.5%。

年末全市共有规模以上工业企业单位285家，其中，主营业务收入亿元以上的企业达到80家，增加1家，其中大中型企业23家。

在规模以上工业中，化学原料和化学制品制造业完成产值39.86亿元，下降6.4%；非金属矿物制品业产值20.06亿元，下降25.9%；电气机械和器材制造业产值92.46亿元，下降6.9%；竹木材加工和木、竹、藤、棕、草制品业产值49.34亿元，增长4.9%；农副食品加工业产值17.53亿元，增长11.7%；金属制品业产值16.40亿元，增长11.1%；电力、热力生产和供应业产值12.77亿元，增长2.2%。

建材行业中水泥产量746万吨，比上年下降18.7%。黑色金属冶压业中钢材产量62988吨，增长14.7%。纺织、服装类产品中纱产量9692吨，增长15.4%；服装产量162万件，下降1.8%。全年生产电量5.93亿千瓦时。

全年全社会用电量21.05亿千瓦时，比上年下降0.8%。其中，工业用电量15.33亿千瓦时，下降5.4%。

全年规模以上工业企业实现利税总额26.41亿元，比上年下降17.7%，其中利润总额16.82亿元，下降24.0%。

全年建筑业实现增加值13.61亿元，按可比价格计算，比上年增长12.0%。全市40家纳入建筑业统计范围的资质建筑业企业，年末从业人员2.77万人。全年建筑企业施工面积611.11万平方米，房屋竣工面积233.6万平方米。

四、固定资产投资和房地产业

全年固定资产投资172.47亿元，比上年增长14.2%。其中，第一产业投资4.42亿元，增长74.5%；第二产业投资89.21亿元，增长15.9%；第三产业投资78.84亿元，增长10.2%。民间投资127.91亿元，增长13.9%。

在工业投资中，制造业完成投资74.88亿元，比上年增长9.1%，其中，木材加工业投资11.61亿元，增长37.7%；金属制品业投资5.18亿元，增长96.1%；化学原料及化学制品业投资7.11亿元，增长31.2%；工业技术改造投资65.27亿元，增长45.7%。

全市基础设施投资58.56亿元，比上年增长31.4%。其中，交通运输、仓储和邮政业投资5.76亿元，增长17.8%；水利、环境和公共设施管理投资36.99亿元，增长34.6%；电力、燃气及水的生产供应业投资12.45亿元，增长49.9%；教育设施投资1.69亿元，下降33.9%；文化艺术业投资0.69亿元，增长13.1%。

全市房地产开发投资18.65亿元，比上年增长0.9%。房地产开发施工面积122.67万平方米，下降15.3%；竣工面积23.75万平方米，下降21.3%；商品房销售面积31.34万平方米，增长21.9%，其中住宅21.78万平方米，增长13.4%，商业营业用房1.04万平方米，增长122.5%。商品房实际销售额20.34亿元，增长15.8%，其中住宅16.63亿元，增长12.5%。

五、国内贸易

全年社会消费品零售总额102.89亿元，比上年增长6.8%。其中限额以上消费品零售额21.42亿元，下降3.8%；限额以下消费品零售总额81.47亿元，增长9.9%。按销售单位所在地分，城镇限额以上消费品零售总额为17.76亿元，下降5.9%；乡村限额以上消费品零售总额为3.66元，增长8.1%。按消费形态分，餐饮收入限额以上消费品零售总额为1.05亿元，增长6.6%；商品零售限额以上消费品零售总额为20.40亿元，下降4.2%。

全市共有成交额超亿元的各类市场3个，实现成交额48.96亿元，比上年增长5.4%。

六、对外经济

全年进出口总额69248万美元，比上年增长7.2%，其中出口总额66254万美元，增长5.3%。

全市有出口实绩的企业达163家，比上年增加11家，其中当年新启动出口业务企业37家。出口额在100万美元以上的企业有63家，与上年持平，其中，300万美元以上的企业有37家，1000万美元以上的龙头企业有14家。

全年新批三资企业1家，合同利用外资143万美元，实际利用外资704万美元。

七、交通、邮电和旅游业

全年完成交通运输和邮政业增加值9.19亿元，按可比价格计算，比上年增长2.2%。

全年各种运输方式完成货物运输量2587.36万吨，其中：铁路48.6万吨；公路2538.76万吨，增长0.7%。

全年各种运输方式完成旅客运输量1037.83万人，其中：铁路92.34万人，增长37.1%；公路945.49万人，下降8.3%。

全市民用汽车拥有量68051辆，其中载客汽车57624辆，载货汽车9317辆。全市摩托车拥有量37141辆，比去年下降5.6%。

年末全市各类公路里程1805.84公里，其中高速公路里程76.28公里，一般国道76.53公里，省道55.29公里。

全年完成电信业务收入3.27亿元，比上年增长20.9%；年末城乡固定电话用户达8.06万户，下降14.2%；年末移动电话（通话）用户达57.71万户，增长0.8%。电话普及率（含移动电话）为94.6部/百人。国际互联网用户数（不含手机）9.37万户，增长11.5%。

全年旅游总收入61.09亿元，比上年增长19.8%。其中，接待国内旅游者1012.9万人次，增长15.1%；国内旅游收入60.03亿元，增长19.9%。全年入境的旅游者37574人次，在入境的旅游者中，外国人14644人次，香港、澳门和台湾同胞22930人次。国际旅游外汇收入

1279.98万美元。全市拥有旅游星级宾馆饭店9家，客房总数891间。

八、财政、金融和保险

全年实现财政总收入24.26亿元，比上年增长6.3%，其中公共财政预算收入15.35亿元，增长6.5%。在主体税种中，营业税下降6.8%，增值税（地方部分）、企业所得税（40%）分别增长3.6%、5.1%。全年财政支出38.00亿元，比上年增长17.3%。

年末金融机构本外币存款余额351.67亿元，比上年末增长5.9%，本外币贷款余额310.86亿元，比上年末增长1.8%。年末金融机构人民币存款余额349.88亿元，比上年末增长5.9%，其中，住户存款217.80亿元，非金融企业存款50.42亿元，广义政府存款81.06亿元；年末人民币贷款余额310.58亿元，比上年末增长1.7%。

全市全年保费收入9.38亿元，增长16.7%。其中：寿险保费收入5.17亿元，增长21.6%；财产险保费收入4.21亿元，增长11.2%。

九、教育和科学技术

全市现有普通高中7所，在校生9170人。普通初中15所，在校生18326人。职业高中3所，在校生6767人。小学41所，在校生34099人。全市拥有幼儿园101所，在园幼儿15755人。

全市小学入学率、巩固率和升学率均为100%；初中入学率、巩固率均为100%；初中毕业升高中段的比例为96.5%，其中升入普通高中的比例为51.3%。

全市普通高中专任教师733人，初中专任教师1361人，小学专任教师1915人，幼儿园专任教师923人。

全市现有衢州市级以上高新技术企业64家，其中国家级高新技术企业22家。全年获得衢州市级以上科技进步奖8项。专利申请受理1039项，专利申请授权755项。

十、文化、卫生和体育

年末公共图书馆藏书量22.55万册。年末拥有文化馆（站）19个。广播综合人口覆盖率99.5%。有线电视用户14.6万户，其中，数字电视用户14.6万户，电视综合人口覆盖率99.5%。市档案馆馆藏档案全宗172个，共计110785卷、58527件。全年查阅档案3562人次，15113卷（件）次。

年末全市共有卫生机构267家，其中医院、卫生院25家。医疗卫生机构病床床位2165张。卫生技术人员2716人，其中，执业医师959人，执业助理医师139人，注册护士1003人。法定报告传染病发病率为444.75/10万，全市农村安全卫生饮水人口覆盖率99.3%，农村卫生厕所普及率93.9%。

全年举办市级各类体育竞赛活动63次，18960人次参加。在全省及以上各类体育比赛中，全市共获金牌42枚、银牌40枚、铜牌44枚，其他名次奖101个。

十一、人口、人民生活和社会保障

全市年末户籍人口61.09万人，其中，男性人口31.42万人，女性人口29.67万人，分别占总人口的51.4%和48.6%。全年出生人口6991人，出生率为11.44‰，比2014年下降1.88个千分点；死亡人口4274人，死亡率为6.99‰，比2014年上升0.71个千分点。

全市城镇常住居民人均可支配收入34808元，比上年增长8.7%；全市农村常住居民人均可支配入18325元，比上年增长10.0%。城镇居民人均生活消费支出17939元，比上年增长5.5%；农村居民人均生活消费支出12499元，比上年增长9.5%。居民家庭恩格尔系数（食品消费支出占消费总支出的比重），城镇为33.1%，农村为36.4%。城镇居民人均住房建筑面积47.18平方米，农村居民人均住房面积达79.78平方米。

全市参加城镇基本养老保险人数为37.55万人，其中：职工基本养老保险人数为12.68万人，居民基本养老保险参保人数达到24.87万人；城镇基本医疗保险参保人数为57.27万人，其中，职工基本医疗保险人数为10.25万人。工伤保险、生育保险、失业保险参保人数分别达6.86万人、4.77万人、4.59万人。年末享受失业保险职工人数为278人。

全市有各类社会养老机构31个，拥有床位3721张，年末在院人数1926人。农村五保人员集中供养率达96.88%，城镇“三无”对象集中供养率达100%。年末全市城镇居民和农村居民最低生活保障已保人数分别为568人和10680人。

十二、资源、环境和社会公共安全

2015年全市万元GDP综合能耗下降率为7%左右，单位工业增加值能耗下降率为12.8%。

污染减排和专项整治取得明显成效。列入年度减排计划的重点减排项目、措施基本实施到位，完成贺村污水处理厂建设并投入运行，完成江化热电厂锅炉烟气脱硫脱硝除尘提标改造工程，完成黄标车淘汰年度任务，完成农业减排治理和关停项目；开展城镇生活污水、农村生活污水、河道整治、乡镇工业功能区及农村工业污染等四大重点区域整治，开展畜禽养殖、金属表面处理行业、挥发性有机废气VOCs、印染造纸化工等重污染行业专项整治，以及水泥、热电企业废气提标整治，固体废物、危险废物等重点行业专项整治。2015年建设项目环评和“三同时”执行率达到100%，工业危险废物无害化处理率100%。城区空气质量良好率82.4%，出境水质达标率达到100%，集中式饮用水源水质达标率达到100%。

累计完成清洁生产审核企业59家。全市累计有10个乡镇获得国家级生态乡镇称号，16个乡镇获得省级生态乡镇称号。累计创建省级绿色企业12家，省级绿色饭店3家，省级绿色家庭21户，省级绿色学校18所，省级生态教育示范基地2个，省级生态文明教育基地4个。

全年共发生各类事故111起，比上年下降15.3%。其中，受伤83人，比上年下降17.8%；死亡42人，与上年持平。直接经济损失258.63万元，下降4.5%。在各类事故中，工矿商贸企业共发生事故5起、死亡7人、直接经济损失177万元；道路交通共发生事故106起、受伤83人、死亡35人、直接经济损失81.6万元。

十三、城市建设

年末城区人口16.72万人，城区暂住人口2万人，建成区面积15.8平方公里。全年新建、扩建道路面积19632平方米。年末拥有出租车100辆。全市日供水能力6.4万立方米，全年供水总量1132万立方米。市区用气人口15.09万人，燃气普及率100%。市区污水处理厂1座，日污水处理能力4万立方米，污水处理率为89.6%。生活垃圾处理率为100%。建成区绿地率45.7%，人均公园绿地面积11.43平方米。

注：

1. 本公报数据为年度初步统计数据。

2. 全市生产总值和各产业增加值绝对数按现行价格计算，增长速度按可比价格计算。

3. 人口数为公安部门统计的户籍人口数。

4. 规模以上工业统计标准为年主营业务收入2000万元以上工业企业；固定资产投资统计标准为计划总投资500万元以上项目。

5. 资料来源：

本公报中，新增就业人口、失业人员再就业、社会保障方面等数据来自市人力资源和社会保障局；造林面积方面数据来自市林业局；新农村建设数据来自市农办；全年生产电量来自市供电公司和市水利局；全社会用电量、工业用电量数据来自市供电公司；对外经济数据来自市商务局；车辆拥有量数据来自市交警大队；电信业务方面数据来自电信、移动、联通等通信单位；旅游数据来自市旅游局；财政数据来自市财政局；金融数据来自人民银行江山支行；教育数据来自市教育局；科技方面数据来自市科技局；图书馆藏书、文化站数据来自市文广新局；有线电视方面数据来自市广播电视总台；档案方面数据来自市档案局；卫生方面数据来自市卫计局；体育竞赛活动方面数据来自市体育局；人口数方面数据来自市公安局；养老机构、床位数方面数据来自市民政局；环境数据来自市环保局；社会公共安全数据来自市安监局；城市建设数据来自市城建局；保费收入、交通运输客运量、货运量、公路里程等数据来自衢州市统计局；其他数据来自市统计局。

中共江山市委员会

综　述

2015 年，中共江山市委在浙江省委、衢州市委的正确领导下，高举中国特色社会主义伟大旗帜，全面贯彻落实中共十八大和十八届三中、四中、五中全会及习近平总书记系列重要讲话精神，以“干在实处永无止境，走在前列要谋新篇”为新使命，以“打造活力城市、建设幸福江山”为目标，坚定不移推进全民创业创新，带领全市上下凝心聚力谋发展，攻坚克难抓落实，推动各项工作迈上新台阶。

【发展思路进一步厘清】 积极应对经济发展新常态，把握发展新机遇，明确战略方向，提升发展理念，厘清发展思路，完善发展举措。注重研判形势明晰发展思路。召开市委十三届八次全会，总结过去江山发展经验，把握新阶段新形势，立足江山实际，不断完善县域发展思路，把推进全民创业创新作为江山今后一个时期转型跨越发展的主抓手，全面实施产业引领、主体培育、平台建设、改革深化、环境优化等“五大工程”，力争通过三到五年奋斗，努力把江山打造成为华东地区最具活力城市，加快建设惠及全市人民的幸福江山。注重谋划载体推进工作落实。把强政策、优环境、抓服务贯穿于全年工作始终，建立全民创业创新工作领导小组，相继出台全民创业创新三年行动计划和激励意见，成功推出“5 · 18”全民创业创新日、科技服务周、为企服务月等系列载体和活动，对首批“创业创新十大先锋”进行隆重表彰，开设创业创新服务中心窗口，积极构建企业上市服务体系，搭建科技创新平台，建立产业引导基金，广泛发动千军万马创大业、千家万户谋家业，相关成效在市场主体增量、投资热度、技改创新、企业经营理念和模式创新等方面均有显著体现。注重创新体制机制激发内生动力。全面深化行政审批制度改革，建立完善“四张清单一张网”，成立创业创新服务中心。扎实抓好省资源要素市场化配置改革、服务业改革创新试点等重点领域改革试点，积极筹建旅游发展公司、水务集团。加快机构改革步伐，市综合行政执法局顺利组建，卫生与计生，工商与食药监、质监等部门合并到位，商检、海关办事机构进驻江山。理顺开发区管理体制机制，完成开发区“三区合并”，推进封闭式运行管理，促进管理机制更加合理、平台开发更加统一。

【经济发展步伐加快】 坚持加快发展第一要务，深入实施工业强市和旅游富民“两轮驱动”战略，积极扩大有效投资，不断优化发展环境，促进经济持续健康快速发展。工业和旅游业主引擎作用逐步显现。扎实开展工业强市建设，加快改造提升建材、化工等传统产业，大力培育输配电、照明电器、木门、消防器材等优势产业，积极发展新材料、新能源、绿色饮品食品等新兴产业，推进工业经济总量持续做大，结构不断优化，全市实现规上工业产值339.7亿元，完成工业固定资产投资88.6亿元，工业经济对经济增长的贡献率、税收占比分别达到51.5%和42.3%；输配电、木门等主导产业产值超过建材、化工等传统产业规上总产值，成长为支柱产业。深入推进“旅游富民”工作，围绕做大做强核心景区、做优做美乡村休闲旅游、做特做精“旅游+体育”等三篇文章，精心谋划布局，加大投入力度，旅游业取得蓬勃发展，实现国内旅游收入60.1亿元，增长19.9%；江郎山—廿八都旅游区列入国家AAAAA级景区预备目录，仙霞关AAAA级景区和月满新塘AAA级景区成功创建，顺利通过徐霞客游线标志地认证，成为全国首批徐霞客游线节点城市；幸福乡村风光线、古镇养生风韵线等一批精品游线加快打造，“保安风情小镇一日游”被评为全省休闲农业与乡村旅游精品线路。电子商务和现代农业发展势头强劲。制定出台《关于促进电子商务产业加快发展的若干政策意见》，积极推进电子商务百强县创建工作；237家工业企业入驻阿里巴巴?江山产业带；引进阿里、京东以及“丰收e站”等农村电商服务主体；完成总规划面积约1500亩的电子商务产业园规划方案，一期4.1万平方米工程电商产业示范园已基本建成，清泉村获评衢州市首个电商专业村，义佳、亚格等一批电子商务创业园运营良好。新建粮食生产功能区1.7万亩，东部现代农业综合区通过省级验收；有机农产品基地和示范性有机农场加快建设，通过有机农产品认证31个；全省蜜蜂产业振兴计划在江启动；成功举办江山绿牡丹开茶节、浙闽赣三省四县精品蔬果展示展销会等农业节会；中国蜜蜂博物馆浙江馆落成。招商和项目工作成绩斐然。坚持招商引资第一工程，转变招商工作理念，完善落实市领导挂帅招商机制，成立杭州、上海、深圳3个驻外招商分局，深化“点将招商”，到位市外资金45.56亿元，其中亿元以上项目25个，20亿元以上项目1个。坚持项目投入第一抓手，推行重大项目领导挂帅，开展“百大项目、百日攻坚”行动和首届项目论坛暨项目谋划擂台赛，24个项目列入省重点，江山光谷小镇列入省第二批特色小镇，通用机场列入省二类机场规划；“四大百亿”项目开建95个，完成投资66.6亿元；娃哈哈饮料食品、正泰光伏发电等一批项目建成投产；成功争列省级PPP项目示范县，峡口水库引水工程等PPP项目有效推进。

【生态建设扎实推进】 把生态文明建设摆在突出位置，持续打好生态环境治理组合拳，推进生态环境不断优化，荣膺“全球绿色城市”国际大奖。铁腕推进“五水共治”。开展生猪养殖污染“百日攻坚”行动，共关停退养猪场4211个186万平方米，削减能繁母猪4.2万头，成功创建无猪村203个、无猪乡镇（街道）4 个；积极开展“控源防反”挂牌销号、工业污染集中治理等专项行动；围绕“五水共治”十大专项，加快城乡治水项目建设，完成鹿溪污水处理厂提标改造、贺村污水处理厂、市区“五溪一渠”、32 处排污口截污纳管改造等生态设施项目建设，130 个村完成农村生活污水治理；严格落实“河长制”，全面完成全市所有黑臭河、垃圾河清理整治，实现出境水断面水质各项指标均达到地表水III类标准，成功创建省“清三河”达标县。强势推进“三改一拆”。围绕争创全省首批“无违建县”目标，全力推进“一户多宅”整治，严格落实“两违”巡查防控措施，认真落实卫片执法整改，加大对涉及占用耕地、重大基础设施建设等重点违建立案查处力度，掀起了“三改一拆”攻坚新高潮，拆违 175.2 万平方米，完成“三改”221.3 万平方米。深入开展“四边三化”行动，切实解决“两路两侧”等重点区域的环境突出问题。全面推进各领域环境治理。突出以治废烟、治尾气为重点，开展大气污染防治，共淘汰落后产能生产线 10 条，淘汰改造高污染燃料锅炉 15 台，累计淘汰黄标车 1833 辆，空气质量提升幅度排名位居全省各县（市、区）前列；完善农村垃圾处理机制，全市 100 个村垃圾实现分类处理，251 个村实行“户集、村收、乡镇运、县处理”垃圾集中收集处理模式，农村环境显著提升。

【城乡发展统筹协调】 坚持城乡一体化发展，加快推进新型城镇化和新农村建设，促进城乡协调发展。城市能级逐步提升。全年共安排城市基础设施建设项目 35 项，投入建设资金近 5 亿元。48 省道延伸、江广公路、高铁存车线、高铁司乘人员公寓等一批项目主体完工，站前大道、站前广场、江郎山大道绿化提升、礼贤路绿化提升等一批项目动工建设，同时，完成西山“百花园”、环西山绿道等一批城市功能优化项目，城市功能布局不断优化。深入开展户外广告、交通秩序等五大专项行动，加强市容秩序管理，推进城区卫生保洁市场化运作，提高城市管理的常态化、精细化水平。“中国幸福乡村”建设成效显著。持续推进“中国幸福乡村”创建工作，全面完成耕读等 5 个村、启动陈家村等 3 个村省级美丽宜居示范村建设，新创建“中国幸福乡村”五村联创村 10 个、单村创建村 54 个。扎实推进农村环境再造“六个一”工程，共谋划打造 3A 级休闲旅游景区、特色鲜明主题公园、彩化风情大道各 19 个（条）。历史文化村落保护利用深入实施，在建 4 个省级村落累计完成投资 7380 万元。积极推进农民异地搬迁公寓房安置，异地搬迁安置 2000 人，拆除农村旧房 69.8 万平方米。大力推进“赤膊墙”整治，无赤膊墙村达到 271 个。深入实施富民工程，出台《全面消除农村家庭人均年收入 4600 元以下贫困现象实施方案》，推进低收入农户收入倍增计划“七大工程”和“一村一品”培育扩面提质，启动农村改革试验区工作。

【民生保障得到加强】 坚持把改善民生作为一切工作的出发点和落脚点，致力于增进民生福祉，加快发展民生社会事业，着力维护好和谐稳定的社会局面。社会事业稳步推进。社会保险扩面提标，五大保险累计新增参保 12528 人，城镇新增就业 6319 人，城镇失业人员实现再就业 2660 人，被征地农民基本生活保障工作稳步推进。民生支出进一步提升，第二人民医院等十大为民办实事工程全面落实。教育布局进一步优化，石门小学、凤林初中建成投用，新创标准化学校8所，滨江中学、清湖高中成功创建省二级特色示范高中，高考创历史最好成绩，义务教育发展基本均衡县评估通过国家级验收，“学在江山”品牌持续打响。基层卫生综合改革有序推进，公立医院改革不断深化，省级卫生城市通过复查，慢病综合防控示范区通过验收，市人民医院跻身全国县级医院竞争力排行300强。深入开展全民健身运动，成功承办全国女子举重锦标赛、全国啦啦操联赛等重大赛事。被评为“2015中国全面小康十大示范县市”。文化建设有效加强。秉承“文化让城市更美好、让生活更幸福”理念，部署推进文化建设，城市文化软实力显著提升。开展文化礼堂“五星”创建，设立文化礼堂活动专项补助、五星评定补助等资金，广泛开展文化下乡、文化走亲、文明结对等礼堂活动，文化礼堂农村精神生活主阵地作用有效发挥。积极开展文明村镇、社区、单位创建，深入开展道德模范、“寻找最美家庭”等评选活动，大力宣传弘扬“最美江山人”精神和“崇学、务实、包容、创新”的新江山精神，切实加强社会主义核心价值体系建设。廿八都镇获浙江省第二批传统戏剧之乡。稳定局面不断巩固。加强和创新社会管理，深入开展平安乡镇（街道）、村（社区）、景区、林区等区域创建，广泛开展平安宣传，层层分解落实平安建设责任，扎实开展市级重大决策社会稳定风险评估，加快推进平安信息网、网格管理网深度融合。强化社会治安综合治理，严厉打击传销、非法集资、电信诈骗等各领域违法犯罪，对“反恐怖防范、消防安全、安全生产、校园及校车安全、食品药品安全、生态环境安全”六个方面的监管对象开展面上整顿规范，严格落实安全生产各项工作措施，安全生产形势明显好转，连续第五年被省委省政府命名为平安县（市）。

【党建工作有效提升】 坚持全面从严治党，扎实开展“三严三实”专题教育，切实加强党的纪律建设和组织建设，党建工作有了新提升。基层基础有力夯实。开展“大抓基层组织年”活动，落实基层党组织“五项规范”建设，推进基层党建工作制度化、规范化。实施“百千万”农村人才工程和基层党组织党员“三争两创”，开展“把党旗插在项目上”活动和“双百行动”，党建工作服务中心大局卓有成效。切实提高基层党建投入保障，有效激励村级干部干事创业热情。257个两新组织党组织完成换届，村级事务准入制荣获全国社会治理创新最佳案例。干部队伍持续优化。牢固树立“选好人、用对人、培养人、关爱人”理念，坚持重基层、重业绩、重公认、重梯队导向，着力打造过得硬打胜仗干部队伍，年内提任实绩明显、群众公认的干部32名，转任重要岗位23名，畅通干部能上能下渠道，9名“三不”干部被免职或调离岗位。党风廉政建设不断深化。严格落实各级党委书面和当面汇报主体责任落实情况制度，乡镇（街道）、部门当面报告覆盖率分别达100%、65%，12人因履行主体责任、监督责任不力被问责。严肃查处违反党的政治纪律和政治规矩、组织纪律等行为，全市各级纪检监察组织立项监督80项，开展监督检查1343次，整改问题886个，问责人数92人。全面落实“五不直接分管”制度，规范权力运行。

在江山召开的省、市重要会议和开展的重大活动

【乔传秀到江开展调研活动】 2月25日，省政协主席乔传秀一行来江开展“上下同欲抓落实、齐心助推开门红”调研活动。省政协秘书长陈荣高，省政协副秘书长、研究室主任盛世豪，衢州市领导陈新、杜世源、俞流传、李锋，江山市领导吕跃龙、叶美峰、毛江妹、王水亮、舒畅等分别陪同。调研期间，乔传秀主持召开座谈会，听取市委书记吕跃龙关于江山市2014年亮点工作及2015年工作打算的汇报。她强调，江山市要继续保持弘扬“蛮拼”精神，以逢山开路、遇水架桥、克难攻坚的勇气和信心，确保实现经济社会良好开局。要盯住重点领域、产业、项目、工程，聚焦推、全力攻，做到分工明确、责任明晰，机制规范、定期评议，奖惩分明、一抓到底，确保取得实实在在的成效。要敢于克难攻坚、破解难题，坚持问题导向，认识新常态、适应新常态，从改革入手、从创新着力、从实干推进，按照轻重缓急，迎着问题上、追着问题走。要坚持让群众点评干部作风，巩固和发展教育实践活动成果，切实做到转作风要让群众持续点评，作决策要充分考虑群众利益，谋创新要尊重群众智慧，抓工作要相信群众、依靠群众。要用法治思维、法治方式开展工作，坚持法定职责必须为、法无授权不可为，明确权力行使的底线和边界，善于利用法治手段，严格落实依法决策机制，全面提高依法执政水平。要高度自觉地上下同欲抓落实，围绕中心、站位大局、找准定位，发挥各自优势，唱好大合唱、弹好协奏曲、拧成一股绳，推动江山市各项工作实现“开门红”“半年红”“全年红”“岁岁红”。

【党的群众路线教育实践活动整改落实汇报会】 3月19日，江山市召开党的群众路线教育实践活动整改落实汇报会，学习中央、省委、衢州市委教育实践活动整改落实工作有关精神，阶段性总结江山市教育实践活动整改落实工作，明确下一阶段工作重点。省委、衢州市委整改落实督查组组长王辉讲话，江山市委书记吕跃龙汇报。叶美峰、毛江妹、王水亮、舒畅等领导参加。王辉说，江山市各级领导班子和领导干部以高度的责任感和饱满的政治热情，以“大整改”的思维认真落实整改活动，领导示范表率作用强，党员干部作风转变大，推进发展大局抓得紧，大抓基层基础氛围浓，长效机制建设做得实，整改落实工作达到预期目标，取得了阶段性重要成果。王辉又强调，要善做善成、善始善终抓好整改落实，确保要求不降、劲头不减、工作不松。要继续坚持“一把手抓、抓一把手”，推动“一把手”围绕个人整改项目，带头抓整改、促落实，同时对班子成员的整改进度亲自过问、把关、督促。要继续全面落实“两方案一计划”和领导干部个人整改清单，以更大的力度、更实的举措、更严的要求，抓好各项整改任务的落实。要继续不折不扣完成各项专项整治任务，坚持突出重点、齐抓共管，确保一竿子插到底，一条龙抓到位。要继续扎紧扎密扎牢制度笼子，按照“制度不在多、在于精、在于务实管用”的要求，推动作风建设抓常抓细抓长。要继续保持正风肃纪高压态势，以铁的决心、铁的手腕、铁的纪律、重拳出击，绝不给不正之风以任何喘息机会。要继续深化基层党组织建设，按照

中央和省委大抓基层的部署要求，落实主体责任、狠抓工作落实，把基层基础牢牢抓在手上。要始终把围绕中心、推动工作、服务发展作为整改落实的主要方向，助推经济社会加速发展，确保人民群众得到实惠。

【省委第一巡视组巡视江山市工作动员会】 8月26日，省委第一巡视组巡视江山市工作动员会召开，省委第一巡视组组长周益扬作动员讲话，省委巡视工作领导小组办公室副主任邱志明就配合做好巡视工作提出要求。衢州市委常委、组织部长陈玲玲出席动员会并讲话，江山市委书记吕跃龙主持会议并作表态发言。省委第一巡视组副组长夏一鸣及巡视组全体成员，叶美峰、毛江妹、王水亮、舒畅等市四套领导班子参加会议。周益扬强调，对县（市、区）开展常规巡视是落实党风廉政建设主体责任、加强对县级领导班子监督、巩固党的执政基础的重要举措。当前反腐败斗争形势依然严峻复杂，从严治党任务紧迫，不可有丝毫懈怠。江山市要切实增强做好巡视工作的责任意识，积极支持配合巡视组开展工作，坚持边巡边改，切实抓好整改落实工作。省委巡视组将认真履职，强化责任担当，敢于动真碰硬，坚持剑指党风廉政问题，充分发挥巡视在党风廉政建设和反腐败斗争中的作用。邱志明强调，做好这次巡视，是市委与省委巡视组的共同政治责任，巡视组肩负的是省委的权威和信用，要充分信任、支持、配合、监督巡视组工作。各级领导干部要增强党的观念，坚持党性原则，自觉接受监督，如实反映问题，确保巡视工作顺利开展。要正确处理好巡视与本单位工作的关系，积极支持配合省委巡视组的工作，扎实做好今年各项工作，努力做到“两促进、两不误”。陈玲玲在讲话中对江山市提出要求。要统一思想，以整齐划一的行动严格接受巡视。要密切配合，以求真务实的态度支持巡视工作。要即巡即改，以揭短亮丑的勇气抓好落实整改。吕跃龙在表态中说，全市各级各部门要从讲政治、讲大局的高度，严肃对待巡视工作，切实把思想和行动统一到中央、省委对巡视工作的部署和要求上来，以对党和人民高度负责的态度，提高主动接受监督和检查的自觉性，切实把省委巡视组和巡视办的要求落实好、完成好。要把巡视作为对江山工作的一次“把脉会诊”，作为对全市干部队伍的一次“全面体检”，全力支持、密切配合巡视组开展工作。

【第十二届浙江山水旅游节暨第二届衢州江郎山旅游节】 9月29日，第十二届浙江山水旅游节暨第二届衢州江郎山旅游节在江郎山景区倒影湖广场开幕。省政协副主席陈艳华，省旅游局党组书记王文娟，省旅游局副局长许澎，衢州市委副书记、市长杜世源，衢州市人大常委会主任居亚平，衢州市政协主席俞流传，衢州市副市长陈锦标，江山市领导吕跃龙、叶美峰，以及衢州市各县（市、区）领导及旅游部门领导，来自省内外的知名旅行商代表，来自海内外的毛氏宗亲，台湾南投县嘉宾、旅台同乡会代表，参加第三十届“三山”艺术节代表等参加开幕式。本次旅游节由省旅游局、衢州市委、衢州市人民政府主办，江山市委、江山市人民政府、衢州市旅委承办。除江山主会场外，还在仙居、武义开设分会场，并借助浙江经视、浙江之声等媒体资源，同步连线，现场直播。

【衢州市乡村休闲旅游工作现场推进会】 10月29日，衢州市乡村休闲旅游工作现场推进会在江山召开。衢州市委副书记、市长杜世源出席并作重要讲话，衢州市领导江汛波、童建中、陈锦标、王建华，江山市委书记吕跃龙做典型发言。杜世源充分肯定江山市乡村休闲旅游工作取得的成绩，他说，江山市发展乡村休闲旅游认识好、产品好、营销好、配套好，持之以恒抓推进，不遗余力抓创新，精心打造了一批独具特色的旅游产品，走出了“旅游+”的模式，打响了乡村休闲旅游品牌，为衢州发展乡村休闲旅游提供了很多好经验、好做法。杜世源强调，要在规划、构思、布局中促进集聚提升，重点关注和发展重要景点带动型、城市周边辐射型和独特资源集聚型乡村休闲旅游，切实改变目前布局过散、资源分散的状况；要在产业融合中促进集聚提升，把特色小镇作为多元融合的产业综合体，大力发展“旅游+工业”“旅游+农业”“旅游+互联网”，促进城市旅游与乡村旅游融合发展，积极推进“城文景游”一体化；要在投资主体的选择、组合中促进集聚提升，充分发挥国资和集体资金、资产在旅游开发中的作用，通过引进新业态、新模式来整合旅游资源，探索实行新的开发模式，形成多层次、多渠道、多元化的旅游投资格局；要在时序的把握中促进集聚提升，争取每年出彩一批、谋划一批、储备一批；要在完善设施配套中促进集聚提升，深入推进乡村环境整治，完善乡村旅游基础设施，切实加强农民建房规划管理，探索“改房”“改村”和“改路”相结合的模式。

市委召开的重要会议

【市委十三届八次全体（扩大）会议】 1月20日，市委召开十三届八次全体（扩大）会议，深入贯彻落实党的十八大，十八届三中、四中全会和省委十三届六次全会，以及中央、省委经济工作会议精神和衢州市委的决策部署，专题研究部署全民创业创新工作。市委常委会主持会议，市委书记吕跃龙代表市委常委会向全会作工作报告。全会审议通过《中共江山市委关于推进全民创业创新的决定》。全会指出，创业创新是推动经济社会发展的不竭动力和源泉，是弘扬江山创业文化、破解江山发展偏慢问题、新常态下加快转型升级绿色发展、抢抓机遇培育新增长点的需要。全会强调，要深入反思借力发展问题，强化“招商引资第一工程”理念；要深入反思政府服务问题，进一步强化主动服务意识；要深入反思企业发展问题，进一步强化开放合作理念；要深入反思市场环境建设问题，进一步强化法治意识。全会明确，重点要实施产业引领、主体培育、平台建设、改革深化、环境优化“五大工程”，通过三到五年奋斗，努力打造华东地区最具活力城市。

【全市养殖污染整治“百日攻坚”行动动员大会】 2月6日，江山市召开全市养殖污染整治“百日攻坚”行动动员大会。市委书记吕跃龙出席并讲话，叶美峰、毛江妹、王水亮、舒畅等领导参加会议。吕跃龙强调，要锁定目标、强势推进，以更铁的手腕抓攻坚。坚持拆字当头、应拆尽拆，下狠心、有狠劲、出狠招，做到该关停的关停，该退养的退养，该拆除的拆除；坚持一把尺子、一个口子，严把总量控制关、政策处理关、治理验收关；坚持标本兼治、常治长转，一方面打好“治”的组合拳，与“清三河”“三改一拆”等重点工作统筹推进，另一方面念好

"转"的致富经，做好转型升级文章，既治出美好生态，更治出富裕口袋。

【全市机关干部大会暨招商引资工作动员会】 2月26日，江山市召开全市机关干部大会暨招商引资工作动员会。市委书记吕跃龙强调，全市上下要迅速行动起来，尽快形成招商引资工作热潮，努力以招商引资工作的大突破开创全民创业创新新局面。市委副书记、市长叶美峰主持，毛江妹、王水亮、舒畅等领导出席。吕跃龙强调，要聚焦"招商引资第一工程"，坚持领导挂帅，凝聚合力，强化保障，严格考核，努力以招商引资大突破开创全民创业创新新局面。要树立"精准招商"理念，从"撒网式"向"精准化"转变；要树立"环境招商"理念，从"拼政策"向"比服务"转变；要树立"存量引增量"理念，从"政府主导"向"政企联动"转变；要树立"小鸡变凤凰"理念，从"注重引进"向"引培并重"转变。

【市委政法工作会议暨平安信访工作会议】 2月28日，市委政法工作会议暨平安信访工作会议召开。市委书记吕跃龙出席并讲话，市委副书记、市长叶美峰主持，舒畅等领导参加。吕跃龙强调，要坚持一手拿"经济报表"、一手拿"平安报表"，切实担负起保一方平安的政治责任。全市各级党委要以高度的政治责任感，按照"属地管理、分级负责"和"谁主管、谁负责"的原则，抓实抓好"两张报表"，切实为市委站好岗、放好哨。政法部门要以更强的中心意识，始终坚持"党委有呼、政法机关必有应"，努力在司法体制改革的新背景下探索建立服务中心保障大局、推进创业创新的政法工作新格局，确保"市委中心工作在哪里，政法的服务保障就跟进到哪里"。要以牢固的群众观念，积极回应人民群众的合法权益，切实维护社会公平正义。各级领导干部要带头尊法学法守法用法，不断提高法治工作能力水平，让法治精神内化于心，把法治能力外化于行。

【全市农村工作会议暨乡村休闲旅游发展大会】 3月5日，江山市召开全市农村工作会议暨乡村休闲旅游发展大会。市委书记吕跃龙出席并讲话，市委副书记、市长叶美峰主持，毛江妹、王水亮、舒畅等领导参加会议。吕跃龙强调，要大张旗鼓地干，干出成效、干出特色、干出亮点，通过三年努力，把江山市打造成为全国一流的休闲旅游目的地。要强化精品意识，坚持规划为先、创新为要、融合为本，高点定位，追求精品，着力打造富有江山特色的乡村休闲旅游产品。要形成集聚效应，突出重点、整合要素、政策引导促集聚，努力打造城市休闲区、江郎山旅游产业集聚区、南部生态休闲区"三大板块"和世遗江郎风彩线、七彩保安风情线、古镇兴墩风韵线、幸福乡村风光线等精品线路。要善于营销推介，加快品牌景区创建，推进标准化建设，实施精准营销，进一步提高乡村休闲旅游的知名度和影响力。要狠抓工作落实，强化领导，浓厚氛围，明确任务，严格督考，紧抓不放、一抓三年，力求年年有突破，三年大变样。

【全市大抓基层组织年活动动员部署会】 3月5日，江山市召开大抓基层组织年活动动员部署会。市委书记吕跃龙出席并讲话，市委副书记、市长叶美峰主持，毛江妹、王水亮、舒畅等领导参加会议。吕跃龙强调，全面落实基层党建工作主体责任，把党建工作放在心上、扛在肩上、抓在手上。要围绕创业创新，始终把围绕中心、推动工作、服务发展作为活动的出发点和着力点，争创发展最强支部、干事最优党员。要突出规范标准，做好组织运行、队伍建设、组织活动、服务群众、工作保障等规范化建设，让大抓基层组织建设有据可依、有章可循。要树立务实意识，做到以党建促发展、以发展强党建。要夯实骨干力量，通过“百名明星书记培养”工程等举措，打造一支能干事、敢干事、善干事的队伍。要落实工作保障，强化经费保障，加强考核力度，确保取得实效。各级党组织书记要争当大抓基层组织年模范表率。聚一方能人，谋一方发展，识一方水土，树一方正气。

【“五水共治”控源头防反弹工作会议】 3月20日，江山市召开五水共治”控源头防反弹工作会议。会议传达贯彻省委、衢州市委领导批示精神，部署 “五水共治”控源头防反弹工作。市领导吕跃龙、叶美峰、舒畅等出席会议。会议要求，坚持问题导向，彻底排查，全面治理，坚定不移控源头防反弹；要从严落实责任，层层传导压力，乡镇（街道）、村是“五水共治”的主体，要牢固树立守土有责、守土尽责意识，把担子挑起来，把责任落下去，真正守好责任田；要按照“不留死角、全覆盖，不遮掩问题、全公开，不拖延推诿、全落实”的总体要求，彻底排查污染源，摸清底数，制订“一河一策”整治方案，统筹推进养殖污染整治“百日攻坚”行动、洁水养鱼等工作；要以新《环保法》为法律依据，铁腕整治，依法治水，加大联合执法力度，做到立案查处一批、面上震慑一片；要完善工作机制，继续深化实施市四套班子主要领导每周轮流督查、河长制、乡镇交接断面水质月度监测等一整套有效工作机制，加大媒体曝光的力度和密度，对于整改不力、排名连续两次靠后的，实行“一把手”约谈，倒逼责任落实，确保常抓常治、治标治本。

【重点项目推进“项目问答”会】 4月28日，江山市召开重点项目推进“项目问答”会。市领导吕跃龙、叶美峰等出席会议。会议强调，要以“一天都不能耽搁”的紧迫感，咬定目标，狠抓落实，全力以赴掀起“大干项目、干大项目”新高潮，为全市经济实现“半年红”“全年红”打牢基础。会议要求，要树立全市“一盘棋”思想，紧扣全年目标任务，明确责任、倒排时间. 迎难而上、狠抓落实，全力以赴推进项目工作，千方百计扩大有效投资；要以“钉钉子”精神，破难攻坚抓落实；全市上下一条心、拧成一股劲，按照前期项目抓转化、新建项目抓开工、在建项目抓投资的要求，遇到问题多说怎么行，多想怎么干，扎实推进“店小二”项目全程代办服务，不断强化土地、资金等要素保障，一个项目一个项目抓推进；要以“舍我其谁”的态度，强化问责抓落实；要动真碰硬，加大督查考核和通报力度，层层传导压力，倒逼责任落实，形成“大干项目、干大项目”你追我赶的浓厚氛围，促进项目早落地、早投产、早见效。

【“三严三实”专题教育部署会】 5月28日，市委举行全市“三严三实”专题党课暨专题教育部署会，市委书记吕跃龙在会上讲专题党课，叶美峰、毛江妹、王水亮、舒畅等领导参加。吕跃龙指出，“三严三实”简洁凝练、内涵丰富、指向明确，涵盖修身用权律己、谋事创业做人等多个方面，是对加强思想政治建设和作风建设的深邃思考和科学概括，是新形势下全面从严治党要求的高度凝练，也是实施“四个全面”战略布局的重要保证。吕跃龙强调，各级党员领导干部要把自己摆进去，坚持问题导向，就对待组织不忠诚、宗旨意识不牢固、身在其位不担当等“不严不实”问题，一个一个查找、一项一项分析，弄清问题实质、找到症结所在，切实把这些问题解决好。要聚焦忠诚、干净、担当，立起修身做人、为官用权、干事创业的新标杆，争做“三严三实”的好干部。要对党忠诚，加强党性锻炼，守纪律讲规矩，勇于担负责任，苦干实干，努力干出成效，干出水平，干出党和人民满意的业绩。

【全民创业创新大会】 5月18日，是江山市首个全民创业创新日，江山市隆重召开全民创业创新大会。市委书记吕跃龙出席并讲话，市委副书记、市长叶美峰主持，毛江妹、王水亮、舒畅等领导参加会议。吕跃龙指出，江山历来有良好的创业文化传统，要大力继承和弘扬江山人民实干、专注、创新、担当的创业创新精神特质，为推进全民创业创新注入强大的精神动力。吕跃龙强调，要突出产业转型主方向，坚定不移推进“两轮”驱动；要突出资源整合主路径，坚定不移推进基地平台、融资平台、科技平台、电商平台建设；要突出主体培育主抓手，坚定不移推进招商引资；要突出深化改革主动力，坚定不移推进行政审批制度、资源要素市场化配置、旅游经营管理体制、科技体制等各项改革；要突出精准服务主保障，坚定不移推进政策环境、服务环境、社会环境不断优化。

【市委常委扩大会议】 6月2日，召开市委常委扩大会议，传达学习习近平总书记在浙江考察时的重要讲话精神和省委书记夏宝龙在全省领导干部会议上的讲话精神。市委书记吕跃龙主持会议并讲话，叶美峰、毛江妹、王水亮、舒畅等领导参加会议。会议指出，习近平总书记的重要讲话，高屋建瓴，思想深邃，内涵丰富，特别是强调“干在实处永无止境、走在前列要谋新篇”，这是总书记对浙江干群提出的新要求、发出的新动员令。会议强调要深刻领会总书记重要讲话的丰富内涵和精神实质，始终坚持以“八八战略”为总纲，逐一对照总书记提出的八个方面重点任务，科学编制“十三五”发展规划，坚定不移照着“绿水青山就是金山银山”这条路子走下去，全力推进“四个全面”战略布局在江山的生动实践。

【市委人大工作会议】 6月2日，市委召开人大工作会议。市委书记吕跃龙出席并讲话，市委副书记、市长叶美峰主持会议，市人大常委会主任毛江妹讲话，王水亮、舒畅等参加会议。吕跃龙强调，要学习贯彻习近平总书记在庆祝全国人民代表大会成立60周年大会上的讲话精神和省委、衢州市委人大会议精神，坚持和完善人民代表大会制度，更好发挥人大重要作用，在全民创业创新中担起更大责任，为打造华东地区最具活力城市、建设幸福江山提供根本制度保证。要牢固树立一线意识，在全民创业创新中担起更大责任。冲在一线全力干事创业，主动投身全民创业创新浪潮中；处在一线推进法治建设，加快“法治江山”建设进程；聚焦一线实施精准监督，切实增强监督的权威和实效；深入一线联系服务群众，打通联系群众的“最后一公里”。

【市委政协工作会议】 6月2日，市委政协工作会议召开。市委书记吕跃龙出席并讲话，市委副书记、市长叶美峰主持会议，毛江妹、舒畅等参加会议，市政协主席王水亮讲话。吕跃龙强调，要认真学习贯彻习近平总书记在庆祝人民政协成立65周年大会上的重要讲话精神和省、衢州市政协工作会议精神，发挥独特优势，保持一线状态，努力开创政协工作新局面，为打造华东地区最具活力城市、建设幸福江山作出新的更大贡献。要落实“真协商、真监督、真咨政”的要求，推进政协履职制度化、规范化、程序化；要找准新形势下政协工作定位，为全民创业创新积极献计出力，凝聚强大正能量；要在推进全民创业创新中，更多地发出政协的声音、拿出政协的动作、展现政协的作为。

【市委常委扩大会议】 6月15日，召开市委常委扩大会议。会议传达学习省委十三届七次全体（扩大）会议精神。市领导吕跃龙、叶美峰、毛江妹、王水亮、舒畅等出席会议。会议指出，省委十三届七次全会，对贯彻落实习近平总书记在浙江考察时的重要讲话精神进行部署，并部署全面加强乡镇（街道）、村（社区）党组织和基层政权建设工作，既围绕走在前列，强调开辟中国特色社会主义在浙江实践的新境界，又围绕干在实处，把工作触角延伸到基层第一线，从高屋建瓴到细致入微，为基层工作指明了方向、理清了思路、提供了遵循。会议要求，要紧紧围绕“继续发挥先行和示范作用”的总要求、“八个方面”重点任务，找准突破口、选好切入点，与时俱进地审视工作的目标取向、理念思路、具体举措，心无旁骛地干、想方设法地干，干出“绿水青山就是金山银山”在江山实践的更大作为；坚持目标导向，按照“绿色发展、生态富民、科学跨越”要求，科学研究编制“十三五”发展规划；坚持发展导向，突出抓好产业转型、项目建设、招商引资等重点工作，确保“半年红”“全年红”；坚持问题导向，坚定不移打好“五水共治”“三改一拆”等一整套“组合拳”，不断巩固提升养殖污染整治“百日攻坚”行动成果，依法平稳推进城区房屋征收拔钉清障专项行动；坚持民生导向，千方百计帮助农民拓宽创业就业渠道，不断深化法治江山、平安江山建设，切实抓好当前防汛防灾工作。要紧紧围绕“加强基层党组织和基层政权建设”要求，坚持党要管党，从严治党，以“大抓基层组织年”活动为主抓手，巩固和扩展党的群众路线教育实践活动成果，深入践行“三严三实”要求，切实增强基层党组织的创造力、凝聚力和战斗力，推动各项重点工作在基层落到实处、开花结果，让党的旗帜在江山大地高高飘扬。

【市委十三届九次暨市十五届人民政府八次全体（扩大）会议】 8月7日，市委十三届九次全会和市十五届人民政府八次全会合并召开。市委书记吕跃龙作工作报告，市委副书记、市长叶美峰主持会议。全会强调，要把深入学习贯彻习近平总书记在浙江调研指导工作时的重要讲话精神作为首要政治任务来抓，深入践行“干在实处永无止境，走在前列要谋新篇”的新使命，坚持加快发展第一要务、改革创新第一动力、主体培育第一任务、生态文明第一优势、党的建设第一保障、狠抓落实第一要求，实干快干拼命干，努力推动全民创业创新更进一步、更快一步，开辟江山经济社会发展的新境界，一步一个脚印把江山发展的美好蓝图变为现实。全会要求，要紧紧围绕年初确定的目标任务，以一天也不耽误的劲头抓发展，以一刻也不松懈的态度抓落实，切实把各项工作抓紧抓实抓好。要着眼于加快发展，打好扩大有效投资攻坚战，深入推进工业强市建设，加快休闲旅游转型提升，大力发展电子商务，更高质量推进产业转型，推进经济更高质量的转型升级。要着眼于增强发展活力，改活体制机制，盘活资源要素，激活创新主体；要着眼于优化城乡环境，治美生态环境，建美城乡环境，创美人文环境，更高标准推进美丽家园建设；要着眼于基层党建建设，进一步巩固领导核心，提升服务水平，强化纪律约束。

【全市“五水共治、四边三化、三改一拆”专项整治推进会】 8月14日，江山市召开“五水共治、四边三化、三改一拆”专项整治推进会。市委书记吕跃龙出席并讲话，叶美峰、王水亮、舒畅等领导参加。吕跃龙强调，“五水共治、四边三化、三改一拆”是省委、省政府部署的重点工作，是转型升级组合拳的关键招数，是倒逼经济转型升级的重要突破口，也是江山作为全省生态屏障必须完成的刚性任务。全市上下要按照衢州市委提出的“大干五个月，再夺大禹鼎”目标，横下一条心，凝聚一股力，克难攻坚，狠抓落实，坚决打赢三项工作攻坚战。要打好组合拳，以拔硬钉子、啃硬骨头的决心和信心，抓住关键、重点突破，统筹兼顾、整体推进，突出抓好“清三河”控源头防反弹工作、“两路两侧”的绿化美化彩化和省级“无违建县”创建，坚持“治污水”和其它“四水”治理上同步发力，尽可能把工作进度往前赶，确保完成军令状各项任务。

【市委理论学习中心组（扩大）学习会】 12月24日—25日，市委召开理论学习中心组（扩大）学习会。市四套班子领导参加会议。市委书记吕跃龙强调，要科学总结江山市十二五时期经济社会发展取得的成就，充分认识“十三五”江山市经济社会发展面临的挑战和机遇，科学确定“十三五”发展的指导思想、总体目标、重点任务和基本要求，始终把准方向、坚定信心勇气、努力争列盘子、聚焦发展重点、狠抓工作落实，确保与全省同步高水平全面建成小康社会。要坚定不移推进全民创业创新，全力打造华东地区最具活力城市；坚定不移推进工业强市建设，促进工业经济转型升级再出发；坚定不移推进旅游富民建设，进一步打响“中国·江山”品牌；坚定不移推进项目建设，谋划实施一批事关区域战略性、支撑性项目；坚定不移推进招商引资一号工程，引进一批大项目、好项目；坚定不移推进改革深化，最大限度激发全民创业创新活力；坚定不移推进中国幸福乡村建设，打造内涵丰富的幸福乡村升级版；坚定不移推进美丽江城建设，打造好山、好水、好风光；坚定不移推进生态建设，争创国家森林公园、国家自然保护区、国家地质公园；坚定不移推进民生事业发展，让老百姓共享更多改革发展成果；坚定不移推进平安江山建设，确保社会和谐稳定；坚定不移推进发展环境优化，全力营造支持创业、鼓励干事的良好氛围。市委副书记、市长叶美峰要求，坚持实施工业强市战略，打造黄金廊道，打造产业群落，打造服务体系，加快建设“升级版”工业新城。要深入推进旅游富民战略，全市域统筹景区、全方位整合项目、全领域发掘文化、全天候营销，加快推进“新标杆”旅游胜地。要精心扮靓全球绿色城市，打好生态文明建设“组合拳”，加快建设“低碳型”山水家园。要努力营造政策最优惠、办事最便捷、服务最优良、社会最诚信、治安最稳定、环境最宽松的“六最”发展环境，加快建设有为、有效、有限、有信服务型“四有”政府。毛江妹、王水亮、舒畅等领导结合各自实际，回顾总结2015年的工作情况，认真分析当前面临的形势，提出做好“十三五”工作的思路、重点和举措。

市委办工作

【概况】 2015年，市委办公室在市委的领导下，在上级党委办公室的指导下，全面把握和深刻领会习近平总书记中办重要讲话精神的丰富内涵和精神实质，紧紧围绕中央、省委、衢州市委决策战略，自觉践行“五个坚持”，不断提高“三服务”水平，全力助推全民创业创新，有力确保中央、省委和衢州市委决策部署在江山的落地开花，充分保障市委工作的规范高效运转。

【以文辅政】 始终以市委决策“参”在点子上、“谋”在关键处为追求目标，认真研究全市经济社会发展中的重大问题，提出一批符合江山实际的决策建议，推介一批特色亮点工作。重大决策系统谋划。对市委每个战略决策提供参谋服务，事前进行认真研究，事中注重系统谋划，事后突出细则完善。1月，市委召开十三届八次全会，深入分析当前经济形势，研判互联网时代、高铁时代、大众休闲时代来临的重大发展机遇，结合江山实际，全面部署全民创业创新工作，这是经济新常态下省内第一个全面系统部署全民创业创新工作的县(市、区)。全会一改以前只有领导作报告的形式，邀请来自工业、旅游、电商等不同行业的5名企业主作创业创新体会发言。办公室还精心策划全民创业创新宣传方案，研究制定全民创业创新三年行动计划，认真编制全民创业创新评价指标体系，确保全民创业创新工作有目标、有氛围、有计划、有评价、有成效。在“5·18”全民创业创新日期间，组织召开江山市全民创业创新千人大会，评选表彰江山市首届全民创业创新十大先锋，牵头全市各级开展创业创新活动97项，进一步浓厚了全市创业创新氛围。重点工作用心策划。对贯穿全年的经济发展、生态建设等重点工作进行系统梳理和统一谋划，提出全年工作总抓手、主载体供全市上下抓落实推进。全市机关干部大会紧紧对接“浙商回归”和全民创业创新主题，系统部署招商引资工作，推动全市各级各部门更加踊跃主动投身招商工作；全市农村工作会议主题则主要突出乡村休闲旅游和农村电商发展工作。部署推进大抓基层组织年和平安江山建设，形成全市大抓基层、夯实基础的强大合力。深入推进生态文明建设，下大决心、花大力气，强力推进“三改一拆”工作；认真谋划生猪养殖污染整治“百日攻坚”行动，详细制定百日攻坚行动方案，提前超额完成各项目标任务。特色亮点精心推介。精心提炼总结本地特色亮点工作的做法和经验，加强向上对接推介，其中，《点燃创业创新之火　加快江山科学跨越发展——关于推进全民创业创新的思考与对策》的课题报告，获评全省党政系统优秀调研成果三等奖；《坚持全民创业创新 加快绿色跨越发展》领导署名文章，发表于《政策瞭望》2015年第3期;《一股干劲拼到底》的领导署名文章，发表于2015年11月10日《浙江日报》县委书记谈“三严三实”专栏。

【督考和宣传】 对下，坚持以督查抓落实提效率；对上，则注重以信息和报道作交流作展示。督考推进有力度。坚持督考工作“事前抓计划按步实施、事中抓效率不走过场、事后抓整改跟踪督办”原则，全力助推党委政府重大决策和重要工作部署的落实。年初制定《年度重点工作督查计划安排》统领全年督查工作，将督查落实责任分解到各责任单位。同时，建立督查人员AB轮岗、阶段性重点工作“一周六项”督查（市四套班子主要领导一周一巡查、一级河长一周一督导、工作进度一周一督查、重点对象一周一公示、工作成效一周一通报、负面问题一周双曝光）等机制，督查手段不断丰富。全年共组织、参与“百大项目、百日攻坚”行动、“五水共治·清洁家园”、生猪养殖污染整治和“三改一拆”“四边三化”“两路两侧”“黄标车淘汰”“农村双治”等督查活动73次，编辑发布督查通报30期，向市委市政府主要领导报送督查专报9期，下发跟踪督办单13期120余份，开展督查专题调研2次，汇总反映问题和建议200余条。信息报道有亮点。信息工作方面，全面提升把握党委需求、领导意图、群众呼声、舆情关注等问题的能力，紧紧围绕深入贯彻落实中央“四个全面”战略部署、省委“两美”浙江建设、助推全民创业创新等重点工作编发信息，及时为领导提供第一手信息。全年上报省委办、衢州市委办信息600多篇，被中办、省委办和衢州市委办采用88条，其中《不法分子通过“假组织关系接转”骗取“真党员身份”亟待引起重视》被中办采用并得到中央委员的批示，《江山市风中“托举哥”引社会各界纷纷点赞》《江山市清泉村全力打造衢州“淘宝第一村”》两篇信息获得衢州市委书记陈新批示。围绕市委中心工作，强化服务与创新意识，唱响主旋律，积极向上级媒体报送反映社会经济发展新成就、社会新风尚的新闻稿件，扎实做好各项重点工作的对外宣传工作。全年，已在衢州市级以上媒体刊登报道共330多篇，其中省级以上媒体120多篇，在《农民日报》刊登1篇，《浙江日报》头版刊登4篇，其中头版头条稿1篇。此外，在《衢州日报》刊头版头条稿18篇，《浙江日报》内参1篇。

【协调保障】 坚持高标准高质量，把规范程序与提高效率结合起来，以零差错、零失误的高标准，狠抓办文、办会、办事水平。综合协调高效有序。发挥市委办承上启下、联系左右、协调各方、服务全局的作用，加强与乡镇、部门的工作交流和联系，共同做好难点工作的落实。建立完善“四办”协调会议制度，定期通报和研究阶段性工作，加强市委与其他市级领导班子的工作沟通和协调，形成“沟通及时、配合紧密、围绕中心、整体联动”的工作机制，有力推动市人大、政协的“一线”作为。办文办会严谨高效。严格执行公文处理的一系列规定，重点把握好公文内容关、文件流转关、格式关和实效关四个关口，确保公文处理高效运转。高度重视“文山会海”整治，对全市有关会议进行精简把关，让全市部门乡镇腾出更多时间和精力抓落实推进。特色接待日益完善。认真贯彻落实中央“八项规定”和省委“六个严禁”要求，按照必需、节俭的接待原则，顺利完成国家体育总局局长刘鹏、公安部党委委员刘跃进、省政协主席乔传秀、省委常委纪委书记任泽民等 127 批次、1486 人次的考察接待任务。机要保密严格规范。以“确保绝对安全、确保绝对畅通”为宗旨，重点做好日常收发电报的办理和密码电报的管理，保障密码工作安全规范。同时，稳妥推进密码屏蔽机房建设、涉密高清系统保障建设和党委信息化系统建设。保密工作以确保党和国家秘密安全为目标，以提高保密管理能力为主线，以加强保密系统建设为重心，重点立足“六个化”，着力提升保密工作实效。立足“网格化”，深化保密系统建设；立足“制度化”，健全完善政策法规；立足“信息化”，着力提高管理水平；立足“规范化”，不断强化教育培训；立足“科学化”，加大技术装备投入；立足“常态化”，持续强化检查查处。

【队伍建设】 高度重视干部队伍建设，坚持以制度带干部强队伍。强化目标绩效考核。研究出台干部专项考评机制，量化工作标准，制订出台《市委办公室干部“积分制”绩效考核办法》《市委办公室干部文字工作能力提升计划》等目标管理考核办法文件，围绕本职工作、调研理论文章、信息报道等争先创优工作开展考核，充分调动干部干事积极性。组织开展办公室干部“一季一命题、一月一信息、一年一调研”等活动，建立“老带新、师带徒”的干部结对帮带导向，加强培训和岗位练兵，有效提高办公室干部的参谋、文字、服务、协调等工作的综合能力。有效提升经济工作水平。为服务和提高党管经济工作的能力水平，要求全体干部职工立足岗位实际，主动融入经济工作，切实加强经济知识的涉猎和学习。坚持全办人员参加市委理论中心学习组、市委重大会议，定期邀请经济部门领导、企业主为办公室干部集中授课，分析宏观经济走势，讲授项目谋划、招商引资、电子商务等经济知识，丰富干部知识储备，完善知识结构。在江山市首届项目论坛暨项目谋划擂台赛中，办公室“杭州亚运会马术比赛基地”项目获得金奖。营造良好氛围。加强对干部的培养、选拔、交流，全年共有 12 名干部提拔职级，办公室中层干部任职严格按照《干部任用条例》规定的执行，坚持公开公正、集体讨论的原则，通过轮岗锻炼、择优选调、完善考核等措施，形成正确的用人导向，充分调动大家的工作积极性和创造性，呈现心齐劲顺、严肃活泼、团结和谐的良好氛围。

（市委办　供稿）

纪检监察工作

【概况】 江山市纪律检查委员会（监察局）下设基层纪检监察机构 41 个，其中乡镇纪委 17 个，街道纪工委 2 个，市纪委派驻机构 22 个。2015 年，全市各级纪检监察组织深入推进“三转”，聚焦主责主业，服务中心工作，履行监督执纪问责职责，扎实有力推进党风廉政建设和反腐败工作，促进党风政风社风民风明显好转。江山市“大力推行村级事务准入制”入围 2015 年社会治理创新最佳案例，并在北京举办的经验交流会上作了汇报。市纪委监察局获党群综合类工作目标综合考评优秀等次、招商引资先进集体、项目推进先进集体、点将招商先进单位、协同处置民间融资工作职能部门先进集体、中国幸福乡村建设工作先进单位等称号。

【开展立项监督执纪工作】 5月，在全市部署开展“加强监督执纪问责·助推全民创业创新”专项督查行动，制定全年监督执纪工作计划。成立市级监督执纪立项项目督查小组，突出主抓者、主责者和主管者履职情况的监督，重点对《江山市全民创业创新三年行动计划（2015—2017年）》落实、农村集体“三资”监管、“五水共治”等三项工作开展专项督查，乡镇（街道）和部门确定自主立项监督执纪项目1—2个。同时，在《今日江山》刊登专项督查行动答记者问，建立健全问题清单、整改销号、典型问题通报等制度，提升督查工作的透明度和实效性。全市各级纪检监察组织立项监督80项，开展监督检查1343次，整改问题886个，问责92人，下发督查情况通报2期。

【抓好反腐倡廉宣传教育】 利用“江山廉政在线网”、政府信息公开网等阵地，加大反腐倡廉宣传力度。编印下发《清风画廉》廉政漫画册，选取衢州市廉政漫画创作大赛活动中的部分优秀作品和特邀作品132幅，设置反腐倡廉、作风建设、特邀作品等三个篇章，开展为期2个月的廉政漫画巡展活动。谋划以反映农村干部“四风”问题、强化执纪问责为题材的廉政微电影拍摄工作。同时，举办廉政教育专题讲座、发送廉政短信、组织观看警示教育片、开展新任公务员廉政教育，增强党员干部拒腐防变意识。

8月11日，市委常委、纪委书记郑国昌（左二）在协里溪检查指导联系河道治理工作

【推进作风建设】 坚持作风建设一把尺子执纪到底，把贯彻落实中央八项规定精神作为监督执纪的一项经常性工作来抓，盯牢元旦、春节、中秋、国庆等重要节点，节前敲警钟、节中强督查、节后严追责，查处公款吃喝、公款送礼、公款旅游和公车私用以及利用婚丧喜庆借机敛财等突出问题，防止“四风”问题反弹、回潮。全年共开展正风肃纪督查行动25次，督查单位430个（次），发现问题138个，处理24人，点名道姓下发典型问题通报3期、媒体曝光2次。

【学习贯彻党章党规党纪】 在市委理论学习中心组（扩大）学习会暨江山大讲堂第56期专题讲座中，邀请省纪委副书记罗悦明作《学习党章党规党纪，推进党风廉政建设》廉政专题辅导。从10月29日开始至11月6日，开展市管党员干部党章党规党纪专题集中轮训活动，共分三期，每期安排一天半时间，采取听专题报告、集中自学和交流讨论相结合的方式，重点学习《党章》和新修订的《中国共产党廉洁自律准则》、《中国共产党纪律处分条例》等党内法规，增强全市市管党员干部守纪律、讲规矩的政治自觉。开展全市纪检监察干部党内法规专题培训，对新颁布的两部党内法规进行解读，并进行党内法规知识闭卷测试，通过集中学习、专题培训、主题征文、知识测试等形式，提高纪检监察干部的纪律意识和执纪能力。

【抓好执纪审查工作】 把握运用监督执纪“四种形态”，切实把“纪法分开、纪在法前、纪严于法”的要求贯穿于执纪审查的全过程。出台《2015 年度江山市纪检监察信访举报工作责任制督查细则》，全面落实信访举报工作责任制，深化信访听证、重复信访复查复核工作。全年共受理信访举报 376 件（次），办结 363 件；开展涉农信访听证 30 件，复查复核信访事项 7 件。严格依纪依法、安全文明办案，设立纪检监察信访接待室，建设执纪审查核实性谈话场所；健全乡案县审、提前介入审理等制度，落实案件主办人、案件聘审员和“一年一签”“一案一签”审查安全工作责任制。全市各级纪检监察组织共处置问题线索 210 件，立案 214 件，其中涉及科级干部 18 人，同比增长 125%，结案 273 件，给予党纪政纪处分 272 人、组织处理 4 人，为干部澄清举报失实问题 17 个。开展基层干部贪污侵占等侵害群众利益问题专项整治工作，加大对群众身边不正之风和腐败问题的查处力度，全年共查处发生在群众身边的腐败案件 33 件，对 14 起典型案例进行通报。

【改革纪律检查体制】 深化“三转”，落实各级纪检监察组织负责人专职从事纪检工作、不分管和承担其他工作等规定，20 名兼任部门单位党委（党组）副书记、机关支部书记的纪检组织负责人工作分工全部调整到位。按照上级纪委的统一部署和要求，完成市纪委派驻机构全覆盖工作，全市设立派驻机构 22 家，其中单独派驻 9 家，综合派驻 13 家，核定编制 79 名；设正科级纪检组长 5 人，副科级副组长 10 人，副科级纪检组长 17 人，实现对 75 家市直部门和单位的派驻监督“全覆盖”。

【农村基层党风廉政建设】 强化村级便民服务和“三务”公开信息平台运行情况督查，每月通报公开情况。明确农村集体“三资”监管职责，落实乡镇（街道）党委政府主体责任和职能部门监管责任，制定《乡镇（街道）纪（工）委农村集体“三资”管理监督检查工作清单》，督促责任层层落实。强化农村集体“三资”管理情况监督检查，开展专项督查 2 轮，发现问题 60 个，下发整改通知单 13 份。以“大抓基层组织年”活动为契机，加强村监会队伍建设，深化村监会“四化”工作法，监督村级权力规范运行。全年村监会参与并监督村级财务审核 2627 次，审核出不合规票据 921 张，纠正不合理支出 521.3 万元，纠正村干部不廉洁问题 70 个。

【纪检监察干部队伍建设】 推进全市纪检监察系统“守纪律、讲规矩、促落实”主题教育实践活动，全市 140 名纪检监察干部参加党内法规知识培训和测试；举办全市纪检监察综合业务培训班 2 期 400 人次，组织参加上级纪委组织的业务培训 11 批 59 人次。完善提名考察配套制度，出台乡镇（街道）纪（工）委书记、副书记和市纪委派驻纪检组组长（纪工委书记）提名考察办法；探索试行乡镇（街道）纪（工）委书记、副书记和派驻纪检组组长单列考核制度。树立“执纪者必先守纪”的理念，严明审查、信访、保密等纪律，严肃责任追究，全年共办理涉及纪检监察干部的信访举报件 9 件，对不适合从事纪检监察工作的干部坚决调离。

（蒋　芸）

组织工作

【概况】 2015年全市党的基层组织共1224个，其中党委40个、总支部58个、党支部1126个。全市党员31430名，其中预备党员408名，占1.3%；女党员4967名，占15.80%；少数民族党员55名，占0.17%。与2014年相比，全市党员净增255名。全市新发展党员418名，其中女党员128名，占30.62%。在全市1715家非公有经济控制的企业法人单位中，单独建立党委的9家、建立总支部的8家、建立党支部的341家、建立联合党支部的1289家（联合党支部46个）。

【基层组织年活动】 3月5日，全市召开大抓基层组织年活动动员部署会，把围绕中心、推动工作、服务发展作为活动的出发点和着力点，推动各级党组织和党员在服务创业创新、中心工作、社会和谐稳定中创先争优，争创发展最强支部、干事最优党员。突出规范标准抓基层党建，做好组织运行、队伍建设、组织活动、服务群众、工作保障等规范化建设，让大抓基层组织建设有据可依、有章可循。树立务实意识抓基层党建，不搞形式主义，不做表面文章，真正做到以党建促发展、以发展强党建。夯实骨干力量抓基层党建，通过“百名明星书记培养”工程、畅通党员进出通道、增加抓党建力量配备等举措，打造一支能干事、敢干事、善干事的队伍。落实工作保障抓基层党建，关心关爱基层，强化经费保障，加强考核力度，确保大抓基层组织年活动取得实效。

【“三严三实”专题教育】 5月28日以市委书记吕跃龙带头讲党课、四套班子领导全覆盖为开局，全面启动专题教育活动。专题教育以县处级以上领导干部为重点，认真落实“不能搞成一次活动”要求，通过专题辅导、党校培训、周一夜学、定期考学等形式，把专题教育融入党员领导干部日常学习，在学习研讨中充分运用正反典型，市委常委带头深入查摆班子“不严不实”问题11条、个人“不严不实”问题34条。专题研讨采取“三个不准三个确保”制度，即不准代劳代笔，确保亲笔撰写；不准照稿全念，确保入脑入心；不准泛泛而谈，确保问题导向，相关做法被省委组织部简报刊发。继续保持正风肃纪高压态势，开展“为官不为”等专项整治活动，组织督查行动14次，发现问题35个，处理10人；立案查处违纪违法案件104件，给予党纪政纪处分182人、组织处理2人。

【基层党组织“五项规范”建设】 以标准化推进基层党建为出发点，出台基层党组织建设“五项规范”工作机制。规范村级运行，强化村党支部为核心地位，修订完善村规民约，20位市领导亲自挂帅20个软弱落后基层党组织开展整转工作。规范党员队伍，严发展、严

市委常委、组织部长叶骏（左二）蹲点调研清湖镇基层党建工作

约束、严处理，推行全程票决、公示、联审办法，构建“四个一”党员管理链。2014年11月以来，处置不合格党员107人，其中劝退除名13人。规范组织活动，统一印制下发《“三会一课”记录本》《党小组学习记录本》，实行专人记录，督促各党组织定期开展组织活动。规范服务内容，整合服务团队、资源和平台，推动基层党组织服务群众制度化、常态化。规范工作保障，建立完善基层党建工作保障体系，落实力量、经费、阵地、考核等四个方面保障。全年投入党建经费5660多万元，同比增长61.2%。

【“把党建插在项目上”活动】 探索党建服务中心工作模式，将党建与项目推进等中心工作相结合，创新开展“把党旗插在项目上”活动。重点项目临时党支部由项目牵头责任单位党委（党组）牵头组建，挂联市领导或市政府分管领导挂任第一书记，牵头责任单位的分管领导担任支部书记，并根据项目建设需要，把业主单位、配合单位、施工单位的党员干部吸收进党支部班子，娃哈哈等20个重点项目中建立临时支部，激发广大党员干部在项目一线干事创业，树立标杆，实现两手抓、两不误。

【非公企业党建】 5月，部署开展“百名局长联百家企业指导、百名干部驻百家企业服务”活动，选派102名机关部门“一把手”和107名机关干部挂联指导202家重点企业。组织两新组织党组织书记示范培训班，共培训市委两新工委成员单位，各乡镇（街道）两新工委、各两新组织党组织书记代表，非公企业党建工作指导员等163人。选派57名退二线市管干部担任非公企业党建工作指导员，派驻指导61家两新组织。

【干部选拔任用工作】 紧紧围绕“德才兼备、以德为先”的选人用人标准，按照“选好人、用对人、培养人、关爱人”的干部工作理念，突出基层导向和实绩导向选用干部。在干部选拔任用过程中，注重选拔具有基层领导经历和工作经历的干部，坚持将工作有激情、干事有闯劲、遇事有办法、攻坚有利器的“狮子型”干部大胆提拔到重要岗位，并重用任劳任怨的“老黄牛”干部。全年全市共调整市管干部9批272人次，其中提拔32人次，转任重要岗位20人次。

【干部教育培训工作】 认真贯彻落实“大规模培训干部、大幅度提高干部素质”要求，推进第三轮干部教育培训工作。举办市管领导干部进修班、第十六期中青年骨干培训班、党章党规轮训班等3个主体班次，培训干部800多人次。坚持从严治教、从严治学，不断创新干部教育培训模式和管理模式。建立干部教育培训理论素养试题库和工作实务案例库，搭建党性教育、素质提升和实践锻炼的平台，提高干部教育培训实效。制定出台《江山市干部教育培训主体班次学员管理办法》《市管领导干部进修班学分制考核办法》等干部教育培训制度，促使学员在培训期间将主要精力花在学习提升上。

【创新干部激励与管理】 注重干部正向激励，制定出台保护党员干部干事创业、中层干部交流轮岗、干部“积分制”考核管理、加强和改进干部学习等干部激励政策。落实领导干部谈心谈话制度，定期对基层干部开展谈心谈话。赋予乡镇（街道）“一把手”干部使用推荐权、干部奖惩建议权和许可范围内的收入分配决定权，激发乡镇（街道）干部干事激情。落实从严管理干部要求，开展领导干部在企业和社会团体兼职清理规范工作，共清理领导干部企业兼职36个，社会团体兼职119个。

【人才科技创业创新园】 5月，投资1亿元、总建筑面积4.5万平方米的政府主导型的综合性人才科技创业创新园正式开园，建立以科技成果转化、自主知识产权产品开发、科技型企业孵化和创新型科技人才开发为主要内容的科技孵化体系，进一步提升人才科技综合实力。全年共引进孵化项目22多项，引进各类高层次人才14名，预期将实现总产值1亿元，提供就业岗位200多个。

【引进各类人才】 全年共引进教授级专家、博士研究生等高端人才32名，新建博士后工作站1个、衢州市级专家工作站3家、江山市级专家工作站11家、江山市级企业技术研究开发中心2家、江山市级重点创新团队1个，柔性引进国内外各类专家学者来江开展短期服务共254人次。

（江　组）

宣传工作

【概况】 2015年，全市宣传思想工作坚持高举旗帜、围绕大局、服务群众、改革创新，牢牢把握正确导向，唱响主旋律，打好主动仗，弘扬正能量，为打造华东地区最具活力城市，建设惠及全市人民的幸福江山提供强大的思想舆论支撑。

【深化理论中心组学习】 以“五大发展理念”为引领，紧扣“四个全面”战略布局在江山的生动实践为主线，把中国特色社会主义理论体系、十八届三中、四中、五中全会、“三严三实”等作为理论武装工作重点，贯穿于理论学习的全过程。全年编印《江山市干部夜学理论参阅》5期1560本，先后召开理论中心组专题学习会9次，邀请各级专家学者来江作相关专题报告。

【举办“全民创业创新读书周”】 1月23日—25日，举办以“开展全民阅读　促进创业创新”主题的“全民创业创新读书周”暨江山书展活动，活动共有书展、创业创新故事、现场互动、名人签售、微党课比赛等环节，活动吸引5000余名市民到场观看，现场售书3000余本。

【开展“三严三实”专题教育活动】 6月23日，在坛石镇上王竹子林革命遗址举行江山市践行“三严三实”迎“七一”活动暨竹子林革命遗址挂牌揭碑仪式。活动以“弘扬革命精神　践行‘三严三实’”为主题，有少先队员为革命前辈佩戴红领巾、“党史教育基地”授牌、旧址揭碑、重温入党誓词、参观革命遗址等环节。

【规范提升基层党校】 根据衢州市相关部署和要求，及时部署开展基层党校规范提升相关工作。4月初，下发《关于推进基层党校规范化建设的实施意见》，启动相关工作。全市19个乡镇（街道）及13个部门全部完成提升工作，超额完成衢州市下达的指标任务。

【打响“最美微宣讲”品牌】 建立由党政干部、社区工作者、乡土人才等组成的三级宣讲团，把微宣讲与五水共治、创业创新等结合起来，通过情景剧、三句半等文艺形式，推进微宣讲活动的开展，全年共开展各类最美微宣讲活动100余场，“最美微宣讲”品牌得到省委宣传部的肯定和推广。

【宣传创业创新主题】 通过开设“推进全

民创业创新”、“全民创业创新故事”、“创业创新案例”等栏目，深入报道优秀企业的典型做法，组织媒体赴杭州、宁波、广州、深圳等地，对20多位在外创业的江山籍企业家进行采访。2015年，江山电视台共播出全民创业创新报道近500条，浙江电视台、衢州电视台采用60多条，《今日江山》刊发相关报道800多篇，《浙江日报》《衢州日报》刊发相关报道160多篇。

【重视民生宣传】 围绕养殖污染整治百日攻坚、五水共治、三改一拆、城市交通治堵、打击传销、省级卫生城市复评、学在江山品牌建设等工作，扎实推进民生宣传。开设养殖污染曝光台，每周定期对各乡镇（街道）污染情况进行曝光，督促认真整改，全年共刊播曝光台24期。

【抓好节会宣传】 利用举办“四季廿八都”全国摄影大赛、浙江江山水旅游节、三山艺术节、“生态家园·幸福衢州”——2015年衢州市首届原创村歌大赛活动等各类节会活动，荣获全球绿色城市、中国全面小康示范县等重大事件，做好城市的营销宣传，打响城市品牌。

【管控网络舆情】 全年共编报《每日网络舆情》247期、《一周网络舆情》52期、《网络舆情专报》22期，向全市25个单位发出《网络舆情提示单》67期，舆情提示回复率达100%。把全市20多个活跃度高、本地影响力较大的微信公众号、微博帐号纳入“微联盟”中，并签订清朗网络空间自律书，该项工作得到省委宣传部领导的批示肯定。加强网军队伍建设，组织开展网评员培训10余次，注重网军实战演练，全年在《西南论坛》《江山人网》《三衢论坛》等共发表主贴150多条，评论15000余条。

【创建中国全面小康示范县】 牵头做好“中国全面小康十大示范县市”的组织申报、专家考察等各项工作。12月，江山从众多候选县（市、区）中脱颖而出，成为2015年度“中国全面小康十大示范县市”。求是《小康》杂志社把江山作为全面小康建设的样本调研点，组织专家学者对江山深入调查研究，形成《中国全面小康发展报告·江山样板》一书，并向全国推广。

【提升文化礼堂建设管理使用水平】 以“五星”创建为抓手，提升农村文化礼堂建设管理使用水平。充分发挥“文化礼堂+”的作用，与创业创新、村歌大赛、家风家训等结合起来，推进文化礼堂向礼堂文化转变，全年新建和提升改造农村文化礼堂32家，在衢州市考核中名列前茅。五星评价管理工作法得到省委宣传部常务副部长胡坚的批示肯定，并在衢州市宣传思想文化工作会议上作为典型推广。

【举办生态文明成果展】 4月30日，在省自然博物馆隆重举行江山市生态文明成果展暨乡村休闲旅游推介会。省政协副主席陈艳华，省文化厅厅长金兴盛，浙江自然博物馆馆长严洪明，江山市四套班子领导参加。本次展览为期两个月，从丹霞耸翠、钱江源流、古道雄关、风情村镇、田园都市、原生文化、幸福家园等7个方面，展示江山良好的自然生态和丰富的旅游资源，全面反映江山生态文明建设工作以。及取得的丰硕成果。展览期间，江山市还举行乡村休闲旅游推介会、生态资源招商项目推介会、“一村一品”农特产品展销会等一系列活动。

【举办山水旅游节】 9月29日，第十二届浙江山水旅游节暨第二届衢州江郎山旅游节在江山市举行。本次活动包括第十二届浙江山水旅游节暨第二届衢州江郎山旅游节开幕式、迈克·凯米特极限挑战江郎山活动媒体见面会、“三山”艺术节边界文化交流活动学术研讨会、第三十届“三山”艺术节“江山如此多娇”文艺晚会、江南毛氏祭祖大典、迈克·凯米特极限挑战江郎山活动和旅行商踩线考察等子活动。活动进一步打响“诗画浙江多娇江山”旅游品牌，扩大世界自然遗产江郎山的知名度和旅游业的影响力。

【启动编辑《“千年古道·锦绣江山”文化丛书》（书画卷）】 启动编辑《“千年古道·《锦绣江山”文化丛书》（书画卷）。本次征集、编辑的《书画卷》分《毛善力书法集》《郑仁山指画集》《汪新士篆刻集》和《黄鼎中国画集》四册。

【举行2015年迎新春企业团拜会】 2月16日，成功举办以“抢抓机遇创业创新”为主题的2015年迎新春企业团拜会。江山市委书记吕跃龙、市长叶美峰、政协主席王水亮、市委副书记舒畅等领导与广大企业家代表、江商代表、在江创业的新江山人代表等欢聚一堂，喜迎新春佳节，共商发展大计。

【打响村歌文化品牌】 成功举办江山市第二届文化礼堂村歌大赛，首次开通网络投票环节，由网友投票选出“最具网络人气村歌”，以“互联网+村歌”的形式进一步打响“中国乡村好声音”的村歌品牌。成功承办衢州市首届原创村歌大赛，选送的3首村歌全部摘金，并获优秀组织奖，展现江山“中国村歌发祥地”的雄厚实力。11月，村歌《梦乡佛堂》在安吉举办的浙江省第二届村歌大赛上摘银；12月，“中国诗歌网浙江频道江山创作基地”建成，黄亚洲等诗人前来江山采风，创作朗诵诗歌作品18篇。

【深化文明创建】 制定下发《关于开展江山市文明单位（镇、村）评选的通知》及2015年文明乡村创建考核办法，命名江山市级文明单位29家，文明村镇17家，花园式单位11家。组织全市255家省、市、县级文明单位开

市委常委、宣传部部长汪黎云（左二）调研全市中小学德育工作

展“创业创新 争做最美”结对共建工作，重点开展“组织一次调研、扶持一批项目、联办一次活动、认领一批心愿、开展一次讲座”等“五个一”活动，支持各文化礼堂建设村做好文化礼堂、义工家园、最美微讲堂、春泥计划等工作。同时，新塘边镇毛村山头村推进家风家训工作得到省厅领导的高度肯定。

【抓好“最美”选树工作】 深入开展“最美江山人”、道德模范等各类先进典型人物的选树和“最美衢州 身边好人”评选等活动，全年上报60人参加“最美衢州·身边好人”评选。其中，3位入选“中国好人榜”，7位入选浙江好人榜，18位入选衢州好人榜，2位获得第四届“最美衢州人”十大年度人物，2位获得第四届“最美衢州人”提名奖。

（祝海青）

统战工作

【概况】 2015年，江山统战工作认真贯彻中央、省委关于加强统一战线工作的一系列重要文件精神，积极履行统战工作的各项职能，多项工作得到上级表彰肯定。江山市委统战部获得2015年度全省统战信息工作先进单位三等奖，衢州市统战工作先进集体，衢州市统战信息先进单位一等奖。江山市侨联获全省侨联先进集体称号和衢州市侨联先进集体称号等。

【完成民主党派换届工作】 11月，召开民主党派换届专题工作会议，为民主党派换届计划制定、候选人确定、换届大会准备提供指导、支持，并及时向市委汇报换届工作进展情况，先后统筹安排民革江山市委会、民盟江山支部、民进江山总支部、九三学社江山基层委员会4个民主党派集中换届工作。

【引导各民主党派参与社会服务工作】 2015年，各民主党派加强社会服务工作，组织开展送医送药下乡、参与五水共治、慰问孤寡老人、健康知识进校园、庆六一等活动20余次，参与人数近300人次，受惠群众、学生近2000人次，其中民建江山市支部荣获“浙江省先进基层组织”，民进江山市总支部荣获“民进全国社会服务工作先进集体”称号，民进文卫支部荣获民进省委“爱心模范”基层组织的称号，九三学社江山市基层委员会荣获“全国优秀基层组织”。

【成立江山市社会主义学校】 7月，举行市社会主义学校成立暨党外知识分子培训班开班仪式，挂牌成立江山市社会主义学校。举办市党外知识分子培训班，共有48名市知联会会员参加。培训班在课程设置、师资配备等方面做了周密安排，邀请中国浦东干部学院经济学博士华斌等为学员作《互联网+风口》等讲座。

【建立江山籍在外知名人士信息库】 开展江山籍在外知名人士信息采集工作，建立1213名江山籍在外知名人士信息数据库，其中商界人士（主要是2000万元以上各类企业负责人）486名，政界人士（主要是副处以上职务领导干部）369名，其他人士（主要是高级专业技术人才）358名，掌握和了解一批在外创业人员中的代表人士，为“江山人经济”回归打下坚实基础。

【做好宗教工作】 1月，启动民间信仰活动场所登记编号工作，对全市大大小小100余处寺观实行等级编号管理制度，并举办民间信仰场所信息录入培训班，规范化管理民间信仰活动场所。全市共审核通过57处民间信仰场所，分布于15个乡镇（街道）。积极贯彻落实省、衢州市民族宗教工作会议精神，与宗教团体、宗教活动场所签订《2015年度宗教活动场所安全工作目标管理责任书》，排查消防、食品、交通、治安等安全隐患，做好海会寺、太阳山寺等寺庙宗教活动日安保，妥善处理好太阳山寺与当地居民纠纷，确保全市宗教活动

市委常委、统战部长姜方云（左二）在基层调研

场所安全稳定。

【举办港澳海外青少年故乡行活动】 4月，举办主题为“学传统文化、寻乡村快乐”的第二届“江山籍港澳青少年故乡行”活动，组织2名江山籍海外华裔青少年参加“中国寻根之旅”夏令营活动。《情系中华》杂志专版刊发江山籍港澳青少年故乡行活动侧记。

【引导侨界互助帮扶工作】 5月，协助日本江山同乡会将日本华侨捐赠的8万元云瀚助学金发放给中山小学和保安小学的40名贫困学生，并为这两所学校各提供1万元购买办公用品和学习用品。深化华侨慈善联谊会同心安居工程，为贺村镇三塘村陈根旺等3户困难户提供6万元帮扶资金，帮助其修建房屋。

【铺开基层协商民主工作】 按照先试后规范的原则，把“统一战线推进基层协商民主工作”纳入基层统战工作考核内容，两次召开统战委员工作会议部署。赴各乡镇（街道）开展督查，推动各乡镇（街道）开展基层协商民主工作。双塔街道成立了民主协商议事会，长台镇长兴村试行“五期四化三到位”协商制度，被评为省委统战部民主协商优秀案例。

【牵头开展关爱原国民党抗战老兵系列活动】 牵头民政、财政、民革江山市委会等单位征集原国民党抗战老兵的线索和资料，开展寻找认定救济原国民党抗战老兵工作。对各乡镇（街道）报送的65名原国民党抗战老兵中的57名进行身份确认，对其中40名家庭生活困难的原国民党抗战老兵给予生活困难补助。推动市四套班子主要领导带队分组走访慰问全市抗战老兵，征集41名江山籍原国民党抗战老兵的抗战故事，出版《抗战记忆—寻访江山籍国民党抗战老兵》一书。

【筹建江山市异地商会】 先后到北京、杭州、南京等地拜访在当地发展的江山籍企业家，推动成立异地江山商会筹备小组。其中江山宁波商会、江山杭州商会、江山河南商会已举行成立大会。

11月7日，江山市杭州商会成立大会暨第一次会员大会在省人民大会堂举行

【注重统战宣传信息工作】 继续办好江山统战网，2015年发表信息、文章500篇，累计发表信息3500余篇。做好“江山统战”微信公众平台的维护、编辑、审稿工作，“江山统战”微信公众号关注人数超1300人，发送信息300条，20多万人次点击阅读相关内容。

（市委统战部　供稿）

机构编制工作

【概况】 市编委办是市机构编制委员会的常设办事机构，负责全市行政管理体制改革和机构改革以及机构编制的日常管理工作。2015年，市编委办坚持改革统领，注重法治思维，贯彻落实中央、省、市关于机构编制工作的指示要求，推进行政体制改革和机构编制管理创新，各项工作稳步推进，获“全省机构编制信息宣传工作先进单位”、衢州市机构编制工作目标考核二等奖、衢州市机构编制系统优秀调研课题二等奖等荣誉称号。

【政府机构改革和职能转变】 制定《江山市政府机构改革和职能转变方案》和《江山市政府职能转变任务分工方案》，提出3至5年内职能转变的总体安排和工作计划；组建市卫计局、市市场监督管理局、综合行政执法局；以“浙江省江山经济开发区管理委员会”为主体，做好开发区（园区）“三合一”机构整合工作。

【重点领域体制改革】 印发《关于明确市纪委派驻机构人员编制管理的通知》和《关于明确市纪委派驻机构人员编制管理的通知》，做好纪委派驻全覆盖相关工作；整合江山市市场监管、质监和农业部门食品药品检验检测资源，成立“江山市检验检测研究院”；优化整合妇幼保健和计划生育技术服务资源，组建成立“江山市妇幼保健计划生育服务中心”，将乡镇（街道）计生服务站职责划入当地卫生院；推进不动产统一登记制度改革，整合各部门分散承担的土地、房屋、林地等不动产登记职责，成立不动产登记中心；同时完成职业卫生监管职责移交、旅游管理体制相关改革，以及向社会组织转移职能、政府购买服务等有关工作。

9月，江山市部门权力清单会审（刘宁 摄）

【四张清单一张网】 做好政府深化“四张清单一张网”改革，推进简政放权放管结合转变政府职能工作的协调小组建立；编印发放《江山市部门权力清单》和《江山市部门责任清单》，指导部门完成行政处罚等其他八类权力清单的梳理和数据库导入工作；举办浙江政务服务网江山平台建设工作培训班，对根据《省市县三级权力事项目录》进行权力事项信息修改完善工作进行培训和再布置，启动乡镇权力事项库梳理工作，促进浙江政务服务网向乡镇（街道）、村（社区）延伸；建立健全权力清单、责任清单动态调整机制，以政府办名义转发《浙江省人民政府权力清单管理办法》，制定《江山市人民政府部门职责管理办法》，推进权力清单“瘦身”和责任清单“强身”。

【事业单位法人登记管理】 做好事业单位法人设立、变更、注销登记工作，全年共办理事业单位法人设立登记事项1件，变更登记事项51件，注销登记事项1件，证书补领登记事项2件。中文域名注册单位600家，注册域名617个；全面实行事业单位年度报告公示制度，举办2期事业单位法定代表人培训班，全市268家事业单位均如期在指定的市政府门户网上完成年度报告公示工作，公示率为100%。

【事业编制报备员额管理】 印发《关于在江山市市属公立医院试行事业编制报备员额管理的函》，在市人民医院、市中医院、市妇幼保健院、市第四人民医院试行事业编制报备员额管理，原核事业编制实行冻结，新进人员均使用事业编制报备员额，共核定4家市属公立医院事业编制报备员额921名，其中市人民医院418名、中医院239名、妇保院177名、第

1月，江山市首次事业单位绩效评估考核汇报会在市疾控中心召开（王淑贞 摄）

四人民医院87名。

【从严开展控编减编工作】 根据“坚持从严从紧控制、坚持精简效益统一、坚持强化优化管理”的总原则，结合新一轮政府机构改革、综合执法体制改革、法检两院司法体制改革等工作，统筹谋划、从严制定控编减编方案，全年共精简行政编制12名、事业编制127名、精减收回核销后勤服务人员67名。同时，做好用编需求审核工作，同意2016年招考公务员用编需求64名，2015年公开选调公务员用编需求7名，其他方式选调公务员用编需求19名；同意2015年招聘事业人员用编需求79名，公开选调事业人员用编需求2名，其他方式选调事业人员用编需求9名；同意卫生系统用编需求140名，公办学校用编需求总额控制在230名以内。

【机构编制监督检查】 结合上半年领导干部选人用人及下半年省委巡视组督查工作，会同相关部门对全市机构编制情况进行多次监督检查。通过部门自查和现场督查相结合的形式，对全市所有机构单位的编制、人员、领导职数情况进行梳理，并将全市副科级以上部门单位的机构编制台账整理装订成册，方便查阅。对于监督检查过程中发现的问题，进行分类整理，第一时间与相关部门进行讨论沟通，在找寻历史依据的基础上制定整改计划，及时整改。

【规范编外用工管理】 制定《江山市机关事业单位编外用工管理办法（试行）》，建立编外用工管理三机制，将机关事业单位编外用工纳入全市统盘管理，对机关事业单位编外用工实行总量控制、规范管理。2015年江山市编委办共受理机关事业单位编外用工申报87起，按程序审核同意79起，制止6起未经审批发布招工公告的行为，并对一起部门超控制数用工行为下达了责任整改通知书。2014年、2015年全年编外人员变动数量（控制数内新增、递补），与2013年前未开展清理规范工作时相比有大幅减少。

（王淑贞）

对台工作

【概况】 2015年，江台两地经济、文化等各方面交流进一步深入。峡口镇枫石村、同桥村、合新村、大陈乡大陈村及峡口镇农技综合服务站分别与台湾南投县国姓乡石门村、国姓村、长流村、大石村及国姓乡农会开展结对。至此全市共有17个各类基层组织与台湾基层组织开展结对交流，在全省率先形成县、镇（县）、村三级基层组织结对的模式得到了全面铺开。全年共组织因公赴台交流团组1批次12人次；共接待各类来江台湾交流团组12批次110多人次。

【全市对台工作会议】 4月1日，江山市召开全市对台工作会议，传达贯彻中央、省对台工作会议精神，总结部署全市对台工作。省台办副主任陈正仁、衢州市台办主任吾炳才应邀参加会议，会上，陈正仁副主任作关于当前两岸形势和省对台工作情况的讲座。江山市委副书记舒畅讲话，对今后进一步做好对台工作提出了相关要求。会议通报表彰2014年度全市对台工作先进集体和先进个人。

【赴台交流】 4月底，由市政协副主席周君望为团长的经贸考察团，赴台开展基层交流工作。此次考察团赴台，拜访了在台江山籍台胞，考察了台北市兰州中学、台北市联合医院和平妇幼院区、南投县国姓乡、南投县鱼池乡日月村、花莲县凤林镇等相关学校、医院及乡村等基层单位，进一步推动了江台两地基层交流。

4月，江山市经贸考察团向台湾花莲县凤林镇赠送纪念品(施建 摄)

【峡口——国姓基层结对交流】 台湾南投县国姓乡基层交流团由乡长邱埔生亲自带队分2批次、33人次先后于8月、9月来江山市开展结对交流活动。峡口镇枫石村、同桥村、合新村、大陈乡大陈村及峡口镇农技综合服务站分别与台湾南投县国姓乡石门村、国姓村、长流村、大石村及国姓乡农会开展了结对交流。结对双方还在“峡口——国姓友谊林”亲手种下象征两地友谊万古长青的桂花树。

【台商创业在江山】 4月，开始在《今日江山》上开辟“台商创业在江山”系列宣传专栏，先后对谢应登、陈台吉等台商在江创业的事迹采访、报道，使其在开展“全民创业创新”活动中发挥更大的作用。

【台情调查】 专门抽调干部对全部档案进行整理和电子化处理，历时4个月，完成将近5000户档案信息的整理录入工作。通过召开全市台情调查部署会，专项部署开展台情调查工作；通过进村入户，拉网式走访全市的每一个乡镇、每一个村庄、每一位台属，鼓励台属通过书信、电话、电子邮件等方式，多途径与在台亲属进行联系，收集在台亲属的相关信息。通过江山旅台同乡联谊会及有关江山籍台胞，利用他们的朋友圈、工作圈，收集整理尚未掌握的江山籍台胞信息，逐步完善江山籍台胞的资源信息。

【台湾知识“五进”活动】 在全市开展台湾知识“进学校、进社区、进景区、进农村、进家庭”的普及教育宣传活动。开展涉台知识巡展活动，精心收集台湾时政知识，制作涉台宣传展板，在全市各乡镇、街道的重要节点、人流密集处进行流动展览。开展涉台知识讲座活动，邀请省台办副主任陈正仁为全市对台工作干部作关于当前两岸形势和省对台工作情况讲座。台办干部常深入新塘边镇日月村、双塔街道县前社区等基层各地，开展涉台知识讲座，印制发放涉台知识资料，为相关镇村干部讲解涉台知识。

【“衢台健康产业投资贸易对接洽谈会”在江山召开】 11月18日至20日，浙江衢州——台湾健康产业投资贸易对接洽谈会在江山市召开，来自海峡两岸的企业家共聚江山共商合

11月18日至20日，浙江衢州——台湾健康产业投资贸易对接洽谈会在江山市召开(戴华龙 摄)

作。接洽会期间，来自台湾的20多家健康产业企业与江山市50多家相关企业就23个健康项目进行深入洽谈，贸易成交额2000万元，初步达成养生保健品、健康饮品等8个产品合作研发项目，医药美容、光伏发电等6个技术转让项目，水稻改良种植、中草药种植加工等4个生产种植技术合作研发项目，黄秋葵、螺旋藻等5个深加工项目合作意向。6家企业现场签约，推动了江山市与台湾在农业、旅游、健康产业等领域优势互补。

（戴华龙）

档案史志工作

【概况】 江山市档案局（馆）与中共江山市委史志办公室一个机构、两块牌子，现有馆藏档案110482卷57465件，图书资料1.8万册，全年共接待查档人员3562人次，调阅档案15113卷次，复印档案3787页。馆藏的《清漾毛氏族谱》被国家档案局、中央档案馆列入全国首批48件（组）中国档案文献遗产名录，“江山民众救护美军飞行员”档案被列入第三批中国档案文献遗产名录，“清·江山县长台地方契据”被列入第二批浙江省档案文献遗产名录。

【上王竹子林遗址成为新的党史教育基地】 1月25日，江山市委同意市委史志办和坛石镇党委关于在上王竹子林设立中共闽浙边城市工作委员会暨闽浙边区人民解放军浦江衢游击支队旧址纪念碑，并命名为江山市党史教育基地的请示。新中国建立前夕，城工部曾在该旧址统一领导浙江的斗争，范围涉及江山、衢县、龙游、遂昌、常山、开化、汤溪、金华、缙云、磐安10个县。市档案局（史志办）经过两年多的精心筹备、图片史料征编、文稿撰写等，会同坛石镇政府完成房屋修缮、旧址布展、立纪念碑等工作。6月23日，江山市举行践行“三严三实”迎“七一”活动暨上王竹子林革命遗址揭碑仪式，市四套班子领导参加活动，浙江新闻APP、今日江山等媒体对此作了相关报道，市委统战部、民宗局、司法局、环保局等50余家单位也纷纷前往上王竹子林开展党史教育活动。

【发现廿八都红军战斗遗址】 3月23日，是红军挺进师挺进浙江（进入江山）八十周年纪念日，市档案局（史志办）前往廿七都山区探寻挺进师足迹，在廿八都兴墩村闽浙交界处岭下自然村发现黄茅岗和五银涧山二处碉堡遗址，经考证为红军战斗遗址。岭下红军战斗遗址是红军留给江山的珍贵红色记忆，从赣东北红军二打廿八都，到先遣队纵横浙西，再到挺进师挺进浙西南，见证了红军在浙西山区艰苦卓绝的三年游击战争岁月，为研究挺进师战斗史提供了重要的实物资料，也为兴墩村的乡村休闲度假游增添了一处红色景点。浙江新闻APP、衢州日报等媒体均作了相关报道。

【参与中美联手抗日纪念馆建设】 中美联

手抗日纪念馆暨江山民众营救杜立特行动飞行员事迹陈列馆位于仙霞关景区，展馆为中国传统三进式建筑，展馆面积630平方米，广场面积850平方米，分日军偷袭珍珠港、美军反击东京湾、军民秘密修机场、民众营救飞行员、日军血腥报复、军民浴血抗战、中美友谊长存7大版块，通过文字、图片、影像、雕塑等方式真实再现历史画面。《中美联手抗日纪念馆——江山民众救护杜立特行动美军飞行员事迹陈列》源于江山市档案馆馆藏的一组“民众救护美军飞行员”档案。该档案于2010年2月22日成功入选第三批《中国档案文献遗产名录》。市档案局（史志办）具体参与文稿撰写修改、图片资料收集、布展方案确定、展馆验收等工作，到2015年底纪念馆布展工作已基本完成。该馆全面展示市档案局（史志办）20多年持续研究江山民众营救杜立特行动飞行员事件的成果，展现中国军民为世界反法西斯战争所作出的卓越贡献。

【再次调查民众营救杜立特行动飞行员事件】 市档案局（史志办）组织人员赴大桥镇芳源村和江西省玉山县仙岩镇等地，实地调查抗战时期5号机机长戴维·琼斯和飞行员罗斯·魏尔德的降落地点和营救经过，并形成文字、照片、视频等档案资料。经考证，飞行员罗斯·魏尔德降落地点为江山大桥镇芳源村，该村村民参与营救并护送到玉山县。至此，江山民众营救杜立特行动飞行员人数确定为6人。

【公布江山籍抗战阵亡将士姓名录】 年初，市档案馆馆藏档案中发现1份《中华民国忠烈将士姓名录》，该名录于中华民国36年12月初由联合勤务总司令部抚恤处纂订，记载了621名江山籍国民党军队抗日阵亡将士的姓名、部队番号、阵亡时间及地点等内容。6月，市档案局在江山信息网西南论坛公布《中华民国忠烈将士姓名录》，名录的公布引发网友对抗战往事的关注，江山发布转发该信息。位列名录第一位的是祝国辉，曾任忠义救国军总指挥部调查室特务队中校队长，1943年牺牲在抗日战场上。8月，市档案局联合安吉县档案局开展调查，成功帮助祝国辉中校后代寻找到位于安吉县杭垓镇高村的墓地。

【调查江山北乡自卫队抗战事迹】 市档案局从馆藏民国档案入手，结合实地调查采访，历经几月努力，还原了1942年江山北乡自卫队保卫家乡英勇抗战的史实，并撰写《杀敌致果　卫乡有方——江山北乡自卫队抗战纪实》一文，发表在《浙江日报》《衢州晚报》等主流媒体，同时配合江山电视台拍摄江山民众抗战、解放江山等相关题材纪录片。

【编写出版《中国共产党江山历史（1949—1978）》】 12月，《中国共产党江山历史（1949—1978）》由中共党史出版社出版发行。此书全面系统地记述1949年到1978年这29年间江山人民在中共江山县委带领下进行社会义革命和开展社会主义建设的历史进程，忠实记载江山党组织加强自身建设、经受各种考验而不断发展壮大的光辉历史，初步总结江山社会主义革命和建设正反两方面的经验教训，如实反映江山共产党人和广大人民群众矢志不溶不渝、满怀信心建设社会主义的开拓精神和执著追求。全书共有38万字，史料丰富翔实，结构科学，论述客观，具有较强的史鉴功能和资政作用，是一本了解中共江山历史的红色“家谱”和开展地方党史教育的生动教材。

【编辑出版《清漾毛氏族谱选萃》】 6月，

完成《清漾毛氏族谱选粹》1000册的出版印刷。此书遴选《清漾毛氏族谱》其中部分，并按其原貌原大汇成一册以仿真件形式制作。全书共60页，收录有原谱的谱名页、旧序、系图、传、赞、墓考、楹联、宗范志、约训约戒约申、家翰志《诗歌赋启》、纶音志《诰敕、旨谕、祭文》、外翰志《诗歌赋》等精华内容。

【开展档案安全监督检查】 5月开始，市档案局组织人员对全市86家机关部门、乡镇（街道）开展档案安全监督大检查，重点督查组织管理、设施设备、业务建设、信息化建设等4个方面内容，采取现场检查和书面反馈方式，分自查自纠、现场检查、对照整改、巩固复查4个阶段。对督查中发现的问题及时提出，并当场填写反馈单要求予以整改。通过安全检查，各单位对档案工作的反馈意见，着手整改。

【征集史料丰富馆藏】 2月，征集毛作元先生关于民国时期江山文化的研究资料共计500余件1万余页，其中有戴笠后代、毛森、沈醉、王蒲臣、姜超岳、何芝园、魏斐德等人的往来书信、原始调查记录、老照片、画像等珍贵的第一手资料，对研究民国时期的政治历史文化具有重要的史料价值。全年还征集到《杭江铁路工程纪略》等图书110余册，《抗战实录光盘》7张，宗孟平历史照片1张，《雅儒刘氏宗谱》等族谱4套。

【建设数字化档案馆】 优先选取馆藏精简下放人员等民生档案，以及利用率较高的市委、市政府档案全宗进行数字化加工。全年共完成10297卷、38625件档案的数字化加工并实现在线查阅利用，形成文件级条目305748条，影像数据1497578页，馆藏档案数字化率达到30.1%。 （姜燕萍）

监督管理工作

【概况】 2015年，市监管办认真做好公共资源交易监督管理工作，全年市级平台共办理公共资源交易项目449个，交易金额159016万元。其中，建设工程项目267个，成交额117159万元，与预算金额137705万元相比节约财政资金20546万元，节约率为14.92%；政府采购项目91个，交易金额7154万元，与预算金额8812万元相比节约资金1658万元，节约率为18.81%；产权交易项目15个，预算金额983万元，交易金额1191万元，资金增加率21.16%；土地出让33宗，起始价19537万元，成交价20870万元，增收1333万元。市政府新投资代建项目14个，代建面积5.57万平方米，建成代建项目16个，建成面积8.41万平方米，完成投资额12379万元。评审政府投资项目483个，其中设计变更267项，估算审批23项，概算审批16项，预算审批111项，决算审批33项，特殊交易方式委托审批33项，审核总造价14.04亿元，核减财政支出3603万元，平均核减率为2.57%。2015年在衢州市监管办组织的公共资源配置工作考核中荣获综合考核特等奖。

【扩容更新市综合评标专家库】 江山市综合评标专家库成立于2006年，经过2009、2011年的扩容更新，入库专家已有245名，专业类型涉及房建、市政、通信工程等二十多个专业。2015年8月，再次启动综合评标专家库存扩容更新工作，入库专家达263名。

【完善公共资源交易监管制度】 制定出台《关于进一步规范政府采购、产权交易保证金交纳管理的通知》，在解决以往工作中部分投标人对交易保证金交款人名称、保证金提交方式、确认方式等不规范问题，为投标人提供方便，增加了网上确认途径，同时出台《江山市监管办公共资源交易保证金内部管理制度》，指导市农办出台《江山市农村综合产权交易流转管理办法（试行）》。

【全力开展工程标后监督检查工作】 4 月，会同市纪委监察局第三纪检室针对《江山市审计局专项审计调查报告》（江审调报〔2014〕31 号）中反映的部分乡镇工程项目管理中存在的问题，对四都、碗窑、贺村、清湖等乡镇进行专项检查，对存在问题进行梳理反馈。6 月份，会同市住建、交通、水利等对政府投资在建项目进行联合检查。

【推进公共资源交易电子化进程】 在原有电子商务辅助评标的基础上，将电子辅助评标的项目拓展到所有建设类项目，逐步实现以现代科技为主的电子化评标，按照五年计划的整体部署，筹备无纸化评标和远程异地评标工作。前期已经完成远程评标室建设、评标办法的梳理和电子化、招投标人员的培训、评标专家的入库工作等，并为投标人、中介机构的 CA 认证、评标培训及无纸化评标测试等工作做好准备。

（郑云芬）

机关党建工作

【机关党员电化教育】 坚持每月播出一次党员电化教育课，全年共播出中央纪委、中央宣传部、中央电视台联合制作的《作风建设永远在路上—落实中央八项规定精神正风肃纪纪实》《国魂》《我心目中的共产党员》《践行习近平总书记“三严三实”总要求，加强党员干部的党性修养与作风建设》等 12 部电教片。

【机关基层组织建设】 2015 年全年新建党支部 3 个，党支部更名 2 个、撤销 2 个；督促指导任期届满的机关基层党组织按期进行换届选举，有 36 个机关基层党组织进行换届选举，对 13 个机关基层党组织领导班子进行调整充实，调整党支部领导班子成员 23 名。全年共吸收预备党员 33 名，预备党员转正式党员 48 名，取消预备党员资格 1 名，处置不合格党员 1 名。制定《关于深化机关党的工作规范化建设 推进“大抓基层组织年”活动深入开展的通知》，实施机关基层党组织书记抓党建工作“述职评议”制度。

【举办“学党章、守纪律、讲规矩”知识竞赛活动】 9 月，举办“学党章、守纪律、讲规矩”知识竞赛活动，全市共有 52 个机关基层党组织的 154 名党员参加竞赛，对获得团体成绩前 9 名的代表队和前 25 名的个人进行表彰奖励。

【党内教育培训】 制定《2015 年度市直机关党员干部学习教育计划》，在机关基层党组织中继续开展“五个一”学习活动。4 月，举办入党积极分子培训班，对市直机关及直属企事业单位党组织的 88 名入党积极分子作了党章、党史、党风廉政建设等有关党的基本理论、基本知识专题讲座。10 月，举办市直机关党务干部培训班，培训内容有《中国共产党章程》《中国共产党发展党员工作细则》《中国共产党党和国家机关基层组织工作条例》党风廉政建设和机关党建工作业务知识等，来自市直机关各部门的 87 名机关党务干部参加了学习培训。

（王　林）

党校工作

【概况】 2015 年中共江山市委党校按照《2013—2017 年全国干部教育培训规划》精神，根据江山市 2015 年干部培训计划，坚持“紧贴中心、服务大局”的工作方向和“开放办学、品牌兴校”的办学方针，共举办市管领导干部进修班 2 期，中青年干部培训、事业单位法定代表人培训班、党外干部培训班、市直机关党务干部培训班各 1 期，全市市管党员干部党章党规党纪专题集中轮训班 3 期、全市村党支部书记轮训班 3 期、全市纪检监察干部知识培训班 1 期，计划内班次 18 个，受训学员达 2700 人次。同时，还举办全市事业单位法人年度报告公示工作培训、安监局培训、全市政府网站培训班、江山市工程质量治理两年行动监督执法检查反馈暨工作推进会、市优抚政策培训班、市创业创新暨《心态胜于能力》专题讲座、衢州市乡村休闲旅游提升培训、全市重点项目推进会、全市消防安全工作会议、浙江政务服务网江山站点建设工作培训、新环保法及配套制度培训、全市安全工作培训班等计划外班次 16 个，受训学员达到 1576 人次。举办农民素质培训工程 9 期，受训学员达到 493 人次。2015 年获浙江省市县党校工作优胜单位、衢州市党校系统优胜单位。

【创新班级活动】 开设学员论坛。第一期市管领导干部培训班和第十六期中青年干部培训班开班典礼上，组织全体学员参加全市全民创业创新大会，学习市委书记吕跃龙的重要讲话精神，围绕“创业创新”这个主题，安排学员结合工作实际，以小组讨论、小组代表发言交流等方式，开展“创业创新”学员论坛，论坛通讯稿《点燃激情之火 共谋创业创新》在《今日江山》上刊登。第二期市管领导干部干部培训班上，组织学员围绕市长叶美峰《打造“四有”政府　建设“幸福江山”》的授课内容，开展学员论坛。组织中青年干部培训班开展“我为创业创新谋项目”主题活动，经过动议筹备、集中谋划、修改完善、审定汇编 4 个阶段，发动学员谋划出 51 个富有时代气息的项目。这些项目在全市项目谋划擂台赛的评比中，有 1 个获金奖、1 个获银奖、13 个入库。

【配备主体班次师资】 在主体班次的培训工作中，市委书记吕跃龙亲自审阅培训方案，就如何办好培训班作出重要指示，并在第一期市管领导干部培训班和第十六期中青年干部培训班开班典礼上做动员讲话。市委副书记、市长叶美峰亲临党校为第二期市管领导干部培训班授课。除此之外，还有 6 位江山市市级领导、13 位部门领导、17 位衢州市以上的专家和领导先后到主体班次上讲话或授课。

【抓好全员科研工作】 在课题申报上，全年共有 8 个课题在浙江省委党校中国特色社会主义理论体系研究中心第十七批规划课题中立项；2 个课题在浙江省社科规划课题中立项；1 个课题列入浙江省哲学学会 2015 年度重点课题；12 项课题在衢州市党校系统市（县、市、区）情研究中心第八批规划课题中立项。在论文发表上，全年共有发表论文 24 篇。其中《中国共产党执政党建设的新趋势：执政品行建设》《一切依靠群众是中国梦的动力源泉》《浙江省欠发达地区中小企业转型升级研究》《家风重建背景下现代家训文化传承的动力机制研究》等在《世纪桥》《华人时刊》《企业改革与管理》《浙江日报》《衢州论坛》上发表。在科研资政方面，课题组撰写的《江山市发展壮大村级集体经济的调查与思考》、参与撰写的《“三民工程”升级版：在服务中强化政治功能》得到衢州及江山市有关领导的批示。

【开设“创新江山”系列讲座】 先后邀请4位重点乡镇、机关部门的相关领导来校传授创业创新的工作经验和典型案例，让全体教师在科研工作上能够紧贴中心，将研究重点放在创业创新、工业强市、文化建设、党的建设、基层社会治理、五水共治等方面，做到科研工作与市委、市政府中心工作紧密结合。

（李　晶　张妙苗）

老干部工作

【落实老干部政治待遇】 2015年，全市共有离休干部154人，其中行政事业单位离休干部102人，企业离休干部52人，享受地厅级待遇2人，县处级待遇53人，科级待遇99人。一年来，先后组织老干部参加市委全委会报告征求意见座谈会、政府工作报告征求意见会、市级党政领导班子成员述职述廉会议、全市情况通报会等各类会议、学习22次。组织老干部参观乡村休闲旅游发展、市重点项目建设等“走基层、看变化、促发展”活动6次。举办了全市离退休干部“双先”表彰大会暨老干部读书班，200多名老同志参加了政治学习，20个先进离退休干部党支部和50名先进离退休干部个人得到表彰。

【落实老干部生活待遇】 开展以“走近老干部，做老干部贴心人”为主题的真情关爱大走访活动，征集老干部意见建议21条，帮助7位老干部解决实际困难，详细了解老干部参加抗战事迹10例，收集反映抗战事迹的纪念照片、物品10多件。探望慰问96名生病住院老干部，对24名90岁以上老干部进行上门祝寿，为20名逝世老干部做好优抚、丧葬等事宜工作。同时，对200多名老干部进行体检，分2批组织100多名老干部赴开化、廿八都等地健康休养。

【老干部活动中心和老年大学阵地建设】 2015年，老干部活动中心日均活动人数达300多人。老年大学开设有29门课程，设置有44个教学班级，注册学员达2222人次。老年大学继续坚持创新发展，在党建工作、信息化管理、校园文化等方面取得了新的成绩，先后提炼总结了“厚德求知 康乐有为”“寓教于乐 教学相长”“尊师爱教 乐学求真”的老年大学校风、教风、学风，发挥着“一人入学 带动全家 影响一片”的文化功效。老干部常青艺术团，送戏入乡村入文化礼堂等义演达20多场，助力乡村文化建设。

【开展纪念抗战胜利70周年系列活动】 2月初，启动纪念抗战胜利70周年系列活动，组织“抗战江山图片展”“我的抗战故事”老干部访谈等活动。10位抗战老兵专访在《今日江山》连续报道，江山电视台“身边的抗战英雄”专题片也同步播出。6月，组织开展了“铭记历史 乐享阳光”——首届老年大学文化活动周活动，100%的班级参与，80%的学员上台演出，60多个文艺节目分3天3个专场汇演，成为老同志的星光大道。10月，举行“红旗飘飘”——江山市老干部纪念抗日战争胜利70周年纪念大会，市领导及驻城离退休干部共500多人观看了演出。

【编辑出版30周年画册】 2014年是江山市老干部局成立30周年，为纪念过去、见证现在，更好地展望未来，市委老干部局经过大半年的精心准备，收集了近400张照片，于2015年编辑印制了一本名为老干部工作30周年回顾画册《岁月》，分“红色典藏、领导关怀、政治待遇、连心服务、学无止境、老有所为”等12个篇章。

【举办老年大学建校20周年系列活动】 10月，成功举办“晚霞绚丽、因为有你”为主题的老年大学建校20周年系列庆祝活动。内容涵盖参观展览、领导致辞、建校20周年工作回顾、汇报演出及表彰环节等。市四套班子领导、衢州市局领导、各兄弟县市的老干部局领导及广大老同志等400多人出席了成果汇报会。市委书记吕跃龙致贺词，市委常委、组织部长、老年大学校长叶骏对建校20周年工作进行了回顾，市领导一行还参观老年大学20周年足迹图片展和师生书画、摄影、剪纸作品展，一起观看20周年成果汇报文艺演出并为老年大学最美教师颁奖。

（周芳琴）

关工委工作

【概况】 全市共有各级关工委组织464个，其中7个部门关工委，19个乡镇（街道）关工委，13个社区关工委，2个民营企业关工委，292个村级关工委组织和126个关工小组，参与基层关心下一代工作的“五老”志愿者达到3800多人。

【开展纪念抗战胜利70周年活动】 7月，与市委宣传部、市教育局、市新华书店有限公司联合签发《关于在全市中小学开展纪念中国人民抗日战争胜利70周年系列活动的通知》文件，要求全市中小学包括中职学校组织学生开展形式多样的纪念抗战胜利70周年系列活动。9月，市关工委联合多家部门，组织指导中小学生参加网上主题征文活动，全市共有96篇征文参加评选，其中2名学生获得二等奖。10月，全市在文溪小学组织开展“铭记历史、圆梦中华”主题演讲比赛，来自全市各中小学的36名学生参加演讲比赛，获得一等奖的选手代表江山参加衢州和全省的比赛也获得一等奖的好成绩。

【资助贫困大学生】 2015年市关工委共资助贫困大学生34名，发放资助金15万元。其中争取到省“利群阳光、助学行动”资助的有6名，争取到衢州市关工委、福彩资助的有14名，市关工委资助的有18名。8月，与江山绿业有限公司、太阳山寺联合开展资助贫困中小学生活动，资助90名，每人给予1500元的资助，共发放资金13.5万元。

【关爱“留守儿童”】 依托原有的“留守儿童”俱乐部和“留守儿童”辅导中心、农村文化礼堂等工作载体，组织开展关爱帮教服务活动。峡口镇“留守儿童”辅导中心的一批退休干部教师为本辖区内的“留守儿童”义务进行学习辅导，开展书法、乐器、体育等的培训学习。7月24日，市关工委联合滴水公益组织在为峡口镇和廿八都镇的“留守儿童”送去1.2万多元的书、文具用品和5000元的慰问金等，并与这些“留守儿童”进行一些亲子游戏活动。

【支持特殊教育工作】 关心和支持培智学校各项建设，通过多种渠道，利用各种媒体，关爱智障儿童成长。与智障儿童们欢度“六一”儿童节，并送去节日礼物。通过浙江日报佳友民情快车发起的“特殊儿童家庭健康保障计划”寻访活动，对清湖镇蔡家山村的一贫困残疾家庭（一家四人有三人残疾）下肢残疾女孩“小蜜蜂”（化名）开展医疗帮助。7月15日，由浙报佳友民情快车的记者会同浙江狮子会狮友专程到江山接送该女孩赴杭州专科医院进行全方位的检查治疗。

【建立“银发人才库”】 2015年，组织全市各乡镇（街道）、社区（村）开展“五老”志愿者大调查，建立全市“银发人才库”。经过调查，全市共有各类“五老”志愿人员3000多人。根据“五老”的不同兴趣爱好和特长，就近就地开展各项青少年教育活动。

（夏　露）

江山市人大常委会

综　述

2015年，江山市人大常委会围绕市委决策部署，服务发展大局，践行“三严三实”，依法履行职权，为推进江山经济社会发展与民主法治建设做出重要贡献。一年来，共举行常委会会议15次、主任会议33次，听取和审议工作报告31个，作出决议决定15项，开展执法检查6次、专题询问2次，组织代表视察7次，依法任免国家机关工作人员88人次，任命人民陪审员40人。

代表大会

【市第十五届人大第四次会议】 于2月3日至6日在城区举行。该届共有代表232名，出席大会代表228名，因事因病请假4名。列席大会人员273名，出席政协第九届江山市委员会第四次会议的全体委员也列席会议。大会主席团36人，主席团常务主席11人，秘书长1人（兼），副秘书长4人，财政预算审查委员会12人，议案审查委员会11人。会上，市人民政府代市长叶美峰作《政府工作报告》，市人大常委会主任毛江妹作《江山市人民代表大会常务委员会工作报告》，市人民法院代院长崔正华作《江山市人民法院工作报告》，市人民检察院检察长郑柯迅作《江山市人民检察院工作报告》，市发改局、市财政局分别书面报告《关于江山市2014年国民经济和社会发展计划执行情况及2015年国民经济和社会发展计划草案的报告》《关于江山市2014年财政预算执行情况和 2015 年财政预算草案的报告》。会议审议并通过上述各项报告，作出相应决议。大会依法补选叶美峰为江山市人民政府市长；崔正华为江山市人民法院院长；王峰平、周涛、孟丽华等3人为江山市第十五届人民代表大会常务委员会委员。

【收到的议案和建议】 市第十五届人大第四次会议，共收到代表10人以上联名提出的议案302件。大会主席团根据地方组织法、代表法和市人民代表大会常务委员会议事规则的有关规定，将第01号《关于切实把全民创业创新举措落到实处的议案》与第96号《关于加快推进乡村休闲旅游发展的议案》作为大会议案，不列入大会议程，交市人民政府办理，并将办理结果提交市人大常委会审议，其余300件议案改作建议。大会还收到代表提出的建议、批评和意见39件，连同改作建议办理的议案，交市人民政府和有关机关、组织办理。经过市人大常委会的有力督办和办理部门的认真办理，341件议案建议全部办理完毕。

人大常委会会议

【十五届人大常委会第三十二次会议】 于1月13日在政府大楼八楼会议室举行。市人大常委会主任毛江妹，副主任毛井水、毛赛春、徐大清、徐柏民、徐惠民、毛建华和委员参加会议。市人民政府副市长章忠良，市人民检察院检察长郑柯迅，市人民法院、市人民政府办公室以及市人大常委会办事机构负责人列席会议。会议审议通过市人大常委会代表资格审查委员会《关于盛秋明等同志辞去代表职务的报告》。会议审议通过有关人事事项，毛江妹为被任命人员颁发任命书。会议讨论通过2014年度先进代表小组和代表履职先进个人名单、市第十五届人大第三次会议优秀代表议案建议和先进承办单位名单。

【十五届人大常委会第三十三次会议】 于1月27日在政府大楼八楼会议室举行。市人大常委会主任毛江妹，副主任毛井水、毛赛春、徐大清、徐柏民、徐惠民、毛建华和委员参加会议。市人民政府副市长章忠良，市人民检察院检察长郑柯迅，市人民法院、市人民政府办公室、规划局以及市人大常委会办事机构负责人列席会议。会议听取和审议市政府关于提请将5月18日确定为江山市全民创业创新日的议案，作出《关于设立江山市全民创业创新日的决定》，将5月18日设立为江山市全民创业创新日。会议作出《关于推进全民创业创新的决议》。会议听取和审议市政府关于提请审议江山市清湖历史文化村镇保护规划的议案、关于提请审议江山市凤林镇南坞村历史文化名村保护规划的议案。会议审议通过代表资格审查委员会关于代表变动情况和补选的代表资格的审查报告，研究召开市第十五届人大第四次会议的有关事项，原则通过市人大常委会工作报告。会议审议通过有关人事事项。

【十五届人大常委会第三十四次会议】 于2月6日在江山电影院主席台举行。市人大常委会主任毛江妹，副主任毛井水、毛赛春、徐大清、徐柏民、徐惠民、毛建华和委员参加会议。市人民政府市长叶美峰，市人民法院院长崔正华，市人民检察院检察长郑柯迅，市人民政府办公室以及市人大常委会办事机构负责人列席会议。会议讨论并原则通过市人大常委会2015年工作要点。

【十五届人大常委会第三十五次会议】 于3月3日在政府大楼八楼会议室举行。市人大常委会主任毛江妹，副主任毛井水、毛赛春、徐大清、徐柏民、徐惠民、毛建华和委员参加会议。市人民政府副市长王子平，市人民法院院长崔正华，市人民检察院检察长郑柯迅，市人民政府办公室、招商局、发改局、规划局、国土局、行政服务中心、经济开发区管委会、中部开发办、铁办以及市人大常委会办事机构负责人列席会议。部分经济建设工委委员应邀参加会议。会议听取和审议市政府关于2015年江山市招商引资工作安排情况的汇报。会议听取和审议市政府关于提请授予高静华等3人为江山市荣誉市民的议案，作出《关于授予高静华等3位同志江山市荣誉市民称号的决定》，决定授予高静华、时建平、毛金民等3人“江山市荣誉市民”称号。会议审议通过市第十五届人大第四次会议不列入大会议程议案的审议意见。

【十五届人大常委会第三十六次会议】 于5月8日在政府大楼八楼会议室举行。市人大常委会主任毛江妹，副主任毛井水、徐大清、徐柏民、徐惠民、毛建华和委员参加会议。市人民政府副市长宁晔，市人民法院院长崔正华，市人民检察院检察长郑柯迅，市人民政府办公室、旅游局、国土资源局、规划局以及市人大常委会办事机构负责人列席会议，市委组织部有关人员。部分教科文卫民侨工委委员、乡镇人大主席、市人大代表应邀参加会议。会议听取和审议市政府关于江郎山—廿八都旅游区创建国家5A级旅游景区情况的报告。会议听取和审议市政府关于提请审议江山市土地利用总体规划、江山市土地整治规划的议案。会议审议通过有关人事事项，毛江妹为被任命人员颁发任命书。

【十五届人大常委会第三十七次会议】 于6月30日在政府大楼八楼会议室举行。市人大常委会主任毛江妹，党组副书记王旭，副主任毛赛春、徐大清、徐柏民、徐惠民、毛建华和委员参加会议。市人民政府副市长章忠良，市人民法院院长崔正华，市人民检察院检察长郑柯迅，市人民政府办公室、环保局、规划局以及市人大常委会办事机构负责人列席会议。部分乡镇人大主席、市人大代表应邀参加会议。会议听取和审议市政府提请的关于江山市环境功能区划的议案。会议审议通过有关人事事项，毛江妹为被任命人员颁发任命书。

【十五届人大常委会第三十八次会议】 于7月10日在政府大楼八楼会议室举行。市人大常委会主任毛江妹，党组副书记王旭，副主任毛赛春、徐大清、徐柏民、徐惠民、毛建华和委员参加会议。市人民政府副市长巫小雄，市人民法院院长崔正华，市人民检察院、市人民政府办公室、经信局、水利局以及市人大常委会办事机构负责人列席会议。市委办、监察局有关领导。部分乡镇人大主席、市人大代表应邀参加会议。会议听取和审议经信局、水利局关于市人大常委会工作评议意见整改落实情况的报告，并进行了满意度测评。会议审议通过有关人事事项，毛江妹为被任命人员颁发了任命书。

【十五届人大常委会第三十九次会议】 于7月29日在政府大楼八楼会议室举行。市人大常委会主任毛江妹，党组副书记王旭，副主任毛赛春、徐大清、徐柏民、徐惠民、毛建华和委员参加会议。市人民政府市长叶美峰，市人民政府常务副市长俞根君，市人民政府副市长、财政局局长巫小雄，市人民法院、市人民检察院、市人民政府办公室、发改局、财政局、审计局以及市人大常委会办事机构负责人列席会议。部分乡镇人大主席、市人大代表应邀参加会议。会议听取和审议市政府关于2015年上半年工作情况和下半年工作意见的报告，审议江山市2015年上半年国民经济和社会发展计划执行情况报告。会议听取和审议市政府关于江山市2014年度财政决算和2015年1—6月预算执行情况的报告，作出《关于江山市2014年财政决算的决议》。会议听取和审议市政府关于江山市2014年度财政预算执行和其他财政收支情况的审计工作报告。

【十五届人大常委会第四十次会议】 于9月2日在政府大楼八楼会议室举行。市人大常委会主任毛江妹，党组副书记王旭，副主任毛赛春、徐大清、徐柏民、徐惠民、毛建华和委员参加会议。市人民政府副市长楼健，市人民法院院长崔正华，市人民检察院检察长郑柯迅，市人民政府办公室、财政局、国资办、人力社保局、农业局、农办、江山经济开发区管委会、人行江山市支行以及市人大常委会办事机构负责人列席会议。部分乡镇人大主席、市人大代表应邀参加会议。会议听取和审议市政府关于深化创新投融资体制、人才体制机制和农村产权制度改革工作的报告。

【十五届人大常委会第四十一次会议】 于9月14日在政府大楼八楼会议室举行。市人大常委会主任毛江妹，党组副书记王旭，副主任徐大清、徐柏民、徐惠民、毛建华和委员参加会议。市人民政府副市长章忠良，市公安局局长张雪飞，市人民检察院检察长郑柯迅，市人民法院、市人民政府法制办、司法局以及市人大常委会办事机构负责人列席会议。市委政法委有关人员，部分乡镇人大主席、市人大代表应邀参加会议。会议听取和审议公检法司机关依法履职、公正司（执）法情况的报告。会议审议通过有关人事事项，毛江妹为被任命人员颁发任命书。

【十五届人大常委会第四十二次会议】 于9月30日在人大二楼会议室举行。市人大常委会主任毛江妹，党组副书记王旭，副主任徐大清、徐柏民、徐惠民、毛建华和委员参加会议。市人民政府副市长徐文，市人民法院院长崔正华，市人民检察院检察长郑柯迅，市人民政府办公室以及市人大常委会办事机构负责人列席会议。会议审议通过有关人事事项。

【十五届人大常委会第四十三次会议】 于10月30日在政府大楼八楼会议室举行。市人大常委会主任毛江妹，党组副书记王旭，副主任徐大清、徐柏民、徐惠民、毛建华和委员参加会议。市人民政府副市长巫小雄，市人民法院院长崔正华，市人民检察院检察长郑柯迅，市人民政府办公室、经信局、财政局、国土局、旅游局、江山经济开发区管委会以及市人大常委会办事机构负责人列席会议。部分乡镇人大主席、市人大代表应邀参加会议。会议听取市政府《关于切实把全民创业创新举措落到实处的议案》、《关于加快推进乡村休闲旅游发展的议案》等2件不列入大会议程议案办理情况的通报。会议听取和审议市政府关于“两化”融合工作开展情况、工业平台开发建设情况的报告。会议原则通过《市人大常委会任免国家机关工作人员办法》《关于组织宪法宣誓的实施细则》《关于加强和改进监督工作的意见》。会议审议通过有关人事事项。

【十五届人大常委会第四十四次会议】 于11月25日在政府大楼八楼会议室举行。市人大常委会主任毛江妹，党组副书记王旭，副主任徐大清、徐柏民、徐惠民、毛建华和委员参加会议。市人民政府副市长徐文，市人民法院院长崔正华，市人民检察院检察长郑柯迅，市人民政府办公室、水利局、农业局、住建局以及市人大常委会办事机构负责人列席会议。部分乡镇人大主席、市人大代表应邀参加会议。会议听取和审议市政府关于养殖污染整治“百日攻坚”行动情况的报告。会议听取和审议市政府关于农民饮用水扩面提升工作情况的报告。会议听取和审议市政府关于市第十五届人大第四次会议代表议案建议办理情况报告、市人大常委会代表与选举任免工委关于市第十五届人大第四次会议代表议案建议督办情况报告。

【十五届人大常委会第四十五次会议】 于12月17日在政府大楼八楼会议室举行。市人大常委会主任毛江妹，党组副书记王旭，副主任毛赛春、徐大清、徐惠民、毛建华和委员参加会议。市人民政府常务副市长俞根君，市人民法院院长崔正华，市人民检察院检察长郑柯迅，市人民政府办公室、财政局、公安局、司法局以及市人大常委会办事机构负责人列席会议。会议审查市政府关于提请审议江山市2015年地方政府债务限额的议案，作出《关于批准江山市2015年地方政府债务限额的决议》。会议审议公检法司机关依法履职、公正司（执）法整改情况的报告，并进行满意度测评。会议审议通过有关人事事项，毛江妹为被任命人员颁发任命书。

【十五届人大常委会第四十六次会议】 于12月24日在政府大楼八楼会议室举行。市人大常委会主任毛江妹，党组副书记王旭，副主任徐大清、徐柏民、徐惠民、毛建华和委员参加会议。市人民政府常务副市长俞根君，市人民法院院长崔正华，市人民检察院检察长郑柯迅，市人民政府办公室以及市人大常委会办事机构负责人列席会议。会议研究召开市第十五届人大第五次会议有关事项，作出《关于召开江山市第十五届人民代表大会第五次会议的决定》，决定江山市第十五届人民代表大会第五次会议于2016年1月28日在城区召开。

工作监督

【工业强市监督】 听取和审议市政府2015年上半年工作、上半年国民经济和社会发展计划执行情况报告，提出落实涉企优惠政策、帮扶小微企业发展、鼓励企业上市等具体建议，抄告政府研究落实，进一步提振企业发展信心，促进经济回升向好。加强对“两化”深度融合、重点项目建设、工业平台开发建设的监督，组织视察市区至中部快速通道、娃哈哈饮品、正泰光伏等重点项目建设，支持政府扩大有效投资，加快产业转型，增强发展后劲。围绕电子商务、青年群体创新业进行视察审议，提出意见建议，推动政府出台《促进电子商务产业加快发展的若干政策意见》。根据市委部署，常委会领导班子成员就所联系的输配电产业，深入企业开展调研，定期召开产业领导小组会议，促进产业平稳发展。

3月26日，市人大常委会主任毛江妹（左二）等人组织视察青年群体创新业、电子商务发展情况

【旅游富民监督】 高度关注江郎山—廿八都旅游区AAAAA创建，多次视察和调研旅游工作，提出意见建议，推动政府加快完善核心景区和设施配套建设，不断提升景区的档次

和品位。围绕乡村休闲旅游开展视察调研，支持政府出台《乡村休闲旅游发展三年行动计划》等政策意见，做精做特做美乡村休闲旅游。

【改革创新监督】 听取和审议投融资体制改革情况报告，建议政府完善国有投资公司管理体制和乡镇财政体制，着力构建规范高效的政府投融资平台。围绕农村产权制度改革开展调研，推动政府逐步规范村股份制经济合作社运营管理，进一步增强农村的发展活力。针对人才工作中存在的问题，建议政府调整完善人才激励政策，加大重点民生领域、高层次科技创新人才的培养和引进，推动人才与企业、智力与资本的有效对接。

【财政预算监督】 听取和审议财政决算、预算执行情况报告，依法审查批准 2014 年财政决算。关注预算编制及政府性基金、社会保险基金、国有资本经营情况，深化对部门决算、政府重大投资项目的审查监督，重视审计发现问题整改情况的监督。深入调研实体经济税收情况，推动国税部门强化征管措施，优化纳税服务，促进实体经济健康发展。

【民生问题监督】 关注“清三河”行动，紧紧围绕黑河、臭河、垃圾河整治，组织视察横渡溪、封门溪等重点河道治理，建议政府高度重视农村生活污水治理工程的质量安全，推动政府建立健全长效治水机制，组织开展治水工作“回头看”，不断巩固和扩大治水成效。持续关注养殖污染整治，连续第四年开展重点监督、跟踪监督，支持政府开展养殖污染整治“百日攻坚”行动，江山市出境水水质和生态人居环境得到进一步改善。关注农民饮用水扩面提升，多次深入有关乡镇、部门调研，持续 4 年开展跟踪监督，推动政府连续多年把农民饮用水工程列入民生实事项目，加快建设峡口水库引水工程，启动实施坛石镇农民饮用水工程，重视解决江山南部乡镇农民饮用水工程建设遗留问题，促进城乡供水一体化进程。组织在江山的省、衢州、江山、乡镇四级人大代表成立 187 个视察核查组进村入户，对年收入 4600 元以下的 4457 户 7101 贫困人口脱贫情况进行视察核查，掌握真实情况，了解存在问题，提出对策建议，确保不把贫困现象带入“十三五”。组织视察新火车站站前广场和站前大道、江滨路延伸等城市重点工程建设，针对城市管理、城市排涝、停车难等方面问题提出意见建议，督促和支持政府围绕“山水家园”的城市定位，深入推进“美丽江城”建设十大专项和城市管理五大专项整治行动，完善城市功能，优化城市环境，进一步提升了市民的生活幸福指数。围绕“学在江山”建设，听取和审议学前教育情况报告，建议政府建立长效管理机制，完善教育布局调整，推进学前教育规范提升。对现代农业、工业固体废物处置、农村应急广播体系建设等工作进行听取审议、视察调研，推进相关工作开展。

【审议决定重大事项】 贯彻市委决策部署，将 5 月 18 日设立为江山市全民创业创新日，充分激发江山人民创业创新激情，推动形成大众创业、万众创新的生动局面。调研“十三五”规划编制，提出的意见建议得到政府高度重视并予以采纳，促进规划编制更加科学、符合实际。审议通过土地利用总体规划、土地整治规划、环境功能区划，建议政府重视规划成果的运用，严守生态保护红线，提高土地利用水平。作出《批准江山市 2015 年地方政府债务限额的决议》，决定按浙江省核定数批准江山市2015年地方政府债务限额为38.2亿元。

法律监督

【司法工作监督】 围绕公检法司机关依法履职、公正司（执）法情况开展监督，征集意见建议93条，抄告公检法司机关研究落实，并对整改情况进行了满意度测评。听取和审议“六五”普法实施、法院加强执行工作提高司法公信力、检察院惩治和预防职务犯罪等报告，对14个规范性文件进行备案审查。

【工作评议】 开展对住建局、旅游局工作评议，成立2个评议工作小组，走访50多个部门单位，召开30多个座谈会，征集意见建议242条，形成了客观公正的评议报告，抄告政府及被评议部门研究落实。对2014年经信局、水利局工作评议意见整改落实情况进行“回头看”，开展满意度测评，并围绕主导产业培育、项目落地、山塘水库除险加固、小农水项目建设等提出意见建议，推动部门再整改、再落实。

【专题询问】 围绕招商引资、10件政府民生实事项目以及小微企业创业基地建设开展专题询问，在深入调研的基础上，就娃哈哈饮品、食品放心工程、小微企业创业基地等提出27条意见建议，推动政府加强对招商项目的后续跟踪服务，重视小微企业创业基地建设，城乡卫生设施建设提升工程、农产品质量安全追溯体系建设等民生实事项目得到落实。

【执法检查】 建立各工委全部参与执法检查的工作机制，对江山市贯彻实施大气污染防治法、道路交通安全法、审计法、中小企业促进法、旅游法、残疾人保障法等情况进行检查，形成执法检查报告，抄告政府研究落实，并对整改落实情况进行“回头看”。配合省、衢州市人大做好食品安全法跟踪执法检查、省社会养老服务促进条例立法调研等工作。

常委会重要工作

【协助市委召开人大工作会议】 江山市委人大工作会议于6月2日在江山国际大酒店举行。市委书记吕跃龙作报告，要求学习贯彻习近平总书记在庆祝全国人民代表大会成立60周年大会上的讲话精神和省委、衢州市委人大工作会议精神，坚持和完善人民代表大会制度，更好发挥人大重要作用，在全民创业创新中担起更大责任，为打造华东地区最具活力城市、建设幸福江山提供根本制度保证。市委副书记、市长叶美峰主持会议，市人大常委会主任毛江妹讲话，市领导王水亮、舒畅以及其他市委常委、市人大常委会副主任，市人民法院院长、市人民检察院检察长，历届市人大常委会主任等参加会议。财政局、住建局、农业局、峡口镇主要负责人在会上作交流发言。

【代表联络站、“代表连心面对面”活动】 10月以来，市人大常委会组织在江山的省、衢州、江山、乡镇四级人大代表1177人次分赴乡镇人大代表联络站，重点围绕“十三五”规划编制、谋划2016年工作思路，听取选民意见建议，共收集问题建议1074条，分门别类抓好反馈落实。市级领导中的代表发挥表率作用，带头走进代表联络站，帮助基层群众解决了企业发展环境优化、村级集体经济发展、三卿口溪下游生态用水、贺村小城市培育建设、水利设施建设、交通道路建设等方面的困难和问题。深入开展“代表连心面对面”活动，共召开座谈会 18 个，走访代表 41 人，征集并反馈落实意见建议 112 条。

【推进宪法实施座谈会】 于 12 月 3 日在市政府大楼八楼会议室举行。市人大常委会党组副书记王旭，副主任徐大清、徐柏民、徐惠民、毛建华，市政协副主席盛秋明，市人大常委会专职委员及市人民法院、市人民检察院、市政府法制办、市委宣传部、市委党校、团市委、公安局、司法局、教育局等部门、单位负责人，部分乡镇人大主席、人大街道工委主任参加座谈会。与会人员围绕“增强宪法意识，推进宪法实施”主题，进行了座谈交流。

【新预算法专题培训会】 于 6 月 9 日在江山国际大酒店举行。市人大常委会主任毛江妹，市人民政府副市长章忠良，市人大常委会副主任毛赛春、徐大清、徐柏民、徐惠民、毛建华及市人大常委会委员，市机关各部门单位负责人、分管财务领导、财务工作人员，各乡镇长、街道办事处主任，财政所长，总会计，部分衢州市人大代表，市财政地税局全体干部参加。浙江大学经济学院财政学系主任朱柏铭教授作《新预算法背景下深化财税体制改革思考》专题讲座。

【市人大代表培训会】 于 6 月 17 日在江山国际大酒店举行。市人大常委会主任毛江妹，副主任徐大清、徐柏民、徐惠民、毛建华，市第十五届人大代表，各乡镇人大主席、副主席，人大街道工委主任、副主任，市人大工作联络员，市人大机关全体干部及部分衢州市人大代表参加。省旅游局政策法规处处长李伟钢作《乡村休闲旅游发展》专题辅导讲座，与会人员还听取新预算法知识专题辅导讲座。

【代表主题活动】 根据省、衢州市人大的统一部署，围绕转型升级十大组合拳落实，组织代表 707 人次开展视察调研，反映问题建议 219 条。针对“五水共治”方面的问题，组织代表巡查督查“已治理的河”2656 人次，反映问题建议 295 条，分别交政府及有关部门研究落实。开展查找“基层群众办事审批难事项”监督活动，向省人大反映办事审批难事项 9 类 61 条。

（严　佳　周小斌　朱华俊）

江山市人民政府

综　述

【概况】 2015年，江山市人民政府以全民创业创新为动力，以“六个十大专项行动”为抓手，抢抓机遇、克难攻坚，经济社会保持健康发展态势，圆满完成全年各项目标任务。全年实现地区生产总值258.02亿元，同比增长7.2%；财政总收入24.26亿元，增长6.3%，其中公共财政预算收入15.35亿元，增长6.5%；固定资产投资172.47亿元，增长14.2%；城镇常住居民人均可支配收入34808元，农村常住居民人均可支配收入18325元，分别增长8.7%、10%。

【工业强市加快建设】 中部工业新城有序推进，市区至中部快速通道加快推进。食品饮料、新材料、新能源等产业初具规模。“四换三名”工程深入推进，以“机器换人”为主的技改投资增长45.7%。木门家具行业列入省首批“机器换人”行业试点，全省“机器换人”现场会、全国智能制造高峰论坛、中国首届消防产品博览会在江山召开，输配电产业入选省高端装备制造业特色基地。完成个转企172家，新增规模以上企业15家。盘活存量土地1086亩，腾出用能空间4.5万吨标煤。

【服务业发展亮点纷呈】 服务业实现增加值106.44亿元，增长13.5%。国内旅游收入60.03亿元，增长19.9%。江郎山—廿八都旅游区列入国家AAAAA级景区预备目录，仙霞关AAAA级景区和月满新塘AAA级景区成功创建。清湖码头等5个节点入选徐霞客游线标志地。成功承办全国新年登高健身大会、浙江山水旅游节、衢州江郎山旅游节等一批高端节会。实现电商网络零售额13.64亿元，增长90.15%。与腾讯等公司签订意向协议。成功引进阿里巴巴等农村电商服务主体，启动电商产业示范园建设。

【现代农业特色发展】 新建粮食生产功能区1.7万亩，东部现代农业综合区通过省级验收。有机农产品基地和示范性有机农场加快建设，通过有机农产品认证31个。新培育“一村一品”专业特色村20个，专业特色乡镇2个。全省蜜蜂产业振兴计划在江启动，中国蜜蜂博物馆浙江馆落成。成功举办江山绿牡丹开茶节、浙闽赣三省四县精品蔬果展示展销会等农业节会。“保安风情小镇一日游”被评为全省休闲农业与乡村旅游精品线路。

【发展后劲有效提升】 24个项目入选省重点。江山光谷小镇入选省第二批特色小镇。通用机场入选省二类机场规划。成功争列国家知识产权示范城市、省级清洁能源示范市、省级PPP项目示范县。成立杭州、上海、深圳3个驻外招商分局，全年到位市外资金45.56亿元，其中亿元以上项目25个，20亿元以上项目1个。健盛产业园、福斯特光伏等项目当年签约当年落地。“四大百亿”项目开建95个，完成投资66.6亿元。娃哈哈饮料食品、正泰光伏发电等重大项目建成投产。争取上级财政补助资金18.47亿元。金融机构人民币存贷款余额达349.88亿元、310.58亿元。

【涉企服务成效明显】 设立规模3亿元的政府产业基金。成立首个科技创新创业基金。调度企业搭桥专项资金17.18亿元，为企业办理银行转贷25.33亿元。设立科技型中小微企业风险资金池，出借科技信用贷款5000万元。发放科技创新券790万元。设立科技创新创业园，引进企业20家。出台衢州最优、全省领先的上市扶持奖励政策，健盛集团在主板成功上市，欧派公司进入主板发审阶段，希尔化工、科润电力在新三板挂牌，10家企业与券商签约，56家企业在上海、浙江股权交易中心挂牌。新增亿元企业7家、国家高新技术企业2家、浙江名牌产品3个。

【专项整治克难攻坚】 “河长制”深入实施，黑河、臭河、垃圾河清理整治全面完成，出境水各项指标均达到地表水Ⅲ类标准，成功创建省“清三河”达标县。全省节水型社会建设试点县通过考核。生猪养殖污染“百日攻坚”行动集中推进，关停退养猪场4211个。农村“双治”工程扎实推进，130个村完成农村生活污水治理，100个村实现垃圾分类处理。“三改一拆”深入推进，拆违175.2万平方米，完成“三改”221.3万平方米。“两路两侧”“四边三化”专项整治行动深入实施。启动中小学校园污水达标排放治理工程。

【城市建管再上台阶】 城市基础设施加快建设，第二水厂改扩建、鹿溪污水处理厂提标改造等项目建成投用，48省道延伸、江广公路等项目主体完工，站前大道、礼贤路绿化提升等项目动工建设。西山百花园、城市文化墙获市民点赞。市区主要公共场所Wi—Fi实现全覆盖。城市管理五大专项整治行动全面开展，城市面貌焕然一新。城市治堵加快推进，新增第二批公共自行车，更新一批公交车和出租车，违章停车电子抓拍系统投入使用。

【美丽乡村纵深建设】 新农村建设成效明显，连续七年荣获全省优秀县（市）称号。新增10个中国幸福乡村，五类单项创建达标村53个。农村环境再造“六个一”工程扎实推进，一批AAA级乡村旅游景区、特色鲜明主题公园、彩化风情大道加快打造。仙霞关古道获浙江“十大人文古道”和“最美森林古道”称号。成功创建仙霞岭省级自然保护区。

【民生事业持续改善】 五项社会保险扩面净增12528人。城镇新增就业6319人，城镇失业人员实现再就业2660人。被征地农民基本生活保障工作稳步推进。消除4600元以下低收入农户工作全面完成。新增公共租赁住房182套。“学在江山”成效显著，高考再创历史最好成绩。顺利通过全国义务教育发展基本均衡县评估。省级卫生城市通过复查，慢病综合防控示范区通过验收。市人民医院跻身全国县级医院竞争力排行300强。成功举办“三山”艺术节30周年系列活动及全国女子举重锦标赛、全国啦啦操联赛等赛事。江山市被评为“2015中国全面小康十大示范县市”。

【行政改革有力推进】 经济开发区、中部开发办、高新办实现“三区”合并，卫生计生机构完成整合，质量技术监督局职责划入市场监管局，启动组建综合行政执法局。“四张清单一张网”深化建设，政府服务热线与对话平台实现整合。国资管理体制深化改革，组建旅游发展公司、水务集团。土地管理审批权限下放等16项改革任务顺利完成。

重要会议

【十五届政府第七次全体扩大会议】 3月9日召开。会议由副市长毛正彩主持，市委副书记、市长叶美峰作工作报告。会议回顾总结2014年主要工作，研究部署2015年目标任务。

【十五届政府第八次全体扩大会议】 8月7日，十五届政府第八次全体扩大会议与市委十三届九次全体扩大会议合并召开。市委书记吕跃龙作工作报告，市委副书记、市长叶美峰主持会议。会议回顾总结2015年上半年工作，研究分析经济社会形势，安排研究部署下半年重点工作。

【十五届政府第四十一次常务会议】 1月26日召开。会议原则通过《2015年财政预算安排》《2015年政府工作报告》《江山市2015年四大百亿工程实施计划、江山市2015年重大项目前期工作计划和江山市2015年度政府投资计划暨投资预算安排》《2015年市政府为民办实事项目实施计划》《江山市2015年国民经济和社会发展计划指标安排》《江山市政府部门权力清单和江山市政府部门责任清单》和《江山数字媒体安全技术中心项目招商公告及投资建设协议书》。

【十五届政府第四十二次常务会议】 3月2日召开。会议原则通过《关于推进全民创业创新的激励意见》《江山市乡村休闲旅游发展三年行动计划（2015—2017年）和江山市乡村休闲旅游2015年发展计划》《工业强市建设、旅游业二次创业、“五水共治”、美丽江城建设、“三农”工作、电商换市等六个十大专项编排情况》《2014年度市长特别奖》《杭长高铁江山段工程建设和开通工作先进拟表彰方案》和《2015年市政府重点课题调研计划》。会议原则同意《关于要求给予周正海行政开除处分的请示》。

【十五届政府第四十三次常务会议】 3月16日召开。会议原则通过《江山市综合物流园项目招商公告及投资建设协议书》。会议原则同意《关于给予市林业局记集体三等功的建议》。会议听取关于江郎山国际文化养生城项目情况的汇报和关于江山双塔主题公园项目情况的汇报。

【十五届政府第四十四次常务会议】 4月13日召开。会议原则通过《江山市城区房屋征迁拔钉清障专项行动实施方案》。会议听取关于浙江万商家居股份公司要求产权证件名称变更等相关问题情况汇报。

【十五届政府第四十五次常务会议】 5月19日召开。会议原则通过《关于我市被征地农民基本生活保障工作存在问题及对策建议》《关于加快乡村休闲旅游发展的若干政策意见》《关于政府向社会力量购买服务的实施意见》

《江山市农村学校名师评选管理办法》《江山市城乡困难居民医疗救助办法》《调整全市工业用地出让最低挂牌起始价方案》，原则同意《关于确定江山南方水泥有限公司北蕉石灰石矿深部+450—+240 米采矿权协议出让有关问题的请示》。会议听取关于创建仙霞国家级自然保护区的情况汇报。

【十五届政府第四十六次常务会议】 6 月 8 日召开。会议原则通过《江山市环境功能区划》《关于加快推进养老服务业发展的若干意见和江山市农村五保供养管理办法》和《江山市旅游系统国投公司整合重组工作实施方案》。

【十五届政府第四十七次常务会议】 7 月 6 日召开。会议原则通过《关于加强土地出让管理若干问题的实施意见》《灵泉生态旅游休闲中心、贺村耕读农业休闲接待中心项目规划方案、招商公告和投资建设协议》《关于促进电子商务产业加快发展的若干政策意见》《关于公布调整行政审批事项目录的通知》和《江山市旅游发展公司绩效考核办法（试行）》。

【十五届政府第四十八次常务会议】 7 月 27 日召开。会议原则通过《江山市人民政府关于划定高污染燃料禁燃区的通告》《江山市淘汰改造分散高污染燃料锅炉实施方案》和《关于加强国有企业管理的若干意见》。

【十五届政府第四十九次常务会议】 8 月 17 日召开。会议原则通过《江山市建筑物临时改变用途管理暂行办法》《江山市关于进一步规范商业办公等非住宅类项目规划设计与管理的若干意见》《江山市公开选聘市旅游发展有限公司执行董事兼总经理的实施方案》《江山市火车站片区秩序管理办公室机构设置方案》《江山市创业创新引导基金管理办法》和《关于推动企业利用资本市场转型升级的若干政策意见》。

【十五届政府第五十次常务会议】 9 月 28 日召开。会议原则通过《促进房地产市场持续平稳健康发展的若干意见》和《江山市水务集团有限公司组建方案》。会议原则同意《江山市莲华山投资开发有限公司关于要求拨款购置车辆的请示》。会议学习《浙江省重大行政决策程序规定》。

【十五届政府第五十一次常务会议】 10 月 26 日召开。会议原则通过《江山市卫生和计划生育局主要职责内设机构和人员编制规定》和《江山市综合行政执法工作实施方案》。会议听取关于中电投江西电力发展公司 20MWp 渔光互补光伏电站项目、浙江英策电力有限公司 4.5MWp 水光互补分布式光伏电站项目的情况汇报、关于完善市机关事业单位工资制度情况的汇报。

【十五届政府第五十二次常务会议】 11 月 16 日召开。会议原则通过《江山虎集团要求对虎山街道店前村乌木山实施勘查和开采砂岩矿的意见》《江山市工业企业绩效综合评价办法》《关于园区企业“腾笼换鸟”的若干政策意见（试行）》《关于防范和化解资金链担保链风险的若干意见》《关于要求明确江山易登针织有限公司“退二进三”补偿相关事宜》《关于进一步规范市政府常务会议及市长办公会议议事程序的通知》和《保安乡龙溪生态休闲旅游项目、上余镇平坦农业休闲项目、全国智慧化养老示范基地、中国江山国防教育文创旅居三产联动综合发展试验区（江山之娇）项目战略合作协议》。会议原则同意《关于补充被征地农民社会保障政府补助资金的请示》。

【十五届政府第五十三次常务会议】 12月10日召开。会议原则通过《江山市县域经济体制综合改革工作实施方案》《江山易登针织有限公司“退二进三”补偿方案》和《江山市关于开展调整城镇土地使用税政策促进土地集约节约利用工作的实施方案》。

（周洪军　吴　昊）

市政府办公室

【概况】 2015年，市政府办公室紧紧围绕市政府中心工作和重大决策部署，坚持“务实、高效、勤奋、廉洁”的工作作风，充分发挥办公室服务领导、服务基层、服务群众的职能，强化服务意识、责任意识、创新意识、效率意识和奉献意识，在综合服务、参谋助手、内务管理、队伍建设方面狠下功夫，做到服务到位、参谋高明、管理规范、保障有力，圆满完成各项工作任务。

【发挥参谋作用】 围绕市委、市政府各项中心工作以及经济社会发展热点、难点、焦点问题，发挥参谋作用。坚持把服务领导决策作为第一职责，紧扣全市工作重心，积极为领导当好参谋助手。根据全市各产业的发展程度，吃透上情、摸准下情、探清实情，认真研究产业发展方向，探索新的发展模式。高度重视综合性、专业性文稿起草工作，提高材料质量和效率。高质量完成市政府工作报告、市政府全体扩大会议报告、省市重要领导来江汇报等重大文稿的起草。完成“四有政府”“互联网+”等13项综合调研和专项调研，1篇信息获国家级领导批示，6篇信息获省级领导批示。

【加强综合协调】 发挥办公室综合协调职能，不断提高协调工作的质量和效率。围绕市委、市政府的重大决策部署，第一时间精心编排“六个十大专项”，充分发挥沟通上下、联系左右的枢纽作用，全力以赴抓好重点工作落实。主动与省、衢州市政府部门联系对接，及时了解咨询上级领导工作思路和重要举措，协助市领导积极向上争取项目、资金和试点。加强对全市各部门、乡镇的协调，统筹各方力量，形成整体推进合力，确保政令畅通，促使全市工作高效运转。

【行使督察职能】 常规督察制度化，定期督察全市经济社会发展指标、政府重点工作、实事工程以及上级政策、市县目标责任书等完成情况。坚持把督查作为推进专项工作落实的重要抓手，始终以求真务实和敢于碰硬的作风，扎实抓好督查督办工作，特别是对人代会和市政府全会的分解落实计划、四大百亿重点项目，以及征地拆迁、信访维稳等重点工作、领导交办工作，始终以督办检查各项指标完成情况为督查工作主线，加强细化分解和跟踪督办，坚持原则、秉公办事、不怕得罪人，基本实现事事有着落、件件有回音。多次组织开展民生项目专项督查，办公室督考人员经常性采取实地督查、电话督查、跟踪督查、重点督查的形式，强化督察督办，并详细记录督查情况，发现问题，及时督促整改，督考结果每季度通报一次。

【提高办事效率】 牢固树立创新意识和规范意识，规范公文运转程序，提高公文流转效率。围绕改革创新，协助市领导推进行政审批改革、国资体制改革、资源要素市场化配置改革、农村“三权”改革等，在改革中实现整体推进、重点突破。以简便管用为导向，牵头组织相关部门研究出台推进全民创业创新激励意见、乡村休闲旅游发展计划、企业利用资本市场、政府产业基金等政策意见，对各产业企业进行大力扶持。围绕省里专项工作的具体要求，准确把握专项整治工作的关键环节，以啃硬骨头的精神，扎实推进“三改一拆”“五水共治”“交通治堵”等专项工作，坚定不移打好转型升级组合拳。组织开展养殖污染“百日攻坚”行动，全市生猪饲养量减少到94.9万头，出境水断面水质各项指标均达到地表水III类标准。累计拆违175.2万平方米，完成“三改”221.3万平方米，扎实推进“交通治堵”，完成新一轮出租车更新改造，启动公共自行车二期项目，更新公交车80辆、出租车100辆，违章停车电子抓拍系统已投入使用。

【提升服务水平】 履行外事职能，严格控制因公外出考察，认真谋划外事工作服务经济发展新思路，帮助外向型企业解决外事活动难题，为企业因公出国人员提供优质外事服务。深化应急管理，结合“防灾减灾日”宣传活动，制定完善节庆活动等安全保卫应急预案，积极推进应急机制建设。强化项目推进工作机制，妥善处理来信来访，畅通信访渠道，加大对领导签批件的跟踪督办。对群众提出的热点、难点问题，深入实际，寻找解决问题的有效途径。推进电子政务项目建设，进一步深化政府信息公开。

【完善后勤保障】 为领导和机关工作人员改善办公条件，做好设备维修更新、健康体检等后勤保障工作，提供良好的工作、生活环境。量力而行，尽力而为，保证机关事务正常运转，促进各项工作稳步推进。根据中央“八项规定”“六条禁令”要求，接待工作追求实效，坚持热情、节俭、规范接待，注意细节工作，体现地方特色。先后接待省、市领导到江山考察以及健盛棉袜、娃哈哈饮料食品、正泰光伏太阳能等重大产业项目考察，圆满完成全市重大活动和各类考察的接待任务，促进对外交流与协作。严格遵守财经纪律，严把财务支出关，坚持厉行节约，勤俭持家，杜绝浪费，为办公室整体运转提供有效的后勤服务保障。

【推进效能建设】 继续深化“务实、高效、勤奋、廉洁”的工作作风建设，深入开展行政效能提升、社会管理创新、基层组织建设等活动，着力转变机关工作作风，提高工作效率。规范市政府常务会议、市长办公会议办事程序，提高会议决策质量和行政效能。加强办公室管理制度化、规范化、程序化建设，使办公室各项工作更加规范，办文、办会、办事等内部运转环节更加严密。推进民主建设，重大事项实行班子民主集中制，班子成员带头抓好各项规章制度的贯彻落实。加强干部的管理和培养，严格执行《党政领导干部选拔任用工作条例》和相关规章制度，提高办公室领导班子理论水平、组织能力和领导水平、加强与市四套班子办公室的协作，主动沟通联系，共同搞好服务，完善畅通高效的横向协作机制。完善反腐倡廉教育制度、监察制度、预防制度、惩处制度和队伍建设制度，对党风廉政建设与综合业务工作同规划、同部署、同检查、同考核，充分发挥干部政治学习会、业务学习班等机会，加强全体干部廉政教育。

（徐荣清）

市人民政府咨询委员会

【概况】 江山市人民政府咨询委员会（简称市咨询委）成立于2011年3月，是市委市政府为推进政府决策过程的科学化、民主化而建立的决策咨询机构。为提高科学行政、民主行政、依法行政的水平，促进经济社会又好又快发展，市咨询委聘请省级部门、高校院所在职或退职领导专家为特邀委员，聘任市内各方面专家为委员。其办事机构为市咨询委办公室，负责市咨询委各项咨询研究工作的组织协调和咨询委的日常事务工作，为副科级全额拨款事业单位。2015年，市咨询委上报的《大力发展旅游休闲业若干节点问题研究》课题报告荣获浙江省咨询委系统研究成果奖县级优秀奖。同年，市咨询委被评为衢州市决策咨询优秀单位。

【开展课题研究】 2015年，市咨询委接受衢州市咨询委及江山市主要领导布置的课题调研任务共三项。为做好工作，年初市咨询委专门召开主任会议，对各个任务进行分解落实，由每个主任牵头负责一个课题，分别成立课题组，确定课题起草人员，并明确课题开展的各个时间节点。在规定时间内，独立完成衢州市咨询委《绿水青山就是金山银山路径探讨》重点课题的子课题《建立“一个县市一本规划”体制，为更好实践“两山”理论奠定基础》的课题研究。与市财政局合作完成《经济去杠杆成为常态下我市应对之策探讨》的课题研究。两个课题都经过课题组不断地前期调研、小组讨论、起草组反复修改，几易其稿，吸纳相关专家及部门意见后最终成稿。课题成果报告提交给市委市政府等领导阅研后，得到高度肯定，市委书记吕跃龙对两个报告分别作了重要批示，要求相关部门抓好落实。两个课题成果还分别获得2015年度江山市优秀调研成果一、三等奖。2015年度，共收到市咨询委员课题（建议）18件，其中《关于电子商务与江山产业经济发展研究分析》《创新办园机制，加大投入力度，进一步提升我市学前教育水平》《关于加强农村食品药品监管工作的思考》《发展我市输配装备产业的思考与建议》等10个课题研究成果刊登在市咨询委内部刊物《咨询研究》上，供市委市政府及相关部门阅研，为市委市政府科学决策提供智力支撑。

（王　霞）

法制工作

【概况】 2015年，江山市法制办围绕全民创业创新的工作部署，发挥政府的参谋助手和法律顾问的作用，做到中心工作推进到哪里，依法行政的实践平台就建在哪里，积极作为，勇于担当，全面推进法治政府建设，全市行政机关依法行政水平明显提高，年初确定的目标任务顺利完成，营造了良好的法治环境，被评为浙江省法治政府建设先进县（市、区）和衢州市法治政府建设先进单位。

【发挥法律参谋助手作用】 全面参与重大决策的制定把关，围绕中心、服务大局，积极加强“三改一拆”“五水共治”“生猪整规”“拔钉清障”招商引资等重点领域相关决策的研究制定，加强决策的合法性、合理性和可行性审查把关，牵头或参与制定市房屋征收“拔清清障”专项行动、被征地农民社保等重大决策

19 件，切实发挥决策的引领和推动作用。梳理推进中心工作的执法路径，针对“三改一拆”“五水共治”“生猪整规”等工作中的重难点问题，对适用的法律依据进行梳理、整合和汇编，绘制执法流程图，进一步规范相关法律程序，在操作层面为重点工作的推进，提供法制保障。特别是编撰形成规范房屋征收“拔钉清障”工作资料汇编，作为房屋征收项目推进工作的指导手册和工具书，供全市领导干部学习。建立重大疑难案件法制办提前介入研讨机制，对养殖污染整治、“拔钉清障”、被征地农民社保等工作中遇到的重大疑难问题，提前介入，研究提出解决对策，先后在行政复议过程中成功化解多起影响重点工作推进的行政争议。以市政府招商引资合同的合法性审查管理为重点，积极参与招商活动签约项目的谈判、合同起草工作，并加大行政合同的审查力度，切实防范法律风险，共审查行政合同 69 件，提出意见 214 条，被采纳 209 条。

【推进依法科学民主决策】 根据《浙江省重大行政决策程序规定》，对重大决策法制审查规则进行微调，在原政府常务会议法制前置审查的基础上进行扩面，将市长办公会议题纳入审查范围，严把审查关口，切实遵循公众参与、专家论证、风险评估、合法性审查、集体讨论决定等程序规定，未经合法性审查或经审查不合法的，不得提交会议讨论、作出决策。加强与规范性文件、重大决策起草单位的沟通对接，将本部门、本单位法制机构的合法性审查意见作为提请市政府法制机构审查的前置条件，充分发挥基层法制机构的专业初审作用，便于提高市政府法制机构的审查效率。根据《江山市行政机关法律顾问工作规则》的相关规定，推进法律顾问法制审查的常态化，顾问单位的重大决策必须经法律顾问审查并出具法律审查意见书，并联合市司法局开展法律顾问履职评议。

【规范公正文明行政执法】 深入调研全市行政执法单位，特别是乡镇（街道）普遍存在的“无证执法”等突出问题，召开行政执法证申领工作推进暨综合执法体制改革启动会，就执法证件申领及综合执法改革工作进行深入部署，举办行政执法综合法律知识考前培训班，全力做好行政执法证申领的相关服务工作。2015 年全市共有 192 人成功申领执法证，其中乡镇、街道 116 人，创历史新高，极大缓解乡镇（街道）执法困境。认真开展行政执法大检查活动，会同市人大法工委、检察院、司法局、编委办、监察局、行政服务中心等有关部门组成检查组对全市各执法部门、乡镇（街道）开展现场检查，发掘法制工作亮点，查找不足，促进整改提升，全面推进依法行政。牵头开展行政处罚结果信息网上公开工作，组织全市具有行政执法权的部门召开相关工作部署培训会，明确行政处罚结果信息网上公开的时限、公开内容以及注意事项，推进行政权力公开透明运行，做到既及时回应社会关切，又避免公开过度，引起不必要的法律纠纷。全市 2015 年 1 月 1 日以来的行政处罚结果信息基本实现网上公开。

【预防和化解行政争议】 制定出台《江山市行政复议、诉讼应诉工作规则（试行）》，按照“谁主管、谁承办，谁起草、谁负责”的原则，建立以应诉责任单位为主体，相关部门乡镇配合的应诉格局。细化应诉工作流程，强化败诉责任追究，按年度应追究败诉责任的案件数量，对应诉责任单位及其负责人进行追责。新行政诉讼法实施以来，全市共有行政诉讼（含行政复议）应诉案件144件，行政机关应诉率、行政首长出庭率均达到100%。建立行政复议释法止争机制，突出行政复议法治主渠道作用，引导矛盾纠纷进入复议程序，完善健全行政复议案件案前和听证释法调解工作机制，案件受理前先行调解，受理后必经听证，对事实清楚、程序到位、处罚适当的案件，充分释法解惑，促使当事人自愿撤回复议申请，从根本上化解行政争议。2015年，共处理行政复议申请38件，通过案件调解或经释法撤回结案的27件，矛盾化解率达71%，案件听证率达100%。其中，汽车城项目的两个行政复议案件，通过公开听证、邀请衢州市两级人大代表和政协委员参与评议等方式开展以法释理，促成申请人与经济开发区管委会签订了房屋拆除补偿协议，成功化解两起前后延续10多年的矛盾争议。根据衢州市政府在江山市开展行政调解示范试点工作的要求，出台《江山市行政调解示范试点工作实施方案》，在全市部门、乡镇（街道）推行行政调解机构健全、人员到位、配套齐整等“八个一”标准。在公安、市场监管等重点部门探索行政调解协议司法确认工作，赋予调解协议强制执行力，完善行政调解与司法的无缝衔接，全年有10个调解协议经法院确认。

【全面夯实基层法治基础】 建立健全政府常务会议学法制度，先后邀请省高院行政庭庭长危辉星和省政府法律顾问、浙江大学光华学院博士生导师章剑生来江授课，加强领导干部依法行政能力和理念的培养。建立青年律师挂职制度，从全市律师队伍中选派优秀律师常驻法制办，协助做好法制工作。加大干部“一专多能”能力培养，通过案件（复议、法制审查）跨科室批办、人员包干等形式，使年轻干部成为本岗位业务专家，并能胜任法制办其他岗位工作。以法制信息工作为抓手推进基层法治队伍建设，开展人员动态管理，根据日常履职情况向所在单位反馈，进行实时调整，先后更换10余名基层法制员，实现全市各部门、乡镇（街道）的专（兼）职法制员队伍全覆盖。政府法制信息工作在全省县（市、区）排名中位列第二，被国务院法制办采用的篇数已连续两年位居全省各县（市、区）之首。开展依法行政培训下基层活动，先后组织规范房屋征收程序暨“拔钉清障”法制培训、行政执法综合法律知识培训等百人以上规模的法制培训50多场。

（姜甘龙）

机关事务

【会务接待】 2015年共接待各类接待会议及到江山考察人员（团体）共60多批次。完成第十二届浙江山水旅游节暨第二届衢州江郎山旅游节、市生态文明成果展暨乡村休闲旅游推介会等10个高规格大规模的重要会议活动保障任务；参与保障市“两会”、农村工作会议等市级重要会议80多场次；完成国家部委、省级领导及部队少将以上等40多批1500余人次到江山的接待任务，同时完成省委第一巡视组为期1个多月的驻江后勤保障工作。

【基建工程】 完成衢州出入境检验检疫局江山办事处、市招商局、衢州海关江山联络处办公用房装修改造工程。同时完成市机关大楼走廊门厅吊顶改造工程、审计局大楼后面停车位改造等项目，各工程项目累计总投入资金逾300万元。

【公共机构节能】 完成机关大院的节水改造工程，成功创建首批市节水型示范单位。完成市机关办公大楼的走廊、门厅吊顶节能改造及窗帘布更换工作，完成能源检测平台建设工程，全面检测掌控大院各能耗指标，节能建设改造资金总投入逾40万元。本年度机关大院的水、电、油耗同比分别下降4.1%，4.3%，7.5%，市机关大院成功创建全国节约型公共机构示范单位。在全市面上，抓好公共机构节能考核办法的制定，建立完善能源消耗统计报告制度，注重日常节能管理和能耗控制。对全市292个公共机构设立节能档案，对比各月、季度、年度能耗数据，形成能耗轨迹。督促高耗能单位采取具体措施节能减排，有针对性的明确节能目标，将目标兑现作为单位节能考核的重要依据。全年公共机构的人均综合能耗、单位面积能耗、人均水耗等主要指标比2014年分别下降3.3%、3.6%、4.0%。

【车辆管理】 加强公车使用管理，严禁公车私用。在集体公务活动中，提倡集中用车。分车核算，树立成本意识，科学核定单车油耗定额。合理确定车辆使用年限，及时报废、淘汰环保不达标、油耗高的车。提高司机的爱车、护车意识，严把车辆维修。加强驾驶员思想政治、安全生产教育，严肃工作纪律，提高服务、安全意识。全年共安全行车100多万公里，无一起重大交通责任事故发生。同时，做好机关大院的安全保卫工作和有关单位的财务管理工作。

（姜玲珍）

行政服务

【概况】 2015年，江山市行政服务中心窗口共受理各类办件27.67万件，办结27.07万件，即办25.12万件，办结率97.82%，即办率达90.77%。各分中心窗口共受理92.67万件，办结92.2万件，办结率99.5%，群众满意率99.9%。公共资源交易中心完成进场交易项目449个，实现交易总额15.9亿元，节约资金2.12亿元，增加国有、集体资产交易收入1541.49万元。行政服务中心连续九年被评为江山市“最佳满意部门（单位）”，各项工作居衢州市各县（市、区）前列。

【审批制度改革】 建立健全“四张清单”动态调整机制。督促各部门落实“两集中两到位”，中心部门进驻率100%，事项进驻率96.8%，进入市行政服务中心的审批事项100%实行承诺时限办结，大厅事项即办率89%，新增公安禁毒、药监、农业等11项审批事项。制定印发《江山市2015年度审改工作考核办法》，并将纳入市委市政府年度综合考核。10月1日起，在全市范围内正式推开“五证合一”“一照一码”工作。推进浙江政务服务网扩面提量应用，实现全市397项审批事项网上预受理，上网率100%。配置完成农村村民住宅用地审核、乡村建设规划许可证核发、残疾证办理等17项行政审批事项，实现市、乡（镇）跨层级联动办理。有104家中介机构进驻中介服务网，涉批中介服务事项25项。

【服务平台建设】 强化大厅管理。针对日常巡查过程中发现问题较多的窗口，与其窗口负责人进行一对一的问题反馈。督促窗口负责人加强对自身窗口的建设和管理，落实负责人主体管理责任，形成一级抓一级的层级管理模式，提升管理精确度和时效性；以严标准、严措施、严纪律，狠抓工作规范，做到每月有专项督查，每日有固定巡查，对领导带班日巡工作进行编排，进一步增强窗口日常巡查力量；相继开展考勤、上班到岗、请销假、窗口桌面卫生等月度督查行动，共发放督查提醒59份，督查提醒人次较上年同比下降50%以上。市公共资源交易中心增挂“江山市农村综合产权流转交易中心”牌子，创建“江山市农村综合产权交易平台”网页，助力农村综合产权改革。推动电子化交易，在500万元以下建设工程开评标全流程的电子化操作基础上，鼓励和推行所有建设工程电子开评标工作；采购网上竞价系统，提高政府采购二次竞价和产权交易的工作效率。建立健全评标专家体系，单独建立政府采购专家库。新增一批建设工程专家库评标专家，组织专家开展评标专用设备培训。扩大政府采购范围，全年累计完成政府采购项目77个，交易金额6277.16万元，两项数据与上年同比增幅224%和390%。印发《关于打造村级（社区）便民服务中心升级版的通知》，明确乡镇（街道）分管领导和联络员名单及责任分工，强化奖惩机制，工作体系进一步理顺。全市306个村（社区）建成示范型村级（社区）便民服务中心102个，占比33%，标准型村级（社区）便民服务中心128个，占比42%，普通型村级（社区）便民服务中心76个，占比25%。

【队伍形象提升】 向省财政争取项目补助资金30万元，参照衢州市及省内相关县（市、区）级行政服务中心做法，制定工作方案，推进大厅窗口工作人员统一着装工作，并印发了《江山市行政服务中心工作人员统一着装管理办法》。一年来，市行政服务中心通过浙江省文明单位、省级卫生先进单位复评，先后获得市年度项目推进先进集体、年度基层党建先进集体、年度“最佳满意部门（单位）”、年度服务业发展工作一等奖、年度信访工作绩效考核优秀、年度党风廉政建设责任制先进个人等荣誉称号。

【创新服务机制】 5月19日，充分整合行政服务中心平台资源优势，成立全民创业创新服务中心。由27个部门单位61名干部组成的“全民创业创新后台服务专家团”，为创业

行政服务中心办事大厅(沈天法 摄)

对象出谋划策、排忧解难，实行动态、实时、优质、全程、全心服务。深化“店小二”为项目服务活动。重新删选并编排了64个“店小二”服务项目，涉及投资额259.8亿元，选聘“店小二”干部80名，印发《关于深化完善投资项目“店小二”服务工作机制的通知》和《2015年度“店小二”项目服务工作考核办法》。印发《关于做好工业企业“零土地”技术改造项目审批方式改革实施工作的通知》，全年办理24个项目，浙江健盛集团江山针织有限公司成为首家受益该政策的企业。建立园区前置审批统一办理制度，对“水土保持方案”“矿产压覆”“文物保护”“地质灾害”“社会稳定风险评估”等5个前置审批事项，以开发建设区块为单位，进行报批和统一办理，开发区内的单个项目不再办理以上审批事项。

（吴利慧）

来信来访

【概况】 2015年，共受理群众来信来访2468件/批(同比下降4.9%)，其中来信1457件（同比下降2.9%），来访1011批2967人次（同比下降7.6%和21.4%），首次实现重大节会“零去京非访”和衢州市级“零重点管理”。在衢州各县（市、区）信访工作目标管理考核中位列第二，连续十年实现衢州市信访工作考核优秀，连续两年获得机关部门工作目标综合考评优秀等次。

【服务中心工作大局】 做好重大节会期间信访稳定工作，全国“两会”、抗战胜利70周年庆祝活动、十八届五中全会、世界浙商大会、第二届世界互联网大会期间均实现“无去京非正常上访、无赴省去京集体访、无恶性滋事事件”的“三无”工作目标，并首次实现重大节会“零去京非访”。配合做好省委巡视组在江期间信访接待工作，整个信访接待过程平稳有序。围绕全市大局和中心工作，配合“三改一拆”、“生猪整规”、“五水共治”、民间融资整规、农村股权改革、黄标车整治、出租车改制等重点工作以及土地征迁、重点项目的实施推进，局机关干部先后35人次参加全国新年登高健身大会、浙江山水旅游节、原创村歌大赛、公祭日等重大活动和上级领导到江山考察调研等安保配合工作。会同相关部门做好21批756人次到市政府大门集体上访的现场疏导、秩序维护以及组织接待等工作。

【压实信访工作责任】 坚持全员纳入考核。市委市政府与全市119个乡镇（街道）、部门签订《2015年度江山市信访工作目标管理责任书》，完善制定2015年度信访工作绩效考核办法及评分细则，继续将信访工作纳入领导干部年度考核述职内容，落实党政主要领导亲自抓、分管领导具体抓、其他领导“一岗双责”的信访工作责任体系。2015年度衢州市重点管理乡镇成功脱帽。建立市领导接访联络员和局领导值班陪访、跟踪督办制度，市信访局接访科提前一周向各市领导报告接访安排，提前一天再次温馨提醒，确保市领导按时参加接访。全年市领导在市信访联合接待中心共接待群众来访514批1618人次；制定下发《关于进一步加强乡镇（街道）领导干部接待群众工作的通知》，统一印发《接待群众周记》。10月下旬，市信访联席办专门组织对乡镇（街道）领导干部接待群众工作的督查指导。

【营造依法信访氛围】 以2015年平安江山建设暨《信访条例》修订实施十周年文艺巡演为重要载体，送戏下乡20场次，在广播、电视、信息网开设信访宣传专栏，开展广场活动4次，发放法制宣传资料2500余份、宣传品2000余份，组织开展《信访条例》等学习培训315人次。

【提升信访业务水平】 按照省、衢州市关于在“三严三实”专题教育中联动开展信访督查“百千万”专项行动要求，全市36名市领导带队督查办理不到位、信访人不满意、重点管控信访事项94件，市信访局领导牵头督查程序不规范、办理不精准等问题122件。1件省挂牌信访督查事项办理完结，信访人表示满意；8件衢州市挂牌信访督查事项也全部办结。选派干部到省、衢州市信访局参加培训或顶岗锻炼25人次，会同市委组织部选派1名干部长期驻京，先后两次组织举办285名乡镇（街道）和重点部门分管领导和信访干部参加业务培训，开展信访干部业务技能大比武、顶岗练兵等活动，组织到周边县（市、区）交流学习12人次。

（毛勇华　柴苑玺）

政协江山市委员会

综　述

2015年，政协江山市委员会牢牢把握团结和民主两大主题，贯彻落实市委全民创业创新决策部署，认真履行政治协商、民主监督、参政议政职能，圆满完成市政协九届四次全会确定的各项任务，为加快推进幸福江山建设做出积极贡献。全年召开常委会议8次，主席会议21次；开展2个重大课题的常委会（主席会议）协商，5个课题的专委会双月协商，指导11个乡镇工委开展基层协商；组织开展全民创业创新大调研活动，形成49篇专题调研报告。市政协九届四次会议期间，共收到各类意见、建议265件，经审查正式立案246件，全部按时办复。共精编8期社情民意信息，其中17篇被衢州市政协和省政协采用。成立茶文化研究会，编辑出版《江山历代墨迹留存》一书，多篇理论与实践调研文章在省政协系统获奖。

全体会议

【政协第九届江山市委员会第四次会议】 于2月2日—6日在市区举行，市政协九届委员会255名委员出席会议。市委书记吕跃龙到会并讲话，王水亮作政协第九届江山市委员会常务委员会工作报告，姜迎新作政协第九届江山市委员会常务委员会关于九届三次会议以来提案工作情况的报告。全体委员列席江山市第十五届人民代表大会第四次会议。会议表彰2014年度优秀提案、提案先进承办单位、提案办理先进个人、五佳委员活动组、十佳政协委员、反映社情民意先进个人和优秀调研报告课题组。补选了1名副主席，1名秘书长。市委、市人大、市政府及市人武部、市法院、市检察院领导应邀参加开幕会和闭幕会。历届政协主席、副主席、秘书长和在江的八届政协常委；省十一届政协、衢州市六届政协在江的委员；市机关有关部门领导，乡镇（街道）党（工）委统战委员、政协工委副主任；市政协委办副主任；市人武部、驻江部队有关领导；回乡定居的“三胞代表”；市政协学习文史委特聘委员；市政协反映社情民意先进个人；市政协特聘信息联络员等列席会议。

【提交大会建议案】 九届四次全会期间，首次以大会建议案形式，就加快推进高铁时代旅游集散中心建设提出建议。

【收到的提案和意见建议】 市政协九届四次会议期间，共收到各类意见、建议265件，其中委员以提案形式提交的意见建议263件，列席人员提交的意见建议2件，经审查正式立案246件。内容涉及江山市经济建设、社会发展的各个方面。市政协举行提案、建议交办会，将市政协九届四次会议期间收到的提案、建议交由市政府及有关部门办理。

常务委员会会议

【九届政协常委会第十八次会议】 于1月14日召开，主席王水亮主持会议，副主席周水仙、姜迎新、姜英、周君望等参加会议。会议审议通过委员调整增补名单，政协第九届江山市委员会第四次会议大会日程（草案）、执行主席、会议主持人、正副秘书长名单，市政协常委会工作报告、提案工作报告以及相关人事事项。

【九届政协常委会第十九次会议】 于2月3日召开，主席王水亮主持会议，市政协副主席周水仙、姜迎新、姜英、周君望等出席会议。会议听取各组讨论情况的汇报，审议通过政协第九届江山市委员会第四次会议《关于加快推进高铁时代旅游集散中心建设的建议案》。

【九届政协常委会第二十次会议】 于2月5日召开，主席王水亮主持会议，副主席周水仙、姜迎新、姜英、毛水芳、周君望等出席会议，市政府副市长毛正彩、市人民法院、市人民检察院有关人员列席会议。会议听取各组讨论政府及法院、检察院工作报告等情况汇报；审议通过政协第九届江山市委员会第四次会议决议（草案）；审议通过政协第九届江山市委员会提案委员会关于九届四次会议提案审查情况的报告（草案）；审议通过选举办法、候选人名单、总监票人、监票人名单。

【九届政协常委会第二十一次会议】 于3月20日召开，主席王水亮主持会议，副主席周水仙、姜迎新、毛水芳、周君望、盛秋明，秘书长陈昂辉出席会议。会议审议通过市政协九届常委会2015年工作要点及任务分解方案。与会人员还收听收看省政协“‘五水共治’长效机制建设”专项集体民主监督电视电话会议。

【九届政协常委会第二十二次会议】 于8月28日召开，主席王水亮主持会议，副主席周水仙、姜迎新、周君望、盛秋明，秘书长陈昂辉等参加会议，市人民法院院长崔正华、市人民检察院检察长郑柯迅应邀参加。会议听取市人民法院、人民检察院2015年上半年工作通报，审议通过有关人事事项。

【九届政协常委会第二十三次会议】 于9月17日召开，主席王水亮主持会议，副主席周水仙、姜迎新、姜英、毛水芳、周君望、盛秋明，秘书长陈昂辉等参加会议。会议听取市长叶美峰政府工作通报，听取市政协企业经济研究会工作情况通报，就“工业经济发展”议题开展协商交流。

【九届政协常委会第二十四次会议】 于10月28日召开，主席王水亮主持会议，副主席周水仙、姜英、毛水芳、周君望、盛秋明，秘书长陈昂辉等参加会议，市委常委、副市长楼健应邀参加。会议听取旅游重点项目建设情况汇报，并前往市旅游集散中心、站前大道及市政配套建设工程、江郎山国际文化旅游产业发展集聚区建设现场等地，实地了解项目推进情况，提出意见和建议。

【九届政协常委会第二十五次会议】 于

12月28日召开，主席王水亮主持会议，副主席周水仙、姜英、周君望、盛秋明，秘书长陈昂辉等参加会议。会议听取市政府关于市政协九届四次会议提案办理情况的报告，通过关于召开市政协九届五次会议的决定，审议通过《政协第九届江山市委员会第五次会议议程(草案)》，审议通过委员调整事项、有关人事事项。

政治协商

【常委会协商】 将“江贺经济走廊整治提升”作为2015年度常委会协商课题，成立课题组，先后组织召开相关部门、乡镇（街道）、企业等多层次座谈会，深入企业村庄，走进职工群众，倾听意见呼声，形成数据翔实、建言务实的调研报告，并结合电视专题片形式与市委、市政府开展专题协商。市委书记吕跃龙、市长叶美峰出席会议，充分肯定协商会提出的“及时明确功能定位，扎实开展空间布局优化、基础设施整改、生态环境整治”等意见建议，决定把江贺经济走廊整治提升作为“十三五”项目建设的一件大事来抓，同时成立以书记、市长为组长，常务副市长为常务副组长的整治提升工作领导小组，力争通过3～5年的努力，把江贺经济走廊打造成为江山市经济发展的黄金廊道。

【主席会议协商】 年初，市政协将“工商资本投资乡村休闲旅游”确定为重点调研课题，深入调研，形成课题报告，并与市政府积极开展主席会议协商。提出的“五个引导”建议，引起市政府高度重视，表示要认真研究，将意见建议体现到决策之中，更好地促进江山市乡村休闲旅游发展，

【双月协商】 市政协各专委会约请各界别委员与市政府及有关部门、乡镇（街道），就打造医养结合型养老模式、矿产资源开发利用、美丽江城建设、餐饮从业人员素质提升、加快发展学前教育等民生问题开展对口协商。协商成果得到采纳和运用，特别是“加快发展学前教育”议题，引起社会各界高度关注，摆上市政府重要议事日程。

【基层协商】 市政协安排和指导乡镇(街道）政协工委就“一区一线一园”乡村休闲游、城郊观光农业培育和发展、东部山区生态休闲业发展、水利工程建设中合理取砂与有效管理、世界金钉子地质旅游休闲圈建设等热点问题同党委、政府开展基层协商。

民主监督

【“五水共治”专项监督】 响应省政协组织的“三级政协联动、万名委员同行、助推‘五水共治’长效机制建设”专项集体民主监督活动，围绕碗窑水库、峡口（白水坑）水库等饮用水源地和全市难治理、易反弹的8条重点河道，以及生猪养殖整规、城乡污水处理等专项工作，开展明察暗访，同时定期召开情况交流会，提出15个方面110多条意见建议，经梳理汇总后以“政协监督建议”形式及时报送市政府。落实河长制，由主席王水亮担任河长的塘源口溪，经过整治，被衢州市评为最美河流之一。参加省政协民生论坛，就水源地保护积极建言，制作电视专题片《水润江山》，在市电视台专栏播出，撰写反映“五水共治”民主监督文章，在省级以上媒体刊登，大力宣传先进典型和成功经验。

【“两路两侧”“四边三化”专项监督】 按

10 月 28 日，市政协常委会组织视察旅游重点项目建设情况。图为市政协主席王水亮(左二)实地察看江郎山国际文化旅游产业发展集聚区项目等

照省、衢州市政协的任务要求，重点就江山境内的高速公路、铁路、国道两侧洁化、绿化、美化存在的问题拍摄专题片，在全市专项整治工作会议上播放，引起相关部门、乡镇（街道）高度重视。成立 8 个监督小组，由主席会议成员带队，深入省政协交办的 41 个问题点进行现场察看和监督，促进及时整治。

【组织视察】 主席会议邀请市政府及相关部门领导共同参加，采取现场察看与座谈交流相结合形式，开展专题视察。视察市区 3 个农贸市场的设施建设情况，围绕强化市场管理、形成监管合力、营造良好经营环境等方面提出意见和建议。视察安全生产保障工作，指出存在的问题，提出强化企业的主体责任、加大安全生产宣传力度等意见和建议。视察行政审批制度改革工作，建议政府简化审批手续，提高办事效率，努力营造公平公正、透明高效的创业环境。分别以常委会和主席会议形式视察旅游重点项目建设，实地了解项目进展，听取情况汇报，提出意见建议，推进大会建议案的落实。

【反映社情民意】 调整充实社情民意信息员队伍，完善信息员考核奖励办法，定期召开舆情分析会，确定社情民意信息采集的重点和方向，切实加强反映社情民意工作的针对性和有效性。全年共精编 8 期社情民意信息专报市委、市政府，“大力培养本土‘创客’的几点建议”等得到市领导的批示，“关于修改《浙江省森林采伐管理办法》有关条款的建议”等 17 篇被衢州市政协采用，“基层农机手缺乏，建议加大培训力度”被省政协采用。

参政议政

【建言献策】 组织市政协委员深入开展“十三五”规划调研，专门听取“十三五”规划编制情况介绍，专题召开市委全委会报告和市委关于制定“十三五”规划的建议协商座谈会，围绕工业强市和旅游富民“两轮驱动”战略的加快实施，提出许多建设性意见，得到市委领导的高度肯定。召开市政协常委会暨企业经济研究会年会，就“深化工业强市建设，推进全民创业创新”主题与市政府开展专题协商，14 位委员作了“我市企业负担问题的调查与建议”等专题发言，市政府主要领导到会点评，并就有关意见建议及时作了交办。

【调查研究】 开展全民创业创新大调研活动，组织各民主党派、工商联、知联会，以及各专委会、委员活动小组深入基层、分析问题、思考对策，形成 49 篇专题调研报告，其中“借力‘互联网+’推进产业转型升级”等 26 篇调研文章转化为大会发言、协商议题、提案和社情民意信息。

【提案督办】 坚持市委书记批办、市长领办、政协主席督办、专委会促办和部门承办的工作制度。首次引入提办质量第三方评价机制，开展提案工作评优评先活动，对8个单位开展提案办理民主评议。市委书记批办的“进一步优化创新发展引导机制”提案，相关建议被市委、市政府出台的《关于印发推进全民创业创新激励意见的通知》采纳。市长领办的“迁建上余中学、峡口小学”提案，得到很好落实。市政协主席督办件“加强西山三泉保护利用”提案，引起市政府及相关部门的高度重视，已着手编制规划保护方案。

日常工作

【联络民主党派、工商联】 开展座谈交流，加强与各民主党派、工商联、无党派人士联系和沟通。着重安排各民主党派、工商联、无党派人士在政协全体会议、专题协商会议、专题视察座谈上发表意见，重视党派团体提案的办理，组织党派团体参与“大调研”活动。全年各民主党派、工商联、无党派人士以集体和委员个人名义提交的大会发言、提案、专题调研和社情民意信息分别占总量的35%、61%、26%和54%。

【开展六送下乡活动】 组织近20名医疗专家到坛石、长台等乡镇开展义诊活动，为村民们提供700多人次的免费治疗、健康咨询和保健指导。组织法律专家在张村乡墟日现场接受群众咨询200余人次，赠送秀峰村法律法规和科技书籍350余册。注重与有关乡镇的特色活动相结合，在峡口镇峡里风文化节上为当地群众送上丰富多彩的文艺节目。

【文史资料征编】 通过各种渠道，共收集各个历史时期江山籍书画家和市外知名书画家创作的有关江山题材的书画作品160余幅，编辑出版《江山历代墨迹留存》一书。由政协领导带队，组织相关人员前往台湾考察交流，开展江山人在台湾的相关文史资料征集工作。

【联谊交友】 年内，做好省政协主席乔传秀到江山基层走访调研，省政协副主席王建满、陈艳华到江山专项检查“四边三化”和“五水共治”工作，全国政协委员、徐霞客游线申遗专家委员会委员王东林一行到江山调研的联系服务工作。接待兄弟政协到江山考察交流，宣传推介江山。举办“纪念抗日战争胜利70周年书画展”等活动。

【成立茶文化研究会】 6月23日，组织成立江山市茶文化研究会，首批吸收58名来自全市涉茶部门和茶产业界的会员，中国国际茶文化研究会会长、省政协原主席周国富到会祝贺，衢州市政协主席俞流传为市茶文化研究会揭牌。举办茶与健康学术讲座，介绍茶的历史和科学饮茶等知识。举行“专家进茶乡，服务面对面”活动，邀请中国茶产业权威专家给茶农开展相关技术指导服务。制作《茶蕴江山》电视专题片,深入挖掘江山茶文化的历史底蕴。

【理论与实践研究】 组织开展加强履职能力建设理论研讨，《基层民主党派在县级政协中履职平台搭建的实证分析》《增强政治协商成效，提高履职现代化水平》等理论调研文章在浙江省人民政协理论研究会上获奖。《关于强化重大项目前期工作机制创新的调查与建议》获全省政协系统优秀调研报告二等奖。首次在市电视台开设《政协之声》专栏，制作播出各界委员履职活动节目4期，在《人民政协报》《联谊报》刊登各界委员履职报道8篇。

（倪亦农　周汉泱）

民主党派 工商联

民 革

【概况】 民革江山市委会成立于1987年，截至2015年底，共有党员70人。其中，担任衢州市人大代表2人、衢州市政协委员2人、江山市政协委员15人。一年来，市委会成员中有2人获国家级奖励，3人获省级奖励，15人次获衢州市表彰，20多人次获江山市级及相关部门的表彰。

【参政议政】 在衢州市、江山市“两会”上，市委会和民革党员中的人大代表、政协委员共向大会提交1篇大会发言、4件集体提案和38件个人提案、议案。其中，《鼓励发展农产品电子商务的建议》被衢州市人大列为六届六次一号议案，《关于进一步加快我市科技孵化器建设的建议》《关于着力推进我市信息化和工业化融合的建议》《关于加强江山市电子商务建设的建议》《关于鼓励发展农产品电子商务的建议》等4件提案被江山市政协确定为重点提案，《关于着力推进我市信息化与工业化融合的建议》得到中共江山市委书记吕跃龙的批示。党外建议《关于每月设立“有害垃圾清运日”的建议》得到市委书记吕跃龙的批示，《关于为学校聘请专业律师的建议》得到市委副书记、市长叶美峰的批示。调研报告《我市住宿餐饮业发展趋势分析及对策建议》荣获江山市政协“大调研”活动优秀调研报告二等奖。

【社会服务】 先后组织开展“健康教育知识”进校园活动、特色旅游法律咨询活动，在开展纪念中国人民抗日战争胜利暨世界反法西斯战争胜利70周年活动中，市委会主动对接市委统战部，开展寻找原国民党抗战老兵活动。编印《抗战记忆——寻访江山籍原国民党抗战老兵》，举办以“铭记历史、缅怀先烈、珍爱和平、开创未来”为主题的歌咏比赛；邀请老党员朱青麟讲述江山抗战故事；在党员中开展结对一名老兵、开展一次义诊、每年一次走访等“三个一”活动。

【祖统联谊】 市委会坚持把巩固和深化两岸关系、为和平统一创造条件作为当前开展对台工作的行动指南和根本任务，组织党员学习对台工作的方针政策。年内分别接待了台湾忠义社秘书长黄其梅、台湾南投县国姓乡公所乡长丘埔生一行到江山参访。

（叶晓婧）

民　盟

【概况】 民盟江山市支部委员会成立于2011年11月10日，现有盟员17人。江山民盟以提升支部的凝聚力、活力、学习力、战斗力、吸引力“五个力”为抓手，以江山盟员之家建设为载体，深入开展“魅力支部”创建活动，先后荣获全国民盟先进基层组织、浙江省先进盟组织、衢州市先进盟组织等多项荣誉。

【参政议政】 在江山市政协九届四次会议上，江山民盟支部共提交提案12篇，主委毛慧卿就《关于提振本土企业发展信心，推进创业创新的建议》作了大会发言。支部提交的《建议加快江山阶“金钉子”保护开发力度，打造世界级金名片》集体提案被评为2015年度优秀提案；调研文章《关于我市新常态经济形势下科技型企业孵化和培育的若干思考》获2015年度“大调研”活动优秀调研报告二等奖。毛慧卿提交的《关于加大企业帮扶力度适应经济新常态的建议》被评为2015年度衢州人大优秀建议。全年支部共撰写社情民意、党外建议、调研文章20余篇，内容涉及经济、教育、城建、文化等各个方面，并有多篇社情民意得到市领导的批示。《传承民盟历史，服务江山发展》一文被民盟浙江省委会评为参政党自身建设与履职优秀案例。支部被衢州民盟评为参政议政先进集体。

【社会服务】 一年来，支部整合人才资源，参与扶贫开发、新农村建设、关爱特殊群体等社会事业。全年组织各类社会服务活动10多次，定期到市培智学校、市福利院为孩子送去爱和温暖；慰问敬老院孤寡老人，为他们送去慰问金、慰问品；结对贺村镇湖前村，为村庄的家园建设群策群力。同时，还组织开展清洁家园、植树造林、结对帮扶等公益活动。

【学习交流】 支部注重与兄弟支部、党派间的交流和学习。2015年，江山盟员之家迎来了东阳、长兴、杭州、嘉兴、嘉善、上海华东师范大学、上海社科院等地的基层盟组织以及兄弟党派前来传经送宝、学习交流。同时，支部也组织部分盟员赴外地学习取经。（周丹丹）

11月30日，中国民主同盟江山市支部委员会第二次盟员大会

民 建

【概况】 民建江山市支部成立于2007年11月，现有会员19人。2015年，支部被民建省委会评为“浙江省先进基层组织”，被衢州市委会评为“先进基层组织”，在统战部开展的“同心”比贡献活动中获得“综合先进奖”。主委毛赛春被浙江省委会授予“优秀会员”称号，副主委祝森根获得贺村小城镇镇长特别奖。

【参政议政】 提交衢州市政协提案《关于加强引导和管理排舞健身活动的建议》《以优秀传统文化助推乡村旅游 提升品质 彰显个性》2件提议。大会发言3篇，《开拓营销思路，做旺江山旅游》《关于加强基层政权建设的几点建议》《关于打造农村狮子型“领头雁”队伍的三点建议》提交衢州人大议案1件，《关于开通衢州到江山快速通道的建议》。提交江山市政协提案3件，《关于大力扶持培育葛产业的建议》《关于大力保护峡口（白水坑）水库直饮水资源的建议》《关于改进交警路查违章方法的建议》大会发言1篇，《关于大力扶持培育葛产业的建议》。向江山市委统战部提交合理化建议2篇，《关于扶持绿色食品饮料企业发展的建议》《关于在市博物馆增加葛根王标本展位的建议》。

【社会服务】 组织会员赴陕西省延安市开展革命老区献爱心活动暨启动“思源工程”，为延安市中石油希望小学及延安市宝塔区民建老会员、困难会员捐赠1.5万元爱心红包，并为孩子们带去价值3.6万元的法国画纸15箱。主委毛赛春为支持新农村建设等资助20万元，并出资支持《走读塘源口》一书出版；会员祝江土为赣州市红十字博爱基金会捐款10万；会员汪芳向开化县齐溪镇文化礼堂建设捐款2.18万元。 （王 婧）

5月，民建江山支部“思源工程”赴延安献爱心活动

民　进

【概况】 江山市民进支部成立于1987年，1995 年改设总支部。2015 年底共有会员 64 人，分设中学、小学、文化、卫生和科技 5 个支部。年内，民进江山总支获评全国民进社会服务工作先进集体、全省民进先进集体和衢州市民进先进基层组织；王荣会员被评为全国民进社会服务工作先进个人；原文卫支部荣获全省民进社会服务“爱心模范”称号。

【参政议政】 年内被各级各类参政平台采用的建议共 54 件，其中社情信息 18 件，政协提案 32 件，人大议案 4 件。总支集体提案“关于进一步优化创新发展引导机制的建议”，得到市委书记吕跃龙的批示，并被评为优秀提案；“关于建设江山市保安职工疗休养基地的建议”和 “关于建立江山同盟会领袖戴志南爱国主义教育基地的建议”得到市委副书记、市长叶美峰的批示；“关于加快建设客运枢纽的建议”被评为优秀提案。

4 月 1 日，民进省委副主委李太武（左三）到江山调研（祝日耀 摄）

【民主监督】 重点关注对口联系部门工作，采用调研座谈、实地察看等形式了解被监督部门的工作情况，共同探讨群众关注的热点难点问题。担任政协委员的会员，积极参与市政协组织的民主监督小组监督活动，着重就“五水共治”工作中存在的问题提出建设性意见建议。

【社会服务】 在“书香彩虹”捐赠活动中，向贵州省金沙县化觉乡中小学赠送文学、故事、漫画、科普读物等书籍 3650 本，价值 54700 余元。确定塘源口乡小学、碗窑初中、江山二中等作为“书香校园”服务基地。向相关学校资助教学资金 50 万元。文卫支部赴塘源口、贺村等乡镇义诊村民 200 多人次，提供内科、外科、眼科、疼痛科、肾内科、口腔科、超声科、烧伤整形科以及血压、血糖测量等 10 个方面的医疗服务。先后到 19 个乡镇（街道）参加“五水共治”活动，开展公益性宣传，传播生态理念，参加义务植树，赠送珍贵南方红豆杉树苗 5000 多株，助推幸福家园建设。

【调查研究】《关于优化委员推荐协商机制，健全委员诫勉劝退机制》等 3 件调研报告，被浙江省政协采用；《中等职业学校部分补助政策背离初衷亟待调整》等 7 件调研报告，被《浙江民进信息》采用；《加强民主党派自身建设问题的研究》一文获民进省委会统战理论课题三等奖；《发展科技服务业，提升我市创新驱动环境》的调研报告，在江山市政协企业研究会上交流；《发展科技金融 推进创新发展》的调研报告，获江山市政协优秀调研报告三等奖。《关于如何破解民主监督薄弱环节的调查研究》在民进浙江省委会网站上发表；《将糖尿病并发症纳入糖尿病特殊门诊报销范围》《建议将寺观建成宣传正统文化的场所》的调研报告，被民进中央、民进浙江省委会采用。

（祝日耀）

九三学社

【概况】 九三学社江山市基层委员会成立于2009年7月，下设医卫、科技、综合三个支社。1989年9月设立九三学社衢州市委会江山直属小组，1993年9月成立九三学社衢州市委会江山支社。年末，共有社员39人。年内，江山市基层委员会荣膺“九三学社全国优秀基层组织”、社员毛水芳荣获“九三学社全国优秀社员”、社员周晓东获评“九三学社全国2014—2015年度参政议政先进个人”，受到九三学社中央的隆重表彰。社员叶金花领导的市妇保院妇产科获“全国巾帼建功先进集体”称号。

【丛斌到江山考察调研】 11月25日，全国人大常委会委员、九三学社中央副主席丛斌率调研组到江山考察调研，指导九三学社基层组织建设工作。九三学社浙江省委会专职副主委兼秘书长马永信，衢州市人大常委会副主任、九三学社衢州市委会主委汪惠芳，江山市委常委、统战部长姜方云，江山市政协副主席、九三学社江山市基层委员会主委毛水芳等陪同调研。在听取相关情况汇报后，丛斌对九三学社江山市基层委员会制度化、规范化建设等工作表示肯定。在江调研期间，丛斌一行还参观“江山市党外人士之家”多党合作图片展馆和“九三学社江山市基层委员会履职成果”图片展，亲切看望九三学社江山市基层委员会社员。

【参政议政】 年内，在省人大、衢州市、江山市两级人大和政协会议上，提交大会发言2篇，提交提案、议案和建议48件，其中团体提案6件（衢州市政协1件，江山市政协5件），《关于加强西山三泉保护利用的建议》等3件列为重点提案，被评为江山市政协优秀提案1件、衢州市人大优秀议案1件。毛水芳代表基层委员会在市政协大会上发言《关于创新政府惠企政策的建议》为促进全民创业创新推进江山快速发展，提出具有前瞻性和可操作性的意见建议，得到市委、市政府和市政协主要领导的肯定。《关于加快我市林下经济发展的几点建议》等3个调研课题列为九三学社衢州市委会年度重点调研课题，并获得优秀调研课题奖。社员中有9人担任市纪委、监察局、检察院、供电局、林业局、双塔街道等部门单位的民主监督员，积极参加各种监督和检查活动。

【社会服务】 8月26日，基层委员会组织社内医卫专家赴大陈乡早田坂村开展义诊服务活动，共服务村民300多人次，分发健康教育宣传资料1000多份。10月28日，基层委员会与市农商行中山路支行联合组织金融专业人员，又赴大陈乡早田坂村宣传普及金融知识，共接待村民500多人次，分发《防范金融诈骗》等宣传资料2000多份。由社员郑志江担任校长的江山五中，已连续三年挂联塘源口乡洪福村，每年捐款伍仟元，支持该村文化礼堂建设。

【信息宣传】 聘请12名社员为特约信息员，制定完善并执行《调查研究和信息宣传工作考评办法》。全年共向上级报送并被录用的社情民意或党外建议48条，其中九三学社中央1条、九三学社浙江省委16条、浙江省政协1条、浙江省委统战部2条、九三学社衢州市委31条、衢州市政协4条、江山市政协5条、江山市委统战部9条，获江山市委、市政府主要领导批示的有2条。周晓东撰写的《采用“头脑风暴”提升基层信息工作水平》案例被九三学社中央录用。全年被中央、省、衢州市和江山市各级新闻媒体采用的宣传报道150多条。社员中有3人获评省级“信息工作”和“新闻宣传”先进个人。同时，不断完善和提升“教学基地”建设，推进对外联谊交流。

（余乾敏）

工 商 联

【概况】 市工商联围绕创业创新，发挥独特优势，创新工作载体，不断提高履行职能水平，2015年获“全省工商联系统先进单位”和全省“五好”县级工商联，被省工商联推荐申报全国“五好”县级工商联。

【民营企业主学习培训】 3月3日，邀请法律专家潘跃新作《搞好公司治理·家族基业长青》的专题讲座，激发企业家将家族企业打造成百年老店的新思维、新观念，推进创二代和家族企业的健康成长。为响应市委、市政府开展“5·18”全民创业创新日活动，组织60多名青年企业家，赴上海复旦大学进行为期7天的高端培训，邀请一批著名专家学者开班授课，课程设置包括宏观经济形势研判、新经济发展模式解读和企业家基本素养强化等方面，提升青年企业家的企业经营管理理念。

【新生代企业家培育】 把新生代企业家的教育培训纳入会员培训的整体规划，建立常态化轮训机制，以坚定理想信念为主题，从政治引导、组织建设、教育培养、能力锤炼等方面，搭建新生代企业家成长实践平台。4月，组织26名新生代企业家到红岩顶学习传承红色革命艰苦奋斗，永不言败的精神；5月，组织新生代企业家参加永康机器换人座谈会；10月，组织20名新生代企业家赴日本丰田集团、麒麟啤酒等世界知名企业考察学习先进管理理念。

【推进“五水共治”】 引导会员企业以主动担当的主人翁姿态投身治水新实践，为“五水共治”和美丽乡村建设献计献策、出资出力。据不完全统计，全市发动民营企业认捐治水资金1000多万元，组织动员200多家民营企业参与“五水共治”捐资和农村生活污水治理工作。特别是工商联副主席、贝林集团董事长郑积勤，投资1亿多元，将原本脏乱差的耕读村，打造成国家AAA级旅游景区，获2015年度第十届浙江新农村建设带头人“金牛奖”。

【拓展异地商会】 在全市开展创建“五好”商会活动，加快推进商会组织规范化建设，发挥商会组织在经济社会发展中的重要作用。通过开展“五好”创建活动，建立起结构合理、制度健全、运作规范、作用明显的商会组织。在组建上海、义乌、广东、深圳、绍兴商会的基础上，2015年又在杭州、宁波、河南建立了江山商会。同时，建立异地商会跟踪服务机制，邀请江山在外商会会长、秘书长、知名江商共20余人座谈交流，推介江山，沟通亲情。

【助力江商回归】 在推进异地商会建设的同时，开展形式多样的交流对接活动，进一步推进江商回归。与招商局合作，举办以水资源为主题的推介活动；组织江山—柯桥山海协作产业对接洽谈会；组织深圳商会会员参加2015衢州（深圳、杭州、义乌）电子商务产业对外招商签约活动（深圳商会会员柴利华现场签约浙江橙道网商科技服务培训中心项目），全年由商会牵线搭桥的江商回归项目已有29个，初步形成“江山人经济”的新格局。

【参政议政】 围绕推进全民创业创新、电商换市等课题，引导会员开展调查研究，形成一批高质量的调研报告，一些意见建议已转化成为领导决策的重要依据。其中，市政协大会发言材料《关于加快推进江山市电子商务发展》，为出台江山市加快电子商务发展的政策意见提供参考；《关于进一步促进江商回归的对策建议》，获市政协大调研二等奖；《关于加快商会建设，推动发展“江山人经济”的建议》的调研报告，提交市委常委会专题讨论通过，促进“江山人经济”政策的出台。同时，组织引导工商界会员代表积极建言献策，全年工商界的人大代表和政协委员共提出议案、提案90多条。

（市工商联　供稿）

人民团体

总工会

【概况】 2015年，江山市总工会围绕省总、衢州市总工作重点和市委市政府中心工作，履行职责，做到规定动作不走样，自选动作创特色，承办衢州市工会基层组织建设年推进会、衢州市工会集体协商工作推进会，各项工作稳步推进。先后获全国经审工作先进集体、省第二批劳动模范休养基地、省示范职工服务中心等称号。

【树立劳动竞赛品牌】 组织开展具有时代特色、符合行业特点，为企业所需、职工所盼的劳动竞赛。市总工会在市政府确定的67个重点工程项目中，全部开展劳动竞赛。同时，开展“创业创新——江山杰出职工”评选宣传活动，开展以工业行业、旅游业为重点劳动竞赛，评选表彰30名杰出职工（其中工业行业10名，旅游业含乡村休闲游10名，其他行业10名）。宁波中鑫毛纺江山有限公司花捻车间被中华全国总工会授予“全国五一巾帼标兵岗”称号，成为江山市首家获此殊荣的单位。

【激发基层班组活力】 全市260多个单独建会的规上企业中，有近200个企业工会开展技能比武、提合理化建议等活动。与市人力社保局联合举办创业创新职工技术比武，100多名职工参加数控车工、电子商务师、客房服务员、维修电工、工具钳工等5个工种比赛。命名第四批工人先锋号，培育峡口公路站、白水坑电站、市殡仪馆等2个衢州市级工人先锋号。下发《江山市职工高技能人才创新工作室实施意见》，推进高技能人才创新工作室创建活动，培育衢州市级高技能人才创新工作室3个。

【弘扬劳动模范风采】 汪衍君、陈焕新、徐向军被授予衢州“五一”劳动奖章、宁晓强被授予省“五一”劳动奖章。纪元电器集团高级技师徐建根被国务院授予特殊津贴。为落实部分劳模津贴与医疗待遇政策，市总工会与市人力社保局、财政局联合出台相关操作性文件，为20多名劳模解决待遇问题。

【推进基层工会建设】 2015年，江山市新建基层工会26家。全市已建工会1195家，其中独立基层工会1078家，联合基层工会117家，职工总数101236人，会员数为96250人，入会率达到98.1%。全市建有8个镇（街道）、1个经济开发区总工会和11个乡镇工会工作委员会。建有乡镇（街道）私营企业联合工会19家，村、社区工会101家，涵盖单位1396家，建会率98.3%，其中农民工数为68876人，占职工人数的68%。6月，邀请省总工会专家徐小洪对全市工会基层骨干进行培训，有300多人参加培训。

【开展职工文体活动】 市总工会举办庆三八女职工气排球赛、乒乓球排位赛、全市职工拔河比赛，天蓬杯歌咏比赛、篮球邀请赛等10多项大型赛事。据统计，全市各级工会组织举办各类文艺赛事569场次，参与职工3.7万多人次。市总工会代表衢州市参加“中国梦、劳动美”全省职工法律知识竞赛荣获二等奖。

【推进职工权益保障】 全市共有1037家企业新签订工资协议，其中新签企业31家，工资协议续签率达100%，有33家企业新签订了集体合同，新签区域性工资协议6个，培育工资示范性单位20家。专项外聘两位集体协商指导员，全力推进工资集体协议签订工作。充分发挥法律顾问作用，全年共办结职工（农民工）案例10起，涉及农民工49人，为农民工挽回经济损失382.3万元。法律援助案件55件，为职工（农民工）挽回经济损失1368.8万元。接待处理来信、来访、来电322件次，涉及职工410多人，结案率达98%以上。全市20个乡镇（街道、开发区）中有14个建立劳动保护监督委员会组织，劳动保护分级管理录入省总管理系统的建会企业占92%。与安监局联合评选表彰企业安全生产十佳金点子，开展第四届安全生产“金点子”征集评选活动；与市场监督管理局联合开展食堂规范化建设评比活动，保障员工饮食安全。

【关怀困难职工群体】 开展“两节”送温暖活动，慰问各类困难职工106人，发放慰问金17万元。为7名困难职工进行“爱心透析”专项救助。开展职业培训、职业介绍工作，上半年共开展月嫂、厨师、服装、美容美发等14个工种的职业培训工作，参训人员全部推荐就业。全市共有378人申请医疗互助职工自负医疗费用的报销，报销金额40多万元。

（郑慧明）

团市委

【概况】 2015年，全市14岁至35岁青年15.2万人，其中14岁至28岁青年9.9万人，现有共青团员4.9万人，团青比例32%。团的组织覆盖层级化方面，全市共有乡镇（街道）团（工）委19个，村（社区）团支部（总支）305个，机关部门团组织50个，学校团组织28个；非层级化方面，共建“两新”（新经济组织、新社会组织）团组织99个，全市共划分网格645个，组建网格日常服务队645支，联系青年社会组织52个。

【青年企业家访谈】 1月24日，团市委在江山市体育馆举办了以青春“创业 创新 创未来”为主题的青年企业家访谈活动。活动邀江山市新生粮食合作社负责人林向霞，江山思远贸易有限公司董事长郑贞栋，浙江天蓬集团有限公司党委书记王利通，在现场主持人的主持下，通过提问回答的方式，讲述了他们的创业经历和历程中的感悟，以及对未来发展的畅想。企业家代表还与台下100多名青年就创业创新话题进行互动交流。5月，举行青年创业创新活动月，以青春“创业 创新 创未来”为主题，以“青春·绽放”“明智·创新”“梦想·起航”

三大篇章的11个市级主题活动和以各基层团组织为主的40多个子活动共同构成。

【学雷锋志愿服务】 3月5日，恰逢农历正月十五元宵节，江山团市委组织80余名团员青年志愿者，分别前去慰问30位抗战老党员、老干部、孤寡老人等，专业的医护人员亲自上门体检。并带上汤圆，给老前辈们送上节日的祝福。

【乡村休闲游讲解大赛】 从3月开始，启动“幸福江山 活力江城”“金陵杯”乡村休闲游讲解大赛。这次活动由市委市政府接待办、团市委、市教育局、市旅游局、市农办联合举办，有82名选手踊跃报名参加，经过激烈的比拼，最终评选出10名“十佳讲解员”，11名“优秀讲解员”，6名“优秀乡村之声讲解员”。

5月20日，团市委举办“金陵杯”“幸福江山活力江城”乡村休闲游讲解大赛颁奖典礼

【青年电子商务专题培训班】 6月1日至4日，团市委联合市农办、市商务局在衢州职业技术学院举办“互联网＋农业”青年电子商务专题培训班，培训内容包括“网店推广打造爆款与营销”“客服服务技巧”等理论课程，还包括参观考察杭州临安淘宝村、《天下网商》新媒体等实地培训。51名乡镇（街道）的大学生村干部、家庭农场主、专业合作社人员等参加培训。

【创业计划大赛】 “活力江山·激情创业”创业计划大赛由团市委、市人力社保局、江山农商银行共同主办。大赛共有41支具备创业愿望、基本创业能力和初步想法的青年创业团队报名参加，经过初审、创业培训，有25支创业团队进入预赛，最终10支团队参加决赛。大赛根据创业计划获奖等次，给予一定额度的创业项目补助，有2个项目分别获得银行授信80万元，3个项目分别获得授信30万元。

【青年主题团日活动】 8月15日，团市委联合市电信局团委举办“天翼4G青春飞扬”青年主题团日活动，9支队伍共50余名青年参加了此次活动。9支队伍派出选手依次完成指压板运喜蛋、尖叫奔跑、保卫女神、勇往直前、撕名牌等5个项目。

【2015年大学新生助学行动】 高考结束后，团市委及时开展助学行动，通过积极联络、广泛宣传、发布倡议等方式，获得省（衢州市）希望工程、省精实公益金、都市快报、国酒茅台等助学项目的支持，共争取到40.14万元助学金，资助学生90名，资助学生数和资助金额都创历史新高。同时，团市委还联合农商行探索实施了贫困大学生带薪实习助学模式，在各城乡网点专门设置针对贫困大学新生的暑期实践岗位，让参与实践的学生在收获工作经验的同时获得薪资资助。

【重点青少年群体服务管理和预防犯罪工作】 推行“摸情况、建台账、结对子”三步走工作法，全市两类重点青少年人群（闲散、不良行为）的结对帮扶率均达到70%以上。组建一支由心理咨询师、医疗卫生工作者、教师、团干部等人员构成的“彩虹”志愿者队伍，已有6名志愿者作为“合适成年人”参与了未成年人刑事诉讼工作，帮助涉案未成年人充分行使权利、提供心理安抚和疏导。重点青少年群体服务管理和预防犯罪全面推进第二批试点工作在全省考核中获得优秀等级。

【基层团组织建设】 探索“网络+网格”的组织覆盖模式，推行“网上+网下”的联系动员方式，以精致（smart）、甜蜜（sweet）、微笑（smile）“3S”为标准，按照“区域+功能”的模式，在全市划分645个网格，网格内组建日常服务队和特色服务队，全年共为网格内青少年提供学业辅导、心理咨询、就业帮扶、交友娱乐等各类服务200多次，覆盖青少年10000多人。

（周 婧）

妇 联

【概况】 江山市共建有村级妇代会组织292个、社区妇联组织13个，机关部门妇委会38个，乡镇（街道）妇联19个。2015年，市妇联以“服务型基层妇联组织建设”为主体，开展“家庭正家风”和“妇女创新业”两大系列活动，获衢州市“三八红旗集体”、衢州市“服务型基层妇联组织建设”先进单位，江山市“最佳满意部门（单位）”。虎山街道安泰社区支部书记、妇联主席毛晓英、清湖镇花园岗村妇代会主任柴淑芽获评2015年度百名浙江“最美妇女主任”。

【开展基层组织建设】 以服务型基层妇联组织创建为主体，开展“进万家门、访万家情、结万家亲”基层大走访、大调研行动，共走访家庭1744户，走访妇女群众23386人，走访入户率达25.9%，收集重点、难点问题553条。探索“1+N”模式，开展星级“妇女之家”创建工作，创成五星级妇女之家50个、四星级92个、三星级145个。

【抓好家庭文明建设】 与市文明办和市新闻信息中心联合开展“践行好家训 培养好家风”家规家训征集评选活动，共征集230条家规家训、34个家风故事。全年共评选出乡镇（街道）最美家庭215户、县级最美家庭10户、提名奖10户，推荐4户最美家庭参加省级评选。5月15日，举办“家和万事兴 共圆中国梦”首届家庭文化节暨“最美家庭”颁奖典礼。重阳节当日举办第五届“我陪父母过重阳”大型社会公益活动。

5月15日，首届家庭文化节开场舞《福旺旺》

【推进农村生活垃圾分类工作】 3月18日，市妇联在四都镇傅竹园村举行“缤纷三月洁水护绿”巾帼行动暨洁美家庭创建互看互学现场会，拉开新一年巾帼投身生活垃圾分类处理序幕。7月10日，召开全市农村生活垃圾分类处理工作推进会，对“百万妇女学贺田”行动进行再深化、再部署。全年发放垃圾分类知识宣传用品15万份，进村入户培训123期，受训妇女1.2万余人次，首批100个农村生活垃圾分类示范村已经全部通过衢州考核验收。

【引领妇女创业创新】 5月20日，成立巾帼电子商务创业者联谊会，在美伊职业培训学校建立妇女创业就业培训基地。全年共有来料加工从业者7万人，发放加工费3.69亿元；较大规模女性电商69家，年营业额达到3.4亿元。争取农村妇女创业创新担保贷款纳入江山市就业再就业小额担保贷款体系，并对政府重点支持的部分贷款担保项目给予贴息，全年共帮助24名创业妇女贷款265万元，争取各级妇联扶持妇女创业资金20万元。

【做好妇女儿童维权工作】 推动建立江山市政策法规性别平等咨询评估机制，从源头上保障妇女权益。全年共接待群众来访185件，其中家庭矛盾纠纷148件，结转对话平台案件30件。全年争取各级资金30万余元帮扶两癌妇女、贫困妇女和困境儿童。

【推动妇女“两癌”免费筛查】 推动市政府出台《关于印发江山市城乡适龄低保、五保和重度残疾妇女“两癌”检查工作实施方案（2015—2020年）的通知》（江政办发〔2015〕116号），明确2015—2020年，每两年为全市各乡镇（街道）适龄低保、五保和重度残疾妇女开展一轮“两癌”检查，并由市财政局设立“两癌”检查专项资金。

【开展“巾帼建功”活动】 “三八”节期间，组织“春风送岗位”活动，举办月嫂培训班。推选各级巾帼文明岗和巾帼建功标兵，其中江郎山景区票务科等4个岗位获评浙江省巾帼文明岗，纪元电气林秋红获浙江省巾帼建功标兵，廿八都古镇游客咨询服务中心等10个岗位获衢州市巾帼文明岗，浙江天际互感器有限公司祝祺等5人获衢州市巾帼建功标兵，浙江伦宝金属管业有限公司总经理王超仙获评江山市三八红旗手。

3月18日，江山市“缤纷三月 洁水护绿”巾帼行动

【启动中英留守儿童合作项目】 7月13日上午，中英留守儿童合作项目——“江山市留守儿童项目实施与大学生志愿者结对活动”在江山市正式启动。中英留守儿童合作项目——“改善中国留守儿童生存状况研究”由英国政府经济和社会研究委员会（ESRC）资助，项目为期4年，实施地点是浙江省、贵州省，项目牵头单位是英国伦敦大学学院全球卫生研究所，中方牵头单位是浙江大学。

【举办基层妇联干部培训班】 9月23日至26日，举办基层妇联干部培训班，培训内容涉及心理咨询、婚姻家庭矛盾纠纷调解等多个方面，来自机关部门、乡镇（街道）、村（社区）的近50名妇联干部参加培训。推荐周玉玲等13名干部分别参加衢州市优秀女干部培训班、全省优秀乡镇（街道）妇联主席培训班、衢州市优秀乡镇（街道）妇联主席培训班学习。

（周玉玲）

科　协

【概况】 2015年，市科协紧扣市委中心工作，团结和带领全市广大科技工作者开展科普宣传、学术交流和农民素质培训工作，年内市科协被省科协评为全国科普日优秀组织单位，被评为“十二五”衢州市《全民科学素质行动计划纲要》实施工作先进单位，农函大江山分校获浙江农民大学农函大培训工作优秀组织奖，年底江山市创建全国科普示范县（市）通过考核。

【科普活动周、科普日活动】 科普活动周期间（5 月），与长台镇政府联合举办为期 2 天的创业创新农村电子商务培训班，9 个行政村书记、主任和电商创业青年共 60 余人参加县前、东门等社区举办了科普文艺演出暨科普知识抢答、计生科普知识竞赛、青少年科普体验等 8 项活动。周家青社区举办“青春健康家长大讲堂”活动，30 余名青春期学生的家长参加这次讲座。9 月 17 日，承办 2015 年衢州市“全国科普日”主会场活动，以“万众创新拥抱智慧生活”为主题的 2015 年衢州市“全国科普日”万众创新拥抱智慧生活启动仪式，在江山市文化广场举行。科普日期间，还组织 9 项全市性的科普活动，江山市科协和福赐德蜂业公司被评为全国科普日活动优秀组织单位，峡口镇、双塔街道周家青社区和清湖小学 3 家单位获科普日优秀特色活动奖。据统计，科普活动周、科普日期间，在各地张贴宣传标语 300 多条，展出各类展板 400 多块，分发资料 4 万多份。市科协还提前将科普挂图，送到城乡各个科普画廊，在活动期间同时联展。

【经常性科普工作】 年初制订全年的送科技下乡进村（社区）总体方案。根据每个时期的科普重点，月月开展经常性的科普宣传活动。全年组织 10 多个学会赴长台、贺村、峡口等地开展送科技下乡进村 11 次，参加的科技人员有 200 多人次，累计发放科普资料 10 多种 4 万余份。2014 年 11 月底投入 20 万元建成的科普视频，2015 年播放步入正轨，每天播放 3 个小时，内容涉及五水共治、养生保健、反邪教、生活科普、科技前沿等。全市 143 个科普画廊内容更新社会化服务走上正轨，城区每月更新一次，农村隔月更新，并建立了网上登记查阅系统。

【青少年科普工作】 会同教育局、团市委等联合举办第七届江山市青少年科技创新大赛。组织青少年参加衢州市青少年信息学（计算机）竞赛、浙江省青少年科技创新大赛，并取得较好成绩。9 月，邀请中科院 3 位老科学家，深入贺村小学、解放路小学、文溪小学、城南小学、城北中学等 6 所学校，举办 6 场以航天航空、南极考察等为主题的科普报告会，2000 多名学生聆听了报告。将市科普活动中心的科普展品、科普展板组成流动科技馆，免费送到恒泰等学校开展科普。

【科普设施建设】 2015 年，筹措资金新建 60 个总长 300 多米的科普画廊，全市科普画廊总数达 200 个。各基层单位也相应建设一批遍布城乡的简易科普宣传栏，总长度达到 1800 多米。新建的东门社区科普活动中心已正常开放。投资 30 万元，新建面积为 200 多平方米的峡口镇科普活动中心，添置了 10 多件科普展品、3000 册科普图书和 3 个合计长度为 20 米的科普画廊。同时，还委托宁波大众科普服务中心为周家青社区科普活动中心开展前期规划设计工作。

【科学素质调查】 根据全国第十次、浙江省第六次公民科学素质抽样调查的统一安排，8 月开展公民科学素质抽样调查工作，共完成

24个村（社区）460户的入户调查，为制定“十三五”公民科学素质建设规划提供决策依据。

【农民技术培训】 全年培训果业蔬菜、茶业、蜂业、食用菌、电子商务等9个专业学员1240名，其中短期培训800名，半月以上培训440名，培训党员干部150名、妇女500名、返乡农民工700名。加强农函大日常教学管理，年初制定年度考核办法，对19个乡镇（街道）辅导站进行考核，对先进辅导站和先进辅导站站长以及先进班主任、辅导教师，按照考核办法给予奖励。建设市罗洋茶场等10个衢州市级农函大培训示范基地，依托这些基地，针对性地开展产业培训和技术服务。

【院士工作站】 建立院士站站长交流制度和微信群。年内我们还组织站长到嘉兴学习考察加西贝拉等院士站的经验，并多次赴冠旗纳米、江变、虎霸等单位了解科技需求开展科技服务，推动建站前期工作。

（邱建武）

文　联

【概况】 2015年，市文联所属有8个文艺协会，共有会员597名，其中衢州市级会员136，省级会员81名，国家级会员18名。继续办好《仙霞》季刊和《江山摄影》报。组织和指导各文艺协会配合市委、市政府中心工作，开展采风、创作、联谊活动，并谋划“太极湾养性谷全国自驾休闲游”项目。获衢州市2015年度文联系统先进集体荣誉。

【召开市文联第七次代表大会】 4月2日，在江山国际大酒店召开，衢州市文联主席、江山市四大班子领导，衢州市各县（市、区）文联主席、江山有关单位领导、历届文联主席及七届文代会代表共计150余人参加会议。会议选举姜英为江山市第七届文联主席，李治本、毛洪章为副主席，毛雪芳为秘书长，王继森等21人为七届文联委员。会议期间，还举办“春艺涌动”喜迎第七届文代会摄影、美术、书法、民间工艺品展，共展出摄影作品60幅、美术作品15幅、剪纸作品15件、书法作品30件、民间工艺品50余件。

【开展“创业创新”主题文艺宣传】 5月18日，组织文艺骨干开展全市“创业创新”文学采风活动，撰写主题作品，在《仙霞》刊开设“创业创新”专栏，10余篇作品刊出；4月至6月期间，举办“记录创业、展现创新”主题摄影比赛，并制作“创业创新”主题展览；12月，举办“点燃激情之火 推进创业创新”全市干部职工硬笔书法大赛，共收到参赛作品220幅。

【邀请名家指点江山】 6月19日，联合省文联，邀请到省级文艺名家20余人，开展“到人民中去——省文联文艺志愿服务走进清湖和睦文化礼堂”演出活动；9月10日至12日，邀请省作协“作家服务营”走进江山寻访徐霞客踪迹，开展省级知名作家面对面指导基层作家创作活动，并举办精彩文学讲座，并在《浙江作家》刊出江山作家作品专辑；12月5日，联合中国诗歌网浙江频道举办浙江诗人江山市采风活动，著名诗人黄亚洲亲自前来，数十名诗人欢聚江山，并在金陵大酒店举办“颂江山”诗歌朗诵会。

【组织四省作家联谊采风】 8月20日至22日，组织为期3天的浙闽赣皖四省十二县市作家助力江山乡村旅游联谊采风活动，70

余位知名作家到江山采风、交流，感受江山美好山水，畅谈江山乡村旅游发展，还创作了一批文学作品，在《仙霞》专栏刊出。

【举办四季廿八都全国摄影大赛】 2015年3月15日——2016年5月31日，联合浙江省摄影家协会，举办“四季廿八都”全国摄影大赛。比赛期间，先后邀请浙江省各县市摄影骨干，浦城、玉山等周边县市摄影爱好者前来采风创作。至2015年底，收到全国各地参赛作品2000余幅。

【举办抗战胜利70周年歌咏比赛】 8月，举办江山市纪念抗日战争胜利70周年歌咏比赛，全市共有200多人32个节目报名参赛，参赛节目有独唱、小组唱、合唱、表演唱。8月21日、22日在周家青社区蜜蜂广场举行2场预赛，8月29日晚上在江山电影院举行决赛，比赛产生金奖1名，银奖2名，铜奖6名。

【文艺成果】 2015年度，全市有长篇小说《打铜修锁》、科幻童话《江郎三神侠智斗群魔》、文史集《史志文稿》《走读塘源口》等数部个人文艺作品出版；文艺作品获奖频频，周建新长篇小说《乱世母女》获《今古传奇》2015年度全国优秀小说三等奖，唐晋枫的散文《山村月亮》获中国散文诗歌大奖赛三等奖，邵琳瑛、王庆华作品获省“百水赋”征文优秀奖，并入选《浙江百水赋》一书。书法类中，蔡农书法作品在“陆维钊奖”第七届浙江省中青年书法篆刻展获铜奖（衢州地区唯一的一个奖项），黄江龙篆刻作品入展，祝和水书法作品入选。音乐舞蹈类，张秀琴、严晓慧、艾鹏飞辅导江山的少儿歌手参加全国“快乐阳光童歌会”选拔赛，获得全国金奖5个。姚霞辅导的两个独舞《刘胡兰》《蛹、蝶》参加由中国艺术家协会、中国文艺协会举办的舞蹈大赛，获得全国优秀指导奖。毛媛媛编导的《劳动号子》参加浙江省文化馆主办的浙江省“耕山播海”农村文艺骨干培训成果展演活动，获得金奖；祝建平等表演的器乐合奏《哭嫁娘》参加衢州市举办第七届群众文艺会演，获得音乐专场创作金奖、表演金奖。毛向阳演唱的歌曲《碧水丹崖》获衢州市第七届群众文艺会演表演银奖；江山市千色影像被评为“衢州市重点高新文化企业”，在衢州市首届微电影大赛评比中，拍摄制作的“五水共治”主题微电影《肥水》获一等奖，交通题材《老柴头拆迁记》获二等奖，公益美德题材《延续》获三等奖，微电影《延续》获最佳剪辑奖，微电影《毒殇》里的男主角吴创获最佳男演员奖。

（毛雪芳）

残　联

【残疾人生活保障】 实施和完成年度重度残疾人托（安）养任务，为3997名符合条件的重度残疾人纳入基本生活保障工程，为1510名重度残疾人提供托（安）养服务。同时，完成80户农村残疾人特困户危房改造，并对2430名劳动年龄段无固定收入的贫困残疾人落实每人每月125元的生活津贴。

【残疾人康复服务】 实施以“助听”“助行”“助明”为主要内容的康复工程，发放助听器80台、助视器20台，完成白内障手术300例、假肢装配33条腿、髋或膝关节置换手术3例、324户残疾人家庭的无障碍设施改造（辅助器具配发）等项目。残疾儿童抢救性康复训练项目采取机构服务和上门引导式相结合，安排0～6周岁残疾儿童康复训练51名，举办盲人定向行走训练班，有60多名视力残疾人、康复协调员参加培训，并为20名盲人、低视力者配发盲杖。

10月25日，江山市残联在市第四人民医院举行残疾儿童康复培训（刘丹林 摄）

【残疾人专项调查】 1月11日，全市15246名残疾人的入户调查任务全部完成，其中入户调查15002人，电话调查19人，入户调查率达99.87%。3月17日，全部完成国家表15021份、浙江表14956份、社区表307份等数据的录入。

【村（社区）残疾人专职委员选聘】 制定实施《村（社区）残疾人专职委员选聘方案》。6月，完成全市各村（社区）残协和残疾人专职委员的建设、选聘工作，并落实由财政支付的每人每年600元的待遇。

【开展助残日活动】 5月的第三个星期日，市政府残工委发出《关于开展第二十五次全国助残日活动的通知》。助残日当天上午，市残联赶赴峡口镇等山区乡镇，开展“助残一条街”等上门服务活动，共为200多名残疾人现场提供义诊、精神专科药物发放、残疾鉴定和相关政策宣传等免费服务；下午，又在市区蒙太奇电影院大厅内开展以“我的未来不是梦”为主题的残疾人公益活动。同时，在《今日江山》发布《致广大残疾人朋友的一封信》，倡导更多的残疾人参与自强创业；市政府分管领导还看望慰问了清湖镇孤独症儿童困难家庭。

【残疾人文体工作】 选送有一技之长的残疾人参加上级举办的各种文体活动，其中金江纺织阳光庇护中心负责人邵华芬获“浙江省最美助残人”；县前社区姜才美、新塘边镇詹香莲获“衢州市最美助残人”称号等，残疾人运动员郑建伟在第六届全国特奥会赛场上获“4×100米接力”和“4×400米接力”金牌2枚、“男子铅球”铜牌1枚；运动员周晨佩，在第九届全国残运会聋人女篮赛场上获金牌。

（刘丹林）

红十字会

【概况】 2015年，江山市红十字会发挥自身独特优势，全年救助生活困难家庭70余户，发放救助款8.5万元，向上争取到位款物达57.6万元，培训救护员1730名，普及人数达4000人次，获全省造血干细胞和人体器官捐献工作先进集体。

【人道救助】 在春节之际，开展博爱送万家活动，慰问60户生活困难家庭，合计3.6万元；开展“两癌”贫困妇女救助活动，为患有乳腺癌和子宫癌的16位贫困妇女发放了救助金，合计4.8万元。

【项目推进】 博爱家园项目：作为中国红十字会总会在新塘边镇勤俭村实施的博爱家园项目，在往年已向省和衢州红会争取到位资金25万元的基础上，2015年又向红总会争取到位资金5.6万元。失能老人养老项目：经申请

中国红十字会“博爱家园”项目红十字主题公园

包装，已争取到中国红十字会彩票公益金项目援助，于年初落户大陈老年公寓，省价值20万元的物资，如电视、空调、护理床等生活起居、康复护理，已全部到位并投入使用。康恩贝项目：发放价值32万元的康恩贝前列康药品，有750余名生活困难家庭的老年患者从中受益。

【救护培训】 举办“市长学急救·传递正能量”培训班，市长叶美峰和各副市长参加培训，为推动江山市红十字救护培训工作起到很好作用。培养师资精英，将原有30多名师资，精选出3～5名进行着重培养，以提高他们的授课水平和社会知名度。全年合计培训红十字救护员1730人，普及培训4000人次。

【生命关爱】 在衢州市内率先提出生命关爱人道慰问金，并将之列入市委市政府《关于进一步加快红十字事业发展的实施意见》文件中，该《意见》指出，给予造血干细胞捐献者慰问金3000元；人体器官（角膜、遗体）捐献者家庭慰问金10000元；角膜或/和遗体捐献者家庭慰问金5000元。造血干细胞捐献工作，实现了首例非血缘造血干细胞捐献，得到了两位市领导的批示肯定，同时捐献者还被评为“最美衢州·身边好人”荣誉称号。实现器官捐献1例，成功捐献了肝脏、两个肾脏，成为江山市第6例器官捐献者，为3名急需器官移植的重症患者带来新生。

【宣传成果】 印制1万份宣传折页，介绍无偿捐献器官、造血干细胞等核心业务，免费发放给各个乡镇（街道）。同时，做好宣传报道工作，截至2015年底，被各主流媒体采用信息稿件25条，其中《中国红十字报》2条，《浙江红十字》4条，浙江省红十字会网6条，衢州市红十字会网5条，江山市媒体8条。

（严　君）

人民武装

人民武装

【概况】 2015 年，江山市人武部认真贯彻省军区、军分区党委扩大会议精神，按照“抓大事、干实事、不出事”的基本思路和“稳中求进、进中出彩”的工作基调，以实求稳，以稳求进，圆满完成各项工作任务，全面建设得到加强。

【思想政治建设】 坚持把思想政治建设放在首位，从打牢思想根基入手，不断提高广大干部职工政治上的坚定性和思想上的纯洁性。始终把学习贯彻习近平系列重要讲话精神作为首要政治任务，采取党委中心组理论学习、周一夜学和个人自学等形式，严格落实 “六个一”学习制度。组织专题议教议学，分析思想疑点、研究教育难点、明确教育重点。开展“弘扬双勤精神、争做四有军人”主题实践活动，坚定理想信念。结合民兵整组、训练开展教育，引导广大民兵自觉践行“四有”新要求，筑牢听党话、跟党走的思想根基，强化履行国防义务意识，自觉投身建设祖国、保卫祖国的双重使命。组织“三严三实”专题教育整顿，围绕习主席指出的 10 个方面突出问题、军区党委分析的 8 种问题倾向，深查细照，着力查纠存在的突出问题，肃清错误思想和行为。巩固深化党的群众路线教育实践活动成果，落实上级关于深化“四风”整治意见，确保不反弹不回潮。肃清郭伯雄徐才厚案件的影响，从思想、组织、作风、机制、信息等方面彻底肃清，使党员干部思想受到警醒，作风积弊得到纠治。组织训风考风整治，突出抓专武干部、民兵分队集训期间的一日生活、请销假等制度落实。开展谈心交心活动，完善干部职工“一对一”结对包干、结对帮教制度，做好人员思想分析等经常性工作，帮助干部职工化解思想矛盾，确保人员思想稳定。结合完成重大任务和训练演练锤炼作风意志，强化战斗精神，引导大家牢固树立忧患意识、责任意识和使命意识。

【党委班子建设】 一年来，采取集中组织与个人自学相结合的方式，组织班子成员认真学习习主席系列讲话精神以及党的创新理论，着力提高理论素养和理性思维能力。按照省军区要求，制定全年理论学习计划、开学活动，建立学习档案，确保学习效果得到落实。坚持民主集中制“十六字”原则，规范人事、财经等重要议题的议事程序，严格执行党委统一领导下的首长分工负责制，增强班子成员的组织性、自律性。重视班子团队建设，形成正副书记融洽默契、5位委员齐心协力的良好局面。狠抓干部职工队伍建设，加大干部职工教育管理力度，跟踪军队编制体制调整改革抓好宣传教育和贯彻执行，坚持把强化责任担当、提升履职能力、推进人武部建设发展作为出发点和落脚点，着力在夯实干事创业的思想根基、凝聚干事创业的内在动力和规范干事创业的良好秩序上下真功、求实效。

【首长机关训练】 按照实战化要求，围绕提高能力素质，以参加军分区考核比武活动为牵引，以练将练官活动为抓手，以“四知一明白”、业务基本功和基础体能训练为重点，先后2次组织首长机关集中强化训练，以强带弱，以考促训，在参加上级各项比武考核中取得较好成绩，单位总评成绩名列军分区第三名，副部长周利建和后勤科长姜友开进入军分区综合前4名。

1月7日，市委常委、人武部部长张春(左一)调研乡镇基层规范化建设

【民兵训练】 4月上旬，采取自训与集中辅导相结合的方式，组织全市19名基层武装部长开展业务技能训练，并在衢州市专武干部比武考核活动中获单位第一，6人次进入前15名。4月6日，江山市人武部组织全市各乡镇（街道）和企事业、局办民兵情报信息员，参加民兵情报信息网业务培训。4月24日至30日，围绕重要目标防卫与阵地管制行动，按照任务编组，采取“三个现地”的方式，组织上余镇民兵重要目标防卫分队，在有关铁路桥开展阵地管制、安全警戒和野战救护为重点的重要目标协防实兵现地演练，通过练指挥、练协同、练战法、练保障，强化实战意识和理念。5月25日至31日，区分共同训练、专业训练、指挥训练、分队训练，分别对反恐维稳、水上应急、森林防火等3个队伍进行系统训练，完成队列、民兵常识、战术基础、轻武器射击、冲锋舟使用、反恐维稳行动等32科目的训练。6月2日至8日，在江山海教团承训军分区赋予的全省应急维稳专业干部骨干跨区联训，来自全省各地民兵骨干参加，按照“学习辅导、技能训练、考核验收”的步骤，重点学习民兵预备役应知应会知识，组织警棍盾牌术、防暴队形和捕俘技术的训练，进行基础知识和基本技能的考核，实现省军区提出的“培养一批骨干、储备一批人才”的预期目的。11月17日至21日，按照集训动员、业务基础知识学习、军事技能训练、集训小结4个步骤，组织专武干部暨民兵连长集训，重点进行基本理论学习、识图用图、轻武器操作使用训练等内容的学习训练。

【民兵组织整顿】 围绕“三个转变”总目标，着眼“三时一体”总要求，坚持两手准备、统筹推进，坚持深化改革、创新发展，坚持打牢基础、纵深进击，深化民兵工作调整改革，调整优化基干民兵队伍。4月中下旬，成立由部领导带队、机关人员参加的检查组，采取“走一遍、包一片、树一批”的形式和听、查、看、问、拉的方法，对19个乡镇（街道）和15个局办及企事业单位基干民兵逐一进行拉动点验，基干民兵到点率达90%以上。

【征兵工作】 围绕提高新兵质量这个核心，积极适应网上征兵新形势新要求，深入研究征兵工作的特点和规律，强化组织领导，科学筹划部署，狠抓工作落实，依法征兵，规范征兵，廉洁征兵，严格政策规定、条件标准、审查把关，围绕“一个杜绝”（杜绝责任退兵）、“两个多征”（多征大学生、多征高中以上学历青年）、“三个确保”（确保完成征兵任务、确保廉洁征兵、确保规范征兵）的总目标，突出重点宣传发动，完善优惠政策机制，圆满完成年度征兵任务。江山市适龄青年参加网上兵役登记再创新高，参加乡镇目测初检占57.6%，进站体检率占31.7%，体检政审双合格率占31.1%，高标准完成新兵征集任务，其中大学生比例占61.6%，再创历史新高。

【安全管理工作】 严格按照省军区《安全管理“六个规范”建设实施意见》的标准要求，先后完成兵器室改造、营门防暴设施整治、手机定制、文印室建设等任务，营门的拒马等设施受到上级检查组好评，并被兄弟单位学习借鉴。落实安全形势分析和安全隐患常态化排查制度，建立健全安全管理领导责任制，牢牢把握安全工作的主动权；始终抓住人、车、枪、弹、密5个重点不放松，强化“两个以外”人员的管控，严格规范车辆派遣使用，严格落实兵器室和涉密载体文件管理规定，确保部队安全稳定。

【迎接南京军区检查考核】 10月10日，南京军区考核组采取“听、查、考、拉”的方法，对江山市民兵预备役整组和人民武装动员准备工作进行检验评估，重点对“方案计划、政治工作、组织建设、军事训练、装备保障、行动能力、制度机制”等围绕7大类25项内容66条指标进行考核。江山市人武部坚决贯彻省军区首长“展示高水平、当好代表队”的指示要求和“五要”（精细、全面、规范、实战、一流）迎考标准，确立“瞄准一流、勇夺第一”的目标。细化梳理了6类约123万字台账资料，两支抽点分队按照“一个过程、六个步骤”组织了现地拉动，实现软件资料零差错，现地拉动4个100%（人员到点率、电话联通率、理论考核和装备操作优秀率），最终取得南京军区考评排名第二的好成绩。11月10日，衢州军分区在江山市人武部召开现场会，组织6个县市区总结盘点、现地观摩，辐射延伸迎检受考成果。

【国防动员迎检工作】 7月21日，衢州市国防动员委员会采取“听、看、查、问、考”的方法，对江山市2012年以来国防动员工作进行综合考评，考评涉及8个领域256条具体指标。通过考评，江山市在组织机构建设、法规政策建设、各类队伍建设、潜力统计调查、国防宣传教育、落实动员储备、基础设施建设等工作成绩突出，最终取得6个县市区排名第一的好成绩。

【开展“依法动员”创建活动】 开展以“地方政府依法主导、相关部门依法履职”为主题的“依法动员”创建活动，重点建好一个江山国防微信平台、制成一幅国防动员工作流程图、编写一本指导手册、录制一部专题宣传片、细化一系列法规制度、形成一套完善资料等“六个一”的成果，并编印下发《依法动员工作指导手册》，细化国动委“一委八办”工作职能，规范工作例会、潜力调查、业务培训、工作述职、检查考评等机制。《东海民兵》第7期刊登了江山市依法推进国防动员建设做法。

【国防教育建设】 以如期形成大规模作战军事斗争准备能力为核心，以民兵军事训练、民兵组织整顿、征兵工作、参建共建等活动为抓手，大力搞好国防知识宣传教育。全面落实全省国防教育工作会议精神，着力构建具有时代精神和江山特色的大国防教育格局。持续刊发“八一光荣榜”，宣传32名江山籍立功受奖官兵的先进事迹，推开“军人荣誉墙”建设，在各校区设立国防教育橱窗，以“最可爱的人”“最骄傲校友”为主题刊登江山优秀军人先进事迹；持续建立“八一光荣榜”，“八一”期间在报纸、电视、网络等媒体宣扬2014年度江山籍立功军人事迹，营造学习先进的氛围；组织市国防教育讲师团定期走进校园进行国防教育；与市委宣传部、广电总台、文联和老干部局等单位，组织纪念反法西斯暨抗日战争胜利70周年书画展和电视朗诵会，在电视台、城区街道和广场LED大屏，滚动播出国防教育公益广告，通过“江山国防”微信平台、手机短信搞好教育宣传，在全市营造关心国防、关爱军人的良好氛围。重视宣传报道工作，全年在各级报刊杂志登载新闻稿件23篇，其军区级4篇、省级11篇、市级3篇、县级8篇；网络稿件52篇，其军区政工网23篇、省军区政工网29篇。

【双拥共建】 响应军分区和市委、市政府的号召，组织机关全体干部职工和全市广大民兵积极参与“清洁家园”“平安江山”建设等活动。协调民政部门，共同做好春节、“八一”等节日慰问走访工作；组织开展慰问老党员、贫困户和江山籍现役军人活动；开展扶贫帮困、助学活动，年内结对帮扶村1个、结对帮扶学校1所、结对困难学生3名。春节之前，对辖区内现役干部和困难战士进行走访慰问。同时，全力参与“全国双拥模范城”创建活动。

（周　琦）

人民防空

【概况】 2015年，江山市人防工作坚持“融入发展、统筹发展创新发展”的理念，着力推进人防与经济社会发展的全面融合，推进人防应急应战核心能力的全面提升，推进人防工作人员的效能建设和廉政建设，在防空地下室建设、结建人防工程管理、应急应战指挥平台建设、应急应战队伍建设和基层人防组织建设等方面取得新的成就。

【加大防空地下室建设力度】 按照《江山市城市人民防空专项规划（2005年）》及《江山市人民防空建设“十二五”规划》要求，加大防空地下室建设力度，年内鹿溪北路东侧3号地块（江山金陵大酒店、中宏御园商住楼）、城北白渡坂地块住宅楼（三期）、贝林·景星湾等结建人防工程通过竣工验收；贺村中原御苑商住楼人防工程通过主体结构验收，正在安装人防设施；新增城南小学扩建（一期）工程、十里牌居住小区119#～122#楼、江山城北医学康复中心3个结建人防工程。

【加强结建人防工程管理】 健全人防工程设计审批和质量监督、竣工验收等各项规章制度，对工程全程监督，规范管理，质量把关。

开展人防结建工程“三项专项”检查，重点对全市所有竣工工程进行人防设备检查，对在建人防工程进行监理资质检查，对审批项目进行图纸审查。强化人防工程标准质量，规范人防工程监督程序，加强沟通协调，使人防工程建设管理走上依法管理、依法建设的轨道。

【强化应急应战指挥平台建设】 建立健全人防指挥所管理制度，实行 24 小时值班，人防指挥所实现互联互通，省市视频会议系统使用良好，人防应急指挥中心为全市应急指挥提供新的平台。投入 10 多万元，新安装军用电台，人防指挥通信更加安全可靠。安排专项经费，加强两个重点镇指挥所的日常管理和技术维护。完善和强化人防指挥通信平台和指挥能力建设。发挥人防短波电台作用，坚持每周定期与衢州市人防办进行沟通联络，出联率为 100%，连通率 98%以上。组织“5 · 12”及“9 · 18”防灾、防空警报常规性试鸣，警报器终端完好率和鸣响率达 100%。年内完成对贺村镇、峡口镇 2 个人防重点镇应急指挥中心的设备改造建设；对各站点的防空警报管理员进行培训，提高责任心和管理能力。定期与重点镇指挥中心的互联互通，确保日常应急救援指挥通信保障。

【加强应急应战队伍建设】 7 月，按照国动委要求，对全市 10 支人防专业队进行整组，对人员编制重新梳理整编，使队伍更加精干，随时可以拉动应对各类突发性事件。利用“5 · 12”“9 · 18”等契机，组织社区群众避难疏散演练、知识竞赛、专业队伍训练等活动，各专业队分队长、社区志愿者参加此次活动。和市环保局、江化公司以及其他企业紧密合作，新组建防化专业队，并委托中国防化学院专家编写培训教案。应急应战队伍基础不断夯实。

【强化人防宣传教育】 在全市 13 个社区和 2 个人防重点镇开展人防宣传教育“五进”（进学校、进社区、进党校、进企业、进网络）活动，新购买人防宣传教材 2 万多册，发放给相关学校，组织开展人防师资培训，在企业、社区、学校开展人防宣传疏散演练。5 月和 9 月在全市开展人防宣传月活动，东门、乌木山等社区人防工作站组织辖区居民、学校、机关单位等开展人防知识竞赛抢答、疏散演练、人防体能竞技等综合性人防宣教活动，东门社区创办人防宣教馆，供居民参观学习和体验。根据浙江省和衢州市人防办的要求，投资 2 万多元，新制作人防知识宣传展板在相关企业进行宣传教育。

（黄国俊）

消防工作

【概况】 2015 年，全市消防共接处警 590 起，出动 173 起，出动车辆 247 辆，出动警力 1548 人，抢救被困人员 28 人，疏散被困人员 167 人，抢救财产价值 381.3 万元。其中火灾 115 起，同比上年，火灾起数下降了 3.36%，直接经济损失 613.07 万元，同比上升 115.77% 。成功处置了“1 · 11”江山市清湖镇腾达木材厂火灾、“9 · 12”江山市贺村镇十里牌香樟花苑深井救援，“10 · 4”江郎山救援，“11 · 6”江山市大桥镇天蓬养猪场处理池深井救援。

【完善消防工作责任体系】 年初，提请市委市政府出台消防安全岗位职责规定和责任追究办法，明晰各级党政领导、行业部门消防安全责任，推动落实行业管理、属地管理。发挥市消安委平台作用，定期组织召开联席会议，开展工作督导，定期通报，强化成员单位的信息共享和联合协作。5月8日，江山新塘边镇江山荣辉包装厂发生火灾，市消安办根据市委办《关于印发江山市消防安全两类责任追究暂行办法的通知》的相关规定，对调查过程中发现的土地使用、规划建设、消防审批、安全管理等方面存在的违法违规问题，向新塘边镇下发建议函，督促其落实属地管理责任。深化单位消防安全“户籍化”管理，强化单位主体责任意识，全年大队列管的消防安全重点单位182家、派出所列管的重点单位336家。大队每月公告重点单位“户籍化”系统运行结果，每季度对“户籍化”管理不尽责的单位约谈一次，并适时开展媒体曝光工作。6月中旬，大队对重点单位消防安全责任人、管理人“四个能力”建设进行再次培训。

【抓好火灾防控体系建设】 市安委会出台江山市体系建设实施方案，成立了由市委副书记、市长叶美峰任为组长的全市体系建设工作领导小组。由市委办和市府办联合出台消防安全岗位职责以及消防安全两类责任追究暂行办法两个重要文件。114家企业除停业整改的16家企业以外，已全部按底线要求基本完成整改，企业内疏散通道划分明确，标识标牌明显；接通消防给水管网2000余米，修建消防水池15个，储水量2000多吨；重新敷设电器线路10万余米，安装智慧式电器火灾监控系统300余套。全市已拆除占用防火间距、消防车道的违章建筑4万余平方米。

【强化火灾隐患整治工作】 全年大队共检查单位1066家次、发现火灾隐患或违法行为1178处、督改1148处、下发责令改正通知书678份；下发行政处罚决定书47份、临时查封决定书12份、责令三停单位12家，罚款231110元。强化行业、场所的消防安全整治，联合市民政、住建、教育、商务、卫生计生、民宗部门开展“平安1号”和“平安2号”专项巡查活动，对全市43所养老院，111家幼儿园、托儿场所开展专项检查。对涉及行业性、区域性火灾隐患，及时抄告相关部门、属地政府及政府分管领导。开展专项治理工作，重点开展竹木加工企业火灾隐患治理，全市劳动密集型企业消防安全专项治理、养老服务机构专项行动、夏季消防安全检查和冬春火灾防控工作。狠抓重大火灾隐患挂牌整治，全市共排摸确定6家重大火灾隐患单位，其中年初确定的县级挂牌督办的江山多娇木材加工厂和贺村日红竹木加工厂已完成整改销案，江山市桃源骨科医院、江山市市场开发服务中心（小商品市场）、江山市社会福利院、凤林镇夕阳红养老院正在按计划有序整改。

【推进消防执法“创满意”活动】 大队坚持民意导向，将“创满意”活动贯穿全年消防工作和部队建设始终，加强消防窗口建设，出台《创人民满意消防队伍承诺》升级版，再次提出8项服务承诺，向社会公布，总队、支队和大队对每一次执法进行回访，对回复率和满意率进行考评，对群众不满意案例严肃进行责任追究。全年采购热水袋、电蚊香1000余个，送给孤寡老人，减少用火、用电的火灾隐患；向社会单位提供预约服务、社会培训50余次。大队坚持问题导向，组织实施消防执法腐败问题集中整治专项行动，重点开展违规收受钱物清退活动，消防行政审批前置条件清理“回头看”，“黄牛”“掮客”代办行为专项治理“回头看”活动，违规经商办企业专项整治，违规指定或变相指定消防工程、产品和服务问题专项整治等。着力加强廉政建设，提升部队形象。

【推进消防宣传社会化】 以《全民消防安全宣传教育纲要》为抓手，推动行业部门出台消防宣传指导意见，建立行业部门消防宣传自主机制。开展全市中小学校消防安全文化竞赛、“最美消防安全公益宣传片”展评、“千场消防教育影片下乡进校”、“易风俗送温暖”为空巢老人送暖水袋工程等主题活动，落实消防宣传“六进”，利用消防宣传车经常性进村入企开展消防知识宣传；实现消防宣传中小学校、消防安全重点单位全覆盖，城区基本覆盖，乡镇、农村有效延伸。全年共组织社会宣传活动62期，受众群体大约16000人次；组织社会消防安全知识培训33期，培训人数2500余人。

（市消防大队　供稿）

法　治

综　述

【概况】 2015 年，全市政法系统围绕中心，服务大局，全力推进平安江山、法治江山和过硬队伍三大建设，应对各种风险挑战，依法妥善处置各类敏感案事件，不断探索创新社会治理，平安江山创建实现“六连冠”、拿铜鼎目标。全年政法系统获衢州市级及以上集体和个人荣誉 180 项，其中国家级 6 项、省级 47 项、衢州市级 127 项，市委维稳办被评为全省“百日维稳攻坚大会战”先进集体，市综治办被评为全省打击传销工作先进集体。

【平安江山建设】 抓实政治、社会治安、经济、安全生产、食品药品、生态环境六大安全领域的风险隐患排查化解管控，平安建设涉稳主要指标实现“三下降”。其中，七类严重刑事案件 9 起，同比下降 10%；群众来信来访 2468 件 / 批，同比下降 4.9%；各类安全事故 111 起，同比下降 15.26%。针对平安考核标准更高、扣分更严、暗访更多的严峻形势和平安建设基础薄弱、联动创建合力不强等突出问题，先后 10 多次召开部署会、推进会、交流会、培训会，细化分解任务，推动责任落实。完善“平安报表”动态考评、月报分析制度，强化重点指标、易扣分指标管控，推进反恐怖、社会治安重点地区领域排查整治，开展平安乡镇（街道）、平安村（社区）、平安校园等基层和系统平安创建活动。7 月，市两办出台《进一步深化平安江山建设的实施意见》，将平安建设工作纳入经济社会发展全局来谋划和推进，纳入市委市政府年度重点督查计划，确保此项工作与招商引资、创业创新、项目征迁等中心工作同等重要、同步推进、同步落实。累计投入 30 万元资金，持续开展全方位、多层次、宽领域的平安宣传活动，基本实现平安宣传全覆盖、平安“四率”有提升的目标。据省

市委书记吕跃龙（右二）调研公安监管场所建设工作

统计局统计，江山市群众知晓率、参与率、安全感满意率和对党委政府满意度分别达87.5%、54.7%、97.52%、92.4%，均高于全省平均水平，知晓率、参与率位居衢州各县（市、区）第一。

【维护社会稳定】 依法严厉打击各类刑事犯罪，成功侦破“3 · 12”跨省特大传销案和“7 · 29”特大系列网络投资诈骗案，摧毁全国性犯罪团伙在浙江的组织体系。深化利益诉求群体和涉稳突出问题专项工作，先后开展12个专项工作，对依法查实的60余名违法犯罪人员采取刑事强制措施。落实重大决策社会稳定风险评估机制，建立由52名专家组成的专家库，完善“两制度一指南一办法”，编印风险评估工作手册，举办专题培训班，先后培育2家风险评估第三方中介机构，推进风险评估规范化建设和“扩面、提质、强效”。全年共对70多个重大决策项目、“三改一拆”、“五水共治”、重大节会活动、行政强制执行和疑难案（事）件裁判决等进行风险评估，从源头上预防化解风险点500余个。抓住影响社会稳定的苗头性和倾向性问题，对重大涉稳隐患（事件）提前介入、及时预警、主动防范。全年结合涉稳问题挂牌督办机制，发布三色预警通报12起、预警通知12起，有效落实“五定一包”责任和“一对一”管控处置措施，特别是对互联网大会期间“市申通快递公司收寄泰格化工‘乙醛肟’有毒、易爆危化品”事件隐患等发布黄色预警通知，督促责任单位限期整改，妥善处置一大批涉稳事件隐患。

2月28日，市委政法工作会议暨平安信访工作会议召开

【基层社会治理】 出台《江山市社会治理采集上报“以奖代补”实施办法》，建成衢州市首个县级综合指挥平台，划分网格1167个，开通运行“平安通”手机终端1340个、平安建设信息系统PC端账号417个，基层网格员采集录入事件处理信息6532条，办结事项6503件，化解矛盾纠纷4689件，基层社会治理“一张网”平台网络初成体系。出台《关于调解协议司法确认工作实施意见》等制度机制，推进赋予调解协议强制执行力试点工作，建立重大矛盾纠纷领导包案、挂牌督办制度，健全医调会、交调会、保调会等行业专业调解组织，不断健全多元化纠纷解决机制和“大调解”体系，推广落实“清风和事佬”等民间调解组织成功经验，全年共排查各类矛盾纠纷6254件，调解成功6167件，成功率98.6%，涉及金额达1.1亿元。累计投入3684万元，打造一张涵盖1927个前端监控点、30个治安卡口、15个报警点、2个监控中心的全方位立体天网。全年利用“天网工程”发现破案线索165条，抓获犯罪嫌疑人71名，全市盗窃案件同比下降25.04%，“两抢”案件同比下降56.25%。深入开展村规民约修订完善“回头看、再落实”“六个一”行动，将“五水共治”、“三改一拆”、平安建设等中心工作以及村级组织候选人“五不能、六不宜”规定等吸纳进村

规民约、居民公约内容，提升村级自我管理、民主管理、依法管理的实效性，全市305个村（社区）全部完成修订完善工作。

【信访工作】 按照“群众诉求合理的解决问题到位、诉求无理的疏导教育到位、生活困难的帮扶救助到位、行为违法的依法处理到位“四个到位”要求，强化责任、狠抓落实，努力化解积案、规范秩序，在衢州各县（市、区）信访工作目标管理考核中排名第二，连续十年实现衢州市信访工作考核优秀，首次实现重大节会“零去京非访”和衢州市级“零重点管理”。全年受理群众来信来访2468件，同比下降4.9%；去京21批29人次，同比上升38.1%；非访1批1人次，同比下降68.8%；赴省23批28人次，同比下降65.4%；到衢18批40人次，同比下降68.8%。研究制定《江山市去京非正常上访防控及处置工作预案》《江山市依法处理进京越级上访的指导意见》等文件，增强工作的针对性和实效性。部署开展信访督查“百千万”专项活动和信访维稳“大排查、大走访、大宣传”活动，排查重点人员45名，逐一上门走访告诫和法治教育，全市36名市领导带队督查办理不到位、信访人不满意、重点管控信访事项94件，市信访局牵头督查程序不规范、办理不精准等问题122件。建立市领导接访联络员和局领导值班陪访、跟踪督办制度，确保市领导统筹安排工作，定期参加接访。落实信息“零报告”制度，做好重大节会期间信访稳定工作，市联席办每日将来市到衢赴省去京上访情况和越级上访隐患向市领导和乡镇（街道）、部门主要领导进行通报，实行“零信息通报”。

（杨向皖　施嘉诚）

公　安

【概况】 江山市公安局内设科室23个，设派出所9个，共有在职在编民警442人。2015年，江山公安局围绕市委、市政府“全民创业创新”活动部署，以“抓班子、带队伍、促工作、护发展”理念为导向，以唤醒民警党员意识为目标，深入开展基层党组织建设，扎实推进“基础防控年”系列活动，着力打造“书记带头干、委员跟着上，党员带着民警干，民警做给协警看”的公安工作新模式，全体民警、协警的工作积极性得到进一步激发，促进公安工作和队伍建设的新提升，赢得了党委政府、人民群众和社会各界的肯定和赞誉。江山市的群众安全感为97.49%、满意度为85.17%，均列衢州各县（市、区）首位。全年共获省部级荣誉7项，衢州市级荣誉6项，有1个集体和2名个人荣立二等功，4个集体和16名个人荣立三等功。

【破获“3·12”跨省特大传销案】 5月26日，江山市公安局在成都、长兴、江山三地同时进行“3·12”跨省特大传销案集中收网行动。行动当天共协调动用各地警力600余

8月15日，市委常委、公安局长张雪飞（前中）带领民警开展治安巡逻工作

5月28日，市委常委、政法委书记郑朝基（前中）欢迎“3·12”专案组凯旋（冯华飞 摄）

人，捣毁传销窝点9个，成功抓获“A级”头目2名，“B 级”头目12名，“C 级”头目6名，涉案总金额达3000余万元，从而摧毁了假冒“天津天狮”传销集团在浙江省的组织架构。公安部经侦局专门发来贺电，省委副书记、政法委书记王辉忠，省委常委、公安厅长刘力伟，衢州市委副书记、政法委书记江汛波等领导均作出重要批示，表示高度肯定。

【破获“7·29”特大电信网络诈骗案】 6月以来，市民郑某先后在“盛亚商品”“江西坤玺”等公司工作人员的诱骗下，使用盛亚电子订货系统操作进行期货交易，被骗人民币

12月11日，公安部法制局局长孙茂利（前右二）到江山视察市公安局办案中心（毛玮雯 摄）

28万余元。报案后经公安机关初查，诈骗团伙在福建省厦门市注册厦门股歌网络科技有限公司，诱骗被害人交易，骗得赃款高达2700余万元人民币。省公安厅将此案列为2015年度第56起省厅挂牌督办严重刑事犯罪案件。12月24日，市公安局“7·29”专案在福建厦门、江西九江、四川成都等地同时收网，当场控制嫌疑人69名，查获作案工具电脑50余台、银行卡60余张，查扣、冻结涉案赃款赃物总价值达230余万元。

【改革公安机关勤务模式】 2015年，江山市公安局按照扁平指挥、快速反应原则，全力推动警力下沉、屯警街面工作。推出夏季社会治安“联巡、联查、联控、联管”举措，在市区鹿溪路、中山路交叉口设置交警女子岗亭，探索“外国人积分制管理”新模式等一系列警务勤务新模式，先后破获了“3·22”持刀抢劫金店案、“7·1”廿八都一次杀死两人案、“7·8”市区成坤大厦杀人案等一批大要案。

【公安局办案中心被评为全国示范点】 投资140余万元，建成硬件设施完善、安全性能完备、流程管理规范的局办案中心。12月11日，公安部法制局局长孙茂利专程前来检查验收，对市公安局执法办案场所建设工作给予了充分肯定。该中心被公安部法制局评为全国仅有的8个执法办案场所精细化设置示范点，并向全国公安机关予以推广。

（徐岳勇）

检 察

【概况】 2015年，全年共批准逮捕各类刑事案件犯罪嫌疑人383人，提起公诉811

人。立案查办职务犯罪案件21件28人，贪污贿赂100万元以上的案件3件3人。全院有12个集体和18名干警获得国家、省、衢州市级荣誉和表彰，其中公诉科被衢州市政法委评为“十佳公正执法基层政法单位”，贺村检察室被评为“全省示范检察室”，毛小勇获全国“检务保障工作先进个人”称号，柴豫红获“浙江省优秀公诉人”称号，李文中获“浙江省刑事执行法律监督能手”称号，罗雄、毛卓献获衢州市政法系统“十佳干警”称号。

【服务中心工作】 开展结合检察职能促进“清三河”达标县创建工作，对污染环境等犯罪案件8件15人依法提起公诉，在养殖污染整治“百日攻坚”行动中开展法律监督工作，促进行政执法工作在水环境治理中的依法有效开展。开展为期9个月的消防产业产品质量领域专项法律监督工作，将制售假冒伪劣消防产品的37名犯罪嫌疑人依法提起公诉，组织专人开展监督性调查，分析消防等传统产业提升产品质量和企业转型升级的制约因素，形成调研报告《我市消防产业产品质量领域犯罪情况的分析》报送市委，提出加强行业监管、配强执法力量、进一步发挥行业协会作用等建议。

【打击刑事犯罪】 履行审查逮捕和审查起诉职责，全年批准逮捕各类刑事案件犯罪嫌疑人383人，提起公诉811人，办案总量、人均办案数均位居衢州市前列。保持对严重暴力、“黄赌毒”和各类侵财犯罪的常态化严打态势，及时介入命案等重特大案件的现场勘查，积极引导、配合公安机关快速侦破发生在廿八都和市区的两起故意杀人案。加大对组织、领导传销等侵害人民群众经济利益犯罪活动的打击力度，依法从严从快办理“3·12”跨省特大传销案等扰乱市场经济秩序、金融诈骗、侵犯知识产权犯罪案件35件136人，涉案金额共计6500余万元；将集资诈骗、非法吸收公众存款犯罪案件13件14人依法提起公诉，涉案金额共计13.97亿元。依法维护社会公共秩序和执法司法环境，将阻碍警察执勤、判决执行的暴力抗法、拒不执行生效判决等刑事案件6件10人依法提起公诉。

【综合治理工作】 积极应对信访体制改革后的新形势，制定出台《涉检信访分流细则》和《涉法涉诉信访办理细则》，按照诉访分离的原则，妥善处理各类控告、申诉75件，引导群众转变信“访”不信“法”的思想观念，连续6年实现涉检赴省进京“零上访”。全面贯彻落实宽严相济刑事司法政策，对15名没有逮捕必要的犯罪嫌疑人作出不批准逮捕决定，对56名犯罪情节轻微的初犯、偶犯作出不起诉决定，通过宽缓的司法措施，着力减少社会对立面。突出对涉罪未成年人的教育挽救，对确有悔改表现的8名未成年犯罪嫌疑人予以附条件不起诉，并与“彩虹志愿者组织”协同开展心理咨询矫治，帮助其更好地融入社会，其中3名未成年犯罪嫌疑人继续了学业、保留了职业。注重基层矛盾化解，贺村检察室与公安派出所联合乡镇人民调解委员会，对引发刑事案件的民事纠纷进行调解，以“检警调”对接的方式促成刑事案件和解8件，衢州电视台《法治衢州》栏目对此予以专题报道，贺村检察室被评为全省“示范基层检察室”。

【查办职务犯罪】 全年在工程建设、信息技术、医疗卫生、动物检疫、农村基层等领域立案查办职务犯罪案件21件28人，其中贪污贿赂犯罪案件17件24人，渎职犯罪案件4件

4人，贪污贿赂100万元以上的案件3件3人。办案中，查处工程建设领域贪污贿赂犯罪案件7件7人；查处行业、系统内的窝串案10件10人；查处农村基层贪污贿赂犯罪案件4件8人，其中包括村报账员贪污、挪用土地征用补偿款250余万元的“小官大贪”案件；查处主动行贿、多次行贿的行贿犯罪案件8件8人。

【预防职务犯罪】 一年来，有13份案件剖析报告被省检察院作为警示教材编入案件剖析库。开展对检察建议落实情况的回访考察，重点对中铁十九局二公司落实检察建议情况进行跟踪监督，督促该公司根据检察建议的要求落实整改措施，彻底消除贪腐窝案对高铁运行带来的安全隐患。在重大项目、重点工程建设中开展预防监督，深入站前大道及管网配套工程开展同步预防，把无行贿犯罪记录作为参加工程招投标的准入门槛。扎实做好预防基础工作，组织预防集中宣讲5次，提供行贿档案查询282次，发放宣传手册2000多份。

【立案、侦查监督】 强化对刑事立案的监督，共监督立案6件10人，监督撤案1件5人。在安全生产、产品质量领域开展专项立案监督工作，监督侦查机关对涉嫌重大劳动安全事故等犯罪的6名犯罪嫌疑人立案侦查。加强对侦查活动合法性的监督，就取证程序、证据形式不规范等问题，向侦查机关发出纠正违法通知书和案件瑕疵通报27份，排除非法证据2份。

【审判监督】 强化对刑事审判活动的监督，提出刑事抗诉3件，法院均已改判。注重监督机制建设，会同市公安局出台《关于加强侦诉协作工作的若干意见》，完善提前介入、引导侦查、证据审核等工作机制，确保监督工作取得实效。

【民事诉讼和行政执法监督】 注重对审判和执行工作过程的监督，派员到民事审判和执行工作现场进行动态监督，发现问题即时提出纠正意见。认真核查民事申诉案件的每一份证据，对原审确有错误的，以提请上级检察院抗诉、发出再审检察建议等方式监督纠正；对不符合监督立案标准的，及时做好当事人的息诉罢访工作，依法维护审判权威。重视人民群众的反映和呼声，对近年来办理的申诉案件和来信来访件进行分析研究，从中发现行政执法工作存在的不足和问题，在调查取证的基础上，对环境保护、产品质量、食品药品安全等民生领域的行政执法工作进行专项监督。

【刑罚执行监督】 对社区矫正开展监督，建议刑罚执行机关对7名违法违规的监外服刑人员予以收监，对2名违规情节轻微的给予警告处分，针对监督中发现的问题，向相关单位发出纠正违法通知书3份。继续加强羁押必要性审查，建议办案机关对13名无羁押必要的在押犯罪嫌疑人变更强制措施。探索开展财产刑执行监督工作，提出财产刑执行检察建议7份。严格执行全国人大常委会关于特赦部分服刑罪犯的决定，依法对8名符合特赦条件的罪犯报请特赦。加强对羁押场所监管活动的监督，依法对监管人员的违法行为开展调查，并移送党纪政纪处分2人。

【司法改革试点工作】 作为全省首批11家司法体制改革试点检察院之一，稳步推进各项改革措施，制定并实施《司法体制改革试点工作实施方案》《现有检察员入额实施方案》等5个改革文件。制定检察官岗位分配计划、检察官权力清单等落实司法责任制的基础性规范。通过民主测评、竞争性考核等程序，并经省法官检察官遴选委员会和省检察院党组确定通过，选拔了19名首批员额检察官人选，优秀司法资源进一步向办案一线集聚。

【规范司法行为】 以全国检察系统部署开展的规范司法行为专项整治活动和省、市、县三级人大联动开展的深化司法监督工作为契机，开门纳谏，主动到机关部门、基层组织、企事业单位征求意见，并根据市人大常委会的整改要求和社会各界的意见建议，扎实开展整改，认真自查自纠，层层落实责任，确保整改不走过场。完善案件质量评查等工作制度，出台《关于加强职务犯罪侦查工作的若干规定》等9个规范性文件，确保司法办案行为严格依法、规范文明。开展“寻找瑕疵”活动，着重从工作责任心、案件信息数据录入等13个方面查找司法不规范的苗头性、倾向性问题，消除不规范司法行为存在的土壤。

（毛晨曲）

法 院

【概况】 2015年，江山法院共受理各类案件11532件，办结10190件，同比分别上升16.26%和10.35%，收结案数已连续8年居衢州地区首位，涉案标的45亿余元，同比上升90.19%，一线法官年人均办案217件。全年获衢州市级以上表彰奖励32次，其中有3名干警分获“全国法院先进个人”“全省政法系统先进个人”“全省政法系统社会综合治理先进个人”荣誉称号。

【落实立案登记制】 多措并举推进立案登记制改革。运用官方网站、新闻媒介、微博微信等渠道宣传解读立案登记制改革精神，引导群众依法行使诉权。制定《立案登记流程规定》，细化工作流程，对依法应该受理的案件，敞开大门，有案必立、有诉必理。5月1日实行立案登记制以来，立案渠道始终畅通，共立案6902件，同比上升13.51%，当场登记立案率达99.80%。同时，加大对恶意诉讼、无理缠诉、虚假诉讼的惩处力度，依法维护立案秩序。

【宽严相济惩治犯罪】 审结各类刑事案件563件，判处罪犯754人，其中判处五年以上有期徒刑26人。严惩严重危害社会治安犯罪，增强人民群众安全感，审结故意杀人、故意伤害、抢劫等暴力犯罪案件73件160人。依法惩治经济犯罪，维护正常经济秩序，审结集资诈骗、非法吸收公众存款、非法传销等涉众型经济犯罪案件21件35人。关注民生民意，凸显打击重点，审结食品药品安全领域的生产、销售、渎职犯罪案件8件23人。宽严适度，对尚属初犯、偶犯、从犯、未成年犯等被告人，依法适用非监禁刑，非监禁刑适用率38.32%。保障被告人人权，落实被告人不穿囚服出庭受审规定，为90名经济困难、可能判处三年以上有期徒刑的被告人指定辩护律师。

【推进社会矛盾化解】 贯彻民事诉讼法及新司法解释，受理各类民商事案件5540件，审结5284件，同比分别上升20.75%和11.33%。妥善审理涉民生案件，审结婚姻家庭、人身伤害、医疗纠纷等案件1292件，化解劳动争议、劳动合同纠纷案件225件。依法审结涉军案件3件，维护国防利益及军人军属权益。强化对弱势群体的司法保护，为7名确有困难的当事人累计争取司法救助资金22万元。建设远程视频接访系统，引导信访人员以视频约访的方式向上级法院反映信访诉求。坚持依法纠错，复查申诉、申请再审案件13件，对其中6件确有错误或瑕疵的案件启动再审程序。对6件无理信访件启动备案终结程序，将涉诉信访纳入法治化轨道解决。

【化解行政争议】 畅通行政案件入口，全年新收各类行政案件140件，同比上升7.24倍。执行各类行政非诉案件434件，涉案标的1840万元，支持行政机关依法行政。注重行政争议的实质性化解，与市法制办、民政局对接联系，以司法建议书的形式化解撤销婚姻登记行政纠纷10件。落实行政机关负责人出庭应诉制度，行政机关负责人出庭应诉率达100%。加大新行政诉讼法宣传力度，向市委、市政府报送《妥善应对新行政诉讼法施行，进一步推进法治江山建设》的专题报告，邀请浙江高院行政庭庭长来江作专题讲座，以“行政诉讼微讲堂”的形式开展各类专题培训6次，促进行政机关提高依法行政水平。

【推进执行难题破解】 全年新收执行案件3543件，执结3452件，执行到位标的5.36亿元，实现当事人胜诉权益。对接省高院“点对点”、最高院“总对总”财产查控系统，查控被执行人财产线索4万余次。依托公安网上布控系统，协控“失踪”被执行人461人、车辆42辆。加大执行财产变现处置力度，依托淘宝网司法拍卖各类执行财产193件次，总成交额1.92亿元，平均溢价率32.12%，为当事人节约拍卖佣金700余万元。促成银行为网拍房地产提供按揭贷款，网拍成交率同比上升21%。综合运用征信网站、微博微信、户外LED显示屏等平台，曝光失信被执行人4381例，使失信被执行人在贷款、置产置业、乘飞机坐高铁等方面处处受限，不断压缩其逃避执行的生存空间。加大对抗拒逃避执行的司法惩戒力度，全年司法拘留82人，对3名拒不执行判决、裁定的被执行人移送公安机关追究刑事责任。

【完善便民利民举措】 打造诉讼服务中心“升级版”，推动导诉台、诉讼服务窗口、诉讼服务网、“12368”司法服务热线一体化建设。在立案大厅设立法律援助工作站，由值班律师为当事人提供无偿法律咨询和服务。完善“12368”司法服务热线工作机制，通过短信平台发送审判执行流程节点信息3万余条，处理各类来电咨询181件次。配置巡回审判专用车，常态化地开展巡回审判及法律咨询活动。在衢州地区率先上线使用案款管理系统，方便案件当事人网上缴退费。落实新民事诉讼法关于胜诉案件诉讼费先行退还的规定，全年共先行退还诉讼费2224笔计1185万元。

【依法促进经济转型升级】 出台《为全民创业创新提供司法保障的意见》，围绕市委、市政府中心工作，找准司法审判与全民创业创新的契合点，为新常态下地方经济创新发展提供良好法治环境。快速办结银行申请实现担保物权案件5件，涉案标的2883万元，防止企业资金链、担保链断裂风险扩散。加大涉金融机构、小额贷款公司案件的审判力度，审结金融借款案件518件，涉案标的6.52亿元，促进金融机构加速核销不良债权。积极防范区域性金融风险，对近5年来民间融资类纠纷进行分析研究，形成《民间借贷案件审理情况的报告》，报市委、市政府做决策参考。坚持涉困企业的司法差异化处置机制，引导一批可淘汰的“僵尸企业”走破产程序有序退出市场，有效盘活存量资源，为实现“腾笼换鸟”、结构调整提供有利条件。

【保障重点工作依法推进】 全面加强环境资源审判工作，助力"五水共治"，守护绿水青山。依法严惩违法排污犯罪，从严控制缓刑适用，审结污染环境犯罪案件7件，判处罪犯14人。平衡公共利益和个体利益之间的关系，依法妥善处理"三改一拆""养殖污染整治百日攻坚"及重点工程、重大项目推进过程中的涉案纠纷，既支持政府依法征迁、拆违，又保护相对人合法权益。全面推行"裁执分离"工作机制，及时审查国土部门申请的涉土地违法非诉行政执行案件，对合法的行政决定依法裁定准予后由政府组织实施，保证行政执法依法合规、高效有力，全年无对抗失控的恶性事件发生。

【参与社会综合治理】 坚持和创新"枫桥经验"，加强诉调对接。对审判实践过程中反映出来的社会管理隐患和问题，及时向党政机关和有关单位提出司法建议15件，均得到采纳落实。构建"一庭一特色"司法服务平台。峡口人民法庭结合辖区旅游资源丰富的特点，在廿八都镇、保安乡设立涉旅游经济特色巡回审判站。贺村人民法庭结合所在地中小企业密集的特点，打造司法服务中小企业发展的特色法庭。积极开展普法宣传，全年在市级以上媒体发表宣传稿件465篇，其中省级媒体137篇、中央级媒体54篇，倡导"诚信、友善、和谐、法治"的社会风尚，助推社会主义核心价值观建设。

【推进司法体制改革】 作为浙江省首批司法体制改革试点法院，开展司法人员分类管理、法官员额制、司法责任制等改革试点工作，为司法体制改革全面铺开积累经验。积极推进法官员额制改革，通过"考试+考核"的方式，遴选出首批34名员额法官，使优秀法官资源向审判一线集聚。科学配置审判资源，探索建立"1名法官+1名法官助理+1名书记员"的审判团队模式，减少法官事务性负担。落实院庭长办案制，完善以审判权为核心，以审判监督权、管理权为保障的审判权运行机制。严格司法责任制，健全审委会制度，做到"让审理者裁判、由裁判者负责"。实行审判权与执行权相分离，探索执行警务化改革，优化执行工作机制。

【探索破产审判"江山经验"】 以破产审判为抓手，调节市场资源配置，优化产业结构。作为全国企业破产案件审理方式改革试点法院，先后受理了万商集团、长河房产等破产重整、清算案件12件，已审结6件。其中，江山麦克摩尔高分子材料有限公司破产清算案，通过"执破衔接+简易审"的方式在两个月内审结，公司长期闲置的100亩工业用地得以腾退变现，为引进新项目新企业赢得新空间。依法创新企业破产审判工作机制，总结形成《执破结合操作规程》《破产案件简易审操作规程》等5个规范性文件，府院联动，建立健全预警提醒、企业分类保护、涉案企业差异化处置、社会分工配合协作联动、企业破产工作保障等五项机制，确保企业破产平稳有序，同时让老生产要素尽快焕发新活力。

【推进"互联网+审判"改革】 构建开放、动态、透明、便民的阳光司法工作机制，升级改版官方网站，实现审判执行流程信息全程公开。积极试行庭审记录方式改革，对全院17个审判法庭进行数字化高清改造，以录音录像代替人工记录方式开庭审理案件777件。深入探索简式裁判文书改革，累计制作简式裁判文书1588份，提高审判效率。扩大裁判文书上网范围，公布裁判文书3053份。实现档案信息化“一级达标”，对建院以来的12.59万卷诉讼、文书档案进行电子扫描，并同步开通远程电子阅卷功能。

【依法接受检察机关监督】 在自觉接受人大、政协监督和依法接受检察机关监督的同时，又支持配合检察机关依法履行法律监督职责，邀请检察机关旁听案件庭审、见证案件执行，共同维护司法公正。严肃对待检察建议，根据检察建议对1件民间借贷纠纷案启动再审程序并调解结案。

【广泛接受社会各界监督】 主动接受新闻媒体和社会舆论监督，召开新闻发布会2次，组织各类主题的“公众开放日”活动11次。关注网络民声，及时反馈网民关切。加强司法民主，换届选任40名人民陪审员，全年人民陪审员参审案件937件，一审普通程序案件陪审率达98.01%。召开律师座谈会，广泛听取律师意见建议。开通法院微信公众号，打造监督新平台，先后推送各类原创信息68期183条，累计点击阅读63万余次。江山人民法院微信公众号位列2015年度浙江政法微信影响力排行榜法院类第三。

（周凌云）

司 法

【概况】 2015年，江山市司法局围绕市委、市政府中心工作，履行司法职责，做好人民调解、普法宣传、法律服务等，取得较大成绩。全年荣获国家级荣誉3项、省级荣誉14项、衢州市级荣誉21项、江山市级荣誉37项。其中，江山市获全国“六五”普法中期先进集体，虎山司法所被评为全国先进司法所，日月村被评为全国民主法治示范村，市司法局获年度省依法行政工作先进集体、省公证质量建设年活动成绩显著单位。

【人民调解管理】 深化队伍建设，创新调解机制，完善工作格局，发挥人民调解在维稳工作中的第一道防线作用。1月，江山市调处中心圆满调处了江山二中的突发事件。2月，与江山市教育局联合举办校园伤害事故预防与处理培训班。3月，开展全市2014年度矛盾纠纷调处工作“十佳调解组织”“十佳调解员”评选活动。5月至7月，开展人民调解案卷评查活动，江山市人民调解委员会、上余镇调解委员会、张村乡琚源村调解委员会各1件人民调解案卷入选《2015年衢州市优秀人民调解案卷名单》。8月，开展外来人口矛盾纠纷排查调处专项活动，排查出外来人口矛盾纠纷总数25件，调处成功24件。6月至12月，配合江山市人民法院开展赋予调解协议的强制执行力试点工作，共完成人民调解协议书司法确认近40件，并与江山市法院联合出台《关于调解协议司法确认工作实施意见》，对司法确认工作从格式到内容，从流程到结果，从程序到实体都进行必要的规范，引导人民调解、行政调解、行业调解对达成调解协议的，通过司法确认程序实现自己的协议权利。同时，还完成5件优秀调解案例、5篇“我的调解故事”主题征文选送工作，完成7名人民调解智库名录人员的选送工作。全年共排查调处矛盾纠纷4667起，调处成功4638起，成功率高达99.38%。

【“六五”普法工作通过考核验收】 4月初，制定下发《江山市“六五”普法检查验收实施方案》，制定全市乡镇（街道）、机关部门、企事业、行政村（社区）等验收考核标准。5月26日，组织召开市委依法治市领导小组全体（扩大）会议，明确职责，部署考核。6月26日、8月19日，分别通过省、衢州市的考核验收。

【开展“法律六进”活动】 建立健全领导干部述法制度、新任领导干部考试、公务员学法用法分级考试等制度。2015年，共组织开展非人大任命领导干部任前法律知识考试4批、31人，合格率达100%；全市公务员法律知识考试4231人，参考率96.8%、合格率100%；衢州市管领导干部法律知识考试26人，参考率、合格率均达100%。深入开展“法律进乡村”“法律进社区”“法律进企业”活动。以“创建中国幸福乡村”建设为平台，加强对乡镇（街道）基层干部、农村“两委”干部、社区干部、村民小组长和村（居）民代表的相关法律知识培训，依托基层法治微讲堂、村级“文化礼堂”“文化示范户”和农村党员远程教育等平台，开展农村普法教育。加强乡镇（街道）法制辅导站建设，有序推进农村（社区）普法阵地建设，全市行政村法制宣传栏拥有率达70%。全年共刊发《送法下乡》《法进社区》《法进企业》《以案释法》共96期。9月至10月中旬，联合市教育局、市关工委开展第五届青少年“法在心中”主题系列宣传活动：向各学校赠送《中华人民共和国宪法》口袋书1万册；全市共制作25个法治演讲作品（选出6名参加省级评比）、5幅法治动漫画、1部法治微电影，展出150幅宣传展板；开通普法微信公众号，播出35条宪法广播稿；制作86张手抄报；开展360场宪法主题班会等。主题宣传月活动有声有色，以平安综治双月法治宣传、浙江法治宣传月、“12·4”国家宪法日等重点节点为载体，组织开展“全民创业创新”“五水共治”“四边三化”“三改一拆”“生猪污染整规”等系列专项法治宣传活动。5月20日，组织26个执法部门开展“浙江法治宣传月”暨“全民创业创新”广场法律咨询活动；围绕“六五”普法考核验收工作，宣传与群众切身利益相关的法律法规政策。丰富载体开展形式多样宣传，组织乡镇街道、部门根据实际开展“五水共治 法治助力”主题宣传活动。开展江山·兰溪“法治书画联展”，汇集两地“依法治国”主题书画作品140多幅。

12月24日，市委常委、常务副市长俞根君（前左一）在金陵大酒店进行平安夜夜查

【创建民主法治村】 法治实践融入“中国幸福乡村”考核，“四民主、三公开”等民主管理制度在村级组织中得到贯彻落实，村规民约和居民公约修订完善工作全面推进，省委办公厅和衢州市委办公厅分别专程调研江山基层民主法治建设工作，对江山基层民主法治建设给予高度肯定，省委办公厅领导还要求在全省“七五”普法工作中融入江山元素。全年创建成功1个国家级民主法治示范村，4个浙江省级民主法治村，1个省级青少年法制教育基地，2个衢州市级青少年法制教育基地，4人被选

为衢州市“最美普法人”荣誉称号，江山司法局被评选为“六五”普法先进单位。至年底，全市已创建成功国家级民主法治示范村3个、省级民主法治示范村（社区）16个、衢州市级民主法治示范村（社区）99个。

【社区矫正工作】 健全市、乡镇（街道）、村（居）三级社区矫正组织网络，严格执行集中学习、公益性劳动、教育谈话、走访、报到、会客、奖惩等管理制度，确保不脱管、不漏管、不失控，全市社区服刑人员再犯罪率控制在0.8%之内。完成江山市人大司法监督和清理清查两项专项工作，对2011年以来所办理的审前调查卷宗、警告案件、收监案件进行自查梳理整改。完成江山市社区矫正监管指挥中心的建设，投入90余万元，建成集动态监管、视频指挥、巡查督察、应急处置、在线教育、执法管理于一体的社区矫正监管指挥中心。指挥中心内设报到登记窗口、矫正宣告室、谈心谈话室、电子监控室、档案资料室和社区矫正指挥中心会议室等，总面积100余平方米。完成社区服刑四类罪犯特赦工作，先后成立特赦工作领导小组、特赦评审委员会和特赦工作班子，做好做细每个阶段工作，最终全市共有8名社区服刑人员获得了特赦。筹拍微电影《情暖须江》，通过一串生动感人的社矫工作小故事，揭示江山社区矫正工作近年来取得的突出成效，表达了社区服刑人员对重归社会的满满期待与强烈信心，同时创新社区矫正工作方式方法与宣传平台，提升社区矫正工作成效。到12月底，江山市共接收社区服刑人员2902名，解矫2491名，在矫的服刑人员有411名。

【公证服务】 开展公证服务民生、服务全市重点中心工作、服务中小企业、服务新农村建设等专项活动：为残疾人、老年人和弱势群体办证255件，办理公证法律援助3件，上门办证80余件，节假日办证80多件，解答公证法律咨询5000多人次；为全市重点工作派出公证人员45人次，办理招投标公证95件，标的金额达5.27亿元；为全市中小企业办理民间借款合同公证32件，融资金额1.79亿万元，办理质押、抵押合司公证各1件，盘活企业资产1.19亿元，出具赋予强制执行效力债权文书1件，保障执行金额900万元；办理农村继承公证65件，遗嘱公证40件，其他涉农公证200余件，其中依托村、社区法律顾问指导基层组织和村（居）民办理公证约80件。3月9日至12月23日，共受理全市5批次26名当事人（江山中学夏令营师生）有关“韩亚空难”事故赔偿事务公证申请，涉及26件事故赔偿文书公证和26件中英文相符公证。全年共办理各类公证2758件，其中涉外公证670件；涉港澳台公证44件。

【法律援助惠民生】 制定下发《关于成立江山市法律援助案件质量评估专家组的通知》，组建由各律师事务所主任律师、法律援助中心主任、副主任组成的援助案件质量评估专家组，按照衢州市案件质量评估指标，对全年法律援助案件进行抽查，抽查案件合格率达100%。推进法律援助“应援尽援、应援优援”工作原则，落实《浙江省法律援助案件质量标准化管理规定》，开展法律援助农民工维权工程、法律援助巾帼维权工程、法律援助春苗工程、法律援助夕阳红工程等，最大限度满足困难群众的法律需求，维护特殊群体的合法权益，同步提高法律援助工作管理能力和法律援助办案质量。全年共办理法律援助案件500余件，其中刑事案件154件，民事案件244件，代书100余件，接受群众当面法律援助咨询1500余人次，挽回经济损失460余万元。

【律师队伍管理】 以集中教育、自学、观看教育影片、参加学习会、听专题讲座、写体会等形式开展律师“全面推进依法治国”教育系列活动。深化全市村（社区）法律顾问工作，完成新一轮村（社区）法律顾问合同签订，推行村（社区）法律顾问工作情况一季一报、不定期督查等制度，组织村（社区）法律顾问参加村规民约（社区公约）修订座谈会、制定修改“回头看、再落实”工作，确保村规民约的合法性与合理性并存。全年各律师事务所共担任常年法律顾问278家，其中市政府1家，乡镇街道16家，行政机关47家，规上企业法律顾问128家，其他企业58家，事业单位15家，其他13家；办理刑事辩护137件，刑事附带民事代理案件19件，代理取保候审7件，民事诉讼代理案件1534件，行政诉讼代理案件48件，仲裁业务代理案件152件，法律援助案件180件，非诉法律事务98件。

【开展法律服务】 部署开展法律服务，保障“双百攻坚”“拔钉清障”“三改一拆”“四边三化”“五水共治”“生猪污染整规”等专项行动，达正律师事务所参与国际大酒店破产清算和通禄门改造征迁工程的法律事务；万盛律师事务所参与长河房产资产重组工作；刚诚律师事务所协助市协处办处置多起民间集资案件；司法局专门成立“江山市中小微企业法律咨询律师专家团”。公证处办理“三改一拆”公证98件，“五水共治”公证7件，为重点工程重大项目建设招投标现场公证309件，涉及金额近4亿元，并全程参与通禄门老城区改造征迁工程的现场公证活动。村（社区）法律顾问人员共为村级组织提供各种法律服务3600余场次。成立驻江96171部队法律援助工作站，认真部署开展“农民工欠薪专项法律援助”“法律援助 阳光助残”等专项活动。

【司法行政法律服务中心、司法所创建】 加大软硬件投入，对江山市司法行政法律服务中心一楼接待大厅进行升级改造，依据“整合、规范、深化、提升”要求，增设窗口，增加人员，强化制度，全面提升法律服务水平，最大程度方便江山百姓维权、办事。经浙江省司法厅考核验收，江山市司法行政法律服务中心被命名为“四星级规范化司法行政法律服务中心”，为全省23家四星级以上司法行政法律服务中心之一。加强全市星级规范化司法所创建工作，“成熟一家创建一家”，全年投入8万余元成功创建凤林五星级规范司法所，投入10余万元为各司法所改善业务装备，并完成虎山、贺村、坛石3个司法所的星级规范化复评考核工作。

（毛志英　邵庆伟）

公共管理

人力资源和社会保障

【概况】 江山市人力资源和社会保障局下设办公室、公务员管理科、行政审批科、专业技术人员管理科、就业促进与职业能力建设科、仲裁与劳动关系科、工资与离退休科、社保科等8个职能科室。局下属社会保险事业管理局、就业管理服务局、劳动保障监察大队、劳动人事争议仲裁院、劳动能力鉴定管理中心、人才市场管理办公室等6个单位。2015年，市人力资源和社会保障局获全省人力资源社会保障宣传工作先进集体，江山市综治维稳工作、信访工作、新闻报道工作先进集体，市直机关“五好”先进党支部。劳动人事争议仲裁委员会获2015年度全省劳动人事争议案件处理工作优秀单位，劳动保障监察大队获浙江省2015年度劳动保障监察工作目标管理成绩突出单位。

【城乡就业】 运用“互联网+”思维，将江山市公共就业服务网，手机微平台、微信、企业QQ群搭建成新的“互联网+”公共就业服务平台；深入实施电子商务进万村工程，借助浙江聚宝盆电子商务有限公司的电商平台，依托邮政局遍布村、社区的邮政服务平台，初步搭建农村电商服务网络。积极对接阿里巴巴农村淘宝项目。引导阿里集团投资农村电商市场，建设县级服务中心，布局村级服务网点，完善农村电商服务体系。打造“能业、易业、好业”阶梯递进式充分就业村创建模式，其中桐岭社区荣获全国第三批国家级充分就业社区。利用乡镇（街道）、村（社区）基层劳动保障平台，对零就业家庭进行“点对点”重点帮扶、就业指导、推荐就业岗位。截至12月，共组织各类招聘活动34场，累计参会企业862家，提供岗位6441个，需求人数30397人次，达成意向人数5103人。

【社会保险参保情况】 全市职工基本养老保险参保总数达126833人，比上年末净增14066人；城镇职工基本医疗保险参保总数达102525人，比上年末净增13850人；被征地农民基本生活保障（补助）累计参保人数44914人，比上年末净增12489人；工伤保险参保人数68646人，比上年末净增1132人；生育保险参保人数47729人，比上年末净增1083人；城乡居民社会养老保险参保总数248666人；

机关事业单位养老保险参保总数为 8453 人，比上年末增加了 88 人；城乡居民医疗保险参保总数为 470202 人。

【工资调标与退休管理】 根据国家和省人力社保厅的统一步骤，对机关事业单位工作人员的基本工资进行调标，同时调整机关工作人员的津补贴和事业单位工作人员的绩效工资，调整离退休人员的基本离退休金及补贴。按规定办理机关事业单位工作人员退休手续 235 人，办理各类工资晋升，重新确定 7858 人次。

【工伤认定】 在开展工伤认定中，立案受理工伤案件 867 件，处理完毕 831 件，进行伤残鉴定 6 批次共 340 人。其中，属于 1 至 4 级伤残（包括病残），即完全丧失劳动能力的有 38 人（伤残 3 人，病残 35 人）；属于 5 级至 6 级伤残，即大部分丧失劳动能力的有 8 人；属于 7 级至 10 级伤残，即部分丧失劳动能力的有 270 人；属于够不上伤残等级的有 24 人。

【机关事业单位队伍建设】 完成 2015 年招考、选调公务员及事业单位工作人员的资格审查、笔试、面试、体检及政审工作，录用公务员 47 名，录用事业单位工作人员 72 名、选调事业单位工作人员 1 名。完成教育、卫生系统工作人员招考、录用 342 名。安置军队转业干部及随调家属工作，安置军转干部 9 人，安置随调家属 1 人。

【专业技术人员管理与人才引进】 做好衢州市“115 人才工程”培养工作，现考核期内共有培养人员 48 人，其中第一层次 2 人，第二层次 7 人，第三层次 39 人。开展全市各类企业职称社会化评审工作，全年共评审通过初、中级职称 2000 余人次。截至年底，共建有江化公司、天蓬集团、三友电子和欧派门业博士后工作站 4 家；专家工作站衢州市级 12 家、江山市级 36 家；申报引进国外智力项目 5 个，实际到位外国和台湾专家 3 位，分别前往科力（德国专家）、科润（德国专家）、江环化学（台湾专家）等企业开展技术指导及职工素质培训。

【职业能力建设】 全年共举办各类职业技能培训 126 期，开展职业技能鉴定 118 批次，共 7666 人获国家职业资格证书。组织 165 名技师、高级技师参与“师带徒”活动，参与率达 100%。举办首期“企业培训师”（三级）培训班和江山市非物质文化遗产传承人培训班，共 52 人获企业培训师国家三级职业资格、52 人获工艺品雕刻工（高级工）职业资格。成功举办 2015 年江山市创业创新职业技能竞赛，竞赛项目 5 个，参赛选手 81 名，通过竞赛，一批技能人才脱颖而出，成为市技术能手。完成变压器行业高技能人才自主评价工作，在浙江省人力资源和社会保障厅的综合管理下，10 人取得高级工资格，23 人取得技师资格，14 人取得高级技师资格。

【调解仲裁】 受理劳动人事争议案件 245 件，其中 10 人以上集体争议案件数 6 起，涉及劳动者 433 人，涉案金额 2477.2 万元，审结案件 240 件，为劳动者挽回损失 2171.22 万余元。在 19 个乡镇、街道挂牌成立基层劳动人事争议调解组织，并向各基层调解组织发放工作规则、调解台账等 4 个规范，统一向省厅申请规范化建设基层调解组织的标识。

【劳动保障监察】 全年共接受劳动者举报投诉 276 件，涉及人数 880 人，追回劳动者工资 849.36 万元，结案率 100%。开展施工企业劳动保障信用项目经理评比活动，共评出一星级4名，二星级11名。依据相关法律规定开展用人单位劳动用工书面审查，完善防范拖欠农民工工资的长效机制，同时建立重大劳动保障违法案件查处情况通报制度，对用人单位违反劳动保障法律、法规或规章，定时向社会公布相关信息。

（毛芳萍　周　敏）

民政工作

【概况】 江山市民政工作以构建“现代大民政”为目标，认真履行保障基本民生、优化社会服务、创新社会治理工作职能，强化项目支撑，狠抓依法行政，注重服务提升。大力推进民政各项工作，圆满完成年度目标任务。市民政局在2015年度衢州市民政工作目标考核中荣获第一名，在江山市机关部门工作目标综合考评中第三次获优秀等次，并被市委、市政府评为2015年度“最佳满意部门（单位）”。江山市还被省民政厅评为全省民政工作先进县（市、区）等荣誉。

【社会救助】 全年全市低保占比提高至2.03%，2015年底共有低保对象（不含五保、三无人员）6165户11248人，全年发放低保金2188.48万元。其中，城镇307户568人，发放城镇低保金176.08万元；农村低保5858户10680人，发放农村低保金2012.4万元；农村低保补差229.51元，占农村低保标准的59%；城镇低保补差为315.32元，占城镇低保标准的58.39%。从11月1日起城乡低保标准调整为每人每月612元、459元。出台《江山市城乡困难居民医疗救助办法》，低保救助比例从60%提高到70%，低保边缘户救助比例从40%提高到60%，其他对象最低标准提高到50%，自负医疗费用2万元以上影响家庭基本生活的救助比例从35%提高50%。年度救助封顶线提高到8万元。全年发放医疗救助资金1354.28万元，救助3487人次；享受重残生活补助人员3054人，发放重残补助金1490.16万元；临时救助506人，救助资金80.557万元；下拨去冬今春救济款100万元，救助困难家庭2704户6995人。从1月1日起，40%精减退职老职工定期救济标准从每人每月1215元提高到1340元，精减退职老职工定期救济标准从每人每月1090元提高到1200元。参照江山市抗战期间入伍的在乡复员军人标准，对37名生活在农村和城镇无工作单位且家庭生活困难的原国民党抗战老兵进行全额或差额补助，全年发放生活补助款和一次性生活补助56.4万元。走访抗战老兵66名，其中优抚对象13人、老干部11人、国民党抗战老兵42人。发放抗战纪念章82枚，其中优抚对象15人、老干部11人、国民党抗战老兵56人。

【防灾减灾】 完成1000条冬暖被、600条夏被、600条被套、600条床单、200件棉大衣及发电机、帐篷等物资的采购储备。全市避灾场所储备床2300张、棉被4700条、草席2200条、餐具2400套、毛毯1000条。开展“5·12”防灾减灾宣传活动，组织橡皮艇操作技能培训。与气象局签订共同推进防灾减灾合作协议，实现气象灾情和气象灾害预警信息共享，完成全市14个避灾中心建设。

【慈善事业】 至2015年底，全市共建成乡镇（街道）慈善分会18个，行政村（社区）慈善工作站187个，基本形成市、乡、村三级农村慈善组织网络。在衢州地区率先设立农村空巢老人救助项目，每年帮扶145人，4年发放救助金94.88万元。继续开展“慈善一日捐”活动，共募集善款103.28万元，其中市机关部门、事业单位募集善款58.54万元，企业捐款33万元，乡镇（街道）募集善款11.74万元。全年共募集善款1552.58万元，救助资金支出1207.99万元，惠及6.98万人次，慈善基金达1510万元。

【养老服务】 6月，出台《江山市人民政府关于加快推进养老服务业发展的若干意见》，修订《江山市农村五保供养管理办法》。6月1日起，农村五保供养经费从原来的每人每月677元提高到751元，共有五保集中供养人员1117名，集中供养率达96.8%以上。全年拨付五保供养经费1023.4万元，医疗补助33.51万元。全市养老机构拥有床位3721张，每百名老年人拥有养老服务床位数达到3.2张。新建居家养老服务照料中心77家，累计达232家，覆盖了76.3%的农村社区。根据《江山市养老服务补贴制度实施细则》，将百岁老人、部分优抚及五保对象纳入享受养老服务补贴范围。全年共有1333名老年人享受养老服务补贴，发放养老服务补贴511.17万元。

【儿童福利】 全市儿童福利对象1066人。全年累计发放儿童福利金247.101万元，其中孤儿58人（机构养育孤儿9人，社会散居孤儿49人），福利金63.55万元（机构养育孤儿福利金11.1万元，社会散居孤儿福利金52.45万元）；事实无人抚养儿童20人，福利金14.04万元；困境儿童233人，福利金76.76万元；困境家庭儿童19人，福利金7.17万元；低保家庭儿童736人，福利金85.581万元。

【福利彩票】 全年福利彩票销售额再次突破亿元大关，达1.57亿元。其中，中福在线销售厅实现销售额6490万元。

【城乡社区建设】 6月，出台《政府向社会力量购买服务的实施意见》，严格规范社区事务准入。开展全省“三社联动”示范观察点对口见学活动，打造市心、周家青等市级“三社联动”示范社区，被衢州市民政局评为创新性项目。培育“夕阳家园”“和家乐法律服务团”“怡心公益学堂”“聆听话廊”等一批具有专业服务水平和影响力的社区服务品牌。实施“摇篮工程”，发展功能型社会组织，全市共有社区社会组织121家，在社区备案的有30家。13个社区全部建立社会工作师服务站，有社会工作师38名。同时，全面完成村规民约和社区公约的修订工作。

【民间组织管理】 制定《福利彩票公益金资助社会组织创办公益性项目实施暂行办法》。对所有的社会组织进行年检，参检率达100%。全市有15个社会组织参与诚信评估，6个社会组织被评为AAA以上等级。在民政局注册登记的社会组织有211家，其中社团108家，民办非企业单位（简称民非）103家。全年办结审批事项53件，其中新成立社会团体5家，注销1家；新成立民办非企业单位20家，办理社团变更4家、民非变更4家，社团名称预登记5家，民非名称预登记14家。加强福利企业管理与监督，建立民政、国税、地税、残联4部门联合督查制度，不定期检查各福利企业残疾职工上岗情况和工作岗位适宜度，了解残疾职工收入及福利待遇等情况，对在检查中发现上岗不正常的残疾职工，进行实地调查，责令整改。配合审计局做好福利企业审计相关工作。

【双拥工作】 以创建"全国双拥模范城"为抓手，开展"双拥在基层"活动，召开"一社一品"双拥特色工作座谈会，推进双拥示范村（社区）创建工作。春节、"八一"期间，市四套班子领导、部门乡镇领导和民政局机关干部，分别深入到驻江部队及广大优抚对象家中进行走访慰问，送上慰问品及节日祝福。开展为部队办实事活动，协调解决91507部队污水排放，96171部队随军家属就业安置等问题。举办随军家属、退役士兵专场招聘会，16家企业提供100多个岗位，30位随军家属和100多名退伍士兵参加招聘会。

【优抚安置】 为全市老烈士子女、三属人员、三年定补和带病回乡退伍军人、复员军人、孤老复员军人、残疾军人、武装民警、部分"两参"人员等各类优抚对象发放抚恤补助金1490多万元。为569户义务兵家庭发放优待金655.5万元。从1月起，依托城乡居民医保结算系统，市人民医院、中医院、贝林医院、邦尔骨科医院及各乡镇卫生院全部开通抚恤优待对象医疗"一站式"结算网络系统，实现即时结算，全年全市优抚对象医疗保障支出约80万元。完成180名农村60周岁以上无固定收入退役军人材料的审核、公示、信息录入等工作。严格审核残疾军人的评残手续，新评1名，调整伤残等级1名，复评8名。接收2014年冬季自主就业退役士兵250名，其中城镇退役士兵32名、农村218名，发放补助金799.1万元。接收安置转业士官11名，其中岗位安置7人、货币安置3人、放弃安置1人，发放安置金41万元。继续依托军地两用人才和退役士兵就业培训基地和创业实习基地，192人取得职业技能证书。91座零散烈士墓迁入新烈士陵园，并组织开展清明节、第二个"公祭日"烈士纪念活动。

【殡葬改革工作】 8月，市委办、市政府办联合印发《江山市农村殡葬专项整治工作实施方案的通知》，召开全市殡葬改革工作会议，研究部署农村殡葬专项整治工作。按照"禁新治旧、疏堵结合"的要求，重点推进农村公墓规划建设和"三沿五区"坟墓的综合整治。19个乡镇（街道）启动联村公墓建设，"三沿五区"坟墓整治率达100%。同时，加大对乡村重点公益性墓地和墓碑店巡查，确保殡葬改革工作不反弹。

【婚姻登记与收养登记】 完成婚姻登记场所迁建改造，全年办理国内公民登记结婚4356对、离婚登记1254对、补领各类婚姻证件2669本。为群众办理房产交易、银行贷款出具"无婚姻登记记录证明"6461件。从9月22日起，向社会发布关于不予出具"（无）婚姻登记记录证明"的公告。完成1952年——2004年12月婚姻登记历史数据补录，全市共录入信息共计145548条。自4月7日开始，婚姻登记处停止收取婚姻登记证书工本费。全年办理收养登记68件，撤销1件。

【区划地名】 常山、江山民政局成立区划界线联检领导小组，对常山、江山082281001、082281002、082281003行政区划界线进行检查维护。印制《江山市第二次全国地名普查资料汇编》，对各部门和乡镇普查员进行培训，收集整理近5年来的地名命名更名的文件资料，完成大陈、保安、廿八都等7个乡镇地名普查工作。开展地名志等地名文化资料的档案整理工作，对江山地名的建立年份进行梳理。配合"寻梦乡愁——浙江地名文化之旅"记者到江山采风，配合《大地有名》地名文化纪录片摄影组在江山大陈村、清漾村、清湖码头、仙霞关、廿八都古镇、浮盖山、虎山公园、双塔公园等地取景拍摄。完成城区151块路牌整治，设置新的政策宣传标语和公益广告。全年民政窗口办理门牌证11678件，出具地址证明600多份，行政服务中心民政窗口连续四个季度被评为“五星级”窗口。

【流浪乞讨救助】 全年救助站共接待求助和实施救助692人，其中未成年人1名、老年人31名；护送返乡31人次。配合市场监管、公安部门开展打击传销专项行动，救助传销被骗人员411名。

【信访维稳】 以构建“和谐民政、服务民政、满意民政”为目标，突出涉军维稳这一重点，畅通信访渠道。全年共受理来信44件，来访4批26人，重要信访交办件按时报结率达100%。承办十五届人大四次会议议案12件，政协九届四次会议提案18件。

（毛惠勇　金梅珍）

移民工作

【概况】 2015年，江山市水库移民管理办公室围绕市委、市政府工作大局和上级移民工作要求，突出加快移民创业致富步伐、推进移民创业创新为主线，移民工作取得明显成效。先后被评为2015年度浙江省水库移民工作考核优秀单位、衢州市水库移民工作考核优秀等次、江山市结对帮扶共建中国幸福乡村工作先进单位等。

【移民后期扶持】 全年拨付移民专项资金2838万元。其中：发放移民直补资金1234.79万元，拨付项目扶持资金1603万元，资金结报率达85.7%；全年核减移民直补人口122人，复核后全市2015年度直补人数为16441人；批复实施项目161个，扶持资金3847.1万元。

【移民项目管理机制】 以领导小组名义印发了《关于加快水库移民扶持项目实施进程的通知》，从项目申报到立项报批，以及项目实施、验收和资金拨付等环节提出具体要求，确保项目进度。出台《江山市水库移民后期扶持专项资金使用管理办法》和《关于完善移民扶持项目资金县级报账制的通知》，对移民资金使用和报账方式进一步完善。制定印发《江山市水库移民管理办公室内部财务管理制度》，健全相互配合相互制约工作机制，促进移民资金使用更加规范、高效、安全。

【移民创业致富】 联合财政、江山农商银行等部门制定出台《江山市水库移民创业贷款贴息试点工作方案》，对移民创业贷款按一定比例给予贴息补助，年内有56户移民申报贴息贷款790万元；坚持促进就业和助推创业为指导，推行“集中式”和“证书式”相结合的模式，委托中介机构对270名移民组织开展专业技能培训，让移民拥有一技之长。谋划并实施移民创业致富项目43个，安排项目扶持资金1875万元，占总项目扶持资金的48.7%；峡口、清湖、碗窑、白沙等一批示范性项目加快推进，其中投资1952万元、建筑面积达1.53万平方米的峡口镇“水库移民资金集聚区项目”二期工程启动实施，凤林镇白沙村21幢8000平方米农业生产用房竣工并通过验收，碗窑“农家乐”接待中心项目基本完成。

【移民避险解困】 编制完成江山市大中型水库移民避险解困试点工作方案及社会稳定风

险评估报告，经市政府认证通过后报上级移民管理部门审批。向上申报峡口镇大峦口村避险解困试点对象776户、2284人，涉及移民搬迁总投资11911.9万元。

【移民信访维稳】 做好水库移民群众来信来访办理工作，深入开展大走访、大排查活动，及时排查和化解信访苗头，年内办理移民信访件3个，涉及移民历史安置信访件1个，移民群体基本保持稳定。做好市委、市政府移民安置遗留问题信访交办件的落实工作，联合相关单位做好碗窑水库移民“2·28”刑释人员重点信访对象思想疏导和维稳工作，确保重要节点稳定。

（张华军　周　淳）

工　业

综　述

【概况】 2015年是“十二五”的收官之年。“十二五”期间，江山市全年规模以上工业总产值从230.45亿元增加到339.68亿元，规模以上工业企业从230家增加到291家，三次产业结构从9.6∶58.6∶31.8调整为7∶51.5∶41.5。江山市列为省20个工业强县（市、区）试点之一，筛选确立“2＋2＋2＋X”产业培育体系，配套出台工业强市扶持政策，主导特色产业增长迅速，新兴产业加快发展。完成国家低丘缓坡开发试点，莲华山工业园纳入省级大平台，新报批工业用地897.87公顷；率先实施“店小二”服务机制，首创项目审批直通车模式，成功引进大唐、娃哈哈、正泰等一批国内知名企业。推动实施“四换三名”，以“机器换人”为主的技改投资达190亿元，腾出用能空间4.5万吨标煤，被评为省“腾笼换鸟”先进市、省电子商务示范县，阿里巴巴江山产业带上线投用，新增中国驰名商标4个。国家高新技术企业增加到22家，拥有省级以上企业研究院3家、技术研发中心21家。节能减排扎实推进，完成高污染燃料锅炉淘汰任务，第二污水处理厂等项目建成投用。正泰光伏建成华东地区规模最大的地面光伏电站，同景农光互补模式在全省推广。成功创建省清洁能源示范市。中部工业新城有序推进，市区至中部快速通道加快推进。经济开发区、中部开发办、高新办实现“三区”合并，行政审批制度改革“四张清单一张网”深化建设。设立规模3亿元的政府产业基金，成立首个科技创新创业基金，调度企业搭桥专项资金17.18亿元，为企业办理银行转贷25.33亿元。设立科技型中小微企业风险资金池，出借科技信用贷款5000万元，发放科技创新券790万元。设立科技创新创业园，引进企业20家。

娃哈哈饮料食品生产线纯净水生产车间

【新三板挂牌上市】 10 月 19 日，浙江希尔化工股份有限公司获批通过协议转让的方式，在全国股转系统挂牌公开转让，其证券简称为“希尔化工”、证券代码为“833802”，标志着江山市企业在新三板挂牌上市实现零的突破。该公司成立于 2003 年 12 月，位于经济开发区江东区，是一家科技型化工企业，研发团队技术精良，拥有研发实验室和水质在线检测系统、污水处理站、废气排放系统，生产过程全部采用全自动化的 DCS 控制，通过对工艺控制指标的执行和监控，确保整个生产过程高效、稳定、安全运行，建有一套年产 5000 吨 3 一二甲氨基丙胺（DMAPA）生产装置和一套年产 100 吨橡苔晶装置。11 月 18 日，全国股转系统江山企业专场挂牌仪式在北京举行，科润电力科技股份有限公司正式在新三板上市，其证券简称为“科润电力”，证券代码为“834062”，这是继希尔化工挂牌之后，第二家登陆新三板的江山企业，标志着科润电力成为公众企业，实现从产品经营向资本运作跨越。该公司创办于 2002 年，是一家专业从事高低压成套设备、变压器及高低压电器元件研发、制造和销售的国家高新技术企业。

【衢州市制造业 30 强】 在衢州市企业联合会、企业家协会、工业经济联合会等 3 家单位主办的 2015 年度衢州市制造业 30 强、纳税 30 强企业评选活动中，江山市有 15 家企业入选榜单，比 2014 增加 2 家，占衢州市入选榜单企业总数 60 强的 25%。其中，入选衢州市制造业 30 强的 8 家企业是衢州南方水泥有限公司、浙江江山化工股份有限公司、江山虎集团有限公司、申达电气集团有限公司、浙江雷士灯具有限公司、江山欧派门业股份有限公司、江山南方水泥有限公司、浙江江山变压器股份有限公司；入选衢州市纳税 30 强的 7 家企业是江山虎集团有限公司、江山南方水泥有限公司、江山欧派门业股份有限公司、浙江雷士灯具有限公司、浙江江山化工股份有限公司、申达电气集团有限公司、衢州南方水泥有限公司。

【“浙江名牌产品”称号】 2015 年，江山市共有 7 家企业的产品获得浙江省名牌产品称号，分别是：浙江江山化工股份有限公司产品名称二甲基乙酰胺、商标“江化”；浙江盛汇化工有限公司产品名称皮革助剂产品、商标“盛汇”；浙江科力车辆控制系统有限公司产品名称气制动阀及离合器助力器系列（复评）、商标“百能”；浙江赢牌体育用品有限公司产品名称篮球架（复评）、商标“赢牌”；浙江金凯门业有限责任公司产品名称木制门（复评）、商标“金凯”；浙江顾家门业有限公司产品名称防盗安全门（复评）、商标“顾家”；江山福赐德蜂业科技开发有限公司产品名称蜂产品、商标“福赐德”。

服务企业

【“零土地”技改项目审批方式改革】 4 月 13 日，市经信局联合环保、规划、住建、安监、公安消防大队、气象局等 6 个部门，发出《关于做好工业企业“零土地”技术改造项目审批方式改革实施工作的通知》，核心内容是简政放权、激发活力，即工业企业在不新增建设用地的前提下，技术改造项目将全面实行审批目录清单管理，清单以外项目不再审批；实行承诺验收制度，由相关行政主管部门预先设定工业项目准入标准，工业企业据此作出达到预设准入标准且具有法律效力的书面承诺；企业凭行政主管部门的承诺备案受理书，实施项目建设，从而实现工业项目从审批制到承诺制的转变。浙江健盛集团江山针织有限公司总投资1.5亿元年产5200万双丝袜生产线的“零土地”技改项目成为首家受益该政策的企业；新制度实施至年底，全市共备案44个项目，所涉“零土地”技改投资总额达14.1亿元。

【“企业服务月”活动】《中共江山市委关于推进全民创业创新的决定》中将每年5月确定为企业服务月，开展为企服务各项活动。活动重点围绕创业创新主题进行，服务内容是各类初创人员在创业过程中需帮助协调的事项，企业新上项目前期审批、审核、备案过程中需帮助的事项，企业在项目用地保障及竣工验收办证过程中需帮助的事项，企业在融资过程中需政府层面协调的事项，企业在对接科研院所、高等院校过程中需帮助促进的事项，企业引进高端人才、高端团队需政策支持的事项，企业品牌创建和营销创新需帮助的事项，企业涉及场地租用、搬迁、重组、股改、上市、对外投资、向上争取支持等重大生产经营活动需要帮助的事项，其他需要帮助的重要事项。活动注重实效性：分问题摸排、梳理交办、协调、总结四个阶段进行。“企业服务月”活动中，归集的70多个企业急难问题，报经市政府办，得到及时的交办落实。

【企业指导员入驻企业帮扶】 依据《关于推进全民创业创新的激励意见》和《关于印发推进全民创业创新激励意见实施细则的通知》，出台《江山市企业指导员管理办法（暂行）》。9月底，首批21名企业指导员已按“一对一”方式下派并入驻企业，工作职责是当好企业参谋助手、政策宣传员、党建指导员。

产业培育

【正泰农光互补光伏电站并网发电】 江山正泰地面电站项目由浙江正泰新能源开发有限公司投资建设，总投资20亿元，位于凤林镇和石门镇，占地420多公顷，至2016年1月，一、二期共195兆瓦（总装机容量200兆瓦）已并网发电，整个项目年均发电量可达2.2亿千瓦时，成为华东地区最大的农光互补地面光伏发电站。据测算，该项目后25年发电总量约为50亿千瓦时，共可节约标准煤约165万吨，减排二氧化碳460万吨、二氧化硫约14.5万吨、氮氧化物约7万吨、碳粉尘排放量约130万吨，节约用水925万吨，对优化周边的能源结构，实现节能减排做出积极贡献。

【中国蜜蜂博物馆（浙江）落成】 12月21日，中国蜜蜂博物馆（浙江）落成典礼在浙江江山恒亮蜂产品有限公司举行。中国蜂产品协会会长王咻、江山市委书记吕跃龙等到场祝贺。该馆由恒亮公司投资建设，总面积1200平方米，总投资2000万元，设有蜜蜂的科学、养蜂、蜜蜂文化世界等板块，藏品丰富、种类繁多，有1.5亿年左右的蜜蜂化石，各种蜜蜂标本、植物标本、古老的养蜂生产工具等。通过图文影像、实物模型、互动体验等形式，全面展示蜜蜂的奇妙世界。

【首届消防产品博览会暨中国消防产业高峰论坛】 10月9日，2015中国江山首届消防产品博览会暨中国消防产业高峰论坛在江山市举行。各参展商和采购商借助江山市“中国消防安保城”这个大平台，展示优秀产品，交流行业经验，谋求互利共赢的投资领域和发展空间，与会嘉宾还参加了高峰论坛，共同探讨全国消防市场现状、建筑消防安全需求等问题，并为江山消防产业发展献计献策。全市现有消防器材生产企业 70 多家，产品涵盖灭火器、救生设备等 5 大类 70 多个品种，在全国 31 个省市 2000 多个城市拥有一支 3 万余人的营销队伍。

【消防产品展示会】 2 月 17 日，江山市消防行业协会召开 2014 年终总结表彰大会暨消防产品展示会，来自全国各省分会的 1000 余名会员参加，14 名会员被授予“年度江山市消防产品销售贡献奖”，并发出江山消防行业开展创业创新活动倡议书。会议期间，市内 30 余家消防器材企业布置了展位，产品涵盖各种灭火器、筒体，包括水带、水枪、消防栓、干粉药剂等配套产品，并有空气呼吸器、逃生缓降器、自动报警系统、电子应急灯、消防泵、农用消防车等，同时推出新型 D 类灭火器、智能家居宝、船用灭火系统、空调服等新产品。

【门业行业获集体商标认定】 11 月，由市门业行业协会组织申报的“江山铁门”和“江山木门”，被国家工商总局商标局分别认定为第 6 类和第 19 类集体商标，这是江山市门业行业获得的集体商标“双胞胎”。集体商标是指由工商业团体、协会或其他集体组织的成员所使用的商品商标或服务商标，用以表明商品的经营者或服务者的提供者属于同一组织。年末江山市共有门业企业 150 余家，其中规模以上企业 35 家，亿元企业 9 家。加上原先获得的江山蜂产品集体商标，江山市已有 3 件集体商标，名列衢州市各县之首。

平台建设

【省输配电装备制造业特色基地】 江山市输配电装备制造业特色基地被浙江省经信委认定为省高端装备制造业特色基地之一（全省 9 个），主导产品为电力变压器、特种变压器、高低压成套设备、电磁线、高低压电器元件。2012 年以来，入选省装备制造业重点领域首台（套）产品 3 个、省级优秀新产品 2 个，省军工产品试制单位 1 家，拥有国家火炬计划项目 7 个，国家中小企业技术创新基金立项项目 5 个。目前，拥有国家级高新技术企业 5 家、省级企业技术中心 2 家、省级重点企业研究院 1 家、重点产业技术联盟 1 个等，该产业已成为江山市工业经济发展的“主引擎”之一。

【小微企业创业基地标准厂房建设】 继续落实《江山市小微企业创业基地标准厂房建设实施意见》，当年新建标准厂房 4.8 万平方米，完成投资 1.138 亿元，江山市小微企业创业基地布点从 7 个增至 10 个，新增 2 个布点分别是市科技创新创业园、清湖镇小微企业创业基地。全市 10 个布点累计新建标准厂房 9.9 万平方米，完成投资 2 亿元，新入驻企业 32 家。

【省两化深度融合国家示范区域】 11 月，省经信委公布 2015 年两化深度融合国家示范试点区域和农村信息化示范试点区域名单，江山市被确定为省两化深度融合国家综合性示范区域之一，成功由试点区域升格为示范区域（全省仅有 8 个地市成功创建，衢州市仅有江山市入列），并获得 1000 万元专项资金支持。

创业创新

【欧派公司设省级博士后工作站】 该工作站由省人力资源和社会保障厅公布认定，是本次衢州市唯一一家获得资格的企业，也是江山市继江化公司、三友电子公司及天蓬集团后的第四家省级博士后工作站。设站之后，欧派门业主动结合研发项目，做好招收优秀博士后进站，开展博士后研究工作，让该站成为高技术人才与企业之间的桥梁和纽带，实现产、学、研相结合，全面提升企业自主创新能力，促进企业转型升级。

【非晶合金变压器研发中心成立】 5月18日，具有人才、技术和信息优势的沈阳变压器研究院与具备生产基地完善的制造工艺、设备检测等条件的浙江江变科技有限公司联姻，其合作共建的非晶合金变压器研发中心揭牌成立。创建这一平台旨在推进先进成熟技术成果的转化以及新产品的产业化，五年内，实现节能降耗率达80%的非晶合金变压器，生产份额从8%提升至20%，从而促进公司产品由中低端向高精尖方向拓展延伸。

【公安部天津消防研究所江山科研工作站成立】 5月18日，江山市政府与公安部天津消防研究所签订合作协议，宣告成立公安部天津消防研究所江山科研工作站。该所是公安部直属的四大消防研究所之一，是公安部直属规模最大、人数最多、科研领域最广、综合实力最强的消防研究所，所内有“国家固定灭火系统和耐火构件质量监督检验中心”“国家消防工程技术研究中心”“建筑消防工程技术公安部重点实验室”等7个技术机构。

【“机器换人”市级示范企业】 2月26日，市政府《关于同意江山市2014年度机器换人示范企业的批复》中，原则同意浙江省江山市航宇文体用品有限公司、浙江健盛集团江山针织有限公司、浙江超亿消防装备有限公司、江山欧派门业有限公司、浙江江山三友电子有限公司等5家企业为江山市2014年度“机器换人”示范企业，要求各示范企业加快技术创新和工艺革新，提高全员劳动生产率，发挥示范引领作用。3月25日，江山市木门家具行业被确定为2015年度省“机器换人”10个分行业试点之一，并获工业和信息化专项资金试点补助。

【企业创业绿卡】 4月8日，依据江山市人民政府办公室《关于印发江山市企业创业绿卡管理办法的通知》文件精神，经企业申报、有关职能部门审核、市政府审定，公布了江山市企业创业2015年绿卡名单，他们是：浙江江山虎球水泥有限公司吴水英；江山三星铜材线缆有限公司朱水菊；江山赛银将军门业有限公司何刘；浙江开洋门业有限公司毛庆德；浙江百家万安门业有限公司周日云；江山市瑞申机械有限公司姜勇燕；浙江永坚实业有限公司徐亿坚；浙江江变科技有限公司朱巨琮；浙江同景新能源集团有限公司吴建农；浙江杰圣光电科技有限公司雷斌；江山市安驰物流有限公司叶青；奥仕集团有限公司赵锡刚（复核）；江山欧派门业股份有限公司吴水根（复核）；江山世明水晶玻璃有限公司姜发祥（复核）；浙江九阳光电有限公司刘天辉（复核）；浙江老虎山建材有限公司毛华新（复核）；浙江江山特种变压器有限公司姜方军（复核）；江山易登针织有限公司姜风（复核）；浙江伦宝金属管业有限公司王超仙（复核）；浙江奇龙建材有限公司马才清（复核）；浙江江山变压器股份有限公司陈文忠（复核）。绿卡持有人在办理落户、子女教育、境内旅游、列项扶持、轻微交通违规等方面享有许可免费、市民待遇、优先入列、快速处理等优惠条件。

【32 家企业列入浙江省成长型中小企业】 9 月 14 日，省经信委公布 2015 年度浙江省成长型中小企业名单，江山市 32 家企业列入其中，他们是：江山欧派门业股份有限公司；江山热威电热科技有限公司；江山市航宇文体用品有限公司；江山市科尔电气有限公司；江山市瑞申机械有限公司；江山顺泰化工机械工程有限公司；江山易登针织有限公司；科润电力科技股份有限公司；申达电气集团有限公司；浙江恒曼光电科技有限公司；浙江健盛集团江山针织有限公司；浙江江变科技有限公司；浙江江山欣欣饲料有限公司；浙江杰圣光电科技有限公司；浙江金凯门业有限责任公司；浙江开洋门业有限公司；浙江科力车辆控制系统有限公司；浙江锐帆电力科技有限公司；浙江省江山市浙安消防设备有限公司；浙江盛汇化工有限公司；浙江天际互感器有限公司；浙江天林实业有限公司；浙江王牌门业有限公司；浙江威龙文迅电子有限公司；浙江为康制药有限公司；浙江吴氏门业有限公司；浙江协成电气有限公司；浙江宇安消防装备有限公司；浙江江山变压器股份有限公司；浙江伦宝金属管业有限公司；浙江九阳光电有限公司；江山增裕实业有限公司。

（市经信局　供稿）

经济开发区

【概况】 江山经济开发区深入实施“兴工强市、借力发展、特色推进”三大战略，加快推进产业调整，着力培育特色产业，夯实江山市工业经济发展的主平台和特色产业集聚的主基地。累计引进企业 392 家，其中投产企业 369 家，规模工业企业 124 家；产值亿元以上企业已达 45 家，其中 10 亿元以上企业 1 家。截至年底，开发区共有国家级高新技术企业 19 家，获得中国驰名商标 2 个，拥有省级知名品牌（商标）37 个。全年完成工业总产值 211.59 亿元，同比增长 5%，其中规上企业完成工业产值 187.3 亿元，同比增长 8.5%；完成固定资产投资 56.95 亿元，其中完成工业固定资产投资 42.40 亿元；完成入库税收 5.29 亿，同比增长 8.6%。

【抓好项目征迁】 2015 年，围绕“十大项目”“三大平台”及“拔钉清障”三大抓手，凝心聚力、克难攻坚，累计完成土地收储 2000 余亩。推进“十大项目”征迁，强化与清湖镇、贺村镇配合，抓好江滨南路延伸段和莲华山大道贯通以及淤头至衢州绿色产业集聚区贺村姜家公路（礼贤段）土地征收和房屋拆迁工作，完成西山路延伸、城南基础设施等政策处理工作，累计拆除房屋 106 户，清表 20 余公顷，莲华山快速通道已全线贯通。推进“三大平台”征迁，完成山海协作区三期 3 号、4 号区块 40 余公顷土地清表及土方平整，确保投资 25 亿元的健盛产业园项目年内能落地开工；完成江东工业园五期用地 12.67 公顷清表平整工作，中机国能、富达化工、国盛源等 4 个亿元重点项目开工建设；完成莲华山工业园东山头村40公顷土地清表工作。推进“拔钉清障”征迁，成立“拔钉清障”攻坚小组，对列入开发区“拔钉清障”29户及市“拔钉清障”的5户房屋，实行一户一方案，一日一汇报，完善督查通报机制，完成列入开发区“拔钉清障”7户房屋拆迁。

【注重招商引资】 江山经济开发区整合后，一半的力量投入招商工作，做到每周有班子外出招商，每天有干部在外招商。依托山海协作园、江东工业园及莲华山工业园200余公顷储备熟地的优势，引进健盛集团、捷尔世、中机国能、肖恩电子等一批知名企业项目。大力实施江商回归工程，挖掘和利用在外江山能人资源，吸引和鼓励江山在外经商和创办企业的成功人士回乡投资创业，成功引进天象汽车部件、国盛源化工等一批在外江山人士投资的亿元项目。以“三区合一”为契机，在原有专业招商局的基础上，对招商队伍进行整合、充实，提升专业招商力量。新引进亿元以上项目12个，其中20亿元以上项目1个，全年到位资金突破30亿元。完成土地出让34.67公顷，获得土地出让金1.14亿元。

【推进平台建设】 全力推进发展平台建设，秉承“产城融合、镇园互动”理念，推进山海协作园三期、江东工业园五期、高新技术园一期及莲华山工业园基础设施配套建设，推进江滨南路延伸、莲华山大道贯通、汽车城、高新东路、清湖大道等重点项目建设，全年完成基础设施配套投入2.55亿元。主动推进研发平台建设，会同科技部门推进江山市科技创新创业园建设，并于5月18日正式开园。依托科创园先后引进沈阳变压器研究院、公安部天津消防研究院等29家研发设计企业，有力提升江山市科技创新实力。积极推进成长平台建设，推进江山市电商产业园建设，一期工程已进入实质性施工，并有两家龙头型电商企业入驻。完成开发区小微企业创业基地一期建

江山经济开发区规划图

设，制定《江山经济开发区小微企业创业基地管理办法》，首批3家企业已签约注册。

【企业发展逐步推进】 履行为企服务职能，为企业排忧解难，引导和支持企业转型升级，在全省打响“态度最诚、业务最熟、时效最快、信用最佳、作风最硬”的“五最”企业服务主窗口品牌，优化江山市工业经济发展环境。全力培育龙头企业，鼓励和支持企业通过兼并、联合、重组等方式，走规模化扩张经营之路，培育一批主业突出、拥有自主品牌、区域竞争力强的大型龙头企业。全年新增规上企业9家，亿元以上企业3家。全力推进企业转型，以“腾笼换鸟”和“机器换人”为主抓手，加快闲置低效土地处置力度，全年盘活闲置低效用地12.67公顷，引导和支持企业实施机器换人，共实施机器换人项目25个，投入资金9000余万元。按照市委市政府“培育一批、辅导一批、股改一批、报审一批、上市一批”的总体要求，加强引导和支持企业进入多层次资本市场，梳理和摸排出“五个一”批企业，抓好梯队培育，做好重点扶持和推进工作，其中健盛集团成功在上交所主板上市，科润电力、希尔化工在新三板上市。

【三区合并】 6月26日，市委常委会议作出将江山经济开发区、江山市中部开发办、江山市高新办“三区”合并的战略部署，新的开发区党政班子严格执行政治、人事、财经工作纪律，于7月4日实现班子领导合署办公，“三区”合并后，江山经济开发区形成了“一区三园”的空间布局，总规划面积80平方公里，已完成20余平方公里的开发建设，是衢州各县市（区）中最大的工业平台。园区现有企业392家，其中投产企业369家，规上企业124家，产值亿元以上企业45家。工业经济总量占全市50%以上，形成以三友电子、雷士灯具、科润电力、双氧水、健盛集团等企业为代表的照明电器、输配电、精细化工和高端纺织等产业集群。“三区”合并后，共有干部职工96人，其中班子领导7人；在岗行政干部16人，在岗事业干部42人，自聘人员40人。截至2015年底，负债总额为21.46亿元（含外借款额3.771亿元），累计完成投资33.14亿元。

【健盛产业园】 浙江健盛集团股份有限公司于1月27日在上海证券所主板成功上市（股票代号：603558）。2月，江山经济开发区主动与健盛公司高层对接，提出在江山建设“健盛产业园”。最终确定健盛产业园年产25000

12月30日，健盛产业园签约仪式

万双中高档棉袜、4300吨氨纶橡筋线、2000万套件针织内衣生产线项目，并由江山经济开发区委托中介公司于8月完成可研报告编制。10月10日，成立项目推进工作小组，12月，双方确定《投资协议》框架，并确定于2016年1月上旬签约。

【小微企业创业创新园】 位于江山经济开发区莲华山工业园，小微企业创业创新园标准厂房项目由江山市联兴发展有限公司投资。该项目一次规划设计、分步实施，总投资约9100

万元（含土地出让金），总用地 4.67 公顷，总建筑面积 7.2 万平方米。项目于 2013 年 12 月立项，建设期为 2014 年 1 月至 2015 年 12 月。其中一期计划投资 4500 万元，新标准厂房面积 3 万平方米已建成并通过验收，现已入驻企业 3 家；二期计划投资 4600 万元，新建标准厂房面积 4.2 万平方米。

【科技创新创业园】 江山市科技创新创业园于 5 月 18 日正式开园。总规划用地 60 亩，建筑面积 34550 平方米。其中：工业设计中心办公楼 3890 平方米，人才公寓、食堂、商业服务配套用房 14347 平方米（其中人才公寓楼 245 套，公共食堂约 300 平方米），创业孵化

5 月 18 日，市委书记吕跃龙（左二）视察江山市科技创新创业园

基地 16268 平方米（共 6 幢）。计划总投资 6100 万元，已经完成改造投入运营，共投资金 2000 万元左右。整个建设计划将按照“一次设计、分期实施”的原则实施。园区围绕引领全民创业创新发展定位，将园区分为工业设计（研发）、企业孵化、企业加速、公共创业服务四大功能区。自开园以来，引进与江山市主导特色产业、装备制造、新能源新材料等领域相关联的旋翼机设计和制造、叠片机器人设计和制造、塑料包装设计及制造等企业共计 18 家，沈阳变压器研究院、天津消防器材研究所、国家木质资源中心等重点科研院所 5 家，海维输变电研究所、惠企科技等科技中介 12 家；重点洽谈的西交大快速成型中心、浙江大学计算机辅助产品设计中心、浙江工业大学工业设计中心及浙江理工大学工业设计中心、浙江工业大学工业水泵研究所等 5 家工业设计平台和设计企业也将落地。

【电商产业园】 江山市电子商务产业园项目位于山海协作园内，总规划面积约 100 公顷，项目总投资 30 亿元以上，分为电商产业示范园、电商创业基地、互联网+示范基地、电商制造业基地等四大版块。江山市电商产业示范园，总用地面积约 3.4 公顷，总建筑面积 41000 平方米。主要利用现有亚明、瑞特、腾飞等 3 家企业已建成的标准厂房改造而成，按照“政府引导、企业主体、市场运作、集聚发展”的总体思路，规划建设一个高标准的电商产业示范园。示范园分为网商创业中心、网商服务中心、仓储物流中心、智能仓储和快递服务中心、网商孵化中心、商业和生活配套中心、公共服务中心等功能区块，通过功能布局的改造和电商生态的建立，吸引一批领军型、成长型、初创型的电商企业集聚发展。电商园改造工程已全面启动，招商工作同步开展，第一批企业：江山思远贸易有限公司（“冒个泡”）、江山宝格商贸有限公司（“格格屋”）、浙江通九州网络科技有限公司等 6 家公司确定入驻意向，其中 5 家企业已入驻。深圳狼图腾电子商务有限公司、杭州杰夫电商服务集团、浙商电子科技有限公司等已确定入驻电商创业园意向。

（徐淑琴　吴苹）

商务经济

外向型经济

【概况】 2015年，江山市外贸进出口总额6.92亿美元，比上年增长7.23%。其中出口6.62亿美元，比上年增长5.32%；进口2994万美元，比上年增长78.57%。全市有出口实绩的企业156家，比上年增加9家。出口额100万美元以上企业63家，与上年持平。出口额1000万美元以上企业14家，比上年减少3家。其中，浙江雷士灯具有限公司、浙江杰特机电科技有限公司、江山市博雅贸易有限公司、江山市睿泰进出口有限公司4家企业出口额超过5000万美元；江山市永欧贸易有限公司、江山市亿洋进出口有限公司、江山化工股份有限公司、浙江江山变压器有限公司4家企业出口额超过2000万美元；出口国家171个，比上年增加14个。主要出口商品的出口额为：电光源产品出口11751万美元，比上年增长0.66%，占出口总额17.74 %；机电产品出口10584万美元，比上年下降11.34%，占出口总额15.98%；木制品产品出口 5935 万美元，比上年下降6.25%，占出口总额8.96%；化工产品出口2978万美元，比上年下降9.56%，占出口总额4.49%；纺织服装口2699万美元，比上年下降4.26%，占出口总额4.07%；农产品2105万美元，比上年增长15.15%，占出口总额3.18%；消防产品出口877万美元，比上年增长79.71%，占出口总额1.32%。全年新批外商投资企业1家。合同利用外资143万美元；实际利用外资704万美元，比上年下降32.89%。

【新增境外投资项目】 浙江宝威电气有限公司在墨西哥投资200万美元集变压器系列产品、电力配套设备的组装与销售于一体的独资公司。公司有望通过此次投资，进一步打开北美及中南美洲市场。

【劳务输出】 据已备案的3家劳务中介数据显示，全市劳务输出108人，同比下降32.07%，输入国家主要分布在亚洲和非洲地区，亚洲的新加坡和日本以从事电子机械工、钢筋工为主，非洲市场的主要是阿尔及利亚，以会计师、厨师为主。

【回归外贸公司】 鼓励在外地从事外贸业务的江山人回归办外贸公司，拉动外贸公司出口。全年外贸公司出口27436万美元，比上年增长22.58%。其中江山市博雅贸易有限公司出口5977万美元，江山市睿泰进出口有限公司出口5851万美元，江山市亿洋进出口有限公司出口2925万美元，比上年增长93.81%。

【生产企业出口业绩】 2015年全市生产企业出口总额为37616万美元，比上年下降4.72%。浙江雷士灯具有限公司出口9301万美元，比上年增长10.64%；江山欧派门业有限公司出口1117万美元，比上年增长6.20%；浙江江山变压器有限公司出口2078万美元；浙江江山恒亮蜂产品有限公司出口1635万美元，比上年增长17.54%。

国内贸易

【概况】 2015年，全市实现社会消费品零售总额102.89亿元，居衢州市第二位，比上年增长6.8%。其中，限额以上农村社零3.7亿元，比上年增长8.1%；限额以上城镇社零17.8亿元，比上年下降5.9%；限额以上批发零售业实现零售20.35亿元，比上年下降4.2%；限额以上住宿餐饮业实现零售1.07亿元，比上年增长6.2%。

【大润发江山店开业】 大润发江山店（江山润良商业有限公司）是一家大型会员制的国际连锁平价购物广场，坐落于江山市城北广场，11月17日正式营业。卖场占地面积46868平方米，营业面积9000平方米，楼顶露天停车场、地下停车场可一次性容纳700多辆汽车停泊，外围广场设有1000个摩托车位及1000个自行车位。卖场拥有员工283人，导购252人。经营范围涉及生鲜、杂货、百货和商铺租赁，经营品种达2万多种。

大润发超市江山店

【金陵大酒店开业】 2月14日，金陵大酒店正式营业。酒店位于江山市城北新城，按照国内五星级并参照国际白金五星级标准规划，总投资4.5亿元，规划用地3.8万平方米，占地面积1.67公顷，总建筑面积6.5万平方米，地上面积4.2万平方米。酒店主楼25层，高度92.85米，呈V形沿江布置，大堂位于酒店二层，通高近15米，通体玻璃幕墙，江景尽收眼底。酒店主楼设有270间套全江景客房和金海湾自助西餐厅、大型宴会厅及豪华包厢等多种用餐场所共计餐位数1600余个。

【浙江驰骋控股有限公司】 浙江驰骋控股有限公司前身为江山市左邻右舍便利商店有限公司，是一家集便民连锁、物流配送、商贸营运、电子商务于一体的区域性商业集团，旗下拥有“左邻右舍”“生活驿站”两大便民店连锁品牌，一个“萝卜白菜”电子商务服务平台，下辖驰骋物流、驰骋商贸、上饶驰骋仓储、同驰服务等子公司。门店从2010年的1003家发展到2015年的3000家，销售额已达5.9亿元，网络覆盖浙闽赣三省的33个县市区，成为华东地区最具规模和影响力的商业连锁企业之一，同时也是商务部“万村千乡”试点企业。先后获评中国AAA级物流企业、AAA级企业标准化良好行为单位、全国商贸流通服务业先进集体、国家知识产权保护规范化培育市场、浙江省千镇连锁龙头企业、浙江省重点流通企业、浙江省服务业商业模式创新十佳企业等。

【浙江时代广场商贸有限公司】 东方时代购物中心是一家集精品百货、超市大卖场、休闲餐饮等于一体的江山首个大型综合时尚生活广场，也是地方政府着力打造“三省边际商贸名城”的重点项目。公司经营、代理的精品百货品牌130余个。10月，瑞丽水城开业。11月，必胜客项目开业。全年公司销售收入2.91亿元，同比增长8.58%。

电子商务

【概况】 2015年，全市共实现电子商务交易额51.12亿元，同比增长51.2%，网络零售额达到13.64亿元，同比增长90.15%，占全市社会消费零售总额的比重为13.27%。江山市电子商务产业已形成以母婴产品、农产品为主导，创新推动工业品转型、跨境电商发展的良好局面。据统计，全市开设的网店、微店共4000多家，其中天猫店48家，电商从业人员突破1万人；共建成村级服务网点205个，行政村覆盖率达到70.21%；已建成青年网商孵化园、亚格电商创业园、义佳电商创业园、清泉电商创业园等4个电商园区，建筑面积4.1万平方米的江山市电商产业示范园首批10家电商企业将入驻运营。江山市电子商务创业基地、伟屹智慧产业园项目也在建设中。

【创建省级电子商务示范县】 2014年10月28日举行的浙江省第二批电子商务示范县评比活动中，江山市入围公示名单，并在2015年5月的全省农村电商会议上授牌，完成第二批省级电子商务示范县的创建，成为是衢州市第一个省级电子商务示范县。

【宝格商贸评为省级电子商务示范企业】 江山市宝格商贸有限公司是专营母婴产品的电子商务企业，公司拥有“格格屋”等网络店铺4家，代理销售贝亲、添香、十月结晶等国内外50多个知名品牌的母婴产品，企业销售业绩增长迅速，电商销售额稳居全国母婴同行前列，其中“格格屋”网店商品交易额居全国第三、浙江第一。年内宝格商贸被评为衢州地区唯一一家省级电子商务示范企业。

副市长宁晔（左三）带队调研推进阿里巴巴农村淘宝项目建设

【阿里巴巴江山产业带】 阿里巴巴中国产业带项目是阿里巴巴一个全新的子站点，江山市积极与阿里巴巴集团取得对接，成功上线集结江山优势产业，彰显江山地方特色的阿里巴巴江山产业带。运营一年已引导324家传统企业入驻，线上年交易额超6000万元，日均访客量5000人，特别是“江山木门”品牌效应显著。

【阿里巴巴农村淘宝项目】 10月，江山市与阿里巴巴集团联手的阿里巴巴农村淘宝项目正式启动。该项目计划投入1000多万元，分3年实施，将新建1个江山市级服务中心，180个村级服务站。建成以后，将实现“网货下乡”和“农产品进城”的双向流通功能，拓宽江山乃至整个衢州农产品的销售渠道。年内已完成市级服务中心和第一批32家村级服务站的开业运营。

散装水泥

【概况】 江山市是水泥生产大市，是浙江省新型干法回转窑水泥生产基地。全市现有江山南方水泥公司、衢州南方水泥公司、江山虎集团和协力水泥公司4家水泥企业，水泥产能1300万吨，占全省产能的1/10。江山也是水泥输出大市，江山南方和衢州南方均建有铁路专线，并开通散装水泥专列，散装水泥铁路运量占全省的70%左右。全市拥有散装水泥发放库61座，建成（租赁）散装水泥中转库25座，配备专用火车皮561节；拥有专用车辆（包括散装水泥车、搅拌车、混凝土泵车、预拌砂浆专用车、背罐车等）261辆；拥有散装水泥流动罐1812只，砂浆罐45只。

【散装水泥的发展和应用】 2015年，水泥产量、散装水泥供应量维持回落态势，散装率略有提高：1—12月，全市4家水泥企业水泥产量745.72万吨，同比下降18.45%，其中散装水泥供应量581.71万吨，同比下降15.88%；散装水泥供应率为78.01%，比上年同期提高了2.63个百分点。全市水泥用量56.83万吨，同比下降9.72%，其中散装水泥使用量41.46万吨，同比下降7.73%；散装水泥使用率72.95%，比上年同期提高1.62个百分点。预拌混凝土用量30.39万方，同比下降21.9%；预拌砂浆供应量1.36万吨，同比增长37.4%。

【省预拌混凝土下乡试点达标】 2015年，江山市被确定为首批“浙江省预拌混凝土下乡试点县（市）”，并被评为“第一批浙江省预拌混凝土下乡试点达标县（市）”。该项试点以“政府引导、市场主体、注重实效、惠泽民生”为原则，推进预拌混凝土下乡入村，提高农村建设项目和农民建房的质量，推广绿色节能的农村新型建筑模式，营造安全、健康、舒适的人居环境。全市确定双塔、虎山、上余、四都、碗窑、贺村、清湖、新塘边、坛石等9个乡镇（街道）为预拌混凝土下乡试点乡镇（街道）。至9月底，全市乡镇（街道）个人建房使用预拌混凝土509户，总方量为3.69万立方米，完成全年试点目标任务（500户）的101.8%。

（王　霞）

招商引资

综　述

【招商活动】 2015年，中共江山市委、市政府适应宏观经济形势变化，坚持招商引资工作“一号工程、一把手抓”地位不动摇，深化完善招商引资机制，抓好山海协作和浙商回归工作，拓宽领域，主攻大集团、大企业，实现招商引资大突破。2月26日，召开全市机关干部大会暨招商引资工作动员会。市委书记吕跃龙作“努力以招商引资工作的大突破，开创全民创业创新新局面”的报告。4月10日，在江西省南昌大学举行“坐高铁游江山”新闻发布会暨江山旅游（南昌）推介会。4月30日，在浙江省自然博物馆举行江山市生态文明成果展暨乡村休闲旅游推介会。8月21日，市招商局、经济开发区等部门主要领导赴上海市川沙新镇参加该镇2015年度产业结构调整战略转移对接会。12月3日，在绍兴柯桥区举行“江山—柯桥山海协作产业园”2015年度招商推介会。

【招商成果】 2015年全市共引进招商引资项目238个，到位市外投资额45.56亿元（含续建），同比增长7.05%，引进亿元以上项目23个，其中总投资25亿元1个（健盛江山产业园）。同时，谋划储备、跟踪洽谈一批大项目，获取10亿元以上项目信息共30多个，已签约推进杭开光伏产业园、抠抠网江山运营及结算中心项目、中国江山国防教育文创旅居三产联动综合发展实验区项目、嘉兆海洋城、同恒多多娱乐保税城等17个重大项目。

招商机制

【市级领导挂帅招商机制】 按照市委、市政府领导每人2个项目，市人大、政协领导每人1个项目的要求，安排49个固投4000万元以上的招商项目或重点产业，落实34位市领导挂帅领衔，并明确牵头部门和配合部门，组建专门的招商工作小组，由市级领导担当主力，每个招商工作组明确目标任务，落实工作责任，实行绩效考核，并配套出台《重大招商项目市领导挂帅招商机制》，在人员、经费上给予充分保障，在精力、时间上明确要求，市党政主要领导每星期至少安排1个人次外出招商或接洽项目，其他市领导及部门、乡镇（街道）主要领导每月至少安排 4 天以上抓招商引资。

【深化专职招商工作机制】 在上海、深圳两大国内经济发展中心和省会城市杭州集中布局驻点，成立 3 个驻外招商分局。着重在产业、科技信息、金融、人才、商贸、旅游健康休闲服务、浙商等八个方面进行精准对接，各分局设局长 1 名、副局长 1 名，工作人员 3 名。局长由科局级领导担任，在全市科局级干部中推选，成员由一批“肯学习、懂经济、善交往、事业心强”有志于招商的干部组成，在全市面上选拔。同时，充分加强招商干部的业务培训，让干部“走出去”学，把专家“请进来”教，促进招商干部加快自身能力提高。

【产业招商研究机制】 全市成立 19 个产业研究领导小组，对各产业进行分析研究，画出招商地图、产业地图，其中输配电、照片电器、木门（家居）、消防器材、养生养老、信息经济等产业领导小组均完成各自产业、行业的分析材料及相关规划。着手谋划一批项目对外招商，依托自身优势产业和资源，对接省发展重点和产业导向。并依托行业洗牌企业和扩张企业的需求，引进双塔主题公园、梦江郎国际房车基地、“心宿石门”、海洋城、多多娱乐保税城等项目。

【研判对接机制】 分产业成立招商项目咨询评议小组、专业谈判小组，出台项目咨询评议、专业谈判等机制，起草《重大招商引资项目信息研判联席会议制度》，通过每月一次的联席会议，重点解决项目前期的信息研判和跟进过程中的任务交办与组织协调，保证项目顺利推进。自 8 月以来，市招商局牵头组织 5 次全市重大招商引资项目信息研判联席会议，筛选出 11 个 10 亿元以上项目和 11 个亿元以上工业项目作为重点推进，每周形成进度汇报。

【借力招商机制】 做好现有企业的后续管理和跟踪服务工作，梳理一批已成功落户江山市的上市公司、名牌企业、重点企业，通过靠前精细化服务支持和推动其扩张投资二次创业；引导龙头企业围绕各自的产业链条和发展战略，开展上下游配套项目的招引与合作；引进一批外来投资企业对破产企业存量资产、生产要素重组，实现“零土地招商”；依托一批战略投资者、产业龙头企业和各行业骨干企业营销人员，挖掘其人脉、市场等资源，获取一批招商信息。广泛宣传《江山市中介招商奖励暂行办法》，并完善奖励机制，加大中介招商政策兑现力度。探索开展专业机构招商，加强对专业机构成功招商案例的分析研究，掌握具体操作流程，寻找高端中介机构，筛选一批与江山市优势产业和重点发展产业配套的行业协会，进行重点对接合作，争取派员挂职。加强在外商会建设，有序推进江山商会在全国各大中城市的布点，年内完成宁波、杭州、郑州等地的商会组建，并有计划地组织小分队到各异地商会召开推介会、座谈会，介绍家乡投资政策、建设规划、招商项目等。同时，拓展浙商信息服务平台，开展在外浙商信息采集工作，建立外浙商资源库，挖掘知名浙商、实力浙商，并通过“天下江商”“江山招商”微信公众号等为在外浙商提供招商信息、政策信息、项目信息等。

【宣传推介机制】 打造短信平台、微信公众号、微信群等项目动态管理系统“三位一体”信息平台。开通短信平台，招商引资工作重要信息在第一时间通过短信群发，开通涵盖全市各单位从事招商工作人员的“江山招商”

微信群及涵盖异地江山商会、同乡联谊会会长、秘书长等的“天下江商”微信群，畅通信息互通渠道，强化宣传效果。开通“江山招商”微信公众号，实现招商信息在全市范围内的共享和利用和项目阶段性成果的实时更新。同时，完善招商宣传资料及项目库，编制《天赋好水 绿色江山》水饮料和绿色食品投资指南、《江山市重大招商项目本》《江山市输配电招商手册》等招商引资资料，建立涵盖产业发展、公共服务等领域项目库，把一批主导特色产业关联项目、优势资源项目、基础设施和公共服务领域的 PPP 试点项目纳入项目库。积极依托商会、山海协作、节会活动等开展全方位招商推介，发掘信息，寻找商机。在江山毛氏文化旅游节、“全国木门峰会”等节会，在郑州、宁波、杭州等江山异地商会成立大会，在渝洽会、西洽会、义博会等山海协作活动会上开展招商推介。同时，赴省自然博物馆“吆喝”江山旅游资源和投资环境，赴上海举办“江山工业平台、旅游资源”招商推介会，并邀请“退二进三”企业 50 余家，赴绍兴柯桥举办共建产业园招商推介会，签约项目 3 个，对接当地知名企业 30 余家。

浙商回归

【浙商回归主要活动】 7 月，由省工商局领导带队到江山市进行浙商回归半年度督评工作，督查组实地考察了娃哈哈、伟屹智慧产业园、浙江天际互感器 3 个项目，并听取项目进展汇报。8 月，四川华朴现代农业股份有限公司与江山市人民政府正式签订战略协议，计划三年内建成万亩高标准红心猕猴桃种植基地和 3 万吨果品深加工基地。同月，衢州市上海商会会长、上海巨腾集团董事长罗欣和上海徐家汇商城有限公司党委书记、董事长喻月明一行赴江，就茶博园项目进行对接，双方就品牌运营、合作模式等方面进行深入洽谈。上海瑞华集团董事长帅鸿元、上海现代服务业联合会副会长叶黎明等来江，与江山市就新能源汽车及现代旅游、服务业项目进行深入交流，共同探讨双方的合作空间。国防教育基金管理委员会主任谢赓一行就军事文化创意产业园项目与江山市进行对接，并举行项目指挥部成立揭牌仪式。9 月，杭萧钢构股份有限公司（国内首家钢结构上市公司）战略发展中心总经理许荣根一行，就建筑材料工业化生产基地项目与江山市进行对接，双方重点就合作模式、项目推进等方面深入洽谈。同月，江山市还与杭开集团、嘉兆控股公司成功签约，杭开集团计划 3 年左右，在江山市投资 20 多亿元，建设 3 万户家庭型农村屋顶光伏发电系统、20 ～ 30 兆瓦农光互补光伏地面电站和 500 万台微型光伏逆变器生产基地等 3 个项目。嘉兆控股公司计划投资 12 亿元，在江山市建设一个集旅游、娱乐、休闲、购物、餐饮等为一体的多元化城市综合体。当月，市长叶美峰率队赴中国华能集团浙江分公司实地考察，对接清洁能源产业项目。中国低碳产业投资中心执行主任林金木等一行第二次来江考察洽谈低碳智慧城市顶层设计与项目落地事宜。浙江同恒控股集团有限公司与江山市人民政府签订多多亚太娱乐保税城项目投资合作框架协议。10 月，浙江瑞亚能源科技有限公司与江山市政府签订《江山市新能源项目开发合作框架协议》。11 月，抠抠网络科技有限公司与江山市签订《抠抠网江山运营及结算中心项目投资合作框架协议》。项目总投资约45亿元，拟在城北新城商务中心区块投资建设汇集“8+1”功能的智能骨干网，包括抠抠网浙江结算中心、区域物流中心、云端产业商务中心、文化体验中心、线下品牌体验中心、农业展示体验中心、旅游体验中心、互联网大学（抠抠大学）以及O2O PARK等。

【引进浙商回归项目】 全市共引进浙商回归项目58个，实际到位资金40.36亿元。其中，总部回归项目7个（综合性总部3个）、人才科技项目10个、产业回归项目25个，资本回归项目16个。引进10亿元以上大项目2个，分别是总投资20亿元的江山正泰林农光伏项目和总投资10.5亿元的创鸿城时尚定制家居产业园项目。

山海协作

【山海协作活动】 1月，柯桥区政协主席孟柏干一行到江山考察古镇保护利用工作。2月，柯桥区委副书记、区长阮建尧率队来江山市对接山海协作工作，其间考察廿八都古镇保护开发工作，并向江山市捐赠100万元结对帮扶资金。9月，柯桥区区委书记徐国龙率队来江山市举行江山——柯桥山海协作产业园第六次联席会议，并签订《深化山海协作工作协议》。11月，江山市委副书记舒畅带队到柯桥区考察新农村建设工作。12月，柯桥区委副书记马芳妹带队到江山开展“山海协作文化走亲”活动，并组织以柯桥区小百花越剧团为主的100多名演职人员在江山举办大型文艺演出，宣传山海协作工程和“五水共治”等工作。

【产业园建设】 截至12月底，江山——柯桥山海协作产业园已累计投入各项开发建设资金10.3亿元，完成开发建设面积466.67公顷，其中可供出让用地225公顷，已出让土地95.6公顷。引进大唐发电、娃哈哈、大北农等行业领军型企业在内投资的工业项目23个，协议总投资67.47亿元，到位资金40亿元。全年固定资产投资完成15.97亿元，其中基础设施4.65亿元，工业项目投入11.32亿元；新增开发面积66.67公顷。新引进项目5个，总投资额10.76亿元，分别是投资5.3亿元的米纳丝门业、3.1亿元的肖恩电子、1.1亿元的逸含化纤二期、1亿元的宏振饮用水和0.26亿元的喜隆门门业。新投产企业6家，分别是娃哈哈饮品一期、大北农、骏驰纸制品、逸含化纤一期、江铸机械和家乐福门业。

【引进山海协作项目】 全年共引进山海协作项目18个，总投资17.03亿元，到位市外投资额33.43亿元（含续建项目到位资金25.13亿元），同比增长13.59%。全年共组织6家企业参加西洽会、义博会，扩销产品总额达1.5亿元。为福临旺家、华隆能源等3家企业争取省对口协作开发专项资金75万元。获得柯桥区发改局、杭州市下城区商务局、江干区商务局等单位山海协作帮扶资金135万元。江山——柯桥山海协作产业园获得省级山海协作产业园基础设施补助资金1600万元、考核奖励资金700万元，重大项目奖励资金500万元。

（市招商局　供稿）

农 业

综 述

【农业产业化】 2015年，新增省级农业龙头企业2家，新评定江山市级农业龙头企业4家，全市共有县级以上农业龙头企业92家，其中国家级1家（恒亮），省级8家（天蓬、绿业、松兴、农贸城、金凯、福赐德、健康、欧派），衢州市级34家，江山市级49家。新增有机农产品6家、省级无公害农产品产地11个，国家无公害农产品12个，全市共有省级无公害农产品产地43个、国家无公害农产品48个、无公害农产品基地面积4000多公顷；绿色食品15个、基地面积666多公顷；有机食品36家企业的61个产品、面积达1333多公顷。

【家庭农场】 全市共有经工商注册登记的家庭农场797家，其中农业580家，林业161家，水利56家。按企业登记类型划分，有个人独资企业注册登记的237家，个体工商户注册登记的560家，涉及粮油、果蔬、畜禽、水产、食用菌、林木、茶叶等多种产业，注册总资本达4.85亿元，经营总面积达6353.34公顷。全年新评定15家江山市示范性家庭农场。至年底，全市共有60家各级示范性家庭农场，其中江山市级示范性家庭农场59家，衢州市级28家，浙江省级16家。

【休闲观光农业】 全年创建江山市级休闲观光农业示范园点10个，先后与有关单位组织举办桃花节、江山绿牡丹开茶节、枇杷节、浙、闽、赣三省四县（市、区）精品蔬菜瓜果节等农事节会。通过推介和宣传，江山保安风情小镇一日游成为浙江休闲农业与乡村旅游精品线路，廿八都浔里村荣获“2015年中国最美休闲乡村”，江山市绿川农业科技有限公司被评为全国休闲农业与乡村旅游4星级示范企业。

【农业项目资金】 全年各类项目资金和直补资金18792.84万元，其中到位项目资金9543.84万元，耕地地力保护、规模种粮、农机购置等直补资金9249万余元。

【农产品质量安全追溯体系建设】 2014年9月出台《江山市农产品质量安全追溯体系建设实施方案》，市委、市政府把这项工作列为2015年为民办十件实事之一。市农业局先后举办2期生产主体农产品质量追溯示范点建设培训班暨全市农产品质量追溯体系建设动员会，全市90多家生产主体参加动员培训。年末，全市共有95家主体建立了追溯系统，其中66家配备“农药残留”速测设备、10家主体配备“兽药残留”速测箱。市、乡镇、主体三级农产品检测数据对接共享，市农产品检测中心、全市17个乡镇、73家主体的检测数据实时上传到“江山市农产品质量安全监管信息网”，监管平台的相关功能逐步完善和提高。

【现代农业园区建设】 实施现代农业园区基础设施建设项目12个，总投资540万元，完善现代农业园区内道路、指示牌等基础设施建设。东部现代农业综合区成功创建省级现代农业综合区，林业总场用材林示范区、四都油茶精品园、康普螺旋藻精品园、闲野大鲵精品园、峡口镇用材林精品园等成功通过省级验收。开展江山市级现代农业园区申报创建，新确定创建点10个，累计规划江山市级现代农业园区创建点68个。全市已累计创建省级现代农业综合区2个、主导示范区3个、特色农业精品园15个。

11月，副市长徐文（右一）在江山市现代农业综合区芦笋基地调研蔬菜产业

【粮食功能区建设】 整合水稻产业提升、千亿斤粮食增产工程、水稻生态补贴等项目资金5061万元，建成粮食生产功能区1146.67公顷，共涉及9个乡镇（街道）18个田畈，其中贺村镇十岱畈粮食生产功能区创建成为省级粮食生产功能区。截至年底，全市已建成粮食生产功能区8200公顷，创建省级粮食生产功能区3个。

【完成养殖污染整治】 制定《江山市养殖污染整治“百日攻坚”行动方案》，出台《生猪排泄物污染防治管理办法》，依法依规拆除违规养殖场，严格养殖场生态治理标准。全年共关停退养养殖场4211个、面积186万平方米，其中关停猪场3007个、面积130万平方米，退养猪场1204个、面积56万平方米。通过工程治理或生态治理验收保留猪场197个，成功创建无猪村203个，无猪乡镇（街道）4个。同时，创新推行控量监管、排放监管、智慧监管、联动监管和零排放养殖等“4+1”生猪养殖管控模式，确保一江清水出江山。

【农业机械化】 全年全市农业机械总动力达40.6万千瓦，比2014年增长1%。其中，大中型拖拉机增加32台，增长25%；插秧机增加9台，增长7%；收割机增加55台，增长20%；烘干机增加35台，增长66%。首次引进无人机4台，秸秆还田机1台，农业机械原值达到5.4亿万元。全年落实农机补贴资金627.06万元，其中中央补贴资金485.106万元，省级补贴资金99.37万元，县级补贴资金42.59万元，受益农户560户，总补贴机具811台，农业机械报废补偿资金7.15万元。

【农业三项补贴政策综合改革试点】 出台《江山市农业三项补贴政策综合改革试点方案》，由传统的农作物良种补贴、种粮农民直补和农资综合补贴“三项补贴”，改革创新为“耕地地力保护补贴”“粮食适度规模经营补贴”，引导组建粮食生产专业合作社联合社，完善粮食补贴政策体系。在新塘边镇开展粮食生产专业合作社联合社的组建工作试点，成立江山市哲农粮食专业合作社联合社。

【启动农村土地确权登记颁证工作试点】 2015年，江山市被省农业厅确立为农村土地承包经营权确权登记颁证工作试点县。出台《江山市关于做好农村土地承包经营权确权登记颁证工作的实施意见》，建立由市长叶美峰任组长、分管副市长徐文任副组长，农业、农办、财政、国土等部门负责人为成员的农村土地承包经营权确权登记颁证工作领导小组。12月17日，召开全市农村土地确权登记颁证工作动员大会，全面部署启动农村土地确权登记颁证工作试点。

【规范农村“三资”管理】 完善“三资”管理相关制度，出台《关于加强村级非生产性开支监督管理的意见》和《关于明确农村集体“三资”监管工作职责的通知》，组织开展农村“三资”管理工作业务培训，共培训50多人次。深入峡口、石门、清湖、碗窑、廿八都等乡镇开展农村集体“三资”管理监督检查，对发现的问题及时加以整改。

【推进土地流转】 全市土地流转面积累计15.08万亩，2015年新增0.34万亩，流转率51.1%；单宗30亩以上、流转期限5年以上规模连片流转面积7.6万亩；百亩以上经营主体221个，流转面积5.9万亩。

【农民信箱工程】 至年底，全市浙江农民信箱注册用户34782户，规范用户数34781户，其中开通掌上农民信箱用户2230户。通过农民信箱短信平台发送个人邮件56539个，群发邮件1010个，发送个人短信53455条，群发短信1467条。发布各类信息567条，其中发布农产品供求信息210条，农产品买卖信息248条，反馈联系5700多人次，成交额近400万元。宣传农产品链接及采摘、农展会等信息82条。开展浙江农民信箱万村联网工程建设，全市305个行政村（社区）建成符合农业现代化评价指标的网站，建站率100%，其中符合农业现代化评价指标的行政村（社区）网站305个，农业信息化水平达100%。碗窑乡红石桥村、贺村镇耕读村、双塔街道周家青社区、虎山街道西门社区、凤林镇英岸村等被评为万村联网“季度之星”。2014—2015年，江山市农民信箱工作荣获浙江农民信箱工作考核优秀单位。

粮食和特色产业

【概况】 2015年，全市粮食播种面积29713.35公顷，总产20.00万吨，其中水稻播种面积23286.68公顷，总产17.51万吨。生猪饲养量99.92万头，产值12.92亿元；家禽饲养量1638.32万只，产值3.75亿元。食用菌栽培量1.75亿袋，鲜菇产量7.8万吨，产值5.9亿元。蔬菜播种面积8493.34公顷，蔬菜总产24.21万吨，产值3.94亿元。中药材种植面积221.27公顷，总产量1831吨，产值0.88亿元。茶园面积3366.67公顷，茶叶总产2050吨左右，产值1.57亿元，连续3年获得“全国重点产茶县”荣誉称号。蜂群23.9万箱，总产值14.53亿元，蜂业规模与经济效益连续24年位居全国各县（市）第一。

【粮食生产】 全年全市粮食播种面积29713.35公顷，粮食总产20.00万吨。其中，水稻播种面积23286.68公顷，水稻总产17.51万吨。

【畜牧业生产】 2015年，全市生猪饲养量下降明显，家禽饲养量增长。生猪饲养量99.92万头，同比减少39.02%；生猪出栏70.06

万头，同比减少36.45%；生猪存栏29.86万头，同比减少44.29%，其中能繁母猪存栏2.97万头，同比减少63.87%。家禽饲养量1638.32万只，同比增加10.42%；家禽出栏1276.48万只，同比增加10.10%，家禽存栏361.84万只，同比增加11.57%。家禽养殖以肉鸡养殖为主，全市肉鸡养殖量1317.93万只，同比增加11.29%。全市主要畜禽（猪、禽）养殖产值166707.49万元，同比下降18.44%；其中生猪生产产值129159.18万元，同比下降25.35，家禽生产产值37548.31万元，同比增加19.73%。

【食用菌生产】 全市食用菌栽培总量1.75亿袋，其中工厂化金针菇3540万袋，秀珍菇6260万袋，占全年食用菌栽培总量55.97%，鲜菇总产量7.8万吨，产值5.9亿元。工厂化金针菇、秀珍菇是江山市食用菌当家主导品种，黑木耳、香菇、灵芝、茶树菇、草菇等品种正在加快推广。

【蔬菜生产】 全年全市蔬菜播种面积849公顷，比上年增加13公顷；总产量24.21万吨，比上年增加1.06万吨；产值3.94亿元，比上年增加100万元。完成新发展蔬菜基地59.48公顷，新创建衢州市蔬菜标准园区2个。1月12日，江山市秀地生物科技有限公司登录“上海股权托管交易中心报价系统”成为江山市蔬菜行业第一家挂牌股交中心的企业。

【中药材生产】 全市种植中药材品种有白芨、铁皮石斛、黄精、元胡、贝母、白花蛇舌草、金银花、白术、灵芝、米仁、竹荪、金线吊葫芦、红虎刺、大叶青、莲茵陈、夏枯草、七叶一枝花、麦冬、何首乌等20多个，主要分布在凤林、保安、碗窑、张村、塘源口、上余、大陈、四都、清湖等乡镇，种植地绝大部分都是无法灌溉的高山丘岗山地，不与粮棉争地，经济效益显著，同时还绿化了荒山，保证了市场需求，具有较好的生态效益和社会效益。全年种植面积221.27公顷、总产量1831吨、产值0.88亿元，与2014年种植面积93公顷、总产量689吨、产值0.38亿元相比，面积增加128公顷，增长137.07%；总产量增加1142.0吨，增长165.75%；总产值增加0.5亿元，增长131.57%。

【茶叶生产】 全市茶园面积3366.67公顷，茶叶总产2050吨左右，产值1.57亿元，连续三年获得“全国重点产茶县”荣誉称号。

【蜂业生产】 全市蜂群23.9万箱，总产值14.53亿元，其中养蜂产值3.942亿元、经销加工产值10.59万元、直接出口产值约为2100万美元。蜂业规模与经济效益连续24年位居全国各县（市）第一。

农业行政执法

【农业综合执法】 2015年，江山市农业行政执法大队被农业部命名为“2015年度全国农业综合执法示范窗口”单位。全年共出动执法人员500人次，检查农资生产经营单位470家次，共查处农业违法案件25起，其中，动物卫生案件6起、生猪屠宰管理案件1起、农业投入品案件18起，罚没款8万余元。查获不合格农药295公斤、不合格种子1924公斤、不合格肥料58公斤、不合格兽药72盒，未经调运检疫的种子1620公斤。全年共处理农民投诉15起，达成补偿5.05万元。

【开展高毒农药定点经营管理】 4月16日，出台《江山市全面实行高毒农药定点经营管理实施方案》。4月底，市农业局组织召开全市高毒农药定点经营管理工作会议，全市231家农药经营户和20个乡镇（街道）农技干部参加会议，会上解读《江山市全面实行高毒农药定点经营管理实施方案》，发放统一制作的“江山市农资经营管理制度”“国家规定的禁限用农药名录”，同时与各农药经营户负责人签订《农资生产经营告知承诺书》。9月18日，市农业局为34家高毒农药定点经营单位予以授牌，同时签订高毒（限用）农药定点经营责任书。高毒农药定点经营管理实施后，实行专柜销售、实名购买，逐步实现高毒农药从流通到使用的全程监管。

【开展农业执法专项检查】 1月，开展“瘦肉精”专项检查，先后检查养殖场169家，其中生猪养殖场163家、牛场6家；快速检测尿样333头份，其中检测生猪尿样320头份、牛尿样13头份。2月，开展养蜂环节质量安全检查，先后检查恒亮、福赐德养蜂基地及上余、长台等地养蜂场，现场送达源头追溯标签9500多张，养蜂日记70本，要求蜂农严格按养蜂标准生产，禁止使用禁用蜂药。5月，开展豆芽专项检查，对全市11家豆芽生产小作坊进行突击检查，并当场签订《江山市豆芽菜生产质量安全告知承诺书》。7月，对油菜籽市场进行一次专项检查，并随机抽取2个样品送省化工研究院进行检验。

动植物疫病防治

【动物疫病防控】 开展以高致病性猪蓝耳病、高致病性禽流感、生猪口蹄疫、猪瘟为重点的春夏秋冬季重大动物疫病防控工作。加强动物监测预警，采取日常检测和集中检测相结合的办法，共监测各类动物疫病9241份，其中监测高致病性禽流感免疫Re—6株抗体1134份，Re—7株抗体182份，检测新城疫抗体3456份，监测猪瘟抗体696份，O型口蹄疫抗体748份，监测高蓝抗体50份，监测布氏杆菌病656头份，H7N9 2319份，送省、市各类病料1257份。

【植物疫情防控】 根据早稻中后期受持续降雨天气影响，及时印发《关于切实做好早稻穗瘟防控工作的通知》，同时派出农技专家深入田间指导，有效控制早稻叶瘟和穗颈瘟的发生危害。抓住单季晚稻褐稻虱、白背稻虱、稻瘟病、稻曲病等重大病虫防控的有利时机，推广水稻病虫绿色防控技术，推荐绿色高效低毒农药，推行农药减量控害。全年实施水稻重大病虫综合防治26000公顷，占水稻播种面积的94.9%，农药减量控害面积18000公顷，比2014年减少农药使用量67吨，减少15.8%，开展农作物统防统治7666.67公顷。在峡口镇实施整建制统防统治与绿色防控融合试点，在王村大坂建立绿色防控示范区，全市开展绿色防控技术推广面积3000公顷。累计全年发动病虫、草害防治面积371.2万亩次，直接挽回粮食损失35697吨，经防治后仍损失粮食3717吨，损失率1.7%。年内，加拿大一枝黄花发生面积176.9亩，开展加拿大一枝黄花防控245.24亩次，投入人工880工次，使用41%草甘膦异丙胺盐水剂320公斤，投入防控经费10万多元。

（严水美）

农业综合开发

【高标准农田项目】 2015年，江山市农业综合开发办共实施高标准农田建设项目4

个。长台西溪畈高标准农田建设项目共投资1176万元，其中省以上财政资金980万元，市财政配套196万元，新建拦河坝1座40米，灌渠33条3.49公里，排渠9条3.35公里，渠系建筑物184座，新建和修建机耕路18条8.8公里，高标准农田建设466.67公顷。石门高标准农田建设项目共投资1008万元，其中省以上财政资金840万元，市财政配套168万元。修建泵站1座22千瓦，新建和修建拦河坝8座、总长172米，改造蓄水池1座，新建和修建灌渠47条29.91公里，新建排渠2条0.38公里，配套渠系建筑物169座，高标准农田建设400公顷。定塘社畈高标准农田建设项目共投资1556万元，其中省以上财政资金1120万元，市财政配套324万元，项目区群众投工投劳折资112万元，新建灌溉渠道16条8.71公里，排水渠道6条6.39公里，开挖疏浚渠道40.52公里，配套渠系建筑物236座，土地平整400亩，新建和修建机耕路26条15.58公里，新建机耕桥3座，高标准农田建设533.33公顷。坛新畈高标准农田建设项目共投资1596万元，其中省以上财政资金1330万元，市财政配套266万元；新建灌渠17条8.708公里，排渠14条6.969公里，渠系建筑物210座，机耕路22条10.483公里，机耕桥7座；修建机耕路1条0.78公里，蓄水池2座，灌溉泵站1座15千瓦，机械平整土地13.13公顷，高标准农田建设600公顷。

【猕猴桃特色园项目】 江山猕猴桃特色园项目（二期）建设于2014年启动，总投资1200万元（其中财政资金600万元）。2015年，完成新增基地（苗木种植）151.53公顷，喷滴灌设施193.73公顷，钢筋砼架190.07公顷。

【产业化经营补助项目】 浙江天骄畜牧专业合作社“新建700亩蔬菜基地基础设施建设项目”，总投资323万元，其中省以上财政180万元，市财政配套20万元，合作社自筹123万元，建成钢结构大棚5424平方米，沼液滴灌工程14公顷，道路硬化1.73万平方米；铺设电缆线2800米，配电箱38只。江山市清润火龙果专业合作社“30亩红心火龙果种植基地扩建项目”，总投资283万元，其中省以上财政资金162万元，市财政配套18万元，合作社自筹103万元，新建钢架结构大棚2万平方米、安装水泥柱7000根、路面硬化1540平方米、蓄水池880立方米、现浇渠569米、微灌设施20000平方米、供水设施1套、供电设施1套；采购仪器设备太阳能杀虫灯2盏、整体冷库设备1套；科技投入引进新品种火龙果苗2.64万株。

【国家试点项目】 国家农业综合开发“一县一特”产业发展试点项目——江山市猕猴桃特色园项目（全省3个），总投资2663.82万元，其中省以上财政资金1000万元，市财政配套200万元，合作社自筹1463.82万元；已完成苗木种植270.13公顷，水池42个、蓄水能力6719立方米；钢筋砼架329.53公顷（其中新立架169.8公顷、架改造159.73公顷）；微灌设施68.87公顷。国家农业综合开发扶持龙头企业带动产业发展试点项目——浙江江山恒亮蜂产品有限公司“年产250吨雄蜂蛹冻干粉、蜂王浆（冻干粉）加工新建项目”（全省4个），投资2080万元；已建成净化车间4153.5平方米、生产车间2358立方米、冷库2600平方米；配套真空冷冻干燥机、螺旋式真空泵、搅拌罐等仪器设备163台套。

（柴小娟）

林 业

综 述

【概况】 江山市林业局围绕“绿水青山就是金山银山”这一绿色发展主题，为加快建设幸福江山打下坚实的生态保障。全年新增平原绿化面积 246.67 公顷，人工造林（含封育）446.67 公顷，迹地更新 454 公顷，四旁植树 99 万株，平原林木覆盖率从 24.84%提高到 25.52%。全市有森林面积 147066.74 公顷森林蓄积量 723 万立方米，森林覆盖率达 70.8%。连续多年被评为全省林业工作先进集体，并获“浙江省‘1818’平原绿化行动先进集体”等称号。

【创建仙霞岭自然保护区】 围绕“一年建成省级，三年争创国家级”的目标，科学编制总体规划，推进仙霞岭自然保护区创建工作。全面完成公益林界定，将保护区范围内原有约 30%的商品林，全部划入生态公益林。至 2015 年底，保护区内国家级公益林有 2979.13 公顷，省级公益林有 4010.87 公顷。在保护区涉及的 2 个主要村以及 6 个插花山乡镇（11 个村）全部进行保护区拟建情况公示，公示结果全部无异议。市乡村三级层层签订保护区山林统管协议，争取到各级支持。专门邀请省林业调查规划设计院、浙江自然博物馆以及浙大、浙师大、浙江农林大等高等院校，组成专家组对仙霞岭自然保护区进行综合科学考察，相继完成自然地理、植被、维管束植物、脊椎动物、旅游资源、社区及社区经济等方面的调查成果，形成科学考察报告，掌握区内自然资源和生物多样性，特别是重点保护野生动植物的种类和分布等状况。聘请江山电视台资深专题记者对科考队进行跟拍，及时整理和留存大量影像资料，制作完成保护区创建专题片，并将科考影像纪录在市政府公共电视上进行滚动播放。11 月 6 日，省林业厅、省环保厅及省自然保护区评审委员会组织专家，对仙霞岭自然保护区的科学考察报告、总体规划等申报材料进行论证评审，出具评审意见，同意推荐江山市规划区域申报省级自然保护区，并明确保护区的几个基本要素：省级名称为江山仙霞岭省级自然保护区，国家级名称初定为浙江仙霞岭自然保护区；保护区范围以江山廿八都镇周村村高峰为中心，东至浙江与福建省界的社屋坑山背，南至省界平水黄，西至周村、兴墩两行政村边界，北至周村村横坑，土地总面积 6990 公顷，其中林业用地6896.14公顷，非林业用地93.86公顷，分别占土地总面积的98.66%和1.34%，保护区林地属集体所有，权属清晰。其中，以廿八都野猪浆猕猴保护小区（伯乐树保护区）和龙井坑天然次生林为重点划定核心区2979.32公顷（42.62%），沿核心区向外拓展765.22公顷范围为缓冲区（10.95%），缓冲区外围3245.46公顷为实验区（46.43%）。

【推进“彩化江山”建设】 全市各乡镇（街道）均建成有一个特色鲜明主题公园和一条彩化风情大道。计划创建的省级森林城镇（保安乡）已通过省关森委预检，计划创建的3个省级森林村庄已通过衢州市林业局预检，25个村庄被命名为衢州市级森林村庄。3月12日，组织开展市四套班子领导集中义务植树活动，并相继组织开展了第二届“网友植树节”、庭院绿化示范村评比、最美古树和最美古树群评选等活动，营造了全民参与生态建设的良好氛围。发挥“森林生态修复”在“五水共治”中的独特功能，整合现有工程项目，全面推进“四边绿化”、“三改一拆”复绿、重点防护林、森林抚育等项目建设，全市共完成“三改一拆”复绿面积144亩，河道绿化面积246亩，6个省督查出的绿化缺失点已全部落实整改措施，对全市重要地段的绿化缺失情况进行地毯式排查，共排查出85处绿化缺失问题，已全部完成断点续接。

【林权体制改革】 开展林权体制改革试点，大力扶持和推广林权股份制合作，并起草出台《江山市林地经营权流转证管理办法》等一系列方案章程，全市通过公共交易平台流转集体林木、林木和林地共计42起，流转面积计217.67公顷，流转交易金额927万元；林权抵押贷款16起，贷款金额1368万元，抵押面积392.8公顷。

林业生产

【“半小时乡村生态走廊”建设】 通过实施“百家景观庭院、百处彩化精品、千里景观廊道、万顷村郊片林、百万亩彩色健康公益林”等“百千万”绿化提质工程，将农村的绿化亮点汇聚成线，建成集旅游观光和休闲宜居于一体、可供步行游览半小时以上的乡村生态休闲走廊。2015年，全市已有50个示范村基本建成“半小时乡村生态休闲走廊”。

【兴林富民工程】 推进“四换三名”战略，引导木业产业集群“抱团升级”，在整体经济增速放缓的大环境下，实现木业产业的平稳健康发展，特别是木门家居产业发展势头强劲，全年实现产值68亿元，成为整个木业产业的主导产业。同时，组织开展“中国定制家居名城”创建，申报材料上报至中国林业产业联合会。坚持以工业化理念提升现代林业园区，推动林业一、二、三产业高度融合，实现集基地生产、加工和营销于一体的全产业链发展，打造“一亩山，万元钱”的精品示范点。江山市东部省级现代林业综合区完成建设任务，并通过省级验收。全市新增猕猴桃面积151.53公顷，占2000亩计划数的113.7%，新增油茶面积73.33公顷，占1000亩计划数的110%，引导农户利用林下土地和空间资源，发展林茶、林药、林禽等林下经济，全市新增黄精、竹荪、杨桐等林下套种面积106.67公顷，占1000亩计划数的160%；开展“最美森林古道”评选等一系列森林旅游宣传攻势，“进森林氧吧、尝森林美食、赏森林美景”的森林休闲养生理念逐渐深入人心。

林政管理

【林地征占用管理】 根据省林业厅统一部署，江山市重点排查采石采矿、光伏发电、房地产开发项目等非法侵占林地行为。截至年底，全市共清理排查非法侵占林地案件17起，涉及林地7.08公顷，毁坏林木蓄积17.4立方米，已全部立案查处，其中16起已全部查处到位，共处罚金72.77万元，收回林地1.89公顷。配合国家林业局和省林业厅重点跟踪督办4起林地违法违规案件，处罚违法面积1.76公顷，罚款34.48万元。建立涉林垦造耕地项目监管的长效机制，起草出台《关于切实加强涉林垦造耕地监管切实保护林地资源的通知》，明确省禁“十个范围”标准，从选址立项、林木采伐、造林更新管理到地类认定，几个关键环节都提出明确要求，督促各地规范管理，把各地林技员作为项目选址的第一道把关员，切实保护好林地资源，加强监管，确保涉林垦造耕地工作更加规范有序，林地得到有效保护。

【编制湿地保护规划】 湿地保护工作被纳入全省“五水共治”考核，7月29日，江山市湿地规划通过省级专家评审，并于11月19日得到市政府批复同意，正式发布实施。同时，市政府将碗窑水库、白水坑水库、峡口水库和江山港湿地列入第一批保护名录并予以公布。

【古树名木保护】 开展最美古树和最美古树群评选活动和古树名木保护情况清理排查工作，按照轻重缓急及等级侧重等原则，共排查出43株亟须加强保护的古树列入下一步保护计划。通过森林资源保护项目，落实保护经费9.8万元，用于更换保护牌450株，并重点落实保安古柿树群保护。

【松材线虫病防治】 贯彻《国务院植物检疫条例》和《浙江省松材线虫病防治条例》，围绕“控灾减灾”“森防服务林农、森防服务产业”理念，全面完成林业有害生物防治各项指标。全年共走访企业720家次，发放宣传资料1100余份，举办培训班4次，受训人员312名，接受群众当面和电话咨询104次，共清理枯死松木753.4公顷、416吨，开展化学防治486.67公顷，抚育危害迹地200公顷；开展“绿剑行动”，查处疫木案件16起，全市森林病虫害处于可防可控状态，无突发性重大疫情发生，成灾率控制在0.8‰以内。

森林消防

【概况】 2015年，共发生森林火情38起，其中演变成森林火灾1起，受害森林面积36亩，与上年同期相比，森林火灾发生次数降幅96.3%，受害森林面积降幅97.9%。同时，作为全省“引水灭火”5个试点县之一，在省政府下拨100万元资金的基础上又筹措80万元资金，总计180万元用于项目推进，各地的水源地建设和水泵等基础设施配套已基本完成，5支“引水灭火”森林消防队已具备实战能力，提升江山市的森林火灾扑救水平。

【森林消防队伍建设】 全市共有市级半专业森林消防队17支313人，其中有“引水灭火”队伍5支，每个乡镇也有所属的森林消防队伍，全市共有森林消防队员千人以上，每位队员都投有30万保额的人身意外保险。同时，以被列入全省“引水灭火”试点县为契机，加大装备投入，共购置森林消防车2台、移动灭火系统2台、森林消防水桶200只、高压水泵65台，并对森林消防指挥部指挥室进行改造，装备了林E通，确保第一时间掌握火情，合理调度，科学扑救。

【森林消防宣传】 年初，市森林消防指挥部就专门制定了森林消防全年宣传方案，明确森林消防宣传的主题任务、工作目标以及宣传重点。全年共计投入森林消防宣传资金10多万元，除在各主流媒体开展宣传攻势外，发放森林防火宣传单6000多份，印发《致学生家长一封森林消防公开信》3.5万余份，增设固定森林防火宣传牌30余块，营造了森林消防人人有责的良好氛围。

林业科技

【概况】 江山市作为全国科技服务林改试点县（市），始终坚持把引进推广林业先进技术，作为发展林业生态经济的支柱，充分依托中国林科院、亚林所和省林业厅的先进技术力量，加强技术攻关，并通过院、市、乡、点“四级林业科技服务网络”队伍，把一批林业先进适用技术真正传播到了林农手中，走出了一条兴林富民的创新驱动发展之路。截至2015年底，全市已推广毛竹丰产高效培育、猕猴桃标准化栽培等林业技术成果57项，累计辐射推广面积48466.69公顷，为林农增加经济效益5.3亿元。

【推广猕猴桃纯花粉授粉技术】 江山市林业部门引进新西兰先进的猕猴桃纯花粉授粉技术，并向乡镇林技员、水果员、种植大户等培训推广。采用这项技术，可利用机器设备提取和保存活性最强、能达到授粉标准的雄花粉并高效授粉，即使在花期不遇、恶劣天气等不良环境下，也可充分授粉，确保整体果品的产量和品质。采用纯花粉授粉技术后，全市猕猴桃同比增产两成，总产量达1.6万吨、产值1.2亿元，成为林业增效、林农增收及山区经济发展的“黄金果”。已举办此类培训班9期，培训800多人，培训覆盖面占整个猕猴桃从业者的95%以上，有60%以上农户使用了该项技术。

（余著成　毛　武）

水利　电力

综　述

【概况】 2015 年，累计向上争取水利项目资金 2.21 亿元，超过 2013 年及 2014 年之和，其中中央资金 6221 万元，省级资金 15791 万元，衢州市级资金 15 万元。全年完成投资 3.6 亿元，实施防洪水、保供水、河道整治、山洪沟整治及小流域治理等 4 大类 24 项工程，其中“五水共治”水利投资 3 亿元。

【防洪水工程】 青口、王寿垄、皮石垄等 3 座水库除险加固工程通过完工验收，儒村水库除险加固主体工程基本完工。江山港路陈段、三桥溪口段、碗窑段等 5 段江山港分段治理工程快速推进，新建加固堤防 10 公里。

【保供水工程】 总投资 2.37 亿元的峡口水库引水工程，通过体制机制改革吸引社会民间资本参与水利基础设施建设，通过竞争性磋商的方式选定项目合作伙伴，成为江山市首个 PPP 项目，并入选国家发改委第二批 PPP 推介项目。9 月 30 日，正式动工建设，完成投资 7000 万元，铺设引水管线 5 公里。作为国务院 172 项重大水利工程之一的碗窑灌区续建配套与节水改造工程 2015 年度目标任务是开展前期工作，7 月中旬动工建设。总投资 2680 万元的中央财政小农水重点县项目，完成山塘整治 18 座，改造渠道 30 公里，农村河道 1 公里。新增高效节水灌溉面积 2100 亩；坛石镇农民饮用水提升改造工程提升人口 1.32 万人。

【河道整治工程】 石门镇长山源至清湖镇东儒村石门溪河道整治工程快速推进，完成河道整治 20 公里，廿八都溪重点山洪沟治理工程、三卿口溪小流域水土流失综合治理工程通过完工验收。

省级验收项目

【创建节水型社会】 自 2013 年被列为全省第一批节水型社会建设试点县以来，在组织保障、制度建设、重点工程建设、节水型载体建设等方面，精心组织，周密部署，推进节水型社会建设各项工作。同时，加强技术指导和资金支持，完成碗窑灌区（凤林片）和石鼓水库灌区的节水型灌区创建，协助宁波中鑫毛纺集团江山有限公司成功创建“浙江省节水型企业”，成功创建 29 家节水型单位，顺利完成省水利厅下达的在年内完成全市1/3机关单位节水型单位的创建任务。全市用水总量控制进一步加强，用水效率显著提高，在探索丰水源头地区节水型社会建设模式方面积累了经验。12月11日，创建节水型社会通过省级终期验收。

【创建水电新农村电气化县】 作为全省10个列入全国“十二五”水电新农村电气化建设计划之一的县（市），全部完成电气化项目建设任务，新建水电站3座；对6座水电站进行报废重建和增效扩容，总装机容量19125千瓦，年发电量4712.29万千瓦时，共计投入电源建设资金4544万元。11月30日，创建水电新农村电气化县通过省级验收。

【基层防汛防台体系规范化建设】 对全市19个乡镇（街道）、39条防治重点小流域进行山洪灾害调查评价，计算分析198个沿河村落的防洪现状，划定危险区，分析确定雨量、水位等预警指标；在22座小（一）型水库和5处江山港河道安装视频监控系统，新建5个自动水位雨量站、27个视频监测站；新建改造15个小型水库水情监测站，建设198个简易水位站，配置300面铜锣等预警设备；建立乡镇山洪灾害监测预警平台，建设移动防汛平台系统；完善县、乡、村三级山洪灾害防御预案，持续开展宣传、培训、演练，完善群测群防体系。7月10日，山洪灾害防治项目通过专项验收。9月18日，基层防汛防台体系规范化建设通过省级考核验收。

渔业生产管理

【洁水渔业】 全市养殖面积2973.33公顷，全年水产品总量13196吨，比上年增3.2%；渔业经济总产出40873万元，比上年增7.5%。按照“区域化、项目化、生态化、长效化”的基本原则，实施循环水养殖系统示范基地建设，完成禁养限养区划定和整治1977.8公顷，水产养殖塘生态化改造50.4公顷，稻鱼共生（轮作）面积47公顷，投放各类鱼苗种1887.3万尾。深化落实库长制、合同监管制、扶持补偿、执法、督考等长效监管机制，创建洁水渔业示范塘库120个，对全市万方以上山塘水库水质进行监测。开展洁水渔业养殖技术、鱼病防治、水产品质量安全及渔业生产安全等培训7期，受训人员502人次。洁水渔业的深入实施，为“清三河”工作打下良好基础。

6月25日，市水利局水政渔政监察大队开展集中清理行动（徐求臻 摄）

【打击涉水违法行为】 参加市养殖污染整治“百日攻坚”联合执法行动，对涉及水库边、河道边的养殖场坚决予以拆除，办理4起涉水违法案件；加强禁渔区、禁渔期管理，清理渔船2艘；联合碗窑水库管理局、新塘边镇等部门乡镇，查处电、毒、炸鱼等违法行为，收缴渔船2艘，捕鱼橡胶轮胎1只，电捕鱼工具43套、地笼113只，丝粘网10余副，办结渔政案件1件，收缴罚款1000元。 （叶志新）

峡口水库

【概况】 峡口水库管理局管理白水坑水库和峡口水库。白水坑水库于2003年3月建成运行，总库容2.48亿立方米，是一座以防洪为主，结合发电灌溉等综合利用的大（二）型水库；峡口水库于1971年7月建成运行，总库容6198万立方米，是一座以灌溉为主，结合防洪、发电和水资源保护等综合利用的中型水库，是全国防洪重点中型水库。两大水库集雨面积399.3平方公里。水库灌区建有东、西两条干渠，总长106公里；支渠113条，总长214公里；渡槽、灌溉闸等渠系建筑物800多处；灌区总土地面积约4000公顷，设计灌溉面积20333.34公顷，范围涉及江山市峡口、凤林、石门、新塘边、大桥、贺村、清湖、坛石、虎山等9个乡镇（街道），人口29万人。渠道管理科管辖东渠首峡里、白坑、木西坂、平岗山、肩头弄、山溪蓬（含平天堂）、贺社、白马泉、新塘边、耕读、旱田坂等11个渠管站；水库管理科管辖白水坑、峡口2个大坝管理站。下辖江山市水利水电开发有限公司，管理白水坑、峡口、峡里湖、肩头弄、贺社、山溪蓬、白坑、木西坂等8座电站，共24台机组，总装机容量59370千瓦。全局全年发电量1.88亿千瓦时，增幅7.33%，两大水库电站发峰电占比87.07 %，比上一年增加3.02%，实现发电收入9450万元。

【安全生产】 贯彻“安全第一、预防为主、综合治理”的安全生产方针，坚持“零违章、零缺陷、零事故”的工作目标，筑牢教育培训、制度执行、措施落实三道防线，全年开展“业务技能演练”“人人过关·强素质”等一系列安全主题活动，并定期组织对水库、渠道、电站进行安全生产大检查，杜绝安全生产事故发生。4月，白水坑、峡口电站顺利通过浙江省农村水电安全生产标准化二级单位创建。5月，白水坑水库大坝顺利通过省水利厅安全鉴定审查，被评定为一类坝（安全类别）。至2015年底，白水坑电站累计安全生产运行4557天，峡口电站累计安全运行10046天。

【水源保护】 加大水源地保护宣传力度，通过手机短信、报纸、广播电视等多种平台和

白水坑水库航拍图

形式进行宣传。加强库区环境执法，采取定期和突击巡查方式，及时劝阻和查处破坏库区水环境行为。全年开展库区巡查189次，劝阻游泳100多人次，收缴鱼杆125根、丝网107副、电瓶2组、橡皮艇和小木船各1艘，协助拆除库区违法建筑1处。加大库区水面保洁力度，及时打捞库区水面漂浮物。邀请中科院等专业机构对库区水质进行全面监测，制订保护措施，及时掌握库区水质动态。

【防汛度汛】 重视水库安全防汛工作，做到早部署、早落实。根据水雨情，及时调整水库科学调度方案，修订完善水库安全应急预案，加大防汛应急物资储备，把应急管理机制纳入到日常的防汛管理。做好白水坑水库开闸泄洪工作，做到精心组织、周密安排，确保了水库运行安全。6月11日上午8点，白水坑库水位达346.46米，超梅汛期汛限水位2.66米；上午7点，峡口水库水位达235.98米，水库在凌晨2点开始溢流，溢流量为50立方米/秒。为保障汛期水库安全运行，白水坑水库于同日上午11点开始开闸泄洪，泄洪流量为150立方米/秒，单日最大泄洪流量在6月13日为350立方米/秒，此次白水坑水库开闸泄洪历时最长，为10天。

【抗旱灌溉】 2015年完成青口水库、茹菇塘水库、联家弄水库、东塘水库等引水充库工作。加强对106公里东、西干渠巡查，共排除安全隐患23处，处理塌方20处，查处破坏渠道设施行为1起。执行灌区“三级巡查”制度，确保东西干渠无障碍通水。全年灌溉7次，历时37天，向灌区输送用水量4000万立方米，有效缓解灌区农田旱情。同时，为全市生态用水、“清三河”达标县创建、河道施工等工程生态供水10多次，供水2000万立方米。

【项目建设】 完成灌区维修养护工程；渠道文化长廊工程完成展厅内部的装修、长廊基坑垫层的砼浇筑及廊基坑的立模和钢筋绑扎；白水坑电站微机保护、调速器改造工程已通过相关程序报批；峡口水库库区隔离栅一期工程总长3.9公里，已于11月完工投入使用；全年完成有效投资551万元。

【招商引资】 先后修订完善招商引资考核办法和重大项目前期谋划考核办法。全年引进招商引资项目7个，报送重大招商项目信息12条，上报重大项目前期谋划23个。利用闲置场地和渠道资源引进的衢州市第一家水光互补光伏发电（贺社）项目已动工兴建，总装机4.5兆瓦，总投资5500万元。10月20日，引进的江山娃哈哈第一条4.5升装纯净水生产线正式投入生产。同时利用江山上海同乡会、江山上海商会及各种产业协会，拓展招商渠道，捕捉招商信息。全年洽谈项目15个，协议投资约30亿元。

【优化创新】 通过公开招标，率先对山溪蓬7.26公里渠段清淤除草项目试行社会化管理，提高灌区运行能力，降低养护成本。优化贺社电站倒班模式，将原来的4个运行值调整为3个运行值，每个运行值人员实行“2+2”错位排班，科学合理整合人员搭配，建立电站高效运行模式。

【制度管理】 根据市纪委的工作部署，局党委把深化“三重一大”集体决策制度和落实好“五不直接分管”作为落实2015年风廉政建设和反腐败工作的一项重点内容。修订财务管理制度，实行局分管财务副局长对局财务最后审批签字，出台“物资劳务采购和工程建设招标监督管理”等制度。出台党员干部个人重大事项报告制度。对于干部职工的重大事项，无论公事还是私事，均严格按照市委市纪委的要求进行上报。严格执行局公务接待和公车使用管理制度，将规范“三公”经费支出作为党风廉政建设的重点，每月的“三公”经费支出情况以书面形式报送局监察室备案，2015 年“三公”经费较上一年下降 25%以上。同时还建立结对帮扶制度，全局 71 名干部职工结对 71 名帮扶对象，除落实帮扶措施外，并送去慰问金 3.55 万元。

（熊晓军　姜　科）

碗窑水库

【概况】 碗窑水库为多年调节型水库，集雨面积 212.5 平方公里，总库容 2.23 亿立方米，正常库容 2.08 亿立方米，以灌溉、防洪为主，集供水、发电、养殖等功能于一体，设计年均发电量 3074 万度，设计灌溉面积 21400 公顷。碗窑水库常年平均降水 1778 毫米，2015 年全年降水量为 2410.2 毫米，属丰水年。上半年与下半月降雨量基本持平，年内最大降水集中在 6 月，单月降雨 530.7 毫米，最多日降雨 81 毫米，是碗窑水文站建站以来较少见的年份。

【饮用水源保护】 碗窑水库管理局以“五水共治”为契机，牢固树立“一年打基础、两年成风景、三年创品牌”的总体布局，不断健全和完善饮用水水源保护工作。通过多年的组织保障、技术创新和资金投入，形成“人防、物防、技防”的立体化保护网。组建库面清漂打捞队，按照“每周三次小捞，每月两次大

8 月 10 日，江山港碗窑段治理工程开工仪式（毛斌 摄）

捞，暴雨过后集中捞的打捞”的清漂工作机制，开展库面清漂打捞日常工作，确保库面可见范围内常年洁净。全年共派出清漂船 300 余次、快艇 300 余次，组织大规模打捞 20 余次，累计打捞垃圾漂浮物 415 余吨，改善了取水口周边及库面的环境。在饮用水源保护综合提升工程基础上，实施水源保护综合提升二期工程，年内续建 3600 米左右金属隔离栅。至年底，碗窑水库水源保护隔离栅累计完成建设 8000 余米。在完善“水源保护科牵头联防、水源保护监督员全天盯防、公司山场办常规协防”等常规巡查机制的基础上，联合公安、环保、水利等执法部门，加强夜间突击巡查力度，并通过媒体宣传和曝光，扩大巡查影响力。全年累计组织各类巡查 130 余次，劝阻垂钓 553 人次，游泳 75 人次；联合市环境监察大队开展联合执法 4 次，处理违法下水游泳人员 10 多人；配合市渔政管理开展执法行动，处理违法电捕鱼者 30 多人次。

【水库管养分离】 自 2010 年在全省率先推行水库管养分离新模式以来，通过制度创新、职能优化和队伍培养，已基本实现工程管理与维修养护机构相剥离，完成水管体制改革

前期目标。2015年初，建立“专人专项”项目负责制，确保“一个项目一套班子，一个班子一套考核”，加强水库工程维修养护日常管理，推动维修养护人员专业化、维修养护工作规范化、资金核算独立化，加快企业资质化和市场化步伐。全年维修养护专项内容共10个，获省级专项补助资金144万元，其中9个项目全部按期完成并通过验收。

【水库综合效益】 年初召开5次以上专题会议，开展水雨情预测分析和汛情会商，科学决策水库综合调度。碗窑电站5月底进入24小时发电状态，尽早腾空库容，提前应对强暴雨天气，通过两次开闸泄洪，实现平稳度汛。11月，碗窑电站适逢检修期，江山市又连降暴雨，水库水位再次告急。经综合分析，作出提前8天结束检修、及时并网发电降水位的决策，汛情再次化险为夷。针对2015年发电难的实际，成立发电攻关小组，加强与电力调度部门沟通，结合水雨情情况和防汛调度，精确制定水库蓄水方案及发电计划，全力做好发电生产工作。全年累计发电6221万度，发电峰谷比达99%，并创下峰谷电比率最高、单位用水量最少的纪录，实现效益最大化。同时，结合安全生产年度工作目标和工作计划，将安全生产责任分解到点、到人、到物。开展总干渠防汛抢险应急演练、安全生产知识竞赛、安全生产有奖征文和警句征集、新安全生产法和其他相关法律法规宣传等一系列“安全生产月”活动。全年修订完善安全生产管理制度8个，安全生产各类隐患整改率达100%，安全生产网格化工作全部完成，各领域安全态势持续平稳。

（郑冬雅）

电力工业

【概况】 江山电网共有220千伏变电所2座，总容量66万千伏安；110千伏公用变7座，总容量53.6万千伏安；35千伏公用变13座，总容量20.62万千伏安；35千伏输电线路共29条，总长250.8千米；10千伏线路170条，总长2084.7千米；10千伏配变3955台，总容量107.2万千伏安。网供负最高负荷26.7万千瓦（6月29日），创历史新高。全社会用电量21.1亿千瓦时，同比下降0.82%。2015年，国网江山市供电公司获“科技进步先进县供电企业”称号，被衢州市评为“平安建设综治维稳先进单位”“创建学习型党组织先进单位”。贺村供电所获全国电力行业用户满意服务站所、全国模范职工小家称号。公司工会被评为全国电网企业“十佳美丽工会”。

【电网运行维护】 经过多年电网建设改造，江山区域电网已实现变电所环网运行，市区10千伏线路实现“手拉手”运行模式。江山电网统筹谋划电网运行方式，实现配网停电检修计划的综合管理。做好因贺村变自动化改造、正泰集团光伏电站建设、江山变检修、江化线路故障应急处理等电网运行方式变更工作，发出电网安全运行预警26次，制定应急事故处理预案41份，保证电网的安全运行。做好线路通道的清障和“三线搭挂”整治工作，联合地方安监部门、三线产权单位召开整改会议，明确各相关单位整改计划、时间，完成整改109处。开展智能总保专项治理，全市公变安装智能总保2132台，总保安全运行指数为92.57%，降低总保跳闸率，提高供电可靠性。

【电网规划】 开展城区低压配电网的现状及解决措施调研活动，确定不同类型小区的改造技术方案，编排完成城区低压电网逐年改造计划。主动对接市政府重点项目，走访开发区、小城市、中心镇、电力大用户，根据用电需求提前谋划电网网架建设。深化电网规划研究，完成《江山市“十三五”配电网规划》《江山配电网提升规划》《江山市永兴坞配电网规划》《江山市“十三五”电网建设与改造专项规划》的编制工作。

【电网建设】 全年配网建设与改造项目总投资 7384.5 万元，共 48 个项目。新增或改造 10 千伏线路 86.5 公里，低压线路 72.8 公里；新增或扩建开闭所 5 座。配网项目投资完成率 100 %，项目建成投产率 100 %。做好新增城农网改造升级工作，发挥电网工程“稳增长、调结构、惠民生”的重要作用。

【优质服务】 在保证安全的前提下开展带电作业，坚持“能带不停”，最大限度降低因线路检修改造给区域用户带来的用电影响。公司共开展第一类带电作业 33 次，第二类带电作业 192 次，第三类带电作业 19 次，减少停电 12584 户，多供电量 106.7 万千瓦时。开展业扩报装提质提速工作，简化业务受理流程，提高业扩办电效率。推广掌上电力 APP、微信公众号等服务平台，方便市民查阅安全用电常识、停电信息、电力政策、缴费服务等信息。做好各类供电服务保障工作，受理政府“12345”热线工单 34 个，办结率 100 %。出动应急发电车 20 余辆次，完成包括浙江山水旅游节、全国女子举重赛、全国元旦登高等一系列重要活动的保电任务。

（周兴旺　陈方武）

商　贸

粮　食

【概况】 2015 年，市粮食局围绕“守住管好天下粮仓，做好‘广积粮、积好粮、好积粮’三篇文章”的总部署，全力保障粮食安全，着力推进项目建设，实现粮食工作健康发展。国有粮食收储企业经营粮食 12 万吨，实现销售收入 7200 万元，实现利润 245 万元。全系统完成工业总产值 1.16 亿元，完成固定资产投入 550 万元。全局 1 个点将招商引资项目顺利开工建设，引进 3 个招商引资项目，上报重大前期谋划项目 7 个。获浙江省粮食收购先进单位和衢州市粮食安全责任制考核优秀单位。

水稻丰收（周娇梅 摄）

11 月，衢州市副市长马梅芝（右三）到江山检查指导粮食安全工作（周娇梅 摄）

【建成粮食安全保障中心】 在江山国家粮食储备库内建设粮食安全保障中心，该项目总投资 1500 万元，占地面积 1252 平方米，建筑面积 6689 平方米，新建 A 区四层、B 区七层（均含地下一层）房屋一幢，于 2013 年开工建设，2015 年完工并投入使用。同时，开展粮食仓储设施建设，加大对中心粮库的仓储设施投入，谋划老库扩建，投入 153 万元资金进行危仓老库维修改造，提升储备粮的管理水平。

【抓好粮食订单工作】 按照“农户自报—村级公示—乡镇初审—农业部门核实面积—粮食部门核实数量—粮食部门发放售粮卡”规定

程序运作。帮助粮农解决融资问题，对100亩以上的种粮大户开展预订单政策，大户根据签订的订单合同在银行贷款，12户种粮大户获得早稻订单质押贷款335万元。同时加大预购定金发放力度，向14户种粮大户发放预购定金128万元。在早稻收购期间，提供一体化服务，帮助农户卖“舒心粮、明白粮、放心粮”，使种粮农户真正得到实惠。全市共收购早稻订单16549吨，向4388户早稻订单农户发放奖励资金992.94万元。为减少农户因长期阴雨天气造成的损失，经市政府同意，出台芽谷收购政策，共收购芽谷100吨。

【优化市级储备结构】 全年新增市级储备数量8150吨，稻谷和小麦等口粮品种占总规模比重88.45%，储备结构得到进一步优化。同时创新异地代储模式，省要求江山市储备小麦5500吨，其中2015年2000吨，2016年3500吨，经请示省和衢州后，联系江苏盐城阜宁县进行异地代储，每年节省轮换差价30万元以上。

【引进“江山电子商务创业基地”项目】 引进“江山电子商务创业基地”项目，派遣优秀干部担当“店小二”，配合项目主体做好各类服务工作。项目计划总投资7000万元，在山海协作园区新建规划用地总面积0.57公顷、总建筑面积22185平方米，是一个专业化、现代化、集成化的电子商务平台和四省边界特色产品展销平台。年底，该项目已动工建设，项目正在顺利推进。

【抓好粮食经营工作】 加强对下属企业粮食收储公司的管理，在做好政策性业务的同时，利用现有的资金优势、仓储优势、人才优势、客户优势、品牌优势和地区优势，开展经营性业务，经济效益在衢州各县市经营业务发展中名列前茅。全年国有粮食收储企业经营粮食12万吨，实现销售收入7200万元，利润245万元。同时，利用军供站这一平台，开展优质粮油经营业务，成品粮油经营达到765吨，实现利润38万元。

（周娇梅）

供 销

【概况】 2015年，江山市供销合作联合社围绕综合改革大局，构建“三位一体”农民合作经济组织体系，推进“现代农业和农村现代流通”建设，制定全市供销合作事业“十三五”发展规划，取得较好成绩。全系统实现总经营收入22.15亿元，同比增长20%；利润总额95万元，同比增长15.85%；所有者权益6562万元，同比增长12.21%；社有资产保值增值率12.21%。市供销联社获2015年度全省供销社系统综合业绩考核优秀奖，王琼获2015年度全省供销社系统信息工作先进个人。

【“三位一体”农民合作经济组织体系改革】 按照省委省政府关于“三位一体”农民合作经济组织体系构建工作部署要求，江山市被确定为第一批推进县（市）。10月中旬，市府办组织市供销合作社、市农办等相关部门赴义乌、仙居考察调研“三位一体”改革试点经验，市供销合作社牵头提出《关于我市构建“三位一体”农民合作经济组织体系的几点建议》，供市领导参考决策。10月下旬，会同市农办、市农商行等部门单位开展“三位一体”改革方案制定工作，12月初完成《江山市关于深化供销社合作社和农业生产经营管理体制改革，构建“三位一体”农民合作经济组织体系的实施方案（送审稿）》。12 月中旬，市委市政府召开“三位一体”改革方案论证会，组织有关部门对方案的合理性与可行性进行分析论证，对方案内容进行细化和整合。12 月下旬，专题研究制定《江山市深化供销社合作社和农业生产经营管理体制改革 构建“三位一体”农民合作经济组织体系责任分工》，对农合联章程出台、运行管理机制建立、乡镇“农合联”组建等环节工作提出分工落实方案。

【项目合作建设】 7 月，市供销合作社多次与腾讯计算机系统有限公司洽谈“互联网＋”合作项目。项目旨在整合全市优质农特产品、日用品资源和销售渠道，依托腾讯财付通

12 月 28 日，江山市与腾讯公司举行全面合作框架协议签约暨“互联网＋”战略合作项目启动仪式

第三方支付平台进行商品交易结算，同时借助“腾讯”战略合作伙伴，引进商圈贸易、在线医疗、在线教育、在线旅游、在线金融等产业入驻江山。12 月 28 日，江山市政府举行江山市——腾讯公司战略合作框架协议签约暨“互联网＋项目”启动仪式。5 月上旬，市供销合作社所属的市供销（集团）总公司与其他 2 个投资方合作，共同出资 300 万元组建市清心谷生态农业发展有限公司，实施清心谷生态农业开发项目。项目选址在峡口镇，计划投资 6142 万元，规划建设樱花主题园、千鸟水库保护区、古寺庙保护区、畜禽生态养殖项目等，是一个集体验、观光、度假为一体的绿色生态园。项目一期工程已于 9 月中旬竣工。

【农资综合服务】 2 月上旬开始，组织调查市场用肥需求，督促归口农资企业组织营销人员与外地农资生产企业对接下单，并与种植大户、农民专业合作社、家庭农场等市场主体衔接春耕农资供应计划。春耕备耕期间，储备复合肥 1084 吨、尿素 1203 吨、碳铵 1249 吨、农用薄膜 150 百公斤。6 月上旬开始，依托系统内 1 个配送中心、123 家农资连锁（加盟）店、1 家庄稼医院及 1 家植保专业合作社，开展“双夏农资供应优质服务月”活动，组织技术人员下乡入村，指导农民合理施肥用药，供应复合肥 1930 吨、尿素 2815 吨、碳铵 1361 吨，提供综合服务 100 多次。同时，落实市级化肥淡季储备制度组织实施工作，承担全市农资淡季储备任务 3000 吨，实际储备 3508 吨。

【农产品流通服务】 在春节等农产品消费旺季，指导市农贸城分批次组织经销商赴全国各地采购农产品，争取优先优惠采购权，签订大宗农产品产销对接合同，同时与各超市、酒店、中小学校、企事业单位等市场主体签订供销合同，通过 6589 平方米自产交易区实行直产直销，全年销售农产品 16.19 亿元。推动农产品电子商务发展，引导涉农企业、农民合作社通过第三方电商平台营销农产品；与“阿里巴巴”对接，会同商务等部门做好“淘宝特色中国·江山馆”线下农产品筛选，完成江山馆平台搭建工作。1 月底，组织“福赐德蜂业”等 5 家涉农企业参加在上海举办的“舌尖上的

衢州”绿色有机农产品展销会，对外推介蜂产品、黄秋葵、香猪等农特产品；5月中旬，组织参与“浙茶杯”红茶评比活动，大林山茶系列江山金堂红茶等4个茶品牌获得优胜奖；6月中旬，组织裴家地茶叶等4家合作社赴杭参加第二届中国茶叶博览会；9月底，组织农产品经纪人参加“2015中国特色农产品博览会”。11月下旬，组织参加2015衢州电子商务产业暨“三衢味”农产品（杭州）推介会。

【城乡商贸服务】 抓好商贸设施建设，指导市新红塔商贸有限公司打造购物中心、标超、加盟店等多业态发展平台，推行直营店、加盟店双向发展，累计在市区及新塘边、贺村、石门等乡镇开设直营店16家，标准化大型农村超市5家，加盟（村级）店230家，全年实现日用品销售额11607万元。推进实体经营与电子商务有效对接，引导“新红塔”与“阿里巴巴”合作，联手打造“江城速购”区域购物网站，该平台主营有机粮、有机水果及婴儿用品等日用百货。

【再生资源行业整规】 牵头开展全市再生资源回收站（点）整顿管理工作，完成全市142个再生资源回收站（点）摸底排查和情况核实。7月中旬开始，会同住建、市场监管等部门，集中整治市区云宾路、景星东路等10个再生资源回收点乱堆乱放问题，督促整改到位。开展“再生资源交易市场”项目对外招商和“城南分拣中心”建设工作，依托市招商信息网及各驻外招商分局发布“市场”项目招商信息，寻找投资合作主体。完成城南分拣中心项目选址、项目备案、土地使用协议签订、规划设计方案制定等项目启动前期工作。

【农民合作社提升】 督促归口农民合作社健全完善社员（代表）大会、理事会、监事会及财务管理等基本制度，引导合作社努力实现“管理规范化、生产标准化、经营品牌化、社员技能化、产品安全化”。全年全系统农民合作社销售额19341万元。加强与农民合作社的产权联结、业务对接和组织融合，通过参股、协办等形式，全市新发展合作社7家，累计发展合作社（联合社）44家，培育国家级示范社1家，省级示范社1家，累计培育国家级示范社3家，省级示范社10家；拥有合作社产品注册商标16个，16种产品通过无公害、绿色、有机农产品认证，茶叶、食用菌、蜂产业、蔬菜、猕猴桃等主要产业骨干合作社大部分归口供销合作社。

【行业协会建设】 7月22日，召开市农产品经纪人协会一届二次理事会议。10月底，开展全市首届“十佳、优秀农产品经纪人”评选活动。11月底，市供销合作社、市农产品经纪人协会、市农村商业银行联合出台《江山市农产品经纪人信用等级评定及授信管理办法》，旨在对农产品经纪人进行信用等级评定，在信贷政策上予以信贷优先、利率优惠、授信倾斜、灵活担保，给予50万元以内的授信额度。

（毛新贤　王　琼）

烟 草

【概况】 2015年，江山市烟草专卖局（分公司）经济运行平稳发展，网络建设扎实推进，专卖监管紧抓不懈，基础管理再上台阶。全年共销售各类卷烟2.33万箱，同比下降4.64%；完成含税销售额8.7亿元，同比增长7.29%；实现税利2.29亿元，同比增长19.74%。

全年共查获各类违法卷烟案件 68 起，查获各类违法卷烟 27127.2 条，案值 404.69 万余元，其中国产真品卷烟 26378.2 条，案值 396.75 万余元，假冒烟 749 条，案件标值 7.94 万余元，走私烟 700 条，案件标值 9.58 万余元。5 万元以上案件 24 起，移送公安 8 起，移送工商 5 起，逮捕 1 人，刑拘 5 人。销毁假冒伪劣卷烟 4.24 万条。安保工作成效显著，被评为全省烟草系统安保先进单位。

【侦办假烟案件】 2015 年，市烟草专卖局与市公安局紧密配合，成功破获 2014 年 7 月 4 日假烟案。该案以福建云霄人朱某某（女）负责提供假烟货源，利用物流公司进行假烟运输，浙江江山人毛某某、浙江温州人鲍某某（女）负责分销。涉案总金额高达 124 万元。3 名犯罪嫌疑人分别获刑二年、一年、三个月。

【开展网络建设】 2015 年，新增现代终端 68 户，累计建成 627 户，占总客户数的 20.6%，完成“十二五”现代终端建设任务。注重现代终端功能的发挥，年初开展《对标管理在卷烟零售现代终端功能发挥中的探索与应用》创新项目的探索和实践工作，已完成问卷制作、现状调研、数据分析等工作。同时，做好普通终端形象提升工作，建成有卷烟专用地柜的普通终端 1850 户，占客户总数的 60%。

【推进许可证管理工作】 全年共受理各类行政许可申请 930 份，其中新办 201 份（不予 32 份）、歇业 117 份、延续 573 份、变更 35 份、补办 3 份，新办（转）1 份，注销 213 份。年底共有持证户 3067 户，较上年同期的 3100 户减少了 33 户，减幅为 1.06%。江山市现有常住人口 467862 人，持证率为 6.55‰，许可证总量控制平衡，保持稳中有降。

【社会公益】 积极支持扶贫济困工作。向各级慈善总会、红十字会捐款 2.52 万元；向贫困大学生、困难党员等捐款 3.88 万元；资助教育事业，向培智捐款 0.3 万元；资助新农村建设捐款 6.5 万元；“八一”期间，向部队捐 0.3 万元等。全年累计捐款 13.5 万元。

（周育梅）

盐 业

【概况】 浙江省盐业集团江山市盐业有限公司（局）围绕转型升级、提质增效工作主线，着力抓市场、稳增长、强管控、防风险，2015 年实现销售收入 1149.91 万元，比上年增长 7.33%；实现利润总额 78.43 万元，比上年下降 2.34%。全年累计购进盐产品 2805 吨，比上年下降 25.70%，完成年计划的 73.40%，其中小包装 1580 吨，比上年增长 9.10%，完成年计划的 83.10%；累计销售盐产品 3342 吨，比上年下降 12.30%，其中小包装 1803 吨，比上年增长 4.50%。

【盐产品结构调整】 推进供应侧结构性改革，在保证群众普通小包装食盐供应的同时，从多个厂家调入高端多品种食盐供应，满足群众对高端多品种盐方面的需求。在原有蓝海星、绿海、颂康等原有多品种供应基础上，先后增加绿海的 300 克低碘盐和低钠盐等品种，并加大多品种盐促销力度和服务配送力度，全年多品种盐销量达 164.34 吨，占小包装盐比重达 9.10%，比上年增长 33.40%。对大包装用盐大户，直接从铁路货场配送到客户厂中，减少用盐大户的费用和时间。

【增加非盐商品销售】 食盐专营政策放开

后，盐产品销量和市场份额必将进一步缩减，公司在总结非盐产品经营的基础上，完善了客户经理制度，制订非盐商品促销奖励办法。同时，强化配送服务措施，在原有酒类商品的基础上，增加玉米淀粉、大豆油、味精等市场适销对路品种，增加和外聘客户经理，促进非盐商品销售，全年非盐商品销售116.28万元，比上年增长25.48%。

【加强市场监督检查】 开展衢州地区盐业联合执法检查活动。杜绝私盐和不合格盐流入江山市盐业市场。加强与省际边界地区盐业部门联系，走访江西上饶盐业部门和江西盐矿等厂家，开展厂商合作，防止私盐冲销。在做好盐业市场检查的同时，在5月12日，联合江山市卫生部门在峡口镇新街开展全国第22个“全国碘缺乏病防治日”宣传活动，共展出展板8板，提供咨询服务100余人次，发放宣传资料、购物袋500余份，还向部分群众赠送了300g低钠盐。

（华建平）

交通运输

综　述

【概况】 2015年全市共有13个交通项目列入市政府投资计划项目，计划投资约4.58亿元，全年实际共完成投资5.1亿元。其中，48省道延伸工程累计完成投资61745万元，形象进度97%。江广公路累计完成投资22465万元，形象进度96%。江郎山大道绿化提升累计完成投资2460万元，形象进度82%。南入城口整治提升工程被市政府列为2014年为民办实事项目，总投资约7500多万元，分2014年、2015年实施，年内全部完成。投资1800多万元，完成205国道江山服务站建设。

【规范工程质量管理】 工程施工、监理单位的选择坚持公开招投标，招投标活动遵循公开、公平、公正、科学、择优的原则进行，打击和查处围标、串标、转包和违法分包等行为。对48省道延伸至黄衢南高速江郎山互通（长台镇）段工程、江山到广丰公路工程、江郎山大道绿化提升工程的质量、施工安全、环境保护、费用、进度、合同、文件资料及工地会议进行全方位的监督和管理，做到工程质量受控有序。严格设计变更和计量管理，工程变更需业主、设计、监理、施工单位四方代表到现场确定变更意向，工程计量由现场办、监理、施工单位三方共同到场测量，否则工程量不予确认。学习贯彻《浙江省交通建设工程质量安全管理办法》、《浙江省交通建设工程质量监督实施细则》，对工程质量进行事前控制、事中控制、事后控制。完善企业自检、社会监理、政府监督和业主负总责“四级”质量保证体系，层层把关，确保工程施工质量。建立施工单位信用管理台账，对照信用评价要求，按季度组织考评与核查，实行信用评价动态管理。完成双江线档案、水保、环评专项验收。配合审计局做好48省道延伸和江广公路工程的跟踪审计工作。

【项目前期报批】 全年谋划10个项目前期报批：兰溪至江山公路江山清湖至凤林段公路工程、江山市淤头至衢州绿色产业集聚区贺村姜家公路工程、浙闽赣江山市综合客运枢纽、金衢上高速、江山至玉山公路、江山至遂昌公路、丽江上高速、江山江航道、迎宾大道延伸至48省道公路工程、西入城口延伸至48省道公路工程等。其中，2个列入省交通建设项目。

公路养护

【概况】 2015年，市交通局主要抓好315省道江山段、江溪线公路养护、农村公路大中修等公路养护工程。其中，315省道兰贺线江山段2015年公路养护大中修工程总投资10175万元，完成路面“白改黑”13.02公里，预防性养护10.07公里；S221江溪线公路养护大中修工程暨美丽公路示范工程（江山段）总投资1889万元，完成路面“白改黑”3.04公里，预防性养护14.46公里；G205国道破板修复工程总工程量为9200平方米，总投资150万元；农村公路大中修工程总投资约1000万元，主要对江山境内江青线、坛贺线、墩贺线等线路进行大中修；“6·27”水毁修复工程投入修复资金1250多万元；江贺公路天坑修复工程投资580万元，对江贺公路天坑进行修复，对左右车道重新进行沥青路面铺筑。同时，投入资金510多万元，用于国省道及大花线等线路的绿化提升。

【查处路政违章】 结合“四边三化”“两路两侧”工作，共查处路政违章案件715起，拆除违章建筑312平方米，拆除非公路标志863块，清理违章堆积物11342平方米，查获超限车132辆，依法处罚车辆132辆，卸货5981.71吨，结案率100%，行政许可31件，正确率达到100%。投入200多万元，在货运车辆超限运输现象相对较多的205国道1798K+100和县道淤八线0K+100路段安装2套路政治超非现场执法取证系统。

运输管理

【概况】 全市有客货运输车辆5212辆，其中营运客车总数480辆，营运货车总数4732辆（不含农用车）。公路客运量为945万人次，公路货运量为2538.6万吨。汽车维修业131家，驾校12家。全市共有客运班线92条，19个乡镇（街道）全部通客运班车，城乡客运班车通达率100%。

【优化城乡公交网络】 2015年，通过调查、联合其他部门帮助企业向政府申请争取资金、企业进行按揭租赁等举措，共投入5779.8万元，更新黄标车149辆，报废黄标车184辆，改造出租车100辆。为对接杭长高铁，方便旅客出行，调整相应的公交车发车时间及线路，开通夜间班车。首创“江山模式”公共自行车服务，依托浙江驰骋公司旗下的“左邻右舍”与“生活驿站”两个连锁品牌便利店布点及人员、计算机网络优势，实行“建设、运营主体一体化，通借通还系统管理信息化，借还车环节管理人工化”。8月，公共自行车服务系统第二期项目建设启动，新增46个公共自行车服务站点、1000辆自行车，创造性地建设12个机关事业单位站点、4个封闭式小区站点，并增加支付宝借车、手持pos移动借还车功能。至年底，全市共建设服务站点106个，投入公共自行车2050辆。

【提升客运服务质量】 开展第三届“文明驾驶员、文明乘（站）务员、最美的哥（姐）”评比活动，客运行业涌现出一批如毛武贵、贵国全等表现优秀的司乘人员。制定《江山市公共交通客运服务质量考核管理办法》，对城市公交、农村客运企业开展客运服务质量考核。规范服务质量各类上报工作，每月梳理、汇总、统计对话平台、“96520”“12345”政府服务热线等收集的情况，并根据各公司查实的投诉案件扣除相应的服务质量保证金。每月定期召开客运服务质量例会，提升客运行业的服务质量。

【推进物流基地建设】 配合抓好江山驰骋物流基地后期建设工程、江山虎物流基地的建设，引导城区货运配载点、托运部向物流基地集聚，做大做强物流基地。完善农村物流配送体系，形成以干线物流为支持，以驰骋物流配送中心为依托的农村物流配送连锁体系。至年底，全市共有物流公司95家，开辟有义乌、宁波等省内和上海、南昌、福州、广州、山东、湖南、湖北等省内外90多条货运专线，与全国300多个大中城市实现货运直达。拥有驰骋物流、江山虎物流2家衢州市级物流龙头企业，宏运化工、正达运输、正宇运输、同岳物流、方达物流、福得物流、安驰物流等7家江山市级物流龙头企业。其中同岳物流率先启动甩挂运输模式，成为浙江省第二批、衢州市唯一一家试点企业，方达物流公司探索“以气代油”运输业务，是衢州市首批低碳转型试点企业。

【抓好驾校管理】 全市有12家驾校，全年培训学员14437人。货运驾驶员从业资格培训11期，培训合格618人。各驾校共购置驾培模拟器62台，对学员开展模拟培训，提高培训效率，降低驾校培训成本，同时为了节能减排，减少培训马达小时。

【抓好客运安全】 2015年春运期间，运管部门周密安排，全面部署，突出重点，强化安全，加强监管，全市共发送旅客109万人，确保当天旅客当天走，顺利实现春运期间旅客走得及时、走得安全的目标。完成清明、“五一”、端午、“十一”等节假日旅客运输工作，为旅客出行提供方便。先后组织开展“道路运输行业安全隐患大排查大整治专项行动”“道路客运、城市公交行业安全隐患排查”“道路危险货物运输领域突击检查”等大排查活动，先后95次、294人次对全市的道路运输安全情况进行明察暗访。同时，全年共出动运政执法人员1800多人次，开展530多次道路巡查活动，下发督查整改通知书17份，整改安全隐患23条，对检查中发现的问题，督促企业进行限期整改，整改到位率100%，确保隐患排查不走形式，整改措施落到实处。

【安全监管】 以学习贯彻新安全生产法为重点，切实把安全生产管理工作贯彻于交通运输工作全过程，严格落实主体责任，规范施工作业操作流程，将安全隐患消除在萌芽状态。每月定期、不定期开展全面的安全检查，包括内部管理，安全台账和现场施工安全管理各项措施的落实情况，对查到问题发出书面通知，督促各单位切实整改到位。结合汛期、安全月活动，制定完善各项安全应急预案，不定期组织安全应急演练。

（毛小江）

铁 路

【概况】 2015年，高铁服务功能再提升，江山站办客达到47趟，并保留原7对始发终到高铁不变。全年江山火车站共发送旅客92.3万人次，其中高铁65.7万人次，最高日发送量达7000多人次。杭长高铁江山段工程扫尾再提速，江山站高速场存车线、乘务员公寓等

江山站高铁存车线(黄水福 摄)

配套项目建成投用;工程补征用地报批工作作为省级示范在全线推广。铁路项目谋划建设再推进，公铁联运无水港顺利启用，五菱汽车上铺配送中心项目提前建成，谋划“十三五”铁路项目6个。市铁办获江山市“杭长高铁江山段建设开通工作先进集体”，并记集体三等功一次。

【江山站高铁存车线等配套项目建成投用】 该项目总投资2500万元，由铁路部门全额出资。7月1日，项目正式投用。江山站在设立折返站的基础上，真正成为通往杭州端高铁的始发站。乘务员公寓工程于9月底按期完工，江山市出资215万元。

公铁联运五菱汽车上铺配送中心(黄水福 摄)

【铁路建设项目】 5月1日，公铁联运无水港项目投入试运营，年内发送500多标箱。7月14日，五菱汽车上铺配送中心项目提前建设成投入运营，总投资5000万元，是浙江首个、国内第四的年吞吐4万辆五菱汽车的配送中心。因场地、区位优势明显，市场需求大，年配送五菱汽车计划增加到10万辆。

【“两路两侧”“四边三化”专项整治工作】 根据浙江省人民政府办公厅《关于扎实推进全省“两路两侧”“四边三化”专项整治工作的通知》批示要求，市铁办牵头组织实施铁路两侧“三化”整治工作。按照7月14日浙江省“两路两侧”“四边三化”专项整治推进视频会议要求，10月底完成铁路两侧11处省交办问题和33处衢州市交办问题的整治工作，12月底完成包括37处江山交办问题在内的所有交办任务。

(毛建军)

城乡建设

城乡规划

【概况】 2015年，江山市规划局以建设“华东地区最具活力城市”为目标，紧紧围绕“工业新城、旅游胜地、山水家园”的城市定位，抓规划、推项目、优服务、强保障，各项工作取得满意的成效。先后获得衢州市规划系统年度绩效考核优秀等次、江山市机关部门目标综合考核良好等次、服务业考核一等奖以及党风廉政建设、“三改一拆”、信访、党建等工作先进单位。

【城市规划】 完成《江山市城乡规划“十二五”规划评估和“十三五”规划思路》，为全市“十三五”规划编制奠定基础。围绕城乡发展中资源要素制约等问题，完成《城乡一体化背景下村庄规划管控的思考》，提出中心城区村庄集聚点公寓式安置、农民建房审批制度改革新思路。全年完成《中心城区一江两带天际线专线规划》《中心城区通信设施专项规划》《中心城区户外广告设置专项规划》《市域养老设施专项规划》等10多项重点规划。完成城北新城、江东片区、城市东入城口等重点区块和重要节点的修建性详细规划及城市设计；完成新火车站站前广场及站前大道景观设计，开展西山绿道及沿线景观设计。

【村镇规划】 启动《江山市特色村庄风貌保护与整治规划》研究，开展《市域村庄布点规划》修编。突出示范村的典型带动作用，编制完成毛村山头村、陈家村、通贤村、府前村等4个美丽宜居示范村规划编制工作。结合市域村庄布点规划调整，完成双塔街道塔东村、上余镇雁塘村等22个村庄规划编制任务。

【规划审批管理】 深化规划审批制度改革，做好权力清单动态调整，开展“一条龙服务、一次性告知、一站式办结”等“三个一”行动。全年共办结规划审批项目约3200件，按时办结率达100%，群众满意率均达100%，规划窗口四个季度均被市行政服务中心评为五星级窗口。出台《江山市规划国土重要事项议事会议制度》，审议全市重点规划、重要项目规划选址，土地出让、收储计划等重要内容，全市“一盘棋”的规划国土决策机制初步建立。出台《临时改变建筑物用途暂行管理办法》《进一步规范商业办公等非住宅类项目规划设计与管理的若干意见》《中心城区项目配套工程建设管理办法》等规范性文件。全年共完成进修学校迁建工程、城北幼儿园、莲华山公租房等60多个项目的规划条件制定、方案审查及竣工核实工作。

【规划监察】 保持“两违”整治高压态势，当好“无违建市”创建工作的“排头兵”。全年共依法查处违法建设474起，面积4245平方米；配合乡镇（街道）强制拆除违法建设347起，面积20544.79平方米。围绕全市发展大局，多次参与乡土地征迁“拨钉清障”、节庆活动秩序维护、卫生城市复检等重点工作。

【集镇管理】 统筹抓好集镇和村庄建设管理。成立集镇办，按照“六整治、三规范、一提升”的工作要求，督促指导乡镇开展集镇环境大整治、大提升，创建一批“洁净集镇”。拆除沿街店面雨棚2000多个，面积3.2万余

集镇整治

平方米；拆除沿街店铺、商铺违建1500多处，面积2万余平方米；拆除店外广告牌2500多个，划定固定停车位1500多个；清理卫生死角800多处，清运垃圾1500多吨，集镇“脏乱差”现象明显改观，杂乱秩序明显改善。

【省级美丽宜居示范村建设工作】 通过规划设计，贺村镇耕读村、青塘尾村、四都镇傅筑园村、廿八都镇浮盖山村示范点顺利通过省住建厅验收，其中耕读村被评定为优秀等次。成功申报石门镇江郎山村、贺村镇勤俭村为2016年省级美丽宜居示范村，全年向上争取新农村建设资金837万元。做美做特村镇规划与农房建筑设计，结合浙西民居特点，完善提升《农民建房通用图集》，获奖方案在勤俭村先行先试。

【测绘管理】 完成竣工图测绘26项，工程放样60项，验线56项。完成《基础测绘“十三五”规划》编制，其中城市西北片、物流中心等区块共76.7平方公里1∶500地形图完成转换入库工作。加强数字江山地理框架系统的推广运用，完善系统CAD辅助审批功能，分别与市农办和市人民医院合作，自行开发“农家乐”“120急救指挥调度”等专题应用系统正式上线运行。

（曾小伟）

城市建设

【概况】 2015年，江山市住房和城乡建设局（简称“住建局”）共投入城市基础设施建设资金5.1亿元，新建、扩建道路面积1.96万平方米，新建改建供水管网20.67公里，完成城镇污水主管铺设43.22公里，新增绿化面积5.55万平方米，改造绿化面积3.69万平方米，改造城市里弄路灯115盏，拆除老旧线路1.3千米。开展结对帮扶共建“中国幸福乡村”活动，局系统各单位充分利用自身优势，为相关乡镇建设提供各类帮扶资金或物资扶持51万元，免费提供价值50万元的绿化设计。年内市住建局先后被授予省城镇污水污泥处理处置设施建设先进单位、衢州市平安建设暨综治维稳先进集体、衢州市“五水共治”工作先进

集体、衢州市交通治堵先进集体等荣誉称号。

【重点工程】 开工建设城市基础设施建设项目28项，“四大百亿”和政府民生实事等重点项目扎实推进。峡口水库引水工程超常规快速推进，年内完成莲华山大道与江滨南路供水管道5公里，成为全省基础设施建设PPP示范项目，江山市被列入全省政府和社会资本合作示范市县；站前大道主体建成，站前广场实施主体施工，年内完成形象进度的30%；城市天然气利用工程完成中心气源站附属设施安装和四都调压站建设，敷设燃气中压管网10公里，年内安全供气110万立方米；实施礼贤路绿化彩化提升等园林绿化工程，年内增改城市绿地面积9.24万平方米；江滨南路延伸段建设工程、生产性物流园区道路、牛头岭1号地块南侧道路等重大项目有序推进。

【民生实事项目】 围绕群众生活需求，对城市环卫设施、道路、桥梁、路灯等市政设施落实常态化管护。完成城乡卫生设施建设提升工程，新建虎山公园、市心街、水泥厂路口等10座公厕，改造提升北关路、中山路、江滨游乐园等10座城区旧公厕和城区5座垃圾中转站。加快实施城市“三改一拆”工作，年内实施旧住宅区改造项目10个，完成改造户数5634户，改造面积58.05万平方米，其中西市街老街区、县河东路小区等旧小区环境综合改造工程顺利完成。完成市区人行道铺装1.17万平方米；改造城市里弄路灯115盏，拆除老旧线路1.3千米。继续实施城市交通治堵，对小商品市场和城北大桥等2个重要节点进行交通设施改造；新增城市公共停车位307个。

【房地产业】 贯彻执行上级有关房地产市场调控的方针政策，报请政府出台《关于促进房地产市场平稳健康发展的若干意见》，全面取消限购，落实金融信贷和住房公积金贷款支持，实行个人购房财政补贴，制订“房票”安置政策。全年商品房销售面积32.67万平方米、金额21.46亿元，同比分别增长28.12%、18.45%，均价6570元/平方米，同比下降7.5%，商品住宅价格维持在稳定水平；城区二手住宅交易面积19.01万平方米、金

西山花海

额11.33亿元，同比分别增长34.16%、31.96%。继续做好房地产领域民间融资整规工作。加大住房公积金优惠政策调整力度，年内净增缴存职工1031人；归集公积金达3.87亿元，提取住房公积金总计2.74亿元，发放公积金贷款3.5亿元，分别较上年增长13.4%、17.9%和130%。加大保障性住房建设，新增公共租赁住房182套。

【建筑业】 扶持建筑业创业创新，组织企业家座谈会，倾听企业呼声，起草一系列规范江山市建筑市场的调研、建议和相关管理办法。全市建筑业共完成产值57.35亿元，其中市外产值28.27亿元。有计划有步骤地推进建筑节能工作，全面推进和规范民用建筑节能评估和审查工作，完成市政府大楼、凯升公馆、大润发江山店等12个节能项目。协助企业引进和培育人才，全年共延续建造师400余人，新注册建造师200余人，三类人员网上审批1300余条，打印证书900余本。规范建设工程招投标监督管理，全面推行电子评标系统评标，年内共受理招投标备案194项，投资额9.59亿元。

【城市房屋拆迁】 坚持依法征收、阳光征收、和谐征收，集中力量推进重点征收项目。通禄门片区改造建设工程房屋征收已累计完成215户私房征收，完成国有土地私房征收总户数的78.47%，征收总建筑面积2.15万平方米；完成10家单位房屋征收，征收总建筑面积2.17万平方米；安全拆除1.3万平方米，推进其他征收户的入户谈判和司法强制前期准备工作。牛头岭片区北关大桥东接线及东接线以北地块房屋征迁项目，涉及被征收户107户，建筑面积3.88万平方米，已完成征收信息核实和房屋征收征求意见，同意率达87%。拔钉清障项目加快推进，完成周男祠堂岗19号～28号区块等4户房屋征收。年内共征收土地面积2.76公顷，清表面积2.37公顷。

市政工程

【市政工程建设】 改造环城西路103幢、永宁里24幢、环城西路108幢、普农家电后面、双龙加油站等处停车位共2700平方米，北关桥引桥底整治改造铺装面积700平方米；投资500万元完成县河东路16号和老人民医院宿舍景观综合改造，改造总面积15842平方米，改造户数246户，新增改造停车位55个，污水管线埋设622米，雨水管线埋设588米，绿化面积2450平方米，砼路面硬化面积2795平方米，铺装面积3645平方米，路灯管线埋设918米，路灯47个。完成白渡路、金椅山庄、鹿溪北路、天余小学、江东大道、江滨东路等8处积水点改造；开展“五溪一渠”污水排放口截污纳管改造，共完成36处排污口截污纳管改造，其中封门溪、丰足溪沿线排放口基本改造完成。

【市政设施管理、维修】 市政工程管理处共清理化粪池45座，疏通排水管道60公里；及时补换破损的窨井盖28个，雨水水箅30个，综合井井盖18个，零星修补道路路面坑槽沥青冷补料450平方米，维修礼贤路、景星东路、华通路等处的主次干道路面17000平方米；人行道铺装修补1850平方米；完成江滨路人行道改造工程Ⅰ标段（城中路—北关桥）总投资约260万元，改造总长1300米，总面积8700平方米，增设停车位144个；委托浙江华东工程安全技术有限公司对江山大桥、北关大桥、城北大桥和双塔大桥4座桥梁进行了健康检测和技术鉴定。做好须江防洪堤、封门溪、协里溪、鹿溪渠、达岭溪、丰足溪、杨梅溪的巡查，及时整改有关堤岸的松动、裂缝、坍塌等隐患。

【污水处理】 鹿溪污水处理厂提标改造工程投产运行，累计处理污水1426万立方米，削减COD 2933吨，氨氮351吨，尾水排放达到《国家城镇污水处理厂污染物排放标准》的一级A排放标准，城镇污水处理率达91.76%。第二污水厂顺利投运，累计处理企业污水130万立方米，削减COD190吨，氨氮4.7吨，出厂水质达到设计目标。污泥无害化处置设施投产运行，焚烧处置污泥600吨。做好清三河达标县创建迎检，完成市区“五溪一渠”截污纳管改造，消除黑臭河和垃圾河。加大“三位一体”的集镇污水处理设施建设力度，年内完成清湖、坛石、上余、石门、大桥、四都等6个集镇污水处理设施提升改造，完成城镇污水主管铺设43.22公里。

【城乡供水】 第二水厂改扩建工程投入运行，年内安全供水1758万吨；新建供水管网13.35公里，改造城区老旧管网7.32公里；完成碗窑水库引水管道直径1200毫米蝶阀更换，消除安全供水隐患。峡口自来水公司新增1套一体化净水设备，日供水能力达到3.5万吨，南部区域供水能力进一步提升；加大查漏力度，抢修各类漏水点3600处。坛石镇农民饮用水扩面提升工程基本完成，铺设主管网28公里，完成横渡泵站建设。12月31日起推行阶梯式水价，通过合理的价格机制提升社会用水效率。

园林绿化

【绿化建设重点工程】 利用江山市环山、环城、沿景自然资源，重点打造西山休闲景观带。其中，粮仓遗址至健身中心3公里示范段建设基本完成，启动健身中心至状元塘段绿道建设。实施礼贤路绿化彩化提升等园林绿化工程，改造面积3万余平方米，投资500万元，提升城北区域绿化品位。同时，借鉴衢州石室荆溪花海的模式，将西山脚下闲置的罗汉太肚地块改造成6万平方米的“花海”，受到市民和游客的青睐，游客最多时日超过万人。实施改造中山小游园、县河东路、江滨绿化带东侧游览桥以南等绿化改造工程，改造面积2700平方米；市区一江两带、南门广场等绿地的零星补植，主要补植麦冬草、吉祥草等苗木，补植面积达4058平方米；西山健身公园铁路轨道处的绿化复绿工程，复绿面积156平方米。年底，建成区绿地率45.63%，人均公园绿地面积11.41平方米。

【园林绿化养护管理】 新接管达岭溪景观工程二标段、顺达明珠苑外围配套、经济开发区绿苑山庄绿化、市后淤二期环境景观改造、城北新区完善配套、江贺经济走廊综合整治城区段绿化二标段、封门溪安泰社区综合整治二期等15个工程，共11.6万平方米的养护管理，全市养护管理总面积达148.9万平方米。投入100万元，对须江公园白蚁进行全面防治，防止白蚁扩大侵害城市其它领域。加强绿化养护管理考核，除每月组织人员对市区的公共绿地养护管理进行检查打分外，还结合数字城管、“12319”城建热线、对话平台等多方位的监管体系对其同步考核，考核结果进行公示，实行全员监督。派技术人员对城投公司、市政处的在建工程进行绿化施工管理监督，严把质量关。

建筑工程

【概况】 2015 年，全市建筑业共完成产值 57.35 亿元，其中市外产值 28.27 亿元。浙江亿丰园林建设有限公司企业实现市政公用总承包三级升二级，全市共有施工总承包一级企业 2 家，二级企业 17 家，三级企业 11 家。同时，严格基本建设程序管理，全年共办理施工许可证 66 份，总计建筑面积 57.75 万平方米，总造价 26.79 亿元。

【安全生产管理】 贯彻执行《中华人民共和国安全生产法》《建设工程安全生产管理条例》《施工企业安全生产许可证条例》等安全法律、法规、标准规范以及上级有关文件规定，严格执行开工项目安全生产条件审查制度，全年共审查 81 个工程，建筑面积 114.12 万平方米, 工程造价 11.79 亿元。在重大节日、特殊季节、恶劣天气到来前，向施工企业负责人、安全科长、监理企业负责人发送预警短信 600 余条；开展以“加强安全法治、保障安全生产”为主题的全国安全生产月活动；采用集中组织和下项目部宣传贯彻开展工程质量治理两年行动，共组织 4 次；在第四季度施工现场安全大检查中，共检查 162 个/次施工现场，签发整改通知书 145 份（其中暂时停工令 6 份）；5 月、10 月开展建筑起重机械设备（塔吊、施工升降机）安全专项检查，共对 19 个施工现场进行检查，共检查 38 台塔吊、33 台施工升降机，共签发发 5 份安全隐患整改通知书，其中建议 4 台塔吊暂时停止使用。

【建筑质量监管】 全年办理质量监督手续 77 项，建筑面积 66.18 万平方米。备案工程 100 项，建筑面积 135.16 万平方米，造价 13.97 亿元，处理质量投诉及信访 38 件。全年共通过 3 个优质结构工程的评审，1 项工程被评为“须江杯”工程，4 个工程被评为“衢江杯”工程。组织 4 次对在建工程的质量检查和抽查，2 次两年质量治理执法检查，迎接省、市两年质量治理执法检查 2 次，签发整改通知单 72 份。组织质监员及企业质量管理人员参加省建协组织的创杯和绿色施工培训、两年工程质量专项质量及执法检查的宣传贯彻落实培训等。试验中心在日常工作中严格执行技术规范和规程，全年共接受委托检测抗压 8257 组、砂浆 1850 组、水泥 275 组、钢筋原材试验 1271 组、焊接试验 1718 组、砖抗压 578 组、砼抗渗试验 183 组、钢管扣件 115 组、钢板 241 组、砼配合比 35 组、砂浆配合比 101 组、石子分析 31 组、砂分析 98 组、砂浆贯入 719 点、砼回弹 1750 组、击实 13 组、压实度 108 点、弯沉 1072 点、保温砂浆 40 份、抗裂砂浆 39 份、网格布 38 份、门窗三性检测 108 份、管材管件 224 份、电线 174 份、防水卷材 57 份、XPS 板 18 份、酚醛板 21 份、拉拔 361 份、市政取芯 11 点、钢筋保护层 1040 组、楼板厚度 1244 组、混凝土劈裂抗拉 2 组、加气砌块 48 组。

市政管理

【卫生保洁】 新接管迎宾广场、雪泉街等共计 5 万多平方米的清扫保洁工作，共承担城区 498.14 万平方米道路清扫保洁工作，47 座公共厕所清洗保洁、738只分类果壳箱的收集，80只马桶清倒，以及道路洒水、“五溪一渠”管理等工作。通过城乡23座垃圾中转站中转，年内处理垃圾8.39万吨，日处理垃圾230吨，其中处理城区垃圾4.61万吨，乡镇垃圾3.78万吨，无害化处理率达100%。推进生活垃圾分类收集试点工作，年内在湖畔山庄、清河坊、平棋小区、江东五区共4个居民小区开展垃圾分类收集试点向居民发放宣传手册、悬挂宣传标语，共设置200只分类垃圾桶。投资30万元完成对市区垃圾中转站安装除臭装置，10座公厕安装节水宝。投资50万元购置封闭式垃圾车2辆，完成市区390辆不锈钢垃圾三轮车更换，提升车辆作业质量。

【清扫保洁市场化运作】 4月，市环卫处在江山市公共资源交易中心完成新一轮“一把扫帚”道路清扫保洁招投标工作，对外招标主要包括498.14万平方米的道路清扫、39座公厕清洗、7座垃圾中转站运营管理、“五溪一渠”城区段卫生保洁及马桶清洗等。此次招标共分四个标段，承包期为3年，来自全国各地48家企业报名参与竞投标。中标单位分别为江山市百家信城市保洁有限公司、江山市洁康城市保洁有限公司、广州侨银环保技术有限公司、温州市黄河清洁有限公司。新老保洁公司于5月1日交接，开始日常保洁工作。

【市容秩序专项整治】 2015年，共实施行政处罚160起，发放限改通知书446份，规范违章占道流动摊点4734人次，规范跨门占道经营违章行为4209处，先行登记保存物品174件。根据江山市城市管理五大专项整治行动方案的要求，开展市区户外广告专项整治。全年共拆除非法张挂横直幅346条、固定横幅杆74杆，拆除市区破损广告、无主广告及有碍市容的广告牌411块，拆除活动帐篷376个，取缔活动灯箱290个，拆除市区主要路段路灯杆广告1750杆，清理非法小广告“城市牛皮癣”，纸质类小广告、盖章类小广告平均1000处/日。清运建筑垃圾3427车，督促35家废品收购点自行清理占道堆放的废品。加强小区侵占绿地行为的管理力度，清理成坤大院、永康里、航埠山、南区四村、南区三村、永寿里等小区绿化用地种菜行为，清理面积累计达10450平方米；加强小区内饲养家禽家畜行为的巡查力度，查纠10起非法饲养家禽家畜行为。

【强化安全生产检查】 对各液化气经营点开展节前安全检查4次，查纠瓶装液化气无证经营案件1起。完成西山防火值班、老火车美食城防火安全监察工作。完成全国“两会”、反法西斯战争胜利放假、全国互联网大会期间安全生产、维稳工作。

【亲民执法】 坚持以人为本，堵疏结合，清理行政许可事项，梳理权力清单，方便群众办事。坚持违章行为教育引导3次以上才可进行处罚的工作原则，树立城管人文明执法形象，及时办理9件市人大议案和18件市政协提案，强化“12345”市长热线（含“对话平台”）处理工作管理，完善“12319”城建服务热线工作制度，全年共收到群众电话88个，回复率100%；切实发挥数字城管功效，推进城市管理数字化，全年受理城市管理问题19594件，12319热线举报269件，已结案19243件，结案率99.8%，应处理案件19278件，按期处理案件18987件，按期处置率达98.5%。同时，全年开展矛盾纠纷排查78次，摸排出各类矛盾纠纷638件，受理群众来信

132件，接待到访群众350多人次，矛盾纠纷调处率达100%。

（王　飞　柴华君）

新农村建设

【概述】2015年，全市农村常住居民人均可支配入18325元，比上年增长10.0%，城镇与农村收入比缩小至1.899∶1，江山市被评为“2015中国全面小康十大示范县市”、2015年度“浙江省社会主义新农村建设优秀县(市)”，是衢州地区唯一“七连冠”单位。

【农村生活污水治理】围绕“扩大战果、争创一流”的工作要求，全力推进农村生活污水治理。全年累计投入建设资金26101万元，完成农村生活污水治理建制村130个，新增受益农户46593户。树立“三分建设、七分管护”理念，按照治污设施日常化、常态化运行的要求，建立和完善农村生活污水治理项目运行维护管理办法，落实运维资金和人员，由各乡镇统一与各村的运维人员签订协议，单户处理的由农户自行运维。

【农村生活垃圾分类处理】出台《农村生活垃圾分类处理工作实施意见》，按照开展一次培训、建设一座太阳能垃圾减量化处理设施、设置一块垃圾分类处理宣传公告栏、改造或添置一辆垃圾分类收集清扫车、培育一支保洁队伍、农户配备一对垃圾分类箱、建立一套监督考核机制“七个一”标准，推进农村生活垃圾分类处理工作。全市共配备分类垃圾桶95768只，改造或添置垃圾分类收集清扫车328辆，建设太阳能垃圾减量化处理堆肥房73座。建立健全农村环境卫生长效管理机制，坚持“四级联查”，继续实行“月月有评比，次次有排名”考评制度。“户集、村收、乡镇运、县处理”机制实现行政村全覆盖。

【赤膊墙整治】坚持源头控制、农民主体、重点整治、长效管控原则，提高补助标准，强化机制约束，结合“三改一拆”“四边三化”、农房改造等工作，统筹推进“赤膊墙”整治工作，全市共完成赤膊墙整治885幢27.2万平方米，其中沿线和重要路段完成整治172幢4.3万平方米，基本无赤膊墙村271个，占全市总行政村数的92.8%。以“赤膊墙”整治为突破口，持之以恒推进农房改造工作，全年完成农房改造3600户，拆除农村旧房8100户，面积68.5万平方米。

【中国幸福乡村建设】坚持品质，突出个性，扩大覆盖面，完成10个“中国幸福乡村”创建。推进创建由点成线，巩固提升“保安路口—石鼓—戴笠秘宅—仙霞关”七彩保安风情线、“廿八都古镇—浮盖山—兴墩”古镇养生风韵线、“耕读—勤俭—日月—永兴坞”幸福乡村风光线等建设品位。投入建设资金5000万元，围绕综合保护古建筑、发掘传承古文化、整治美化古村落、培育发展古村游等，扎实推进永兴坞、勤俭、枫溪等省历史文化村落保护利用工作，让乡愁得以安放。永兴坞村三年项目已完工，勤俭村及枫溪村完成建设进度70%。浔里村入选“2015年中国最美休闲乡村(历史古村类)”。

【农民公寓房建设】完善政策，强化宣传，激发农户购买公寓房和商品房，缓解宅基地供应压力。推进贺村镇、峡口镇农民公寓房建设，峡口两幢公寓房结顶并开展售房，贺村镇与浙江建工集团谈妥，协议采用PPP模式，由建工集团投资15亿余元打造10000人的集聚小区。强化小区后续管理，探索管理新模式，使异地搬迁农户真正实现安居乐业。全年搬迁安置农户643户2000人，拆除原居住地房屋600户。

【农家乐乡村休闲旅游】 按照“重在持续、重在提升、重在统筹、重在富民”和全域景区化目标要求，出台《江山市乡村休闲旅游发展三年行动计划（2015—2017年）》，全力打造世遗江郎风采线、幸福乡村风光线、七彩保安风情线等5条乡村休闲旅游精品线路。世遗江郎风采线、幸福乡村风光线入列衢州市乡村休闲旅游十大精品线路评选榜首，耕读村入选首批“中国乡村旅游模范村”，薰衣香舍、和睦大院等6家农家乐被评为“中国乡村旅游金牌农家乐”。全市发展农家乐特色旅游村（点）47个，农家乐经营户419户，其中衢州市级农家乐特色村11个，特色点24个，三星级以上农家乐经营户219家。全年共接待游客403.8万人次，直接营业收入1.96亿元，同比分别增长41%和42%。发挥山区经济发展资金效益，全年共安排扶持项目22个，补助金额3500万元，其中农家乐乡村休闲旅游项目12个。整合专项资金800万元，用于扶持15个民宿特色村。项目省级绩效评价工作位列全省前三，新增补助资金775万元。

【推进一村一品】 加强引导、加大扶持、稳步推进“一村一品”培育，新增专业特色村20个、专业特色乡镇2个。加大扶持政策落实力度，推进有机农产品培育认证，推进有机农产品基地和示范性有机农场建设，推进有机标准化生产，加强有机农产品品牌宣传推介，全年新增有机农产品认证（含转换证书）38个，数量为衢州各县（市、区）前列。

【农民素质培训】 坚持“实际、实用、实效”原则，强化培训监督，突出培训特色，重视培训成效，提高农村转移劳动力适应产业转型升级能力和农村劳动力就业能力。重点打造“农场主”“网店店长”“家政（月嫂）”培训品牌，通过培训全市农民新开“淘宝网店”100多家。全年培训农民12199人，其中农民转移就业技能培训792人，农村实用人才培训4836人，其他农民素质提升培训6572人。

【“消除4600”工作】 建立精准识别机制，实施精准核查办法，采取精准扶贫措施，做到扶真贫、真扶贫、真脱贫。开设“4600110”、“18957004600”专用受理电话，在新闻媒体及全市所有自然村发布《关于设立扶贫专线的通告》，鼓励贫困户向市扶贫办反映自身贫困现状。出台《全面消除农村家庭人均年收入4600元以下贫困现象实施方案》，落实“一户一策一干部”，全市各乡镇（街道）、机关部门单位干部职工和各行政村（居）干部，每人结对帮扶1户以上。安排104个机关部门单位及部分民营企业与4600元以下农户开展结对帮扶，共到位帮扶资金800多万元。按照农户致贫原因与帮扶意愿等实际情况分类施策，着力增强贫困户自我发展能力，提高扶贫成果可持续性。全面推广金融扶贫，省金融扶贫和异地搬迁工作现场会在江山召开，全市4600元以下农户通过丰收爱心卡发放贷款余额325.26万元。发展来料加工，重点推进来料加工业务向4600元以下农户较密集的区域扩散，实现贫困户在“家门口”就业。全市有4457户4600元以下贫困户脱贫。

【农村改革】 推进农村综合产权流转交易

服务平台建设，交易品种有农村土地承包经营权、农村集体林地使用权、农村集体经济组织养殖水面（山塘、水库）经营权、农村宅基地使用权、集体资产等13个方面。出台《江山市农村综合产权流转交易管理办法（试行）》，加快“三位一体”农民合作经济组织体系建设，制定《深化供销合作社和农业生产经营管理体制改革构建‘三位一体’农民合作经济组织体系》实施方案。经各乡镇（街道）申报和对申报方案进行评估论证及筛选，确定保安乡农村土地经营权流转管理改革试验区、凤林镇村股份经济合作社改革试验区、张村乡山区留守人员精准扶贫改革试验区为2015年度江山市级农村改革试验区。

（陈荣忠）

三改一拆

【概况】 2015年，全市共拆除违建175.2万平方米，完成“三改”221.3万平方米（旧住宅区58.1万平方米、城中村63.3万平方米、旧厂区99.9万平方米），分别完成衢州市下达任务的166.9%和110.7%，有105个村（社区）通过无违建验收。全市3年累计拆违375.7万平方米，完成“三改”381.3万平方米，295个村（社区）通过市级“无违建”创建预验收，通过省“无违建创建先进县（市、区）”复评，打造了无违建创建的“江山样本”。三改一拆办主任周克俊获省2015年度“无违建县（市、区）”创建工作先进个人。

【中心城区违法建设集中整治专项行动】 完成西市街、虎山路、解放路沿线及山川坛小区、天余小区、乌木山小区等违建集中的街道和小区整治，累计拆除城区违建3.5万平方米。打造一批无绿地种菜、无占用通道、无乱搭乱建、无乱堆乱放的“四无”示范小区。

【非法“一户多宅”专项整治】 以“一户多宅”为突破口，整村连片推进农村“两违”整治，全年拆除“一户多宅”2206户63.7万平方米。3年累计拆除“一户多宅”8420户104.7万平方米，腾出土地220公顷，争取城乡挂钩建设用地指标53.33公顷，可解决3200多户农民建房用地需求。

【“两路两侧”乱搭乱建专项整治】 成立“两路两侧”“四边三化”整治专项领导小组，制定实施方案，开展大排查，实施大整治，按时完成省、衢州市交办75个问题整治，累计拆除路边违法、破旧建筑6.9万平方米，粉刷沿线墙体外立面6万多平方米，清理堆积物5万多平方米，拆除路边广告牌、横幅、灯箱等2261件。

【涉违重点信访挂牌销号行动】 主动深挖根源，对涉违重点信访案件开展全面再排查和梳理认定，实行集中交办、限期销案。对群众反映强烈的信访案件及部分法院裁定和政府责成案件，以军令状形式进行交办，不留退路抓好整治。全年化解信访积案100多件，完成军令状交办信访案件处置37件。

【生猪养殖污染违建百日攻坚】 开展以违建猪场为主的涉水违建拆除行动，拆除违建猪场101.4万平方米，成功创建省“清三河”达标县、203个“无猪村”和4个“无猪乡镇（街道）”，夺得“五水共治”大禹鼎。

【违建安全隐患专项整治】 以消防安全隐患整治为重点，对存在消防和使用安全隐患的违建开展集中整治，完成57宗消防与使用安全隐患违法建筑和贺村镇70多家竹木加工企业违建的整治。

【完善制度体系】 出台《建筑物临时改变用途管理暂行办法》《依照土地管理法律法规没收建（构）筑物处置规定》《规范设施农用地管理》等一系列配套政策意见，实现制度上的全覆盖，并组织全市“三改一拆”工作人员参加执法专业培训。市财政安排1000多万元，对拆后处置利用和重点案件拆除实行以奖代补、对无违建创建给予专项工作经费补助，减轻乡镇（街道）财政压力，更好地保障工作持续深入推进。

【健全防控体系】 12月，成立了市综合行政执法局，依托基层国土所“一乡一所”建设，建立市级由国土、规划、住建等部门巡查队伍，镇级由国土员、规划员、驻村干部，村级由村级班子、生产队长组成的市镇村三级网格化管理队伍。

【完备规划体系】 完成土地利用总体规划修编并获省政府批复，合理配置全市土地资源，整合城乡建设用地，为拆改工作提供科学指导。完成“三改一拆”后土地利用资源普查规划，按照“宜耕则耕，宜绿则绿，宜建则建”原则加快实施，拆后土地利用率达70.3%。中心城区控制性详规实现全覆盖，建制镇镇区控制性详规覆盖率达66.7%，除下山移民等特殊情况，外乡规划、村庄规划实现全覆盖。

【加强农民建房保障体系】 深化落实农民建房审批制度改革，完成贺村、峡口两个重点镇农民建房审批权委托下放试点，推进农民跨村建房、公寓化和房票安置，加快中心城区村庄建设布局规划实施，修改完善农村居民建房管理暂行办法。全年优先安排落实360多亩农民建房用地指标，保障900多户农民建房需求。

【抓好拆改并举】 坚持以改带拆、以拆促改，开展城区房屋征迁拔钉清障行动，实现与项目征迁、城中村改造等重点工作同推进、互促进。累计投资近3亿元，完成涉及319户的牛头岭片区城中村改造项目，拆除旧房6.2万平方米，提供近2万平方米宅基地用于安置200多户改造户；继续推进山川坛拆违改造项目，完成山川坛小区二期改造工程，通过绿化、管网改造、休闲场地建设等改造，改变小区脏乱差环境。

【注重拆用结合】 开展拆后土地利用普查行动，编制拆后土地利用方案，通过国土部门项目化包装，逐步对200多公顷拆后土地实施复垦复耕。双塔街道在拆除杨敦村1.6万平方米重点违建后，结合周边空地，完成复垦2.13公顷；大陈乡在拆除1.3万平方米连片违建后，2个月内完成复垦及土地流转，发展现代农业观光园；住建部门利用华顿服饰公司旧厂区拆后土地及周边荒地建成面积达6万平方米的百花园，获得市民点赞。

【推进拆建同行】 结合农房改造项目，以拆后土地利用示范点建设为抓手，推进“一户多宅”拆后土地利用，建设拆后土地利用示范点26个。对200多个500平方米以上“一户多宅”连片拆除点规划新建，其中石门镇在连片拆除长山源村6800平方米“一户多宅”后，规划新建房屋30多座；凤林镇在拆除卅二都溪沿线26户违建后，投资100多万元，美化绿化沿溪两岸。

（柴小旺）

五水共治

【概况】 2015年，江山市紧紧围绕四个“全市域”要求，以创建省“清三河”达标县为目标，以“控源头、防反弹”为主线，以养殖污染整治“百日攻坚”为重点，以治水项目建设为支撑，全市上下共同努力，出境水质大幅改善，出境水水质各项指标均达到地表水III类标准，其中氨氮、总磷平均浓度同比下降70%以上，省考核全部优秀。治水“四全模式”、“洁水渔业”、“农村生活污水1+N机制”、耕读村治水转型、生猪养殖零排放模式等先进经验，先后受到熊建平、黄旭明两位副省长的批示。省级媒体全年零曝光，涌现出“耕读模式”等一批治水先进典型，成功摘取省“清三河”达标县“金名片”，推荐参评省“五水共治”先进县。

【全面开展“百日攻坚”行动】 从江山环保局测算数据上看，江山水体污染因子中70%来自于生猪养殖排泄物。2015年继续强势推进生猪养殖污染整规，坚决遏制农村畜禽养殖污水直排河道现象，对沿江沿河的养殖场进行全面关停。全市在巩固既有成果的基础上，全面开展养殖污染整治“百日攻坚”行动，通过大规模、高强度、大力度、全覆盖的集中攻坚，共关停退养猪场4211个，面积186万平方米，其中拆除猪场3007个、拆除面积130万平方米，退养猪场1204个、拆除养殖设施56万平方米；共削减能繁母猪4.2万头，现有生猪存栏量削减到35万头，年饲养量控制在95万头以内，成功创建无猪村203个，无猪乡镇（街道）4个；行政村村庄内实现全面关停退养，最终通过工程化治理和生态化治理的保留猪场197家，保留率仅为2.3%，提前超额完成衢州市下达的年度目标任务。6月份以来的水质检测数据显示，河水中氨氮、总磷平均浓度同比下降明显。

11月，江山鹿溪污水处理厂提标改造工程完工，出水达到一级A标准

【集中开展联合执法行动】 为形成“五水共治”的高压执法态势，以“实体化运行、高效型执法”为原则，从环保、公安、市场监管、国土、规划、农业、供电、砂石办等相关单位抽调人员组成“五水共治”联合执法小组，严格实行统一抽调、集聚办公、重点执法的实体化运行模式，集中开展联合执法行动。在养殖污染整治“百日攻坚”行动期间，联合执法组共开展联合执法检查猪场841户，强拆107户，助拆104户，入户推进415户，立案查处猪场148户，下达处罚告知书61起，处罚决定书12起。联合执法组还先后开展“春雷亮剑行动”“零点清源行动”和“周末专项执法行动”等环保专项执法行动，共出动人员2360余人次，检查企业346家，立案查处68起，关停非法生产企业11家，责令限期整改69起，责令停产整治6起。

【抓好项目建设】 坚持工作项目化、项目责任化，部署“五水共治”十大专项，落实总投资12.32亿元的治水项目40个。其中，城镇污水配套管网建设、改造“一户一表”、清淤排水管网、屋顶集雨系统、改造节水器具等11个项目提前完成。新建污水处理厂1座，污水管网8.2公里，新增日污水处理能力8.98万吨；改造提升污水处理厂1座、集镇污水处理站6座，目标出水水质一级A；新建加固堤防10公里，完成河道清理整治5.5公里，水库除险加固2座，山塘整治65座，洁水养鱼面积686亩，取缔河道采砂场59家；实施化工行业搬迁入园项目3个，乡镇工业功能区整治稳步推进；列入农村生活污水治理230个村，100个村已完工，其余正在施工中，年内完成100个村垃圾分类处理。

【河长制落地生根】 由32名市级四套班子领导担任一级“河长”、344名镇村干部担任乡镇（街道）、村两级河道长，落实“一级河长”一月一督查、“二级河长”一周一检查、“三级河长”一天一巡查，保洁员一日一保洁的“四个一”工作机制，“管治保”成效纳入“五水共治”工作考核，纳入党政领导干部综合考评，纳入“以奖代补”资金评定。推进河长“包干制”，创新推出《一级、二级、三级河长“清三河”工作目标责任书》，由市委书记与32位一级河长签订，32位一级河长与二级河长签订，并以附表形式对全流域治理任务进行交办。配套建立河道水质一月一通报制度、河道治理工作经费绩效评估制度、河长行动即时播报制度，确保责任到人、整改落实到位。推行“民间河长制”，在全市292个行政村，择优筛选1276名户主担任“民间河长”，进行分段负责，并负责监督、纠正毗邻村民的不良卫生习惯和行为。

（王永林）

信息产业

邮 政

【概况】 2015年，中国邮政集团公司浙江省江山市分公司围绕省分公司“效益一流、管理一流、作风一流”的工作思路，做好各项工作。全年累计完成业务收入2869.17万元。其中，邮政代理金融完成收入1603.45万元，储蓄余额累计11.04亿元（排名地区各县市第一），快递业务收入283.21万元，函件业务收入74.73万元，报刊业务收入316.49万元，集邮业务收入219.83万元，分销业务完成业务收入49.53万元，信息业务收入140.44万元，其他业务收入181.49万元。在全国空白乡镇邮政局（所）补建工作中，江山分公司被中国邮政集团公司评为县级优秀集体。

【企业管理】 出台考核办法、部室挂联督导、平台通报表彰等措施，开展储蓄业务劳动竞赛，开展“舞动飞羊”开门红储蓄余额劳动竞赛，明确各部门的金融业务目标任务及激励政策，各部室与专业局及各网点之间进行分组对抗，营造“人人都是金融人”的良好发展氛围，专业联动，部门全力配合，全员参与，推动金融业务跨越式发展。

【项目营销】 配合1月1日环保法新规的实行，制作2000本《环境保护法及配套制度汇编》邮册，并编制《江山旅游手册》邮册，实现业务收入1.11万元，开辟业务收入新的增长点。抓住江山大润发超市开业的契机，营销大润发会员卡寄递业务，实现业务收入9.5万元，收集有效数据5万余条。反法西斯战争胜利70周年，营销《大阅兵明信片纪念册》310本，实现封片收入6.14万元。杭长高铁开通时，开发制作《圆梦高铁·腾飞江山》邮册400套，实现业务收入50万元。策划“五一”劳动节文化广场《方寸世界、邮奖邮你》活动，挖掘潜在集邮客户。策划《中国梦—人民幸福》版票典藏册营销活动，实现业务收入3.58万元。开发《廿八都壁画》邮册，实现收入25万元。

【平台建设运营】 线上基于“邮乐网”和“邮掌柜”系统，线下依托邮政农村窗口、“村邮乐购”店等实体渠道和物流配送资源，打造邮政农村电商服务生态链和“五个不出村”现代农村生活模式，使邮政成为农村电商的主导者和主渠道。共建农村信息化便民服务点151

个，其中县级区域服务中心1个，村级服务网点150个，获得省级、市级、县级财政补助80万元。全市共安装E邮柜21个，其中小区站点11个，单位、学校站点10个。E邮柜的使用，解决了“最后100米”配送问题。

【提升投递服务能力】 3月，峡口小竿岭邮路实行外包。年内对城区投递道段进行调整，扩展城区南片投递范围，消灭“城中村”投递盲区，把城区“城中村”、桐岭社区、绿苑山庄、白云山庄、清湖山海协作工业园投递频次调整为城市投递频次，提升“城中村”“三类区域”投递服务质量。

（毛达忠）

电 信

【专项行动】 11月，根据《衢州市公共场所无线上网安全管控试点建设工作推进方案》要求，江山分公司开展i—WiFi专项整治行动，从综合部、网运部、销售部、政企部选调28名党团员，下沉到七个支局，配合公安干警，开展沿街商铺、酒店i—WiFi走访排查，协助公安网警对i—WiFi网络进行有效安全监控，确保公共场所无线上网信息安全。

【项目建设】 由电信公司承建的“爱江山—无线城市”WiFi项目，在江山城市及乡村旅游公共热点区域为公众提供免费WiFi接入服务。9—12月，完成旅游景点人流集聚区域130个AP、交通枢纽换乘区域61个AP、城市公共生活区域94个AP、城市公共服务区域21个AP、政府大楼44个AP，改造、升级现有热点AP数量429个，共计AP数量779个。“爱江山—无线城市”WiFi网络有力助推江郎山5A景点创建，为“智慧城市”开启实质性发展的第一步，彰显城市高端专业网络服务水平。为提升农村信息化能力与水平，公司在“三民工程”信息化平台基础上开发了智慧农村·iTV便民服务云平台。云平台涵盖便民服务、三务公开、党员远教、信息化应用等内容，突出电脑、电视、手机三屏互动的优势和

电信基础设施建设

特色。根据市委组织部的要求，试点乡镇三民工程E掌通建设，实现三民工程数据平台在各类手持终端的应用，扩大三民工程实际应用面，助推政务管理与民生服务相结合的互联网+新模式。“12345”政府服务热线实行24小时人工接听，并做好办理回复，主要受理和处置非紧急类涉及行政管理服务方面的相关事项，对群众反映事项实行“集中受理、分类处置、限时办结、协调督办、统一回访”。截至12月31日，该热线呼入量达8776余次，接受市民群众投诉、举报、建议、咨询、求助等问题现场答复（含三方通话）4533件、工单交办4243件，群众满意率达97.51%。全面承接江山市公安天网项目，年内完成公安社会治安智能防控系统项目263个路口756路摄像机项目建设、交警28个城区路口148个摄像机电子警察抓拍系统。完成贺村、四都、双塔、虎山、新塘边、水利局水库库区等7家单位合计475路摄像机项目建设。实行全天候24小时监控，数据实时传输，影像存储安全稳定。在高速稳定的宽带网络保障下，新型的监控设备还具有影像识别功能，并将以上公共区域视频资源信息接入公安天网工程。全年，公司与中小企业共开展“智慧企业”行业应用推介会26场，从“智慧的环境”“智慧的通讯”“智慧的生产”“智慧的销售”等方面助力“智慧企业”转型升级。将车管专家、天翼对讲、翼机通、外勤助手等互联网+应用融入到各类企业的生产管理和调度中，促进工业化和信息化共同发展。

【基础建设】 年内，完成光网覆盖个数为439个，光网格覆盖占比为97.77%，超额完成上级下达的光网建设任务。全部完成L网建设任务（总共123个，分别为L网二期315站点76个、L网三期站点36个、L网87站点11个），为4G无线信号全覆盖打下了坚实的基础。优化无线信号覆盖，共建设了室分23个点，完成市公司下达的建设指标。完成城中母局的退网任务，总共完成38个模块局，31个接入网点的母局退网缩容割接工作，完成退网设备容量48644门，实现真正意义上的“光城市”。

【提升服务质量】 修改并完善《服务质量管理办法》，多方面对服务触点中出现的问题进行细化考核。同时，利用对支局支撑培训的机会和营业厅每周三晚上开例会时间，让客服人员将每月成功处理的典型案例及发生在营业厅的投诉案例整理，分析案例中用户投诉的主要问题、解决方法、沟通技巧，不断提升一线人员公众服务能力。

【基础管理】 制定专业部门倒三角支撑工作，制定帮扶计划，每周深入一线支局解决1～2件支撑件事，每月由一线支局提出TOP5问题，由专业部门逐一进行解决，做到市场在哪里，支撑就做到哪里。

（沈鲁东）

移　动

【概况】 浙江移动通信有限责任公司江山分公司（以下简称江山移动）是中国移动（香港）有限公司的全资内地运营子公司，现有员工108人。2015年末，江山移动拥有移动电话客户总数突破30万，数字基站总数达到800个，网络容量达到45万门。江山移动注重服务创新，推行服务的人性化、人情化和人文化，努力为客户提供一体化的优质服务，包括良好的语音质量、丰富的品牌、业务种类和完善的客户服务。

【江山移动网络】 公司的移动通信网作为浙江移动通信网络的一部分，经过多年来的建设与发展，已经实现全市市区和主要乡镇的网络全覆盖、高话务区域的立体覆盖及主要交通干线实现连续覆盖，城市内重点地区实现室内覆盖，并涵盖了微蜂窝、室内分布系统、街道站在内的全方位、立体化、智能化、多层化的绿色移动通信网络。

【江山移动技术】 根据公司实际，与本地的经济发展特征相结合，编制了数套信息化全面解决方案，开展与市政府、电力、农技110等单位的信息化合作，以移动信息化推进企业信息化，推进社会信息化。

（移动公司　供稿）

联　通

【概况】 2015年，中国联合网络通信有限公司江山市分公司（简称“江山联通”）围绕“移动宽带领先与一体化创新”的发展战略，顺应移动互联网发展大潮，实现规模效益发展。2月27日，中国联通正式获得世界上采用的国家及地区最广泛的FDD—LTE牌照。公司内设综合支撑中心、城中区域营销中心、贺村区域营销中心、集客一部、集客二部等机构。共有员工39人，其中管理系列6人、技术系列3人、经营及服务人员31人。年内，江山分公司获衢州市公司“先进基层党组织”、“先进工会小组”和“安全生产管理工作先进单位”称号。

【提升网络建设能力】 继续对基站、网络传输进行优化、组合，努力提升网络信号质量和覆盖率。全市累计共有移动通信基站350多个、室分系统90套，开通4G基站58个，建成通信光缆线路1024公里。固定电话及宽带业务主要覆盖城区、贺村、峡口、长台、淤头、上余等镇及主要的工业园区。至年底，江山联通在全市建有自有营业厅3家、城区及乡镇合作营业厅等销售渠道近40家。

【抗击冰雪保障通信】 年末的冰雪灾害，共造成全市19个基站累计62次中断，光缆线路2次中断。江山联通成立紧急抢修小组4支，共计人数15人，开展对3个核心机房及重要基站机房的巡检，对4台5千瓦小油机进行检测。冰雪期间，累计出动抢修车辆22车次、抢修人员48人次。

（郑燕飞）

国土资源

综　述

【国土资源领域改革】 承接省国土资源厅委托下放的有关土地管理审批事项，出台《关于省国土资源厅委托下放有关土地管理审批权限审查审批的实施办法》，明确委托下放的城市分批次建设用地（单独选址项目）等4项审查审批职责、要件、流程、时限，确保改革新政落地生根，提高行政审批效率。围绕创业创新积极探索土地管理新机制，会同农业部门下发《关于进一步规范设施农用地管理的通知》，明确设施农用地划定分类和范围，将设施农用地的审核制度改为备案制度；会同财政部门下发《关于依照土地管理法律法规没收建（构）筑物的处置规定》，以规范对违法建筑物的处理。结合江山实际抓好试点，江郎山国际文化休闲养生城列入省"坡地村镇"建设用地试点项目，在贺村、凤林镇开展农村土地民主管理试点，低丘缓坡综合开发利用试点通过衢州市级、省级低丘缓坡综合开发利用工作联席会议的验收。牵头起草《关于加强土地出让管理若干问题的实施意见》、参与起草《江山市建筑物临时改变用途管理暂行办法》，并由市政府审议后下发实施。组织起草《关于进一步加强农村宅基地管理的意见》等政策性文件，提交市政府讨论审议。

【加强乡镇国土所建设】 根据《关于进一步加强乡镇国土资源所建设的意见》要求，基本完成"一乡一所"建设，全市19个乡镇（街道）国土所和开发区国土所均已完成授牌，机构、人员已基本到位。全面开展不动产统一登记整合工作，完成机构职责整合工作，不动产统一登记制度体系建设顺利推进。

耕地保护

【划定永久基本农田】 抓好永久基本农田和永久基本农田示范区划定工作。初步明确江山市划定永久基本农田3万公顷，永久基本农田示范区1.37万公顷。贯彻落实耕地"占水补水、占优补优"制度，尽力提升耕地质量，确保全市耕地保有量至规划期末不低于3.33万公顷。推进"812"土地整治工程。全市完成垦造耕地项目25个面积200公顷，其中水田46.67公顷；高标准基本农田建设项目186.67

公顷项目正在建设中，峡口镇峡口大畈等6个面积355.13公顷标准农田建设项目通过衢州市验收认定；农村土地综合整治项目已通过验收项目4个面积17.6公顷，已完工可提交验收项目3个面积11.2公顷，全年复垦区先行以建设用地复垦项目立项项目17个面积37.13公顷。加快“旱改水”项目建设。贺村镇后源村、贺山头村琚村垄“旱改水”质量提升示范项目作为全省第一批“旱改水”质量提升示范项目，实施总面积70.55公顷，规划旱地质量提升为水田51.17公顷。同时，完成征占用耕地优良耕作层剥离再利用面积37.33公顷。

【整治违法用地】 以创建无违建市为抓手，继续配合推进“三改一拆”“五水共治”等专项行动，落实“两违”巡查防控措施，全年共组织巡查220天/2481人次，发现新增违法用地66宗、非法采矿35宗，均得到及时制止、处置。协助乡镇（街道）组织拆违19次，及时拆除各类新增违建。全力配合生猪养殖整规“百日攻坚”行动，建立3个执法小组，对所联系的7个乡镇（街道）249户整治重点对象进行走访推进，立案查处违法用地39宗，协助开展联合执法助拆21次，拆除违建猪舍22000多平方米。落实卫片执法整改，对国土资源部下发的2014年度土地变更调查548个卫片图斑及时进行核查，分类处置。对确认涉嫌违法用地图斑322个面积88.12公顷，按照拆除、查处、补办“三个一批”的要求督促当地政府整改，涉及应拆违建已拆9宗面积11400平方米；对涉及村委办公楼、公共设施违建及时予以立案查处，已查处18宗面积29866.7平方米。全年共接收各类信访件144件，同比下降4%。其中，受理群众来信104件，与上年相比增加6.1%，接待群众来访40批/89人次，同比分别下降23.1%和15.2%。受理各类举报电话42件，其中“12336”举报电话18件，与上年同期相比分别下降40%和58.1%。2起信访积案及时得到化解。年内，江山市国土局荣获全国国土资源管理系统“六五”普法先进单位荣誉称号。

【土地利用规划】 开展土地利用总体规划调整完善工作。完成《江山市土地利用总体规划（2006—2020年）》（2014调整完善版）及中心城区规划方案，均已通过省政府批准实施，一般乡镇的土地利用规划调整完善方案正在市级审批中。推进专项规划编制工作，编制完成《江山市土地整治规划》（2013—2020年），并已经市政府批准实施；编制完成《江山市“三改一拆”“五水共治”“生猪养殖用房整治”等拆后土地利用规划》《江山市土地整治“旱改水”规划》《江山市建设用地现状调查成果》等3个专项规划方案。推进村庄“两规”融合试点，通过村庄土地利用总体规划和村庄规划的“两规”衔接，开展以乌鹰垄村为试点的村级存量建设用地再开发块潜力调查，编制完成《乌鹰垄村存量建设用地再开发调查成果》。完成土地利用总体规划局部调整，确保项目及时落地。

【建设用地报批和供应】 在国家严格控制建设用地发展规模，省下达的新增建设用地计划指标逐年大幅度递减的情况下，通过努力向上对接，共争取到用地指标121.5公顷，其中年度新增建设用地计划指标47公顷，历史文化村落保护利用指标1公顷，异地搬迁新增建设用地指标8公顷，农民专项建房指标16公顷，省统筹委托造地、省重大产业项目、支持浙商创业创新工作考核等奖励指标10公顷，坡地村镇试点项目奖励指标6.56公顷，低丘缓坡综合开发利用试点专项指标32.33公顷。全年完成农转用（征收）批次14个，总面积136.8公顷，新增建设用地124公顷，保障了一批工业、服务业和基础设施项目建设用地需求。落实年度供地计划，及时做好供地和批后服务工作，全年实际批准供地61宗，面积243.38公顷，其中工业用地27宗55公顷，商服、住宅用地12宗3.38公顷，保证健盛产业园、明源机械、捷尔思阻燃材料、江山港虎山段防洪堤、快速通道、江滨南路、迎宾公园和站前大道等一批重点项目落地。全年全市共审查审批农民建房3698户，涉及面积36.37公顷，全面完成无房户、缺房户、危房户建房用地保障任务；审查审批设施农用地69宗，涉及面积9.67公顷。

【土地征迁和收储】 调整完善后的江山市征地补偿安置政策通过省国土资源厅和省人力社保厅备案，提高江山市征地区片综合价标准，完善被征地农民的社会保障制度。加强土地收储工作，已完成城北区块28.36公顷的土地征收，支付征地补偿款4294. 61万元；完成南方集团四都水泥厂收购，面积7.7公顷；完成城北新江中以西、新火车站广场南侧、迎宾大道东端南、北两侧地块房屋拆迁调查；完成拆迁调查47户，面积18218平方米。完成拆迁2户，拆除房屋面积412平方米。推进土地征迁清障拔钉，积极做好综合物流园区“三线”迁移及征地后续工作，以及天余村、迎宾村征地项目遗留问题的处理。配合市社保部门做好被征地农民社保政策的落实。

【地籍管理和确权发证】 做好全年土地变更调查与遥感监测业务工作，完成地籍管理信息系统更新升级完善及宗地统一编码工作，继续开展村庄数字地籍调查项目。完成2013年底前的地籍档案扫描建库，并于9月通过衢州市局验收。做好日常登记发证工作，全年共完成土地登记14616宗面积281.83万平方米，其中初始登记4207宗面积79.88万平方米、变更登记10409宗面积201.95万平方米，国有土地登记8152宗面积220.6平方米、集体土地登记6464宗面积61.23平方米。同时办理抵押登记86宗面积223.96万平方米，抵押金额8.69亿元。

【低效挖潜和存量盘活】 加快消化批而未供土地、盘活存量土地，开展全市批而未供和闲置低效土地处置“百日攻坚”专项行动。通过全市上下共同努力，近5年批准土地供地率达到80.55%，盘活存量建设用地71公顷，实施城镇低效用地再开发9.67公顷，全面完成省厅下达的年度目标任务。完善土地出让履约保证金制度和建设用地批后监管制度，提高土地出让节约集约水平。出台《关于加强土地出让管理若干问题的实施意见》，明确建立完善土地出让履约保证金制度，区分工业、房地产、服务业和符合划拨目录出让用地等用途，同时建立建设用地批后监管制度。开展全市工业用地调查工作，全面掌握全市工业用地现状，为下一步存量盘活利用和闲置低效利用土地再开发打下基础。

地质资源管理

【矿产资源管理】 加强探矿权、采矿权管理，推行“净矿出让”，完成四都镇四都村水亭山建筑石料用灰岩矿、清湖镇蔡家村赤脚岭砖瓦用页岩矿网上挂牌出让，完成江山南方建材北蕉矿协议出让；全年收取采矿权出让金9557.74万元。以“四边三化”“两路两侧”为重点推进废弃矿山生态环境治理，完成大陈乡宇华景观石矿、双塔街道后垄采石场和碗窑乡达河水泥厂、大陈乡红星村老火山废弃矿山生态环境综合整治工程；着力推进老虎山东矿段、大桥镇仕阳石灰石矿等废弃矿山的治理，完成创建绿色矿山4个、废弃矿井封井封硐治理81个、矿山粉尘防治项目7个。健全完善矿山监管制度，开展矿山信用体系建设，组织对全市矿产资源领域进行专项整治，认真查找和整改各类违法违规问题，规范矿产资源勘查、开发和管理秩序。

【地质灾害防治】 出台《江山市2015年地质灾害防治方案》，为乡镇编制和完善各自辖区地质灾害防治方案、应急预案、工作守则提供标准。全市95处地质灾害隐患点全部落实监测员，签订巡查监测责任书，并举行多次地质灾害防治知识培训班和地质灾害应急预案实战演习，提升地质灾害应急处置能力。全面落实地质灾害“三查”制度，组织相关部门对地质灾害隐患点、易发区内的学校、集镇、村庄等人口集聚区、交通线路及重要基础设施等进行排查，发现隐患及时整治。年内，全市共发生15起小型地质灾害，其中滑坡8起、崩塌6起、坡面泥石流1起，威胁人员19户82人，地质灾害应急调查和处置到位，未造成人员伤亡。加快地质灾害勘查治理项目建设，基本完成坛石镇上溪村坳里北山滑坡和双塔街道灵泉村里达岭滑坡应急排险工程、四都镇上峰村见坞南山坞等2个应急治理工程，完成地质灾害避让搬迁110户350人；成功获得国土资源部评选的全国地质灾害防治高标准“十有县”称号。

【地质遗址保护】 江山市地质遗迹资源丰富，拥有城北古生界地质剖面及古生物、浮盖山、老虎山、江郎山4个地质遗迹集中区和60处地质遗迹点，其中有10处地质遗迹点被列入国家级保护。寒武系第九阶（江山阶）的全球界线层型剖面和点位（GSSP），是世界级的重要地质遗迹点，2011年8月被国际地质科学联合会批准确立为江山阶“金钉子”后，江山市国土局开展发掘和保护工作。经省国土资源厅、省自然保护区评审委员会推荐，6月9日，省政府批复同意建立江山金钉子地质遗迹省级自然保护区。11月12日，江山金钉子地质遗迹省级自然保护区举行揭碑仪式，国际地层委员会副主席、中科院南京地质古生物研究所研究员彭善池先生应邀前来参加，江山金钉子地质遗迹省级自然保护区规划同时通过审查。

（王杉中）

砂石资源管理

【概况】 江山市砂石资源管理办公室（简称“市砂石办”），成立于2012年11月，其职能是负责全市砂石资源开发利用的监督和管理。砂石资源管理的范围为市域范围所有河砂（库砂）、地砂、山砂、河卵石以及卵石、矿石等制成的机制砂石和从事开采、机制、筛洗和销售砂石资源等行为。

【砂石资源供应情况】 2015年，江山市建设用砂石资源年需求总量约为230万立方米，其中本地供应约190万立方米，占需求总量的80%；外地购入约40万立方米，约占需求总量的20%。用砂量约为120万立方米，其中天然砂用量约110万立方米，机制砂用量约

10万立方米。用石量约为110万立方米。

【集中整治】 全市共有59家涉砂场点纳入集中整治，至年底已取缔并拆除设备38家，规范提升21家。整治期间，全市共清理砂石量约56万立方米，补收441万元和出让砂石资源出让费用959.3万元，限期处置保证金437万元。通过整治，河道采砂全面停止，占用河道制砂、洗砂基本退出，江山港“一江黄”问题得到改观，得到省委巡视组，衢州市委、市政府等上级领导的肯定。7月8日，衢州市生猪养殖和砂石资源管理整治规范工作现场会在江山市召开。8月6日，《中国水利报》以《步履铿锵 清水长流》为标题，以专题的形式报道江山市砂石资源管理集中整治工作。

【生态建设】 3—4月，集中两个月时间，对全市采制砂行业开展排查清理工作，重点围绕河道违法采砂和违法制砂场点开展排查整顿，对整治关停的河道采制砂企业进行一次“回头看”，排查是否存在“死灰复燃”现象。结合汛期安全生产工作，对河道清淤疏浚、河道治理工程和小流域综合治理等涉砂项目违法采砂行为进行大排查，采取措施拆除占用河道范围采制砂场点遗留下的违章违法建（构）筑物，在排查中发现新的违法采制砂场点（企业），立即关停。抓好制洗砂企业排污设施改造提升工作，建立泥浆分离处置装置，确保循环用水，实现污水治理从治标向治本转变。加强对出让采砂项目日常管理，杜绝污水乱排现象，对滩涂、园地等出让项目进行回填和绿化等，减少采砂项目对环境的影响。

【规范提升】 抓好现有制洗砂企业排污设施改造提升工作，建立泥浆分离处置装置，确保循环用水，实现污水治理从治标向治本的转变；重点落实好沉淀池的定时清理和改造扩容，有序推进泥浆分离处置技术的推广；对各类小、散、乱以及排污不达标企业坚决予以关停取缔，对临水临河临居制砂、洗砂企业有计划地进行关停搬迁工作。鼓励制砂企业由天然砂转型矿制砂，鼓励现有经营主体利用各类矿石废渣进行再加工。年内已有5家企业利用矿渣矿石，公路等基础设施建设废矿渣加工制砂，推出市场。跟踪国土采矿权出让进度，加强与相关部门衔接，适时配套一批矿制砂场，满足加工和市场需求，实现矿制砂替代河砂力度。年内已有长台毛坞头、坛石矿利用石粉、骨料制成矿制砂推出市场，四都水亭山建筑石料用灰岩矿大型矿制砂企业推向市场。

【项目建设】 按照《江山市砂石资源保护与开发利用规划》，有序出让砂石资源，保障砂石市场稳定。组织2015年度砂石资源项目出让和2016年度砂石资源出让谋划等前期工作，对滩涂、园地、建设用地、土地平整等项目用地，加快前期谋划，做好土地征迁、清表、勘探、砂石储量评估，推出一定砂石资源项目出让，保障市场的稳定。年内全市已推出并完成上余镇方家村浮桥头、大夫弟村湖川头以及工程建设清淤等开发项目19个，提供加工原料30万立方米，收取砂石资源出让费804多万元。

（冯勇卫）

生态环境

综 述

【环保基础设施建设】 推进智慧环保项目建设，新建成10家污染源在线监测监控系统，20家在线监控和9家（10套）省控以上重点污染源刷卡排污总量自动控制系统（在建2套），初步建立刷卡排污质量监管体系，逐步实现企业环境管理从浓度控制向浓度、总量双控制转变。2015年投资697.4万元，完成2个乡镇交接断面水质自动监测站（虎山地表水站和廿八都地表水站）、1个空气质量自动监测站（供电大楼站）、1个饮用水源地水质自动站（峡口水库）和1套负氧离子监测设施建设，初步实现对江山港断面水质、城区空气质量和峡口水库饮用水源水质24小时连续监测监控和预警，完善全市环境安全预警体系。

【环境功能区划修编】 完成水功能区水环境功能区划分方案修编，开展环境功能区划修编，通过技术审查，形成《江山市环境功能区划（送审稿）》，经市政府常务会议及市人大常委会审议通过。

【全年环境质量】 全市出境水断面（后溪）水质各项指标均达到地表水3类标准，主要污染物（氨氮、总磷）浓度月均值分别比上年同期下降52.9%和24.8%，省考核为优秀；市区环境空气质量AQI优良率为82.4%，比上年提升13.7个百分点，在全省58个县（市）中，AQI优良率排名比上年同期进位11位，AQI优良率提升幅度排名位居第四；主要污染物PM2.5浓度，比上年同期下降19.0%，在全省58个县（市）中，PM2.5浓度均值排名比上年进位3位，PM2.5浓度下降幅度排名第九。

环境污染整治

【重污染行业整治】 根据省环保厅部署，全面推进化工、印染、造纸、制革等四大行业整治提升，完成江山市重污染行业整治提升技术评估报告，通过整体性区域验收。完成30家制革、化工、印染和造纸企业重污染高耗能行业整治，累计关闭企业8家，原地整治提升19家，搬迁入园3家，全面完成上级下达的整治任务。

【养殖污染整治】 根据全市养殖污染整治“百日攻坚”行动统一部署，联合国土、规划、林业、农业、水利、公安等相关部门执法人员，组成8个养殖污染整治“百日攻坚”联合执法小组，配合乡镇（街道）开展大规模、高质量的集中执法行动。期间，累计联合执法841次，其中强拆110户，助拆104户，入户推进415户，对28起典型违法案件下达环境行政处罚决定告知。全市共关停退养猪场4211个，拆除面积186万平方米，削减能繁母猪4.2万头，年饲养量控制在95万头以内；对保留的197家猪场进行高标准整治，要求建设标准化排污口并安装在线视频监控设施。全市各乡镇交接断面水质、出境水质和生态人居环境持续改善。市环保局获市养殖污染整治“百日攻坚”行动先进单位。

【机动车污染防治】 严格执行环保标志发放和区域限行制度，率先在衢州市范围内建成机动车环保“简易工况法”检测线，以市政府名义下发《江山市加快推进黄标车淘汰工作方案》，在衢州市率先执行黄标车提前淘汰补助政策。与各乡镇街道签订目标责任书，通过媒体和短信进行广泛宣传，及时通报各乡镇（街道）淘汰进度，累计发放环保标识3万多个，淘汰黄标车3307辆，完成年度任务数（3171辆）的104.3%。

【饮用水源保护】 根据“一湖一策”要求，制定峡口（白水坑）水库水环境保护和水生态系统修复实施方案，开展集中式饮用水源2014年环境状况评估。强化水源地保护宣传，基本完成碗窑、峡口两大库区隔离栅建设，库区主要通道口设置告示牌、警示牌，进入保护区进行短信提醒。强化饮用水源保护执法，会同两大水库管理局定期开展水库饮用水源保护日常巡查、联合巡查、执法巡查“三巡查”，查处饮用水源一级保护区内游泳案件6起。

环保执法监管

【环保专项执法行动】 贯彻落实新修定的环保法及按日计罚、查封暂扣等4个配套办法，创新联合执法机制，先后开展“春雷亮剑行动”“零点清源行动”“周末专项执法行动”和“双百行动”等环保专项执法行动，强化对重点企业及2个污水处理厂的监督检查。全年共出动执法人员6866人次，检查企业2705家次，下达环境监察意见364份，限期改正251家，责令停产整治40家，立案查处94起，拟处罚金额261.58万元，行政处罚60起，处罚到位金额118.32万元，移送公安2起，法院判刑1起2人。

【环境保护大排查大整治】 7月，开展全市性的环境保护大排查大整治工作，制订详细工作方案，明确“六个一批”分类整改措施、期限和要求，全市各乡镇（街道）和相关部门累计排查涉污单位1743家，发现违法违规建设单位1244家，其中未验先投单位702家，未批先建单位542家。年末，已清理未验先投单位275家，未批先建单位373家。

【应急管理和信访维稳】 制定《关于加快推进企业应急预案编制和备案工作的通知》，督促76家企业开展环境应急预案备案，参与江化公司、英博啤酒公司开展的突发液氨等危险化学品泄漏事故应急演练。加强环保信访案件查处，共受理信访件575件，其中省市各级信访67件，对话平台216件，来电、来访183件，12345政府热线109件，年末已全部办理，程序规范率、按时办结率均为100%。全年实现去京、赴省、到衢、来市四级“零”上访，未因环境矛盾发生群体性事件，未发生重大恶性事件。

创新管理机制

【环境信息公开】 在衢州市内率先制定并出台《江山市企业环境信息“五公开”管理办法》，规范企业公开其环境信息、企业环保守法公开承诺、环境违法企业公开道歉、环境违法案件公开通报和环境违法企业公开曝光等五项制度，同时出台《关于推进企业事业单位环境信息公开工作的通知》，加强企事业单位环境信息公开的指导监督，督促企业签订环保守法公开承诺书100余份，督促20多家企业主动做好环境信息公开，在《今日江山》等媒体公开道歉3起，通报曝光首批5家拒不执行已生效环境行政处罚决定的企业名单。

【生态用水调度】 牵头召开生态用水调度有关问题协调会，错时安排三大水库电站大修时间，科学调度三大水库电站发电放水，合理有效调节江山港水资源时空分布。全年共调水4次，调水量超过2000万立方米，基本实现江山港主干流清水常流。

【环境资源要素配置市场化改革】 严把项目审批关，完成审批项目246个，否决不符合国家产业政策项目26个。出台环境资源要素配置市场化改革方案，实施差别化排污权激励政策，具体梳理差别化排污权配置、差别化核定排污量、差别化排污权有偿使用、差别化排污权租赁、差别化减排考核、差别化减排指标购买价格、差别化奖惩措施等7项差别化措施。全面推行排污权有偿使用和交易，95家企业新开展排污权有偿使用和交易，交易金额186.99万元，累计1634.6万元。

（郑有炳）

气象工作

【概况】 江山市气象局主要职责是气象探测资料的采集、气象预报与灾害性天气警报的发布、人工影响天气、雷电灾害防御、相关气象法规的实施等。努力推进防灾减灾体系建设，做好气象的重点工程和气象现代化建设，为全市经济建设和社会安全提供服务。2015年，获江山市机关部门年度目标综合考评优秀等次。

【全年气象服务】 全年共对外发布气象情况汇报90期、预警信号67次，对春运、高考、两会、山水旅游节提供滚动专题气象服务。共制作发布气象为农服务材料81期，为农业生产提供有力气象保障。在5月中旬发生3次暴雨、6月出现4次暴雨的汛期，及时呈送气象报告，为3大水库开闸泄洪提供依据，确保全市安全度汛。

【重点工程建设】 12月8日，江山市气象防灾减灾中心业务用房项目通过市代建中心招投标。山洪气象工程共投入59.5万元，新建四要素自动站14个，迁移新塘边初中等自动站3个。暴雨精细化监测预警工程项目完成立项，与规划局、省气候中心对接开展暴雨强度公式修订工作。

【气象现代化】 新建称重式降水观测设备1套，地面观测自动化程度达80%以上。与水利局共享水情雨晴信息，与环保局共享大气成分信息。全市自动气象观测站网平均间距达到5公里，气象综合观测自动化程度达到90%以上。实现全市19个乡镇（街道）视频会商系统全覆盖。

（黄竞雪）

经济管理

发展和改革

【概况】 2015年，江山市发展和改革局围绕市委市政府工业强市、旅游富民“双轮驱动”战略，强推进、重举措、抓执行，积极谋划大规划、策划大项目、实施大协调、搞好大服务，多项重点工作取得重大突破。圆满完成“十三五”规划编制任务，争取“全球绿色城市”“国情调研基地”“清洁能源示范县”“园区循环化改造试点”“生产性服务业集聚平台”等试点和示范，争列“通用机场”“光谷小镇”“46个各类省级重点项目”等等，争取补助资金超1.4亿元。获江山市集体三等功、部门综合考核一等奖、最佳满意部门等40多项荣誉称号。

【“十三五”规划编制】 组织开展“十三五”规划前期重大课题研究，31项重点课题按时结题。及时征集各部门单位规划编制意向，编排下达“十三五”专项规划编制计划，总共六大类30项专项规划编制工作顺利启动。落实“开门编规划”要求，委托上海市政府发展研究中心参与规划基本思路与纲要编制工作，衔接规划编制单位要求，组织市级层面、机关部门、乡镇街道、企业代表等各个层面的规划编制座谈会。开展有奖征集意见建议活动，创设微信、微博等社会公众广泛参与规划编制的开放式平台，听取各方意见。完成规划基本思路研究和规划纲要编制工作，并研究提出江山市“十三五”时期“551”计划，编制了《江山市“十三五”重大建设项目规划》。

【课题调研】 针对值得关注并需及时加以探索破解的几大问题及市领导交办课题，年初制定31个重点课题的年度课题调研计划，继续实行“点将调研”，探索实行多部门“联合调研”工作机制，适时拿出更多有价值的调研成果，江贺经济走廊整治提升、市域西北部发展路径研究等重大课题相继结题。报送的调研报告获省级三等奖1篇，市级一等奖1篇、二等奖4篇，三等奖1篇；呈送相关专报22个，其中《关于推进我市餐厨垃圾资源化处理建议的报告》《光扶农、光促农、光富农——“同景模式”创农光互补光伏电站建设新路径》《关于促进江山市猕猴桃挂牌上市的建议》等14篇专报得到市委市政府主要领导的批示。

【重大项目前期】 全年全市安排78个重大前期项目，估算总投资802亿元。上报衢州市2015年度重大项目前期共41个，总投资298亿元，项目数量名列衢州前茅。明源机械、捷尔思等16个项目转化实施，新增投资10亿元。举行首届项目论坛暨项目谋划擂台赛，谋划近1000个项目，其中100个优质项目入库。

【重点项目建设】 全市共安排“四大百亿”工程重点项目104个，当年计划投资71.81亿元，全年累计完成66.6亿元，完成年度计划投资的92.7%。其中，新开建项目44个，开建率83%；在建项目95个，在建实施率91.3%，实现年初制定的项目开建率、投资完成率“双九”（90%以上）目标。44个项目列入衢州市重点建设项目计划，年度计划投资40.6亿元，全年共有41项目个开工建设，开工率达93.2%，完成投资59.2亿元，年度计划投资完成率为145.7%。24个项目列入2015年省重点建设项目计划，年度计划投资34.6亿元，全年共有23个项目开工建设，开工率达95.8%，完成投资42.28亿元，年度计划投资完成率为120.5%。

【政府投资管理】 年度计划编排科学统筹，实行“一本统领”；出台《2015年扩大有效投资考核办法》，加强全市固定资产投资管理，并首次与各责任单位签订投资和项目责任书，以责任书的形式明确各责任单位的年度投资和项目推进目标任务；按照完成年度目标比例进行排名，排名结果通过《今日江山》等新闻媒介进行通报，不定期召开例会分析，推动有效投资平稳较快增长；严格执行《江山市政府投资项目决策审议工作制度（试行）》《江山市政府投资项目竣工验收管理暂行办法》，形成推进有序、管理精细、协同配合的项目管理机制，有效提高政府投资项目决策的科学性。全市完成固定资产投资172.5亿元，同比增长14.2%，其中项目投资完成153.8亿元，同比增长16.1%；工业投资完成88.6亿元，同比增长15.1%，其中工业技改投资完成65.3亿元，同比增长45.7%。

【现代服务业发展】 推进以休闲旅游、现代物流、商贸商务、金融科技和社会民生等为重点的服务业重大项目建设，服务业投资继续

农村光伏发电

保持快速增长态势。全市 61 个服务业 510 工程项目，有 53 个动工建设，计划投资 26.77 亿元，全年累计完成投资 23.6 亿元。全市全年完成服务业增加值 106.4 亿元，同比增长 13.5%，占 GDP 比重达到 41.2%；完成服务业固定资产投资 79.1 亿元，同比增长 10.6%，占全社会固定资产投资的 45.9%；完成服务业税收 10.9 亿元，同比增长 7.3%，占财政总收入的 46.7%。服务业用电量 26883 万千瓦时，同比增长 31.7%。服务业投资和税收贡献几乎占全市的“半壁江山”，成为支撑全市经济平稳发展的主要动力、财政增收的主要来源、扩大投资的主要渠道。

【新能源发展】 光伏发电等新能源项目推进工作成效显著，吸引众多省内外参观考察团，9 月 24 日，浙江省“农光互补”暨可再生能源发展现场会在江山市召开。同景科技公司 30MW 地面电站项目，自启动建设以来，进展迅速，已并网 24.02MWp，全年发电 2400 多万千瓦时，农光互补发电的“同景模式”得到省能源局的高度赞同，同景光伏电站入选全国“农光互补”光伏发电典型案例，受邀参加在北京召开的 2015 中国光伏大会；华东地区规模最大的地面光伏电站，正泰集团江山市 200MWp 太阳能林农互补地面电站项目，一期 150 兆瓦十月中旬并网，完成总投资 15 亿元；中电投江山上余 25MW 渔光互补、贺社电站 4.52MWp 地面光伏、福斯特清湖镇华夏村 20MWp 农光互补地面光伏及经济开发区、大润发超市等屋顶分布式光伏项目也在积极推进中。

【争列省级试点】 继 2014 年争列全省资源要素市场化配置改革、服务业综合改革创新、新一轮小城市培育试点和温室气体清单编制试点后，又争列园区循环化改造试点和 2015 年浙江省服务业发展重点领域——生产性服务业集聚平台建设试点，以及生猪保险和无害化处理联动试点，成功争列全省清洁能源示范市。江山通用机场也列入省发展规划，定位为二类通用机场。乌木山社区进入全省 15 个首批低碳社区试点名单，成为衢州市唯一纳入试点的社区。为江山市荣膺“全球绿色城市”、国家发改委唯一在县级市设立的国情调研基地等做出贡献。

【争列省级重点】 在争列省重点建设项目中，有江山港治理工程、中机国能江东工业园热电联产项目、正泰 200MWp 太阳能林农光互补地面电站项目等 23 个项目，其中续建项目 15 个，新增项目 9 个。新增项目数已连续三年居衢州各县（市、区）前列。娃哈哈饮品、创鸿城时尚定制家居综合体、科力汽配等 4 个项目被列入 2015 年省重大工业项目计划，列入数为近三年最多；江郎山国际休闲养生城列入浙江省重大产业项目预选名单；创鸿城时尚家居创意产业园、江山老火车站大型旅游购物中心及贺村小城市旅游休闲综合体等 3 个项

7 月 29 日，全球人居环境论坛理事会专家一行来江对江山市申报全球绿色城市进行评审，副市长王子平（中）陪同

目被列入2015年浙江省服务业重大项目计划，位居衢州地区各县（市区）首位。

【争取补助资金】 把握2015年中央新增投资安排原则及资金投向，及时编制上报项目，不定期地前往省、市发改委加大跑办力度，争取上级资金支持。全年共争取上级补助资金约1.4亿元，其中园区循环化改造和绿色产业集聚获得省发展与改革专项资金2100万元、碗窑灌区获中央财政水利资金1800万元、新增千亿斤粮食建设项目获1600万元补助、2015年可再生能源发展专项资金1800万元、贺村小城市培育专项资金和考核奖励资金3380万元、江山市第二污水处理厂一期工程550万元、江郎山旅游基础设施建设中央资金900万元、国家专项发展基金6500万元等。

【项目推进机制】 实行重大项目“领导挂帅”，坚持问题导向，筛选出78个投资大、带动性强、效益高的重大项目，由39名市级领导挂帅推进；定期举行“项目问答”活动，对相关重大项目问题集中协商决策，提高项目推进效率；会同市委组织部开展“把党旗插在项目上”主题活动，发挥全市基层党组织的战斗堡垒和党员干部的先锋模范作用，加快重点项目建设，破解投资增长乏力；开展“百大项目、百日攻坚”活动，全面深化“大干项目、干大项目”，加快推进项目建设；继续建立项目联络员例会制，每季度召开一次，加强各项目联系员之间相互交流与学习；继续推行项目“店小二”服务机制，共安排89名“店小二”为64个重大项目全程代办服务，力促工程无障碍施工。

【PPP项目推介】 在衢州各县（市、区）中首个出台PPP项目推进工作领导小组，明确各领导小组成员单位职责分工，并首个印制PPP项目招商推介本，共推出14个PPP项目对外推介招商。峡口水库引水工程、第二污水处理厂、同景光伏发电、正泰光伏发电等4个项目列入浙江省2015年政府和社会资本合作项目,3个列入国家发改委2015年政府和社会资本合作项目。到年底，峡口水库引水工程已经完成招商并开工建设，浙闽赣客运枢纽规划与建筑方案已经通过会审，汽车加气站、江郎山国际休闲养生城等一批项目正在洽谈。

【简政放权】 围绕“简、放、接、并、转”的要求，将管理方式从“重审批”转为“重监管、重服务”，推进“四张清单一张网”建设及行政审批制度改革，完善企业投资项目网上并联审批方式，推进行政流程再造。全年完成政府投资项目审批136个，企业投资项目备案66个，企业投资项目核准15个。落实资源要素市场化配置改革协调职责，牵头起草江山市要素改革方案实施若干意见，编制下达28项改革任务，全年已有16项改革任务进入政策实施阶段。

【强镇扩权】 坚持“能放则放、该放必放、充分授权、权责统一”的原则，加快推进小城市、中心镇、特色镇建设。牵头组织开展2014年度贺村镇小城市培育考核工作，考核结果为全省良好等级；加快推进峡口省级中心镇建设力度；牵头组织开展石门镇争创省级中心镇相关工作，完成上级发改委及专家对石门镇省级中心镇创建实施方案和中心镇发展思路的论证。同时，围绕省市相关政策，结合江山市产业特色，前期谋划江郎山禅栖小镇、凤林光谷小镇、山里河跑马运动小镇、廿八都古道小镇等14个特色小镇，并对接争取。光谷、养生小镇列入衢州市特色小镇，光谷小镇成功争列省级特色小镇。

（毛旭水）

物价管理

【收费管理】 以“三集中、二规范、一严格”做好行政收费工作，建立收费单位收费情况公示清单制度和收费单位收费执行情况报告制度，并取消和暂停征收12项收费项目，免征10个部门42项收费项目；以“规范化、信息化、网络化”做好成本监审工作，开展民办义务教育生均培养成本3个年度成本监审、城市污水处理成本监审、公墓成本监审调查等；以“公平公正、合法透明、规范效率”做好定调价工作，其中2015年实施的定调价项目有江郎山景区交通车票价、民办义务教育收费等12个，并对照新版《浙江省定价目录》，清理出废止文件20个。

【价格管理】 以“民心工程”推进“网上晒价”，抓住群众关心的“菜篮子”“米袋子”“火炉子”“药瓶子”“肉铺子”等热点，继续推行民生商品价格监测公示工作，做好浙皖赣三省八县价格监测工作；以“情系三农”推进“农本调查”，从选点入手，合理确定调查户，在全市设立12个调查点、42户调查户，开展每月1次的生猪生产成本及相关调查工作；以“转变职能”推进“价格服务”，在“企业服务月活动”中，深入一线，有效宣传相关价格法律法规和政策，做好非居民用管道天然气、居民用阶梯水价的调整工作和市场液化气价、电价、药价等管理工作，并对市区6家房地产公司的1478套共228176平方米的房源进行销售价格备案。

【价格检查（认证）】 坚持“合法、公正、科学”的原则开展价格鉴定和价格认证工作，做好价格投诉举报和价格监督检查工作。重点检查城东幼儿园、中山小学、城北初中、江山中专和江山中学等5所学校教育收费问题，检查出代管费未结算及超范围列支等两个问题共计18.6万元。1—11月，价格鉴定、价格认证案件总数296起，标的总金额187.67万元；受理的“对话平台”、“12345”政府热线等咨询投诉举报件为77件，按时办结率100%，满意率100%。

（毛旭水）

市场监督管理

【概况】 2015年，市场监督管理局围绕“全民创业创新”和建设幸福江山、平安江山的目标要求，关注民生热点破解监管难题，规范市场秩序，做到“助发展”“保安全”目标两不误、两促进。12月23日，根据市政府机构改革整体要求，市场监督管理局、质量技术监督局机构整合工作动员部署会召开，市场监管大体系已初步形成。市场监管局先后被浙江省人力资源和社会保障厅、浙江省工商行政管理局、浙江省公务员局授予三等功，被省工商局授予2015年度“构建事中事后监管体系”先进单位等称号；被衢州市药品不良反应监测中心授予2015年度医疗器械不良事件监测工作先进单位、2015年度药品不良反应监测工作先进单位等称号；行政审批科被衢州市委宣传部、衢州市市场监督管理局授予衢州市首届“最美市场监管人”提名奖称号。

【优化行政审批流程】 全市新设立登记各类企业946家（其中国有集体企业26家，私营企业920家），注册资本（金）28669万元；全市累计有各类企业5366家（其中国有集体企业451家，私营企业4915家），注册资本（金）2161849万元。新设个体工商户3109户，全市累计个体工商户24216户。新设农民专业合作社40家，全市累计有1123家。已组建企业集团14家，冠省名企业499家，无行政区域名称15家。全年发放食品流通许可证895件，食品生产加工小作坊许可证24件，药械行政许可证436件，餐饮许可证565件，上门为山区乡镇、旅游景点农家乐现场指导办证40多家。

【推进招商引资工作】 围绕经济建设中心开展项目谋划和招商引资工作。成立以局长为组长的招商引资领导小组，通过建立AB角招商制、定期外出制、进度每月通报制等，推进招商工作。全年共上报2000万元以上项目信息12个（亿元以上项目信息6个），超额完成市里下达的招商引资任务。同时推进落实市重点项目工程、“六个十大专项”，重点推进机械装备市场、宝马汽配市场、华能风力发电等重点项目进程，重视“三名”培育工程建设，牵头推进组织开展项目谋划擂台赛，择优上报项目谋划13个。开展消防产业领导小组办公室工作，帮助消防城项目后期建设，配合消防协会举办“2015中国江山首届消防产品交易博览会”等大型活动。

【指导帮扶企业创牌】 帮扶浙西科润电力设备有限公司、申达电器集团有限公司、浙江赢牌体育用品有限公司等3家企业争创中国驰名商标，指导浙江天际互感器有限公司等3家企业申报2015年省著名商标，浙江永坚实业有限公司等4家企业申报省“知名商号”，10家企业申报衢州市著名商标，在全市创业创新大会上对获中国驰名、省著名商标（号）企业进行授牌，帮助兑现奖励政策200余万元。推进商标专用权质押贷款工作，邀请金融机构、企业代表参加座谈会，帮助有意向企业与国家工商总局联系。9月18日，组织召开“推进商标权质押贷款工作”座谈会，全面推进商标质押融资工作，并实现衢州市商标质押贷款零突破。

【启动小微企业三年成长计划】 牵头出台小微企业三年成长计划工作方案和考核办法，明确工作目标。开展百名市场监管干部连百家小微企业服务、政策宣传月等活动，宣传相关优惠政策，营造良好氛围。全年新增小微企业773家，其中七大产业174家，完成三年目标任务的43.5%；新增科技型小微企业21家，完成三年目标任务的52.5%；新增“个转企”172家，完成三年目标任务的86%，其中公司制企业150家，占比87.21%；在浙江股交中心挂牌融资的小微企业18家，完成三年目标任务的42.86%；减免小微企业各类税费近2717万元。全年共组织129家小微企业开展“双对接”活动，举办小微企业专场培训14场。江山市被浙江省政府评为2015年度“小微企业三年成长计划”工作优秀县（市、区），成为衢州地区唯一获此殊荣的县市。

【查处违法违规行为】 开展无照经营百日大整治、食品安全“百日会战”、中药饮片、市区流动广告车、企业合同格式条款、危化品安全等各类专项整治，完成食品药品、流通领域商品质量等各类抽检共1081批次，其中食品、化妆品合格率均为98%以上，药品监督抽验合格率95%。立案查处各类案件134件（其中大要案17件，移送公安1件）。及时公示行政处罚案件，案件录入率和信息公示率实现“双百”指标。在做好常规办案执法的同时，会同公安部门加大打击传销的力度，破获一起涉及全国、几乎遍及浙江全省的特大传销案，抓获A级头目2名、B级头目12名、C级头目8名，涉案总金额达3000余万元，彻底摧毁假冒“天津天狮”传销集团。12月23日，浙江省打击传销工作会议在江山召开。

【强化安全监管】 加强小商品市场安全隐患“体检”，通过抓巡检建队伍、抓排查促整改、抓演练强宣传，投入近200万元从软件、硬件两方面加强安全保障，促进提升。在H7N9禽流感防控期间，根据政府要求及时做好农贸市场活禽交易关停工作，做好经营户的思想稳控，确保经营有序。加强餐饮安全保障，在高速公路江山服务区举办一起食物中毒事故应急演练，提升应急处置能力。完成中高考及全国女子举重锦标赛、第十二届浙江山水旅游节等重大活动餐保任务31起，确保245餐次、32080人次餐饮安全。修订药品应急工作操作手册，做好药品不良反应监测工作，全年共上报药品不良反应595例，医疗器械不良反应98例。

组织市场管理人员消防演练

牵头召开无传销创建工作会议，指导全市所有乡镇、村100%通过衢州市无传销乡镇、村认定，推进无传销县（市）创建工作。

【保障消费者权益】 3月15日，联合20多个单位在时代广场举行纪念“3·15”大型宣传咨询服务活动，积极排查“3·15”晚会曝光问题。按照“12315”“五进”规范化建设要求，对全市37家“消费维权服务站”进行对照检查，促整改提高。深化“12315”社会化消费维权工作，组织10支行业消费维权义工队，80余名消费维权义工，参与义务宣传、维权和监督活动，激励经营者自律。全年共受理消费者投诉336件，结案336件，其中办结万元以上重大投诉案4件，办结率100%，为消费者挽回经济损失30.81万元。接待消费者来访、接受消费者咨询369人次。

“3·15”国际消费者权益日宣传咨询服务活动

【推进市场改造提升】 完成贺村镇南市场整体搬迁，指导西市街、贺村镇南2家市场创省级放心市场，做好天余菜市场改造提升工程，相关工作得到省、衢州市考核组肯定。结合创卫工作，投入40多万元改造提升城北菜市场，加强宣传，约谈市场举办主体，督促做好卫生秩序管理。同时还投入10万元在城南

创业创新宣传展示活动

等4家市场建立阳光检测室，全部对外开放，免费为市民提供检测服务，有力保障老百姓“菜篮子”安全。

【推行责任保险试点】 为降低食品安全风险，牵头召开食品安全责任保险试点工作推进会，力争五年内在食品生产流通、餐饮服务等环节全面推广实施食品安全责任保险。3家企业代表与保险公司现场签订投保协议书。年内包括生产流通餐饮企业、学校食堂、农村集体聚餐、机关企事业单位食堂、学校食品统一配送单位等各种类型餐饮单位均参加投保，覆盖食品安全各环节，推进力度和覆盖面均居衢州前列。

【整合检验检测资源】 启动食品检测资源整合工作，计划将分散于质监、农业等部门的食品、农产品检测资源进行硬整合，组建江山市食品药品检验检测中心。该项工程被列为江山市2015年为民办实事项目，并被列为省食品安全检测资源整合试点项目。

【完善智慧监管体系】 推进阳光厨房建设，全年完成20家（社会餐饮单位3家、学校食堂17家），累计完成48家，建设率42.48%，位居衢州各县（市、区）首位。召开药品电子监管融合系统推进工作会，全面推进药品电子监管工作，建立完善覆盖全品种、全过程、可追溯的药品电子监管体系。在食品生产环节推进“千顺工程”，为27家食品生产企业、7家流通企业新安装电子监管软件。

（徐　明　徐　珺）

质量技术管理

【概况】 2015年，市质量监督部门深化质量管理，优化质量服务，强化质量监督，为推进质量强市做了大量工作，取得显著成效。全年，全市未发生负有直接监管责任的产品质量安全责任事件，没有出现新的区域性产品质量问题，未发生较大以上特种设备安全责任事故。12月15日，江山市质量技术监督局的职责整体划入江山市市场监督管理局。

【争创“浙江制造”试点】 制定印发《“浙江制造”品牌建设的实施意见》《江山市“浙江制造”品牌培育方案》，积极争创“浙江制造”品牌建设试点市。其中，竹木加工产业3家重点企业入选衢州市第一批“浙江制造”品牌培育名单，欧派门业参加省局举办的第二期“浙江制造”品牌培育训练营。

【推进名牌企业建设】 结合全市企业服务月及“百名局长联百家企业帮扶、百名干部驻百家企业服务”活动，通过走访调研和企业座谈，培育指导5家企业申报浙江名牌产品，经层层推荐审核评审，最终新增浙江名牌产品3只（江化公司、盛汇化工、福赐德蜂业），占整个衢州地区新增数量近一半，新增衢州名牌产品3只（金冠特种变压器、浦嘉门业、山闲林食品）。培育指导浙江雷士灯具申报衢州市政府质量奖，培育指导浙江宇安消防申报江山市政府质量奖。

【抓好标准项目实施】 实施完成实木指接集成板联盟标准省工业标准化项目，并通过省组织的验收。组织协调相关部门开展农业标准化推广示范项目立项工作。受理并评审立项4个项目，分别涉及白菇、绿茶、生猪、杨梅等，并发文立项实施。组织江山市十罗洋茶场申报并承担实施的《茶叶种植标准化示范区》项目被立项，并通过衢州市级农业标准化示范区建设项目验收。会同相关部门开展并完成5家企业有机农产品培育认证监督检查，巡查强制性认证产品企业13家。

【加强标准计量工作】 推进企业产品标准网上自我公开声明工作，累计网上备案企业产品执行标准40个。开展对加油机、房屋面积测量用计量器具的专项计量监督检查。依法公布全市42家加油站281只加油枪强制检定计量器具检定结果。做好2015年度衢州市重点用能单位能源计量自查和整改工作。开展并完成20家乡镇医疗卫生机构695台在用计量器具、8家市区集贸市场545台在用计量器具的免费强制检定，免除检定费用8.6万余元。

【增强打假治劣力度】 先后组织开展蓝剑系列、消防器材、细木工板、木门、防盗安全门、变压器、特种设备使用、危化品及危化品包装物（容器）等13项专项执法检查，全年累计出动执法检查人员1200余人次，检查工业产品生产经营单位320家，巡查消防器材、木门、指接板等生产企业175家，立案20件，现场处罚1件。集体约谈全市消防阻火圈生产企业及变压器生产企业法人34名，落实产品质量企业主体责任。开展“蓝剑3号”特种设备专项执法行动，累计检查全市56家企业363台特种设备的使用、检验情况，发现并限期整改安全隐患13处，立案查处1件。开展消防器材、木门每季度质量监督抽检等专项行动，木门产品完成137批次抽样检测，消防器材产品完成68批次（含5批次市场买样）抽样检测，合格率100%。同时，配合抓好“五水共治”农村生活污水治理工程主材质量监督相关工作。

【强化隐患排查治理】 开展特种设备安全隐患大排查大整治，在开展各项节前和重要节点特种设备安全大检查同时，重点开展场（厂）内机动车辆安全、危险化学品领域安全、特种设备有限空间等专项整治和电梯安全监管大会战工作，全年共出动398人次，检查特种设备使用单位161家，特种设备418台，发出安全监察指令书18份，消除安全隐患59处。

【加强应急宣传培训】 加强特种设备突发事件应急能力建设。组织举办锅炉、叉车等特种作业及管理人员培训班7期，培训特种作业及管理人员272名。加强消防气瓶制造许可等知识宣讲，多渠道宣传贯彻特种设备各项法律法规。

【开展常规检测】 全年累计完成各类样品检定、检测9452批次，其中计量6934批次，消防278批次，林产品690批次，食品1550批次。消防中心和食品中心通过计量认证/审查认可到期复审和扩项现场审核，取得资质认定计量认证证书和资质认定验收证书。推进省消防中心检测项目扩项并实施工作。完成省局下达的2015年度检验检测项目建设计划。

【质量帮扶“众创”】 开展质监技术机构“服务企业、助力‘众创’”系列帮扶活动，累计为239家企业就近提供检验检测、计量校准、研发中试、标准咨询、人员培训等服务，帮助解决各类技术难题和实际困难95个，免费为8家企业培训16名检验人员和专业技术人员。指导帮扶完成有机产品认证15个。落实涉企减负各项规定，配合实施“五证合一”登记制度改革，8月1日起，全市停止收取组织机构代码证办证费用。

（刘樟森）

安全生产监督

【概况】 2015年，全市累计发生各类事故111起、死亡42人、受伤83人。其中，工矿商贸事故5起、死亡7人；道路交通事故106起、死亡35人。发生较大事故1起，死亡3人。

【安全生产责任体系建设】 6月，市委、市政府出台《关于认真执行安全生产党政同责一岗双责齐抓共管的实施意见》，市政府各分管副市长加强线上安全生产工作领导，建立健全定期研究安全生产工作、安全生产一线检查、安全生产学习培训、安全生产倒逼机制、安全生产社会化服务、生产安全事故现场处置、安全生产会商协作、落实监督检查等“八大制度”，坚持考核激励机制、加大安全生产投入力度、实行安全生产工作“一票否决”和责任追究制度、依法治理等“四项保障措施”。市政府与19个乡镇街道和45个部门签订安全生产目标责任书，督促落实安全生产属地管理和“管行业必须管安全、管业务必须管安全、管生产经营必须管安全”三个必须原则。全市305个行政村（社区）建立安全生产领导小组，确保安全生产责任在基层的5个“全覆盖”。坚持安全生产专项资金从先从优原则，预算安排320多万元。落实39名专职安监员监管监察岗位津贴。8月开始，承接全市生产经营单位职业卫生监督管理职责。

春节前夕，副市长巫小雄（左三）检查雨雪冰冻天气安全生产工作

【安全生产隐患排查治理】 按照《江山市安监局2015年度安全生产监督检查工作计划》，对41家危险化学品企业（含2家烟花爆竹公司）、23家非煤矿山企业（含2家爆破公司）、19家建材企业及21家工贸企业实施安全生产监督检查，排查隐患346处，整改完成337处。开展烟花爆竹行业安全整顿，规范布点烟花爆竹零售经营店125家；开展危化品生产企业安全生产基础管理专项执法检查和危险化学品领域安全突击检查，完成隐患整改76项；开展非煤矿山汛期安全专项检查，实施矿山安全隐患专家“会诊”工作；开展“三场所一企业”安全整治专项行动，对39家企业依法采取行政措施；开展安全生产强执法百日专项行动和重点领域安全隐患大排查大整治专项行动，排查隐患939处，曝光企业5家，立案查处违法违规行为9件。

【安全生产专项治理攻坚】 推进省级危险化学品重点县攻坚工作，完成4家园区外危险化学品企业搬迁入园、2家涉及危险化工工艺企业自动化改造、6家企业安全设计诊断整改；推进省级矿山安全重点县攻坚工作，关停4家矿山，淘汰落后工艺和设备制度；推进区域性火灾隐患综合整治攻坚工作，重点整治114家竹木加工企业安全生产隐患，推广安装“智慧式用电安全管理系统”，400套，涉及企业142家；推进重大安全隐患挂牌整改工作，完成省、衢州市和江山市“三级”重大安全隐患整改销号13处。

【安全生产宣传培训】 6月，组织第十四个“全国安全生产月活动”，开展新《中华人民共和国安全生产法》普法宣传，在《今日江山》开辟“安全生产之窗”专栏，印发《中华人民共和国安全生产法》读本5万册；组织开展“安全生产法有奖知识竞答”、安全生产知识现场咨询、“安康杯”竞赛、职业病防治宣传等活动。组织全市20个安监站及重点部门安全监管人员参加“企业现场安全隐患排查比武活动”。依托安全生产教育培训中心，全年累计培训37期，培训人数2725人；继续深化全员安全培训，培训员工15000多人。

【事故查处和应急救援】 严格按照国务院第493号令、省政府310号令等有关要求，及时、规范上报每一起安全生产事故情况。按照“四不放过”原则，严肃处理事故责任企业和责任人，依法办结4起企业一般生产安全事故案件，实施罚款79万多元。对“11·6”浙江开盛生态农业发展有限公司事故，及时有效开展事故救援、善后处置、舆论引导工作，并配合做好事故原因的调查取证。年内新增企业应急预案备案50个，其中非煤矿山企业11家、化工企业8家、加油站31家。联合环保、消防、虎山街道等单位，在浙江江山化工股份有限公司联合举办有机胺厂2AC装置二甲胺A槽底阀泄漏事故应急救援演练。

（徐剑敏）

审计管理

【概况】 2015年，全市共完成审计项目252个，核减工程造价2949万元，促进拨付资金4136万元。移送案件线索5起，1名机关干部被判刑，1名犯罪嫌疑人被起诉，3名党政领导受到党纪处分，4名村干部分别受到辞退、警告处分。全年提交审计报告和专项审计调查报告48篇，向社会公告审计结果10篇，被上级采用审计信息31篇。向市委、市政府报送《小商品市场迁建方案悬而未决隐患大应引起高度重视》等审计专报8篇，得到市委书记、市长批示13篇次。

【财政审计】 实施市本级2014年度财政预算执行与其他财政收支情况审计，以完善公共财政制度、提高财政资金使用绩效为目标，重点对“全口径”预算编制和管理、三公经费管理、部门预算执行（市招商局）、专项资金的管理和绩效（涉农、涉企、科技经费、信息经济等专项资金）等情况进行审计。针对专项资金使用中存在的普遍性问题，向市政府上报4个审计专报，针对个别私人企业主以虚假资料骗取财政资金的问题，向市公安局移送经济案件一起。通过审计，促进市政府出台《江山市人民政府办公室印发关于促进电子商务产业加快发展的若干政策意见的通知》、《江山市人民政府关于印发江山市行政事业单位公款竞争性存放管理暂行办法的通知》2个管理制度。

【经济责任审计】 制定《江山市审计局领导干部经济责任审计流程操作办法》，对10个单位21名领导干部实施经济责任审计，重点关注科学发展观实施情况，重大经济事项决策程序和投资绩效、未纳入市会计核算中心管理资金的“收支管用效”、单位内部控制制度、负债风险以及领导干部遵守财经纪律和廉政规定情况等。共查处套取资金、超范围补助、无依据发放津贴补贴等违规金额 8646 万元，查处管理不规范资金 4494 万元，行政处分 3 人，诫勉谈话 2 人，2 个行政村集体被通报批评。上报审计结果报告 28 篇、专报 4 篇、信息简报 4 篇，办理 14 个单位 27 名领导干部离任经济责任交接手续。

【政府投资审计】 修订《政府投资项目工程价款结算审计协审工作考核办法》《固定资产投资审计中心聘用人员考核办法》，新建政府投资审计项目管理系统，建立以防范审计风险、减少审计误差率为主导的积分制考核激励机制，提高工程结算审计质量和效率。实施跟踪审计项目 1 个，审计调查项目 1 个，竣工决算审计项目 2 个，查出不规范变更等违规资金 3216 万元，收缴财政资金 9 万元。固定资产投资审计中心实施完成政府投资项目工程结算审计 232 个，核减工程造价 2949 万元，审定造价 5.38 亿元。

【行政事业单位审计】 实施公务支出公款消费审计项目，对全市 100 个一级预算单位和 53 家下属单位公务支出公款消费自查汇总，并组织对 37 个一级预算单位和 4 个下属单位实地审计。

【内部审计】 全年实施内部审计项目 147 个，促进增收节支 290 万元，落实审计整改措施 271 条。内审协会在省内审协会会议上介绍了“写好六字文章　提升内审价值”的经验。江山农商银行实施的电子银行业务专项审计项目获浙江省优秀项目奖，住建局实施的 2013 年度公务支出公款消费专项审计项目获浙江省表彰项目奖。年度组织内审业务培训班 11 期，参训人员 120 多人次，其中省培训 9 期，100 多人次，衢州培训 2 期，20 多人次。

（王　晶）

统计管理

【概况】 江山市统计局着眼经济社会发展大局，认真履职，为建设惠及全市人民的“幸福江山”提供良好的统计保障。2015 年，获得第三次全国经济普查“省级先进集体”，浙江省级文明单位，衢州市统计工作综合考核“特等奖”，江山市机关部门工作目标综合考评“优秀等次”、点将招商先进单位和服务业发展工作“一等奖”等荣誉。

【拓展统计服务】 开展“电商经济、高铁经济”等新有经济增长点的“点将调研”活动和经济社会发展创业创新“金点子”征集活动，编印《江山市全民创业创新网络经济调研》专题集，多篇调研文章得到市委、市政府领导的肯定和批示。同时推进统计档案数字化建设，配置大容量移动硬盘、电脑、复印机、扫描仪等数字化专用设备，安装“档案管理系统”软件，数字化档案室通过市档案局的验收。

【统计法制建设】 制定《2015 年江山市统计法制工作计划》，提出统计法制工作要求。全年组织 111 名无证统计人员参加从业资格考试，报名参加初、中级、高级职称考试 14 人。利用统计从业资格培训、换证、继续教育、统计年报布置会等机会，宣传统计法律法规，提高各级领导干部和社会各界的统计法律意识和统计法制观念。坚持运用法治思维和法治手段开展统计执法检查，采取轮流授课、研究探讨等方式，组织专兼职执法人员集体业务学习，交流执法实践中遇到的特殊问题，提升执法队伍的综合素质。

【落实各项统计调查】 发挥统计调查在社会管理、民生事业发展中的信息咨询作用，先后组织“幸福江山”满意度专项调查、浙江省全民健身状况调查、全省企业发展环境调查、时尚产业摸底调查、“平安江山”群众安全感满意率、1%人口抽样调查、2015 年浙江省党风廉政建设民意调查等多个民情民意调查项目，涉及调查样本约 2.5 万余个。同时，开展困难职工家庭情况调查、扶贫监测调查、劳动力状况抽样调查，并做好第三次经济普查后续工作。

【夯实基层统计基础】 贯彻落实省市政府关于进一步加强和改进统计工作的文件精神，持续开展“双强双型”、乡镇（街道）统计规范考核、乡镇（街道）统计规范化建设等活动，对照上级主管部门的要求，重点突出基层统计力量配备、乡镇（街道）统计工作规范等基层基础工作，引领和强化乡镇（街道）、部门和企业统计基层基础建设，实现全市 19 个乡镇（街道）统计规范化建设全面覆盖。以衢州市统计局联合山东大学经济学院举办的全市统计系统能力提升研修班为契机，组织局机关干部参加研修班学习。针对基层统计人员变动频繁和业务学习薄弱的情况，组织乡镇（街道）统计人员参加衢州市统计局联合浙江嘉兴学院举办乡镇（街道）统计业务骨干培训班。培育指导统计事务所建设，将会计事务与统计事务所进行有机结合；委托中介服务机构开展统计调查、举办统计从业资格培训、开展统计人员继续教育等工作。

【提升统计数据质量】 做好固定资产投资方法制度和能源统计制度改革工作，围绕改革目标，以提高数据质量为核心，主动对接、推进统计制度方法改革。加强一套表联网直报规范化专项整治工作，贯彻落实国家局联网直报专项整治工作视频会议精神和省局《关于开展一套表联网直报规范化专项整治的通知》要求，部署一套表联网直报专项整治工作，通过核查名录库单位是否存在、网上是否有修改痕迹、“一企多址”和“一址多企”等情况进行彻查，重点清查冒名报送和指令报送现象，规范全市统计联网直报工作，提高源头数据质量。

（柯昌晖）

口岸管理

【概况】 根据衢州海关和江山市人民政府于 2014 年 6 月签订的《关于在江山市设立联络处的协议书》和《筹建工作协调会议纪要》，2014 年 12 月 29 日衢州海关江山联络处正式开办业务；联络处主要职能是为江山市进出口企业提供进出口业务咨询、海关政策宣讲，协助衢州海关做好进出口企业注册备案、通关申报、统计查询、加工贸易、减免税等业务的现场受理与审核和单证流转、取样送检等工作。同时，江山市人民政府成立江山市海关事务服务中心，委托联络处代为管理，属于财政全额补助事业单位，机构级别为股级，核定事业编制 5 名（股级职数 1 名）。

【业务运行】 自开办业务至 2015 年底，共受理企业管理业务 130 余件，其中新企业注册备案 25 家，企业信息变更 30 家，办理 19 家江山属地 A 类企业换领“认证企业证书”工作，办理年报逾期22家，帮助解决实际问题50余个，归国留学人员免税购车2起，共启动1家高级认证企业和5家一般认证企业培育工作，累计接访企业200余次。年内引入2家报关机构开通属地报关业务，共有健盛集团、欧派门业、雷士灯具等10余家企业属地报关，共计25票出口集装箱75个标箱，累计出口金额182.93万美元。健全落实进出口监测预警长效机制，及时通报地区性、行业性预警信息，每月向江山市地方政府报送1篇《统计信息呈报》（江山专刊）海关统计分析，累计报送15篇。撰写80篇“互联网”和1580分“舆情”信息被总关和总署录用，接受江山电视台采访4次和在《今日江山》刊登15篇海关信息；积极参与海关学会年度专题和综合征文工作，先后撰写《小关争先 党建先行—杭州海关隶属衢州海关“三位一体”提高基层党建科学化水平》《发挥海关经济责任审计“免疫系统”功能助推“五型海关”建设策略研究》和《基层海关关警员践行“十字”海关核心价值观途径研究》等3篇科研论文获奖。推动江山“公铁联运”无水港项目前期筹建工作，“一对一”配备关企联络员和服务小分队，建立外贸企业QQ群，开展“下基层，强服务，助发展调研服务周”和“全市外经贸政策宣传服务月”等活动累计培训帮扶企业300余家，承办4次杭州海关关区大型集中工作（会议）参训人员200余人次。

（王柳月）

检验检疫

【概况】 2015年，检验检疫江山办事处共受理出境报检3226批次，货值1.69亿美元。

金针菇干品首次走出国门

其中，出口木门1860批，货值1.12亿美元。同比增长12.3%；出口蜂产品236批，货值1957万美元，同比增长17.6%。签发各类检验检疫证书1544份。受理各类检测样品222批次，出具实验室检测报告548份。签发原产地证书1832余份，签证金额9405万美元，为江山地区出口产品在进口国减免470万美元关税，为企业节约直接出口成本500万元。

【推行贸易便利化举措】 推行“无纸化”报检签证工作举措，为企业节约报检成本20%。推行检验检疫一体化改革要求，升级改造业务信息化系统，推行检验检疫系统内“三通”（通报、通检、通放）、与口岸局“两直”（出口直放、进口直通）业务模式，使企业免去二次申报换单手续，节约通关时间和成本。针对江山出口产品结构，编印《出口企业服务指南》，免费发放600余册。建立检企微信圈和QQ群，预约业务，发布通知，传递政策，解答疑惑，征求意见，通报案例，实现检企信息无缝链接。同时以出口企业质量诚信体系建设为抓手，信用评价结果与监管模式有机结合，打造诚信受益、失信失利的检验检疫监管秩序。

【推进出口木制品检验监管模式改革】 组

织召开检验检疫监管模式改革动员会，向企业宣讲模式改革的意义和好处，并组织业务小分队分批分层次指导出口企业建立风险管理计划。根据“一企一策”要求，帮助企业完善质量管理追溯体系，跟踪验证企业质量管理“短板”整改情况；根据企业质量改进结果，组织开展分类管理等级评定，确定日常监管频次；结合“质量月”活动，向一类企业授牌，开展“比学赶帮”活动，将风险管控有序、质量管理到位的企业树为标杆，组织中小企业主到“标杆企业”学习。促进企业出货时间自定，物流环节可控，通关速度加快，贸易成本大降。

【开展“企业服务月”活动】 根据江山市委《关于推进全民创业创新的决定》，结合质检总局、浙江局、衢州局关于适应外贸新常态做好检验检疫帮扶工作的一系列重要决定和部署，制动活动方案，确定“企业服务月”“全民创业创新日”活动十项具体内容。以“服务大产业、大企业、大订单”为工作重点，联合产业协会、国际商会组织16家江山木门出口企业赴湖州安吉考察学习，开拓企业家转型升级的思路和对接国际市场的眼界。从“讲政治”的高度，通过“一对一”服务措施，确保龙头企业承接的委内瑞拉国家采购大订单顺利交付。在农业局、林业局配合下，举办江山市农产品国际市场开拓宣讲会，分享衢州柑橘出口创汇经验，宣讲生态原产地保护和出口果园基地备案知识。

（市检验检疫江山办事处　供稿）

财政税务

地方财政

【概况】 2015年，江山市财政局围绕建设“幸福江山”的战略目标，应对复杂经济形势，依法组织财政收入，持续强化财税管理，优化收支结构，推进财税改革，不断提升服务水平，圆满完成各项工作任务。全市财政总收入24.26亿元，同比增长6.3%，一般公共预算收入15.35亿元，同比增长6.5%，占财政总收入的比重为63.3%。全市一般公共预算支出38亿元，同比增长17.3%。获2015年度全省财政系统先进集体称号。

【组织财政收入】 关注“营改增”扩面、房产税改革及结构性减税等政策调整因素，完善房地产、建材、建筑等重点行业税收预测预警分析；继续开展“抓大、评中”税源管理，监控重点行业、重点企业税源。全年共确定各级次监控范围的重点税源企业218户，监控企业入库税收6.04亿元。完善个人所得税全员全额扣缴申报管理；开展企业所得税年度汇算清缴及后续审核，汇算应补缴税额8493万元；开展营业税专项辅导清理；完成开展调整城镇土地使用税政策、促进土地集约节约利用工作方案的数据测算、修订及上报；推进“五证合一、一照一码”登记制度改革。加强社保费征收和结算，做好失地农民基本养老保险费征缴，全年社保费收入10.77亿元，同比增长10.7%。推进非税收入电子化收缴改革，推广应用浙江政务服务网统一公共支付平台，拓展土地出让金信息管理系统功能，全年政府非税收入6.93亿元，同比下降25.2%。

【服务经济发展】 筹措“四大百亿”工程和政府投资重大项目建设资金。谋划融资项目7个，协议融资额14亿元，当年到位资金7.14亿元；落实“点将招商”“店小二”服务，推进福斯特光伏发电、江郎山休闲养生基地项目建设；建立PPP项目库并开展对外招商，推动峡口水库引水工程等4个PPP项目建设。实施以浙商回归、“四换三名”等为主要内容的转型升级组合拳；设立规模为3亿元的政府产业发展基金，成立首个规模为1.8亿元的科创基金，重点扶持市内“互联网+”、科技型企业为主的特色产业项目；参与制定全民创业创新激励政策、电子商务产业扶持政策、小额贷款保证保险风险补偿办法等；制定出台推动企业利用资本市场转型升级的若干政策意见，推动希尔化工等企业上市。及时兑现财政补助资金和税费优惠政策，共兑现涉企财政补助2.17亿元，减免各类税费2.64亿元；完善企业搭桥资金管理办法，出借企业搭桥资金17.18亿元，帮助企业办理银行转贷25.33亿元；编印《挂牌上市企业政府奖励政策及涉税问题解答》，为企业送政策、解困难。

【保障改善民生】 加大民生投入力度，累计各项民生保障支出29.41亿元，比上年同期增长20.1%。开展农业“三项补贴”综合改革和茶产业全程社会化服务试点；深化村级公益事业一事一议财政奖补助推美丽乡村建设，以竞争性分配确定10个示范村和20个特色村项目；支持乡村休闲旅游发展；推进中小河流治理、病险水库除险加固、中央小型农田水利重点县建设；开展生态循环农业模式探索和示范，成功创建省级生态循环农业示范县。实施基础教育提升和薄弱学校改造，支持标准化学校创建，规范学前教育，支持“学在江山”品牌建设；健全公共文化服务体系运行保障机制，推进机关事业单位养老保险和工资制度改革；做好被征地农民基本生活保障，开展基层医疗机构财政补偿机制改革试点；实施精准扶贫，全面消除家庭人均收入4600元以下贫困现象；筹措资金支持公租房建设，构建城市住房保障体系；继续实施“天网”工程，助力“平安江山”建设。支持“811”生态文明推进行动，安排资金用于企业节能减排、农村河道整治“河长制”、污水处理厂运营费用及城乡垃圾收集处理；支持“五水共治”，拨付农村生活污水治理资金1.4亿元、生猪养殖整规资金1.64亿元；筹措资金专项用于黄标车提前淘汰政府奖励补贴。支持公共自行车系统二期工程建设和新一轮公交营运权招标。

【推进财税改革】 加快全口径政府预算体系建设，编制国有资本经营预算，实现“四本预算”的全口径预算体系；加强预算编制管理，将预算编制进一步细化到“项”级科目；推进部门预决算公开；继续深化财政国库集中支付改革，扩大乡镇国库集中支付范围，实现公共财政预算资金、政府性基金预算资金全覆盖；提请出台政府向社会力量购买服务实施意见，规范政府购买服务工作；按照“四张清单一张网”建设要求，建立专项资金管理清单动态调整机制；推进乡镇财政公共服务平台建设，加快“数字财政”推进步伐；完成2014年度权责发生制政府综合财务报告试编；开展财政资金竞争性存放，创新资金保值增值渠道。

【深化国资管理】 完善国有投资公司管理体制，整合重组旅游系统下属国有投融资公司、事业单位经营性资产，组建旅游发展公司；整合水厂、污水厂、电站等涉水资产、企业，筹建水务集团，构建经营性投融资新平台；制定出台加强国有企业管理若干意见；建立国投公司年报统一审计机制及财务信息联网系统，实现对国投公司财务信息的实时监控；加强行政事业单位资产管理，开展办公用房清理整合，盘活存量资产，强化资产转让和经营性资产出租监管。

【强化财政监管】 继续压缩“三公”经费年度预算指标，压减1031万元，同比下降24.6%。强化政府债务管理，规范政府举债行为，对上级备案后的政府债务由省级财政逐步通过发行地方债券进行置换。开展财政存量资金清理，对部门结转两年以上未使用的资金收回财政重新统筹安排使用；做好社保基金置换政府债务相关准备工作，确保社保基金保值增值；完善规章制度和操作流程，完成评审专家库组建，累计监管政府采购成交额3.56亿元，节减资金3812万元，资金节减率达9.7%。进一步规范政府投资项目评审，主动介入项目建设全过程，共评审项目483个，评审总价14.04亿元，节减支出3603万元。

【加强队伍建设】 开展“三严三实”专项教育，制定机关干部政治业务学习计划，开展干部学习教育培训，全年举办各类培训班19个；加强政治业务学习，开展点子征集和课题调研，共征集点子62个，调研课题123篇。健全反腐败领导体制和工作机制，落实领导干部“一岗双责”要求，细化班子成员党风廉政建设责任，层层签订党风廉政建设责任书；参加党章党规党纪轮训班，学习贯彻《廉洁自律准则》和《纪律处分条例》，组织中层以上干部到十里丰农场接受警示教育；开展内部监督检查，全年完成7个科室（单位）的检查任务。开展行政审批制度改革，简化办事流程；完善政务服务网财政地税权力事项库建设，深化应用上网行为管理系统和办税服务综合管理系统；持续开展整风肃纪，不定期组织明察暗访；开展纳税人满意度调查，定期召开特邀监察员座谈会。

（王浩飞　薛丽红）

地方税务

【概况】 2015年，江山市地方税务局围绕组织收入中心工作，不断优化纳税服务，着力完善征管措施，共组织各项收入24.82亿元，同比增长9.5%。其中，税收收入12.86亿元，同比增长8.5%；社保基金收入10.77亿元，同比增长10.7%。

【税源分析】 分税种看，营业税入库3.32亿元，同比下降7.4%；企业所得税入库1.69亿元，同比增长14.1%；个人所得税入库2.43亿元，同比增长17%；地方七税入库3.31亿元，同比增长13.7%；契耕两税入库2.10亿元，同比增长17.7%。分行业看，制造业入库3.03亿元，同比增长13.9%；房地产业入库3.54亿元，同比增长14.5%；建筑业入库1.69亿元，同比下降3.5%；金融业入库9392万元，同比下降18.7%；批发零售业入库3226万元，同比下降16.6%；其他行业入库2.76亿元，同比增长29.4%。

【税收特点】 所得税大幅上扬，企业所得税、个人所得税共增收5621万元，同比增长15.8%；营业税较大幅度下降，减收2646万元，同比下降7.4%；跨期及一次性税收入库影响较大，全年共入库跨期及一次性税收4.11亿元，占全部税收的比重高达32%，比2014年的3.86亿元增加2493万元。

【加强税源监控】 关注“营改增”扩面、房产税改革及结构性减税等政策调整因素。做好房地产、建材、建筑等税收主导行业税收数据对比，加强重点行业、重点企业的税收预测预警分析，为完成全年税收收入目标提供数据支持。强化“抓大、评中”税源管理，加强重点税源监控。全年共确定各级次监控范围的重点税源企业218户，重点税源监控企业入库税收6.04亿。

【强化税费征管】 完善个人所得税全员全额扣缴申报管理，加强股息利息红利所得、股权转让所得等明细申报辅导。开展企业所得税年度汇算清缴及后续审核，汇算应补缴税额8493万元。开展营业税专项辅导清理，累计补缴税款3475万元。完成开展调整城镇土地使用税政策、促进土地集约节约利用工作方案的数据测算、修订及上报等工作。推进“五证合一、一照一码”登记制度改革；推进个体工商户转企业及小微企业规范升级，累计办理“个转企”786户。深化信息管税，完善电子退税相关流程；做好社保费月度收入分析和预测，开展社保费征管质量月度考查；做好失地农民基本养老保险费征缴入库；定期召开征缴联席会议，建立以地税部门为主导的社保费征缴部门协作机制。

【优化纳税服务】 落实办税服务厅规范化管理和浙江地税纳税服务规范，梳理各项税收业务流程，实行一站式服务模式。全面推行同城通办、免填单服务和电子退税等增值服务模式，提高纳税服务质效；推进行政审批制度改革，确保取消和下放事项办理的透明、规范、高效；推出税银互动，为守信纳税人提供信用贷款；开展工业服务月、便民办税春风行动和百名干部访百企活动，编印《挂牌上市企业政府奖励政策及涉税问题解答》，深入企业送政策、解困难。与《衢州晚报》合作，开展税法宣传及纳税服务志愿者进校园活动。深化国地税合作机制，筹建联合办税大厅；做好城镇土地使用税、资源税政策调整的宣贯工作；加大结构性减税清费力度，及时落实加速折旧、一次性扣除等税费优惠政策，共减免各类税费2.64亿元；开展纳税人满意度调查，构建和谐征纳关系。

【坚持依法治税】 规范行政处罚裁量权，实施税收执法督察、行政许可和行政处罚案卷评查，规范行政执法行为。开展“六五”普法、税收宣传月和浙江法制宣传月等法制宣传教育活动，开展新预算法、“法治财政”漫画动画微电影剧本作品征集及“我读宪法”征文活动。组织参加全省财政系统新预算法暨“六五”普法验收考试；做好“两法平台”案件录入，及时录入立案查处的32个行政处罚案件。

【规范税务稽查】 制定2015年税收专项检查工作计划，明确税收专项检查重点；加强举报案件查处，开展打击发票违法犯罪活动；强化稽查服务，推行查前辅导、查中服务、查后建议工作机制；严格把握稽查各环节关键点与风险点，提高案件定性准确性，严控稽查风险。针对有关政策变化情况，重新整理编制税费自查指南，加入典型案例，提高企业自查效率。建立与国税、公安、工商等部门联动的协作办案机制，定期交换涉税信息；加快稽查工作信息化步伐，充分发挥稽查软件的功能。全面推进税收专项检查，全年共检查116户，查补税费741万元。

（王浩飞）

国家税务

【概况】 2015年，市国税局通过抓好日常税源管理、创新税源管理方式、实行收入质量考核等举措，圆满完成收入任务，全年组织税收收入首次突破10亿大关，达10.51亿元，完成年度计划的101.7%，同比增收5741万元，增长5.78%。办理各类减免退税5.85亿元，其中出口退税2.99亿元。年内，市国税局被评为2015年度衢州市国税系统绩效管理先进单位，连续八年获得“江山市最佳满意部门”荣誉称号，市国税局纳税服务科、车辆购置税窗口被省国税局分别记集体三等功，家文化管理创新项目被省国税局单独立项，并推荐至税务总局。

【税收征管】 按照“马上就办、办就办好”的工作理念，明确税种登记、认定管理、发票领用、下户核查、纳税申报、税款征收、注销办理等基础工作的职责分工，从窗口受理到内部流转，环环相扣，在方便纳税人办税的基础上，确保税收数据连续、准确和完整。全年新办税务登记2642户，注销纳税人886户，现有纳税人2.07万户。全年申报率、入库率、滞纳金加收率分别为99.92%、99.07%、100%。科学做好年度所得税汇算清缴工作，聘请专家举办专题讲座，加强政策宣传，汇算清缴申报率达到100%，补缴企业所得税1283万元。开展企业所得税交叉审核，建立专家团队，对505户纳税人进行后续审核，补缴企业所得税159万元。突出抓重点项目评估，重点关注股权转让、企业重组、政策性搬迁等高风险事项，对发现疑点的企业开展约谈。全年共评结企业405户（其中，注销清算326户），有问题补税企业61户，入库税款720万元，调减以前年度亏损206万元。开展税收专项检查和案件检查工作，对出口退（免）税企业、砖瓦行业、汽贸企业开展税收自查，选取部分企业开展重点检查，维护公平、公正的行业税收秩序。稽查全年查补收入1080万元。

【依法治税】 市国税局税收执法准确率达100%，并被省国税局评为全省国税系统法治税务示范基地。将柔性执法与日常工作相融合，变事后处罚为事前提醒，鼓励企业自查自纠，组织对226户风险应对指标异常、税负明显偏低的企业开展税收自查，辅导纳税人主动补税244万元，最终对20户企业立案检查，立案检查率仅为8.8%，有效降低企业涉税风险和违法成本。对外聘请常年法律顾问，对内开展“六五”普法验收和税收执法督察工作，聘请的法律顾问解决执法疑难问题3个。同时，严格规范进户执法，统筹安排日常检查、纳税评估、税收稽查，避免多头重复检查，推行说理性文书，切实保障纳税人的知情权、申辩权和监督权。

【服务创业创新】 积极当好参与者、推动者、实践者，为全市大众创业、万众创新注入新动力，增添新活力，拓展新空间。“营改增”已推行三周年，税改效应逐步显现，全市现有“营改增”纳税人1138户，共减轻企业税收负担6990万元，其中“营改增”纳税人减轻税收负担1649万元，原增值税一般纳税人进项税额抵扣增加5341万元。认真落实税务行政审批制度改革工作，行政许可类审批由原来的8项调整保留为6项，全面取消非行政许可审批事项，增值税和企业所得税减免优惠全部实行备案管理。

【优化纳税服务】 持续开展便民办税春风行动，全面落实纳税服务规范，丰富纳税服务

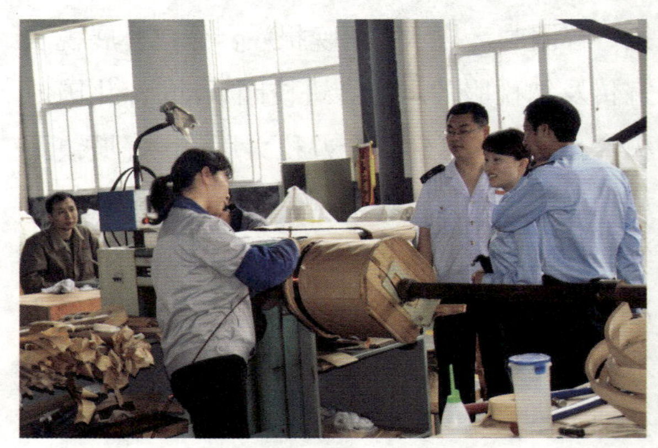

业务干部深入企业了解情况

平台，规范社会化服务，切实做到服务升级有实招、服务升级有载体、服务升级有突破，纳税服务工作得到社会各界好评。在全省国税系统开展的纳税人满意度调查中，江山市国税局在全省排名第21位，在衢州地区排名第3位。开展“百名局长进百企”“科级干部联百企”活动，对重点行业、重点企业采取“一对一”服务，与辖区内重点税源户挂钩，定期回访。全年领导干部走访企业调研150余次，帮助企业解决问题30余次。通过加强与地税部门合作，整合征管资源，在联合办证、核定定额等11个事项上积极开展合作，多次召开国地税联席会议，探讨个体工商户管理和企业所得税核定工作，建立联合公告机制，完善委托代征机制，切实解决纳税人“多头跑”的办税难题。通过税务师事务所、时代广场商贸有限公司共代开普通发票14.4万份，有效解决乡镇等偏远地区纳税人“开票难”的问题。

税收宣传进文化礼堂

【国税文化】 创建具有江山国税特色的“家”文化，多年来通过开展系列主题教育活动、“岗位练兵”学习活动、“结对帮扶”公益活动，在办公环境、办税大厅、廉政建设方面融入“家”文化元素。2015年，江山国税局《以“家”文化理念构建和谐国税团队》的管理创新项目被省局单独立项，在全省国税系统税务文化建设会上作经验交流，并作为亮点工作推荐至总局。

（徐善创　席万颖）

金　融

人民银行

【概况】 2015年末，江山市金融系统人民币存款余额349.88亿元，比年初增到19.61亿元，同比增长5.94%；贷款余额310.58亿元，比年初增5.25亿元，同比增长1.72%，居衢州辖内首位；人民币新增存贷比为88.77%，居衢州辖内首位。全年新增招商银行股份有限公司衢州江山小微企业专营支行、金华银行股份有限公司衢州江山支行、杭州银行股份有限公司衢州江山支行等3家银行。

【执行货币政策】 传导货币政策，按季召开金融联席会议、货币信贷例会，传达贯彻稳健货币政策意图；结合新常态下货币信贷运行出现的新情况和新问题，利用各种场合开展宣传引导，争取对金融工作的支持，为全市金融运行营造良好的外部舆论环境。制订《江山市金融支持全民创业创新的指导意见》，提出规划引领、体系完善、产品创新、服务升级、配套深化的“五位一体”举措；完成《金融支持全民创业创新的路径选择与思考》的重点调研课题研究，从“丰富金融业态、加大金融产品与服务创新、完善配套保障机制（包括风险监测预警机制、风险共担和补偿机制、失信惩戒机制）以及普及金融知识教育”等4个方面，提出17项对策措施。在辖内率先召开金融管理与服务政策通报会暨人民银行“窗口指导”会议，围绕落实存款保险制度、贯彻执行利率政策、防范不正当金融竞争等重点问题进行协调部署，引导行业自律。积极向上争取支农、支小再贷款支持，全年支农再贷款余额1.56亿元，支小再贷款余额1亿元，严格再贷款日常管理，年内顺利通过杭州中心支行对支农、支小再贷款的现场检查。

【维护金融稳定】 针对经济下行江山辖内担保链、担保圈风险加快暴露的态势，牵头起草《江山市关于防范和化解资金链担保链风险的指导意见》，并经市政府常务会审议，正式行文下发实施。探索引入企业信用信息辅助查询系统，构建风险日常监测预警机制。开展“两链”风险专项排查行动，重点排查负债率或民间借贷依存度高的企业，全面摸清欠薪、欠税、欠息、欠费“四欠”企业风险状况以及涉诉、对外担保情况。同时，建立定期监测报告制度，各相关责任部门按月将“四欠”企业以及涉诉、对外担保的变动情况送支行汇总；探索引入“企业信用信息辅助查询系统”，实现在政府部门及银行机构共享，建立企业经营主要指标时间序列库，并作为政府帮扶、银行授信的重要依据。

【推进依法行政】 有序开展对银行机构的综合评价，制定《江山市银行业金融机构综合评价办法》，重点落实重大事项报告制度，年内开展综合评价，年终完成评价结果通报；做好新设机构的开业管理，年内完成对招商银行、金华银行、杭州银行3家新设机构的开业审核；规范实施执法检查，先后对3家银行开展支付结算检查，对2家银行开展国库业务检查，对2家银行开展人民币收付业务检查，对2家银行开展外汇业务合规性检查，对1家银行开展征信管理检查和金融统计检查，对8家银行开展存量个人人民币银行结算账户真实性核查，协助中心支行对1家银行开展反洗钱检查；落实打击网上非法买卖银行卡专项行动，与公安部门建立沟通常态机制，利用“3·15”国际消费者权益日宣传平台，开展“非法买卖银行卡、害人害己祸无穷”主题宣传。落实直接投资外汇管理改革，办理衢州辖内首笔资本金意愿结汇，加快便利政策措施“落地”；引入外汇创新产品，通过境外放款创新业务（衢州辖内第二笔）及时解决重点涉外企业资金困难；联合出入境检验、海关部门举办涉外企业培训会，与商业银行联合举办外汇政策咨询会和银行融资产品推介会，上门对接跨境电商需求开展外汇政策宣讲，多渠道对外汇业务涉及的最新政策进行重点讲解，解答企业疑问，提出对策建议。提升国际收支统计申报数据质量，按季通报报送情况，对主要外汇指定银行开展现场核查，数据上报差错率从一季度的2.12%降至三季度的0.52%；深化银行和企业主体监管，把服务实体经济内容列入银行执行外汇管理规定情况考核范围，开展外汇现场检查，督导银行完善内控机制，提高外汇业务合规经营水平，开展资金流出监测，及时上报可疑交易线索，防范跨境资金流动风险。

【实施“金融支持百家重点企业工程”】 组织各金融机构从传统优势产业、新兴高端产业企业、初创期各类经济主体中筛选478家重点企业名单，开辟金融服务“绿色通道”，给予“两优先、一倾斜”政策，年内，共达成贷款意向20.37亿元，11月末实际投放25.91亿元，超额完成27%。

【开展金融创新】 围绕经济主体的实际需求，重点推进具有江山特色的创新型产品。抓住江山被列为全省首批商标权质押试点县（市）的有利时机，会同市场监管部门制定《江山市商标权质押贷款工作实施意见（试行）》，督导江山泰隆银行向赢牌体育办理衢州辖内首笔商标权质押贷款授信500万元。引导江山农商行推出“普惠快车”系列产品，以电子商务经营主体的信誉度、销售额、利润、快递出单量为评定依据，推出电商创业贷、电商成长贷等“电商贷”产品，年内向32家网商发放贷款3140万元；通过对农户“信用、林权、房权”综合联评的方式，增进农户信用等级和授信额度，年内评定农户103724家，增加授信额度36.72亿元；引导江山建信村镇银行与种粮大户协会合作，推出“惠粮贷”种粮大户贷款，年内发放15笔，金额316万元。

【健全完善外部配套保障机制】 促成市政府出台《江山市小额贷款保证保险风险补偿办

法》，设立300万元专项风险补偿基金，发挥保险增信功能，增加无抵押担保类小额贷款的投放。制定《关于设立“资金风险池”推进全民创业创新的方案》，重点鼓励小额信用贷款、农村“两权”贷款的增量扩面。同时，牵头举办江山市2015年货币政策通报会暨创业创新融资对接会，银企现场签约授信意向11.24亿元，12月末实际发放9.1亿元，为同期全市新增贷款余额的173.33%。

【推进社区金融服务】 引导鼓励设立社区银行，指导温州银行在江山开设衢州系统内首家社区银行，指导江山农商行新设社区银行2家；组织各金融机构开展“普惠金融进社区、幸福生活零距离”系列活动，全年组织活动90余次，受众近7万人次，发放宣传资料27000余份，媒体报道106次。

【实施“支付便农”工程】 重点督导江山农商行开展银行卡助农服务点与农村电子商务的整合工作，打造以“丰收e站”为主载体的农村金融综合服务平台，年内完成设立“丰收e站”40个，督导辖内各相关银行机构完成新增28个金融服务示范村、3个五星银行卡助农服务点、5个网上支付应用示范区、3个手机支付应用示范区的创建目标，顺利通过杭州中心支行、衢州市中心支行的联合现场检查验收。

【开展反假货币“千里行”系列活动】 完善反假工作机制，健全“人民币反假网络建设工作领导小组、银行网点联络员（指导员）、反假币工作站义务宣传员”的三级管理模式，建立反假工作考核机制、激励机制。督促金融机构加大对反假工作站建设资金投入，解决设备配备不到位等问题，组织农商行、邮政储蓄银行等金融机构对农村反假工作站进行整合，对不符合要求的反假工作站进行撤销，重心选择合适场所，并通过金融资源整合，努力把反假工作站办成集反假货币宣传、金融知识宣传、金融产品推介、金融卡业务办理等为一体的农村金融资源集合地，提升工作站承办户的知名度，使工作站发展与承办户发展实现良性互动效果，发挥长效作用，努力使农民足不出村就能得到良好的金融服务。《衢州江山反假货币“千里行”促农村反假工作取得实效》经验材料被杭州中支《金融简报》推广，同时被《杭州中支子网站》录用。

【提升反洗钱工作水平】 加强与公安机关的协调合作，重点开展打击利用离岸公司与地下钱庄转移赃款专项行动；引导银行机构充分利用反洗钱业务系统挖掘排查信息，对系统提取的异常交易加强人工甄别，按照离岸公司与地下钱庄可疑交易类型和识别点特征，及时移交可疑交易线索；通过“以查代训”，提升支行反洗钱岗位年轻员工的业务能力；依托基层金融工会联合会，组织银行、保险、证券机构人员，举办江山市金融系统反洗钱知识竞赛，增进全辖反洗钱专管员对反洗钱业务知识的理解运用。

（郑　华）

银监办

【概况】 衢州银监分局江山办事处推动辖内银行业金融机构贯彻落实国家宏观金融政策，结合经济金融发展实际，紧扣服务实体经济和严守风险底线两大主题，取得了一定的成效。2015年末，江山市银行业存款余额349.88亿元，比年初增长5.94%；贷款余额310.58亿元，比年初增长 1.72%。年末全市不良贷款余额 6.60 亿元，比年初增加 3.00 亿元；不良贷款率 2.12%，比年初增长 0.94 个百分点。

【完善金融组织体系】 新设招商银行衢州江山小微企业专营支行、金华银行衢州江山支行、杭州银行衢州分行江山支行等 3 家银行，12 月末，3 家银行机构共招聘员工 54 人，吸收存款 1.6 亿元，发放贷款 2.4 亿元。同时，推进普惠金融工作，改善农村支付结算环境，拓宽农村市场服务渠道，构建农村网点、布放 ATM 机及 POS 机，推广网上银行，为农户提供更方便快捷的服务。

【推进还款方式创新】 为切实提升小微企业金融服务水平，着力解决小微企业倒贷问题，降低小微企业融资成本，引导各银行业金融机构开展还款方式创新工作，同时配合江山市政府建立搭桥专项资金，切实帮助企业解决银行贷款转贷问题，降低企业融资成本，年末，各银行机构按还款方式创新进行转贷的贷款累计 900 笔，金额共计 33.10 亿元，占当年小微企业续贷金额的 33.79%。

【开展企业授信总额管理】 指导衢州市银行业协会江山代表处，组织各银行业金融机构签订行业自律公约，制订企业授信总额管理办法，实施企业授信主办银行制度，开发企业授信总额管理系统，实现企业授信总额、对外担保限额等信息共享。年末，江山辖内各商业银行根据授信总额主办行管理办法，已签订协议的 21 户，授信总额 37.88 亿元。

【提高合规经营意识】 组织全辖银行业金融机构开展运营条线“清雷防险”专项行动，组织全体银行业从业人员学习《银行业重点风险防范指南》，指导衢州市银行业协会江山代表处举办“清雷防险”和预防职务犯罪工作知识竞赛活动，促进各银行业金融机构提高合规经营意识。

（林　璇）

工商银行

【概况】 中国工商银行江山支行（简称市工行），有员工 114 人，内设综合管理部、公司市场部、个人业务部 3 个机构，下辖直属营业部、城区二级支行、集镇二级支行 6 个网点；支行辖区 9 个无人银行，有 45 台 ATM 机、22 台自助终端。至 2015 年末，各项本外币存款 51.22 亿元，较年初增加 2.42 亿元，各项存款新增、余额列工农中建四行同业占比第一。各项贷款余额 46.53 亿元，新增 1.58 亿元，贷款增量居同业第一。年末，贷款不良率 1.60%，资产质量总体可控。各类个人客户数量为 15.5 万户，公司信贷客户 275 户，客户数量位居工农中建 4 行第一。有 2 人次获省行 2015 年度员工产品创新“金点子”奖，有 2 人次获全省网点负责人业务知识比赛优胜奖，有 1 人次获省行“五星级”服务明星、3 人次

12 月 11 日，举办江山市企业家上市投资理财讲座（林森 摄）

获省行“四星级”服务明星，1 人次获省行 2015 年度优秀现场经理。

【拓展优质重点贷款项目】 江山投资最大的招商引资项目浙江正泰 200MWp 太阳能林农光互补地面电站项目（总投资 16 亿元）成功落户江山工行，5 亿元项目贷款已发放到位。同时，还成功发放首个 PPP 项目——第二污水治理厂 3600 万元项目贷款。

【做好上市企业营销服务维护】 江山新上市企业三家，均落户工行，健盛集团上交所挂牌上市、希尔化工和科润电力登陆新三板，江山工行是主办银行，并且股改资金归集专户及上市募集资金帐户均开立在江山工行。

【推进互联网金融服务市民理财】 宣传互联网金融，在全市率先开展手机移动支付（二维码）营销推广活动，总量远远领先同业，服务商贸业，为江山市快速发展互联网金融迈出了坚实的一步。

【服务创新】 参加江山市开展的“百名干部服务，百企创业创新”专项活动，江山支行公司部客户经理在行长、分管行长带领下开展走访企业活动；二季度，开展以“进农村、进社区、进企业”的三进入活动，三四季度，以网点为单位开展全员“数码扫街”活动；联合当地企业开展“O2O 扫码购物节”客户体验活动，向客户宣传、推广使用江山工行电子支付新产品“融 e 购”和“工银 e 支付”手机支付平台，实现了银、企双赢。

【产品创新】 积极尝试创新业务的办理，人民币利率互换业务及代客原油买卖业务首笔均在工商银行办理。多方联动创新贷款新产品，与江山科技局、太平洋财保三方达合作协议，为符合条件的科技型企业提供“科技易保贷”。通过供应链“易透”业务为小微企业实现“机器换人”提供新的融资渠道，全年为 29 户无法提供有效抵押担保的企业办理“易透业务”，共发放贷款 2492 万元。

【管理创新】 在压现扩非、柜口优化的基础上，切实发挥机制建设、机制创新在网点资源优化配置及运营管理中的自动调节和有效引导作用。建立网点各岗位人员的兼岗流动和统一调度管理机制，科学的弹性排班模式，网点资源利用率评价、流程质量效率评价、柜员工作效率评价等内容的网点运营监测和分析管理机制，推动网点从定性管理向基于数据分析的量化管理转变。推广双线控制的流程管理，全年共完善各类管理、业务流程 20 余项，促进营销、管理、业务处理的有序规范。

（胡卫新　林　森）

农业银行

【概　况】 中国农业银行股份有限公司江山市支行（简称市农行）是一家国有商业银行，内设 5 个职能部室、下设 1 家营业部，2 家二级支行，4 家分理处，5 家离行式自助银行，2 家乡镇金融便利店。市农行立足江山市经济特点，本着“打造全市老百姓有口皆碑银行”的理念，紧紧围绕“支持实体经济、深化三农服务”两大主轴，突出对三大重点领域小微实体企业的支持，落实“争取规模、政策倾斜、惠企减负、服务三农”等四大举措，在促进地方特色产业转型升级的同时，实现自身平稳健康发展。2015 年，市农行人民币各项存款余额 39.21 亿元，比年初增 1.89 亿元；各项贷款余额 37.03 亿元，各项贷款总量占到衢州外围4家县域农行的43%，存贷比为94%，高出外围4家县域农行平均水平14个百分点。

【突出贷款投放】 围绕江山市产业转型升级导向，调整信贷投向，契合服务实体经济导向，持续把四大百亿工程项目、小微企业、个体经营户作为支持实体经济的主要投向。在贴现余额大幅下降1633万元、项目贷款提前还款1800万元以及住房按揭比年初大幅下滑7000万元的情况下，个人生产经营性贷款仍然保持较快增长，比年初增1922万元。

【主动对接重点企业】 对江山市筛选出的四大百亿工程项目、创业创新融资对接会签约企业建立跟踪服务机制，“一户一策”地制定金融服务方案。组建金融服务团队，加强对接，定期了解项目进度和实际资金需求。全年共为创业创新融资对接会签约的江山市双氧水、江山金陵大酒店、浙江谷丰门业等6个重点企业，完成授信2.28亿元。

【开展企业帮扶解困】 制定“走千企访万户”活动方案，在全行范围内开展“走千企访万户”百日竞赛活动；成立“走千企访万户”活动领导小组，将全行客户经理分成若干服务团队，主动入企、问企、帮企，找准、解决小微企业融资需求，全行共走访小微企业280余家，新支持小微企业18家，发放企业贷款5500万元；新支持微型个体户108户，累计发放贷款1.23亿元；在做好贷款周转、增信等工作的同时，为企业制定“一企一策”金融服务方案，做到不压贷、不抽资，通过政府应急转贷资金缓解企业还款压力，共上报4户帮扶企业名录，为3个企业申请政府搭桥资金1220万元。对小微企业客户实行“一次调查、一次审查、一次审批”的审批模式，并在企业贷款到期前提前完成授信工作，尽最大可能缩短企业贷款周转发放的时间，对存量客户力争当天完成放款，对新增客户争取一周完成审批和发放。建立客户经理日常服务，采用灵活的利率定价机制，对于经营管理较规范，符合转型升级要求，但出现暂时性资金困难的中小微企业加大利率优惠力度，从让利企业的角度出发，对13个特色产业企业执行利率零上浮，对15家企业执行上浮幅度在20%以内的优惠利率；落实监管部门“七不准”“四公开”等有关小微企业收费政策，严格执行明码标价的有关规定。在政策容许的范围内，主动降低费率和利率，减免6项与企业贷款相关业务服务费，帮助企业降低成本，为40余个小微企业上报账户及产品使用费减免申请，累计为企业节省费用11万元。深入分析企业金融需求和经营实际，从为企业节省成本的角度出发，积极为企业配套承兑汇票、信用证、保函、票据池等融资工具，综合解决客户融资需求。对发展前景良好、产品有特色的企业，积极争取上级行信贷支持，为企业增加授信。

【加强普惠金融建设】 以农行干部乡镇挂职为契机，发挥乡镇挂职干部在普及金融知识的纽带作用，开展“进村入户”、金融扫街、普惠宣讲等活动。以“惠农卡+农户贷款”为支农助农的有效方式，探索建立“农金员+信息员”普惠金融服务队伍，加大农村市场的走访和服务，努力加大农户贷款投放。开展“手机支付应用示范区”创建、“金融知识普及月”宣传等活动，从日常工作中强化普惠金融建设。全年新支持农村生产经营户78户，发放利率优惠的“三农”贷款6338万元。在推进农村支付渠道建设方面，推进“惠农通”工程建设，延伸农村支付网络，创新推广“农金员+惠农通+农村金融自治村”的服务模式。通过实施金穗“惠农通”民生工程，在各乡镇村搭建便捷的农行电子支付平台，将金融服务触角延伸到全市295个行政村，实现金融支付结算环境建设行政村全覆盖，方便农户就近办理转账、付款、缴费等金融业务。

【拓展金融服务渠道】 市农行“超级柜台”成功上线。“超级柜台”功能集开卡、理财、基金、电子银行、外汇、转账、查询及部分特殊业务于一身，兼具农行现有发卡机、自助通所有功能，基本实现个人非现金业务全覆盖。农行“超级柜台”设备先进，功能强大，通过硬件设备的集成和业务流程、交易凭证的整合，借助视频、影像、人脸识别等技术手段实现柜面非现金类业务的客户自主办理，提高业务处理效率。

【强化企业文化建设】 银监办举办的银行业“清雷防险”知识竞赛中，市农行代表队在全市14家金融机构中脱颖而出，获得团体第一名；江山市金融系统基层工会联合委员会组织开展反洗钱业务知识竞赛活动，市农行代表队获得了集体二等奖； 市农行员工在衢州分行举行“党章党规党纪在心中”演讲比赛中获得第一名。

（毛坤亮）

中国银行

【概况】 中国银行江山支行成立于1990年6月28日，现有员工86人，其中男员工29人，女员工57人，党员34名。支行内设综合管理部、公司业务部、个人金融部、营业部。

开展人民币反假宣传活动

下设贺村支行、解放路支行、虎山支行、鹿溪中路支行4个经营性支行。2015年，中国银行江山支行上下齐心协力，秉承“担当社会责任，做最好的银行”，强化经营，开拓进取，各项业务健康发展。截至12月末，支行本外币各项存款余额24.4亿元，其中个人存款余额10.6亿元，对公存款余额13.8亿元；本外币各项贷款余额35.5亿元,其中个人贷款余额12.6亿元，企业贷款余额22.9亿元；国际结算业务量24617万美元，市场份额达49.79%，市场份额连续多年保持当地金融机构首位，且列衢州辖内行之首；跨境人民币业务量45889万元，市场份额65.47%，居衢州辖内行第一。支行全年实现税后利润4097万元，同期新增2925万元，增幅249.55%。2015年，被江山市委、市政府评为江山市最佳满意单位。

【寻求特色发展】 坚持以市场份额和客户基础为抓手，以公司和个金联动为手段，以管理促效益为目的，按各阶段业务发展需要，有重点、有目标、有步骤地开展实施。各网点根据自身分布区域、所处环境和特点的不同，制订不同的拓展方案，走出各自业务发展的特色之路。通过不同类型客户宣导不同产品留存基础客户，全年新增基础客户2134户，有效客户新增3618户；通过农村市场，营销农家乐以及农户办理福农卡、营销拆迁款，累计办理福农卡45张，福农分期553万元，贺村农村拆迁补偿款1500万元；通过关注客户资金流向，了解客户真实需求，有效营销大额存单；通过关注银证转账资金的变化，及时为大客户争取私人银行产品；通过加强行政事业单位的攻关力度，做大代发奖金和分红等，一季度实现各单位代发奖金和分红6326万元。特别是福农卡的推广，成为江山支行在当地农村市场的一张闪亮名片。

【寻找特色产品】 通过与省行投资银行与资产管理部的沟通交流，实现企业融资需求与中银国际证券—中国银行3号定向资产管理计划募集理财资金的顺利对接，使江山支行成功续作第一笔也是衢州市分行2015年唯一一笔投行业务。

【注重企业帮扶建设】 为有效缓解企业转贷资金压力，支行积极宣传财政搭桥资金运用政策，对于财政同意使用搭桥资金的企业，全部为其办理搭桥借款。全年累计办理搭桥资金借款90笔，金额合计39844万元，运用搭桥资金周转贷款56920万元。2015年人民银行连续5次降息，对客户提出周转贷款需求的，支行均全部配合办理，切实为企业降低融资成本。利用中行海外行的优势引进海外资金，积极推广贸易融资平台，帮助企业提高收益，累计办理贸易融资产品折合人民币达1.1亿元。

（姜晓芳）

建设银行

【概况】 2015年，江山建行本外币一般性存款余额51.05亿元，其中公司类存款余额30.83亿元、个人类存款20.22亿元。各项贷款余额为52.77亿元，其中对公贷款余额36.32亿元，个人贷款余额16.45亿元。中间业务收入4609万元。

【探索还款方式】 针对企业转贷资金筹措难现象，积极探索还款方式创新。利用政府搭桥资金，帮助企业顺利转贷，减轻企业负担，全年帮助企业转贷112笔，累计金额近8亿元。推出优质客户“再融资”业务，对符合条件的客户享受此政策，贷款到期无需资金转入，系统实现“无缝对接”，全年累计帮助企业实现转贷13笔，累计金额5000多万元。通过贷款期限调整，对到期还款有一定困难的企业进行贷款延期，减轻企业负担，涉及企业4户。制定一户一策政策，对于企业暂时出现资金困难，到期无法王常还款的企业，开展帮扶工作，通过特殊风险化解机制，帮助企业解决解决融资问题，渡过难关。

【抓好渠道建设】 在民声路再增加了一个自助银行，全市共有营业网点6个、附行自助银行6个、离行式自助银行16个，有存取款一体机设备61台、自助终端30台，建行自助银行服务范围涵盖全市各主要街道、两个开发区、峡口镇以及二炮部队，改善江山市城乡居民的金融服务需求。全年自助设备账务性交易量比达到74.25%、电子银行账务性交易量比达到66.81%。在市人行指导下，创建四季青手机银行支付示范区；与村镇银行签署合作协议，设立广渡、四都等助农服务点，把助农惠农服务落到实处。在上级行的产品创新推动下，推广移动支付云闪付业务，加快支付渠道建设。

【抓好队伍建设】 通过上级行聘请专业机构为员工进行心理咨询，缓解员工的工作压力。以工会、共青团组织为载体，积极组织和参加各项积极向上的文体活动，丰富员工业余生活。参加由市金融系统组织的气排球比赛；以市分行员工俱乐部为载体，组织员工进行羽毛球、篮球、乒乓球、气排球、钓鱼等活动。

（全国伟）

农商银行

【概况】 浙江江山农村商业银行股份有限公司（简称江山农商银行）的前身是江山市农村信用社，是在江山农村合作银行基础上整体改制组建，以服务“三农”、社区、小微企业为经营宗旨，具有独立法人资格的地方性银行金融机构。2015 年 1 月 30 日挂牌开业，内设 14 个职能部室，下设 1 家营业部、6 家支行、34 家分理处、1 家社区性金融便利店，共有员工 547 人，网点和服务遍布江山城乡。截至年末，江山农商银行资产总额 156.49 亿元，各项贷款余额 91.28 亿元，比年初增加 7.18 亿元，增幅 8.54%，其中涉农贷款余额 84.57 亿元，比年初增加 7.07 亿元；小微企业贷款余额 41.49 亿元，比年初增加 3.32 亿元，涉农贷款和小微企业贷款增速分别高出贷款平均增速的 0.62% 和 0.2%。负债总额 144.26 亿元，其中各项存款余额 133.98 亿元，比年初增加 16.65 亿元，增幅 14.2%。2015 年，被江山市政府评为“最佳满意部门（单位）”、纳税十强企业；获得衢州市构建和谐劳动关系工作小组授予的“浙江省劳动关系和谐企业”荣誉称号；年度在衢州市农信系统的综合考核得分排名第三；银行卡、电子银行、“丰收 E”综合金融服务平台建设等多项业务创新与发展走在全省农信系统前列。

【农商银行开业】 1 月 30 日，江山农商银行开业暨“牵手农村电子商务基金”捐赠仪式举行。中共江山市委书记吕跃龙、江山市人民政府有关领导以及省农信联社衢州办事处、人民银行衢州市中心支行、衢州银监分局等相关负责人参加，吕跃龙代表江山市委、市政府向江山农商银行的开业表示祝贺。开业之际，江山农商银行还向江山市慈善总会捐资 100 万元，发起设立“牵手农村电子商务基金”，用于支持江山市农村电子商务发展。

【践行普惠金融】 围绕“城乡居民创业融资更容易、城乡居民享受金融服务更便捷、农村信用体系基础更牢固、支持农业现代化发展更给力、城乡居民获得金融实惠更广泛”等普惠金融十大行动目标，江山农商银行深入践行普惠金融，制定并实施了普惠金融工程三年（2013—2015）行动计划。至 2015 年末，行动计划各项目标任务全面超额完成，在全市有效构建起“基础金融不出村（社区），综合金融不出镇（街道）”的金融服务网络体系。其中小额信用贷款、农户贷款、小微企业贷款计划目标数分别为 11 亿元、55 亿元、25 亿元，惠及客户 2.6 万户、3 万户和 620 户，完成实绩分别达到 16.39 亿元、59.21 亿元、26.5 亿元，完成比例分别为 148.96%、107.66%、106%，惠及客户 26553 户、32214 户、630 户，比计划目标分别超 553 户、2214 户、30 户，成为江山市市场份额最大、网点覆盖面最广、金融普惠度最高、最具社会影响力的老百姓的亲近银行。

【建设丰收驿站】 江山农商银行在原先村级金融便利店的基础上，有机融合金融服务与电商服务，大力推进丰收驿站建设，开启金融+电商惠民的服务新模式。丰收驿站通过整合金融服务、电子商务、物流配送、生活资讯、消费等各类社会资源，为广大农村居民提供金融、网上代购代售、快递收发、代购车票、话费充值、代缴学费等“一站式”服务。2月6日，首个丰收驿站在贺村镇淤前村建成运营之后，至年底，江山农商银行已在12个行政村建成丰收驿站并正常运营。

【丰富微贷新品】 不断丰富“小营生”微小贷款产品，结合微小信贷技术推出“微分期”消费贷款新产品。“微分期”消费贷款是面向本市新生代青年客户群体发放的用于建房、装修、购车、旅游、婚嫁、助学及电子产品、耐用消费品购买等方面的个人消费分期贷款，额度最高可达30万元，无需抵押，办理便捷，贷款期限及还款方式灵活。江山农商银行注重在市场实践中寻找新生代青年客户的消费信贷需求点，陆续推出“装修贷”“结婚贷”“旅游贷”等系列个人消费信贷金融产品。4月，副省长朱从玖在浙江大学金融研究院咨询要报《江山农商行“小营生”微贷创新发展及启示》作出“‘小营生’微贷积极拓展了金融的普惠性”的重要批示。

【代理医保业务】 分发挥点多面广、服务遍布全市城乡的优势，主动承担江山市46万城乡居民的基本医疗保险费代扣代缴业务，成为江山市唯一一家代理城乡居民基本医疗保险费代扣代缴业务的银行金融机构。城乡居民通过江山农商银行的42个营业网点、304个村级农信服务点和24小时自助银行、手机银行、网上银行方便地缴存医疗保险费，一改以往城乡居民基本医疗保险费由行政村（社区）逐户收取手续烦琐、耗时长、漏缴率高、差错争议多的状况，为银行金融机构集中代理政府民生款项收付作出有益的尝试。

【信贷支持低收入群体】 以推广“丰收爱心卡”为载体，与江山市扶贫办、财政局、人民银行江山市支行联合制定推行《江山市扶贫小额信贷实施细则》，对江山市重点扶贫村的34101户低收入农户开展扶贫小额信贷整村授信，支持低收入农户脱贫致富奔小康。单户最高信用贷款授信额度达5万元。到12月末已发放扶贫小额信贷2949户，余额23819万元；为支持被征地农民一次性缴纳基本养老保险费，协助政府做好被征地农民基本养老保障工作，帮助被征地农民解决缴纳被征地保障（补助）费资金难题，还制定实施《被征地农民“安养车”养老贷款管理暂行办法》，到年末已发放“安养贷”贷款244户1932万元。

（蒋泽荣）

农发银行

【概况】 2015年，中国农业发展银行江山市支行（简称市农发行）各项贷款余额11.29亿元，比年初增加3.56亿元，增幅46.1%；各项存款余额2.83亿元，比年初增加0.71亿元，增幅33.6%；实现账面利润1724万元，比上年增加6万元。全年累计发放各项贷款8.11亿元，同比多增加5.99亿元，增长283%。年末，各项贷款余额和当年贷款增量首次双列农发行衢州市辖各行（组）第一位，当年贷款增量占衢州系统内的比例为54%，年贷款增量首次列江山各金融机构第二位。被市委、市政府评为“2015年度市机关部门工作目标综合考评优秀等次”、“2015年度最佳满意部门（单位）”。

【支持粮食收储】 年末，市农发行政策指令性贷款余额7928万元，较年初增加281万元，其中省级储备粮贷款2901万元，地方储备粮贷款1880万元，财务挂账贷款3147万元。大力支持江山市粮食收购计划，支持储备轮换，保证收购资金及时足额供应，全年累计发放储备粮贷款7340万元、收回储备粮贷款7059万元，收储原粮27190吨，切实维护农民利益，保护农户种粮积极性。

【支持政府重点建设项目】 充分发挥农业政策性银行职能作用和优势，积极支持市重点项目建设。全年累计发放政府性项目贷款3个，金额6.84亿元，重点支持农村土地收储、农村路网建设。在加大对地方项目信贷投入的同时，坚持“优惠支农”，积极向上争取政策，让利于地方。在贷款利率上，对标兄弟行力争最少上浮；在担保方式上，全部采用保证及少部分质押；在期限设置上，尽可能地延长宽限期和还款期，全年发放的交通项目贷款期限为18年、土地整理项目贷款期限为10年。年末存贷差8.46亿元，比上年增加2.85亿元，年末存贷比为399%，比衢州系统内高出102个百分点。

【优化信贷结构】 贯彻省行提出的“对于商业性业务要控制总量，只做减法不做加法”的总体目标，开展商业性贷款业务稳健退出工作。向地方政府、人行、银监等部门做好政策宣传，积极向其他金融机构推荐优质客户，取得客户的理解和支持，制定符合企业实际的压缩、退出计划，确保有序开展，防范不良风险。全年实现退出自营性贷款企业2家，压缩贷款规模2650万元。

【企业文化建设】 年初完成新办公大楼搬迁工作，提升外部形象，改善支行办公环境和文化建设条件。围绕“学业务、懂政策、强素质”这一主线，提升员工的思想政治素质、业务工作水平和履行岗位职责能力。鼓励员工积极参加金融系统及市分行组织的各项活动。组织召开2015年度江山市农村金融学会年会，组队参加市分行“全面从严治党，依法从严治行”知识竞赛活动获得二等奖，组队参加江山市银行业协会“清雷防险、预防职务犯罪”知识竞赛获得优胜奖。同时组织员工参加市分行职工运动会和反假币宣传活动。

（姜轶赓）

邮储银行

【概况】 中国邮政储蓄银行股份有限公司江山市支行成立8周年，已发展成为集个人业务、信贷业务、理财业务、公司业务、国际业务等为一体的全功能银行，形成以本外币储蓄存款为主体，多元化信贷业务为支撑，电子银行、信用卡等业务为特色的发展模式。支行拥有13个网点，24个自助银行，129个助农服务点。2015年末，江山市支行存贷款规模近33.5亿元。

【普惠金融服务】 支行履行“服务民生，普惠金融”的社会责任，推进金融服务创新，优化农村金融产品结构，完善网点网络布局，加大农村地区资源及硬件投入力度。创建荷塘村、七一村、陈村村、保安村和湖游村5个示范村，通过示范村建设，累计在农村地区推广网银2500户，手机银行1900户。与粮食局合作，筹划粮食订单电子化支付项目，在13个收储点全部布设电脑等终端，对偏远地区提供移动收储服务。全年累计进行夏粮转账交易

11525 笔，交易金额约 4890 万元，共收购粮食约 1865 万公斤。

【推进新产品落地】 探索信贷新业务，促进粮食订单质押贷款、循环贷、种粮大户贷款、家庭农场贷款、房产净值抵押小额担保贷款、优学贷、车位贷、优家贷等信贷新业务产品的落地扩面，成功实现车位贷、优家贷等产品品种在衢州辖区内第一笔落地，提升支行零售信贷服务能力。科技互惠贷项目自 2014 年运行以来，以创新担保方式实现贷款由传统抵、质押，保证担保向信用类的转变，解决企业担保难问题。2015 年互惠贷项目共授信 30 家企业，合计金额 2750 万元，放贷笔数 33 笔，合计金额 3190 万元。为减少企业转贷过程中的财务负担和筹资压力，全年企业借用搭桥资金共涉及转贷笔数 13 笔，还贷金额 4523 万元；支行完成江山电力公贷 3000 万元放款以及认购总行次级债 2000 万元的新项目。支行还参与市政府公交 IC 卡民生工程。

【加强风险管理】 开展信贷达标固防、平安金融创建等工作，年末不良率为 0.72%，较上年下降了 1.02 个百分点。坚持“提升安防意识、增强履职能力、推进制度建设、丰富防范手段”，全年未发生安全事故，全辖安全防范合格单位达标率 100%、安全防范优秀单位达标率 100%。

【提升队伍建设】 全行员工队伍先进频出，人才梯队逐步搭建。全年共获 9 项集体荣誉，共有 9 名员工获得上级行或外部颁发的先进表彰或奖励。奖项范围涵盖企业经营发展、党务群团工作及精神文明建设等多个领域，涉及业务创新、技能操作、治安安全、营销能力、专业素养及形象展示等多项内容，支行荣获 2015 年度“衢州市精神文明单位”荣誉称号。

（徐雪梅　徐洋漾）

建信村镇银行

【概况】 浙江江山建信村镇银行（简称江山建信）成立于 2011 年 9 月 15 日，是由中国建设银行股份有限公司主发起设立的国有控股银行，“以支农支小、服务小微”为市场定位，设立营业部、贺村支行、峡口支行 3 个经营机构，设立支农点 28 家，建信支农点 1 家。截至 2015 年 12 月末，存贷款规模 12.5 亿元，其中各项人民币存款余额 6.65 亿元，贷款余额 6 亿元。实现税后净利润 1698 万元，利润排名建设银行主发起设立的 27 家建信村镇银行第一位。获中国银行业“2015 中国最具发展潜力村镇银行”“衢州市级文明单位”“江山市级文明单位单位”，衢州市“2015 年度治安安全先进单位。

【支持小微企业发展】 江山建信业务发展体现“支农、支小、小额、分散”的特点，年末，发放小微企业贷款余额 4.78 亿元，帮扶企业 900 户，并突出服务重点，大力支持家庭农场、农业龙头企业、专业合作社、现代农业园区以及战略性新型产业发展。同时将“五水共治”工作纳入信贷范畴，先后发放 371 万元专项资金，为江山市生猪养殖企业提供整治资金及帮助小规模养殖户转型。

【服务“三农”】 扩大信用村覆盖范围，加大农户信用贷款投放力度，扩大农贷受惠面积，帮助农户解决资金问题。截至 12 月，发放涉农贷款 5.76 亿元，占全行贷款余额的 96.11%，有贷户 1371 户，户均贷款余额 43.77

万元；累计完成23个信用村授信工作，受惠2326户农户，授信金额12761万元，发放农户贷款1.71亿元，受惠农户1165户。

【创新金融产品】 陆续创新推出小额农户信用贷款、家庭农场金助力贷款、农业机械贷款、喜事乐贷款、“惠粮贷”种粮大户贷款、科技互惠贷贷款等一系列服务“三农”的好产品。截至年末，发放“惠粮贷”316万元，受惠12户种粮大户；发放“科技互惠贷”1200万元，受惠10户科技型企业；首次发放抵押方式创新的“农用厂房设施抵押贷款”300万元；累计使用搭桥资金16笔，为企业提供2825万元资金周转。

【案件防控】 建立健全合规风险管理体系，提高全行风险管理水平，健全内部控制制度，强化全面风险管理。将“回归本源、文化立行”行动与“清雷防险归源”行动紧密结合，制订行政、财务、人力资源、会计、信贷、风险（合规）、审计、纪检监察以及安全保卫12大类共200多个基本制度。与员工签订《廉洁合规从业严防案件风险承诺书》，开展员工大额资金往来交易专项排查活动和员工行为专项排查，有效防范员工道德风险。

（郑贞芬）

交通银行

【概况】 2015年，交通银行衢州江山支行（简称市交行）各项存贷款日均余额8亿元，较2014年新增1.03亿元，为支持江山市推进“智慧支付，普惠金融“活动，拓展手机银行业务，当年新增1526户。先后获评衢州市银行业文明规范服务“四星级网点”、衢州银行业平安金融创建基层“标杆网点”、衢州市“治安安全单位”、交通银行浙江省分行单位结算卡劳动竞赛一等奖等。

【服务地方经济】 经过三年多的探索，市交行走出一条“服务江山当地市场，服务实体经济、服务企业”的特色经营化的道路。为木门龙头企业提供产业链金融服务，降低企业融资成本、辅助企业做大做强。对于经营暂时困难客户，积极谋划，帮助企业重组，降低融资利率。针对票据较多的化工龙头企业，推荐办理票据池业务，帮助减轻企业财务人员工作压力，降低企业财务成本。与阿里巴巴票据平台合作，为企业提供票据贷业务，以更低的贴现成本进行票据买断，提前实现资金回流。

打造“小小金融家”财商课堂

【实施普惠金融】 重点选择市区13个社区的老年、职业女性、学生、小企业主等金融知识相对偏弱群体，进行普惠金融服务。精选交通银行稳添利、国库券等保证收益型理财产品、展业通等小微企业便利融资产品，扩大金融产品的受益面。利用网点柜面、手机银行、网上银行、自助银行等渠道，实现物理网点和虚拟网点全方位金融服务。采取走出去和引进来的方式，强化柜面服务标准，增设理财夜市，深入社区、企业、学校举办金融讲座、反假防骗宣传、现场开卡、现场手机银行激活等将金融服务送入社区、企业、学校，全年共开展各类普惠金融活动71场次，参加群众3210人次。

（徐天文）

浦发银行

【概况】 浦发银行衢州江山支行（以下简称浦发江山支行）在面对负债业务增长困难、风险企业显现、业务发展滞后等各种不利因素中，立足全员营销，积极应对挑战，各项业务取得较好进展。截至2015年末，支行各项存款余额6.25亿元，较年初增加0.18亿元，各项贷款余额7.12亿元，较年初减少95万元，支行实现账面利润2238万元，同比多增约915万元，增幅达到69%。

【创新产品】 对江山市出口金额前十位的客户进行重点营销，着重推广“参付通”业务，降低出口类客户融资成本，丰富跨境联动金融产品体系，提升国际贸易融资产品的竞争力和市场品牌形象。针对日元汇率大幅下挫的有利时机，采取人民币兑日元掉期+进口开证的模式，办理两笔合计4300万金额的进口信用证开证业务，规避外贸企业的汇率风险。

【打造经营特色】 打造支行零售业务经营特色，深化开展分层分类客户经营。通过贵宾客户峰值管理和动态调整，支行理财经理聚焦客户经营，全年累计提升177户存量客户至白金等级；针对潜力私行客户配套专属产品和服务和超高净值私行客户，进一步优化专属投资账户签约流程和功能服务，全年私行客户较年初增加6户；针对潜力优质客户，零售部门和运营部门加强联动，通过厅堂重点产品加载和线索营销、借助电子银行渠道，加强客户的经营。

【强化风控执行】 建立利息催收和支付摸排机制，提出化解预案，缓解因欠息导致的下徙压力。同时，对存量风险预警客户制定“一户一策”，化解处置方案并逐户推进实施；排查来业务的风险性，针对存量预警客户，实施差异化的政策，不盲目抽贷、压贷以时间换空间，全年存量预警客户现金清收3957.5万元。

【提升服务效率】 坚持“新思维、心体验”的服务理念，设身处地为客户着想，在坚守运营操作基本制度前提下，根据客户需求在制度允许范围内合理创新，不断增强运营统筹谋划解决问题的能力。发挥大堂经理联系客户的作用，接受客户的日常咨询，了解客户的个性化需求，帮助客户解决问题，真正让客户的体验得到改善。8月，支行运营人员在值班期间拾到某客户一条贵重首饰，经多方查找，及时归还给客户。

（毛梦尔）

泰隆银行

【概况】 2015年，浙江泰隆商业银行股份有限公司衢州江山支行（以下简称“浙江泰隆商业银行江山支行”）秉承“小微企业成长伙伴”的市场定位，实践“最重要的是让您满意”的服务理念，贯彻“政府满意、监管放心、同业认可、客户信赖”的四个要求，做好“泰隆模式”在江山的落地生根。在传承“三品三表”“三三制”等极具泰隆特色的优良传统基础上，下沉小微企业、涉农经济金融服务，提高小微企业金融服务的覆盖面和满意度，推进金融服务实体经济发展工作。年末，泰隆银行江山支行各项存款余额5.15亿元，比年初增加0.64亿元，增幅12.43%；各项贷款余额5.59亿元，比年初增加2.32亿元，增幅41.50%，新增额占江山市金融机构贷款新增的44.29%。

【特色经营】 面对不同地域复杂多变的经济环境，坚持不变的是小微企业的市场定位，传承泰隆模式，为广大小微企业提供优质的金融服务，受到各地监管部门及政府的肯定与好评。全年小微企业贷款余额为51839.61万元，涉及小微企业主达1482户。所有贷款中，小微企业贷款客户数占比达88.06%，小微企业贷款绝对额占比达91.38%。涉农贷款余额3.28亿元，服务三农客户超1126户，户均贷款31.27万元。

【特色服务】 信贷文化上，坚持“三品三表”，破解信息不对称难题。服务效率上，坚持“三三制”，打造高效便捷的“信贷快车”，满足小企业融资需求“短、小、快、急、频”的特点。担保方式上，力推保证贷款和信用贷款，打破抵押物不足导致的贷款难瓶颈。营业时间上，最早开最晚关，与小微客户作息时间保持一致。营销方式上，一对一主动服务，提升服务质量和客户体验。服务收费上，裸利裸费，让利客户，减费让利项目共计近40项。同时，除合同规定的利率外，决不搭售其他一切业务（如保险、理财业务等），让客户明明白白消费，没有任何隐性成本。队伍建设上，高度重视廉洁自律文化，严格执行“双十禁令”“三九条令”等铁律，严禁员工拿客户一分钱、严禁吃客户一顿饭，形成一种良好的文化氛围，成为善待客户的重要保证。

【特色产品】 为迎合江山的产业导向和客户群需求，与人寿财险合作面向初次创业缺乏抵押物和担任人的客户推出“寿保贷”；针对有合法的注册商标专用权的借款人，推出以注册商标专用权为质押的特色业务“商标贷”；针对小微客户抵押物不足，导致贷款难题，不依赖抵质押，创新推出“信融通”信用贷款和“义融通”道义担保贷款，并衍生出“乡情贷”“立等贷”“网链贷”“转贷通”等产品，降低金融服务门槛。针对农村经营主体的特性，因地制宜，设计满足农村、农业、农民需求的金融产品，推出“易农贷”“乐农贷”。针对互联网趋势下的电子商务的客户群体，量身定制推出特色产品“电商贷”，适用于在成熟电商交易平台（如淘宝、天猫、阿里巴巴、京东等）经营的各类电商商户。

【特色文化】 打造平等、包容、尊重的“企业员工家文化”：倡导全员平等，提倡包容，彼此尊重。践行“传帮带文化”，要求管理者做“心理医生”，成立各种社团和俱乐部，让员工快乐工作，快乐生活。同时推出富有“家”气息的员工旅游、亲子假等特色福利，打造公平、尊重、热情的“客户关系家文化”：弘扬“德润其身，泰和共隆”的泰隆银行的核心价值观，践行“最重要的是让您满意”的服务理念，实现与客户共成长。打造关怀、感恩、感动的“员工家属家文化”：首创“亲情A+B”福利制度——“儿女上班，父母领薪”，并推出“FAMILY DAY（家庭日）”福利项目，提升员工父母对企业的自豪感和认同感。打造精细、和谐、安全的“安全保卫家文化”，要求全体员工以行为家，关心“家”里的点点滴滴，从小事做起，将安保工作落实到每个细节。

（何琳琳）

招商银行

【概况】 2015年1月29日，江山招商银行开业。按照总行“一体两翼”的经营格局和分行“抓客户、做生意、控风险”的经营战略，通过创新，做好批发和零售业务，拓宽中间业务渠道，实现各项业务稳健发展。至年末，管户总资产达3.8亿元，新开基础客户6241户，零售贷款新增9387万元，对公已批授信12960万元。

【推进“两小”金融服务】 招商银行是全国最佳零售银行，小微产品是其亮点之一。江山支行小微团队坚持走出去、请进来的办法，批量获客，组织生意会，小微信贷全年新增贷款9387万元。

【持续金融创新】 除了从传统业务支持企业外，积极探索并运用创新产品优势，引入外部投资者，邀请国信证券、招商证券、招银国际、招银租赁等公司走访企业，扶持企业上新三板，引导企业与资本市场对接。作为首批政府产业引导基金的签约托管行，保证提供最优的托管服务。针对江山政府大力推行的PPP项目，寻求多种途径，探索多种方案支持政府金融创新。

（王　健）

金华银行

【概况】 2015年4月28日，金华银行江山支行正式对外营业。支行秉着“开拓、稳健、务实、高效”的企业精神，坚持“立足地方、支持中小、服务市民、回报社会”的经营宗旨，围绕“中小企业主办银行”和“市民银行”的市场定位，借助江山地方特色经济，发挥决策链条短、经营机制灵活、办事效率高的优势，不断进行业务开拓创新，为江山地方中小企业、市民提供丰富的金融服务。截至年底，支行各项存款余额10734万元，各项贷款余额13361万元。

【服务地方经济发展】 金华银行江山支行针对成立时间短，业务发展处于初期，各项工作还在起步阶段，摒弃“万事开头难”的畏难情绪，做到知难而进，迎难而上，主动作为。通过量体裁衣，向小微企业推出循环贷、简易贷、续贷宝、短期流动资金贷款等特色产品，将资金需求200万元以下的非评级小企业群体作为重点支持对象，通过放宽准入条件，简化手续，缩短审批时间，扩大担保方式等举措，为40多户小微企业发放贷款5023万元。同时，面向市民，支行相继推出了百灵卡、百惠通、百富通、百易通、百信通等信贷产品，有力支持市民的创业创新，繁荣地方消费市场。

【注重员工队伍建设】 针对支行员工偏年轻化，从业时间短，工作经验弱的特点，在员工队伍建设上舍得投入，对新员工，上岗前必须经过一个月的强化培训，培训内容涵盖职业道德、从业操守、业务知识，经过考试合格后方能参加试聘，试用期三个月考核合格，才能正式聘任。先后修订各项规章制度45项，每项业务都做到有规可依。为增进团队的凝聚力，强化合作理念，支行推出体现多劳多得、奖罚分明的考核机制，岗位末位淘汰，打破铁饭碗，彻底摒弃员工“做多做少一个样”“求稳不求进”的陈思陋习，营造员工你追我赶，争先创优的工作氛围。同时支行员工积极参与社会的各项公益活动，先后3次为困难家庭、贫困学子，重疾老人捐钱捐物，参与社区空巢老人节日送温暖活动。

（黄书友）

担保中心

【概况】 2015年，江山市中小企业贷款担保基金管理服务中心（简称市担保中心）经市财政6次增资后，注册资本1亿元，资产总额达13026万元，同比增长46%；负债总额2309万元，同比下降7%；所有者权益10717万元，增长67%；实现收入总额678万元。

【做好担保主业】 市担保中心践行“支小扶微，积善成德，创新服务，成人达己”的服务理念，全年累计办理中小企业贷款担保136笔20464万元，12月末担保余额131笔19804万元；全年累计办理再就业小额贷款担保23笔185万元，12末担保余额23笔185万元；全年累计办理农业贷款担保16笔554万元，12月末担保余额16笔554万元。

【服务创业创新】 以深入开展全民创业创新活动为契机，制定实施《创业创新贷款担保实施细则》，对符合条件的企业担保费从2‰降至1.5‰、免收20%的会员基金。制定实施《妇女创业创新小额担保贷款实施细则》，妇女创业创新给予5万—10万元的贷款担保，银行实行基准利率，担保中心不收取任何费用，对从事微利项目的，由市财政据实给予全额贴息，由担保中心代为办理贴息手续。

【推进银保合作】 凭借规范运行和良好信誉，与金融机构建立良好的合作关系。与金华银行签订合作协议，打破行业常规，放宽合作条件，将担保放大倍数增加到8～10倍，贷款基准利率上浮不超过30%。促使合作金融机构同意房地产余值二次抵押，有效化解企业融资担保瓶颈，促进银担合作共赢。截至年底，市担保中心已与工行、建行、农商行、农发行、温行、邮政储蓄银行、建信村镇银行、交通银行、浦发银行、杭州银行、金华银行等11家金融机构开展业务合作，使中小微企业担保贷款选择范围进一步扩大。

（程　翔　金旻毓）

人保财险

【概况】 中国人民财产保险股份有限公司江山支公司，是江山保险市场上唯一国有控股财产保险公司。2015年，公司保费收入达到2.1亿元，比上年增长16.62%，业务增速位居全市11家财险公司前列，保费名列衢州市各县（区）第一，顺利实现三年翻番跨2亿的目标；共处理各类理赔案件12796件，案件处理率98.68%，车险万元以下理赔周期为14.35天，累计支付赔款10069万元，比上年增长16.35%。获浙江省文明单位、江山市最满意单位、人保财险系统先进基层党组织、金牌服务示范窗口、经营管理综合奖等称号。

【创新地方特色保险】 主动对接，扩展民生服务功能，在全省首推基层文化礼堂公众责任保险，成为商业保险参与基层乡村文化建设的第一个尝试者；创新推出小额贷款保证保险，帮助小微企业解决发展融资难问题；推出木制品行业安全生产火灾公众责任保险，助推木制品行业转型升级和风险保障体系建设；与市食安委推出食品安全责任保险，保障广大市民“舌尖上”的安全；开办国内贸易和出口信用保证保险，帮助企业化解财务风险和拓宽融资平台；推出诉讼财产保全信用保险，保护诉讼双方当事人的合法权益。

【推进“生态家园”建设】 配合政府建立生猪保险查勘理赔与病死猪无害化处理联动机制，从根源上解决生态环境污染、食品安全卫生及农民利益保障等问题。为全市60万头生猪系上价值3.6亿元的安全带，实现全市生猪保险全覆盖，维护农村公共卫生环境，推进江山“生态家园”建设。

【多快好省服务社会】 关注涉及百姓民生的各类保险赔案的赔付工作，做到大灾面前不退缩，受到当地政府、客户和媒体的好评。2月，贺村一家门厂发生特大火灾，公司组成应急指挥小组赶赴现场，帮助受灾企业展开现场救援工作，并支付200万元理赔款，帮助受灾企业灾后重建。坚持把感恩社会内化于心，外化为行，连续三年为保安乡捐款，支持江山社会主义新农村建设；组织爱心捐款，帮助病难少年渡过难关；“六一”节开展“爱心慰问”活动，帮助学校购买教学设备；组织青年志愿者义务鲜血，发扬人保有爱无私精神。推出“5·18”客户节活动，推进“多快好省”理赔服务承诺；“人保之友”客户俱乐，统一预约代驾、预约年检、预约挂号三大增值服务；“十一黄金周”为出行客户保驾护航、“文明出行”巡回宣传月大型公益活动”，向社会传递安全行车、文明出行的理念；开展金融知识普及月活动，普及保险知识，引导保险消费者正确选择保险产品，更好地享受保险为客户带来的服务作用。

（孙　莉）

人寿保险

【概况】 中国人寿保险股份有限公司江山市支公司设立银保、个险、团险、收展、互动等5个部门，提供200个保险产品服务，2015年保费收入4089.6万元，同比增长27.42％，其中健康险收入2963.64万元，同比增长11.23%；满期给付金3008.09万元。

【拓展营销渠道】 与各大银行及中小银行建立合作关系，通过银行渠道销售占领市场份额、普及保险产品；与人保财险实行双向互动，整合资源，财寿拓展营销双赢；个险代理人队伍发展突破百人；团险市场在法人客户经营上以行业为主线突破；收展渠道精益求精，服务与新单拓展齐头并进。

【举办有关活动】 在行业内率先举办“防癌筛查”知识讲座，帮助客户了解相关知识及早发现病情隐患，早检查早预防早准备；“3·15”消费者权益保护日在各社区设摊布点，宣传保险知识，帮助消费者提升自我保护意识； 全年共举办农宣会32场，平均每月2次送保险下乡活动，及时宣传保险相关政策。

【拓展理赔服务】 完成大小理赔案件23件，均以医疗报销为主。理赔服务一对一，中小简易理赔案件3日内完成。加强职业道德培训，规范公司业务经营和人员管理，对投保客户实行100%回访，确保投保客户对投保保险的真实认知。　（赵　陵）

太平洋财产保险

【概况】 中国太平洋财产保险股份有限公

司江山支公司成立于2003年，是最早进驻江山市场的财产保险公司之一。13年来，一直秉承“诚信天下，稳健一生，追求卓越”的核心价值观，开展车辆保险、企业财产保险、短期健康保险和意外伤害保险业务，涉及基础建设、建材化工、机械设备、金融贸易、电子通讯、仓储物流、农业生产、科技创新等各个领域，致力于支持江山经济建设和社会风险管理功能的最大化。公司先后承保全市公共交通承运人责任险，学生平安保险、浙江省政策型农业保险、南方水泥集团一揽子保险等重特大项目。全年为江山300家企业及近万名个人客户提供全方位保险服务，实现保费收入3500万元，市场份额稳居江山各大产险公司前列。

【助力小微金融】 江山支公司自成立之初就确立“人无我有、敢为人先、勇担风险”的经营思路，积极参与群众、政府关注度高、风险大的险种承保工作。为更好的扶持科技型中小微企业的发展，加大对技术创新企业的信贷支持力度，携手江山科学技术局与工商银行江山支行建立市场化运作的贷款风险分担体制(太平洋保险负担50%,政府20%,银行30%)，在江山市场率先开展江山市科技型中小微企业保证保险贷款合作项目，为企业提供无担保的信用贷款风险管理工作。截至2015年底，江山支公司与相关合作银行已累计承保、投放贷款5000余万元，解决了具有发展潜力的中小微企业融资难问题。

【普惠三农服务】 为充分发挥农业保险在抗灾减灾以及灾后恢复重建中的作用，积极参与浙江省政策性农业保险试点工作，为广大农户提供农作物、牲畜、林木等生产要素的风险管理工作。全年实现农险保费收入200多万元，为全市1000多户农民提供可靠的保险服务。同时，为进一步贴近“三农”，布局未来近亿元保费的农业保险市场，在凤林镇设立“太平洋保险凤林镇三农服务站”，为群众提供服务到农家门口的便民险服务。

【践行理赔承诺】 不断加强理赔队伍建设，运用现代化的通讯、查勘工具，简化小案件理赔程序（5000元以下无人伤案件24小时赔付），优化大案件理赔流程（客户经理全程跟踪服务），提升客户体验。全年累计处理各类理赔案件2000余件，赔款近3000万元，切实践行了“平时注入一滴水，难时拥有太平洋”的承诺。

（周　飞）

财通证券

【概况】 财通证券股份有限公司是浙江省直属国有企业，由省政府授权省财政厅监管。江山营业部成立于1999年，属江山地区规模最大的证券营业部，内设综合管理部、财富管理部、客户服务部、市场营销部，员工19人。2015年，营业部共实现交易总量1175亿元，各类金融产品销售5.57亿元，新开资金账户13254户；互联网引流见证户12565户；向国家共交纳税收7100余万，其中交纳当地税收881万。

【优化业务结构】 营业部致力于创新转型，不断调整、优化业务结构，提升区域发展竞争力。2014年以来，把产品销售作为网点主要转型方向，以“控制风险，稳健投资”和“为客户提供多层次理财服务”为经营理念，满足客户全方位、个性化理财需求；多点对接新三板挂牌意向企业，成功协助签约 4 家龙游企业；同时，推广中小企业私募债、OTC 等业务，向企业主推荐更有利于企业发展的投融资渠道，为企业规范经营，走向资本市场出谋划策。

【提升服务水平】 实行客户分类分级管理，采取 24 小时投顾轮流值班制度，通过飞信、qq 群、微信、短信等网络工具为客户提供消息解读、决策参考。下半年，试水互联网+服务，针对交易活跃客户，创新推出投顾在线直播，每日开市前进行早盘分析，收市后开展收市点评，盘中及时解读市场热点；创立高端资讯服务品牌“财通江山资讯挖掘机”，为财富客户提供盘中实时资讯解读；每周三晚按时举办财富沙龙活动，全年共举办 48 期。6 月中旬，面对市场的暴跌，坚持做细、做实风险提示工作，最大限度地维护了稳定，将客户损失降到了最低。

【策划专项营销】 全年先后组织开展了“三羊开泰 喜谱新歌”“责任·使命·价值”——五六联动、“收入为王 平台致胜”——七八联动、“九十双飞 产品致胜”等专项营销活动，涉及内容包括产品销售、证券开户、融资融券、期货 IB、个股期权业务等，通过活动多渠道盘活存量客户，引进增量资源。此外，“财通证券江山营业部”官方微信，更加贴近生活，更接地气，微信活动做到常态化开展，关注会员达 1.86 万人。

【开展公益活动】 春节前夕，携手黄江龙书法工作室为市民现场写春联、送祝福，共送出春联 500 多幅；植树节当天，加入“保护母亲河—携手共建志愿林”义务植树活动大军，为大自然增添一抹新绿；从媒体得知凤林镇村民毛在龙一家的不幸后，派代表赴医院对其进行探望，并将员工们自发捐献的 2000 元慰问金送到毛在龙手中；延伸浙江之声“一杯水”公益活动，精心购置毛巾、西瓜、扇子、矿泉水、风油精等防暑降温物品，沿街慰问奋战在高温下的环卫工人；寒潮来袭，周末安排员工值班，为雨雪中的环卫工人提供热水、毛巾；此外还组织“爱我须江、环保先行”公益活动、慰问退休教师、福利院老人等活动。

（何新星）

浙商证券

【概况】 浙商证券江山南市街证券营业部成立于 2011 年 11 月，2015 年有员工 33 人。全年市场占有率同比上升 40%，融资融券日均余额同比上升 585%，期货 IB 业务日均客户权益同比上升 317%，实现非交易类产品和交易类产品销售同比上升分别为 19%、447%。营业部被公司评为“美丽营业部”荣誉称号。

【服务企业】 在服务于广大客户买卖股票、投资理财的同时，为企业客户提供企业改制上市、公司再融资、并购重组财务顾问等投融资服务，形成“证券+期货+基金+创投”四位一体的金融产业布局。在大众创业、万众创新的大潮中，营业部努力为创业创新氛围营造助推剂，组织人员对 20 多家企业进行新三板等新业务宣导，成功助推浙江希尔化工上新三板。

（周洋燕）

教育 体育

教育综述

【概况】 江山市共有中小学校67所，其中普通高中7所（完中2所，高中5所）、职业学校3所、九年一贯制学校1所、初中14所、小学41所、特殊教育学校1所；幼儿园101所；教师进修学校1所。中小学、幼儿园在校（园）生84260人。全市学前三年幼儿园入园率96.52%，三残儿童少年入学率98.43%，初中升高中比率96.50%。省级特色示范高中3所，省标准化学校50所。

10月9日，江山二中学生叶留痕、肖屹获评2015年“最美浙江人·美德少年”（周新民 摄）

【通过“全国义务教育发展基本均衡县”国家级评估】 2015年，江山市成功通过全国义务教育发展基本均衡县国家级评估。其中滨江高级中学、清湖高级中学被评为省二级特色示范高中，双塔街道被评为衢州市学前教育示范乡镇，城南小学被教育部评为第一批全国学校体育工作示范学校和全国青少年校园足球特色学校，少体校被国家体育总局命名为“全国射箭重点体校”，江山中专通过全国改革示范学校复查，培智学校入选浙江省特殊教育“医教结合”实验基地，恒泰幼儿园被中国教育协会评为民办优质特色幼儿园。同时，浙江健盛集团设立500万元“‘健盛’助学兴教奖励基金”作为教育奖励专项资金。

【高考成绩创历史新高】 2015年，高考喜获丰收，全市高考文理第一批上线人数为433人，比2014年增加26人，比历史最好成绩多18人。全市体艺类上线147人，两类第一批上线人数合计为580人，为历史最高。职业高中单考单招共有227人上线，其中有4人进入本科院校录取名次。中考成绩高分、平均分及各高中学校录取分数线均较2014年有大幅提升。

【师资队伍建设】 全市有中小学、幼儿园教职工 6190 人，其中普通中学 2223 人，职业教育 444 人，小学 1945 人，特殊教育 30 人，幼儿园 1548 人。正式在编教师 4141 人。新招聘教师 218 人，其中硕士研究生学历 26 人。5 月，江山市人民政府正式出台《关于印发江山市农村学校名师评选管理办法的通知》，组织评选出 20 名江山市首届农村学校名师。实施农村教师特岗津贴，共有 24 所学校 596 名教师受益，发放的特岗津贴总数在省补助的基础上实现翻番，达到 240 多万元。年内，有 1 人获省师德先进个人称号，3 人获衢州市最美教育人（含提名奖）称号；1 人获浙江省教坛新秀，10 人获衢州市教坛新秀；17 人被评为衢州市第五届学科带头人；11 人被评为衢州市第二届“红烛奖”；18 人被评为衢州市中小学优秀班主任。20 多名教师在省、衢州市课堂教学评比中荣获一等奖，10 多名教师在衢州市教师基本功和素养大赛中获奖。开展“百名优秀党员教师”“先进党组织”评选活动，评选出 100 名优秀党员教师、5 个市直属学校先进党组织。

【平安校园建设】 制定出台《江山市教育局关于落实安全工作一岗双责齐抓共管的意见》，完善安全工作制度建设。全面完成千万学生饮食放心工程，创建阳光厨房 36 家，省级餐饮示范学校食堂 11 家。有序推进学生交通安全保障工程，出台《江山市中小学生校车服务绩效考核专项资金管理办法》，市财政专门拨款 50 万元，用于校车服务绩效考核。至年底，全市中小学（含公办幼儿园）共配有驻校专职保安 154 人，建有校园警务室 108 个。中小学、幼儿园“人防、物防、技防”覆盖面达到 100%。年内投资 36 万元，全面更新校园一键报警系统；投资 100 万元，改造提升学校监控系统；投入 20 多万元，全面安装校园门禁；进一步规范校园警务室建设，配齐配足警务器械，实现全市学校重大责任事故、在校生违法犯罪零记录，确保全市学校的安全和稳定。在安全生产、食品安全、消防工作年度考核中获得优秀等级；在平安建设中荣获第三名；在“中国人寿杯”首届全国校园安全大赛中获“最佳优秀组织奖”。

办学条件

【概况】 2015 年，全市中小学（含幼儿园）实施基本建设项目 28 个，计划施工面积 21.44 万平方米，总投资 53800 万元。年内完成投资 9526 万元，在建项目 9 个，施工面积 5.20 万平方米；竣工项目 6 个，竣工建筑面积 2.70 万平方米。

2015 年，江山市 65 所义务教育学校完成饮水质量提升工程（邱云燕 摄）

【布局调整】 根据新修编的《江山市学校布局专项规划（2013—2020 年）》及《江山市幼儿园空间布局规划（2008—2020 年）》，2015 年共实施布局调整项目 10 个，建筑面积约 20

万平方米，项目总投资约6亿元，其中凤林初中迁建工程、石门小学迁建工程等2个项目按时投入使用，教师进修学校迁建、贺村第二小学新建工程、城北幼儿园新建工程等3个项目及时开工建设，上余初中迁建、峡口小学迁建、四都九年一贯制学校扩建、清湖小学扩建、贺村育仁学校迁建等4个项目快速推进，文溪初中新建、城南第二小学新建等3项目按时启动。全年共实施政府投资项目26个，其中城北小学新建工程、城南中学风雨操场、清湖高中综合楼、王村小学教学综合楼、峡口初中教师宿舍楼、滨江中学400米塑胶田径场等6个项目竣工。

【教育信息化】 全年投入教育信息化2257.8万元，生均投入366.5元。新建录播教室7个，添置计算机1000余台，更新多媒体171套，新增纸质图书135868册、图书阅读终端2套，新增科学实验室6个、音乐教室9个、美术教室9个、计算机教室8个，浙江省教育技术中心支持建设移动学习终端12个班级（552套），分别配置12个小学。城南中学动工建设首个数字化地理教室。改善学校网络环境，完成校园百兆网络班班通工程，普通教室、专用教室、教师办公区、教师生活区全部通达百兆网络。投资52万元，建好江山市教育教学资源平台。

【教育经费】 全市公共财政教育拨款85575.75万元（含教育费附加7627.4万元）占财政支出的比例为22.52%，比上年的22.01%，增长0.51个百分点。国家财政性教育经费投入为86944万元，占国内生产总值的比例为3.37%，比上年的2.92%，增长0.45个百分点。

教学科研

【课程开发】 推进新一轮义务教育课程改革，成立江山市深化义务教育课程改革领导小组和专家指导小组，全市确定27所试点学校。编写《最新教育改革与发展文件汇编》。承办衢州市校本课程开发与实施先进学校颁奖大会暨衢州市校本课程建设论坛。开展“省第四届普通高中精品课程、第四届义务教育精品课程、第二届特殊教育精品课程、中小学生综合实践活动成果”征集活动。教师进修学校教师王荣编写的《电影欣赏与写作》由浙江教育出版社正式出版，并列入省高中选修课程目录。滨江高级中学教师徐爱娟的《种菜怡情 耕读文明》，被评选为浙江省第四批普通高中精品选修课。中山小学拓展性课程开发成果专著《微型课程——多维设计与套餐实施》由浙江工商大学出版社正式出版，并参加北京图书展。实验小学的蜜蜂文化课程建设在《浙江教育报》专门介绍。年内全市有7所学校被评为衢州市校本课程开发与实施先进学校。

【课堂教学改革】 加强信息技术与学科教学融合应用的研究，开展教师微课制作专题培训。开展“一师一优课、一课一名师”活动，开展网上“晒课”“优课”评选工作，推动信息技术与课堂教学深度融合。年内全市有105节优课上送衢州评选交流，其中获一等奖12个，有8节课被评为省优秀课。

【教育科研成果】 年内共立项课题321个，结题296个，获衢州市奖78个。举办课题群研讨会4次，成果推广会2次。评选出衢州市教育科研先进学校3所，先进个人4

个。规范论文、课题评审，实行论文课题异地评审制度。开展以“立德树人”为主题的专项教研活动，年内设立“立德树人”专项课题研究41项。

基础教育

【学前教育】 2015年，全市共有持证幼儿园101所，其中公办幼儿园3所，民办幼儿园98所；在园幼儿人数1.5万余人，学前三年入园率为96.52%。有等级幼儿园82所，其中一级园4所，二级园51所，等级幼儿园入园率为93.68%。幼儿园专任教师935人，学历合格率为100%，持证率为85.1%，职称拥有率为62.63%，大专及以上学历占比为84.05%。衢州市学前教育示范乡镇（街道）4个。

【义务教育】 全市共有小学40所（不含城东实验学校），在校生32911人，校均规模823人；共有初中14所，在校生17812人，校均规模1272人；九年一贯制学校1所，学生数1702人。执行免试就近入学政策，实行“阳光招生”，实现“零择校”，小学、初中入学率、巩固率、小学升初中比例均达到100%。初中毕业生6349人，升入高中段学校6127人，升学比例为96.50%（其中升入普通高中为51.33%，升入中等职业技术学校为45.17%）。义务教育阶段全部免除学杂费、课本作业本费，全市继续统一组织实行初中毕业考试和升学考试两考合一的办法，综合素质测试分为审美与艺术、运动与健康、探究与实践、劳动与技术四部分进行，按照A、P、E三个等级打分。年内，新增标准化学校8所。城南小学被教育部评为第一批全国学校体育工作示范学校和全国青少年校园足球特色学校。

【普通高中教育】 全市共有普通高中7所（含江山少体校），在校生9170人，班级数200个，校均规模1310人。结合新高考改革方案，扎实推进课程建设、选课及走班教学，顺利完成新高考首次选考、学考。2015年高考，全市报名参加人数3512人，共录取3114人，录取率为88.67%，其中普通高校统一招生3249人报考，录取2883人，录取率为88.73%；高职单考单招263人报考，录取231人，录取率为87.83%。文理科、体艺类两类第一批上线人数合计为580人。滨江高级中学、清湖高级中学成功创建省二级特色示范高中。江山少体校被国家体育总局命名为“全国射箭重点体校”。

【特殊教育】 全市各级各类学校共有各类残疾儿童333人，其中视力残疾25人，听力残疾35人，智力残疾196人，其他残疾77人。属小学阶段的213人，初中阶段的120人。在各类残疾儿童中，进入普通学校随班就读的187人（小学130人，初中57人），在专门特殊教育学校就读的有146人。有特殊教育学校1所（江山培智学校），共9个班，146名学生，29名专任教师。培智学校入选浙江省特殊教育“医教结合”实验基地，开展自闭症、脑瘫儿童康复“个训”实验工作。郑建伟同学在全国第六届特殊奥林匹克运动会田径比赛中获得两金一铜的好成绩（为衢州市首例）。实施特殊教育提升行动，通过衢州市特殊教育提升工作中期督查。探索随班就读和教师送教上门工作，举办随班就读资源教师通识培训。

职业教育

【概况】 全市有中等职业教育学校3所，其中公办学校1所（江山中专），民办职业学校2所（江山职教中心和万里铁路职业中专）。2015年毕业生2455人，招生2228人，在校生5728人。中等职业教育学校教职工444人，其中专任教师401人。

【职教改革】 江山职教中心硅酸盐工艺及工业控制专业被评为省骨干专业，江山职教中心省改革发展示范校建设稳步推进；开展现代学徒制试点工作，江山中专在江山金陵大酒店建立现代学徒制试点基地，江山职教中心在校内建立宁波奥克斯空调江山售后服务中心。启动中等职业教育课程改革工作，参与学校面达100%。推进职业教育现代化建设，构建普通教育和职业教育相融相通的现代职教体系，制定《江山市普职融通试点实施方案》，江山中专与江山五中首次合作，招收40名普职融通试点班学生。职教教师科研成果丰富，有10篇论文、课题在省级以上刊物上发表，其中江山中专老师张容主持的《中职课堂136模式多样化实践研究》获浙江省职业与成人教育成果评比二等奖，课题《中职农经专业“非常6+1”教学模式研究》被立为浙江省中职创新项目；蔡之青等4位教师分别编写的4部教材公开出版；全市共有14人次在省级技能大赛和创新创业大赛中获奖。

【服务地方经济建设】 贯彻落实市委、市政府提出的“电商换市”发展新战略，推动中职学校专业设置与地方产业需求的紧密对接工作，江山中专新开设了电子商务专业，为加快推进江山市工业、旅游业、特色农业、商贸流通业为一体的产业带建设提供人才支撑。同时，各职业学校、成人文化技术学校积极加强与社会各部门、企业的联系，开展企业员工培训、家政培训、退役士兵培训、新型农民素质培训等各类社会培训，培训人次达7000余人次。江山中专被列为全省家政服务人才培养培训定点学校。

成人教育

【成校建设】 以创建省标准化成校为抓手，推进全市乡镇街道成校建设，提升成校的办学水平和质量。年内有4所成校被评为省标准化成校；须江中心成校被评为省企业职工培训示范基地。

【农民素质工程培训】 组织并完成全市高中毕业未继续升学的学生参加6个月至1年的职业技能培训，全年共培训505人。按照全省成人“双证制”教育培训工作的部署和要求，全年共培训639人。

【扫盲工作】 截至年底，全市共完成12561人的脱盲教育，其中劳动力人口脱盲为2010人，并为12024名脱盲对象更改了户籍信息，超额完成省、衢州市下达的11655人的三年扫盲教育目标任务。

【高等教育自学考试】 全市共组织各类自学考试3次，其中高等教育自学考试2次，总报名1481人次、2199课次；组织剑桥少儿英语考试1次，报名人数40人。全年共办理自学考试毕业15人，教师心理健康教育基础知识合格证书432人。报考率、合格率等各类数据均在衢州各县市中处于领先，全年报名、考试、教材征订发放、成绩发布、转免考办理、毕业审核等各项考试工作均实现零事故、零差错、零投诉。

【成人高校招生考试】 继续采用考生直接在网上报名的办法，报名人数 168 人，全部为高中起点升专科考生。成人高校招生考点设在江山二中，设考场 7 个。实际参加考试 157 人，上线 149 人，上线率达 94.9%。

（毛寒冰）

电　大

【概况】 2015 年，江山电大春季录取新生 238 人，秋季录取新生 274 人，秋季学期在校生人数 1980 人。全年毕业学生 704 人，累计毕业学生 9640 人。全年共投入 18 多万元，通过政府采购招投标方式，采购教学用电脑 46 台、办公电脑 7 台、打印机 2 台等教学办公设施。2 月，被评为 2014 年度市直机关“五好”先进党支部；5 月，被评为全省电大 2014 年度招生工作先进单位；9 月，被评为 2014 年度全省电大财务工作先进单位；12 月，被评为 2015 年度衢州电大系统先进办学单位、2015 年度衢州电大系统招生管理工作先进单位、2015 年度衢州电大系统办学规模先进单位。

【教学管理】 2015 年春季学期有 104 个班级，注册及报考课程 9492 门；秋季学期有 109 个班级，注册及报考课程 7893 门，注重加强学生面授课管理、网上学习过程落实、班主任导学助学工作等。开展社区教育项目课题申报工作，研究课题《山区乡镇社区教育新路子的实践与探索》《经济欠发达地区社区教育的现状调查研究》被浙江省社区教育指导中心确定为 2015 年度省级社区教育实验项目、2015 年度省社区教育规划课题。

【考试管理】 江山电大 15 春学期组织考试 201 场，参考 6064 人次；15 秋学期组织考试 153 场，参考 5070 人次。1 月，省电大党委书记方志刚等到校检查指导期末考试工作，对校期末考试组织工作、考场秩序给予了充分肯定。

（郑　丽）

体育工作

【概况】 2015 年，市体育局共承办国际性赛事 1 次，全国性比赛 2 次，省级比赛 7 次，衢州市级比赛 3 次，共有 4500 人次来江健身旅游。举办市级比赛活动 52 次，共有 14460 人次参赛。组织江山市运动员参加全国、省级、市级比赛 42 余次，共获得国际级铜牌 1 枚；国家级金牌 4 枚、银牌 9 枚、铜牌 3 枚和 8 个名次奖；省级金牌 17 枚、银牌 28 枚、铜牌 49 枚和 93 个名次奖；衢州市级金牌 163 枚、银牌 98.5 枚、铜牌 55 枚。全年体育成果丰硕，其中廿八都镇被命名为省级体育强镇，石门镇通过省级体育强镇复评。石门镇、上余镇被命名为省体育特色乡镇。乌木山社区被命名省社区体育俱乐部。城东实验学校被命名为省青少年体育俱乐部。江郎山村中心村体育休闲公园被命名为省级中心村体育休闲公园。浙江亚宁消防器材有限公司，江山市赢牌体育用品有限公司被评为省级星级职工体育俱乐部。上余镇望江村、新塘边镇新塘边村、大桥镇桥头村、保安乡保安村、凤林镇政棠村、坛石镇鳌头村、张村乡太阳山村、贺村镇通贤村被评为省级村级体育俱乐部。

【承办"江郎山杯"全国女子举重锦标赛】 5月6日—10日，"江郎山杯"全国女子举重锦标赛在江山市体育馆举行，共有来自全国28支代表队156名运动员参赛。赛事期间，国家体育总局党组书记、局长刘鹏，省政府副秘书长李云林，省体育局长孙光明，衢州市委书记陈新等领导来江观赛，并慰问裁判员、工作人员、志愿者等，为获奖运动员颁奖。中央电视台体育频道对全部7场比赛进行现场信号录制，其中5场直播，1场延播，1场录播，直播时间均在黄金时段，最高收视率达到2.25%，其中5月8日晚有7000万人观看比赛，收视率排在所有节目首位。6场直播（延播）赛事累计有4.25亿人次通过央视直播观看比赛。

【承办全国啦啦操联赛暨中国啦啦之星争霸赛】 6月27日—28日，全国啦啦操联赛暨中国啦啦之星争霸赛在市体育馆举行，国家体育总局体操运动管理中心副主任缪仲一、全国啦啦操委员会执行副主任李育林、浙江省体育局群体处处长扬平原、衢州市体育局局长汪晖，江山市市长叶美峰等参加开幕式。全国共有41支代表队1029人参赛，分幼儿园组、小学组、中学组、大学组和俱乐部组等5个组别，分别进行舞蹈啦啦操、技巧啦啦操规定动作，集体舞蹈啦啦操、集体技巧啦啦操等自选动作的比赛。

【承办浙江省第三届"大成杯"健身球操全国邀请赛】 11月9日—11日，浙江省第三届"大成杯"健身球操全国邀请赛在市体育馆举行，中国老年人体育协会副主席林淑英，中国健身球操专项委员会主任、青岛市老年人体育协会主席胡延森，江山市副市长毛正彩等出席开幕式和闭幕式。比赛共有来自新疆、贵州、深圳、延安等全国各地的33支代表队457人参加，江山市派出江山老年体协、江山少体校两支代表队参赛，分别获得金奖。

健身球操邀请赛

【举办江山市"农商银行杯"第三届农民运动会】 9月18日—10月10日，江山市"农商银行杯"第三届农民运动会分别在凤林镇白沙村、坛石镇横渡村、贺村镇耕读村、新塘边镇日月村、清湖镇和睦村、长台镇长安村、保安乡后坂村、大陈乡大陈村等8个中国幸福乡村举行。农运会突出农事农情农趣等三农特色，设置泥田拔河、抗旱保苗、抢在暴风雨前、荷塘采莲、挑夫竞速等20个富有农趣的竞赛项目，全市共有1755人次参赛。

江山市第三届农民运动会泥田拔河

【举办多项体育比赛】 11月12日—29日，举行江山市第七届机关干部运动会，设置篮球、乒乓球、拔河等10个大项，共有3590人次参加。并先后与团市委等联合举办“醉美碗窑 全民亲水 欢乐戏水”水上趣味运动会，与旅游局联合举办首届徒步大会，同时指导总工会举办职工气排球赛、职工拔河比赛、职工乒乓球排位赛，指导90多个行政村举办新春运动会，全市有10万名村民在家门口享受运动健身的快乐。

【组织青少年体育运动】 全年共组织开展市级青少年竞赛活动11次，共有2742人次参赛，选拔542人次参加衢州市各项竞赛，获得163金、98.5银、55铜，其中参加衢州市首届青少年运动会，金牌总数、团体总分位列各县市区第二名。年内，田径项目有5人次破江山市同龄组纪录，1人次超衢州市同龄组纪录；举重项目1人3次破江山市最高纪录。新注册运动员60名，在册运动员达到548名。全年1人审批成为一级运动员，18人审批成为二级运动员。少体校被命名为全国射箭重点体校。

【毛倩倩获全国举重冠军】 10月9日，江山籍举重运动员毛倩倩在陕西渭南举行的2015年全国女子举重冠军赛（青年组）上，以抓举80公斤、挺举98公斤、总成绩178公斤的优异成绩分别获得48公斤级的3个第一名。

【体育制造业、运动休闲业转型升级】 航宇公司成功引进李宁羽毛球生产基地，航宇公司的羽毛球生产技术研发和产业化及赢牌公司的年产32万套高档体育用品生产线项目，分别被列入2015年度浙江省体育产业发展资金项目库，浮盖山漂流项目再次被评为省级运动休闲旅游优秀项目，全国首家民间自制航空器展馆——立天航空馆在长台镇花园村开馆，香港蓝堡体育运动馆进驻西山健身中心。

（毛武俊）

科　技

综　述

【重大科技项目立项】 2015年，江山市科技局组织推荐申报各级各类项目251项。其中，国家级项目2项（国家级火炬项目1项，国家级星火项目1项）；省级项目169项（省科技特派员项目11项，省级新产品158项）；衢州市科技项目12项；组织申报江山市级项目68项（工业项目52项，农业项目8项，医药卫生项7项，山区办1项）。全年，获立项的项目183项，省级项目148项（省科技特派员项目9项，省级新产品139项），衢州市科技特派员项目12项，江山市级立项项目23项（市级项目22，山区办1项）。帮助企业组织验收各级各类科技项目43项，获得衢州级以上补助资金3257万元。

【研发机构建设】 全年共培育国家高新技术企业2家，省科技型企业认定21家，江山市科技型企业10家，省级高新技术企业研发中心申报1家，省企业研究院1家，省农业研发中心1家，江山市研发中心2家，江山市重点创新团队1家。

【科技成果】 力胜电子、农科所、江变公司、欧派门业、人民医院等单位共评审登记科技成果13项。江变、江变科技、欧派、老虎山建材、农科所、蔬菜瓜果协会、人民医院等8个单位获得衢州科技进步奖。申达电气、欧派门业、老虎山建材等3家企业承担完成的“220kV三相节能变压器的关键技术研发与产业化”“经济林材集成与固化漆膜关键技术应用研发实木复合门及产业化”和“新型多元共聚聚羧酸高性能减水剂（干粉）”3个项目被推荐为省科技进步奖。

科技创新

【科技风险资金池】 开展“科技互惠贷”和“保证保险贷”两大产品业务，共有30家企业邮储互惠贷入池，授信额2750万元，发放贷款2690万元。启动建信银行分池，已有10家企业入池，授信额1200万元，发放贷款1200万元。制定出台《江山市保证保险贷款管理办法》，通过与保险公司、银行合作，将原有的政府风险资金池从500万元扩容到1000万元，通过财政对企业和银行进行保费和利息补贴，为企业授信5000万元，已有4家企业获得900万元信贷资金。

【科技创新基金】 8月，制定出台《江山科技创新创业基金实施意见》，财政投入资金7500万元，以“政府+民间资本+专业管理团队”的模式，通过整合金融互联网科技、高新技术、高素质人才资源和知识产权等创新要素，与社会资本合作建立创新投融资机制，吸引和撬动更多社会资本投向江山重点发展的产业领域，促进企业股改上市融资发展、支持科技创新、推进并购做强。首个科创基金已与“帮实资本”“红火投资”合作签约，规模达1.8亿元。

【科技创新券】 制定出台《江山市科技创新券实施管理办法》，建立1000万元的科技创新券，企业在科技创新活动中可以先期抵用，而后向政府部门兑现资金。每家新注册法人工业企业、农业企业和专业研发设计企业发放1万元、江山市级以上科技型中小企业每家发放3万元、上年度研发经费投入占销售收入达到3%、5%、7%的企业，分别发放6万元、8万元、10万元。创新券用于产学研合作、购买技术和科技成果、购置研发仪器设备、引进高端人才以及检验检测等方面。全年共发放科技创新券821万元，涉及329家企业。

【科技特派员】 全年市下派科技特派员22名，其中省级5名，衢州市级3名，江山市级14名，共获得科技特派员补助经费75万元。在全体科技特派员的努力下，全市的食用菌、油茶、杨梅、毛竹、猕猴桃、白银耳鸡等产业等得到发展壮大，科技素养进一步提高。省农科院作核所团队特派员，开展早稻现场考察及粮油作物高产栽培技术培训，粮油产业在其努力下发展喜人。团队特派员还组织申报4个团队特派员项目，助推木材产业、粮油生产及农产品精深加工发展。《江山市团队科技特派员工作成效明显》在省科技厅简报第3期总第29期发表，得到省厅表扬与认可。

挂牌上市

【挂牌上市奖励政策】 8月，出台衢州最优、省内领先的企业挂牌上市优惠政策《关于推动企业利用资本市场转型升级的若干政策意见》，主板上市最高奖励350万元，新三板上市最高奖励180万元，鼓励和引导江山市企业通过资本市场实现资源优化配置和制度创新，增强企业综合实力。全市共兑现9家企业新三板挂牌奖励590万元。

11月8日，浙江科润电力有限公司成功登录新三板，在北京举行新三板挂牌仪式

【挂牌上市对接】 5月20日，与浙江省创业风险投资行业协会合作，邀请全国中小企业股份转让系统的专家、浙江省风险投资协会负责人、知名券商、律师事务所和会计师事务所共20多人，成功举办企业挂牌上市对接会，为江山市35家企业负责人开展宣传培训和对接交流。8月21日，组织欧派公司、希尔化工、

科润电力等企业赴浙江大学参加企业规划战略研讨，接受企业进入多层次资本市场的专业化理论培训。9月22日，组织叶力机械、安信小贷等企业赴北京，参加工信部举办的“推动企业改制上市、股权融资及新三板挂牌操作总裁对接会”，培养优秀上市团队。希尔化工、科润电气、康慈医疗、安信小贷、江变股份、三禾生物、天蓬蓄业、纪元变压器、龙祥电气、新华涂料、恒亮蜂产品、叶力机械等12家企业已与中介机构签约。10月19日、11月18日希尔化工、科润电力先后成功登记新三板。金凯门业、恒曼光电、宇安消防、开洋门业、美阳照明、杰特机电、瑞申机械、珠峰茶机、富士特化工等9家企业也在筹备新三板挂牌。

知识产权

【创建国家知识产权试点城市】 在成功创建省区域知识产权示范市的基础上，以“工业强市+文旅产业知识产权开发与运营”为特色主题，向国家知识产权局开展国家知识产权试点城市申报，11月23日，获得国家局发文同意，江山市成功列入试点，期限三年，从2015年11月至2018年11月。

11月23日，江山市成功入选国家知识产权试点城市

【培育专利示范企业】 浙江驰骋控股集团被列入国家知识产权保护规范化培育市场名录，全省只有5家。浙江科力车辆控制系统有限公司获国家知识产权优势企业认定，是江山市第一家国家试点企业，也是衢州市继巨化集团后的第二家企业。省级专利示范企业达到11家，江山市级以上专利示范企业44家。

【专利申请与授权】 全市专利申请量达1039件，首次突破千件大关，其中发明专利申请达到129件；专利授权量为755件，其中发明专利授权47件；万人有效发明专利拥有量为2.65件。

技术合作

【举办首届科技活动周】 5月，江山市举办首届科技活动周，以“科创园开园仪式专场”“产学研合作专场”“企业挂牌上市对接会专场”“机电产业科技创新沙龙”“工业新产品新技术推介”“现代农业新技术新品种推广专场”等系列专场活动为内容，展示全市企业创新创业发展情况。上海交通大学、同济大学、上海食品研究所、省农科院、沈变院、天消所等50多位专家赴江山市对接洽谈，帮助创建红盖头上海食品研究葛根产品研发中心、江变科技沈变院非晶合金变压器研发中心、宇安消防天消所实验基地等。

【网上技术市场】 网上技术市场江山市分市场“技术顾问网上寻，带着企业去对接，邀请机构来设点，专业服务解难题”的政产学研工作模式逐渐成熟，科技成果转移速度与效率双倍增，获省网上技术市场工作先进县荣誉称号。在省春季拍卖会上，欧派公司以80万元拍得一项科技成果“ERP生产自动化融合应用技术”；江化公司、为康制药的拍卖项目分别申报网上技术市场成交产业化项目。

【科技创新创业园】 5月18日，在原江山市科技孵化中心基础上，投资1亿元、占地4公顷的科创园正式开园，科创园总建筑面积4.5万平方米，可用科技用房3.5万平方米，配套管理服务中心、培训中心、生活服务中心等设施1万平方米。至年底，在孵企业24家，涉及电子信息、装备制造、LED新光源和新材料等领域，科研院所5家，工业设计2家，科技中介10家。

（何新标）

卫生 计生

卫生改革

【概况】 2015年，是江山市卫生计生事业发展历程中极为重要的一年。6月，江山市卫生局与江山市人口和计划生育局合并，组建江山市卫生和计划生育局，截至2015年底，全市医疗业务总收入7.84亿元，其中公立医院4.73亿元，民营医院1.5亿元。全市门急诊总人次212.81万（不含村卫生室、诊所），同比增长5.0%。全市住院总人次6.79万，同比下降0.92%。

【深化公立医院改革】 加大改革力度，严控医疗费用增长。2015年，4家公立医院门急诊总人次86.39万，同比增长2.2%；住院总人次4.04万，同比下降4.24%；门诊均次费用176.4元，同比增长0.7%；住院均次费用7579.5元，同比增长4.9%；药品占比37.5%，同比下降1.0%，基本药物占比为50.3%，公立医院医疗费用基本保持小幅、合理增长，药品收入占比持续处于较低水平。深化与省、衢州市级医院协作办医机制，市人民医院被邵逸夫医院托管的神经内科、肿瘤科、护理等学科门诊年增幅在14%左右，手术台次增幅12%左右，先后有14名上级专家进驻人民医院，其他医院对口学科业务也有不同幅度增长。

【推进基层卫生综合改革】 全年基层卫生院门急诊人次占全市总数（除诊所、卫生室、医务室等）比例为50.11%，占比与去年同期持平，住院人次占全市总数的16.91%，同比下降1.26%。推进凤林、贺村、长台等基层医院改建、迁建项目，硬件水平持续改善。新成立呼吸与重症医学、临床药学、外科、骨科等4个专业委员会，为市乡技术双向交流提升搭建平台。开展技术比武活动，在9月结束的全省基层卫生综合技能竞赛衢州复赛中江山市囊括团体第一、医生组个人第一、护士组个人第一，并代表衢州参加省级决赛，2人获个人单项奖第二名，1人获个人综合奖二等奖，2人获个人综合奖三等奖。重视医疗安全，年内专门召开妇产科医疗安全会议，现场进行事故通报及案例分析，医疗安全意识得到强化。做好健康体检，加入彩超项目引导群众上门体检，全市60岁以上老年人体检人数达7.18万，体检率67.99%，儿童、中小学生、其他成人体检参检率不断提高。完成卫生信息平台建设，实现患者在不同医疗机构诊疗检查信息的互联互通，HIS系统与检验信息系统（LIS）、健康档案系统、体检信息系统之间互联互通，完成影像会诊中心建设项目招标并启动建设。完成新一轮药品招标采购结果的落实实施工作，严格按照上级要求，不进行二次议价。基层医疗机构用药目录进一步扩大。85.19%的村卫生室实现一体化管理，实施药品零差率，开通实时医保结报。全年一体化村卫生室年门诊人次44.2万，增长59%。基层就诊率（含村卫生室、诊所）始终稳定在65%以上。年度累计补助金额236万元，增长42%。

【双下沉工程继续深入】 制定《江山市医疗资源下沉实施方案》及《江山市对口支援工作考核管理办法》，以面上技术培训、建立结对关系、制定目标任务等为抓手推动县域医疗资源下沉工作。年内开展面向基层医疗单位的体格检查、止血包扎、清创缝合、心肺复苏、心电诊断等基本技能培训和疾病应急演练10多期。落实公立医院专家下基层坐诊指导，推动基层门诊、住院业务发展。

卫生建设

【建成120急救指挥中心】 新建立的急救中心，共核定编制7人，急救网络医院由原先2家扩展到7家，全市24辆救护车中的13辆纳入急救中心统一调度指挥，救护车实行急救标识统一喷涂，中心房屋完成改造装修，建成运用了较为先进的GPS定位系统、视频监控系统等信息系统。

【抓好公共卫生工作】 抓好H7N9流感防控工作，开展活禽交易市场外环境监测，全年采集各地标本96份，其中西市街、四都镇2家菜市场检出阳性。成功处置江山中学、滨江中学诺如病毒感染事件、廿八都镇小学甲流疫情等。多措并举严防中东呼吸综合征，落实登革热防控工作。重点传染病防控保持稳固，全年共报告法定传染病16种2085例，发病率为444.75/10万，与2014年同期相比下降26.69%，无突发公共卫生事件报告。开展双塔街道农村老年人艾滋病监测筛查试点，报告肺结核346例，其中涂阳127例，转诊到位率、追踪到位

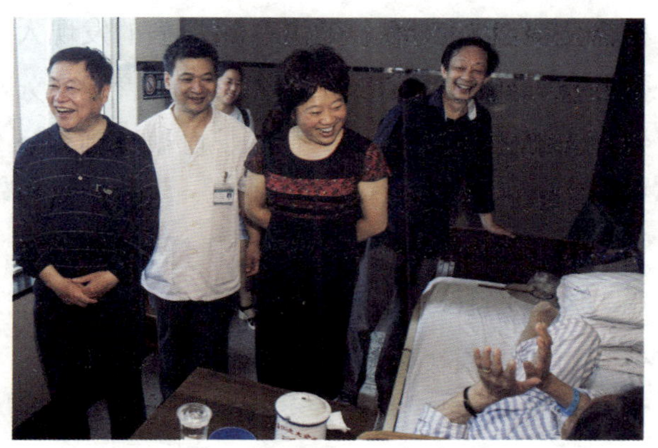

6月1日，副市长毛正彩（左三）在市人民医院看望白内障复明手术患者

率达100%。全年累计查螺投工7247工、灭螺用工5791工，共在虎山、双塔等8个乡镇（街道）20个村查出有螺点40处，有螺面积为2.88万平方米。解剖钉螺1934只，未发现阳性钉螺，并做好浙赣两省四县（市）血防联防值班工作。全市孕产妇、儿童系统管理率分别为97.4%、96.3%。推进出生医学证明电子化管理工作。全年共有3012名农村孕产妇领取住院分娩补助，婚前医学检查6342人，婚检率96.5%；叶酸发放3725人次，服用率95.29%；艾滋病、乙肝、梅毒检测率100%；完成国家项目宫颈癌筛查3630例、乳腺癌538例，确诊宫颈癌1例；完成江山市低保、五保、重度残

疾妇女“两癌”筛查860人，确诊乳腺癌4人。

【基本公共卫生服务】 投入17万元进行《电子健康档案系统》升级，完成《电子健康档案系统》与医院HIS系统的接口开发，并最终实现二者的互联互通。举办基本公共卫生服务项目理论及技能竞赛，对获奖单位和个人进行奖励。各乡镇卫生院（中心）对辖区责任医生一年开展4次督导考核，将绩效考核结果同绩效工资发放相挂钩。12月底，全市规范化电子健康档案37.55万份，规范化电子健康档案建档率80.2%，高血压、糖尿病的发现人数分别为43700人和9200人，规范管理率分别为63.86%和62.88%，血压、血糖控制率分别为45.70%和41.41%。

【抓好精神卫生工作】 全市重性精神疾病患者发现3110人，发现率6.58‰，居全省首位。市第四人民医院收治肇事肇祸精神病人79人，纳入免费服药的贫困患者155人，免费发放药物1004人次。市第四人民医院获“浙江省严重精神障碍患者管理治疗工作先进奖”。

【卫生创优创强】 加强省卫生强市创建，制作完成市级台账资料147盒、过程性资料260多册；乡镇（街道）级台账资料640盒、过程性资料1000多册。对81项指标逐一分析，以表格形式列出实地检查指标54个，明确具体要求和做法，全部分解落实到相关单位或乡镇（街道）。制定《浙江省卫生城市复查迎检工作实施方案》，把卫生城市复查与全球绿色城市建设、美丽江城创建相结合，以浙江省卫生城市十项必备条件、十大类66项指标为标准，以城市市容市貌、农贸市场、老城区老社区、城中村和城乡结合部、夜市排档、食品餐饮店和五小行业等薄弱环节为重点，推进八个专项整治活动。城区各收储地块、工地围墙拆除破旧广告，新装创卫文化墙，凝秀南路、老啤酒厂等地围墙上张贴了“二十四孝”“健康素养66条”等宣传墙画，丰富城市文化内涵。12月29日，省爱卫会再次确认江山市为“浙江省卫生城市”。同时，做好慢病示范区创建工作。

【卫生信息化建设】 加快“智慧医疗”建设，全面推进卫生信息化建设和平台应用。影像会诊中心实现区域内不同医疗机构间医学检验、放射B超等影像结果共存共认共享；“健康江山”微信公众号只需群众关注并绑定即可查询到本人及家属的就诊信息、处方信息、检验结果、体检报告等。筹建银医通系统，在公立医院实现个人所有就诊信息自助查询、自助结算等服务，有效缓解公立医院看病难、等待时间长等问题。市人民医院通过自助设备实现预约诊疗、排队叫号、自助打印检验结果等智能便民服务。

【民营医疗机构发展】 对邦尔骨科医院执业许可进行正式验收，核定床位数100张。至年末，全市民营医院共4家，床位数500张，占全市床位总数的22.63%；全年民营医院医疗业务总收入1.5亿元，占全市总数的19.13%（比2014年同期提高2.69个百分点），门诊总人次15.42万，占全市总数的7.25%（比2014年同期提高1.29个百分点），住院总人次1.58万，占全市总数的23.27%（比2014年同期提高3.58个百分点）。

【无偿献血】 全市全年共有3953人参加无偿献血，献血量1388升，同比增长3.62%；临床用血量1206.1升，同比增加0.4%；无偿献血率为115.1%；一次献血300毫升以上比例

90.1%，成分输血率 99.8%，血液报废率 1.2%，同比下降 40%，各项指标位居衢州市领先。

计划生育

【概况】 2015 年全市上报出生人口 5618 人，其中计划内出生 5006 人，计划生育率为 89.11%，上报计划外多孩 119 人，多孩违法生育发生率 2.12%，出生人口性别比 108.42，婚前医学检查率 97.02%，孕前优生检测率 96.08%。

【加强计生基层工作】 全市综合节育率 87%，各乡镇（街道）为全面抓好环孕情检测工作，采取进村入企设点、逐人落实等措施，环孕情检测率达 98%以上。年内累计外出干部 500 多批次落实环孕检，对流动人口的环孕检证明反复鉴别真假，对发现的重点对象做好跟踪调查。全市落实放环等长效节育措施 2553 例，引导落实引流产等补救措施 1730 人，补救率达 81.49%。加强计生干部业务能力建设，组织 4 批 125 人参加省基层计生干部能力素质提升培训，帮助指导乡镇（街道）培训村计生服务员 16 期 200 余人。

【推进计生依法治理】 大力度抓好违法生育查处，全年立案 1486 件，下达征收决定书 958 件，结案 681 例。加强计生案件指导把关，审理申请法院执行案件 194 件。做好生育审批管理工作，简化再生育审批程序，共审批再生育 2322 对、特殊生育 106 对，发放一孩生殖健康服务证 1949 件。全面实施好单独两孩政策，审批单独夫妻再生育 862 对。加强出生人口性别比综合治理。抓好流动人口计生管理，开展流动人口专项清查，到周边的广丰、玉山、浦城等地了解外出流动人口生育情况，完善信息，跟踪监管，登记管理率达 85%以上。推进生育服务证改革，将再生育审批权限（含复通审批）委托下放到乡镇（街道），推行婚育情况承诺制。

【落实计生宣教措施】 全年共举办各类培训班 653 期，培训 58000 多人，宣传活动 166 次，发放宣传品 25 万余份。推进计划生育奖励扶助政策落实，全市符合计生奖扶对象 4264 人，发放奖扶金 409.34 万元，特扶对象 336 人，发放特扶金 218.16 万元。全年发放计生公益金 40 余万元，审查 72 名双农独女户中考加分奖励。计生协会争取省级生育关怀项目 3 个，11.1 万元，为 619 户困难计生家庭实现微心愿，落实生育关怀助学金 10 人 5 万元，举办 PLA 形式青春健康家长大讲堂 27 期。

（郑升升）

文化 新闻

文 化

【概况】 江山市文化广电新闻出版局是主管文化、广播电视、新闻出版、文化遗产保护等行政管理工作的市政府工作部门。内设办公室、行政审批服务科（广电与新闻出版管理科）、社会文化科、文物管理科4个职能科室，下属文化馆、图书馆、博物馆、婺剧研究院、文化市场行政执法大队（文物监察大队）、历史文化研究所、非物质文化遗产保护中心7个事业单位。2015年，江山市被评为浙江省传统戏剧特色县，江山市文广新局被评为浙江省文化市场综合执法先进集体；“天天阅读 天天向上”全民阅读项目被列入第二批省公共文化服务示范项目，“江山村歌，中国乡村好声音的流行曲”项目入围第三批创建浙江省公共文化服务体系示范项目。

【创新传统文化产权保护模式】 11月，借助申报国家知识产权试点城市的契机，成功以“传统文化旅游知识产权保护与开发”为特色主题定位，突破知识产权保护局限于科技领域的局面，助推江山成功申报国家知识产权试点城市。

【“三山”艺术节30周年庆祝活动】 9月28日，“三山”艺术节30周年边界文化交流研讨会在江山举办，来自两省三地的领导、专家，分享30年艺术生涯，商讨30年舞台经验的开拓创新。研讨会上，江山提出的《江山约定》共识得到其他两地的响应，两省三地协商约定开创“三山”艺术节“1+3+X”新模式。9月28日晚，“江山如此多娇”2015第三十届“三山”艺术节文艺晚会在江山电影院隆重举行，三地推选的节目精彩纷呈。

【公共文化服务体系建设】 中国蜜蜂博物馆（浙江馆）在江山落成，为浙江省首个蜜蜂行业主题馆。投入100万元资金，对市文化馆、图书馆进行馆舍提升改造。图书馆因地制宜改善阅读空间舒适度，整洁舒适的环境，科学合理的布局，提升读者服务能力，吸引更多读者走进图书馆，激发市民阅读兴趣。图书馆年接待读者23.9万人次，年外借图书25.6万册，年末藏书量达到22.6万册。文化馆完成硬件设施改造，为市民提供集综艺演出、讲座、展览、艺术培训等为一体的多种文化服务。博物馆充分发挥普及教育、宣传推介作用，全年开展临时展览6次，接待参观群众

21.5万人次。在人才利用上，注重发挥老艺人传帮带作用，注入新骨干传承创新作用。发挥文化站在乡镇文化事业中的桥头堡作用，各乡镇文化站根据实际情况，安排专人负责日常开放工作，基本实现每周5天开放时间，完善设备登记与外借制度，采取内引外联方式开展文体活动。坚持开展“流动文化加油站”“文化赶集”等为载体的流动文化服务，为全市群众送戏、送电影、送书、送培训，保障群众公平享受文化服务。年内开展送电影下乡4242场，送戏下乡172场，送书下乡26022册，汽车图书馆下乡100次，送培训下乡76次。面向市民开展太极拳、声乐、爵士舞、葫芦丝、排舞、民间舞、婺剧唱腔、素描、书法等系列文化培训项目，免费培训课时达160多课时，服务人次逾5000人次。在阵地建设上，注重发挥文化礼堂建设、文物保护利用中新旧设施的多重功能。

【非物质文化遗产保护与传承】 2月10日，在“江山·多娇非遗·赏析”活动上，江山婺剧研究院作为专业传承团队首次亮相，展演婺剧曲牌联奏《花头台》、廿八都婚俗、长台莲湘等17个具有代表性的非遗项目。依托江山婺剧研究院，设立江山市非遗传承专业团，集人才培养、展演展示、项目创新为一体，创设集中传承与分散传承相互结合，专业传承与民间传承相互补充的新模式，让非遗传承刚性化、日常化、永续化。6月12日，在“锦绣江山·多娇非遗”江山市喜迎第十个文化遗产日暨大桥镇非遗记忆展演展示活动中，江山市非遗传承专业团（江山婺剧研究院）的精品非遗项目和大桥镇的乡土民俗交相展示。以婺剧元素对经典诗词进行谱曲改编，编辑出版《诗词婺韵》，作为全市中小学乡土教材进行推广，拓宽婺剧传承方式，为婺剧进校园创设新载体。木偶戏学子祝德华将廿八都木偶戏与江山坐唱班有机嫁接，自主创新研发木偶打击道具，组成“一个人的木偶坐唱班”，增加廿八都木偶戏的可看性、趣味性和便捷性。组织相关专家与技术人员上门服务，成功研发更为轻便自如的第二代“一个人的木偶坐唱班”。组织非遗项目参加第十届（中国）义乌文化产品交易博览会，西砚“关爱”荣获义乌文交会“铜奖”；组织参加中国（浙江）第五届工艺美术精品博览会，西砚“问路”获博览会“金奖”；组织优秀非遗项目参加“非遗薪传”——浙江曲艺展演展评、“非遗薪传”——浙江传统纸艺彩扎精品展等活动。

【文物保护与利用】 江山市现有文保单位121处，其中国家级文保单位2处（三卿口制瓷作坊、南坞杨氏宗祠）。坚持“最小干预，最大兼容”理念，针对三卿口制瓷作坊、新塘边姜氏宗祠的文保单位修缮工程中遇到的困难瓶颈，向上沟通，推进工程进度。完成省保单位新塘边姜氏宗祠修缮工程、省保单位鲍氏旧宅抢险加固工程及长台柴望墓、贺村戴氏宗祠、茅坂徐氏宗祠、石门毛森旧宅、毛人凤旧宅等10余处文保单位、文物点修缮工程。充分发挥文保员的作用，结合市文物监察大队全年文保单位巡查计划，确保做到每季度开展一次文保单位巡查活动，巡查的重点是省级以上文保单位。3月，四都镇四都村发现1座古代墓葬，初步鉴定为明代古墓。全年向省财政厅、文物局争取到文物专项资金304万元，为历年省补文物资金最多的一年，位居全省第四。有序推进第一次全国可移动文物普查工作，年内共采集文物信息4085件（套）。提升文保单位开放利用率，修缮后的清漾毛氏祖祠，先后成功举办了4届江南毛氏祭祖大典；南坞杨氏宗祠是“南坞三月三”民俗文化活动的主阵地；贺村徐氏宗祠、廿八都戴氏宗祠、张村黄氏宗祠、溪东王氏宗祠等作为农村文化礼堂、村文化活动中心对外开放。

【文化市场监管】 开展“扫黄打非·净网2015”、“扫黄打非·护苗2015”、“扫黄打非·清源2015”、“扫黄打非·秋风2015”、非法地卫整治、歌舞娱乐场所整治、境外电视网络接收设备整治等专项行动10余次，开展文化市场经营业主培训2次。年内共出动执法人员543人次，检查850家次，发现违规16家次；举报（督查）受理1件，属实案件1件；行政处罚立案调查15件，办结案件13件，警告8家次，罚款14700元，吊销许可证1家，没收违法物品2889件。完善网吧长效管理机制，加强文物巡查工作，基本实现文化市场“繁荣、健康、有序、平安”的目标。

【宣传推介服务中心】 组织、参与、指导在省自然博物馆展出的江山市生态文明成果展暨乡村休闲旅游推介会、第十二届浙江山水旅游节暨第二届衢州江郎山旅游节、第三十届“三山”艺术节文艺晚会、“三山”艺术节30周年边界文化交流研讨会、“三山”艺术节30周年征文活动、2015年江南毛氏祭祖大典、以“中国乡村好声音”为主题的第二届文化礼堂村歌大赛、2015年江山市迎新春企业团拜会、凤林镇白沙村元宵晚会、凤林镇南坞村“三月三”民俗文化节、大陈村传统中式婚礼、江山市“金陵杯·幸福江山 活力江城”乡村休闲游讲解大赛、江山市“最美家庭”颁奖典礼、绿牡丹开茶节、双塔街道第三届枇杷节、虎山街道荷塘村“孝亲睦邻”文化节等40余个文艺活动。积极开展各类文化礼堂辅导工作，先后组织、辅导“最美微宣讲”走进碗窑乡达河村文化礼堂，“创业创新微宣讲”走进虎山街道彭里村文化礼堂、清湖文化礼堂等活动，开展文化礼堂巡回演出58场，全市建成文化礼堂100家。以文化的名义，诠释大陈乡夏家村村民王书根“忠园”建筑群的艺术价值、建筑价值和科学价值，得到江山市政府的高度认可，建筑群最终得以保留保护。

（周江晶）

广播电视

【概况】 市广电总台下辖江山电台、江山电视台、江山信息网等媒体平台。江山电台为调频FM104.7兆赫，属于新闻性综合台，办有《江广新闻》《走进新农村》《校园麦克风》等栏目和《1047健康馆》《1047音悦汇》《1047幸福下班路》《1047遇见洪小莹》等直播栏目，全天播音时间为16小时。江山电视台有主频道、副频道、图文频道3个频道，办有时政新闻栏目《江山新闻》，民生新闻栏目《民生360》，专题栏目《锦绣江山》，综艺类栏目《江山大舞台》，对农栏目《须江农话》，咨询服务类栏目《新视点》等，各频道全天累计播出时间均在17个小时以上。江山信息网有“西南论坛”“对话平台”“全媒体抢先报”等品牌栏目，网站的日点击量保持在10万人次以上。2015年，江山电视新闻在央视用稿6篇；在浙江卫视《浙江新闻》用稿123条，名列衢州各县市区台第一，在全省各县级台排名第十五；广播在省台《浙江之声》用稿95条，在全省排名三十位，电视、广播分别获全省新闻协作二、三等奖；电视在衢州综合频道《衢州新闻》中用稿556条，广播在《衢广新闻》用稿348条，均位列各县市台第二；在衢州市新闻政府奖评选中，江山广电有19件作品获奖，其中一等奖3件，二等奖5件，三等奖11件；9月，在浙江省广播对农节目服务工程考核中，江山广电获得广播省考核优秀奖，同时在省政府奖的评选中，《走进新农村》栏目获得对农栏目一等奖（全省只有2名）。

【“全民创业创新”宣传】 江山广电抓住“全民创业创新”重大主题不放松，根据自身特点，有计划、有步骤、多层次地展开报道宣传，推出有广度、有深度、有启发的新闻。主办好一个专栏，分别在电台的《江广新闻》、电视频道的《江山新闻》、江山信息网中开设《全民创业创新》专栏，各专栏累计播出创业创新报道180多条；同时，利用信息网和江山电台的微信平台，连续头条刊发创业创新典型报道。组织好一些访谈，市委全委会后，江山广电立即在“西南论坛”开辟置顶主题帖，征集网友创业创新方面的建议意见和创业金点子，组织引导网友进行创业创新的大讨论；“两会”期间，分别采访17位代表和委员，推出了一组“代表、委员谈创业创新”的系列报道；信息网组织采访江山电商的代表人物，推出对话性质的《江山电商人物访谈录》，反映电商的创业经验和心声。报道一批创业创新人士，江山广电派出得力记者分赴杭州、宁波、深圳、广州等地，对21名江山籍在外创业创新人士进行深入报道，对他们的创业创新事迹在电台、电视、信息网、微信公众号进行同步重点宣传，引领江山创业创新的舆论氛围。展播一批创业创新成果，在电台、电视相关栏目中组织开展“创业创新谱新篇·新春展播”和“创业创新企业广告免费展播”两项活动，对全民创业创新十大先锋、创业创新激励政策、全市取得的创业创新成果集中力量进行报道。

【经济宣传】 在工业强市方面，江山广电集中力量，对江山市的产业基础和现有优势进行深度报道，突出展示在发展新材料、新能源、新装备、绿色食品上的动态信息；重点报道江山市“五个十大专项”进展、招商引资和工业转型的情况；对科创园、聚鸿城产业园、正泰新能源等重点项目进行持续跟踪报道；先后播出有关重点工程建设、项目落地、机器换人、企业转型升级、城市建设等内容的报道160多篇。

【乡村休闲旅游宣传】 组织精干力量对全市乡村休闲旅游发展大会，在杭州举办的生态文明成果展暨乡村休闲旅游推介会，第十二届浙江山水旅游节暨第二届衢州江郎山旅游节等活动进行全方位、多角度的报道；江山信息网在8月底全新推出“乡村休闲游”栏目，集中推介全市乡村游特色景点及各地乡村游动态，并和旅游公司合作开展线上线下的乡村游活动；电台结合时令特点，采制播出乡村休闲游指南、旅游特惠卡使用等节目，提供新鲜实用的资讯，贴心服务听众。会同相关部门精心拍摄多个旅游专题片进行展播，如《多娇江山——生态农业休闲旅游形象综合片》《美哉，江山——江山市生态文明成果展暨乡村休闲旅游推介会侧记》《绿醉山乡—江山市保安乡创建省级森林城镇纪略)》《浔里寻梦》《诗画耕读》等。积极向上级台投稿并争取播出，如保安箬山的《油菜花美景》在央视播出；新塘边农庄的《桃花盛景》在《浙江新闻》拉尾播出；浙江卫视大型新闻行动《两山路上看变迁》3次对江山市发展乡村休闲旅游进行报道；5月4日又播出深度报道《江山：一个水泥村的绿色转身》，解读耕读村发展乡村休闲旅游的情况；三季度，浙江之声启动第十届金牛奖评选活动，江山市推送的郑积勤成功当选全省2015年度浙江新农村建设带头人“金牛奖”。

【民生宣传】 3月5日，推出电视民生新闻专栏《民生360》，时长15分钟，每周5档。《民生360》档目率先使用虚拟演播室和新采编系统，使节目图像质量有了较大提高。在节目中，聚焦五水共治和生猪整规工作，报道推进“百日攻坚”行动的正面典型，宣传各乡镇村在推进五水共治、生猪污染整规中的做法和进度，报道一线干部在“百日攻坚”工作中敢作为、勇担当的精神。开设“五水共治曝光台”，对30多处污染源进行曝光，推出10篇《生猪养殖转型系列报道》，报道一批养猪户转产转型的典型，引导养猪户从畜禽养殖业转向果业、菜业、菌业、林业、旅游业等生态产业、绿色产业。制作播出《江山市黑臭河暗访实录》《铁腕治污——江山市养殖污染整治“百日攻坚”行动纪实》等专题。加大“无违建市”创建和城市管理的宣传报道力度，先后播出“三改一拆”和广告牌乱象、城市牛皮癣、僵尸车处理等相关报道110多篇。提供资讯服务，及时关注入汛以来强降雨天气造成的山体塌方、农作物受灾、房屋受损、城市内涝，以及全市各地积极抗灾自救的情况。宣传最美江山人，挖掘报道了一批身边好人、最美家庭和见义勇为事件，如《江山的哥贵国全，免费接送尿毒症患者》《小学生不慎落水，店主飞身跳河救人》等，其中20多条被浙江卫视和衢州电视台采用。宣传文化礼堂建设，采制播出“2014年文化礼堂建设综述”系列报道，拍摄完成30个村的村歌MTV。参与文化礼堂赛水赛歌等重大活动。聚焦基层和弱势群体，采制《灾难接踵而至 柔情铁汉命运多舛盼救助》《医治白血病，让这个家庭陷入困境》《困难家庭千斤荸荠积压，市民“团购”献爱心》等报道，其中“爱心荸荠”事件经广电总台连续播出后，被浙江卫视和衢州电视台采用播出。同时与公安系统建立密切的新闻协作关系，采制播出《一电话诈骗团伙栽了》《银行支招，教老年人防诈骗》《诈赌遭非法拘禁 警方将其“一窝端”》等报道，引导观众特别是老年观众识别诈骗、抵制诈骗和拒绝非法传销。

【应急广播建设】 应急广播是省政府为民办实事项目，台里抽调精干力量，委托华数公司稳妥有序地按计划完成系统基本框架建设。年前，市级平台已经开通试运行，完成19个乡镇播控中心和2700个调频终端安装建设。项目实际投资830万元，比预算投资1100万元节省了25%。

【新非编、虚拟演播室投入使用】 10月底，非编网、虚拟演播室系统项目完成了电源、机房装修、机柜控制台、蓝箱等配套基础设施的全部工作，系统主要设备全部完成安装调试，并正式投入使用。投资共550万元，资金全部自筹。

【中央广播电视节目无线数字化覆盖工程】 项目总投资为164万元，根据西山电视发射台供配电、塔桅、防雷接地等广电基础设施的现状，完成无线覆盖工程技术方案的编制，完成天馈系统、前端系统、节传系统等系统的招投标程序，为实施包括江山台在内共15套无线电视节目的覆盖任务奠定基础。

（陈云芳）

新闻报道

【概况】 2015年，市新闻信息中心围绕市委、市政府中心工作，坚持“三贴近”，弘扬主旋律、凝聚正能量，唱响好声音，高质量、高标准完成各项新闻宣传工作任务，树立主流媒体的良好形象。全年共编辑出版《今日江山》240期，江山新闻网获浙江在线“优秀支站”称号，《养猪大户改行“卖风景”》《项目工作需发力“冲刺”》《专题：文化如水 幸福如歌》等8件作品分获浙江省县市区域报新闻奖、浙江网络好新闻奖。

【开辟全民创业创新栏目】 《今日江山》在一版上面通栏开设“点燃激情之火，推进创业创新”大栏目，下设“全民创业创新”“创业创新故事”“创业创新案例”3个专栏，先后刊登健盛集团、虎霸集团、贝林集团等成功创业创新典型报道，分享从外地来江山创业投资的“新江山人”的奋斗历程以及创业创新梦，介绍外地包括国外创业创新好的做法和经验。专栏从1月21日推出以来，共刊登永康客商唐丽娟在江创办浙江雨霖机械有限公司、柯城区7里乡发展农家乐的创新举措、健盛集团成为中国袜子行业首家上市公司等稿件181篇。5月5日，推出“5 • 18”全民创业创新日特刊，一、二版刊登《江山市全民创业创新三年行动计划（2015—2017年）》、推进全民创业创新的激励政策等，三、四版刊登全市各部门单位“5 • 18”全民创业创新日活动安排和创业创新的实用知识。5月19日，以专题的形式，对首届全民创业创新十大先锋的业绩进行介绍，展示创业创新典型的示范引领作用。

【开辟“五水共治”栏目】 2015年，《今日江山》在一版开设“推进五水共治 共建生态家园”专栏，以专题、图片专版、公益广告等多种形式，集中报道全市“五水共治”的成功举措和成绩，共刊发消息和评论稿件223篇。开设“监督哨”栏目，将全市所有垃圾河、黑河、臭河都纳入舆论监督范畴，以图文的直观形式，每周两次对生猪养殖污染进行曝光，年内对全市18个乡镇街道进行暗访，刊发报道42篇。同时，选择养殖户转型进行报道，如从养猪大户转型为种植大户的陈光晶、张中海等，引导转产养殖户从生猪养殖向绿色产业转型。

【开展工业强市建设宣传】 开设“推进招商引资大突破 开创创业创新新局面”专栏，先后对娃哈哈、正泰光伏、四都镇等招商引资情况进行详细报道。同时，集中报道希尔化工、科润电力在“新三板”挂牌，开洋门业“机器

1月3日，市委常委、副市长章忠良（中），副市长巫小雄（右二）在北京全国中小企业股转系统参加希尔化工新三板挂牌上市

换人”换出新气象等。以工业强市建设为经济宣传的总抓手，在一版开设专栏，开展“大干项目、干大项目”活动宣传，挖掘各级各部门项目建设的好经验、好做法，宣传一批敢担当、勇破难的项目功臣和推进干将。

【开展旅游二次创业宣传】 先后开设“扎实推进旅游业‘二次创业’”栏目，配合旅游部门推出的“乘高铁1元畅游江山”、“大学生穷游目的地”“景区游+乡村游”“江山旅游打包进包裹”等活动进行大力宣传，为带动江山高铁上座率保持高位和提升城市知名度摇旗助威。11月24日，江郎山—廿八都AAAAA景区创建顺利通过国家旅游局资源与景观质量专家评审后，《今日江山》连续在报眼进行宣传造势。

【开展新媒体宣传】 在办好《今日江山》的同时，还利用江山新闻网、江山新闻网微信、微博等新媒体开展宣传。结合市委、市政府的中心工作，江山新闻网先后开设“点燃激情之火，推进创业创新”“争创国家AAAAA级景区”“大抓基层组织建设”“江山生态文明成果展”等专题，同时在微博、微信平台推出“创业创新江山人”“江山乡村休闲游”“为大美江山吆喝”“蜘蛛侠挑战江郎山”等系列报道，第一时间向网友传播本地重要新闻。江山市荣获“全球绿色城市”国际大奖的当天，江山新闻网微信在事前精心准备的基础上，第一时间推出这一新闻，当天晚上9点左右，点击量就超过10万。年内，江山新闻网微信平台共发布江山本地原创微信800余条，其中阅读量超1万的54篇，江山新闻网微信成为全市影响最大的微信平台。

【开展身边最美群体典型宣传】 先后报道“托举哥”徐利伟和江山二中救人学生肖屹、叶留痕等一批身边的最美人物。2月2日，《今日江山》报道“托举哥”徐利伟和同事童建平的新闻后，衢州市和江山市主要领导分别作了批示，为“托举哥”点赞；救人学生肖屹、叶留痕被授予“最美浙江人”的荣誉称号。

（郭燕波）

2015年江山市作家编著出版新书榜

表二

书　名	作　者	字　数	体　裁	出版社
打铜修锁	周建新	23万	小　说	白山出版社
六家诗	毛冬舞	26万	诗　歌	中国当代艺术出版社
走读塘源口	戴明桂 徐　太	26.6万	文　史	中国文史出版社
碧血仙霞	祝春和 王朝林	41万	文　史	白山出版社
古稀汉驾着“吉利”游全国	罗道儒	34.5万	游　记	中国文联出版社
江郎三神侠智斗太空群魔	周光星	18.8万	科幻神话故事	团结出版社
史志文稿	祝龙光	21.1万	言　论	中国文史出版社

旅　　游

综　述

【概况】 2015年，市旅游局围绕打造全国一流休闲旅游目的地工作目标，抢抓浙闽赣皖四省建设国家东部生态文明旅游区重大发展契机，深入推进旅游富民创业创新。全年累计接待国内游客1012.90万人次，实现国内旅游收入60.03亿元，同比分别增长15.1%和19.9%。

【江郎山—廿八都旅游区入选国家5A级旅游景区创建预备名录】 11月19日，江郎山—廿八都旅游区通过了国家旅游局全国旅游资源规划开发质量评定委员会组织的申报创建AAAAA级旅游景区景观质量专家评审，成功列入国家AAAAA级旅游景区创建预备名录。

4月15日至16日，全国政协委员、徐霞客游线申遗专家委员会委员张廷皓(左二)率专家组到江山市考察指导徐霞客游线(仙霞古道)申遗工作

【旅游品牌创建】 清湖码头、江郎山、仙霞古道江山段（含关隘）、廿八都古镇、浮盖山北麓江山片区5处成功认证首批徐霞客游线标志地，江山顺利成为全国首批7个徐霞客游线节点城市之一。仙霞关景区被评为国家AAAA级旅游景区，“月满新塘”景区被评为国家AAA级旅游景区。由国家旅游局组织开展的中国乡村旅游百千万品牌创建中，江山市耕读村入选首批“中国乡村旅游模范村”，耕读农家、松泉农家乐、薰衣香舍农家乐等6家农家乐被评为中国乡村旅游金牌农家乐。汪衍君、祝小敏、张春旺等8位同志被评为中国乡村旅游致富带头人称号。江山市绿川农业科技有限公司被评为2015年全国农业与乡村旅游星级示范企业（园区）。

【旅游项目招商】 **积极对接慈航集团、惠普公司等大企业集团**，重点推进江郎山国际文化休闲养生城、廿八都古镇二期、城北双塔主题公园、江郎山国际房车营地、箬山鳌顶乡村休闲旅游度假区等一批重大旅游项目招商。江郎山国际文化休闲养生城及城北双塔主题公园已进入到项目前期。

景点建设

【江郎山游客中心及配套设施建设】 一年来相继投入1500多万元，加快江郎山游客中心室内和外立面装饰工程、道路连接线、山头铺岗管理用房配套工程建设。

7月27日，住建部城乡规划管理中心副主任于静（中）率执法检查组到江山市检查江郎山国家级风景名胜区保护管理工作

【廿八都古镇保护与旅游开发二期工程】 实施廿八都古镇二期基础设施建设项目。启动南入口区景观整治工程施工图设计及工程招标、预算等相关工作。

【仙霞古道修缮整治】 完成仙霞古道一仙霞关段保养维护施工图设计、预算编制、代理机构招标工作以及中美联手抗日纪念馆布展。

市场营销

【高铁营销】 推出为期2个月的“坐高铁一元游江山”活动。活动期间，全市景区共接待高铁游客5.5万人次，门票让利超过500万元，带动旅游经济收入3000多万元，被省旅游局评价为“浙江旅游营销创新的一次成功尝试”。4月以来，分时段、分景点持续推出一元游江山活动，并赴南昌、杭州等地开展江山旅游推介会。

【节会营销】 成功举办“第十二届浙江山水旅游节暨第二届衢州江郎山旅游节”以及“第三届丹霞地貌国际学术讨论会暨第十五届全国红层与丹霞地貌学术讨论会”等品牌节会，策划奥地利“蜘蛛侠”迈克·凯米特极限挑战江郎山活动，并通过人民网、新浪网、中国旅游报、湖南经视、浙江经视等权威媒体宣传造势。

【智慧营销】 做强江山旅游淘宝旗舰店，将“景点+乡村休闲旅游线路+酒店+农特产品”打包捆绑成系列产品，实现营收200万元；开展旅游基础数据库采集，启动江山旅游手机APP平台打造；启动全市公共场所免费wifi建设，实现高等级景区、星级饭店的WIFI热点全覆盖。

【产品营销】 推出江山疗休养产品，通过媒体、总工会、旅行社等渠道宣传推广。结合乡村特色，推出景区游+乡村游产品，特别是5—8月面向旅行社推出的“生态江山住一

9月28日，市委常委、副市长楼健（左四）代表江山市委、市政府出席迈克·凯米特极限挑战江郎山活动媒体见面会

周，五大景点免费游”的乡村五日游产品，吸引来自杭州、上海、温州等地3000多名游客。

乡村休闲旅游

【打造精品线路】 编制完成《江山市2015年乡村休闲旅游发展计划》，启动构建“和睦—清漾—山里河马场—江郎山”世遗江郎风采线和“保安路口—石鼓—戴笠秘宅—仙霞关”七彩保安风情线、“廿八都古镇—浮盖山—兴墩”古镇养生风韵线、“耕读—勤俭—日月—永兴坞”幸福乡村风光线“1+3”乡村休闲旅游发展格局。

【精心策划活动】 针对上海、杭州、宁波、温州等主要目标市场，先后策划举办“廿八都古镇淘年货”“廿八都文昌宫国学私塾”，以及“保安箬山油菜花节”“长台杨梅节”“峡口帐篷音乐节”等20多场乡村旅游特色活动。4月30日，赴杭州市举行江山市生态文明成果展暨乡村休闲旅游推介会。

【强化服务保障】 承办10月在江山举行的衢州市乡村休闲旅游工作现场推进会；制定《关于加快乡村休闲旅游发展的若干政策意见》，明确设立1000万元的乡村休闲旅游发展专项资金；出台《江山市2015年度乡镇（街道）乡村休闲旅游工作考核办法》；策划组织举办全市乡村休闲旅游讲解员培训班、“幸福江山 活力江城”乡村休闲游讲解大赛等活动，提升乡村休闲旅游从业人员服务品质。

（黄亚峰　周　超）

乡镇（街道）

双塔街道

【概况】 双塔街道位于市区北部，为市人民政府驻地，区域总面积 75.9 平方公里。下辖 2 个经济合作社、5 个社区、20 个行政村，共 28724 户，总人口 78349 人。2015 年出生 539 人，死亡 300 人，人口自然增长率 3.6‰，计划生育率 93.2%。全年实现生产总值 37.55 亿元（第一产业 1.03 亿元、第二产业 14.8 亿元、第三产业 21.72 亿元），财政总收入 4.91 亿元（地方财政收入 3.61 亿元），城镇居民可支配收入 34808 元，农民年人均纯收入 18777 元，消除街道 4600 元以下共计 93 户贫困农户。获全国模范职工之家等国家级荣誉 4 个，省“五水共治”先进集体等省级荣誉 19 个，衢州市级平安乡镇(街道)等地市级荣誉 26 个。

【工业、服务业经济】 依托城区片服务示范区、丰足片休闲农业示范区、赵家片工业提质区和城北新城的“三区一城”经济平台，形成东西两翼并行发展的格局，打造“宜业、宜居、宜游”的现代化新城。全街道共有工业企业 101 家，其中销售额 2000 万元以上的规模企业 11 家，亿元以上企业 2 家，农村电商 151 家，主要产业为服装、化工、输配电、电子商务等。重点企业有浙江虎霸集团有限公司、申达电器集团浙江换热气有限公司、浙江江山欣欣饲料有限公司、江山金陵大酒店有限公司、江山润良商业有限公司（大润发超市）等。全年完成工业总产值 13.6 亿元，同比增长 9.2%；完成固定资产投资 7.89 亿元。

【农业经济】 2015 年，农作物播种总面积 3490.67 公顷，其中粮食作物面积 1747.33 公顷，总产量 10770 吨；油料 621.33 公顷，总产量 842 吨；棉花 26.67 公顷，总产量 32 吨；甘蔗 13.33 公顷，总产量 500 吨；蔬菜 917.33 公顷，总产量 41324 吨；果用瓜 31.33 公顷，总产量 565 吨；家禽存栏数 121000 羽。投资 700 多万元新建 2 个粮食功能区节水灌溉项目，修筑 3 个水库防洪堤坝，改造 1 个灌溉区，全年粮食总产量 11060 吨，培育百亩种粮大户 2 户。通过农房流转、土地流转和水面流转，培育发展家庭农场 16 家，其中市级示范性家庭农场 1 家。

【“两无”街道】 成功创建“无猪街道”和“无违建街道”。在生猪养殖污染整治“百日攻坚战”中，共计拆除违章猪舍211幢2.86平方米，拆除老宅、协屋围建的栏舍54间2786平方米，减少生猪年饲养量71566头，实现零治理、零转产，主要溪流沿线污染源得到清除，辖区25个村（社区）全部实现“无猪村（社区）”，街道被评为2015年养殖污染整治“百日攻坚”行动先进单位。通过土地征迁“百日攻坚大会战”，把“三改一拆”与项目征迁、“五水共治”、新农村建设等重点工作相结合，坚持拆后土地整理、建筑垃圾清运、环境提升“三到位”。共拆除违章建筑378宗，总面积93084.51平方米，罚款381宗，总计1789700元；完成土地征迁项目9个，征收土地25.07公顷，完成拔钉清障户拆迁工作，保障政府收储区块的顺利完成。

【招商引资】 街道办事处主任兼任江山市政府驻杭招商局局长，长期驻杭州从事招商工作，开展“主动招商”“委托招商”“以商招商”，高效对接高端消防装备项目、江山国际房车露营基地项目、清华长三角研究院平台合作项目、中通（江山）电商物流产业园项目等10多个重大项目信息，接待相关客商20批次。创新招商引资考核办法，激励干部走访所有辖区内外企业，捕捉项目投资信息，共摸排出投资项目42个，总投资额12.5亿元，年内投资额7.85亿元。全年完成10个招商项目，其中新建项目7个，续建项目3个，亿元项目2个，到位资金14582万元，其中灵泉生态休闲旅游项目被列入四大百亿重点工程。

【推行“两晋双停”政策】 在全市创新出台《在村级组织届中考察中实行“两晋双停”政策的意见》。“两晋”具体指的是工资晋档、岗位晋位；“双停”具体指的是停止履职、停发薪酬。把讲规矩、守纪律作为底线，把平安稳定工作作为衡量标尺，把“三改一拆”、“五水共治”、征地拆迁等重点工作落实情况作为试金石，检验、考察村级班子。通过届中考察，对于街道下辖25个村（居）的两委干部，诫勉谈话8人，暂停履职4人，重用9人，储备后备干部42人，切实解决不认真、不作为、不用心、不担当“四不”问题，破解村级组织“届中疲软”难题。

【出台“两动双考核”办法】 坚持“法治江山”与“平安江山”齐抓并进，与江山市公安局联合出台《双塔街道“警村两动双考核”实施办法》。“两动”指的是出警工作村级联动机制和驻村工作民警互动机制，“双考核”指的是出警联动考核和驻村互动考核。每季度由双塔街道社会综合治理办公室牵头召开“平安论坛”，论坛上由驻村民警和村干部分别就平安建设的工作方法、成果、体会等进行交流。通过创新警民联动社会管理举措，对矛盾纠纷抓早、抓小、抓苗头，形成“公安民警村街干部无缝对接”的新局面。全年累计排查各类矛盾纠纷478起，调解成功467起，调解成功率达到96%。街道被评为2015年度衢州市平安建设暨综治维稳工作先进集体、江山市最佳满意乡镇（街道）。

【建立民主协商议事会】 在全市创新出台《民主协商议事制度实施方案》，建立江山市首个民主协商议事会，通过搭建“同心会客室、网络互动、群众意见反馈”三大平台，站在老百姓角度，和老百姓平等协商沟通，倾听民意。一年来共开展“海底世界”游步道、“四边三化”工作推进、“西山花海”环境保护等民主协商专题议事36次，化解重大矛盾10余起。

【出台微信工作机制】 在全市率先出台《微信工作机制》，通过“人文双塔”公众号、“聚沙成塔”群、“双塔机关干部”群、“双塔班子”群，提高街道各级干部利用现代信息技术开展工作的意识和水平，更好地建设干部学习沟通渠道，提高工作效率。“人文双塔”微信平台用于对外宣传双塔团队团结进取的精神面貌、各项特色工作亮点，推荐双塔自然和人文风景，总关注数达3300余人，单篇最高点击率7500余次。3个微信群由街道机关、社区、行政村、经济合作社、有关部门领导干部组成，各村（社区）有专门微信管理员，保持24小时微信畅通。街道会议同比下降49.6%，营造一个互相感染的充满正能量的工作氛围。

【干部夜学“3+”模式】 创新干部夜学制度，通过“集体夜学+个性夜学，专家传经+本地授课，讲座培训+沙龙学习”的“3+”模式，调整学习机制，丰富讲座型、论坛型、沙龙型等学习形式，制定乡村休闲旅游论坛、“创无违”村干部论坛等10余个主题，评选“金牌调解员”“优秀驻村干部”等18位先进典型。

【设立纪检约谈室】 设立纪检约谈室，建立约谈工作“一簿三单”，约谈情况记入党员干部个人廉政档案，作为干部提拔任用、评先评优的重要参考依据。以“零容忍”的态度惩治腐败，坚持开展一案一解读，提升办案绩效。严格落实党政“一把手”负总责，领导班子成员“一岗双责”制。全年街道共立案9起，惩处违纪党员23名，移交组织除名党员2名，调处信访件29件，对话平台信件208件。

【“一新两型”社区】 创新街道管理机制，立足新型城市化背景，打造环境优美型、人际关系和谐型即“一新两型”社区。积极发挥社工社团在尊老爱幼、关爱弱势、融洽邻里等方面的联动作用，为居民建起一座“幸福驿站”。“最美夕阳红”“向日葵服务”“公益微讲堂”等“一社一品”特色突出，其中乌木山社区低碳建设走在全省前列，是衢州市唯一一个低碳试点单位，并率先在全市开展城市“垃圾分类”试点工作。2015年，城北社区被评为省卫生先进单位、浙江省省级“民主法治村（社区）”；县前社区被评为省示范社区（村）家长学校、省工会示范职工书屋；周家青社区被评为全国科普日活动优秀组织单位、全国“基层科普行动计划”奖补单位科普示范社区、省级残疾人社区康复示范站；乌木山社区被评为全国综合减灾示范社区、省低碳试点社区、省无烟单位、省级城市体育达标社区、省级“民主法治村（社区）”。

（黄　倩　周　恬）

虎山街道

【概况】 虎山街道位于江山市区南部，户籍人口6.72万人，常住人口8.95万人，下辖11个行政村、8个社区。2015年，街道完成地区生产总值84.23亿元，同比增长9.5%。实现财政总收入7.64亿元，地方财政收入3.62亿元，城镇居民可支配收入34808元，农民人均纯收入19744元，分别增长10.39%和10.3%。荣获浙江省第三次经济普查先进集体、浙江省征兵工作先进单位、全国先进司法所，同时街道连续两年被评为全市最佳满意乡镇（街道）。

【工业经济】 全年实现工业总产值93.15亿元，同比下降1.27%，其中规模以上工业产值51.9亿元，同比下降13.56%，占全部工业产值的 55.72%。完成工业增加值 34.62 亿元，同比增加 7.39%，其中规模以上工业增加值 15.65 亿元，同比下降 9.46%，占全部工业增加值的 45.21%。固定资产投资完成 8.85 亿元，同比增 19.22%，其中工业投资 7.38 亿元，同比增 87.45%。街道内有工业企业 785 家，其中规模以上工业企业 29 家，10 亿元以上企业 1 家，5 亿元以上企业 2 家，3 亿元以上企业 3 家，亿元以上企业 4 家。全市 75%以上的大型商贸流通物流企业均落户在虎山街道。

【农业经济】 2015 年，粮食种植面积 1326.67 公顷，其中早稻种植面积 18.87 公顷。完成江山市笑生家庭农场、江山市花兰家庭农场农产品质量安全追溯示范点建设工作，农产品质量安全快速检测 200 个蔬菜样品的送检工作。重点抓好春季“加拿大一枝黄花”的春季药除面积 5.84 公顷。抓好动物防疫工作，免疫注射散养户生猪 2427 头次、散养牛 87 头次、散养羊 596 头次、散养家禽 4.16 万羽次。存栏梅花鹿 8 头、豪猪 300 多头、蛋鸽 4500 多对，饲养水鸭 17 万多羽、蜜蜂 1.36 万多箱。平原绿化面积 15.67 公顷。完成店前村标准农田质量提升 23.70 公顷，里坞畈土地整理 62.98 公顷。

【推进项目征迁】 实行一个项目一个牵头领导、一个工作班子、一套实施办法的工作机制，发扬“不等、不推、不靠、不怕”的“四不精神”，完成西山绿道、西山南入口广场、江郎山大道、通货场道路交叉口等项目征迁任务。特别是开展“清障拔钉”行动以来，街道上下齐心，措施得当，用短短 15 天时间在全市率先拔下第一钉，得到市委书记吕跃龙和市委副书记、市长叶美峰的批示肯定。

【招商引资】 成功引进计划投资 1.3 亿元的浙江百恋谷度假有限公司和投资 1.5 亿元的浙江半山圆农业科技有限公司，前者项目已经立项，用地已经向省国土厅报批，后者已经动工建设。成功引进占地 2 公顷投资 6400 万元的东华理工大学实训基地项目。到位引资额 2.06 亿元，其中新建项目 1.5 亿元，续建项目 5600 万元，有浙江半山园农业科技有限公司 1.5 亿、江山易登针织有限公司 3500 万元、江山富达商标印制有限公司 2100 万元等 3 个千万元以上投资项目。引进亿元项目 1 个：江东工业园热电联产项目，计划总投资 3 亿元。

【整规生猪养殖】 经过四个月的克难攻坚，顺利完成养殖污染整治“百日攻坚”专项工作。街道共有养殖污染整治任务 59 家猪场，面积 61331 平方米，已关停退养治理 58 个猪场，面积 54085 平方米，完成整治任务的 99.2%，其中 1 家整治提升场顺利通过验收，在全市养殖污染整治“百日攻坚”行动督查量化每周排名中一直名列前茅，街道和 3 个行政村被评为全市养殖污染整治“百日攻坚”先进集体，4 名干部被评为先进个人。

【抓好“清三河”工作】 在原有街道二级河长、行政村三级河长、村民小组段长以及民间监督员的原构架基础上，增派 11 名街道机关干部组建成立 11 个整治工作小组进驻各村，督促做好治水工作。街道主要领导作为协里溪、三桥溪、封门溪和江山港的二级河长，每周至少进行一次巡查，掌握河道现状，发现问题及时明确整治方案，做到“一河一策”“一河一档”，层层落实责任。严格按照“清三河”验收标准全面落实整改，在全市“控源头防反弹”摸排行动中，共摸排出各类污染源 123 处。通过努力，街道主要河流出境水水质已达标，并顺利通过省“清三河”达标县创建验收组的验收。

【集中治理农村生活污水】 开展彭里、江山底、金坞、荷塘等4个行政村农村治污工作，计划设计纳户2003户、5818人，总投资1000多万元，村域范围内农户受益率确保达到80%以上。争取上级资金，实行治污财政资金专款专用，强化多元投入，同时街道主要领导牵头联系挂联企业与农村生活污水治理村在资金上进行结对帮扶；发动实施村筹资筹劳，争取结对部门单位的支持，共筹到各类帮扶资金50.5万元。在工程施工过程中严格把关质量问题，确保农村生活污水治理工程成为民心工程，基本完成4个村的农村生活污水集中治理主体工程。

【打击传销活动】 通过加强宣传、深入摸排、精准打击、协同配合，配合公安、工商等部门集中开展35次打击传销，共捣毁35个传销窝点，查处341名传销人员（其中最大的1个窝点查处53名传销人员），遣送313名，解救15名，刑拘28名，特别是在5月26日配合公安机关开展“3·12”传销专案行动，在本辖区范围内成功抓获“C级”头目2名，一般涉传人员21名。在辖区实行举报传销有奖活动，共发放奖金6100多元。

【推进“三改一拆”】 街道以“无违建市”创建为载体，精心部署广泛发动，全街道没有出现一起抗拆事件，全年总拆违面积94395.41平方米，旧厂区改造面积14.4万平方米，在全市创建“无违建市”拆违情况每期通报中名列前茅，辖区19个村（社区）被评为“无违建村（社区）”，街道被评为三改一拆先进集体。

【抓好安全监管】 落实安全生产党政同责一岗双责齐抓共管制度，实行“511”工作机制，明确企业主体责任。天津港“8·12”特大安全生产事故发生后，街道迅速动员挂联企业干部对辖区785家工矿企业深入大排查活动，对生产流程、机械操作、物品仓储等10多项安全生产内容进行全面大排查，不留安全死角，共排查出各类安全隐患102处，并全部整改到位，确保辖区安全形势稳定发展，辖区没有发生一起重大安全生产事故。全年街道黄标车淘汰数达到601辆，相当于开化、常山等县全县的淘汰数量。同时，街道安监人员注重自身专业能力提升，代表江山市参加衢州安监员业务能力大赛获一等奖。

（周达辉）

上余镇

【概况】 上余镇地处江山市东北部，南连江山市区，北邻衢江区，素有“江山北大门”之称，浙赣电气化铁路、黄衢南高速、46省道、杭长高铁穿境而过。镇域面积155.8平方公里，其中耕地面积1866.67公顷。总人口6.2万（含园区），下辖21个行政村291个村民小组，34个党支部1560名党员。2015年，实现生产总值17.55亿元，同比增长8.3%；完成财政总收入5165万元，同比增长17.4%；全社会固定资产投资2.26亿元，超额完成2.6%；农村常住居民人均可支配收入18273元，同比增长10.3%。2015年，获江山市基层党建先进集体、平安建设暨综治维稳工作先进集体、信访维稳先进集体、招商引资工作先进单位、“消除4600”工作先进单位等多项荣誉称号。望江村成功创建浙江省卫生村。

【提升工业经济】 2015年，全镇有镇属企业72家。年销售额2000万元以上规模企业60家，亿元以上企业9家，其中镇属企业恒昌集团有限公司年产值5亿元。全年全镇工业总产值达16.55亿元。

【推进项目攻坚】 全年共征收土地21.94公顷，其中完成城北区块迎宾村新火车站广场南侧地块土地征收8.33公顷、拆迁房屋7户，完成新江中以西城北加油站以南地块土地征收0.67公顷，完成坞里山生活垃圾填埋场房屋拆迁9户，完成江东工业园五期土地征收12.94公顷、迁移坟墓50穴、拆迁房屋3户，年度计划落地项目区块全部实现无障碍清表，被评为杭长高铁江山段工程建设开通工作先进集体。谋划上报各类项目20个，入库2个，其中《江山北部省级现代农业综合示范区》项目获市项目谋划擂台赛“十大银项目”。全年新引进1000万元以上项目7个，其中大项目3个，计划总投资4.33亿元，实际到位资金0.91亿元。

【开展“五水共治”】 全年实施一都江、山头等村农村生活污水治理工程项目15个。落实“河（塘）长制”，推广“洁水养鱼”，江山港交接断面监测结果连续多次达到优秀，流域内河道水质、水体环境明显改观。《上余镇“源头治水”治出一江清水》的特色做法和《“三网+三心”，换得一江清水向下游》的经验文章分别在《今日江山》刊登。生猪整规工作成效明显，累计关停生猪养殖场440个14.75万平方米，创建“无猪村”17个，列入整改提升的9个养殖场全部通过治理达标验收，相关经验做法在《江山信息》专题刊登，并得到市委书记吕跃龙的批示肯定。

【优化镇村环境】 全年累计拆除违法建筑336宗8.99万平方米，21个村全部通过“无违建村”创建预验收。拆除旧房770户，建成农房改造示范村3个，完成下山搬迁135人，安置158人，拆除原居地房屋70户。全面完成143辆黄标车淘汰任务，开展“两路两侧”“四边三化”集中整治行动，实施推进147个整治点的治理任务，其中省交办11个、衢州市交办8个、江山市交办128个。开展国省道沿线广告牌专项整治，完成315省道涉及的5处乱堆放、4处广告牌拆除、1个废品收购站清理工作。争取国土、农林水、新农村建设等各类项目20个，资金达9100多万元。投资700多万元实施农田水利设施建设项目。实施李坪、山头等5个村生活垃圾分类处理百个示范村创建工作，开展“百万妇女学贺田”行动，建成浙江省“绿色家庭”1户、衢州市“洁美家庭”11户、江山市“最美庭院”1户、“洁净家庭”3户、“美丽庭院”3户。完成湖珠村五村联创以及望江、五程、方家等“中国幸福乡村”单村创建3个。

【创新基层党建】 《上余镇关于开展基层组织“两创两评”活动的实施方案》被市委组织部作为经验做法在全市转发推广，《上余镇打造党建“115”工程 全面夯实基层基础》和《上余镇推行基层党建“115”工程成效明显》分别在《江山市组工动态》第2期和《今日江山》头版头条刊登。重视发挥妇女组织在基层党建中的积极作用，6月25日，承办省妇联来江调研服务型基层妇女组织建设座谈交流会，相关经验做法得到省妇联副主席童丽君的肯定。

【做好“4600”消困工作】 做好“4600”消困工作，针对“4600”以下农户，发放“结对帮扶爱心卡”。7月1日，接受省农办扶贫开发处处长蒋伟峰一行到江山调研消除农村家庭人均收入 4600 元以下贫困现象。12 月 11 日，接受省“消除 4600”视察核查工作，得到省人大常委会党组书记、副主任茅临生的肯定。同时，上余镇《连心卡助力“4600 以下”消除贫困工作》的经验做法在《今日江山》刊登。

【李坪村村歌获金奖】 9 月，由市委宣传部、浙江日报衢州分社主办，以“中国乡村好声音”为主题的江山市第二届文化礼堂村歌大赛开赛，李坪村村歌《红糖飘香》荣获大赛金奖。《江山李坪，红糖又飘香——散不去的家乡味》的大篇幅报道分别被《今日江山》《衢州日报》《浙江日报》等多家媒体网站刊登，李坪村的土制红糖也因此香飘四方，受到广大消费者的青睐。

【创建“一村一品”】 年内，李坪休闲农业园（吉源家庭农场）被评为江山市级休闲农业与乡村旅游示范园。塘二猕猴桃基地和塘三高山蔬菜基地种植规模不断扩大，塘二村被评为江山市猕猴桃种植“一村一品”专业特色村，塘三村被评为衢州市、江山市高山蔬菜“一村一品”专业特色村。

【整顿无证幼儿园】 为了进一步加强上余镇学前教育机构的有序管理，确保广大学龄前儿童身心健康发展，上余镇针对辖区内 6 所无证幼儿园的实际情况，利用暑期两个月时间，统筹部署，采取“一园一策”和“关、停、并、建”的办法，限期整改幼儿园 2 所，合并收购无证幼儿园 4 所，妥善分类安置幼儿 118 名，安置教工 2 人，圆满完成辖区内无证幼儿园的清理整顿工作。相关经验做法得到市委副书记、市长叶美峰和副市长毛正彩的批示肯定。

（邓群芳）

四都镇

【概况】 四都镇位于江山市北部，区域总面积 42.8 平方公里，其中耕地 780 公顷，林地 2467 公顷。下辖 8 个行政村，79 个自然村，127 个村民小组。总户数 4686，总人口数 15559 人；当年出生 151 人，死亡 85 人，人口自然增长率 4.3‰，计划生育率 96%。2015 年，全镇实现地区生产总值 5.12 亿元，其中第一产业 5406 万元，第二产业 3.49 亿元，第三产业 1.09 万元。财政总收入 3465 万元，其中地方财政收入 1850 万元，比上年增加 30.92%. 农民人均纯收入预计达 1.78 万元，同比增长 10%。完成全社会固定资产投资 45533 万元，其中工业固投 30729 万元，同比增长 13.24%。

【农业经济】 2015 年，全镇农作物播种总面积 2162.3 公顷，其中粮食作物面积 1226.8 公顷，总产量 6661 吨；油料 373.5 公顷，总产量 294 吨；棉花 19.7 公顷，总产量 31 吨；甘蔗 7.1 公顷，总产量 504 吨；中草药材 26.7 公顷，总产量 58 吨；蔬菜 478.3 公顷，总产量 7515 吨；食用菌产量 1173 吨；果用瓜 12.8 公顷，总产量 346 吨；茶园面积 1.53 公顷，总产量 2 吨。有果园 403 公顷，其中柑橘园 393.2 公顷；水果总产量 7524 吨，其中柑橘 7064 吨。全年肉类产量 100.6 吨，其中猪肉 88.5 吨。生猪饲养量 1.7 万头，年末存栏 2500 头，年内出栏 1.5 万头；牛年末存栏头数 112 头，年内出栏头数 25 头；羊年末存栏头数 294 头，年内出栏头数 458 头；家禽年末存栏头数 1.3 万羽，年内出栏 7.9 万羽，禽蛋产量 27.6 吨；天然蜂蜜产量 1.1 吨，蜂王浆产量 5 吨，水产品全年产量150吨。

【工业经济发展】 全镇有工业企业28家,规模以上企业9家,以机电产业为主。全年实现工业总产值18.5亿元,同比增长1.21%;工业增加值4.625亿元,同比增长2.25%;规上产值15.7亿元,同比增长2.07%。企业科技创新能力不断加强,上美输配电公司被认定为国家高新企业,全镇现有国家高新企业2家。规上企业科研经费投入755万元,同比增长7.9%;高新技术产业增加值达7625万元,同比增长5.2%,全年新增专利14件。企业品牌影响力不断攀升,热威公司的河合(Kawai)品牌在同行业中排位世界第三,杰特公司圣诞树出口量占全国的2%,永坚实业公司品牌知名度排名浙江省前列。“机器换人”“电商换市”取得新成效,浙江上美输配电有限公司、江山热威电热科技有限公司2家企业投入1000余万元实施机器换人,用工量减少近40人,生产效率得到大幅度提升。规上企业在阿里巴巴江山产业带上线率达89%,网络销售额达1500万元。2015年,招商引资实际到位资金1.7亿元,利用外资200万美元。项目建设不断加快,投资3000万元的宏电环保一期工程,完成主体工程并进行试生产,总投资2.1亿元的明源机械项目于年底动工开建,由项目前期转化为实施。投资3000万元的热威公司年产300万个铝制品生产线项目比预定时间提前5个月完工投产。

【园区平台建设】 至年底,镇机电工业功能区已累计投入资金近5200万元用于平台开发建设,累计开发土地面积47.13公顷。完成园区道路硬化1公里,新建“雨污分流”管道518米,并做好绿化、亮化、供电等基础配套设施建设。完成19434平方米的小微企业创业基地建设,入住小微企业5家。投入500万元,建设集停车、餐饮、住宿、娱乐为一体的园区综合服务楼。

【生态环境治理】 投资1500万元,实施农村生活污水治理工程,建成3.5公里的集镇污水管网和日处理能力500吨的集镇污水处理终端,村级处理终端17个,合计收益农户3254户。完成“清三河”创建工作,辖区主要流域水质由地表水III类提升为II类。开展养殖污染整治,严格划定镇域范围内的禁限养区,全镇47个养殖场,关停38个,通过整治验收9个,成功创建“无猪村”4个。“四边三化”赤膊墙整治工作全面完成,累计整治34户,面积1.1万平方米。

【推进“三改一拆”】 全年共拆除违法建筑201宗,面积4.66万平方米,成功创建无违建村8个。打造美丽集镇,清理违章建筑21处、清理乱堆乱放43处、处理破烂招牌78个、整治店外经营点36处,同时启动集镇道路白改黑、广告牌设计制作、休闲广场建设、农贸市场改造提升等“六个一”集镇建设。

【完善基础设施】 完成应急广播体系建设工作,设立应急大喇叭72个,镇级播控中心1个,村级应急播控中心4个(傅筑园、上峰、江北、双溪)。投入240万元,完成傅筑园村“节孝牌楼”传统古建筑修缮及文化广场建设、埠头村水碓头老年活动中心建设、上峰小区基础设施配套建设等民生工程。投入780万元,实施儒村水库、皮石垄水库除险加固工程,全年修复水毁12处,山塘整治4个。完成3.27公顷大湖山水泥厂土地复垦项目的验收工作,新增埠头村毛茹山开发垦造耕地3.27公顷。投资43万元,购买新渡船,并对码头进行改建。投资1000万元,完成四都至大湖山道路硬化工程。投入100万元，完成溪头山至营盘山、下溪沿至平埂、山头畈至黄家埠等联网公路硬化。

（徐崇亮）

大陈乡

【概况】 大陈乡位于江山市区西北部区域总面积30.9平方公里，下辖6个行政村，总户数2773户，总人口8609人。当年出生75人，死亡65人，人口自然增长率1.2‰，计划生育率93.15%。2015年，全乡实现地区生产总值11380万元，同比增长7%；财政总收入1614.57万元，同比增长69.34%，其中财政税收收入237.8万元，同比减少26.58%，专项资金收入319.3万元，同比增长0.77%；完成固定资产投资3000万元，同比增长50%。2015年，大陈乡获江山市乡镇（街道）工作目标综合考评一等奖、全市对台工作先进单位、江山市文明乡镇、信访工作先进集体、武装工作先进单位。乡大陈村获全国第三批美丽宜居村庄、浙江省文明村等。夏家村被评为人口和计划生育基层群众自治示范村居，红星村获衢州市森林村庄等荣誉。

【工业经济】 全年共引进项目3个，意向投资总额1亿多元。浙江旺林生物科技有限公司总投资2300万元，投入试生产的食品药品级竹质植物炭黑，可替代从欧洲、日本进口的同类产品，填补国内市场的空白；根根包装有限公司总投资5065万元的年产3000万㎡瓦楞纸板生产线项目，已完成供地，正办理动工许可；江山市金盛源门窗有限公司年产15万平方米的新型隔热断桥铝合金门窗生产线项目的总投资2800万元，正办理土地招拍挂手续。

【农业经济】 全乡有早竹笋、枇杷、油茶籽、中药材、食用菌等五大类的6个农产品通过中国质量认证中心的有机产品认证，认证数居全市各乡镇之首，认证产品的收购价超过同类普通产品；早田坂村的才平家庭农场被评为示范性有机生态农场，其东魁杨梅成功注册了“江山龙珠”品牌；引进的总投资约1亿元（分三期进行）的皂角树农庄项目，投资商已与乡政府签订投资意向书，土地流转工作已完成80%。

【打响乡村休闲旅游品牌】 乡全年共接待游客4万人次，营业收入近300万元；举办“文化迎亲”文艺专场演出31次，受邀外出参加江山、衢州以及省内外各地的文艺演出10次；成功承办西湖童歌童舞衢州江山站比赛、衢州首届原创村歌大赛、上海宝马中国行等活动；组织开展杨梅采摘节、麻糍文化节、“五水共治”文艺演出、新春农民运动会等各类文体活动；邀请上海锦江、中港旅、驴妈妈、去哪儿、携程等上海、杭州的各大旅行社，举办“大陈—双塔”旅游专线的专项推介活动；邀请浙江师范大学美术学院教授对大陈古村民宿进行规划设计，挖掘民宿、旅游、文化的结合点，全乡共有5户农户参与民宿建设，新建民宿房间27间，新增民宿床位117张；由建于20世纪60年代的大陈小学改造而成大陈古村写生基地，吸引浙师大美院、衢州学院等多批美院学生定期前来写生；投资50万元修建大陈蒙蒙山游步道，将自然风景与民宿、古村等景点有机串联起来。

【民生保障】 乡组织干部认真摸排全乡家庭人均年收入4600元以下的农户，详细了解他们的家庭状况，深入剖析贫困原因，全年累计发放各类救灾、救济款4.12万元。政府投资 300 万元用于各项水利基础设施建设毛塘坞、朱坞、龙王、石坝弄等 4 个山塘的除险加固工程，红星、乌龙、夏家及大唐 4 个村综合灌区建设；红星、乌龙、夏家、早田坂村 4 个池塘的修理建设；投资 120 万元用于红星村里河畈粮食功能区项目建设；投资 40 万元用于全乡应急广播体系建设，覆盖率 100%；乡文化站、乡财政服务中心、养老服务照料中心、农民艺术楼等项目基本完成。定期举办计生、司法等各类专题活动 15 次，印发相关政策法律、法规宣传提纲 500 多份。乡年度计划生育率达 93.15%，落实四项手术 64 例，共对 9 户违法生育家庭征收社会抚养费共计 30.6111 万元；全年共排查 40 件民事纠纷，成功调处 29 件，调处成功率达 100%；共收信访件 10 件，均全部按期报结，报结率达 100%。

【环境整治】 全乡污染源已全部销号，清三河工作通过验收，交接断面水质监测的合格率 100%、优秀率达 80%。在生活污水治理工程实施村中，大唐村、红星村完成总进度的 85%，早田坂村完成总进度的 50%，并已启用垃圾中转站，新建阳光堆肥房。全乡共拆除违法建筑 37 宗，面积达 24525 平方米，处罚违建 173 宗，面积达 5912.42 平方米，共计罚没款 669859 元，6 个村均成功创建“无违建村”。推进生猪整规工作，全乡 55 户养殖户，53 户拆除转型，2 户整改提升，共拆除房屋栏舍 28411 平方米，减少生猪存栏数 9500 头。政府通过免费开设休闲农家乐、果蔬种植等培训，鼓励、引导养殖户利用现有场地向乡村旅游、民宿经济等方向发展，确保农户“减猪不减收”。

（胡一新）

碗窑乡

【概况】 碗窑乡位于江山市区东南郊，区域面积 110.05 平方公里，耕地 742 公顷，林业 6719 公顷。下辖 12 个建制村，总户数 6242 户，总人口 19873 人。当年出生 172 人，死亡 100 人，人口自然增长率 3.62‰，计划生育率 88.95%。2015 年，完成生产总值 3.63 亿元（第一产业 10983 万元、第二产业 12218 万元、第三产业 13151 万元）。财政总收入 1466 万元，农民年人均纯收入 16198 元。2015 年，取得第二批省级无邪教乡镇、江山市乡村休闲旅游先进单位、江山市公益林建设管理先进护林组织称号，同时获得平安江山建设、信访、纪检监察、清洁河道、异地搬迁、招商引资、服务业发展工作等“先进单位”荣誉。

【工业经济】 全乡共有工业企业 15 家，其中规模以上企业 1 家，主要产业为保健品，产值超千万的企业有浙江千红蜂产品有限公司，全年完成工业总产值 25731 万元，固定资产投资 5801 万元，全年招商引资引进资金 2800 万元。

【农业经济】 2015 年，全乡农作物播种总面积 1972.6 公顷，其中粮食作物面积 1254.7 公顷，总产量 7901 吨；油料 342.4 公顷，总产量 526 吨；棉花 1.1 公顷，总产量 2 吨；甘蔗 20.2 公顷，总产量 861 吨；蔬菜 267.7 公顷，总产量 4032 吨；食用菌总产量 9239 吨；果用瓜 8.7 公顷，总产量 523 吨；茶园 26.1 公顷，茶叶产量 11.5 吨；果园 238.7 公顷，水果总产量 3643 吨（柑橘 2012 吨，猕猴桃 716 吨）。全年生猪饲养总量 1.46 万头，年末存栏数 0.14 万头；羊存栏数 101 头，出栏数 205

头；家禽存栏数9.35万羽，出栏数33.4万羽；养蜂年末存1.25万箱。全年完成农业总产值9728万元。

【建设乡村休闲旅游之地】 围绕旅游业“二次创业”目标，在国家AAA级景区创建成功基础上，探索“丰富业态，完善配套，打造精品”的发展方向，利用碗窑历史悠久、环境优美、交通便捷的三大优势和农家乐规模发展的一大特色，不断丰富和发展现代观光农业、养老养生、农家乐等乡村休闲旅游业项目。至年底，建有铁皮石斛、树莓、红豆杉等现代观光农业项目8家，月亮湖养老公寓、颐年养老院等现代养生养老项目2家，在10个村建设居家养老服务照料中心，碗窑村被评为浙江省十大老年养生旅游示范基地。有32家农家乐，其中省农家乐特色示范点2家、省旅游特色经营户（点）2家、四星级农家乐3家、三星级农家乐14家，餐位2630个，床位389个，全年接待游客数约37.1万人，实现营业收入1790.6万元，均比2014年增15%以上。素园农家乐被评中国乡村旅游金牌农家乐，福赐德蜂业被评浙江省工业旅游示范基地。

【生态建设】 全年生猪存栏减量15276头，完成率187%，削减能繁母猪1327头。已关停拆除养殖场278户，累计拆除面积达2.7万个平方米，12个村有10个成功创建“无猪村”；落实各级治水责任，完成境内江山港、达河溪、协里溪及其他支流整治任务，特别是达河溪列入黑臭河整治，多次代表江山接受省、衢州检查考核；开展“无违建村”创建工作，共拆除违法建筑136宗，面积31392平方米；开展农村“双治”工程，对3个村实施农村生活污水治理，已有10个村完成农村生活污水治理，4个村开展垃圾分类试点；开展集镇整治，拆除雨棚1850平方米，其他构筑物、堆放物料、广告牌、占道经营等76宗；加快江山港美化提升、达河溪源口段生态游步道建设，推进土地征迁工作，涉及桑淤、双龙、源口共245亩土地全部交付。

【引进美洲牧草和垂耳绵羊种养项目】 该项目由中国国际扶贫基金会与江山市伍益农场合作，总投资5000万元，已完成一期投资2300万元，种植牧草4公顷，建设配套基地附属设施1200平方米及高标准绵羊良种繁育场4125平方米。帮助建立中科院马润林博士专家工作站，着力研发种草养羊“北牧南移”江山模式。

【抓好醉美碗窑建设】 打造高品质、高档次乡村休闲旅游精品线——醉美碗窑风行线，策划设计“46省道—源口—碗窑”精品线上村口节点，对碗窑村“渔家乐一条街”进行整治提升，投资80万元，提升长700米、宽6米的绿色景观带。对上江坝天然游泳池进行改造，建设水上主题公园。建设养老养生、野外拓展基地，用地7.73公顷，建成集野外拓展、住宿、培训、娱乐、度假为一体的综合活动基地，已完成方案设计。

【民生事业建设】 加快幸福乡村建设，积极创建源口美丽乡村、桑淤富裕乡村、和源文明乡村。加快异地搬迁步伐，搬迁21人，安置130人；继续推进完善凤凰山下山脱贫小区一期、二期基础设施配套，抓紧实施第三期下山搬迁小区道路硬化、绿化亮化、排水排污等配套建设，硬化道路1230米，建设挡土墙1000米；建立信访维稳工作档案，建立“一对一”结对信访户，主动走访对接，化解一批信访积案，成功调处各类矛盾纠纷198起，调解率、调解成功率100%。制作100幅“平安江山”灯杆宣传图，在全乡主要交通路口和集聚地，共设立52个治安监控探头。

（周丽珍）

贺村镇

【概况】 贺村镇域面积129.52平方公里，下设贺村、淤头、吴村3个办事处，下辖45个行政村，1个中心社区，总人口95576人，户籍人口85954人。当年出生856人，死亡517人，人口自然增长率3.54‰，计划生育率92.34%。2015年，全镇完成地区生产总值49.77亿元（第一产业3.48亿元，第二产业37.28亿元，第三产业9.02亿元），工业增加值34亿元，全社会固定资产投资额40.6亿元，财政总收入5.69亿元（乡镇公共财政预算收入1.51亿元，税收总收入完成3.97亿元），城镇居民人均可支配收入29667元，农村常住居民人均可支配收入达到19490元。2015年，被评为全省“五水共治”先进集体、浙江省商标品牌示范乡镇（街道）、浙江省乡镇（街道）劳动人事争议先进基层调解组织、浙江省级粮食生产功能区、衢州市平安示范乡镇等先进集体。耕读村获评“中国乡村休闲旅游模范村”“浙江省老年养生旅游示范基地”和省级美丽宜居示范村等荣誉，淤头村获评“中国淘宝村”。

【工业经济】 经济以工业为主，2015年工业总产值136亿元，其中规上工业总产值75亿元。主要有木业、消防器材和文体用品三大特色主导产业，并基本形成“一园三区”的工业布局。木业产值54.8亿元，木业市场稳居全国前三强，中国木门30强企业品牌排行榜中，贺村欧派门业和金凯木门两家企业分别位列第17位和第30位。其中欧派门业年产值达8亿元，利税7200万元，正积极争取上市。羽毛球年产量占全国总产量的2/3，中低档羽毛球占全国市场80%以上，中高档羽毛球出口东南亚、韩国、日本、丹麦等国家和地区。消防产业产量近10亿元。镇内还拥有传统商贸物流中心、浙西木材市场、白鹅市场、华东第一牛墟4大专业市场。

【农业经济】 农作物播种总面积8908公顷，其中粮食作物面积5714.6公顷，总产量3.76万吨；油料1641.6公顷，总产量3159.4吨；棉花162公顷，总产量336.5吨；甘蔗47公顷，总产量2624吨；蔬菜944公顷，总产量1.17万吨；果用瓜67公顷，总产量1130.8吨；茶园41.8公顷，产业产量24.3吨；果园161公顷，水果总产量2725.8吨。全镇生猪饲养总量33.3万头，年末存栏数4.6万头；牛年末存栏数419头，年内出栏数415头；羊存栏数2587头，出栏数2254头；家禽存栏数81.6万羽，出栏数167万羽；养蜂年末存1.9万箱。新发展家庭农场34家，衢州市级示范性家庭农场1家。完成友爱村、山底村粮食高产示范片以及省级315.33公顷、市级473.2公顷粮食生产功能区建设。实施据村垄“旱改水”项目，新增水田51.17公顷；新培育6.67公顷以上种粮大户10户。投资近500万元实施水稻产业提升工程，对山底村、吴村村、后源村、羡家村、礼贤村等村田间排灌渠改造、机耕路硬化等。

【重点项目建设】 总投资10.6亿元的娃哈哈饮料项目，一条5.4万瓶/小时饮料生产线建成投产，日产9.6万瓶4.5升规格纯净水。红盖

镇南农贸市场

头公司 40 万听葛根健康饮料生产项目建成投产，年产葛饮料 1.2 亿听，年产值可达 5 亿元。鑫安消防科技有限公司完成年产 2 万个大型高强合金筒体。菲尼可生物科技有限公司年产 8000 吨动物无害化集中处理生产线项目已建成。

【招商引资】 坚持招商引资一号工程，坚持引进好项目、大项目，增强贺村小城市发展后劲。全年共引进项目 6 个，已落地 3 个，开工新建设 2 个，实际到位资金 1.5 亿元。规划用地 66.67 公顷，集养生养老、老年大学、水上休闲等于一体的茹菇塘水库休闲养生养老基地项目成功签订招商协议。总建筑面积 1.2 万平方米，集餐饮、影院、超市为一体的商业综合体——东方时代贺村店进入整体装修、商铺招商阶段。规划控制区面积 19.13 公顷、总建筑面积约 33.2 万平方米、地下面积 12 万平方米的万人集聚区项目已立项，可吸引 2800 户 1 万余人入住贺村。

【"五水共治"】 全力开展生猪整规"百日攻坚"行动，全镇共关停猪场 2568 家，减少生猪年饲养量 60 万头，拆除栏舍 95 万平方米，仅保留 59 户整改户，猪场保留率为 2.4%，横渡溪、八里坂溪、东山头溪、棠坂溪、坛石溪、江山港等 6 条主要河流地表水水质均达Ⅲ类标准。13 个村完成农村生活污水处理工作，新建污水终端池 120 个，铺设主管 13 万余米，新建改造化粪池 3120 个，新增受益农户 10468 户。

【区域性火灾隐患整治】 开展区域性火灾隐患整治攻坚专项行动，拆除影响消防通道、消防车道和扩大防火分区的违章建筑 4 万余平方米，顺利通过省消安委验收。2015 年，贺村竹木加工行业火灾事故，同比下降 66.7%，损失下降 54.6%。

【耕读品牌】 在成功创建 AAA 级景区基础上，鼓励贝林集团进一步加大投资，拓展和丰富游乐接待设施，新建 14 幢小木屋、水上屋，国庆期间开始运营。整合 1000 多万元资金对"小西湖"进行彻底清淤、对主干道进行拓宽和"白改黑"，对主入口进行提升改造，对一家有碍观瞻的工业企业实施搬迁。培育发展 20 多家民宿和农家乐，接待能力逐步提高。

耕读村

“五一”小长假、“十一”黄金周和春节期间，掀起了节假旅游的耕读热，游客每天超万人，全年创旅游收入1200多万元。耕读村成功承办衢州市乡村休闲旅游工作现场推进会，乡村休闲旅游的“耕读模式”得到省长李强、政协主席乔传秀和副省长黄旭明的肯定。

【城市建设】 加快城市基础设施配套，提升小城市建设品位。实现江山城区至贺村莲华山工业园快速通道贺村段贯通，打造城区至贺村的10分钟交通圈。完成中心南街贯通工程，打通集镇大动脉。镇南农贸市场建成投用，设有专业检测室，建立农产品可追溯制订，软硬

礼贤村

件设施走在衢州市前列，获评“浙江省放心市场”。江山市第二人民医院主体已经结顶，建成后将拥有门诊医技楼及住院综合楼各一幢，建筑面积2.24万平方米，拥有床位300张，达到现代化二级甲等综合性医院标准；镇南幼儿园成功招商，建成后拥有3层幼儿园教学用房，能容纳幼儿360名；贺村第二小学开工建设，新建校舍总建筑面积约1.56万平方米及有关附属配套设施；育仁职业卫校项目开工建设，用地2公顷。同时，集中力量开展集镇专项整治行动，拆除集镇区域室外广告牌200多处，雨棚60多个，店铺商铺违建60多处2000平方米，清理清运垃圾200多车，处理僵尸车11辆。

【项目谋划】 “鹤村·水文化休闲带”项目计划总用地面积100公顷，是一个集湿地保护、休闲度假、户外活动、农业观光体验为一体的湿地公园项目；贺村高级中学项目，计划用地面积10公顷，建筑面积2万平方米，建成后将有42个班级的规模。贺村四星级酒店项目计划用地1公顷，建筑面积达1.5万平方米。

【新农村建设】 礼贤村成功承办江山市第二届村歌大赛。佛堂村在浙江省第二届村歌大赛中获银奖、创作铜奖。湖前村、耕读村等村组织开展春节体育活动28场次、文化演出6场。达埂村、溪淤村、棠坂村、严麻车村、乌鹰垄村5个村成功创建幸福乡村。永兴坞村成功创建省级历史文化村落保护村，青塘尾村成功创建省级美丽宜居示范村。同时，开展“三改一拆”、无违建乡镇创建工作，全年拆除违章建筑1489宗，面积达70万平方米，44个村通过市无违建村验收。

【“互联网+”产业】 培育发展“互联网+”产业，全年新增8家网店家，电子商务营业额达5867.2万元。淤头村培育发展100家以上电商，交易额超千万，被阿里研究院评为“中国淘宝村”。引入“冒个泡”公司，投资6000多万元建立销售收入超亿元的全国首个互联网C端农产品集散中心。

（杨华骁　毛江浩）

清湖镇

【概况】 清湖镇区域总面积73.42平方公里（耕地面积1355公顷），下辖26个行政村、1个居委，总户数12089户，总人口41074人。

2015年，全镇实现国内生产总值16亿元，完成社会固定资产投资3.8亿元，地方财政收入1.25亿元，农民人均纯收入18200元。清湖镇是国家级生态镇、浙江省历史文化名镇，被评为江山市2015年“最佳满意乡镇”、江山市招商引资工作先进单位、扩大有效投资工作先进单位、江山市征地拆迁工作先进集体，获2015年度乡镇（街道）工作目标综合考评一等奖；清湖镇镇计生协会获全国计生协乡镇级先进单位；浮桥头村被浙江省司法厅评为浙江省民主法治村；清湖二村被浙江省文明办评为浙江省文明村镇、浙江省村级体育健身俱乐部。

【工业经济】 2015年，全镇工业企业有407家，其中规模以上企业24家，已形成注塑产业、机电、木门为支柱三大产业区块，培育健盛袜业、纪元电气、恒高塑业、王牌门业等龙头骨干企业。全镇实现工业总产值达45亿，其中规上产值28亿元；招商引资成效显著，引进福斯特光伏等市外工业项目5个，到位资金1.95亿元。

【农业经济】 全年农作物播种面积3653.8公顷，粮食作物播种面积2173公顷，总产1.32万吨；豆类224公顷，总产405吨；薯类176.47公顷，总产689吨；油料653.93公顷，总产1116吨；棉花32.73公顷，总产46吨；蔬菜616.4公顷，总产15520吨；食用菌4358吨；果用瓜67.6公顷，总产2031吨，花卉苗木11.93公顷，茶园25.27公顷，总产35吨；果园17.53公顷，总产2299吨。全年肉类产量6680.4吨，其中猪肉4847.3吨。生猪年末存栏12390头，年内生猪出栏数85041头；牛年末存栏数209头，出栏96头。

【和睦AAA景区创建】 围绕“和睦—清漾—山里河马场—江郎山”世遗江郎风采线，2015年投入200万元对彩陶景区进行提升，创建AAA景区。年内基本完成旅游核心区建设和环境整治，修复了400多米的仙霞古道游步道和历史遗留古迹陆和进士牌坊、双节流芳牌坊及节孝祠堂等古迹；在原中科院植物研究所20亩荷花种植基地的基础上，扩租80亩，种植荷花品种600多个，并建造休闲观荷亭；主游览线发动建设农家小院7家，建造标准间56间。“陶乡和睦”被评为衢州市级农家乐综合体。9月26日，举办“忆码头，做彩陶”记忆乡土过中秋——江山市首届清湖镇乡村休闲旅游活动。

【重点项目推进】 清湖是经济开发区大工业平台的主战场，已为山海协作园、城南新城、基础设施项目等累计征收土地1.1万亩，拆迁房屋800多户。探索实行“公告公示全公开、补偿安置不谈判、集中签约选宅基、未签协议先拆除”四条“阳光征迁”新路，完成市级重点征迁项目20个，征用土地95.87公顷，租用土地97.6公顷，拆迁房屋227户，为健盛产业园、福斯特光伏等8个亿元项目提供用地保障。

【养殖污染整治】 做好养殖污染整治“百日攻坚”工作，将385个猪场全部挂图，成立24个镇村工作组，无节日、全天候投入整治，拆除栏舍259480平方米，其中拆除猪场面积121216平方米，退养猪场面积138264平方米，退养生猪79000头，成功创建20个无猪村，并通过人代会形成防反弹长效机制决议。

【农村电商发展】 实施“互联网+”战略，在支持清泉村200万元建设2500平方米淘宝综合楼的基础上，继续投入30万元统一规划建设，集办公、仓储、包装、培训、物流为一体，设置便民服务大厅、网商办公区、产品展示区、仓储配送中心、会议室、电商培训区等六大功能区，引进电商企业11家，销售收入突破1亿元，被列为衢州市“三民工程”观摩点和衢州市村干部“四互”竞赛观摩点，建成后已累计接待各地观摩团100批以上。

（余　奇）

新塘边镇

【概况】 新塘边镇位于江山市西南面，全镇区域面积47.88平方公里，下辖19个行政村，164个自然村，233个村民小组，9802户，人口32594人。当年出生333人，死亡195人，人口自然增长率4.3‰，计划生育率为91.83%。2015年，全镇实现地区生产总值7.9亿元，全镇实现固定资产投资2.61亿元，农民人均纯收入18710元。荣获江山市综合目标考核复合型乡镇一等奖、江山市乡镇满意度测评第一名、衢州市百个乡镇考核三等奖，同时获评衢州市2015年度市级平安示范乡镇以及江山市五水共治、信访维稳等先进集体，塘边村获省慈善村称号，东陈村获浙江省森林村庄称号。

新塘边镇创建“月满新塘”国家级AAA景区（毛家佳 摄）

【工业经济】 新塘边镇企业以消防产业为主，其中骨干企业有江山市永安消防材料有限公司（主要产品ABC干粉灭火剂产量占国内20%份额）、浙江超亿消防科技有限公司（金属筒体产量全国前列）、浙江亚宁消防科技有限公司（主要产品船用消防器材被广泛用于中海油钻井平台）、江山市帝亿消防材料有限公司（其产品远销南美洲）。全年实现工业总产值8.32亿元，规上工业企业总产值2.78亿元。

【农业经济】 2015年，全镇农作物播种面积3146.3公顷，其中粮食作物面积1894.9公顷，总产量1.32万吨。谷类1472.4公顷，总产量1.1万吨；豆类168.4公顷，总产量515吨；薯类254.1公顷，总产量1664吨；油料622.9公顷，总产量1171吨；棉花1.3公顷，总产量2吨；甘蔗0.6公顷，总产量42吨；蔬菜495.5公顷，总产量1.6万吨；食用菌总产量4671吨；果用瓜19.4公顷，总产量1375吨；茶叶118.4公顷，总产量180吨。肉类产量4189吨，其中猪肉产量3238吨，生猪饲养总量5.994万头，出栏生猪5.39万头，年末存栏5978头；年内牛出栏56头，年末存栏30头；年内羊出栏233只，年末存栏108只；年内活家禽出栏75.4万只，年末存栏26.06万只，禽蛋产量511吨；养蜂年末存3003箱，蜂蜜产量219吨，蜂王浆产量2.25吨；淡水产品产量1188吨，其中鱼类1184吨，甲鱼4吨。

【AAA景区创建】 将日月、爱丰、勤俭3个行政村作为一个整体，共投入资金1700多万元，完成日月村农家乐综合体、爱丰村农耕博物馆、休闲驿站、勤俭村游步道以及沿线标识标牌的建设，建成民宿68间97张床位，启动“月满新塘”国家级AAA景区建设，投入1000多万元资金启动勤俭省级历史文化村建设，拍

省级勤俭古村落保护村(刘新德 摄)

摄了专题片，建成哲学大道、哲学陈列馆、姜毅英将军故居等。同时，由中国社会科学院单继刚编著的《勤俭村遇上哲学》出版发行。

【工业平台建设】 完成消防基地内60亩土地的平整，投资80多万元，对消防基地内的军用光缆及帝亿消防区块周边的高压线进行迁改，对日月路沿线进行绿化亮化提升，建成大排渠550米。开展入企帮扶活动，鼓励企业科技创新，华隆能源、超亿消防、华洋木业、万众消防等企业纷纷实施技改项目，其中华隆能源有限公司先后投入700多万元进行技术改造。同时，通过在外能人信息平台成功引进永汇消防、帝亿消防、永安消防等3个“四大百亿”工业项目，协议总投资1.2亿元，实际到位资金9500万元。通过摸排闲置资源，成功引进奏顺木业、禾田炭业等企业，新增固定资产投资2300万元。

【新农村建设】 坚持“示范引领、项目助推、协调发展、全面覆盖”的工作思路，发挥精品示范村和“中国幸福乡村”的示范带头作用，以“互比互学”“项目竞赛，团队竞赛”等活动为载体，以项目建设为动力、村庄整治为基础，交流经验，互比互学互长，浓厚竞相干事良好氛围，实现创建工作“全面开花”，其中东亭村成功创建中国幸福乡村(全镇已创建11个)，永丰村、毛家仓村成功创建衢州市美丽乡村，外坞村成功创建富裕乡村、美丽乡村，上洋村成功创建满意乡村，爱丰村成功创建和谐乡村。全镇建成10个文化礼堂。各文化礼堂发挥各自的特色，每月组织文化礼堂人员培训，开展排舞、书法、绘画等活动。结合资源优势，成功举办桃花节、采桑节、采桃节等乡村休闲旅游活动。参加第三届农民运动会，其中团体比赛的拔河和排舞项目夺得全市第一的好成绩，总成绩排名全市第二，10月16日成功举办全市“家规家训”现场会。

【农业产业发展】 通过向上争取，全镇用于农田水利设施建设资金达到3000多万元，涉及12个村，其中投资2400多万元的湖里坂粮食功能区综合整治项目，新硬化道路20.36公里，改造灌溉渠20.7公里，桥梁12座；完成青口、东亭道士塘等水库除险加固工程。坚持“一村一品”，继续实行连片种植以奖代补扶持政策，鼓励特色果蔬业基地建设，同时推动荸荠、白菇、清水鱼等本地传统优势产品的产业化发展步伐。

12月29日，人尔科技在省股权交易中心挂牌上市(毛家佳 摄)

【抓好生态环境建设】 全镇170个生猪养殖场，完成关停拆除119个，拆除栏舍面积75356平方米，转产退养39户，退养面积21504平方米，通过治理验收达标场12个。全面开展19个行政村的一户多宅、新增违建、未批先建、基本农田违建、信访案件、卫片执法、暂缓理由不足等7种情况的摸底调查，共完成拆违311宗，面积31596.38平方米。完成5个村的农村生活污水治理工程，实现19个行政村农村生活污水治理的全覆盖；启动13个村垃圾分类工作，在日月、恩深、毛家仓等村建设有机垃圾处理点3个、阳光房4处，其中日月村垃圾分类工作被市政府确定为“江山样板”，也是全市第一个启动建设阳光房的乡镇，成功创建衢州市垃圾分类示范乡镇。

【民生保障】 推进关爱弱势群体的“春泥、夏雨、秋阳、冬暖”四季行动。1月，为278户困难群众发放慰问金12多万元。“七一”期间，走访慰问困难党员19户，送去慰问金五千多元，重阳节为5名百岁以上老人送上慰问金。建立各村社保工作交流机制，定期召开碰头会，建立社保档案，做到镇不漏村、村不漏户、户不漏人。组织开展消除“4600元”工作，对全镇290名贫困民众进行走访。

【人尔上市】 位于东陈村的人尔生态农业观光园开门迎客，两千多亩山上栽种了桃树、蜜柚、枇杷、樱桃、西瓜等十几种水果。全年接待游客2万多人次，荣获衢州市“五朵金花胜地”称号，其桃花美景在浙江卫视播出，并于12月29日在省股权中心挂牌上市。

（毛家佳）

坛石镇

【概况】 坛石镇区域总面积124.6平方公里（耕地1324公顷，林地9282公顷）。下辖行政村13个，总户8985户，总人数28723人，2015年，全镇完成生产总值6.34亿元，全社会固定资产投资8800万元，财政总收入2703万元，农民人均纯收入1.77万元。

【工业经济】 全镇有各类法人及产业企业195家，规模以上企业1家，主要产业为制塑等。骨干企业有众联竹木业有限公司、华潭砖厂、星光塑业有限公司、江山市华敏塑胶有限公司等。全镇完成生产总值6.34亿元，全社会固定资产投资8800万元。

【农业经济】 2015年，农作物播种总面积3682.53公顷，其中粮食作物面积2344.4公顷，总产量1.5万吨；油料651.3公顷，总产量1075吨；棉花13.93公顷，总产量15吨；蔬菜380.87公顷，总产量1.61万吨；食用菌0.48万吨；果用瓜15.87公顷，总产量530吨；果园284.53公顷，水果总产量1396吨（柑橘411吨、枇杷228吨、果用瓜398吨）；桑园10.67公顷；茶园87.33公顷，茶叶产量35.8吨。全年生猪饲养总量8.43万头，年末存栏数2.16万头；牛年末存栏数342头，年内出栏数141头；羊年末存栏数977头，年内出栏数1213头；家禽存栏数30.01万只，出栏数121.96万只；养蜂年末存2944箱；水产养殖378.8吨。

【农民饮用水扩面提升工程】 将农民饮用水提升改造工程列入年度政府投资项目，并被列入浙江省“五水共治”保供水考核项目内容之一。项目建设大型提水泵站1座、小型管道泵站5座、输配水管网289.34公里，覆盖横渡、五圳、上溪、鳌头、上王、占村、郭丰、新叶等8个村，受益农户4700余户13000余人。项目于7月30日开工，12月底完成主体建设任务，总投资1540万元。

【农村“双治”工作】 实施潭边、占塘、新叶、定家坞、鳌头、上王、郭丰坞、五圳、横渡等9个村的农村生活污水治理，工程已基本完工，农村生活污水治理实现全覆盖。同时采取试点先行的办法，率先启动横渡、占村、上溪3个村垃圾分类工作。

【幸福乡村创建工作】 完成郭丰村幸福乡村“五村联创”，上溪村“美丽乡村”、上王村“文明乡村”、新叶村“富裕乡村”以及占塘村“和谐乡村”创建任务。重点抓好美丽乡村建设示范村和特色村建设，上溪村和占村村分别列入市一事一议助推美丽乡村建设示范村和特色村。上溪村投资500万元建设AAA景区，完成乡村休闲旅游游客中心、停车场、公厕、旅游导视标识建设，新建文化礼堂、文化长廊、双心塘、亲水石坝、烧烤基地、特色骑行标识等设施，全力打造魅力“骑行小镇”。占村村投资80万元对村庄进行亮化、绿化、道路硬化提升，对村部周围进行景观提升，被评为“衢州市级绿化示范村”。同时，全镇累计拆除“两违”建筑410宗7.07万平方米，全面完成“无违建村”创建，“无违建乡镇”通过衢州市级验收。

坛石村文化礼堂

【洁净集镇工作】 完成集镇污水处理站提标改造工程，新增污水管网铺设1公里。实施集镇垃圾中转站建设，主体工程已完成。开展集镇环境大整治，对集镇主要干道、农贸市场、沿街商铺、河道等主要区块进行重点综合整治，清理占道经营行为43余处，拆除乱搭建棚92处1830平方米，收缴各类违规设置户外广告牌82个，清理垃圾死角55余处。同时，对集镇街面及新建小区房屋外墙进行统一涂料粉刷，改善集镇环境，打造坛石美丽乡村“最美客厅”。

【民生保障工作】 集中开展“百日双攻坚”活动，确保社会稳定和项目推进，全年共发生各类矛盾纠纷119起，成功调处119起，调处率达100%，无重点上访人员和群体性事件发生。建立各个层次的平安创建标准，命名表彰一批平安企业、平安村和平安家庭。13个行政村全部命名为平安村，命名平安家庭5000余户。11个村被命名为“民主法治村”，其中江山市级9个，衢州市级2个，浙江省级1个。推进农村应急广播体系建设、“高清治安监控”、“平安直通车”全覆盖。抓好文化礼堂“建管用”等工作，开展各种群众性文体活动，丰富广大群众的精神文化生活。鳌头村承办江山市第二届文化礼堂村歌大赛，横渡村文化礼堂承办全市农民运动会象棋比赛。同时，抓好春泥计划、最美微讲堂、志愿者家园等群众性精神文明创建活动。推进“最美人物”评选宣传活动，新叶村伍庆文、定家坞村毛仕友、郭丰村黄茂盛分别入选月度“最美衢州·

身边好人”榜。通过开展低保扩面提质工作，新增低保户 85 户，177 人，低保人数占全镇总人口 2.52%；开展“精准扶贫”系列举措，全镇 47 户年收入在 4600 元以下低收入农户，全部跨入“4600”以上行列。年内顺利完成 117 辆黄标车淘汰工作。

【农业项目】 全年单宗土地流转面积 30 亩以上、流转期限 5 年以上规模连片流转面积 358.87 公顷，涉及农户 3109 户，新增百亩以上大户主体 9 个，流转面积 129.53 公顷。郭丰坞、占塘两村共 13.33 公顷开发垦造耕地项目通过验收。开展农村土地综合整治，完成横渡、上王等 9 个村共 9 公顷的农村土地综合整治项目建设。推进高标准基本农田建设，完成郭丰、郭丰坞两个村 80 公顷高标准基本农田建设任务。

（徐　琛）

大桥镇

【概况】 大桥镇位于江山市西北部，是浙赣两省玉山、常山、江山“三山”边界。全镇区域总面积 80.6 平方公里（耕地 1159 公顷、林地 5193 公顷）。下辖行政村 15 个，总户数 6004 户，总人口 19847 人。当年出生 194 人，死亡 121 人，人口自然增长率 3.68‰，计划生育率 95.5%。2015 年，全镇实现生产总值 53006 万元（第一产业 12721 万元、第二产业 19081 万元、第三产业 21204 万元）财政总收入 2539.01 万元，农村居民年人均收入 9110 元。2015 年获浙江省体育强镇、衢州市征兵工作先进单位，浙赣两省四县（市）血防联防工作先进集体、江山市满意乡镇、纪检工作先进集体、扩大有效投资工作先进集体、重大项目前期工作先进单位、养殖污染整治“百日攻坚”行动先进单位、植物检疫防疫工作优秀单位、农村文化礼堂建设先进乡镇等称号，同时获得中国幸福乡村建设、农村生活污水治理、洁水渔业、信访工作“先进单位”等荣誉。

【工业经济】 全镇有各类工业企业 12 家，其中规模以上企业 2 家，（为民木业有限公司和协力水泥有限公司）全年完成工业总产值 3.1 亿元，社会固定资产投资 2.9 亿元，地方财政收入 436.9 万元，同比增长分别为 8.5%、18%、58.5%。其中，穗丰牧业投资 1.02 亿元的 50 万羽蛋鸡养殖项目，成功列入省重点建设项目，红火旧厂区二次开发项目成功吸引衢通机械科技有限公司入驻。

【农业经济】 2015 年，全镇农作物播种总面积 2918.73 公顷，其中粮食作物面积 1866.93 公顷，总产量 12041 吨；油料 486.33 公顷，总产量 921 吨；棉花 11.67 公顷，总产量 18 吨；甘蔗 2.4 公顷，总产量 748 吨；蔬菜 381.87 公顷，总产量 19034 吨；食用菌总产量 4000 吨；果园 44.27 公顷，水果总产量 2756 吨。全年生猪饲养总量 182070 头，年末存栏数 59200 头，其中开盛生态农业发展有限公司年平均存栏 55853 头，年出栏商品猪 116750 头；羊存栏数 913 头，出栏数 798 头；家禽存栏数 579.4 万羽，出栏数 119 万羽，其中穗丰牧业存栏蛋鸡 30 万羽，季产蛋 1170 吨；养蜂年末存 2140 箱，全年完成农业总产值 9381 万元。

【农业基础项目建设】 完成 7 座池塘整治工程和 4 个小型水库移民扶助基金项目，启动大桥溪集镇至上仓段综合整治工程及第六批中央小农水项目建设。开展涉及 11 个村面积达 420 公顷的省级标准农田质量提升土壤培肥项

穗丰牧业

目，完成大桥镇陈家畈高标准农田建设项目各项前期工作，修复水毁点24处。

【乡村休闲游和电商经济崭露头角】 对接耕读AAA景区，岭后水库、冷水神仙岭等生态休闲旅游综合体开发项目取得进展，市级现代农业休闲观光园大弘农庄园生态功能设施配套进一步完善，新增农家乐床位30个。引进“互联网+”营销模式，建立“淘江山”大桥工作站，打造“新鲜土味，私人订制”的农村电商大桥新模式，已有600多户与平台签订特约供货协议。同时，推进“休闲观光农业示范园区”建设，田园福居苗木精品园被确定为江山市现代农业园区创建点，大弘农庄园被评为江山市级休闲农业与乡村旅游示范园、江山市级龙头企业。

【土地项目推进】 “三改一拆”平稳有序，年内共拆除“两违”204宗，面积6.34万平方米，及时清除拆违建筑垃圾，拆后利用面积居全市前列。开展“一户多宅”整治和分类处置，拆除“一户多宅”92宗，面积9400多平方米，15个行政村全部通过“无违建村”验收。农房改造顺利实施，年内全镇共拆除旧房462户，面积达3.8万平方米。桥头、黄石、上仓三个村被列入市级农房改造示范村，改造农房285户，拆除旧房243户，面积1.95万平方米。大桥水泥厂旧厂区改造项目取得新进展，仕阳石灰石矿废弃矿山生态治理项目加快推进。黄石村8公顷矿山综合整治项目通过验收，仕阳长塘坞垄28.53公顷垦造耕地等项目全面实施。

【生态家园建设】 抓好“五水共治”工作，新桥等9个行政村开展实施农村生活污水治理工程，新增农村生活污水治理受益农户1807户。深入开展养殖污染整治“百日攻坚”行动，共拆除猪舍4.2万平方米，成功创建“无猪村”11个，整治规范养殖场7个，减少生猪饲养量1.5万头。开展“控源头、防反弹”行动，助力“清三河”达标县创建，56个污

大弘农庄园

染源成功销号，消除卫生死角18处，建立河道保洁制度，全面巩固生猪养殖污染整治成果。推行80后年轻干部进村包干专抓“清洁家园”工作机制，并在5个实施农村生活垃圾分类处理的重点村，开展“千名妇女争当垃圾分类先锋”“蓝围裙”行动，先后投入40多万元，统一购置分类垃圾桶1000多只、垃圾车6辆，建设有机垃圾堆肥点5个，改造利用原有垃圾房3个。做好集镇绿化、美化、洁化、亮化“四化”提升文章，实施集镇路灯亮化工

程，更换改善原有路灯 23 盏，新建路灯 30 盏。建成并启用垃圾中转站，启动集镇公厕和小广场建设项目，改善集镇基础设施条件。全镇 15 个行政村，已成功创建中国幸福乡村 6 个，衢州市美丽乡村精品村 2 个，被评为衢州市美丽乡村示范镇。

【民生保障】 完成 103 户老低保户和 84 户新进低保户的核查工作，做到应保尽保。为 53 位医疗救助对象，127 位重度残疾人提供各类资金救助，为 28 位儿童争取到儿童福利保障。建成 10 个村级养老服务照料中心，改善镇敬老院功能设施。认真落实城乡居民医保和养老保险政策，全镇现有 15748 人参加城乡医保，参保率为 93%，有 9025 人参加养老保险登记。组织人员参加市农民运动会、村歌大赛等文体活动。

（祝智娟）

凤林镇

【概况】 凤林镇位于江山市西南部，浙赣交界地，黄衢南高速、新老 205 国道、江广线穿境而过。辖区总面积 92.68 平方公里，下辖 18 个行政村，总人口 41722 人。2015 年全镇完成规模以上工业总产值 3.18 亿元，完成工业固定资产投资 15 亿元，实现地区生产总值 6.93 亿元，财政总收入 3164.7 万元，固定资产投资 16.13 亿元，农民人均纯收入 1.76 万元。先后获得国家级生态乡镇、浙江省第二批光谷特色小镇、省级生态循环农业示范区、衢州市“三民工程”建设示范乡镇、乡镇（街道）工作目标综合考评复合型乡镇一等奖等多项荣誉，白沙村和桃源村被评为衢州市三民工程建设市级示范村。

【农业经济】 2015 年，全镇农作物播种面积 5080 公顷。其中，粮食作物播种面积 3440 公顷、产量 2.25 万吨，建设优质果蔬基地 550.4 公顷，开发铁皮石斛、白芨等名贵中药材基地 133.33 公顷，食用菌年产 1050 万袋，有机茶面积 237.53 公顷，实现农业收入 2.1 亿元。新引进天润现代农业园、隆泰农业园、株树现代农业园等多个综合实力较强的特色农业主体。白日坂湖家庭农场的中华绒螯蟹和水稻、普诺旺斯生态农场的稻谷等 3 项农产品分别取得有机农产品转换证。彩色稻艺持续“发力”，“中国梦”彩色稻艺登上央视春晚舞台。全镇种植再生稻 81.8 公顷，年产量 737 吨，产值 243 万元。完成标准农田质量提升 272 公顷、农村土地综合整治 7 公顷。新增设施农业 200 公顷，累计流转土地 1400 公顷，流转率达 65%。累计投入 1732 万元实施千亿斤田间工程和里塘坞除险加固工程。新增家庭农场 6 家，创建示范性家庭农场 4 家。完成全镇 64 个山塘水库肥水养鱼专项整治，创建 17 个洁水养鱼示范点。完成政棠村农村改革试验项目，凤林镇被确定为江山市农村改革试验区。

【乡村休闲旅游】 投资 3100 万元实施白沙军民文化苑二期、浙西后花园、南坞十里荷塘、月眉湖等项目。新引进坤辉军旅文化园，谋划中国国防第一村、国际自行车赛场等项目。成功举办 2015 年乡村休闲旅游论坛、南坞三月三、徐氏宗亲会等节会，承办浙江省首届体育系统生态运动会、江山市机关运动会等重大赛事。新增市级乡村特色酒店 1 家、乡村休闲旅游示范点 1 家、三星级农家乐 2 家、特色农家乐 1 家、农家乐综合体 1 家，实现旅游总收入同比增长19%。逐步发展农村电商，2家规上企业入驻阿里巴巴江山产业带，12个村建有农村电子商务服务网点。

【教育文化事业】 总投资4000多万元、占地面积3.33公顷、建筑面积16972平方米、办学规模24个班级的新凤林初中正式投入使用，撤销茅坂、卅二都、凤林初中并入新凤林初中，顺利完成王家、苗青头教学点撤并，形成凤林初中、凤林小学、茅坂小学、卅二都小学、政棠小学、高坂小学“一所初中五所小学”的格局。成功举办凤林镇“五好家庭”颁奖典礼暨军民共建联欢会、南坞“三月三”民俗文化节等活动。成功承办江山市公安局“唱响白沙—巅峰对决”首届警营好声音决赛活动。投资100多万元的凤林镇文体活动中心投入使用；投资540万元，完成白沙、高坂、凤里、茅坂、政棠、南坞等6个村农村文化礼堂建设和提升任务，新建桃源村文化礼堂。

【光谷小镇建设】 成功入选衢州市首批特色小镇和浙江省第二批特色小镇创建名单。光谷小镇主要以光伏工业为基础，以光伏发电、应用设备制造、产品研发为主导功能，建设以环保文化为内涵，联动生态农业、绿色经济和现代服务业的全产业链融合型小镇。依托正泰、同景两大光伏电站，全面完成省重点项目——总投资20亿元的正泰光伏200兆瓦电站及配套建设，10月并网发电；同景光伏电站年发电量超2800万千瓦，产生经济效益2800万元，农光互补模式在全省推广。投资200余万元实施株树、中岗村光伏路灯、贺峡线镇政府至桃源段光伏路灯改造等项目。引进屋顶光伏项目，启动凤里、凤祥、凤溪、株树、白沙等村屋顶光伏项目前期工作。除浙江正泰新能源开发有限公司、浙江同景新能源集团外，浙江天蓬集团、宁波德健生物科技有限公司、江山市绿业有限公司等企业也参与光谷小镇培育建设。

【中国幸福乡村创建】 完成大悲山、茅坂、卅二都、高坂、中岗、苗青头、官田和南坞共8个村的单项村创建，完成游溪、株树、桃源、白沙、凤里、凤溪等6个村幸福乡村创建。南坞村歌《南坞三月三》获得衢州市首届原创村歌大赛金奖。

【平安凤林建设】 全年凤林镇无一起刑事案件发生，安全生产、交通事故、火灾事故、群体性事件4项指数控制在零数。全年共排查各类纠纷矛盾248起，成功调处243起，成功率97.8%；及时处理上级部门交办信访案件58起，其中镇综治办成功调处26起矛盾纠纷。凤林镇司法所被评为浙江省第四批“五星级规范化司法所”。

【江山港凤林段防洪堤建设项目】 该工程位于江山市凤林镇区域内江山港干流，属山溪性河流，距市区25公里，涉及凤里、凤溪两个行政村；工程投资1500万元，综合治理河长2公里，新建加固堤防2.55公里，其中凤林大桥上游左岸0.55公里，大桥右岸2.0公里。新建堰坝2座，箱涵、排水闸各1座及河道清淤2公里。工程等别为Ⅵ等，凤林大桥断面20年一遇设计洪峰流量为1190立方米/秒，堤防建筑物级别为4级，临时建筑物为5级。工程任务以防洪为主，兼顾改善河道水环境。年底，完成江山市江山港凤林段治理工程形象进度90%。

（张秀花）

峡口镇

【概况】 峡口镇位于江山市南部，区域面积204平方公里，下辖18个村，1个社区，总户数13616户，人口44506人。2015年全镇实现地区生产总值159770万元，公共财政预算收入2030万元，农村常住居民人均可支配收入18520元。获衢州市“五水共治”先进集体、衢州市平安建设暨综治维稳工作先进集体、衢州市级平安示范乡镇、衢州市信访工作先进集体、衢州市基层科普示范单位、江山市招商引资、征地拆迁、“五水共治”、“三改一拆”工作先进集体等荣誉，在江山市2015年度乡镇（街道）工作目标综合考核中获得经济级乡镇一等奖。

【工业经济】 全镇现有重要企业70多家，其中规上企业15家，2家企业获浙江省科技型企业。完成工业总产值25.11亿元，规模以上工业产值11.97亿元，木业产值7.69亿元。全年引进落地项目10个，其中浙诚家居高档复合门、正泰30兆瓦地面光伏两个亿元项目落地建设。招商引资实际到位资金4.1亿元，创近年来新高。

【农业经济】 2015年，全镇农作物播种总面积4366.67公顷，其中粮食作物面积2707.33公顷，总产量16970吨；豆类168.73公顷，总产量590吨；薯类243.8公顷，总产量1343吨；油料690.67公顷，总产量1036吨；棉花2.53公顷，总产量4吨；蔬菜549.27公顷，总产量15127吨；食用菌945万袋，总产量4700吨：果用瓜29.93公顷，总产量863吨；花卉167.6公顷；茶园285.07公顷，茶叶产量258吨。果园535.27公顷，水果总产量3919吨。新增家庭农场15家，其中1家获评省级示范性家庭农场，通过有机农产品认证2个，清心谷生态农业观光园完成一期建设。

【重点项目推进】 峡口镇五福门业、名德塑胶、风和家居等5个江山市级“四大百亿”工程全部开建，其中3个项目实现当年开工，当年建成，超额完成年度目标任务。峡口历史上最大公建项目江山港峡口段治理工程主体工程基本完工，三卿口溪小流域综合治理项目初见成效。峡口小学迁建工程完成项目选址和规划红线图。峡口水厂引水工程已完成地质勘探、政策处理等前期工作。设计总里程57.5公里的骑行绿道工程示范道基本建成。

【农村环境整治】 “五水共治”持续推进，拆除猪场91个5.9万平方米，臭河、脏河、垃圾河整治到位，交接断面水质均达地表水Ⅱ类标准，境内的三卿口溪成为江山市的创建精品点；淘汰黄标车126辆，完成目标任务；“四边三化”扎实推进，针对乱搭乱建、乱堆乱放、乱采乱挖、维修养护管理和绿化缺失等问题，一点一策，分类处置；完成G3京台高速、205国道、花峡线243处问题整改。“三改一拆”纵深推进，拆除违建243宗9.83万平方米，改善村庄面貌，18个行政村成功创建“无违建村”。农村“双治”全面推进，生活污水治理工程新实施2个村，10个行政村基本实现垃圾分类收集处理。同桥村被评为衢州市美丽乡村精品村，枫石村成功创建“中国幸福乡村”，峡南村完成农房改造示范村创建。

【下山搬迁安置小区建设】 启动规划20公顷的异地搬迁小区四期建设和无土安置农民公寓楼建设，建设农民公寓楼两幢，规划总用地面积2716平方米，总占地面积1623.94平方

下山安置小区三期

米，总建筑面积 7884.1 平方米。两幢农民公寓楼主体建设已通过验收，配套基础设施正在施工跟进。

【民生保障工作】 通过落实“一户一策一干部”帮扶机制，全年峡口镇 490 户年收入在 4600 元以下的贫困户，全部实现收入 4600 元以上的目标。抓好低保扩面工作，全镇有 272 户 443 人享受低保政策，40 个重度残疾人享受全额低保补助金。稳妥推进失地农民保险办理工作，已有峡西等 10 个村 3500 位村民享受失地农民保险。做好困难群众救济工作，共审核发放各类救灾、救济款 63.13 万元，有 125 户 392 人得到及时救助。城乡居民医疗保险银行代缴工作顺利完成。

五水共治（朱定一 摄）

【洁净集镇创建】 完成三坑溪污水处理站改造提升工程，埋设污水主管网 3.5 公里。建材集中经营点、污水处理厂项目前期工作顺利开展。完成金益危桥改造提升工程，缓解拥堵现象。开展“洁净集镇”专项整治行动，拆除不合标准广告牌 260 多个，拆除乱搭建雨棚 385 个，取缔 11 处占道经营，规范 18 个摊位，清理门前乱堆乱放现象 36 起。12 月 16 日，江山市集镇建设管理工作现场推进会在峡口镇召开。

【峡里风主题公园建成使用】 峡里风主题公园位于京台高速 G3 高速路出口旁，205 国

峡里风帐篷节（朱赛前 摄）

道可直达，是世界自然遗产地江郎山前往保安戴笠秘宅和廿八都古镇的必经之地。7 月正式启动，历时 3 个多月，建成总占地 100 公顷的峡里风主题公园。全园拥有联片 6 栋的休闲民宿和特色餐饮区，占地百亩的峡里风草原，千亩的紫薇花、美人蕉花海，建有演出平台、茶室、儿童游乐、观光木桥等设施。年前先后举办风筝节、帐篷音乐节等节会活动，已累计吸引游客 3 万多人，被列为衢州市乡村休闲旅游工作现场会考察点之一。同时，其民宿群与途家网正式签约，成为江山市首家斯维登乡村度假公寓。

【村级增收平台建设】 按照“政府主导、

镇村共建、市场运作、分期实施”的原则，全年完成占地1公顷的小微企业孵化基地一期项目建设，已建成两层的标准厂房4幢，每幢占地面积1600平方米，总建筑面积为13000平方米，投资1800万元，年租金收益预计80万元，其中2幢厂房已出租，为入股的15个行政村每年带来稳定的租金收益。

（毛淑华）

保安乡

【概况】 保安乡位于浙江省江山市域南部国家级森林公园仙霞岭下，区域总面积73.4平方公里。耕地332.09公顷，内水田259.67公顷；林地6571.8公顷。辖行政村7个，计自然村58个，村民小组66个。总户数1867户，总人口6340人。2015年实现地区生产总值13116万元，较上年增长17%；完成财政总收入904万元，其中地方财政收入57.4万元，完成年度计划115.4%。农村常住居民人均可支配收入14900元，比上年增长12%。全年共接待游客数15.4万人次，同比增长17.5%；实现收入625万元，同比增长17.9%。获省级森林城镇、浙江省农家乐特色乡镇、衢州市级卫生乡。龙溪村被评为衢州市级卫生村。

【农业经济】 农作物播种总面积770.27公顷，其中粮食作物面积511.6公顷，总产量3165吨；油料54.27公顷，总产量100吨；中草药材面积20公顷，总产量225吨；蔬菜151.53公顷，总产量1750吨；食用菌24吨。毛竹和茶叶是两大特色产业，2015年7月23日，在保安乡承办衢州市林下经济现场会。其中，茶园总面积133.33多公顷，茶叶产量80吨；果园90.33公顷，水果总产量1631吨，其中柑橘90吨，梨35吨，葡萄250吨，猕猴桃890吨。

【建设美丽乡村】 龙溪村投入70万元，新建农村文化礼堂；投入3万元对村部中心广场进行绿化提升；投入2万元实施村主干道安保工程；拆除简易露天厕所5处。化龙溪村投入300多万元，新建龙井“森林人家”民宿集聚区，打造一批民宿样板；拆除简易厕所4个，新建生态公厕2个，完成赤膊墙整治8处。

【深化“五水共治”行动】 强化“集镇农户卫生挂联”制度，加大考核督查力度。继续深化“洁净保安”建设行动，每周二下午组织乡、村干部到河道里进行保洁集中行动；聘请1名回收员，对集镇及周边等地4个村的破旧衣物、废弃农药瓶、农药袋等进行有偿回收。全年累计组织3420余人次开展河道保洁集中行动53次，清理各类垃圾150余吨。回收废弃农药瓶7552个，破旧衣物1886斤，关停辖区内全部8个猪场和3个禽类养殖场，实现境内无垃圾河。制定《保安乡2015年洁净保安建设工作考核办法》，对各村的河道保洁、村庄环境、垃圾分类、畜禽圈养等进行考核，并纳入年底综合考核。

五水共治

【开展洁净集镇建设】 围绕风情小镇建设需要，加大基础设施配套提升力度。投入10.7万元，在保安溪新建2座堰坝，加固1座堰坝；投入26万元，实施集镇灌区改造工程，在集镇仙霞路一侧修建水渠和游步道，让农户在家门口就可以感受溪流潺潺的美景；严格控制电站发电量，确保石鼓水库库容维持在120万立方米左右，让游客可以看得到水；投入近25万元，对慕仙街、仙霞路两侧进行绿化提升，全年种植百余株银杏和60株红豆杉，打造一条银杏大道和红豆杉游步道；投入6万多元，打造绿化小景观和安装悬挂类绿植等，对保安老街及两侧农户进行绿化提升；投资50多万元，对集镇各类广告牌和标牌、标识进行集中整治，并融合当地的毛竹元素，创新设立提示告知、方向指示、停车场制度管理、公共信息图形符号牌等各类标识、标牌109块。

创意大赛

【注重宣传推介】 对乡域历史、人文等文化资源进行整理、收集，编写《霞辉保安》；与文联合作，推出一期《仙霞》特刊，全面收集介绍保安的各种题材的宣传文章；充分挖掘当地文化内涵，制作《保安传说》和《乡村休闲旅游系列》书签；推出《保安味道》“老妈妈菜”样本，统一定价，规范旅游市场；完善“数字保安”APP旅游信息系统，优化资源配置；推出“枕着龙井数星星”民宿试睡体验活动，打响龙井民宿品牌；建设无线WiFi基站，使游客在仙霞关景区、集镇、龙井和箬山等地都能享受免费上网服务。同时，与市发改局（服务业办）、农办共同举办全民创意大赛，大赛主要分为农产品开发、特色小吃比拼、工艺品展示、讲故事比赛和老妈妈菜厨艺比赛等5个项目，吸引80多人报名参赛。

【发展民宿产业】 制定《关于进一步加快保安乡乡村休闲旅游业发展的若干意见》，除市里的政策支持外，乡财政提供配套扶持资金。同时，以龙井民宿集聚区建设项目为引领，打造民宿样板房，激发群众积极性，推动当地民宿经济的发展，鼓励群众自主参与到旅游富民创新中来。年底，全乡共有民宿发展户72户，房间340间。

（余阿徽）

廿八都镇

【概况】 廿八都镇区域总面积186.5平方公里，其中耕地面积578.51公顷，山场面积12235公顷。全镇辖9个行政村，130个自然村，143个村民小组，总户数3674户，总人口12335人。2015年，全镇地区生产总值27761万元（其中第一产业7218万元，第二产业4997万元，第三产业15546万元），农民人均可支配收入14900元，完成地方公共财政收入164.1万元。被评为“国家特色景观旅游名镇”“全国第三批美丽宜居小镇”和“浙江省戏曲之乡”，浔里村获“中国最美休闲乡村”称号，成功创建仙霞岭省级自然保护区。

【农业经济】 全镇粮食种植面积935公顷，

总产量4894.9吨，其中谷物3774吨，豆类324.9吨。毛竹1850.47公顷；油茶654.27公顷；果园203.3公顷，水果总量310吨；全年存栏牛425头、羊609头，家禽12783羽、兔468只，蜜蜂1650箱。全镇农业总产值7218万元。

【古镇保护与管理】 启动廿八都古镇保护与旅游开发二期项目提前征迁工作，会同有关部门制定征迁安置政策，向上争取启动资金500万元，做好安置地规划调整、土地平整等工作。推行阳光操作模式，邀请房屋拆迁评估公司做好房屋详查、面积丈量、价格评估等征迁中介工作，实行“房屋面积、评估价格、安置人数”情况三公示，确保征迁程序合法、公开、透明。出台“先签约奖金高、后签约奖金低”“先签约边套户型中签率高”等征迁激励措施，对残疾家庭、贫困户给予一定补助，实现征迁户利益最大化。10月第一批提前征迁工作完成，共征迁安置33户，逐步解决枫溪村农户住房困难问题，为古镇南入口景观改造、丁家大院等重点文保单位修缮打好基础。12月，会同旅游、文广新、规划、财政等部门出台《关于加强廿八都古镇保护管理的实施意见》，规范古镇农民房屋建造（维修）管理工作流程，成立联合审批组、联合执法组、联合维护组3个工作组，设立古镇保护管理专项资金，强化古镇保护管理。

【乡村休闲旅游发展】 全年乡村休闲旅游接待人数27.24万人，经营收入1550.9万元，分别比上年同期增长15.9%、16.3%。谋划引进太极湾江山驿高端休闲度假基地、岭上云间凤栖坞乡情度假酒店等旅游项目，打造“廿八都古镇—浮盖山—兴墩”古镇养生风韵精品线路；加快兴墩休闲旅游区建设，完成田间游步道、停车场、接待中心等配套设施建设，实施景观改造提升，打造浙西养生圣地，全力创建AAA级旅游景区；成立兴墩农家乐协会，规范统一农家乐服务项目和价格，统一农家乐店内外广告牌，举办农家乐业主专题培训班，成功创建衢州市农家乐特色村。全镇已有农家乐93家，床位数1000张、餐位数3800个，其中四星级农家乐2家、三星级农家乐21家，兴墩熏衣香舍被评为金牌农家乐、衢州市精品民宿。按照“全域景区化”目标，发展林丰村三省边际游、周村村森林游、浔里村采摘游等特色旅游，全力推进旅游风情小镇建设。

【环境整治与生态建设】 全年拆违163宗2.34万平方米，实现无存量违建、无非法一户多宅、无新增违建“三无”目标，全镇9个村全部创建“无违建村”，通过衢州市“无违建镇”考核验收；开展养殖污染整治“百日攻坚”行动，全镇32户生猪养殖场全部关停退养，拆除猪舍7600多平方米，减少母猪存栏201头，减少生猪存栏2801头，成功创建“无猪镇”。完善“河段长”制，把镇全体机关干部纳入“河段长”范围，联村领导和村主职干部共同担任三级河长，联村干部担任镇级段长，明确责任区和工作要求，加强巡查管理，

廿八都镇村干部进行“清三河”（王天林 摄）

健全长效保洁机制。完成山峰、浔里、花桥、兴墩4个村农村污水治理，集镇第二污水站动工建设，全镇16处污染源全部整治到位。加强集镇建设与管理，对集镇街区68处乱堆乱放、131处乱搭乱建、40处不协调广告牌进行集中整治，集镇秩序进一步优化。深化清洁家园工作，完成浮盖山、坚强、兴墩3个村垃圾分类试点，新建太阳能垃圾减量化处理站2个，向农户发放分类垃圾桶500对、中转垃圾桶200个。

【新农村建设】 以中国幸福乡村创建引领新农村建设，扎实推进农房改造、村庄整治、绿化提升等工作，其中坚强村成功创建“中国幸福乡村”，山峰村成功创建富裕乡村，林丰村成功创建美丽乡村，周村村成功创建和谐乡村，浮盖山村成功创建省级美丽宜居示范村。累计完成农房改造1389户、异地搬迁860人、拆除原居地房屋239户，农村土地流转面积260.87公顷，土地流转率49.55%。完成周村村4000公顷生态公益林扩面，成功创建仙霞岭省级自然保护区。

【平安廿八都建设】 按照重点乡镇要求成立专职消防队，从退伍军人中择优招聘5名专职消防队员，落实各项保障，配备1辆水罐消防车、1辆三轮消防车和2台消防手抬泵等专业设备，在古镇新建消防栓35处，为市级以上文保单位配备灭火器110个，实现重点区域消防设施全覆盖。完成小竿岭引水工程建设，建成5公里供水管网及储水池等配套设施，解决古镇消防用水不足、水压偏低等问题。开展古镇农户液化气使用专项整治，对连接管老化、放置不合理等问题及时整改，并上门指导农户规范操作。启动古民居电力线路改造工作，为140多户农户更换老化电线、电灯及断电器，在农户香几上安装防火大理石。镇与各村签订消防安全管理目标责任书，实行重大消防安全事故“一票否决”制，明确村书记主任对本村消防安全工作负总责，各村划分成若干小网格，将联村干部、村两委和业余消防队员等人员作为网络管理员，负责本网格消防安全工作，确保消防安全责任层层落实到位。建立分级巡查制度，按照文保单位、古民居的破旧程度划分为“一级安全隐患”和“二级安全隐患”，由消防队员每天巡查，并做到“三必到”，即文保单位必到、独居老人家庭必到、精神病人家庭必到。调整充实文保员队伍，经常性开展安全巡查，发现问题及时处置。印制发放《消防安全告知书》《告古镇居民的一封公开信》《古镇液化气安全使用五提示》等宣传单2000多张，向镇中心小学师生发放《过年过节不随意燃放烟花爆竹》倡议书，利用农民信箱、农村应急广播、电子屏、微信等载体宣传消防安全知识，提高群众防火意识。

【农村电子商务与农民素质工程培训】 以枫岭路七间店面作为线下展示窗口，通过自建APP、微信平台、大数据平台等手段，形成一个集游客服务、民宿、农产品等线上线下销售综合性平台，打造一个以廿八都镇为核心辐射浙、闽、赣三省的电商集聚中心。引导鼓励现有农家乐、特色商铺开展线上经营，推广农特产品、特色工艺品。举办农家乐经营培训2期，培训学员106人；举办农业实用技术培训3期，培训学员124人；组织开展2期电子商务培训，培训学员120人，其中通过考试42人，并有一名学员成为农村淘宝合伙人。

【城乡养老服务中心建设】 完成浮盖山、

坚强、林丰3个村居家养老服务中心建设，成为全市第一个完成所有行政村居家养老服务中心建设的乡镇，累计投入120多万元。统一购置养老床位100张，进一步完善有线电视、厨房、卫生间、洗浴间、棋牌室等设施；每个服务中心均落实专职管理人员，消防、卫生等各种管理制度全部公开上墙；建立健全服务中心在册老人信息库，全面掌握服务对象的基本情况和需求动态，提供一对一服务方案，提升服务质量。

【被评为全国特色景观旅游名镇】 廿八都镇地处浙闽赣三省交界，素有“枫溪锁钥”之称。古镇内老建筑融合了三省的建筑风格，地方特色明显。古镇内文化资源丰富，保留有36处古民居、十大景观、13种方言和142个姓氏；山歌、民舞、木偶以及民间故事、民间传说等十分丰富，被专家与学者誉为“文化飞地”和“一个遗落在大山里的梦”。2015年8月，廿八都成为江山市首次入选“全国特色景观旅游名镇名村”的乡镇。

【被评为全国第三批美丽宜居小镇】 按照“风景美、街区美、功能美、生态美、生活美”的美丽宜居示范镇“五美”指导性要求，坚持村域洁美化、镇域景区化、发展特色化的发展思路，内挖潜力、外塑形象，全力做美生态环境、做优生态文化、做大生态产业，建好生态家园。2016年1月，住建部公布第三批全国美丽宜居镇村名单，廿八都镇作为衢州市仅有的乡镇入选。

【被评为浙江省戏剧之乡】 11月，被列入浙江省第二批传统戏剧之乡。廿八都木偶戏，又称傀儡戏，廿八都俗称“窟儡子”系提线木偶，属广系流派，经师徒相授，已传承了18代约500年，唱腔以赣剧为主，生、旦、净、末、丑行当齐全。省级非物质文化传承人金宗怀等为木偶戏的传承和发展做出贡献。

【浔里村被评为中国最美休闲乡村】 10月，浔里村被农业部推介为中国最美休闲乡村。浔里村依托得天独厚的千年古镇旅游资源和丰富的农业资源、多彩的文化底蕴，大力发展休闲农业与乡村旅游产业，已建成寻梦之都猕猴桃采摘园、江山绿牡丹茶叶精品园等一批休闲农业观光园，创建农特产品加工体验点（铜锣糕加工作坊等）10个，发展特色农家乐50余家。

（周龙兴）

长台镇

【概况】 长台镇区域总面积62.38平方公里，下辖9个行政村，1个居委，总户数5725户，总人口19059人。2015年，全镇实现地区生产总值39621.3万元，完成社会固定资产投资1.55亿元，区域内税收收入470万元，农民人均纯收入17726元。长台文化底蕴深厚，共有74处文物点。其古建筑较全面地反映本地区自宋至明、清时期乡村政治、经济、文化的状况及传统风貌、地方特色和民俗风情，具有较高的历史、文化保护与开发价值。民间歌舞长台莲湘、婺剧座唱班、土烟丝制作工艺、传统榨糖、榨油马车、手工印刷、棉棕匠等被江山市政府公布为非物质文化遗产名录。先后被评为国家级生态镇、省级文明镇、省体育强镇、省体育特色乡镇、省农业特色优势产业强镇（食用菌）、省小康型老年体育乡镇、省老年体育特色项目之乡。

【工业经济】 全镇有各类企业52家，规上企业6家，分别是：浙江江山健康蜂业有限公司、江山自动化仪表厂、江山市甬江食品有限公司、江山市忠伟木材加工厂、江山有蜂缘蜂业有限公司、江山市成林木业有限公司。全年完成工业总产值10.5亿元，招商引资实际到位资金8000万元，其中，投资1000万元的中国自制飞机展演及“飞游”基地已进入选址审批阶段。大力发展电子商务，继续支持健康蜂业、天霖电子商务、合力印刷等骨干企业实施“电商换市”，其中健康蜂业网上交易额达2500多万元。

【农业经济】 2015年，全镇农作物播种总面积2055.73公顷，其中粮食作物面积1376.6公顷，总产量7903吨：豆类49.27公顷，总产量131吨：薯类31.2公顷，总产量104吨：油料274.4公顷，总产量369吨；棉花31.27公顷，总产量35吨：蔬菜232.53公顷，总产量5232吨：食用菌905万袋，总产量7182吨：果用瓜15.33公顷，总产量444吨；花卉25.53公顷：茶园23.2公顷，茶叶产量343吨。果园266.47公顷，水果总产量1540吨。全年肉类产量2326.3吨，其中猪肉1748.5吨。生猪年末存栏5047头，年内出栏数3.5万头；牛年末存栏头数146头，年内出栏数98头：羊年末存栏头数448头，年内出栏数241头：家禽年末存栏14.8万羽，年内出栏44.8万羽。年内新增家庭农场4家，永欣家庭农场被评为衢州市级示范性家庭农场。加快培育特色农业，其中乾湖村万亩香榧基地已经流转土地133.33公顷，累计完成投资800万元，培育苗木6.67公顷。

【农村环境整治】 全面推进“五水共治”工作，顺利通过“清三河”达标县验收。开展集镇综合整治，清理设置不当、质量低劣的户外广告108张。对嵩山路两侧90户乱搭乱建店面雨棚进行拆除，对门牌店招进行统一设计，提档升级。开展生猪养殖污染整治“百日攻坚”专项行动，共关停退养养殖场250户，完成9户养殖污染的整治工作，拆除养猪场面积66470平方米，生猪存栏从原来的34380头减量到5790头。持续推进“三改一拆”工作，2015年，拆除“两违”建筑251宗，面积70300多平方米，其中“一户多宅”135宗，面积12000多平方米，复绿复垦4475平方米。

【农村基础设施建设】 投资1000万元实施西溪畈高标准农田项目建设，项目覆盖长安、长台、长兴、朝旭、华峰、花园等6个村的466.67公顷粮田。投资300余万元实施木林垄标准农田质量提升工程，涉及土地68.13公顷。投资260万元实施粮食主功能区建设项目，硬化机耕道路346.6米，扩建峰田家庭农场烘干中心。完成13.08公顷的开发垦造耕地任务，推进下徐岗高标准低丘缓坡开发造田项目前期工作。

【异地搬迁】 2015年新增下山搬迁户32户，安置人数共119人，搬迁人数65人。同时，加大资金投入，完善小区基础设施配套，先后投资近85万元完成瓦山6、7期排污管网工程，投资84万元完成瓦山6、7期区块道路的浇筑工程，投资20万元左右完成小区农民饮用水安全工程，投资50万元进行小区主道路排水及道路硬化工程，投资25万元进行长台镇至花园村农村联网公路硬化工程，投资50万元进行金檀村中心广场绿化及配套工程。

【万亩香榧基地】 计划投资4.2亿元的乾湖村万亩香榧基地，一期已流转土地140公顷，上山道路修建、林木采伐、土壤改良和排灌系统建设等已完成，累计完成投资 800 万元，培育苗木 6.67 公顷。该项目采用香榧种植折股分成模式，前 15 年每年按照省生态公益林补偿标准支付农户租金，第 16 年开始以香榧青果分成方式支付租金。

【古镇文化保护】 坚持“在开发中保护、在保护中开发”的原则，以古镇建设为依托，加快推进长台村古村落的开发与周围配套休闲设施的建设。投资 70 万元完成长台村柴氏宗祠青云坊重立。投资 60 万元完成“千年嵩高三衢旺族”柴旺墓的修复，支持和协助长台各宗祠进行修葺，实施柴大纪故居修缮，实施集镇内景观塘建设。以朱氏宗祠为主平台，开展重阳祭祖、“最美”评选等一系列活动，加大镇孝文化、最美文化的传承力度。成立嵩溪文化研究会，将长台独特的民俗文化、宗祠文化、孝文化、抗战文化等进行挖掘、搜集、整理、研究、升华，实施错位发展。

（伍俊斐）

石门镇

【概况】 石门镇区域总面积 95.61 平方公里，耕地面积 32835 亩。下辖行政村 15 个，居委会 1 个，总人口 35043 人，党员数 1226 人。2015 年，全镇实现区域生产总值 9.07 亿元；地方财政总收入 1952.54 万元；固定资产投资 3.4 亿元；农民人均纯收入 13688 元。获衢州市信访工作先进单位、浙江省体育特色乡镇、浙江省体育强镇、衢州市第一批特色小镇——江郎山养生小镇等称号，同时以江郎山为核心的乡村休闲旅游线路——世遗江郎风采线，还获得衢州市十大乡村休闲旅游精品线路。清漾村获浙江省文化礼堂乡村排舞大赛铜奖、浙江省文化示范村、首批省文化旅游示范基地，江郎山村获省乡镇中心村全民健身广场（江山唯一）荣誉。

【工业经济】 全镇有各类企业 47 家，新增规模企业 1 家。骨干企业主要有：江山伟峰家具有限公司、江山市振德家具厂、江山市恒力手套厂、江山市铁木林家具厂、江山市安旭门业、江山市永明电工等。全年完成工业总产值 12.5 亿元，招商引资实际到位资金 6500 万元。

【农业经济】 农作物播种总面积 4136 公顷，其中粮食作物面积 2457 公顷，总产量 361 吨；薯类 120 公顷，总产量 418 吨；油料 75.8 公顷，总产量 1124 吨；棉花 188 公顷，总产量 274 吨；蔬菜 365 公顷，总产量 9589 吨；食用菌 1690 万袋，总产量 8400 吨；果用瓜 40 公顷，总产量 838 吨；花卉 240 公顷；茶园 106 公顷，茶叶产量 155 吨。果园 205 公顷，水果总产量 1978 吨。生猪年末存栏 2.5 万头，年内出栏数 2671 头；牛年末存栏数 192 头，年内出栏数 184 头；羊年末存栏数 128 头，年内出栏数 197 头；家禽年末存栏 30 万羽，年内出栏 99 万羽；兔子年末存栏 1800 只，年内存栏 2100 只。

【发展旅游业】 全镇乡村休闲旅游工作在同类乡镇考核中排名第一。阿依乐薰衣草庄园、红心火龙果基地、绿然腾等一批特色农业项目摆脱原来单一的发展模式，加码投资、扩大规模、丰富产品、提升产业链，建设旅游综合体。成功组建石门民宿协会，发动 10 多家农家乐抱团经营，统一设计、经营，打造一批舒适干净的特色民宿。金炉村山谷高端民宿“心宿石门”项目有序推进，香港设计经营团队已完成项目规划设计样本和 3D 效果展示视频。配合做好第十二届浙江山水旅游节暨第二届衢州江郎山国际旅游节；协助承办2016年全国新年登高健身大会，全力开展38公里健身步道建设、基础设施建设、后勤保障、活动组织、环境整治、安保维稳等重要工作。积极引进四川华朴公司投资10亿元的万亩红心猕猴桃项目，突破难题，帮助解决33.33公顷土地连片流转及办公房、人工雇佣等问题，全力当好店小二。此外，藤本豆特色现代农业种植园、绿然腾等现代农业项目也得到良好发展。

【抓好生猪整治】 全镇关停猪场206家，拆除面积近6.5万平方米。清漾村、江郎山村等10个村成功创建“无猪村”，整治工作全市排名前列。在整治场后续治理方面，石明畜业公司成功打造省内先进的“高效率、低投入、零排放”的生态处理模式，在全市范围内率先实现畜牧养殖转型升级，并获得副省长黄旭明批示肯定，成为省内外众多养殖场复制推广的对象，《衢州日报》头版头条报道。

【推进“清三河”工作】 结合清洁家园工作，做好农村“双治”工程，清漾、郎峰、长山源3个村基本完成农村生活污水处理工程，江郎山、清漾等4个村完成垃圾分类试点工作。推进石门溪河道综合整治，投资80多万元实施堰坝、防洪堤建设等水利工程，交接断面水质监测等次常年优秀，1万方以上山塘水库均推行洁水养鱼。践行“两山”理念，恢复河流水质，发展清水鱼养殖业，全镇清水鱼产业初步形成，金炉村、长山源村清水鱼池面积近达6万平方米。

【创建“无违建镇”】 强力推进“三改一拆”工作，拆除违章建筑8.9万平方米，完成拆违任务的3.5倍，全镇15个村全部创建无违建村，石门镇成功创建无违建镇。快速平稳解决曝光违建厂房事件，在6月23日《浙江日报》报道石门历史遗留的违章搭建厂房问题后，仅用7天快速平稳拆除2座总计5000多平方米的违章标准厂房，得到《浙江日报》后续的正面报道。

【推进重点项目建设】 推进江郎山国际休闲养生城300公顷项目征迁工作，完成征迁内容的详细调查及农户拆迁安置地、公墓迁移的选址和一期47.6公顷土地征租前期工作；集中攻坚，做好集镇建设、新年登高大会、正泰一清漾送出线路工程总计3.33公项土地征迁工作。做好全镇连片面积总计达106.67公顷的土地开发项目。其中琚家岗村白洋山15.33公顷低丘缓坡开发项目全部完成、尖温山44公顷完成项目进度的80%，新群村下徐岗50公顷项目完成农户政策处理工作，林木采伐、坟墓迁移等工作进展良好。结合农办、农业、水利、移民办项目，投资2500多万元，实施高标准农田提升工程、东干渠工程、村庄道路硬化工程和部分水塘水渠修复整治工程等20多个农业基建项目。投资780万元，做好集镇的洁化、硬化、亮化提升和石门溪改造、生活污水处理等工作。

【抓好文化教育和社会保障工作】 完成江郎山等3个村的幸福乡村单项村创建和清漾等4个精品村的创建工作。清漾村获浙江省首批、衢州唯一的省级文化旅游示范基地和浙江省文化示范村，并得到传统古村落上级财政300多万元补助。投资53万元完成郎峰、达篷村的文化礼堂建设，并相继组织浙江大学师生走进文化礼堂、清漾村村晚等活动，丰富文化礼堂内涵；投资4360万元的石门小学2015年顺利迁建，成为浙江省高品质小学。石门初中中考成绩位列江山市农村初中前茅；成功通过浙江省体育强镇复评验收和浙江省体育特色乡镇验收，获“最美衢州”排舞大赛银奖，清漾村排舞队获浙江省文化礼堂乡村排舞大赛铜奖；完成全镇2.6万人城乡居民合作医疗代扣代缴缴费工作。抓好城乡居民最低生活保障、城乡居民养老保险工作，投资100多万元实施改造石门镇养老服务中心，做好全镇1200多名失地农民保险工作，完成全镇农村应急广播体系建设。

（叶柯邑）

张村乡

【概况】 张村乡区域总面积274.3平方公里（耕地458公顷，林地1.21万公顷），属典型山多田少山区乡。下辖行政村11个，总户数4245户，总人口12237人。当年出生142人，死亡114人，人口自然增长率为11.6‰，计划生育率为95.7%。2015年实现国内生产总值17480万元（第一产业7257万元、第二产业5007万元、第三产业5216万元），财政总收入1174万元（地方财政收入1000万元），农村常住居民人均可支配收入13793元。2015年被江山市委授予“最满意乡镇”称号；获平安建设暨综治维稳工作先进集体、基层党建先进集体、信访工作先进集体、万名农民素质工程先进单位、异地搬迁工作先进单位、农业“两区”建设工作先进单位、森林消防工作先进单位、公益林建设管理工作先进单位、重大项目前期工作先进单位等称号。

【工业经济】全乡有企业57家，当年新增1家，有张村电站、东坞坪电站、金龙电站、河碓电站4家电站，年发电量1300余万千瓦时。全年完成工业总产值1885万元，比2014年增长5%；完成工业销售产值1810万元，比2014年增长6%；完成固定资产投资2200万元。

【农业经济】 农作物播种面积1595公顷，其中粮食作物面积1071公顷，总产量5558吨；蔬菜357公顷，总产量6894吨；果用瓜4.8公顷，总产量88吨；油料131公顷，总产量223吨；茶园244公顷，茶叶总产量226吨；果园468公顷，水果总产量2470吨（其中柑橘95吨、猕猴桃2241吨）。全乡以黄秋葵、油茶、茶叶、猕猴桃四大农产品为主导，以“龙头企业+专业合作社+家庭农场主+种植大户”的发展模式，带动山区群众增收致富。1月12日，位于秀峰村的秀地生物科技有限公司在上海股权托管交易中挂牌上市，成为国内首家进入资本市场的黄秋葵民营企业。

【古村落文化】 境内共有97处文物点，14项非物质文化遗产普查项目，有1座古塔、2座牌坊、5条古街、20多条巷弄、6座水碓、5座古戏台、8座石拱桥、6座古亭、9座祠堂、12幢大厅大堂、16座寺殿庵和10多处山水名胜。以江南木雕之典范的黄氏宗祠、周氏大宗祠规模恢宏，现为省级文物保护单位。

【招商引资】 乡党委、政府坚持把招商引资工作作为头号工程来抓，充分利用人脉资源和信息资源，实施全员招商战略布局。依托良好的生态人文环境和46省道工程完工的区位优势，主动联系和对接乡在外创业的成功人士和民间投资主体，引进新增双合丰村“玉隐龙坛项目”、安顶村“汇泉农家乐综合体建设项目”、毛长甫村“花海景观项目”，新增项目投资额约达1800余万元。

【乡村休闲旅游】 发展以太阳名山为核心

的礼佛、休闲、观赏生态游，全年吸引游客10万多人次，申报创建太阳名山AAA景区；完成据源村、太阳山村民宿特色村的规划设计，全年新增农家乐（民宿）床位124张，新增三星级农家乐9家；梦回张村官方微信开通上线，受到上海、杭州等地游客的关注。

【民生工程】 开展“五水共治”“四边三化”“三改一拆”等专项工作，全年投入环境整治、生态保护资金30余万元。4月启动先锋、据源、双合丰、安顶、塔山5个村生活污水治理项目，共投资总额807万元。全年建成终端处理池20个，完成率95%，铺设管道15504余米，完成率98%，受益农户1475户，完成率82%。投资36万元，对黄氏、周氏宗祠进行设计修缮。投入30多万元，开展秀峰村文化礼堂提升建设工程。

【灾后重建】 2014年，张村乡遭受60年一遇特大洪涝灾害，直接经济损失达3818万元。2015年继续抓好灾后重建工作，在建的工程有秀峰村、据源村、龙头店村、双合丰村、毛长甫村的水毁道路修复工程，龙头店大梅口桥危病桥梁修复工程，全年工程投入金额达250余万元。

【走亲连心】 走村入户，体察民情，了解民意。全年共组织党员干部“走亲连心”活动4次，参与人数700多人次，走访农户1050户，收集民情信息563条，建立以“搬迁（安置）户”“空巢户”“产业户（黄秋葵、油茶、茶叶、猕猴桃四大产业）”为主要类型的民情档案，协调解决各类问题20多件。

【太阳山庙会】 太阳山庙会在每年的农历六月十五日至六月廿日举行，高峰期为六月十九日。2015年庙会，6天时间有1.5万多人上山朝拜，其中农历六月十九日有5000多人。香客除江山各地外，还来自衢州、兰溪、金华等地。乡党委、政府每年协同上级部门做好安全及后勤保障工作，在通往庙会的主要路段和节点安排人员24小时值守，保障香客的往来及用火等方面的安全。

（毛一萍）

塘源口乡

【概况】 塘源口乡区域总面积105.6平方公里，耕地面积676公顷，林地1055公顷，下辖9个行政村，总户数3537户，总人口11347人。2015年，全乡实现地区生产总值1.87亿元，完成社会固定资产投资2035万元，财政总收入1364万元，地方财政收入999.3万元，农民人均纯收入13544元。全乡引进招商引资项目4个，资金1.02亿元。被评为中国幸福乡村建设工作先进单位、异地搬迁工作先进单位、“消除4600”工作先进单位、民宿建设工作先进单位等。塘源口猕猴桃观光园被省农业厅、旅游局认定全省休闲农业与乡村旅游示范点。

【农业经济】 2015年，全乡农作物播种总面积735.67公顷，其中粮食作物面积381.13公顷，总产量1954万吨；油料125.6公顷，总产量227吨；蔬菜180.2公顷，总产量3544吨；茶叶162.47公顷，总产量52吨。为保护生态环境和饮用水资源，全乡规模畜禽养殖场已全部关停。全乡生猪年末存栏134头，年内出栏207头；牛存栏346头，出栏342头；家禽存栏14338羽，出栏9952羽；蜂2372箱。全年农业产值8110万元。

【提升猕猴桃特色产业】 按照“面积一万

塘源口乡猕猴桃园区

亩，产量一万吨，亩均产值一万元，人均增收一万元”的“四个一万”战略目标，以国家级示范性合作社——神农猕猴桃专业合作社为基础，成功建成仓坂村猕猴桃核心示范基地，并且不断向周边各村延伸，建成省级东部现代休闲农业综合区，逐步把园区变成景区，扩大猕猴桃产业叠加效应。全年新种植猕猴桃67.8公顷，新搭架71.07公顷，架改猕猴桃14.67公顷，新建喷滴灌20.67公顷，推行猕猴桃授粉新技术200公顷。发挥专业合作社的主导作用，形成政府引导、合作社主导、家庭农场和果农为主体的产业化发展体系，做到栽培技术、品牌销售、产品包装等“八个统一”。年末，全乡共有猕猴桃种植户1350户，从业人员达4298人，种植面积达533.33公顷，猕猴桃产量达6000吨，实现产值5000万元，占全乡农业总产值的65%。果农户均增收3.7万元，人均增收1.16万元。

【发展乡村休闲旅游】 整合猕猴桃采摘、龙潭湾漂流、宗祠文化、古村落保护等资源，按照乡域景区化的理念，打造休闲养生胜地。发展乡村民宿经济，成功创建洪福民宿特色村，全年新发展民宿28户，106个房间，187个床位。鼓励引导农家乐发展，全乡共有农家乐8家，新增3家，其中成功申报三星级以上农家乐1家；加大对洪福村基础设施建设的投入，完成游客接待中心、景区停车场、景观桥、景区公厕等节点的初步改造提升。成功组织举办“桃气小镇塘源口”猕猴桃尝新节系列活动和“美利达”杯自行车爬坡赛，通过以节促游，打响“桃气小镇塘源口”品牌。全年接待游客3万人次，创旅游综合收益约500多万元。

【抓好“农村双治”】 持续推进“五水共治”，严格落实塘源口溪、白石溪三级河长制，完成“清三河”治理25公里，交接断面水质稳定达标，实现水清岸洁景美的目标，获衢州“最美原生态河道”的称号。实施农村生活污水治理项目，在完成2014年仓坂、青石、洪福等3个村生活污水工程项目扫尾的基础上，基本完成白石、仓源两村污水治理工程，并启动塘源口村及集镇生活污水处理工程。在仓坂、洪福、白石3村推行垃圾分类处置办法，完成堆肥房、垃圾车等基础设施建设，购置分类垃圾桶1000多个。完成黄标车整治任务，淘汰黄标车32辆。

【开展“洁净集镇”活动】 按照衢州市“六整治，三规范，一提升”的要求，以“村为主体、领导包片、干部联户、一户一策、挂图作

12月5日，举办洪福村首届自行车爬坡赛

战”为基本工作方法，分批次、有重点地开展集镇交通干道占道经营、违章构筑物整治等活动，并通过塘源口溪堰坝工程、集镇生活污水处理等工程的建设，全面改善塘源口集镇环境，打造“洁净集镇”。共组织400多人次，集中行动11天，清理卫生死角35处，拆除广告牌53处，雨棚57户，拆除违章构筑物面积1000平方米，集镇沿街环境得到极大提升。

【创建“无违建乡”】 全年共完成拆违98宗，面积1.11万平方米，实现政策处罚99宗，涉及违建面积2374平方米，罚没款达17.45万元。建立健全长效管理防控体系和考核机制，加强对新建农房的批后监管和巡查，“减旧控新”成效明显，农村建房“四到场”制度执行到位，全年无新增违建被查处。克难攻坚推进“无违建乡（村）”创建，仓坂等8个村顺利通过“无违建村”复评验收，白石村通过江山市第三批“无违建村”创建验收，塘源口乡通过衢州市“无违建乡”创建验收。

【人文历史的挖掘和保护】 耗资20万元，历时一年半，专门聘请资深文人搜集塘源口相关图文资料，寻访历史文化古迹，编撰出版26万字的《走读塘源口》一书，并由中国文史出版社出版。完成塘源口村、洪福村、青石村文化礼堂提升工程，启动塘源毛氏祠堂修缮工程和洪福村申报省第四批历史文化村落重点利用保护村创建，开展非遗文化发掘与保护，做好洪公拳、座唱班等非遗文化的继承与发扬。专题拍摄非遗保护纪录片《守护乡愁》。完成省级非遗主题小镇创建申报，并筹划建设塘源口非遗文化展馆。

【“清风和事佬”工作室】 继续巩固“清风和事佬”工作室这一信访平台，建立“矛盾纠纷跨村联合调解中心”，完善群众接访和信访督办制度，全年化解各类矛盾纠纷27宗，着力解决跨村跨区域“疑而不决，决而不服”的特殊案件。“清风和事佬”工作室两位和事佬事迹在《浙江日报》刊登。

（周寅山）

新闻人物

徒手托举电缆半个多小时的交警　徐利伟

徐利伟　市交警大队民警。2015 年 1 月 31 日夜幕下，徐利伟托举着两根拇指粗的电缆线，站在货车顶部，一直保持半个多小时，车辆得以顺利通过。这感人一幕被市民周女士拍下。徐利伟被网友亲切地黎为“托举哥”。

飞身下河勇救小孩的党员　朱永君

朱永君　长台镇长兴村党员。男孩不慎落水，时沉时浮，命悬一线。此时，在桥头经营农资店的朱永君，听到呼救声后，他三步并作两步，飞奔至岸边。发现落水男孩已被卷进桥底，他便毫不犹豫地攀下三米多高的河堤，来不及脱下衣裤，径直跳了下去。

坚守 27 年的乡村医生　余运土

余运土　塘源口乡白石卫生院医生。27 年前，23 岁的余运土分配到白石卫生院，卫生院几经变迁，加上条件艰苦，从这里调离的医生不下 20 名。如今，只剩他一人坚守在这里。乡亲们只要打来求医的电话，无论烈日当头，还是冰冻三尺，他都会翻山越岭赶去。

放学途中救人的江山二中学生肖屹、叶留痕

肖屹、叶留痕　江山二中学生。2015 年 3 月 13 日下午，肖屹和叶留痕放学生，突然听到一声巨响，只见一辆电动车撞到路边一小车的车尾后，车主面朝下摔在地上。两位同学迅速朝伤者跑过去。伤者的脸在流血，为防止他窒息，两人合力将他脸朝上翻了过来，将纸巾压在伤口，帮他止血。

子承父孝、手足情深的村民毛辉禄、毛方正

毛辉禄、毛方正　塘源口乡塘源村村民。2015 年 84 岁的毛辉炳，年轻时因身体不好，一直未娶。哥哥毛辉禄成家后，照顾常年患病的弟弟，和他生活在一起。如今，毛辉禄的儿子毛方正接过“亲情棒”照顾两位老人。

自驾游走遍全国的七旬老翁罗道儒

罗道儒　2015 年，75 岁的他和 68 岁的老伴姜梅雅，驾车来回 1 万多公里，去了西藏，完成了多年的心愿。65 岁接受心脏手术，69 岁学开车并考取驾照，72 岁自驾游走遍全国 31 个省（区、市）……老罗的故事充满传奇。

但真正令人那肃然起敬的是，他的决心和勇气，还有对待老年生活的独特方式。

紧急抢救小孩的江山“小龙女”陈易馨

陈易馨 省人民医院心电图科医生。2015年1月20日，2岁半男孩突然溺水，幸好被誉为“小龙女”的陈易馨出手相救，第一时间作心肺复苏抢救4分钟。她说，类似的情况在高三那年，和父母在江山老家的江边散步，也碰到过。

为生命接力、等候了十年的朱祥彪

朱祥彪 峡口镇大峦口村人。2015年3月，朱祥彪完成一个“壮举”：为一名白血病患者捐献了造血干细胞。心髓相连只为生命接力，非血缘关系的两个人造血干细胞血型配对成功的几率为几十万分之一。为了这微乎其微的概率，朱祥彪一直等了十年。

30年成功打造“金山银山”的柴元有

柴元有 塘源口乡前墩村村民。1984年，22岁的柴元有承包了位于钱江源头、江山市与衢江区交界的天堂口500亩荒山。30多年来柴元有用青春编织绿色的永恒，坚守对大山的承诺，把荒山改造成了绿油油的杉木林。

55岁的“江山阿甘”严善井

严善井 贺村镇高路村人。1961年出生的严善井，40多年来，像电影《阿甘正传》里的阿甘，每天坚持长跑。他说，长跑已成为他生活中不可或缺的一部分。熟悉他的人都知道，他曾经是有关长跑的冠军，小至江山环城跑比赛冠军，大至国际马拉松比赛冠军。

文件选辑

中共江山市委关于推进全民创业创新的决定

（2015年1月20日中国共产党江山市第十三届委员会第八次全体会议通过）

为深入贯彻落实党的十八大、十八届三中、四中全会和省委、衢州市委有关决策精神，中国共产党江山市第十三届委员会第八次全体会议研究部署推进全民创业创新工作，并作出如下决定。

一、推进全民创业创新的总体要求

1. 重要意义。创业创新是推动经济社会发展的不竭动力和源泉。新常态下，江山发展既面临着前所未有机遇，也面临着经济下行压力持续增大、转型升级任务繁重、企业家及各类经济主体发展信心不足等复杂严峻的挑战，需要我们进一步激发新动力、增添新活力。大力弘扬江山创业文化，推进全民创业创新，是适应新常态、抢抓新机遇，培育新增长点，推动江山经济转型升级的必然要求和战略选择。要进一步解放思想，破除一切束缚发展的体制机制障碍，充分激发各类主体创业创新活力，形成大众创业、万众创新的生动局面，全面提升江山经济社会发展水平，加快推进惠及全市人民的幸福江山建设。

2. 指导思想。以科学发展观为指导，深入学习贯彻习近平总书记系列重要讲话精神，适应经济发展新常态，坚持以富民强市为目标，以解放思想为先导，以转型升级为主线，着力构建充满活力的创业创新生态体系，充分激发江山人民的创业创新激情，奋力开创全民创业创新新局面，推动江山经济社会发展向更高水平迈进，加快建设惠及全市人民的幸福江山。

3. 总体目标。通过三到五年奋斗，努力打造华东地区最具活力城市。

——综合实力更强。区域竞争优势不断增强，继续领跑三省边际各县（市、区），跻身省内中等发达县（市、区）行列。地区生产总值、财政收入、固定资产投资等主要经济指标的年均增幅位居省内各县（市、区）前列。创业富民成效显现，城乡居民收入、购买力水平、社会保障覆盖面、金融机构存贷款余额等均实现较快增长。

——创业环境更佳。全民创业创新活力充分激发，新办经济实体、城镇新增就业人数、企业上规模数量等较快增长，增幅位居省内各县（市、区）前列。区位优势充分发挥，交通环境、创业平台等配套设施极大改善。政府职能转变成效显著，政策体系不断完善，体制机制创新卓有成效，干部服务能力大力提升，社会舆论环境更加优良。

——创新活力更足。产业转型升级步伐加快，产业竞争力进一步增强，高新技术产业、战略性支柱产业、新兴产业不断发展壮大。科技创新步伐加快，创新型企业大幅增加，高新技术企业数、省级以上研发机构数和工业技改投入等实现较大增长。创新智慧竞相迸发，创新人才大量涌现，对外吸纳各种要素资源的能力得到极大提高。

——社会和谐更好。群众安全感满意度不断提升，城乡居民收入比更趋合理，财政资金用于民生的支出大幅增长，社会事业快速发展，社会保障体系进一步健全。社会道德风尚明显提高，公民法治观念、诚信意识普遍增强，生态环境质量显著改善，人民群众安居乐业。

二、实施五大工程，兴起全民创业创新热潮

（一）实施产业引领工程

1. 全力打造工业经济升级版。改造提升建材、化工等传统产业，加快推进机电、照明电器、木业、消防器材等产业存量技改、跨界发展，大力培育新兴产业，以新材料、新能源、新装备、绿色饮品食品等领域为发展重点，积极延伸产业链。加快推进两化融合，以产品智能化、生产自动化、销售网络化为方向，抓好信息经济、工业电子商务和物联网技术应用推广；实施企业创新能力提升计划，积极推进行业“机器换人”，鼓励龙头和规上企业提高生产装备、流程管理、终端应用的智能化水平。优化配置资源要素，以完善工业企业绩效综合评价制度为基础，推行差别化的城镇土地使用税、用水、用电、节能减排政策；加快淘汰一批落后和过剩产能，腾出发展空间，有效承接发达地区产业转移；大力发展循环经济，抓好资源综合利用，推进绿色发展。

2. 努力建设全国一流的休闲旅游目的地。做大做强核心景区，争创江郎山5A景区，着力打造旅游业发展主平台。争创仙霞古道4A景区，启动仙霞古道申遗工作。大力发展乡村休闲旅游，充分利用中国幸福乡村建设成果，做足农旅、文旅结合文章，加快培育廿八都、保安等特色小镇和一批乡村休闲特色村，串点成线、连线成片，形成集聚效应。突出生态休闲度假和户外运动休闲两大方向，建设“仙霞古道”绿道，推进旅游集散中心、廿八都古镇二期等重大项目招商建设，着力引进一批综合实力强的旅游经营企业和产业带动力强的旅游综合体项目；加快景区基础设施建设，推进旅游服务标准化，完善交通、住宿、餐饮、购物等旅游要素配套，打造江山旅游1小时交通圈；创新旅游营销方式，深化旅游区域合作，努力提升江山城市和旅游品牌的知名度和美誉度。

3. 大力发展以电子商务为重点的现代服务业。把互联网作为全民创业创新的重要平台，完善电子商务配套服务，引进第三方物流企业，启动建设生活性、生产性物流园区，加快建设物流仓储体系，推动电商集群集聚发展；加快培育一批电子商务领军人物、骨干企业，推动我市互联网经济蓬勃发展。积极发展研发设计、文化创意、中介服务等生产性服务业，鼓励发展健康、养老、家政等与消费升级密切相关的生活性服务业。

（二）实施主体培育工程

4. 大力推动企业再创业。积极引导企业家创业再出发，鼓励江山资本投资工业经济和旅游发展。大力推进企业兼并重组，支持有潜力、有条件的企业规改股、股上市；实施小微企业成长计划，加快推动个转企、小升规，走小而精、小而专、小而特的成长壮大之路，形成大中小企业协同发展格局。力争到2017年，规模以上工业企业达到350家，其中亿元以上100家，10亿元以上8家，上市企业5家。

5. 支持外来客商创大业。坚持“招商引资第一工程”不动摇，健全完善招商引资机制，突出市领导挂帅，示范带动全市各级领导干部走出去抓招商、引项目。要在精准招商、有效招商上下功夫，既要“高大上”又要“小而美”，特别是要瞄准上海、杭州等大城市科技孵化基地，抓“小鸡”来培育，让更多的创业者驻足江山、扎根江山。深入实施“江商回归”工程，充分发挥在外商会等联谊平台作用，进一步加强信息互通，打好亲情牌，动员和引导在外经商和创办企业的成功人士回乡创业，把“江山人经济”转化成“江山经济”。

6. 鼓励青年群体创新业。强化新生代企业家培养，设立专项资金，建立常态化轮训机制，努力打造一支具有现代经营理念、视野开阔、社会责任感强的新生代企业家队伍。大力鼓励和引导大学毕业生等青年群体积极投身创业创新，成立“大学生创业联盟”，开展大学生创业计划大赛活动，并从创业场所、启动资金、辅导培训、市场开拓、权益保护等各个方面，为他们提供更有力的支持，让青年创业创新的种子落地生根、茁壮生长。

7. 发动全民自主兴业。深入开展创业观教育，发动千家万户农民主体发展乡村旅游农家乐、民宿经济；发动社会大众千军万马从事电子商务，大力发展农村电商，推销江山产品。工青妇要发挥优势，抓好宣传发动和业务培训。力争到2017年，有乡村休闲旅游特色村15个、农家乐综合体9家、三星级以上农家乐250家、民宿床位3000张、网店5000家。

（三）实施平台建设工程

8. 建好基地平台。整合、提升、优化“一体两翼”工业主平台，完善开发管理体制机制，努力将江山经济开发区建成省级重点开发区和省级高新技术产业园区；加快市区至莲华山工业园快速通道建设，实施峡口水库至第二水厂引调水工程，推进贺村小城市与中部工业园的产城融合、城园互动，打造中部工业新城；加快推进莲华山、贺村、峡口、四都等8个小微企业创业基地以及电子商务创业基地、科技孵化器等一批创业创新平台建设，鼓励乡镇（街道）、村集体和企业盘活闲置厂房、废弃校舍、空闲办公用房等资源设立创业创新平台，引进创办同生态环境相融的小微企业。加快土地流转，深化农业“两区”建设，把农业“两区”建成我市现代农业主平台、智慧农业孵化园、休闲农业观光园。做精做美中心城区，加快推进小城市、中心镇、重点特色镇人口集聚，打造服务业创业创新综合平台。

9. 完善融资平台。用金融投资理念来加强国资运营管理，着力做强国资平台，提高国资融资能力，努力争取政府债券规模。做大中小企业担保中心，将注册资本金由5000万增加到1亿元。建立创业创新引导基金，支持高技术人才、青年群体尤其是大学生创业。降低市财政对企业转贷的门槛，服务对象扩大到现代农业、现代服务业。借鉴先进地区经验，按照政府引导和市场化运作相结合的原则，组建民间融资服务中心，整合民间闲散资金用于当地企业发展或项目投资。设立创业贷款风险补助专项资金，鼓励金融机构积极推出个性化、专业化、灵活多样金融产品和服务，支持有条件的企业到证券市场、资本市场直接融资，促进经济主体融资渠道、筹资平台多元化。

10. 搭建科技创新平台。加快推进科创园建设，力争用三年时间打造成江山科技创新服务和科技创业孵化的主平台。总结推广沈阳变压器研究院江山分院创建经验，积极引进产业科技创新服务机构，鼓励企业在大城市、大专院校、杭州海创园建立研发机构，引导企业建立产业技术创新联盟，多途径构建公共科技服务平台。发挥好省市级重点企业研究院作用。

（四）实施改革深化工程

11.深化行政审批制度和投融资体制改革。完善“四张清单一张网”，深化项目投资直通车模式，打造高效审批“江山样板”。坚持国有资产资本化价值化方向，推进财政国资管理体制改革，提高国有资产整合度和财政资金归集率。积极引导民间资本参与公共服务领域投资，以教育医疗养老健康等社会事业、市政基础设施建设、产业园区公共服务以及生态休闲乡村建设领域为重点，开展民间资本参与公共领域投资PPP模式试点，建立项目储备库，定期向全社会公布并组织推介活动。

12. 深化科技体制改革。建立科技创新券制度，鼓励企业加大研发投入。扩大科技风险资金池规模，发挥好创业基金、风险投资在创业创新中的积极作用。建立健全知识产权保护机制，切实提高我市知识产权创造、运用、保护和管理的水平，保护和激励好各类主体创新的积极性。

13. 创新人才体制机制。树立“不求所有，但求所用”的人才引进理念，学习借鉴先进地区经验，完善人才政策，加大国外工程师引进力度。积极建设一批院士专家工作站、人才驿站等高层次人才发展平台。创新中等职业教育培养模式，积极争取相关院校在江山中专设立分院或教学点，支持培养本土人才，服务企业发展。

14. 深化农村产权制度改革。扎实做好土地承包经营权、宅基地使用权的确权、登记、颁证工作，加快推行农村集体经济组织的股份合作制改造，建设农村产权交易平台，拓宽农村产权流转的实现途径；稳步推进赋权工作，积极探索农村产权抵押贷款实施办法。开展农村“吊脚楼”建设试点。

（五）实施环境优化工程

15. 强化政策支持。加快构建优良的创业创新生态体系，努力打造良好的政策制度环境、营商环境、法治环境和社会环境。宣传好、解释好、推介好从中央到地方、从部门到行业各方面鼓励创业创新的政策，让政策家喻户晓、深入人心，让广大创业创新者真正了解政策、把握政策、用好政策。全面梳理、整合政府已出台的扶持政策，研究出台支持全民创业创新的政策意见，并切实抓好政策落实。

16. 强化干部服务。建立市领导挂联的产业领导小组制度，全方位了解、协调、解决产业发展、项目落地等创业创新环节存在的问题，充分发挥领导示范带头作用。深化“店小二”服务机制，充实壮大“店小二”服务队伍。加强涉企部门、窗口单位干部政策、业务等培训，不断提高干部服务全民创业创新的精准度。抓好创业创新的培训、指导、组织工作，建立创业创新项目库，定期发布全民创业创新指导目录，开设创业创新服务网站，开通创业创新服务热线。

17. 提升社会事业。大力弘扬“崇学、务实、包容、创新”江山精神，扎实推进“学在江山”品牌建设，提升公共卫生服务水平，加快发展公共交通等社会事业，进一步加强就业、住房、养老、社会救助、基本保险等社会保障体系建设，不断提高群众幸福指数。深入推进生态家园建设，强化城乡规划、建设和管理，努力改善人居环境。

18. 建设法治江山。认真贯彻落实党的十八届四中全会、省委十三届六次全会精神，深入推进“法治江山”建设，加强和创新社会治理，严密防范和严厉打击各类违法犯罪行为，全力维护各类创业创新主体合法权益，营造公平竞争的市场和法治环境。大力推进诚信体系建设，积极推动政府、企业、个人诚信系统建设和应用，进一步规范市场经济秩序，在全社会形成依法创业、诚信经营、以质取胜的良好风尚。

三、凝聚推动全民创业创新的强大合力

1. 强化组织保障。成立市全民创业创新工作领导小组，由市委、市政府主要领导担任组长，领导小组下设办公室，负责任务分解、协调服务、考核奖惩等日常工作。制订“全民创业创新评价指标体系（活力指数）”，实施“全民创业创新三年行动计划”，细化具体目标，落实单位责任，相关工作纳入乡镇（街道）、机关部门年度目标责任考核体系。加强对三年行动各项工作的督查考核，确保目标不悬空。

2. 营造浓厚氛围。建设“创业光荣、创新伟大，鼓励成功、宽容失败”的社会文化环境，将每年 5 月 18 日确定为江山全民创业创新日，召开全市创业创新大会，隆重表彰各界创业创新明星。将每年 5 月 18 日所在周确定为科技活动周，为产学研对接搭建平台。将每年 5 月确定为企业服务月，开展为企服务各项活动。开设创业创新媒体宣传品牌栏目，讲好江山创业创新故事，树立一批成功典型，推广一批先进经验，唱响“为创业者加油、为创新者鼓劲、为成功者喝彩”的主旋律，着力营造鼓励干事、支持创业、尊重创新、宽容失败的浓厚氛围。

3. 打造过硬队伍。主动适应作风建设新常态，牢固树立正确用人导向，选好人，用对人，培养人，关爱人，大力启用敢抓落实、善抓落实的“狮子型”干部，果断调整不敢担当、不抓落实的“太平官”，使干事创业、开拓创新成为江山干部队伍的鲜明特质。狠抓基层党组织建设，全面开展“大抓基层组织年”活动，进一步增强基层党组织的凝聚力和战斗

力，推动市委决策部署在基层得到更好落实。要从严治党、依规治党，加强党的纪律建设，深化“四风”整治，巩固和扩展党的群众路线教育实践活动成果，健全完善作风建设长效机制，推进正风肃纪常态化，切实以严的标准要求干部、严的措施管理干部、严的纪律约束干部，更好发挥党员干部在全民创业创新中的示范引领作用。

市委号召，全市各级党组织和广大党员干部紧密团结在以习近平同志为总书记的党中央周围，深入贯彻落实中央、省委和衢州市委重要决策部署，紧紧团结和依靠全市人民，高扬全民创业创新的大旗，万众一心，抢抓机遇，奋力拼搏，为打造华东地区最具活力城市、加快建设惠及全市人民的幸福江山而努力奋斗！

2015年1月22日

《江山市乡村休闲旅游发展三年行动计划（2015—2017年）》

为促进农民增收，提升乡村休闲旅游发展，加快推进幸福江山建设。根据《浙江省人民政府办公厅关于提升发展农家乐休闲旅游业的意见》（浙政办发〔2011〕82号）、《衢州市乡村休闲旅游发展三年行动计划（2015—2017年》（衢委办发〔2015〕3号）等文件精神，结合我市实际，特制定本行动计划。

一、总体要求

（一）指导思想。深入贯彻党的十八大、十八届三中、四中全会及习近平总书记系列重要讲话精神和省委、衢州市委有关决策部署，坚持改革带动、创新驱动、政策推动、加快推进乡村休闲旅游产业集群化、业态多元化、管理常态化、服务标准化、形象品牌化，努力把乡村休闲旅游业培育成为我市经济发展的重要支柱产业。

（二）发展目标。将乡村休闲旅游作为我市生态经济的主引擎、统筹“三农”工作的主抓手、旅游业大发展的主战场。力争到2017年底，乡村休闲旅游业成为我市社会消费新热点、幸福乡村建设新亮点、市域经济发展和农民增收新增长点，努力把我市打造成为全国一流的休闲旅游目的地。

——产业规模持续壮大。到2017年底，实现游客接待数和直接营业额比2014年翻一番；接待能力和吸纳就业能力明显增强，全市农家乐（民宿）新增床位数3500张以上、餐位数达2万个，从业人员达5000人；服务质量明显提升，星级以上的乡村旅游经营户（点）270个以上。

——乡村休闲旅游向聚集化、景区化、品牌化方向发展。结合经济强镇和特色乡镇建设，创建5个农家乐乡村休闲旅游特色产业（风情）小镇；打造6条乡村休闲旅游特色精品线；集中打造8个3A级及以上乡村休闲旅游景区村；改造提升10个农家乐乡村休闲旅游综合体；打造乡村休闲旅游特色村20个以上。

（三）基本原则

1. 统筹规划、精准聚焦。把全市乡村作为一个大整体来谋划布局，作为一个大景区来经营美化，在全面动员、全域布局、有序实施的基础上，整合资源，统筹协调，突出精品线路示范导向，构建乡村休闲旅游点——精品线路——精品区块三级布局，引导优质项目和资源要素向精品线路、精品区块和特色产业（风情）小镇集聚，构建“村点出彩、沿线美丽、面上洁净”的幸福乡村格局。

2. 彰显生态、差异发展。围绕乡乡“有村落景区、有民宿业态、有特色产业”目标，坚守生态保护底线，按照生态文明的理念，把真山真水真空气、原汁原味原风情作为发展乡村休闲旅游业最大的优势、最好的品牌，充分挖掘区域文化、历史、特色农业等差异化资源，走特色竞争、差异发展之路，发展资源节约型和环境友好型的生态产业。

3. 市场导向、突出主体。充分发挥市场配置资源的决定性作用，鼓励工商资本参与投资、投股、合作，引导经营主体按照运行市场化、要素规范化、经营规模化和营销网络化的方向发展，切实提高乡村休闲旅游产业化水平。充分发挥全市各有关部门、乡镇（街道）和村级组织积极性、主动性，市各有关部门加大规划、政策、投资、管理、宣传、营销、培训等方面支持，不断提升公共服务水平；鼓励乡镇、村加大项目谋划和招商力度，依托区域特色资源，有序发展乡村休闲旅游。

4. 规范管理、依法经营。建立符合乡村休闲旅游产业发展特点和实际的监管办法和工作机制，完善相关行业标准、运行规则和惠民机制，加强硬软件的配套建设，进一步打响乡旅品牌，提高乡旅品味，提升服务品质，使乡村休闲旅游业成为人民群众品质生活的幸福产业和推动我市城乡统筹发展的先导产业。

二、主要任务

坚持以资源为依托，以规划为引领，以市场为导向，以项目为抓手，加快发展以“休闲度假、参与体验、生态观光”为主要内容的乡村休闲旅游。围绕农家乐乡村休闲旅游集聚区、休闲农业现代园区和乡村休闲旅游空间布局，深入实施六大工程，加快创建一批创意农业基地、农家乐特色民宿村、农家乐综合体，打造乡村休闲旅游精品线路。

（一）实施规划标准引领工程

1. 完善乡旅总体规划。根据《衢州市乡村休闲旅游发展规划》、《江山市国家休闲区规划》，整合《江山市休闲旅游发展规划》、《江山市农家乐发展总体规划》和《江山市休闲农业与乡村旅游发展规划》，修编《江山市乡村休闲旅游总体规划》，明确我市乡村休闲旅游发展方向、发展路径、战略布局、建设重点。坚持以规划作为乡村休闲旅游发展工作作战图，建立项目库，动员乡镇（街道）、村申报，统筹实施，分类推进。完善规划体系，在科学策划、对接城乡规划等法定规划的基础上，积极做好精品线路、精品区块的修建性详规和形象设计。（责任单位：旅游局、农办、农业局、

各有关乡镇）

2. 强化规划衔接。做好乡村休闲旅游精品线路规划与土地利用总体规划、城乡规划、交通规划、环境保护规划以及工业、农业、林业、文化、商业等各类相关产业规划的衔接，力求各类规划兼顾乡村休闲游发展的需要。优化空间布局结构，着力提高土地资源利用水平，避免资源无序滥用，实现统筹效益最大化。（责任单位：旅游局、农办、农业局、各有关乡镇）

3. 制订业态标准。加快制定各类乡村旅游业态准入标准、质量等级标准和服务标准，构建乡村旅游标准评定体系，引领全市乡村旅游在科学规范中提升发展。重点修订完善市级乡村旅游强镇、特色产业（风情）小镇、3A级景区村、星级户以及民宿、农家乐综合体等特色业态经营点的标准。（责任单位：旅游局、农办）

（二）实施精品线路示范工程

1. 沿线推进美丽乡村建设。按照“点上做亮、线上做精、面上出彩”的要求，全面完成农村生活污水治理，大力推进农村垃圾集中收集处理，推进沿线各乡村休闲旅游村庄绿化、亮化、美化等项目建设，统筹推进“赤膊墙”综合整治、生猪整规等工作，着力构建宜居宜业宜游的农村生态环境体系，实现水清、路净、人欢畅的美丽乡村景象。（责任单位：农办、各有关乡镇）

2. 策划乡村精品线路。充分依托我市世界遗产、千年古道等核心景区资源，发挥地域特色文化优势，运用中国幸福乡村建设成果等，着力形成“一核一道多线多点”的乡村休闲旅游新格局。“一核”即建设江郎山国际文化旅游产业集聚区，做大做强核心景区；“一道”即充分挖掘仙霞古道文化内涵，沿千年古道布局串线，打造古道精品线和特色风情小镇。“多线”即“和睦—清漾—山里河马场—江郎山”世遗江郎风采线、“保安路口—石鼓—戴笠秘宅—仙霞关”七彩保安风情线、“廿八都古镇—浮盖山—兴墩”古镇养生风韵线、“耕读—勤俭—日月—永兴坞”幸福乡村风光线、“坳里—新塘坞—大陈”村歌文化风俗线、“46省道—源口—碗窑”醉美碗窑风行线等多条高品质、高档次的乡村休闲旅游精品线建设，策划设计精品线上村口节点，做到精品线路点、线、面的无缝契合；“多点”即打造多个村落景区，重点培育清湖镇和睦村、保安乡化龙溪村龙井、廿八都镇兴墩村、新塘边镇勤俭村、贺村镇永兴坞村等多个乡村休闲旅游3A级景区村（点）。（责任单位：旅游局、农办、各有关乡镇）

3. 打造沿线精品项目。强化资金使用效益，整合各种涉农资金，统筹用于连片线路精品示范项目的打造。旅游部门要加快全市域3A、4A、5A级景区创建软硬件提升，完善休闲旅游功能配套，优化旅游发展环境。重点推进江郎山景区入口提升工程、廿八都古镇二期基础设施项目建设，加快仙霞古道修缮整治、浮盖山地质公园提升等项目，着力培育江郎山5A级景区，仙霞古道—戴笠秘宅、石门镇山里河马场等4A级景区，新塘边镇勤俭、贺村镇永兴坞、清湖镇和睦、塘源口乡洪福、保安乡龙井及廿八都镇兴墩等3A级景区村创建。大力培育发展贺村镇耕读、新塘边日月、廿八都兴墩等一批颇具乡村特质的高中端民宿产业，加快碗窑乡素园、清湖镇和睦大院、廿八都古镇和睦家园等一批文化品味的民宿（农家乐）提档升级。农业部门要加大沿线休闲观光农业园、休闲观光农业示范点培育。重点抓好仙霞休闲农业园、人尔休闲家庭农场、同香阁农业科教观光园、绿业现代农业观光园等项目建设。林业部门要强化沿线的彩化、香化，加强不同季节花卉及色叶树种的种植，实现森林景观与人文景观有机结合，提高精品线路区域空间的景观效果。重点推进黄衢南高速江山段沿线“彩化江山”项目二期、省级森林村庄项目、保安乡森林公园项目、生态休闲走廊项目及峡口镇自行车绿道等项目建设。水利部门要充分发挥江南湿地、山塘水库的生态优势，挖掘水乡鱼文化资源，着力抓好五百湖生态湿地建设项目、三卿口溪及廿八都溪整治项目、“美丽塘库”百村整治项目、横渡溪景观改造项目、青龙湖生态养身基地等项目建设。有关部门也要积极发挥本部门的职能优势，共同推进沿线精品示范点建设。（责任单位：旅游局、农办、农业局、林业局、水利局、各有关乡镇）

（三）实施产业融合发展工程

1.促进乡村休闲旅游与农业产业相融合。坚持“以农促旅、以旅兴农、以农强旅”，促进乡村休闲旅游与农、林、渔等相关产业的融合发展。依托生态农业产业发展，建设休闲农业观光园、家庭农场和现代农庄，推动茶园、竹（林）海、农田、果园、渔场和花卉基地等景观化建设，提升田园景观。加大“一村一品”、有机农产品培育力度，推动乡村休闲旅游进一步引领、提升产业转型升级，发挥乡村休闲旅游“一业俱业、百业俱旺”的蝴蝶效应。到2017年底，全市新培育认证有机农产品50个，建成一批示范性家庭农场，提升农产品质量安全，建成省级农产品质量安全放心市。（责任单位：旅游局、农办、农业局、各有关乡镇）

2.促进乡村休闲旅游与文体科教相融合。坚持把文化项目作为乡村休闲旅游项目来开发，把文化服务作为乡村休闲旅游服务来提升，全力挖掘江山乡土特色文化、农耕文化、民俗文化等文化，充分发挥乡村文化礼堂作用，不断丰富乡村休闲旅游文化内涵，将各地包括非物质文化遗产在内的文化转化成乡村休闲旅游的特色项目，积极开发民俗文化节庆活动，推动民俗文化旅游建设。利用原生态的古村落环境及景观风貌、积极发展影视创作、书画创作等文创产业，推进文化旅游发展。加强乡村休闲旅游与体育的融合，培育发展丛林攀岩、有氧运动、拓展训练、马拉松、山地自行车等户外运动旅游项目，形成乡村休闲旅游与文化、体育“相互融合、相互渗透、互促共进”的发展格局。（责任单位：旅游局、农办、农业局、文广新局、体育局、各有关乡镇）

3.促进乡村休闲旅游与养生养老相融合。坚持以生态休闲旅游景区、休闲养生（养老）基地和养生乡村建设为载体，在中国幸福乡村创建成果基础上，充分挖掘山区、林区、库区等独特的资源，盘活夯土建筑等养生闲置资源，建设一批环境优美、特色明显、功能突出的休闲养生度假村，设计一批长寿主题类、山林养生类、生态水疗类、民俗文化类等养生产品，提升乡村休闲旅游景区养生品位。创新发展休闲养生农业、养生养老用品制造业和休闲养生文化业，着力培育具有江山特色和市场竞争力的生态休闲养生养老产业。重点抓好江郎山全国生态智慧养老示范基地、碗窑养生养老、保安龙井、簭山养生养老基地、廿八都兴墩乡村养生休闲旅游区、大陈古村落旅游度假养老基地等一批养生养老项目建设。（责任单位：旅游局、农办、民政局、各有关乡镇）

（四）实施配套功能提升工程

1. 完善综合交通服务体系。交通部门要加强与全市交通发展规划的衔接，坚持通景道路与乡村休闲旅游特色村（点）同步建设，加快提高3A级以上景区村、农家乐综合体、民宿等地通景道路等级。要积极争取项目资金支持，加快精品线路道路的景观化改造和沿线环境整治。根据市场需求，开通市区到乡村休闲旅游精品线、特色村（点）的公交线路和直通车，增加旅游旺季的通车班次。交通运输、旅游进一步做好乡旅通景道路和自驾游线上的旅游交通标志标识。规划、住建部门要针对乡村休闲旅游发展布局，配套停车场、公厕等设施，开辟自驾游营地、自行车专用游览道路以及安全救援系统等项目。加快推进乡村绿道规划建设工作，通过绿道网和驿站等相关设施建设，将乡村休闲旅游特色村（点）串珠成线、串线成网。重点推进48省道延伸、江广公路、兰江公路、江遂公路、江郎山大道绿化提升等重点项目建设，全面完善205国道、46省道等市域内交通主干道，完善花峡线沿线旅游交通指示牌。（责任单位：交通运输局、旅游局、规划局、住建局）

2. 完善公共信息服务体系。加快开发江山乡村休闲旅游手机APP平台，整合全市乡村休闲旅游景点、公共交通、餐饮住宿、乡村旅游等要素资源，提高乡村旅游信息发布水平。建立交通、气象、金融、安全等休闲旅游公共服务平台，完善乡村休闲旅游咨询、导游讲解服务、投诉受理、医疗急救和乡旅购物等功能，侧重支持在全市乡村旅游3A级以上景区内实行以自动化导览服务、电子商务、WiFi系统覆盖等为主要内容的数字化管理系统建设，为游客提供更为便捷的“一站式”服务。推进乡村休闲旅游服务标准化，加快推进江山城区旅游集散中心和保安旅游集散中心项目建设，规范乡村休闲旅游标识标志设置。（责任单位：旅游局、农办、规划局、住建局、各有关乡镇）

3. 完善安全保障服务体系。旅游、市场监管、卫生、消防、气象等部门要建立健全乡村休闲旅游安全管理机构，落实安全管理责任制，形成全市乡村协调和相关部门联动的安全管理机制，重点做好交通、设施和食品安全。加大乡村休闲旅游安全设施投入，完善乡村休闲旅游村（点）的消防、安全防护、安全警示、紧急救援电话等设施，做好灾害性天气预报和地质灾害预警服务，建立应急救援服务体系和乡旅保险体系，确保游客的人身安全。（责任单位：旅游局、市场监管局、卫生局、安全生产管理局、消防大队、各有关乡镇）

（五）实施重大项目推进工程

1. 以土地流转提升农业规模经营水平。加快农村产权制度改革，积极推进土地确权颁证和农村集体资产股份化改造，认真研究促进土地流转的政策措施，建立土地流转储备金制度，土地流转信息平台和纠纷仲裁机构，着力提高土地流转率，鼓励社会工商资本在精品线、特色产业（风情）小镇、特色村连片开发千亩花卉、七彩农业、养生养老基地等大项目，以及参与公共服务设施、核心接待设施建设，提高乡村休闲旅游经营档次。（责任单位：农办、农业局、国土资源局、各有关乡镇）

2. 推进项目招商引资工作。大力推进乡村休闲旅游项目招商引资工作，实现乡村休闲旅游投资主体多元化。抓好项目谋划和落地，完善乡村休闲旅游招商项目库，编制旅游招商手册，对重点旅游项目统一进行策划、包装、推介；充分发挥旅游产业招商组和在外商会的作用，坚持招大引强选优，引进市内外经济实体、社会团体和各界人士以多种形式投资开发旅游资源。重点吸引工商资本在精品线、风情小镇、特色村（点）连片开发千亩花卉、夯土建筑村落、七彩林业、创意农业、养生养老基地、文化主题酒店、高山避暑基地等大项目，形成规模效应。重点推介江郎山国际文化休闲养生城、箬山鳌顶乡村休闲旅游度假区、保安竹博园、地质博物园等一批重大旅游招商项目。落实招商引资政策措施，实行重大乡村休闲旅游项目“一事一议”机制，进一步规范项目申报、审查、跟踪和服务。简化项目审批流程，提供“一站式”、“并联式”贴心服务，积极营造亲商安商富商的良好环境。（责任单位：旅游局、招商局、农办、农业局、林业局、民政局、各有关乡镇）

3. 推进农家乐综合体建设。着力建设一批体量大、档次高、特色强的精品乡村休闲旅游项目。加快培育创建农家乐综合体，建设一批农家乐特色旅游村（点），做精做特农家乐休闲旅游。发展“吃农家饭菜、住乡村民宿、行乡间幽径、游田园风光、娱民俗风情、购土特产品”等特色乡村旅游项目。构筑主题突出、内涵丰富、游程合理的经典乡村休闲旅游线路，整合资源，“串点成线、串珠成链”，推出生态休闲游、养生度假游、文化体验游、民俗风情游、乡村徒步游等线路，开发摄影写生游、库区垂钓游、高山避暑游、单车营地游、自驾休闲游等乡村旅游新业态。加快推进保安、廿八都特色（风情）小镇、廿八都兴墩特色民宿村等一批重大乡村旅游项目建设，把江山打造成长三角知名的避暑养生胜地、清凉世界、天然氧吧，集观光、度假、养生、休闲功能为一体的综合性乡村休闲旅游区，并成为引领江山乡村休闲旅游业发展的龙头和核心。（责任单位：碗窑乡、石门镇、保安乡、廿八都镇、贺村镇、新塘边镇）

（六）实施乡旅品牌营销工程

1. 推进乡村休闲旅游品牌创建。坚持星级品牌和特色品牌“两位一体”的品牌创建，确立推广“世界遗产胜地、幸福乡村乐园”的乡村休闲旅游口号对外形象宣传，打造山水生态、养生养老、乡村休闲等特色旅游品牌，增强江山乡村休闲旅游的品牌吸引力和核心竞争力；创建一批高端民宿、高星级农家乐，加快清漾毛氏文化小镇、保安、廿八都风情小镇培育，积极培育兴墩、耕读、大陈、永兴坞等乡村休闲旅游示范村。加快碗窑乡、峡口镇、石门镇、大陈乡、张村乡等旅游乡镇特色村、三星级以上农家乐的培育创建，不断提高乡村休闲旅游知名度和市场占有率。（责任单位：旅游局、农办、文广新局、各有关乡镇）

2. 推进乡村休闲旅游宣传营销。进一步

整合全市营销资源，创新宣传营销载体。主动参加各类乡村休闲旅游推介会、旅游促销会和农业博览会，在各类会展活动中注重宣传江山乡村休闲旅游。策划举办节会营销活动，结合我市地域特色，策划举办中国衢州·江郎山文化旅游节暨中国·江山毛氏文化旅游节、廿八都古镇民谣音乐节、江山绿牡丹开茶节、猕猴桃文化节、枇杷节、麻糍节、杨梅节、荸荠节等地方节会，营造良好的乡村休闲旅游氛围。加大网络营销力度，通过江山乡村休闲旅游现有官方平台（江山旅游网、微博、微信、博客），加强与目标市场所在地论坛、腾讯微信（微博）等合作，将我市乡村休闲旅游产品信息能更精准的投放到目标市场，继续深化江山旅游淘宝旗舰店，加强与携程、同程、阿里旅行的合作，推广江山乡村休闲旅游产品和农特产品。精心制作导游图、宣传册等各类乡村休闲旅游宣传品，规范推广乡村休闲旅游讲解词，推动乡村休闲旅游宣传多样化、系列化和实用化，提高乡村休闲旅游宣传有效性，全方位展示江山乡村休闲旅游特色，提升江山乡村休闲旅游的美誉度、影响力。（责任单位：旅游局、农办、各有关乡镇）

3. 加强乡村休闲旅游市场拓展。坚持大众化为基础、兼顾不同层次的乡村休闲旅游市场定位，积极拓宽客源推介渠道。深化与周边乡村休闲旅游圈的接轨融合，加强与热点旅游城市的对接合作。注重客源市场针对性，以长三角经济圈为重点，巩固杭州、金华、宁波等传统客源市场，大力拓展上海、苏南、安徽、江西、福建等省际客源市场。（责任单位：旅游局、农办、农业局、各有关乡镇）

三、保障措施

1. 加强组织保障。各乡镇（街道）、有关部门要切实加强组织领导，把提升发展乡村休闲旅游列入重要议事日程，建立健全乡村休闲旅游工作领导（协调）机构，进一步细化职责任务，制定完善有利于乡村休闲旅游业健康发展的管理办法和政策措施。建立市领导和部门联系帮扶制度，帮助解决困难和问题。大力宣传乡村休闲旅游的经验做法和实际成效，特别是依托乡村休闲旅游业增收致富的典型事例，鼓励更多农民和社会力量投身生态创业，共享幸福乡村建设成果。

2. 加强政策保障。落实国家、省、市以及相关部门出台的关于促进乡村休闲旅游业发展的各项优惠政策，制定我市扶持乡村休闲旅游发展的政策措施。鼓励金融机构创新和开发金融产品，加大对乡村休闲旅游项目信贷支持。加大财政投入，用好乡村休闲旅游专项资金，发挥专项资金“四两拨千斤”作用。在年度用地计划中优先安排乡村休闲旅游用地。给予污水和垃圾处理设施建设、节能减排和循环经济政策扶持、用电用水等方面支持。

3. 强化督查考核。各乡镇（街道）要根据本行动计划，分解年度目标任务，强化工作落实。市有关部门要进一步明确分工、明确职责。市旅游局负责全市乡村休闲旅游的发展战略、规划引领、政策扶持、综合协调工作推进，按要求加强乡村休闲旅游工作的统计和监测。要加大对各乡镇（街道）及市有关部门工作考核力度，把乡村休闲旅游工作列入各乡镇（街道）、部门的年度目标责任考核体系，开展定期督查，进行考核评价。

江山市 2015—2017 年乡村休闲旅游发展主要指标任务数

表三

内容 乡镇	农家乐（民宿）床位	三星级以上农家乐	农家乐综合体	乡村休闲旅游特色村	乡村休闲旅游 3A 景区（村）	特色产业（风情）小镇（乡）	3000 万元以上乡村休闲旅游招商项目	乡村休闲旅游集散中心	乡村休闲旅游特色精品线
保安乡	540	30	2	3	1	1	1		1
廿八都镇	540	34	2	4	1	1	1		1
碗窑乡	340	25	1	1	1				
石门镇	350	24	1	2		1	1	1	
峡口镇	200	16	1	1			1		
新塘边镇	340	22	1	1	1		1		1
贺村镇	230	16	1	1	2		1		1
张村乡	210	16		1					
大陈乡	210	24	1	1		1			1
塘源口乡	200	16		1	1				
凤林镇	100	16		1					
清湖镇	100	5		1	1				
虎山街道	40	5							
双塔街道	30	5						1	
长台镇	40	5							
上余镇	30	5							
坛石镇		2							
四都镇		2							
大桥镇		2							
合计	3500	270	10	20	8	5	6	2	6
乡旅直通车（班次）	通景 6 班次（由市交通运输局完成）								

江山市全民创业创新三年行动计划（2015—2017年）

为深入贯彻落实市委十三届八次全体（扩大）会议精神，现根据《中共江山市委关于推进全民创业创新的决定》（市委发〔2015〕1号），制订江山市全民创业创新三年行动计划（2015—2017年）。

一、总体要求

（一）指导思想

以科学发展观为指导，深入贯彻落实习近平总书记系列重要讲话精神，适应引领经济发展新常态，坚持以推进工业强市、旅游富民“两轮驱动”为主抓手，深入实施全民创业创新“五大工程”，着力构建充满活力的创业创新生态体系，充分激发全市人民创业创新激情，奋力开创全民创业创新新局面。

（二）主要目标

通过三年努力，全市综合实力更强、创业环境更佳、创新活力更足、社会和谐更好，为打造华东地区最具活力城市奠定坚实基础。

——综合实力更强。区域竞争优势不断增强，继续领跑三省边际各县（市、区），地区生产总值、财政收入、固定资产投资等主要经济指标的年均增幅位居省内各县（市、区）前列。

——创业环境更佳。政府服务环境不断优化，全民创业活力充分激发，新办经济实体、城镇新增就业人数、企业上规模数量等较快增长，增幅位居省内各县（市、区）前列。

——创新活力更足。产业转型升级步伐加快，产业竞争力进一步增强，战略性支柱产业、高新技术产业、新兴产业不断发展壮大，吸纳各类要素资源的能力大幅提高。

——社会和谐更好。群众安全感满意度不断提升，社会事业快速发展，社会保障体系进一步健全，公民法治观念、诚信意识普遍增强，生态环境质量显著改善。

二、重点工作

（一）实施产业引领工程

1. **大力培育工业优势产业。**做强输配电、照明电器两大主导产业，支持输配电产业技术联盟建设，发展高等级、智能变压器，鼓励照明电器由节能灯向LED产品换代。深化木门、消防器材两大特色产业培育提升，规范行业生产经营，支持行业协同制造，引导木门向定制家居产业发展，消防器材向智能化产品转型。鼓励传统产业跨界发展，引导存量企业加大技改，着力培育转型升级标杆企业。加快培育新兴产业，延伸软磁、纳米等新材料重点产品产业链，发展以水资源利用为主的绿色食品饮料等生态产业。力争到2017年，实施投资1000万元以上工业项目180个以上，完成工业投资240亿元以上。

（牵头领导：常务副市长　责任单位：经信局）

2. **加快推进“两化”深度融合。**①大力发展信息经济，制定出台《推进信息化和工业化深度融合专项行动实施方案》，实施省“两化”深度融合国家综合性试点区建设，推进47个试点示范项目建设，推广企业物联网技术运用。②实施“机器换人”三年行动计划，建立“机器换人”技术改造动态项目库，重点推进木业、消防器材、纺织服装等全行业“机器换人”。力争到2017年，实施投资100万元以上“机器换人”项目150个以上，完成设备工器具购置费1亿元以上，减少用工3000人以上。③推广应用电子商务，推进阿里巴巴—江山产业带建设，完善电子商务配套服务，启动建设生活性、生产性物流园区，加快培育电子商务骨干企业、领军人物，推动电商集群集聚发展。力争到2017年，规上工业企业电子商务普及率达到85%以上，培育电商销售超亿元的电商企业4家。

（①②牵头领导：常务副市长　责任单位：经信局；③牵头领导：宁晔　责任单位：商务局、服务业办）

3. 合理配置资源要素。以实施资源要素市场化改革为契机，完善工业企业绩效综合评价制度，推行差别化的土地使用税、用电、用水政策。继续开展“腾笼换鸟”，推进“省循环化改造示范园区”试点，制定出台淘汰落后产能（过剩产能置换）相关政策办法，狠抓闲置工业用地处置，提高资源综合利用效益。

（牵头领导：常务副市长　责任单位：发改局、经信局、环保局）

4. 做大做强核心景区。争创江郎山5A级景区和仙霞关—戴笠秘宅4A级景区，推进仙霞古道徐霞客游线申遗工作。强化旅游大项目支撑，推进江郎山养心湖、江郎山国际休闲养生城、江郎山全国智慧化养老示范基地、山里河马场二期等项目，大力推进廿八都古镇保护与利用二期，加快旅游集散中心、城北主题公园等旅游项目招商，着力引进一批综合实力强的旅游经营企业和产业带动力强的旅游综合体项目。

（牵头领导：舒畅 宁晔 责任单位：旅游局、招商局等）

5. 做精做特乡村休闲旅游。深化农旅结合，充分运用中国幸福乡村建设成果，加快推进风情小镇建设，培育一批农家乐乡村休闲旅游特色村，着力形成“一核一道多线多点”的乡村休闲旅游新格局。启动“仙霞风韵”风情绿道打造，加快乡村绿道网和驿站等设施建设，将乡村休闲旅游特色村（点）串珠成线、串线成网。着力推进历史文化村落、传统文化艺术参观点、运动休闲旅游基地等10类100个特色旅游产品创建活动，促进乡村休闲旅游与农业产业、文体科教、养生养老相融合。力争到2017年，实现游客接待人数和直接营业额比2014年翻番，有乡村休闲旅游特色村15个、农家乐综合体9家、新增民宿床位3500张、餐位数达到2万个，星级以上乡村旅游经营户（点）270个以上，其中，三星级以上农家乐250家。

（牵头领导：舒畅　责任单位：市农办、旅游局、相关乡镇街道）

6. 提升旅游配套服务。①重点推进48省道延伸、江广公路、兰江公路、江遂公路、江郎山大道绿化提升等重点项目建设，全面完善205国道、46省道等市域内交通主干道，完善国省道沿线旅游交通指示牌。加快建设高铁站站前广场和站前大道，开通江山高铁站至各主要旅游景区的公交专线，打造江山旅游1小时交通圈。②加快推进景区基础设施建设，完善交通、住宿、餐饮、购物等旅游要素配套。加快智慧景区建设，实现全市主要旅游场所、旅游公交、星级饭店免费无线网络覆盖。③创新营销方式，拓展旅游目标市场，办好江郎山国际旅游节、中国·江山毛氏文化旅游节等节会，提升江山城市和旅游品牌的知名度和美誉度。

（①牵头领导：王子平　责任单位：交通运输局；②牵头领导：宁晔　责任单位：旅游局；③牵头领导：汪黎云 宁晔　责任单位：宣传部、旅游局、文广新局、相关乡镇街道）

（二）实施主体培育工程

1. 推动企业再创业。大力推进企业兼并重组，继续支持有潜力、有条件的企业规改股、股上市。实施小微企业成长计划，加快推动个转企、小升规，形成大中小企业协同发展格局。强化新生代企业家培养，设立专项资金，建立常态化轮训机制，努力打造一支具有现代经营理念、视野开阔、社会责任感强的新生代企业家队伍。力争到2017年，规模以上工业企业达到350家，其中亿元以上100家、10亿元以上8家、20亿元以上企业1家、上市企业5家。

（牵头领导：常务副市长　责任单位：经信局、市场监管局）

2. 引进客商创大业。①健全完善招商引资机制，突出市领导挂帅，示范带动全市各级领导干部走出去抓招商、引项目。力争每年引进10亿元项目2个、亿元项目25个。②加强驻外商会建设，深入实施“江商回归”工程，新建6个省会城市或计划单列市商会，实现重点城市商会全覆盖，把“江山人经济”转化成“江山经济”。

（①牵头领导：宁晔　责任单位：招商局；②牵头领导：王旭　责任单位：统战部、工商联、招商局）

3. 鼓励各类群体创新业。①鼓励支持大学毕业生等各类青年群体积极投身创业创新，成立“大学生创业联盟”，开展创业计划大赛活动，并在创业场所、启动资金、辅导培训、市场开拓、权益保护等方面提供有力支持。大力开展农村各类群体创业创新技能培训。②组建农村电子商务协会，引导千家万户、千军万马参与农村电子商务，推进乡村休闲旅游、生态农业和农村电子商务三位一体发展。力争2017年，全市网店数量达到5000家。

（①牵头领导：叶骏　责任单位：团市委、人力社保局、妇联等；②牵头领导：宁晔　责任单位：商务局、相关乡镇街道）

（三）实施平台建设工程

1. 建好基地平台。①整合、提升、优化“一体两翼”工业主平台，完善工业园区开发管理体制机制，力争江山经济开发区列入省级重点开发区和省级高新技术产业园区。②加快推进莲华山、贺村、峡口、四都等8个小微企业创业基地建设。力争到2017年，建成标准厂房16万平方米以上。盘活乡镇（街道）、村集体和企业的闲置用房等资源，引进创办同生态环境相融的小微企业。③加快市区至莲华山工业园快速通道建设。启动实施峡口水库至第二水厂引调水工程。④不断提升城市规划、建设、管理水平，继续做精做美中心城区，加快推进小城市、中心镇、重点特色镇人口集聚，改善优化人居环境，打造创业创新综合平台。⑤加快土地流转，深化农业“两区”建设，建设智慧农业孵化园和休闲农业观光园。

（①②牵头领导：常务副市长　责任单位：江山经济开发区、相关乡镇街道；③④牵头领

导：王子平　责任单位：交通运输局、规划局、住建局、相关乡镇街道；⑤牵头领导：徐文　责任单位：农业局、相关乡镇街道）

2. 完善融资平台。①着力做强国资平台，提高国资融资能力，努力争取政府债券规模。②设立创业创新引导基金、创业贷款风险补助专项资金，支持高技术人才、青年群体尤其是大学生创业。③降低市财政对企业转贷的门槛，服务对象扩大到现代农业、现代服务业。④做大中小企业担保中心，注册资本金提高到1亿元。⑤组建民间融资服务中心，整合民间闲散资金用于当地企业发展或项目投资。⑥设立创业贷款风险补助专项资金，鼓励金融机构积极推出个性化、专业化、灵活多样的金融产品和服务。⑦大力支持有条件的企业到证券市场、资本市场直接融资，促进经济主体融资渠道、筹资平台多元化。

（①②③⑦牵头领导：常务副市长　责任单位：市府办、财政局；④⑤⑥牵头领导：宁晔　责任单位：市府办、中小企业担保中心、各金融机构）

3. 搭建科技创新平台。①加快推进科创园等科技创新平台建设。积极引进产业科技创新服务机构，鼓励企业在大城市、大专院校、杭州海创园等建立研发机构，引导企业建立产业技术创新联盟，多途径构建公共科技服务平台。②引进国内外风险投资机构和市政府共同发起设立科技创新创业种子基金，以股权投资方式对企业技术创新项目进行资金支持。③鼓励重点企业建立研究院，发挥好省市级重点企业研究院作用。

（①②牵头领导：章忠良　责任单位：科技局；③牵头领导：常务副市长　责任单位：经信局）

（四）实施改革深化工程

1. 深化行政审批制度。①完善“四张清单一张网”，深化项目投资直通车模式，推行“一个窗口受理、一站式集中并联审批”业务，打造高效审批“江山样板”。②降低企业注册门槛，全面落实注册资本登记制度改革，放宽经营范围登记，推行“一址多照”和“一照多址”，充分激发主体创业动力。③全面推进政府机构改革。④改革旅游管理运行机制，建立旅游集团公司。

（①③牵头领导：常务副市长　责任单位：编委办、行政服务中心；②牵头领导：宁晔　责任单位：市场监管局；④牵头领导：舒畅　宁晔　责任单位：旅游局、编委办等）

2. 深化投融资体制改革。坚持国有资产资本化价值化方向，推进财政国资管理体制改革，提高国有资产整合度和财政资金归集率。积极拓展政府项目融资渠道，研究制定利用PPP模式鼓励社会资本参与公共服务与基础设施建设的指导意见，完善城市公交、社会化养老等方面的公私合作机制，在教育、养老、医疗、就业培训、城市管理、生态保护等方面积极开展试点。

（牵头领导：常务副市长　责任单位：财政局等）

3. 深化科技体制改革。①建立科技创新券制度，鼓励企业加大研发投入。②扩容小微企业科技风险池，以科技型中小微企业风险资金池为依托，联合银行开展无抵押信用担保业务，增加企业贷款融资方式。③建立健全知识产权保护机制，切实提高我市知识产权创造、运用、保护和管理的水平，保护和激励好各类主体创新的积极性。

（①②牵头领导：章忠良　责任单位：科技局；③牵头领导：宁晔　责任单位：市场监管局等）

4. 创新人才体制机制。①树立“不求所有，但求所用”的人才引进理念，学习借鉴先进地区经验，完善人才政策，积极建设一批院士专家工作站、人才驿站等高层次人才发展平台，吸引高层次人才柔性流动。②创新中等职业教育培养模式，积极争取相关院校在江山中专设立分院或教学点，支持培养本土人才，服务企业发展。

（①牵头领导：俞根君　责任单位：组织部、科技局、人力社保局、科协；②牵头领导：毛正彩　责任单位：教育局）

5. 深化农村产权制度改革。①扎实做好土地承包经营权工作。②做好宅基地使用权的确权、登记、颁证工作。③加快推行农村集体经济组织的股份合作制改造。建好农村产权交易平台，拓宽农村产权流转的实现途径。④稳步推进赋权工作，积极探索农村产权抵押贷款实施办法。⑤谋划推进农村“吊脚楼”建设试点。

（①③④牵头领导：徐文　责任单位：农办、农业局、农商银行，各乡镇、街道；②⑤牵头领导：王子平　责任单位：国土资源局、各乡镇街道等）

（五）实施环境优化工程

1. 加强政策支持。全面梳理、整合政府已出台的扶持政策，研究出台支持全民创业创新的政策意见，并及时兑现。

（牵头领导：常务副市长　责任单位：市府办）

2. 强化干部服务。①建立市领导挂联的产业领导小组制度，开展重大项目“挂帅作战”活动，全方位了解、协调、解决产业发展、项目落地等创业创新环节存在的问题。②设立全民创业创新服务中心，建立创业创新项目库，开设创业创新服务网站，开通创业创新服务热线，为各类创业主体提供项目引导、业务咨询、投诉受理等服务。③深化“店小二”服务机制，充实壮大“店小二”服务队伍，有针对性的对涉企部门、窗口单位干部开展政策、业务等培训。④每年5月确定为企业服务月，开展为企服务各项活动。⑤每年5月18日所在周确定为科技活动周，为产学研对接搭建平台。

（①牵头领导：常务副市长　责任单位：市府办；②③④牵头领导：常务副市长　责任单位：行政服务中心、经信局等；⑤牵头领导：章忠良　责任单位：科技局、科协、经信局）

3. 提升社会事业。①扎实推进“学在江山”品牌建设。②提升公共卫生服务水平。③加快发展公共交通、住房等社会事业。④进一步加强就业、养老、基本保险、社会救助等社会保障体系建设。⑤打好“五水共治”、“三改一拆”等环境整治攻坚战，建设生态美丽家园。

（①②牵头领导：毛正彩　责任单位：市教育局、卫生局；③牵头领导：王子平　责任单位：交通运输局、住建局；④牵头领导：叶骏　责任单位：人劳社保局、民政局；⑤牵头领导：各市领导　责任单位：各相关部门、乡镇街道）

4. 深化作风建设。从严治党、依规治党，加强党的纪律建设，深化“四风”整治，健全完善作风建设长效机制，推进正风肃纪常态化。强化监督执纪问责，加强对各级各部门贯彻落实市委、市政府推进全民创业创新重大决策部署情况的监督检查，严格问责问效，保证政令畅通、令行禁止。严肃查处不作为、慢作为、扯皮推诿等问题和“中梗阻”、“庸懒散”、“老好人”等现象，增强党员干部责任担当意

识，为创业创新营造风清气正、干净干事的发展环境。（牵头领导：叶锡祥　责任单位：市纪委监察局、督考办等）

5. 优化社会环境。①深入推进“法治江山”建设，加强和创新社会治理，严密防范和严厉打击各类违法犯罪行为，全力维护各类创业创新主体合法权益，营造公平竞争的市场环境。②大力推进社会诚信体系建设，积极推动政府、企业、个人诚信系统建设和应用，规范市场经济秩序。

（①牵头领导：舒畅、郑朝基　责任单位：市委办、政法委、综治办、公安局、检察院、法院、司法局、法制办等相关单位；②牵头领导：宁晔　责任单位：市场监管局）

三、保障措施

1. 强化组织保障。成立由市委、市政府主要领导担任组长的全民创业创新工作领导小组，领导小组下设办公室，统筹推进全民创业创新各项工作。将全民创业创新工作纳入乡镇（街道）、机关部门年度目标责任考核体系。

2. 确保职责到位。各牵头市领导要按照本行动计划的要求，切实担负起所牵头工作的组织协调和落实推进，明确职责分工，细化工作方案，有序推进各项工作。各部门、乡镇（街道）要敢担当、勇作为，联系实际创造性开展工作，确保各项举措取得实效。

3. 营造浓厚氛围。每年5月18日确定为江山全民创业创新日，召开全市创业创新大会，隆重表彰各界创业创新明星，让有创业创新梦想的人学有榜样、干有劲头、赶有标兵。新闻媒体开设创业创新品牌栏目，讲好江山创业创新故事，树立一批成功典型，推广一批先进经验，唱响“为创业者加油、为创新者鼓劲、为成功者喝彩”的主旋律。牢固树立正确用人导向，从严治党、依规治党，使干事创业、开拓创新成为江山干部队伍的鲜明特质。

文件选目

市委重要文件目录

市委发〔2015〕1号　关于推进全民创业创新的决定

市委发〔2015〕2号　关于表2014年度落实党风廉政建设责任制先进集体和先进工作者的通报

市委发〔2015〕4号　关于调整市委财经工作领导小组组成人员的通知

市委发〔2015〕5号　关于印发《市委财经工作领导小组议事制度》的通知

市委发〔2015〕6号　关于进一步加强和改进市委理论学习中心组学习的意见

市委发〔2015〕7号　关于2014年度乡镇（街道）工作目标综合考评结果的通报

市委发〔2015〕8号　关于2014年度市机关部门工作目标综合考评结果的通报

市委发〔2015〕9号　关于认真执行安全生产党政同责一岗双责齐抓共管的实施意见

市委发〔2015〕10号　关于表彰2014年度中国幸福乡村建设工作等十五项先进的通知

市委发〔2015〕11号　关于公布2014年度中国幸福乡村考核及复评结果的通知

市委发〔2015〕12号　关于印发《关于深入开展基层党组织“五项规范”建设 推进“大抓基层组织年”的实施意见》的通知

市委发〔2015〕14号　关于印发推进全民创业创新激励意见的通知

市委发〔2015〕15号　中共江山市委理论学习中心组2015年学习计划

市委发〔2015〕16号　关于授予吴建农等10位同志“首届全民创业创新十大先锋”荣誉称号的通知

市委发〔2015〕17号　关于印发2015年度乡镇（街道）工作目标综合考核评价办法的通知

市委发〔2015〕18号　关于印发2015年度市机关部门工作目标综合考核评价办法的通知

市委发〔2015〕19号　关于进一步加强人大工作和建设充分发挥人大作用的意见

市委发〔2015〕20号　关于加强新形势下人民政协工作的意见

市委发〔2015〕21号　关于调整部分党组织和派驻纪律检查组设置的通知

市委发〔2015〕22 号　关于表彰江山市武装工作先进单位和个人的通报
市委发〔2015〕23 号　关于加快推进林业改革发展的意见
市委发〔2015〕25 号　关于调整市国防动员委员会组成人员的通知
市委发〔2015〕26 号　关于调整市委常委分工的通知
市委发〔2015〕27 号　关于调整市委建设“法治江山”工作领导小组的通知
市委发〔2015〕28 号　关于深入贯彻落实党的十八届四中全会精神全面深化法治江山建设的实施意见
市委发〔2015〕29 号　江山市 2015 年中国幸福乡村建设实施意见
市委发〔2015〕30 号　关于进一步加快红十字事业发展的实施意见
市委发〔2015〕31 号　关于建立中共江山市综合行政执法局委员会的通知

市政府重要文件目录

江政发〔2015〕1 号　关于 2015 年度安全生产监督检查工作计划的批复
江政发〔2015〕2 号　关于江山市化工行业安全发展规划的批复
江政发〔2015〕3 号　关于江滨路西侧 1#区块（江山城北医学康复中心）规划及建筑设计方案的批复
江政发〔2015〕4 号　转发衢州市人民政府关于进一步完善城乡居民基本养老保险政策的通知
江政发〔2015〕5 号　关于表彰 2014 年度江山市法治政府建设（依法行政）先进单位和先进个人的通报
江政发〔2015〕6 号　关于公布 2015 年市政府民生实事项目实施计划的通知
江政发〔2015〕7 号　关于同意江山市 2014 年度机器换人示范企业的批复
江政发〔2015〕8 号　关于同意江山市 2015 年审计项目计划的批复
江政发〔2015〕9 号　关于下达江山市 2015 年国民经济和社会发展计划的通知
江政发〔2015〕10 号　关于印发 2015 年市政府重点工作责任分工的通知
江政发〔2015〕11 号　关于给予市铁办和刘和芳等 2 位同志记功嘉奖的决定
江政发〔2015〕12 号　关于表彰杭长高铁江山段工程建设开通工作先进集体和先进个人的通报江政发〔2015〕13 号　关于给予陆立太同志通报嘉奖的决定
江政发〔2015〕14 号　关于同意江山市水土保持规划的批复
江政发〔2015〕15 号　关于授予浙江江山变压器股份有限公司等 43 家企业和陈辉等十佳经营者市长特别奖的通知
江政发〔2015〕18 号　关于同意江山市 2014 年度小型水库移民扶助基金项目计划的批复
江政发〔2015〕19 号　关于给予市林业局记集体三等功的决定

江政发〔2015〕20号　关于江山市2015年度国有建设用地供应计划的批复
江政发〔2015〕21号　关于抓好2015年粮食生产工作的通知
江政发〔2015〕22号　关于下达2015年度森林采伐限额的通知
江政发〔2015〕23号　关于印发江山市2015年度地质灾害防治方案的通知
江政发〔2015〕25号　关于下达江山市2015年地方财政收入和政府非税收入计划的通知
江政发〔2015〕27号　关于公布江山市2015年度农村五保供养标准的批复
江政发〔2015〕28号　关于江郎山大道绿化提升工程施工图设计方案的批复
江政发〔2015〕29号　关于江山市2015年度国有土地房屋征收计划的批复
江政发〔2015〕30号　关于留地货币化资金及工业用地出让净收益金列支结算问题的批复
江政发〔2015〕31号　关于同意江山市小型水利工程建设与管理体制改革实施方案的批复
江政发〔2015〕32号　关于江山市土地整治规划的批复
江政发〔2015〕33号　关于启动碗窑水库加固改造工程相关前期工作的批复
江政发〔2015〕34号　关于印发加快推进养老服务业发展若干意见的通知
江政发〔2015〕35号　关于印发江山市农村五保供养管理办法的通知
江政发〔2015〕36号　关于江山电子商务创业基地规划及建筑设计方案的批复
江政发〔2015〕37号　关于调整市政府领导分工的通知
江政发〔2015〕38号　关于江山市农业综合开发扶持农业优势特色产业规划（2016—2018年）的批复
江政发〔2015〕39号　关于调整江山市征兵工作领导小组成员的通知
江政发〔2015〕41号　关于表彰2014年度征兵工作先进单位和先进个人的通报
江政发〔2015〕42号　关于清湖镇东儒村等3个高标准基本农田建设项目立项的批复
江政发〔2015〕43号　关于浙江省江山市三卿口古瓷村保护与利用规划的批复
江政发〔2015〕45号　关于江山市四都机电工业功能区环境整治实施方案的批复
江政发〔2015〕46号　关于江山市峡口生态工业功能区环境整治实施方案的批复
江政发〔2015〕47号　关于加强国有企业管理的若干意见
江政发〔2015〕49号　关于江山市峡口水库引水工程PPP项目实施方案的批复
江政发〔2015〕51号　关于印发推动企业利用资本市场转型升级的若干政策意见的通知
江政发〔2015〕52号　关于印发江山市政府产业基金实施意见的通知
江政发〔2015〕53号　关于江山市电商产业示范园建设项目规划设计方案的批复
江政发〔2015〕54号　关于同意成立江山市山海建设投资有限公司的批复
江政发〔2015〕55号　关于江山市城北幼儿园规划及建筑设计方案的批复
江政发〔2015〕56号　关于公布江山市级农业龙头企业监测考核结果和认定第14批市级农业龙头企业的通知

江政发〔2015〕57号　关于江山市通信基础设施专项规划的批复
江政发〔2015〕58号　关于公布江山市首届农村学校名师评选结果的通知
江政发〔2015〕60号　关于江山市教师进修学校迁建项目规划及建筑设计方案的批复
江政发〔2015〕62号　关于江山市碗窑水库2015年度维修养护实施方案的批复
江政发〔2015〕63号　关于江山市2015年度公共租赁住房申请工作实施方案的批复
江政发〔2015〕64号　关于促进房地产市场平稳健康发展的若干意见
江政发〔2015〕65号　关于江山南方水泥四都制造分部等5个建设用地垦造耕地项目立项的批复
江政发〔2015〕66号　关于江山市峡口水库管理局2015年度维修养护工程实施方案的批复
江政发〔2015〕67号　关于深入推进依法行政加快建设法治政府的实施意见
江政发〔2015〕68号　关于江山市湿地保护规划2014—2020年的批复
江政发〔2015〕69号　关于妇女创业创新小额贷款担保有关事项的批复
江政发〔2015〕73号　关于要求批准石门镇据家岗村尖温山开发垦造耕地项目规划设计变更的批复
江政发〔2015〕76号　关于同意提高城乡居民最低生活保障标准的批复
江政发〔2015〕78号　转发衢州市人民政府关于发布《政府核准的投资项目目录（2015年本）》的通知
江政发〔2015〕80号　关于2015年江山市粮食适度规模经营补助资金安排建议方案的批复
江政发〔2015〕81号　关于贺村镇贺村等3个高标准基本农田建设项目立项的批复

市委办公室重要文件目录

市委办〔2015〕4号　关于做好资源要素市场化配置改革总体方案实施工作的若干意见
市委办〔2015〕10号　关于印发吕跃龙同志在市委十三届八次全体（扩大）会议上的报告的通知
市委办〔2015〕11号　关于组织开展江山市“全民创业创新读书周”活动通知
市委办〔2015〕12号　关于加强和改进督促检查工作的意见
市委办〔2015〕14号　关于印发《市委十三届八次全体（扩大）会议重点工作分工抓落实安排》的通知
市委办〔2015〕16号　关于进一步严肃“两会”期间有关纪律的通知
市委办〔2015〕17号　关于印发《江山市全面推行部门和单位主要负责同志“五不直接分管”制度实施办法（试行）》的通知
市委办〔2015〕20号　关于印发《江山市养殖污染整治“百日攻坚”行动方案》的通知

市委办〔2015〕22号　关于公布2014年江山市“一村一品”专业特色村和专业特色乡镇名单的通知
市委办〔2015〕23号　关于进一步明确消防安全岗位职责的意见
市委办〔2015〕24号　关于印发江山市消防安全两类责任追究暂行办法的通知
市委办〔2015〕27号　关于表彰2014年度招商引资等7项重点工作先进集体和先进个人的通报
市委办〔2015〕28号　关于表彰2014年度市机关涉企服务部门“十佳”中层干部的通报
市委办〔2015〕30号　关于表彰江山市2014年度招商引资工作先进单位的通报
市委办〔2015〕31号　关于表彰2014年度平安江山建设工作先进集体和先进个人的通报
市委办〔2015〕33号　关于表彰2014年度全市优秀调研成果的通报
市委办〔2015〕34号　关于室务会议成员分工调整的通知
市委办〔2015〕35号　关于印发江山市2015年招商引资工作考核办法的通知
市委办〔2015〕36号　关于印发江山市重大项目市领导挂帅招商工作机制的通知
市委办〔2015〕37号　关于表彰2014年度乡村休闲旅游发展工作先进单位的通知
市委办〔2015〕38号　关于表彰2014年度江山市信访工作先进集体和先进个人的通知
市委办〔2015〕41号　关于印发江山市2015年重大项目挂帅作战活动实施方案的通知
市委办〔2015〕43号　关于成立江山市乡村休闲旅游工作领导小组的通知
市委办〔2015〕44号　关于调整市建设“中国幸福乡村”领导小组等机构领导职务的通知
市委办〔2015〕46号　关于实行外出招商引资审批报告制度的通知
市委办〔2015〕47号　关于表彰2014年度全市党委信息工作先进集体和个人、外宣报道优秀通讯员、《江山通讯》优秀通讯员的通报
市委办〔2015〕49号　转发《中共浙江省委办公厅印发〈关于进一步强化党风廉政建设党委主体责任和纪委监督责任的若干意见〉的通知》的通知
市委办〔2015〕50号　转发《中共浙江省委办公厅、浙江省人民政府办公厅印发〈关于禁止领导干部违反规定插手干预工程建设领域行为的若干规定〉的通知》的通知
市委办〔2015〕51号　转发《中共浙江省委办公厅、浙江省人民政府办公厅印发〈关于防止领导干部在公款存放方面发生利益冲突和利益输送的办法〉的通知》的通知
市委办〔2015〕54号　关于成立推进全民创业创新工作领导小组的通知
市委办〔2015〕55号　关于印发《中共江山市委江山市人民政府政协江山市委员会2015年度协商工作计划》的通知
市委办〔2015〕58号　关于印发江山市乡村休闲旅游发展三年行动计划（2015—2017年）的通知

市委办〔2015〕59号　关于印发《江山市2015年乡村休闲旅游发展计划》的通知
市委办〔2015〕60号　关于印发《2015年市委、市政府重点工作督查计划安排》的通知
市委办〔2015〕63号　关于2014年度江山市矛盾纠纷调处工作双“十佳”的通报
市委办〔2015〕64号　关于成立江山市徐霞客游线申遗工作领导小组的通知
市委办〔2015〕67号　关于全市对台工作先进单位和先进个人的通报
市委办〔2015〕68号　关于在大抓基层组织年活动中深入实施第一书记工作法的通知
市委办〔2015〕69号　关于开展市乡两级领导班子成员“大抓基层”集中蹲点调研活动的通知
市委办〔2015〕72号　关于开展2015年结对帮扶共建中国幸福乡村活动的通知
市委办〔2015〕73号　关于印发江山市全民创业创新三年行动计划（2015—2017年）的通知
市委办〔2015〕76号　关于印发《江郎山文化旅游风景区创建国家5A级旅游景区工作责任分工》的通知
市委办〔2015〕77号　关于深化完善投资项目“店小二”服务工作机制的通知
市委办〔2015〕81号　关于开展“依法行政”主题教育实践年活动的通知
市委办〔2015〕82号　关于印发《2015年市委、市政府领导和市人大常委会、市政协重点调研课题》的通知
市委办〔2015〕83号　关于印发《六个十大专项责任分工》的通知
市委办〔2015〕84号　关于深入开展计划生育基层基础建设年活动的实施意见
市委办〔2015〕85号　关于印发江山市浙江省卫生城市复查迎检工作方案的通知
市委办〔2015〕86号　关于开展“5·18”全民创业创新日系列活动的通知
市委办〔2015〕87号　关于开展江山市2015年企业服务月活动的通知
市委办〔2015〕91号　关于调整市保健委员会成员的通知
市委办〔2015〕92号　关于印发全面消除农村家庭人均年收入4600元以下贫困现象实施方案的通知
市委办〔2015〕93号　关于举行首届科技活动周启动暨科技创新创业园开园仪式的通知
市委办〔2015〕94号　关于成立江山市城区房屋征收拔钉清障专项行动工作领导小组的通知
市委办〔2015〕96号　关于表彰2014年度人口和计划生育工作先进集体和先进个人的通报
市委办〔2015〕100号　关于进一步加强乡镇（街道）领导干部接待群众工作的通知
市委办〔2015〕102号　关于印发《江山市创建全国科普示范市工作方案》的通知
市委办〔2015〕103号　关于开展“百名局长联百家企业帮扶、百名干部驻百家企业服务”活动的通知
市委办〔2015〕109号　关于印发《江山市2015年人口和计划生育目标管理责任制考核办法》的通知
市委办〔2015〕110号　关于印发《2015年度乡镇（街道）、机关部门工作目标综合考评实施细则》的通知

市委办〔2015〕111 号　关于江山市养殖污染整治“百日攻坚”行动先进单位和先进个人的通报
市委办〔2015〕112 号　关于召开全市电子商务发展推进大会的通知
市委办〔2015〕113 号　关于加强和改进新形势下档案工作的实施意见
市委办〔2015〕114 号　关于进一步加快重点项目推进工作的意见
市委办〔2015〕119 号　关于进一步深化平安江山建设的实施意见
市委办〔2015〕124 号　关于成立江山市社会主义学校的通知
市委办〔2015〕125 号　关于认真贯彻执行《领导干部干预司法活动、插手具体案件处理的记录、通报和责任追究规定》的通知
市委办〔2015〕126 号　关于调整全市一、二级河长联系河道及联系部门的通知
市委办〔2015〕127 号　关于调整市领导联系点的通知
市委办〔2015〕128 号　关于印发江山市农村殡葬专项整治工作实施方案的通知
市委办〔2015〕130 号　关于印发江山市 2015 年“百大项目、百日攻坚”活动实施方案的通知
市委办〔2015〕131 号　关于印发《江山市经济工作责任主要指标和年度综合考核问责办法》的通知
市委办〔2015〕132 号　印发《关于落实党风廉政建设党委主体责任和纪委监督责任的实施意见（试行）》的通知
市委办〔2015〕133 号　关于印发吕跃龙同志在市委十三届九次全体（扩大）会议、市十五届人民政府第八次全体（扩大）会议上的报告的通知
市委办〔2015〕134 号　关于成立江山市司法体制改革试点工作领导小组的通知
市委办〔2015〕135 号　关于建立“百大项目、百日攻坚”活动督办推进机制的通知
市委办〔2015〕136 号　关于印发《2015 年党风廉政建设和反腐败工作组织领导与责任分工》的通知
市委办〔2015〕137 号　关于印发《江山市“两路两侧”“四边三化”专项整治行动方案》的通知
市委办〔2015〕138 号　关于印发江山市规划国土重要事项议事会议制度的通知
市委办〔2015〕141 号　关于印发《市委十三届九次全会、市十五届政府八次全会重点工作分工抓落实安排》的通知
市委办〔2015〕142 号　关于严格控制组织外出活动的通知
市委办〔2015〕143 号　关于印发《江山市深化“四边三化”行动方案（2015—2020 年）》的通知
市委办〔2015〕148 号　关于印发江山市城市管理五大专项整治行动方案的通知
市委办〔2015〕149 号　关于进一步落实“河长制”工作机制的实施意见
市委办〔2015〕150 号　关于印发《2015 年度落实党风廉政建设责任制考核评价办法》的通知
市委办〔2015〕151 号　关于进一步完善常态化督导机制的通知
市委办〔2015〕155 号　关于成立第十二届浙江山水旅游节暨第二届衢州江郎山旅游节组委会的通知

市委办〔2015〕156 号　关于印发 26 县发展实绩考核分解落实办法的通知
市委办〔2015〕159 号　关于做好城乡低保提质扩面工作的通知
市委办〔2015〕165 号　关于报送 2016 年度人民政协政治协商议题建议的通知
市委办〔2015〕168 号　关于印发江山市阿里巴巴农村淘宝项目建设工作分工抓落实方案的通知
市委办〔2015〕172 号　关于推荐 2015 年度调研课题成果的通知
市委办〔2015〕173 号　关于在全市开展 2015 年度“慈善一日捐”活动的通知
市委办〔2015〕176 号　关于认真学习贯彻《中国共产党廉洁自律准则》和《中国共产党纪律处分条例》的通知
市委办〔2015〕180 号　关于做好 2015 年度乡镇（街道）、机关部门工作目标综合考评工作的通知
市委办〔2015〕185 号　关于印发《江山市农村综合产权流转交易管理办法（试行）》的通知
市委办〔2015〕186 号　关于印发《江山市计划生育协会主要职责、内设机构和人员编制规定》的通知
市委办〔2015〕187 号　关于开展 2015 年度落实党风廉政建设责任制情况检查考核的通知
市委办〔2015〕189 号　关于调整江山市机构编制委员会组成人员名单的通知
市委办〔2015〕190 号　关于认真做好《江山年鉴（2015）》资料征集工作的通知
市委办〔2015〕196 号　关于做好 2016 年元旦春节期间有关工作的通知

市政府办公室重要文件目录

江政办发〔2015〕1 号　关于调整江山市绿化委员会组成人员的通知
江政办发〔2015〕3 号　关于成立大陈村乡土建筑集中成片传统村落整体保护利用工作领导小组的通知
江政办发〔2015〕4 号　关于成立江山市新型职业农民培育工程工作领导小组的通知
江政办发〔2015〕6 号　关于印发江山市 2015 年春运工作方案的通知
江政办发〔2015〕7 号　关于进一步规范全市消防安全委员会实体化运作的意见
江政办发〔2015〕8 号　关于表彰 2014 年度项目服务活动十佳“店小二”的通知
江政办发〔2015〕9 号　关于表彰 2014 年度全市政府法制信息宣传工作先进单位和先进个人的通报
江政办发〔2015〕10 号　关于调整江山市土地整治项目管理暂行办法部分条款的通知
江政办发〔2015〕11 号　关于印发 2015 年四大百亿工程实施计划的通知
江政办发〔2015〕12 号　关于表彰 2014 年度扩大有效投资工作先进单位和先进个人的通报
江政办发〔2015〕13 号　关于表彰 2014 年度重大项目前期工作获奖单位的通报

江政办发〔2015〕14号　关于表彰2014年度行政服务先进窗口单位和先进个人的通报
江政办发〔2015〕15号　关于印发江山市2015年度重大项目前期工作计划的通知
江政办发〔2015〕16号　关于对2014年重大火灾隐患整改单位予以摘牌销案的通知
江政办发〔2015〕17号　关于公布2015年重大火灾隐患整改单位的通知
江政办发〔2015〕18号　关于表彰2014年度服务业发展工作先进单位的通报
江政办发〔2015〕19号　关于表彰2014年度安全生产工作先进个人的通报
江政办发〔2015〕20号　关于转发浙江省电子政务云计算平台管理办法的通知
江政办发〔2015〕22号　关于印发2015年市政府重点调研课题安排的通知
江政办发〔2015〕23号　关于下达江山市2015年度农村集体经济审计计划的通知
江政办发〔2015〕26号　关于认真做好2015年度血防工作的通知
江政办发〔2015〕27号　关于成立江山市基础教育提升工作领导小组的通知
江政办发〔2015〕28号　关于印发江山市2015年度服务业510工程项目工作计划的通知
江政办发〔2015〕30号　关于印发江山市2015年度市政府规范性文件制定计划的通知
江政办发〔2015〕31号　关于印发2015年度无偿献血工作指导性计划的通知
江政办发〔2015〕32号　关于印发江山市2015年无证幼儿园专项整治工作方案的通知
江政办发〔2015〕33号　关于成立江山市茶产业生产全程社会化服务试点工作领导小组的通知
江政办发〔2015〕34号　关于公布江山市企业创业2015年绿卡名单的通知
江政办发〔2015〕35号　关于成立江山市资源要素市场化配置改革工作领导小组的通知
江政办发〔2015〕36号　关于印发江山市开发区（园区）投资项目前置审批事项统一办理办法（试行）的通知
江政办发〔2015〕37号　关于做好全国政府网站普查有关工作的通知
江政办发〔2015〕38号　关于印发江山市国民经济和社会发展“十三五”规划编制工作方案的通知
江政办发〔2015〕39号　关于印发江山市加快推进黄标车淘汰工作方案的通知
江政办发〔2015〕40号　关于落实2015年浙江政务服务网江山平台建设工作任务的通知
江政办发〔2015〕41号　关于成立江山市PPP项目推进工作领导小组的通知
江政办发〔2015〕42号　关于印发江山市2015年度城市建设项目和土地储备出让计划的通知
江政办发〔2015〕43号　关于印发江山市2015年搞活流通扩大消费系列活动方案的通知
江政办发〔2015〕45号　关于调整江山市政策性农业保险工作领导小组成员的通知
江政办发〔2015〕46号　关于成立江山市木门家具行业机器换人推进工作领导小组的通知
江政办发〔2015〕47号　关于印发江山市2015年大气污染防治实施计划的通知
江政办发〔2015〕48号　关于公布2015年度江山市级挂牌督办安全隐患整改单位（场所）的通知

江政办发〔2015〕49 号　关于印发江山市 2015 年环境污染专项整治工作方案的通知
江政办发〔2015〕50 号　关于印发江山市 2015 年污染减排目标责任计划的通知
江政办发〔2015〕52 号　关于认真做好 2015 年早稻订单工作的通知
江政办发〔2015〕53 号　关于表彰 2014 年度江山市“十佳网店”的通报
江政办发〔2015〕54 号　关于印发江山市省级农产品质量安全放心示范县创建工作实施方案的通知
江政办发〔2015〕55 号　关于印发江山市小额贷款保证保险风险补偿办法（试行）的通知
江政办发〔2015〕56 号　关于印发江山市 2015 年扩大有效投资考核办法的通知
江政办发〔2015〕57 号　关于公布江山市第十二批科技型中小企业的通知
江政办发〔2015〕58 号　关于成立省级清洁能源示范市创建工作领导小组的通知
江政办发〔2015〕59 号　关于调整江山市工业用地出让最低挂牌起始价的通知
江政办发〔2015〕60 号　关于印发江山市 2015 年度重大项目前期工作考核实施细则的通知
江政办发〔2015〕61 号　关于印发江山市农村学校名师评选管理办法的通知
江政办发〔2015〕62 号　关于加快乡村休闲旅游发展的若干政策意见
江政办发〔2015〕63 号　关于印发江山市首届项目论坛暨项目谋划擂台赛实施方案的通知
江政办发〔2015〕64 号　关于召开全市防汛防旱工作会议暨小流域山洪和地质灾害应急预案实战演习的通知
江政办发〔2015〕66 号　关于做好 2015 年度参保城乡居民健康体检工作的通知
江政办发〔2015〕67 号　关于印发江山市仙霞自然保护区创建方案的通知
江政办发〔2015〕68 号　关于成立江山市食品药品检验检测中心建设领导小组的通知
江政办发〔2015〕70 号　关于开展网站和信息系统安全执法检查的通知
江政办发〔2015〕71 号　关于印发政府向社会力量购买服务实施意见的通知
江政办发〔2015〕75 号　关于做好全国政府网站普查自查整改阶段工作的通知
江政办发〔2015〕72 号　关于印发江山市整建制推进现代生态循环农业实施方案的通知
江政办发〔2015〕73 号　关于印发江山市服务业（旅游业）投资项目决策咨询制度的通知
江政办发〔2015〕74 号　关于印发江山市 2015 年度服务业发展工作考核实施细则的通知
江政办发〔2015〕76 号　关于印发江山市基础教育提升工作计划（2015—2016 年）的通知
江政办发〔2015〕77 号　关于召开江山市木门家具行业机器换人现场推进会的通知
江政办发〔2015〕78 号　关于成立江山市政府深化“四张清单一张网”改革推进职能转变协调小组的通知
江政办发〔2015〕79 号　关于召开全市扩大有效投资暨重点项目攻坚推进会的通知
江政办发〔2015〕80 号　关于江山市 2015 年扩大有效投资考核办法的补充意见
江政办发〔2015〕81 号　转发浙江省人民政府办公厅关于公布取消和调整行政审批事项目录的通知

江政办发〔2015〕83号　关于切实做好暑期学生安全管理工作的通知
江政办发〔2015〕84号　关于印发江山市发展学前教育第二轮三年行动计划（2014—2016年）的通知
江政办发〔2015〕85号　关于印发推进全民创业创新激励意见实施细则的通知
江政办发〔2015〕87号　关于印发江山市科技创新券实施管理办法（试行）的通知
江政办发〔2015〕88号　关于印发江山市科技型中小微企业保证保险贷款办法（试行）的通知
江政办发〔2015〕90号　关于推进江山市“光网·智慧小区”（商住楼）建设的指导意见
江政办发〔2015〕91号　转发市国土局关于加强土地出让管理若干问题的实施意见的通知
江政办发〔2015〕92号　关于印发江山市迎接交通运输部2015年全国干线公路养护管理检查工作方案的通知
江政办发〔2015〕93号　关于下达江山市2015年度土地整治项目建设工作任务的通知
江政办发〔2015〕94号　关于全面取消非行政许可审批事项的通知
江政办发〔2015〕95号　转发省法制办等部门关于进一步明确市场监管行政执法主体资格的通知
江政办发〔2015〕96号　关于公布2015年度市驻外招商局人员名单的通知
江政办发〔2015〕98号　关于进一步加快推进黄标车淘汰工作的通知
江政办发〔2015〕99号　关于印发江山市环境保护大排查大整治工作方案的通知
江政办发〔2015〕102号　关于成立长台镇和石门镇下徐岗垦造耕地项目推进工作领导小组的通知
江政办发〔2015〕103号　关于成立江山市科技创新券工作领导小组的通知
江政办发〔2015〕104号　关于印发2015年政府信息公开工作要点的通知
江政办发〔2015〕105号　关于开展2015年1%人口抽样调查的通知
江政办发〔2015〕106号　关于印发促进电子商务产业加快发展的若干政策意见的通知
江政办发〔2015〕107号　关于进一步加强计量工作的实施意见
江政办发〔2015〕108号　关于做好村级（社区）便民服务中心建设有关工作的通知
江政办发〔2015〕109号　关于举办江山市第三届农民运动会的通知
江政办发〔2015〕110号　关于成立江山市创建全球绿色城市工作领导小组的通知
江政办发〔2015〕111号　关于印发江山市淘汰改造分散高污染燃料锅炉实施方案（2015—2017年）的通知
江政办发〔2015〕112号　关于成立江山市矿产资源规划编制工作领导小组的通知
江政办发〔2015〕113号　关于印发江山市2015年腾笼换鸟工作要点的通知
江政办发〔2015〕114号　关于在全市民营企业中深入开展对接现代技术现代金融工作的通知
江政办发〔2015〕115号　关于进一步规范商业办公等非住宅类项目规划设计与管理的若干意见

江政办发〔2015〕116号　关于印发江山市城乡适龄低保、五保和重度残疾妇女两癌检查工作实施方案（2015—2020年）的通知
江政办发〔2015〕117号　关于印发2015年江山市深化“四张清单一张网”改革推进简政放权放管结合转变政府职能工作方案的通知
江政办发〔2015〕118号　关于印发2015年度“店小二”项目服务工作考核办法的通知
江政办发〔2015〕120号　关于分解落实衢州市餐桌安全治理行动三年计划（2015—2017年）的通知
江政办发〔2015〕121号　关于印发浙江政务服务网江山市平台乡镇（街道）村（社区）延伸实施工作方案的通知
江政办发〔2015〕122号　关于成立市信用江山建设领导小组的通知
江政办发〔2015〕123号　关于调整江山市通信工程建设领导小组的通知
江政办发〔2015〕124号　关于印发江山市建筑物临时改变用途管理暂行办法的通知
江政办发〔2015〕125号　关于印发江山市残疾人庇护产品专产专营和政府优先采购实施方案的通知
江政办发〔2015〕126号　转发浙江省人民政府法制办公室关于规范告知行政复议申请权的通知
江政办发〔2015〕127号　关于成立江山市工业企业债务危机帮扶工作领导小组的通知
江政办发〔2015〕128号　关于印发江山市科技创新创业基金管理办法（试行）的通知
江政办发〔2015〕129号　关于成立江山市永久基本农田划定工作领导小组的通知
江政办发〔2015〕130号　关于开展2015年消防工作督查的通知
江政办发〔2015〕131号　关于印发进一步抓好经济目标责任制考核分工抓落实方案的通知
江政办发〔2015〕132号　转发衢州市人民政府办公室关于推广运用衢州市行政审批中介服务网的通知
江政办发〔2015〕133号　关于成立江山市政府产业基金管理委员会的通知
江政办发〔2015〕134号　关于征集2016年市政府民生实事项目的通知
江政办发〔2015〕135号　关于印发江山市卫生和计划生育局主要职责内设机构和人员编制规定的通知
江政办发〔2015〕136号　关于转发浙江省重大行政决策程序规定的通知
江政办发〔2015〕138号　关于成立江山市机关事业单位养老保险制度改革领导小组的通知
江政办发〔2015〕139号　关于印发关于防范和化解资金链担保链风险指导意见的通知
江政办发〔2015〕140号　关于做好地质灾害防治工作的紧急通知
江政办发〔2015〕141号　关于建立江山市不动产统一登记工作联席会议制度的通知
江政办发〔2015〕142号　关于进一步规范市政府常务会议及市长办公会议议事程序的通知

江政办发〔2015〕143 号　关于转发浙江省政府部门权力清单管理办法的通知
江政办发〔2015〕144 号　关于举行江山市突发地质灾害应急演练的通知
江政办发〔2015〕145 号　关于印发江山市批而未供和闲置低效土地处置“百日攻坚”专项行动工作方案的通知
江政办发〔2015〕146 号　关于成立江山市农村土地承包经营权确权登记颁证工作领导小组的通知
江政办发〔2015〕147 号　关于印发江山市投资项目在线审批监管平台建设工作方案的通知
江政办发〔2015〕148 号　关于加强我市公用移动通信基础设施建设的通知
江政办发〔2015〕149 号　关于公布江山市湿地保护名录（第一批）的通知
江政办发〔2015〕150 号　关于印发江山市 2015 年度法治政府建设考核办法的通知
江政办发〔2015〕151 号　关于开展全市行政执法大检查的通知
江政办发〔2015〕152 号　关于印发江山市人民政府职能转变任务分工方案的通知
江政办发〔2015〕153 号　关于印发江山市人民政府部门职责管理办法的通知
江政办发〔2015〕154 号　关于成立江山市集镇建设管理工作领导小组的通知
江政办发〔2015〕155 号　关于成立江山市电子商务产业示范园建设工作领导小组的通知
江政办发〔2015〕157 号　关于成立江山市综合行政执法改革工作领导小组的通知
江政办发〔2015〕158 号　关于成立江山市通用机场项目推进工作领导小组的通知
江政办发〔2015〕159 号　关于公布江山市首届项目论坛暨项目谋划擂台赛评选结果的通知
江政办发〔2015〕161 号　关于对 2015 年重大火灾隐患整改单位予以摘牌销案的通知
江政办发〔2015〕162 号　关于同意 2015 年江山市级挂牌督办安全隐患整治单位（场所）摘牌销案的通知
江政办发〔2015〕163 号　关于成立江山市峡口水库引水工程建设工作领导小组的通知
江政办发〔2015〕164 号　关于印发智慧城市视联网平台建设实施方案的通知
江政办发〔2015〕165 号　关于全面实施环境监管网格化管理的通知
江政办发〔2015〕166 号　关于印发江山市工业企业绩效综合评价办法的通知
江政办发〔2015〕167 号　关于印发江山市农业“两区”土壤污染防治行动计划的通知

附　　录

江山金名片

全球绿色城市
世界自然遗产地
全国双拥模范城市
全国绿化模范城市
国家级生态示范区
国家园林城市
中国金融生态城市
全国休闲农业与乡村旅游示范县
中国最具投资潜力中小城市百强
中国优秀旅游城市
中国最佳文化旅游胜地
中国蜜蜂之乡
中国白菇之乡
中国猕猴桃之乡
中国白鹅之乡
中国木门之都
中国水泥之乡
浙江十大生态旅游名城
浙江省示范文明城市
浙江省卫生城市
浙江省森林城市
浙江省级生态市

2015年度江山市所获重要荣誉

全球绿色城市
全国基础中医药先进单位
省平安市
省级地质遗迹自然保护区（金钉子地质遗迹）
省“五水共治”工作先进县
全国义务教育发展基本均衡县
中国全面小康十大示范县市
省法治政府建设（依法行政）先进单位
省电子商务示范市
省“清三河”达标县
省“1818”平原绿化行动先进集体

2015年度“市长特别奖”获奖企业

社会贡献奖

一等奖

江山欧派门业股份有限公司
江山南方水泥有限公司
浙江健盛集团江山针织有限公司

二等奖

浙江雷士灯具有限公司
浙江安都建设有限公司
浙江江山化工股份有限公司
江山虎集团有限公司
江山市电力发展有限责任公司
浙江江山变压器股份有限公司
申达电气集团有限公司

亩均效益奖

一等奖

江山易登针织有限公司
浙江雷士灯具有限公司
江山热威电热科技有限公司

二等奖

江山菲普斯照明有限公司
浙江家丽屋美门业有限公司
江山市华顺有机硅有限公司
江山市瑞申机械有限公司
江山欧派门业股份有限公司
浙江健盛集团江山针织有限公司
浙江江山三友电子有限公司

企业上台阶奖

工业企业上台阶奖

首次达5亿元获奖企业

江山欧派门业股份有限公司

首次达1亿元获奖企业

江山市友和机械有限公司
江山世明水晶玻璃有限公司

商贸流通企业上台阶奖

首次达1亿元获奖企业

浙江时代广场商贸有限公司

技术创新奖

一等奖

江山市友和机械有限公司
浙江江山三友电子有限公司
浙江科力车辆控制系统有限公司

二等奖

申达电气集团有限公司
浙江宝威电气有限公司
浙江九阳光电有限公司
江山菲普斯照明有限公司
浙江天际互感器有限公司
江山欧派门业股份有限公司
浙江伦宝金属管业有限公司

企业成长奖

工业企业

江山世明水晶玻璃有限公司
浙江虹宇电子科技有限公司
浙江富德漆业有限公司
浙江省江山市浙安消防设备有限公司
江山欧派门业股份有限公司
浙江上美输配电有限公司
浙江健盛集团江山针织有限公司
浙江江山华安电器制造有限公司
科润电力科技股份有限公司

现代农业

浙江江山恒亮蜂产品有限公司
江山市万里中药材有限公司
江山市绿业有限公司
江山市花山茶场

休闲旅游

江山金陵大酒店有限公司

电子商务

浙江江山健康蜂业有限公司

浙江驰骋控股有限公司

出口规模奖

浙江雷士灯具有限公司

江山市亿洋进出口有限公司

浙江江山恒亮蜂产品有限公司

首届全民创业创新十大先锋

吴建农　浙江同景新能源集团有限公司集团总裁

姜忆辉　申达电气集团有限公司董事长

周水英　健盛集团江山易登针织有限公司总经理

郑积勤　贝林集团有限公司董事长、耕读农场负责人

毛和军　江山市廿八铺旅游有限公司总经理

郑浩亮　江山恒亮蜂产品有限公司董事长

祝　军　浙江驰骋控股有限公司总经理

陈小娟　江山市宝格商贸有限公司总经理

邵建雄　浙江杭开控股集团董事长

郑水龙　杭州大中泊奥科技有限公司董事长

2015 年度江山市改革创新试点工作

国家知识产权试点城市

“两链”风险防范处理政策

江郎山——廿八都旅游区成功列入国家5A景区预备名录

全国执法办案场所精细化设置示范点

构建“三位一体”农民合作经济组织体系第一批推进县试点

率先推行省为领先的生猪养殖污染“零排放”模式

多元化矛盾纠纷解决体系建设项目试点

县级社会治理综合指挥平台建设试点县

省“两化”深度融合国家示范区

推进“低小散”块状行业整治提升创建新型工业化产业示范基地省级试点（木业产业）

乌木山社区成功入选首批国家级低碳社区试点

省服务业发展重点领域——生产性服务业领取平台建设试点

省清洁能源示范县

国家级适度普惠型儿童福利制度改革试点

村级事务准入制成全国样板

“同名”乡村关系实现基层对台交流合作突破

全国首批徐霞客旅游节点城市

省节水型社会建设试点

省首批司法体制改革试点

省农业综合开发特色园建设

省级园区循环化改造试点

省中小企业保证保险试点县

江山通用机场列入省发展规划，定位为二类通用机场

省“机器换人”分行业试点（木业家具行业）

省生猪保险和无害化处理联动试点

省农业三项补贴政策综合改革试点

省高端装备制造业特色基地（输配电）

省级农业生产全程社会化服务试点

2015年度江山市优秀共产党员、优秀党务工作者、先进基层党组织名单

江山市优秀共产党员名单（100名）

郑炳松　双塔街道赵家村党支部书记
刘德有　双塔街道灵泉村党支部书记
姜才美（女）双塔街道县前社区党总支书记
王天玉　双塔街道生态科副科长
王　兵（女）双塔街道社区办主任助理
夏华敏　双塔街道综治办副科长
冯新华　虎山街道店前村党员
周有祥　虎山街道离退休党支部书记
戴　君（女）虎山街道江东社区党总支书记
徐日旺　虎山街道经济发展科副科长
周达辉　虎山街道综合科副科长
徐利华　浙江江山变压器股份有限公司电气线路维护人员
王志诚　上余镇总工会主席
戴洪明　创安电器有限公司党支部书记
周秋芬（女）上余镇一都江村党员
张仙武　上余镇山头村党员
周　勇　四都镇机关党支部书记
刘汉阳　四都镇傅筑园村党支部书记
郑熙渊　大陈乡规划员
林增健　碗窑乡桑淤村党支部书记
周建荣　碗窑乡纪委委员
周早法　贺村镇吴村村党支部书记
严新才　贺村镇严麻车村党支部书记
姜开原　贺村镇溪淤村党支部书记
毛初生　贺村镇通贤村党支部书记
毛立高　贺村镇城镇发展公司征地拆迁科科长
陈方朝　贺村镇综治办副主任
姜学勤　贺村镇淤头办事处副主任
危建水　市个协贺村分会党总支书记
刘善祥　清湖镇经济发展办副主任
谢小荣　清湖镇清湖三村党支部书记
周国旺　清湖镇路陈村党支部书记
祝有土　清湖镇浮桥头村党支部书记
郑哲根　新塘边镇综治办副主任
姜水法　新塘边镇爱丰村党支部书记
周勇强　新塘边镇毛村山头村党支部书记
周俊建　坛石镇综治办副主任、安监站长
詹寿明　坛石镇鳌头村党支部书记
徐深辉　大桥镇陈家村党支部书记
陈江水　大桥镇西坂村党支部书记
杨春风　凤林镇水利员
徐佑力　凤林镇规划员
陈树富　凤林镇桃源村党支部书记
周江水　凤林镇卅二都村党支部书记
徐小军　凤林镇株树村党支部书记
周诗发　凤林镇大悲山村党支部书记
陆承江　峡口镇枫石村党支部书记
叶方成　峡口镇连丰村党支部书记
王　青（女）峡口镇地山岗村党支部书记
柴　舜　峡口镇集镇办主任
王成诗　市地方税务局峡口税务分局党支部书记、局长
柴昌有　市个协峡口分会党支部书记
徐根友　保安乡化龙溪村党支部书记
罗富良　廿八都镇纪委副书记
柴建祥　长台镇长台村党支部书记
祝玉珍（女）长台镇创建办副主任
柴树林　石门镇长山源村党支部书记

毛焕贤　石门镇新群村党支部书记
徐进前　石门镇综治办副主任
姜金梁　张村乡人武部副部长
毛建辉　塘源口乡交通员
郑永和　塘源口乡仓坂村党支部副书记
姜富旺　市委办政研一科科长
曾　铁　市政协办公室综合科科长
姜燕萍（女）市档案局办公室副主任
毛勇华　市信访局办公室主任
刘　宁（女）市编委办综合科科长
徐　敏　江山中学党委委员、副校长
柴　巍　市新闻信息中心编辑出版部主任
余晨辉　市宣传部社科联秘书长
毛清林　市公安局城南派出所民警
李文中　市人民检察院监所检察科科长、驻看守所检察室主任
邵庆伟　市司法局社区矫正科副科长
朱　伟　市环境监察大队大队长
何江荣　市土地整理中心主任
曾小伟　市规划局办公室主任
金丰伟　市审计局办公室主任
郑素芬（女）市农办基层建设科长
田江军　市碗窑水库管理局办公室主任
陆雪峰　市林业服务中心主任（贺村）
朱小明　市咨询委办党支部副书记
姜利强　市统计局城调队队长助理
王　灵　江山经济开发区管理委员会开发前期科科长
柴长勇　市经信局综合科科长
方宝田　上海铁路局江山站党支部书记
谢丽韫（女）中国移动江山分公司销售经理
郑小蓝　中国邮政江山分公司市场经营部主任
徐建中　市供销合作社联合社资财管理科科长
郑平楚　市烟草专卖局城区专卖所所长
程　翔　市中小企业贷款担保基金管理服务中心综合科科长
周吉云　市纪委副书记、监察局局长
李培荣　市发改局党委书记、局长
徐元安　贺村镇党委副书记、镇长
姜春兔　新塘边镇副镇长
郑贤文　市府办党组书记、主任
郑水根　市综合执法局党委书记、局长
张　阳　市人力社保局党组副书记、社保局局长
姜　云（女）清湖镇党委宣传委员
郑余富　廿八都镇党委组织委员
郑华新　张村乡党委统战委员、人武部长

江山市优秀党务工作者名单（50名）

徐青芃（女）双塔街道组织科副科长
柴子明　双塔街道天余村党支部书记
甘才成　双塔街道城北个协党支部书记
何宇瑶（女）虎山街道组织干事
郑书勇　虎山街道南门社区党总支书记
叶仙妙（女）虎山街道西门社区党总支书记
王招峡　上余镇学校党支部书记、校长
凌根明　上余镇方家村党支部书记
朱彩明　四都镇上峰村党支部书记
祝德法　大陈乡早田坂村党支部书记
陈祥水　碗窑乡凤凰村党支部书记
姜德元　贺村镇礼贤村党支部书记
毛杨珑（女）贺村镇组织干事
周　群（女）国强房产党支部书记
余　奇　清湖镇组织干事
姜家文　新塘边镇永丰村党支部书记

蔡今生　坛石镇组织干事
姜正松　市协力水泥有限公司党支部书记
毛利芬（女）凤林镇妇联主席
陈正树　凤林初中党支部书记、校长
傅金城　峡口镇大峦口村党支部书记
李　林　峡口学区党总支书记、主任
丁宗喜　保安乡路口水电站党支部书记
陈岳聪　廿八都镇机关党支部委员
毛邦林　长台初中党支部委员
毛　宣　石门镇郎峰村党支部书记
范安福　石门镇金炉村党支部书记
周日洪　张村乡琚源村党支部书记
黄智勇　张村乡先锋村党支部书记
毛光明　塘源口乡塘源村党支部书记
朱小峰　市府办机关党支部宣传委员、信息科科长
姜建荣　市机关工委组宣科科长
毛向阳　市婺剧研究院党支部书记、院长
杨向皖　市委政法委机关党支部组织委员、办公室负责人
徐俊华　市旅游局党总支组织委员、廿八都（浮盖山）管委会党支部书记
张华军　市水库移民办机关党支部宣传委员
王　燕（女）市峡口水库管理局机关党支部宣传委员、企管科副科长
周江水　市发改局机关党支部组织委员、宣传委员，产业科负责人
汪春祥　申达电气集团党支部书记、总经理
张德建　市农商银行机关党支部书记、副行长
何日根　市委办公室主任
李纯浩　市教育局党委书记、局长
周立武　市财政局党委书记、局长
周良生　市委党校常务副校长
周克俊　虎山街道党工委书记
毛水根　上余镇党委书记
周小芬（女）双塔街道党工委委员
姜小标　市公安局政委、党委副书记
毛建森　峡口镇党委书记
严献明　凤林镇党委副书记

江山市先进基层党组织名单（50个）

双塔街道郑村村党支部
双塔街道周家青社区党总支
双塔街道城北社区党总支
虎霸集团党委
虎山街道东门社区党总支
虎山街道市心社区党总支
江山易登针织有限公司党支部
虎山街道孝子村党支部
上余镇迎宾村党支部
上余镇湖珠村党支部
四都镇埠头村党支部
大陈乡大陈村党支部
碗窑乡府前村党支部
贺村镇耕读村党支部
贺村镇永兴坞村党支部
贺村镇严麻车村党支部
贺村税务分局党支部
天蓬集团党委
清湖镇党委
清湖镇蔡家村党支部
新塘边镇日月村党支部
新塘边镇东亭村党支部
坛石镇横渡村党支部
大桥镇黄石村党支部

凤林镇中岗村党支部
凤林镇卅二都村党支部
峡口镇党委
峡口镇合新村党支部
浙江开洋门业有限公司党支部
保安乡后坂村党支部
廿八都镇浔里村党支部
长台镇乾湖村党支部
石门镇学区党支部
张村乡秀峰村党支部
张村乡太阳山村党支部
塘源口乡洪福村党支部
市纪委机关党支部
市委党校机关党支部
市人民医院党委
市广电总台机关党支部
市公安局坛石派出所党支部
市人民法院第三党支部
市人力社保局党总支
市个体劳动者协会党委
市养蜂产业化协会党支部
市农业综合开发办公室党支部
市发改局机关党支部
市消防行业协会党支部
市国家税务局机关二支部
市地税局稽查局党支部

图书在版编目（CIP）数据

江山年鉴．2015/ 江山市档案局（史志办）编．--
北京：方志出版社，2016.11
ISBN 978—7—5144—2199—6

Ⅰ．①江… Ⅱ．①江… Ⅲ．①江山—2015—年鉴
Ⅳ．①Z525.53

中国版本图书馆 CIP 数据核字（2016）第 281785 号

江山年鉴（2015）

编　　者：江山市档案局（史志办）
责任编辑：刘方圆
出 版 人：冀祥德
出 版 者：方志出版社
地　　址：北京市朝阳区潘家园东里 9 号（国家方志馆 4 层）
邮　　编：100021
网　　址：http//www.fzph.org
发　　行：方志出版社发行中心
电　　话：（010）67110500
经　　销：各地新华书店
印　　刷：浙江江山鑫华印刷有限公司
开　　本：889 × 1194　1/16
印　　张：26.75
字　　数：612 千字
版　　次：2016 年 11 月第 1 版　2016 年 11 月第 1 次印刷
印　　数：0001 ~ 1500 册
ISBN 978—7—5144—2199—6
定　　价：198.00 元